패턴을 알면 정답이 보인다.

고등문법 기출문제

알앤비
RNB

저자

류대곤 인천하늘고등학교 국어 교사

고려대학교 국어국문학과 및 교육대학원 국어교육과 / 저서 : 《청소년을 위한 한국고전문학사》, 《패턴국어 중학문법》, 《패턴국어 고등문법 기본편》, 《패턴국어 중학문법 심화편》, 《패턴국어 중학문학 현대시》, 《패턴국어 고등문학 현대시1》

윤진석 용인외대부고 국어 교사

고려대학교 국어교육과 졸업 / 전 경기외고 교사 / 저서 : 《패턴국어 고등문법 기본편》

검토진

이기봉 청심국제중고등학교 / **정철** 중산고등학교 / **김은정** 진성고등학교 / **김선혜** 하남고등학교 / **최성조** 인천국제고등학교

대치동 및 강남 서초 분당의 학원에서 학생들을 지도하시는 선생님들께서도 검토해 주셨습니다.

대치 김나래 / 김지해 / 박소현 / 백애란 / 성수나 / 신일웅 / 신희정 / 윤경훈
윤지윤 / 이경희 / 이수현 / 이예원 / 이정현 / 이채윤 / 정장현 / 정태식 / 지현서 / 채상아

서초 나선애 / 송남권 / 이정화

압구정 곽은영 / 이연주 / 이정여

반포 김기식 / 김민경 / 민지애 / 양세영

분당 김현진 / 민병억 / 서보현 / 한성환 / 함범찬 / 홍승희

1판 1쇄 2022년 8월 31일
저자 류대곤 | 윤진석

펴낸이 이상기
펴낸곳 (주)도서출판알앤비
등록 2018년 8월 22일 제 2019-000048호
주소 서울시 서초구 반포대로 300, 6층
전자주소 rnbbooks@daum.net

ISBN 979-11-979891-0-0 53700

값 16,000원

목차

이 책의 구성과 활용

1. 문법 자기주도학습 교재의 완결판

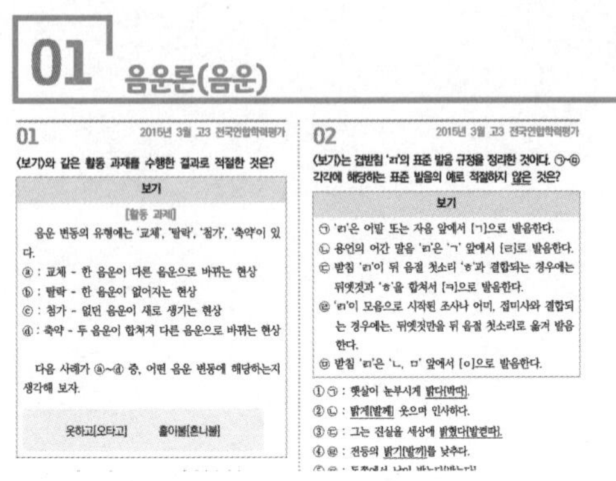

01 음운론(음운)

01 2015년 3월 고3 전국연합학력평가

〈보기〉와 같은 활동 과제를 수행한 결과로 적절한 것은?

보기

[활동 과제]

음운 변동의 유형에는 '교체', '탈락', '첨가', '축약'이 있다.

ⓐ : 교체 - 한 음운이 다른 음운으로 바뀌는 현상
ⓑ : 탈락 - 한 음운이 없어지는 현상
ⓒ : 첨가 - 없던 음운이 새로 생기는 현상
ⓓ : 축약 - 두 음운이 합쳐져 다른 음운으로 바뀌는 현상

다음 사례가 ⓐ~ⓓ 중, 어떤 음운 변동에 해당하는지 생각해 보자.

옷하고[오타고] 홑이불[혼니불]

02 2015년 3월 고3 전국연합학력평가

〈보기〉는 겹받침 'ㄺ'의 표준 발음 규정을 정리한 것이다. ㉠~㉤ 각각에 해당하는 표준 발음의 예로 적절하지 않은 것은?

보기

㉠ 'ㄺ'은 어말 또는 자음 앞에서 [ㄱ]으로 발음한다.
㉡ 용언의 어간 말음 'ㄺ'은 'ㄱ' 앞에서 [ㄹ]로 발음한다.
㉢ 받침 'ㄺ'이 뒤 음절 첫소리 'ㅎ'과 결합되는 경우에는 뒤엣것과 'ㅎ'을 합쳐서 [ㅋ]으로 발음한다.
㉣ 'ㄺ'이 모음으로 시작된 조사나 어미, 접미사와 결합되는 경우에는, 뒤엣것만을 뒤 음절 첫소리로 옮겨 발음한다.
㉤ 받침 'ㄺ'은 'ㄴ, ㅁ' 앞에서 [ㅇ]으로 발음한다.

① ㉠ : 햇살이 눈부시게 밝다[박따].
② ㉡ : 밝게[발께] 웃으며 인사하다.
③ ㉢ : 그는 진실을 세상에 밝혔다[발켠따].
④ ㉣ : 전등의 밝기[발끼]를 낮추다.

▶ 〈기출문제〉는 지금까지 나온 어떤 책에서도 없었던 구성을 취했다. 2015년부터 출제됐던 **전국연합학력평가, 평가원모의고사, 수능 문제**를 총망라하여 단원별로 분류하여 정리하였다.

▶ 기출 문제의 단원별 분류를 통해 **단원별 기출 빈도를 한 눈으로 확인**하면서 학습할 수 있도록 하였다.

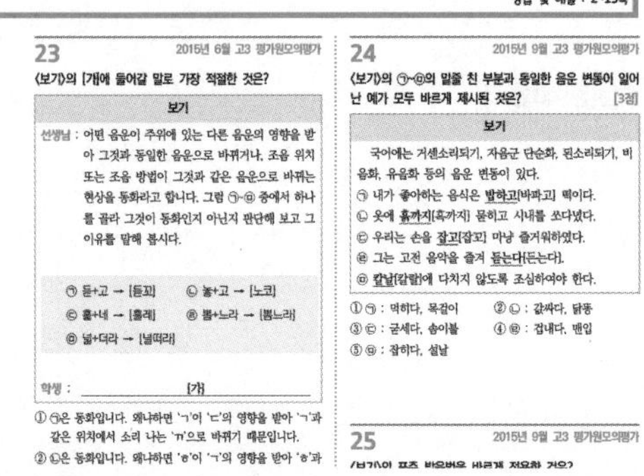

정답 및 해설 : 2~13쪽

23 2015년 6월 고3 평가원모의평가

〈보기〉의 [가]에 들어갈 말로 가장 적절한 것은?

보기

선생님 : 어떤 음운이 주위에 있는 다른 음운의 영향을 받아 그것과 동일한 음운으로 바뀌거나, 조음 위치 또는 조음 방법이 그것과 같은 음운으로 바뀌는 현상을 동화라고 합니다. 그럼 ㉠~㉤ 중에서 하나를 골라 그것이 동화인지 아닌지 판단해 보고 그 이유를 말해 봅시다.

㉠ 듣+고 → [듣꼬] ㉡ 놓+고 → [노코]
㉢ 훑+네 → [훌레] ㉣ 볶+느라 → [봉느라]
㉤ 넓+더라 → [널떠라]

학생 : [가]

① ㉠은 동화입니다. 왜냐하면 'ㄱ'이 'ㄷ'의 영향을 받아 'ㄱ'과 같은 위치에서 소리 나는 'ㄲ'으로 바뀌기 때문입니다.
② ㉡은 동화입니다. 왜냐하면 'ㅎ'이 'ㄱ'의 영향을 받아 'ㅎ'과

24 2015년 9월 고3 평가원모의평가

〈보기〉의 ㉠~㉤의 밑줄 친 부분과 동일한 음운 변동이 일어난 예가 모두 바르게 제시된 것은? [3점]

보기

국어에는 거센소리되기, 자음군 단순화, 된소리되기, 비음화, 유음화 등의 음운 변동이 있다.

㉠ 내가 좋아하는 음식은 밥하고[바파고] 떡이다.
㉡ 옷에 흙까지[흑까지] 묻히고 시내를 쏘다녔다.
㉢ 우리는 손을 잡고[잡꼬] 마냥 즐거워하였다.
㉣ 그는 고전 음악을 즐겨 듣는다[든는다].
㉤ 칼날[칼랄]에 다치지 않도록 조심하여야 한다.

① ㉠ : 먹히다, 목걸이 ② ㉡ : 값싸다, 닭똥
③ ㉢ : 굳세다, 솜이불 ④ ㉣ : 겁내다, 맨입
⑤ ㉤ : 잡히다, 설날

25 2015년 9월 고3 평가원모의평가

정답 및 해설 : 2~13쪽

38 2019년 수능

〈보기〉의 ㉠에 들어갈 말로 적절하지 않은 것은?

보기

선생님 : 최소 대립쌍이란 하나의 소리로 인해 뜻이 구별되는 단어의 짝을 말해요. 가령 최소 대립쌍 '살'과 '쌀'은 'ㅅ'과 'ㅆ'으로 인해 뜻이 달라지는데, 이때의 'ㅅ', 'ㅆ'은 음운의 자격을 얻게 되죠. 이처럼 최소 대립쌍을 이용해 음운들을 추출하면 음운 체계를 수립할 수 있어요. 이제 고유어들을 모은 [A]에서 최소 대립쌍들을 찾아 음운들을 추출하고, 그 음운들을 [B]에서 확인해 봅시다.

[A] 쉬리, 마루, 구실, 모래, 소리, 구슬, 머루

[B] 국어의 단모음 체계

혀의 앞뒤 / 입술 모양 / 혀의 높낮이	전설 모음		후설 모음	
	평순	원순	평순	원순
고모음	ㅣ	ㅟ	ㅡ	ㅜ

39 2020년 수능

〈보기〉의 [A]에 들어갈 말로 적절한 것은?

보기

선생님 : 음절은 발음할 수 있는 최소의 언어 단위인데, 음절의 유형은 크게 분류하면 '[1] 모음, [2] 자음+모음, [3] 모음+자음, [4] 자음+모음+자음'이 있어요. 예를 들면 '꽃[꼳]'은 [4], '잎[입]'은 [3]에 속하지요. 그런데 복합어 '꽃잎'은 음운 변동이 일어나 [꼰닙]으로 발음돼요. 이때 [닙]은 [4]에 해당하며 음운의 첨가로 음절 유형이 바뀐 것이지요. 이제 아래 단어들을 탐구해 봅시다.

밥상(밥+상), 집일(집+일), 의복함(의복+함), 국물(국+물), 화살(활+살)

학 생 : [A]

선생님 : 네, 맞아요.

▶ 해당 단원의 기본 개념 이론을 〈종합편〉에서 스스로 학습한 다음, 그 단원에서 기출됐던 모든 문제를 집중적으로 풀어볼 수 있도록 구성하여 **학습자의 학습 효율을 높이고자 하였다**.

2. 내신과 수능을 함께 대비할 수 있는 문제 구성 및 해설

▶ 학생들이 어려워하는 **중세 문법**의 기출 문제도 모두 제시함으로써 어떻게 대비하고 중세 국어를 학습해야 하는지 그 방향성을 안내하였다. 특히, 현대 국어와 세트로 출제된 경우도 그 지문을 다시 제시해줌으로써 학습의 효율을 높이고자 하였다.

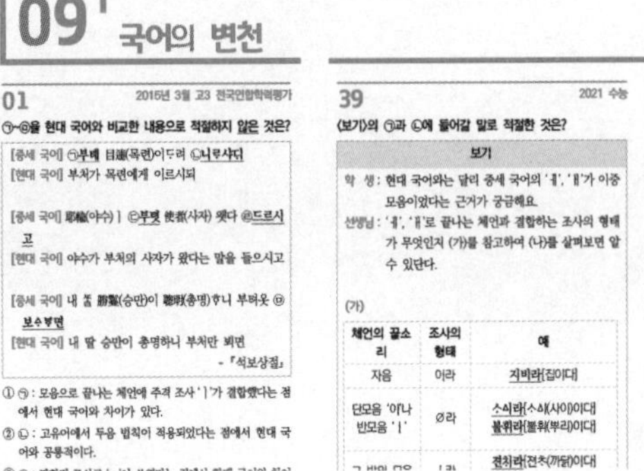

09 국어의 변천

01 2015년 3월 고3 전국연합학력평가

㉠~㉤을 현대 국어와 비교한 내용으로 적절하지 않은 것은?

[중세 국어] ㉠부톄 目連(목련)이드려 ㉡니르샤딕
[현대 국어] 부처가 목련에게 이르시되

[중세 국어] 耶輸(야수) ㅣ ㉢부텻 使者(사자) 왯다 ㉣드르시고
[현대 국어] 야수가 부처의 사자가 왔다는 말을 들으시고

[중세 국어] 내 뚤 勝鬘(승만)이 聰明(총명)ᄒᆞ니 부텨옷 ㉤보수ᄫᆞ면
[현대 국어] 내 딸 승만이 총명하니 부처만 뵈면

- 『석보상절』

① ㉠ : 모음으로 끝나는 체언에 주격 조사 'ㅣ'가 결합했다는 점에서 현대 국어와 차이가 있다.
② ㉡ : 고유어에서 두음 법칙이 적용되었다는 점에서 현대 국어와 공통적이다.

39 2021 수능

〈보기〉의 ㉠과 ㉡에 들어갈 말로 적절한 것은?

보기

학 생 : 현대 국어와는 달리 중세 국어의 'ㅔ', 'ㅐ'가 이중 모음이었다는 근거가 궁금해요.
선생님 : 'ㅔ', 'ㅐ'로 끝나는 체언과 결합하는 조사의 형태가 무엇인지 (가)를 참고하여 (나)를 살펴보면 알 수 있단다.

(가)

체언의 끝소리	조사의 형태	예
자음	이라	지비라[집이다]
단모음 'ㅣ'나 반모음 'ㅣ'	∅라	스싀라[스싀(사이)이다] 불휘라[불휘(뿌리)이다]
		젼치라[젼ᄎᆞ(까닭)이다]

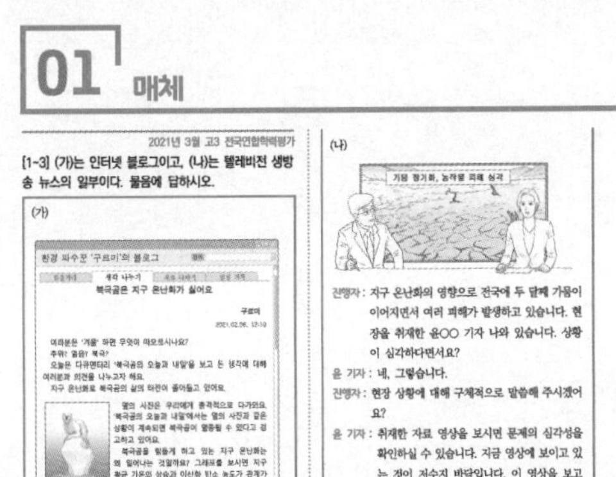

01 매체

2021년 3월 고3 전국연합학력평가

[1~3] (가)는 인터넷 블로그이고, (나)는 텔레비전 생방송 뉴스의 일부이다. 물음에 답하시오.

(가)

환경 지수꾼 '구르미'의 블로그

북극곰은 지구 온난화가 싫어요

구르미
2021.02.06. 12:10

여러분은 '겨울' 하면 무엇이 떠오르시나요?
추위? 얼음? 북극?
오늘은 다큐멘터리 '북극곰의 오늘과 내일'을 보고 든 생각에 대해 여러분과 의견을 나누고자 해요.
지구 온난화로 북극곰의 삶의 터전이 줄어들고 있어요.
옆의 사진은 우리에게 충격적으로 다가와요. '북극곰의 오늘과 내일'에서는 옆의 사진과 같은 상황이 계속되면 북극곰이 멸종될 수 있다고 경고하고 있어요.
북극곰을 힘들게 하고 있는 지구 온난화는 왜 일어나는 것일까요? 그래프를 보시면 지구 평균 기온의 상승과 이산화 탄소 농도가 관계가

(나)

진행자 : 지구 온난화의 영향으로 전국에 두 달째 가뭄이 이어지면서 여러 피해가 발생하고 있습니다. 현장을 취재한 윤○○ 기자 나와 있습니다. 상황이 심각하다면서요?
윤 기자 : 네, 그렇습니다.
진행자 : 현장 상황에 대해 구체적으로 말씀해 주시겠어요?
윤 기자 : 취재한 자료 영상을 보시면 문제의 심각성을 확인하실 수 있습니다. 지금 영상에 보이고 있는 것이 저수지 바닥입니다. 이 영상을 보고

▶ **〈매체〉** 영역 기출 문제를 모두 제시함으로써 '언어와 매체' 기출 문제로서의 완전체를 도모하였다. 특히, 정답 해설을 매우 자세하게 제시하여 학습자 스스로 충분히 해결할 수 있도록 구성하였다.

▶ **〈정답 및 해설〉**은 정답 선지에 대한 해설뿐만 아니라, 오답이 왜 오답인지에 대한 해설도 자세하게 덧붙여놨기 때문에 **자기주도학습교재로서의 요건을 완벽하게 갖추었다**고 할 수 있다.

01 음운론(음운)

기출문제 본문 8~35쪽

01 ②	02 ④	03 ④	04 ③	05 ⑤
06 ⑤	07 ⑥	08 ①	09 ③	10 ④
11 ⑤	12 ③	13 ④	14 ①	15 ①
16 ④	17 ④	18 ②	19 ②	20 ④
21 ①	22 ③	23 ④	24 ②	25 ②
26 ⑤	27 ①	28 ①	29 ①	30 ④
31 ②	32 ③	33 ⑤	34 ③	35 ⑤
36 ⑤	37 ②	38 ③	39 ④	40 ④
41 ①	42 ④	43 ⑤	44 ③	45 ①
46 ①	47 ④	48 ③	49 ①	50 ②
51 ④	52 ④	53 ②	54 ③	55 ②

01 ②

정답 해설 | 〈보기〉의 '옷하고'는 [온하고]에서 음절의 끝소리 규칙, [오타고]에서 거센소리되기의 음운 변동이 일어난다. 따라서 이는 교체(㉠)와 축약(㉣)에 해당한다. '홑이불'은 [혼니불]. '늦여름[는녀름]'은 음절의 끝소리규칙과 비음화가 함께 일어난다. '설날[설랄]'과 '좋은[조은]'에서는 유음화(교체)와 'ㅎ'탈락(탈락)의 음운 변동이 일어난다. 이 음운 변동이 함께 일어나는 단어는 자료에서 '닳는[달른]'이다. '닳는'에서는 자음군단순화(탈락)와 유음화(교체)가 함께 일어난다. 따라서 정답은 '논일[논닐]'과 '닳는[달른]'이 묶여있는 ④이다.

오답 체크 |
③ '칼날[칼랄]'은 유음화(교체)의 음운 변동이 일어난다.

04 ③

정답 해설 | '꽃망울'은 받침 'ㅊ'이 'ㅁ' 앞에서 [ㄴ]으로 발음되어 [꼰망울]로 발음된다. 따라서 18항이 적용되었다는 설명은 타당하지만, 23항에는 해당되지 않으므로 적절하지 않은 설명이다.

오답 체크 |
① 받침 'ㅍ'이 'ㄴ, ㅁ' 앞에서 [ㅁ]으로 발음한다고 했으므로 '앞마당'이 18항이 적용되어 [암마당]으로 발음된다는 설명은 적절하다.
② 23항에서 받침 'ㅈ' 뒤에 연결되는 'ㄱ'은 된소리로 발음한다고 했으므로 '늦가을[늗까을]'로 발음된다는 설명은 적절하다.
④ 18항에 '맞먹다'는 'ㅈ'이 'ㅁ' 앞에서 'ㄴ'으로 발음하고, 23항에서 'ㄱ' 뒤에 연결되는 'ㄷ'은 된소리로 발음한다고

기출문제

01 음운론(음운)

01

2015년 3월 고3 전국연합학력평가

〈보기〉와 같은 활동 과제를 수행한 결과로 적절한 것은?

> **보기**
>
> **[활동 과제]**
>
> 음운 변동의 유형에는 '교체', '탈락', '첨가', '축약'이 있다.
>
> ⓐ : 교체 - 한 음운이 다른 음운으로 바뀌는 현상
> ⓑ : 탈락 - 한 음운이 없어지는 현상
> ⓒ : 첨가 - 없던 음운이 새로 생기는 현상
> ⓓ : 축약 - 두 음운이 합쳐져 다른 음운으로 바뀌는 현상
>
> 다음 사례가 ⓐ~ⓓ 중, 어떤 음운 변동에 해당하는지 생각해 보자.
>
> 옷하고[오타고]　　홑이불[혼니불]

	옷하고[오타고]	홑이불[혼니불]
①	ⓐ, ⓒ	ⓐ, ⓑ
②	ⓐ, ⓓ	ⓐ, ⓒ
③	ⓐ, ⓓ	ⓑ, ⓒ
④	ⓑ, ⓒ	ⓑ, ⓓ
⑤	ⓑ, ⓒ	ⓒ, ⓓ

02

2015년 3월 고3 전국연합학력평가

〈보기〉는 겹받침 'ㄺ'의 표준 발음 규정을 정리한 것이다. ㉠~㉤ 각각에 해당하는 표준 발음의 예로 적절하지 않은 것은?

> **보기**
>
> ㉠ 'ㄺ'은 어말 또는 자음 앞에서 [ㄱ]으로 발음한다.
> ㉡ 용언의 어간 말음 'ㄺ'은 'ㄱ' 앞에서 [ㄹ]로 발음한다.
> ㉢ 받침 'ㄺ'이 뒤 음절 첫소리 'ㅎ'과 결합되는 경우에는 뒤엣것과 'ㅎ'을 합쳐서 [ㅋ]으로 발음한다.
> ㉣ 'ㄺ'이 모음으로 시작된 조사나 어미, 접미사와 결합되는 경우에는, 뒤엣것만을 뒤 음절 첫소리로 옮겨 발음한다.
> ㉤ 받침 'ㄺ'은 'ㄴ, ㅁ' 앞에서 [ㅇ]으로 발음한다.

① ㉠ : 햇살이 눈부시게 밝다[박따].
② ㉡ : 밝게[발께] 웃으며 인사하다.
③ ㉢ : 그는 진실을 세상에 밝혔다[발켠따].
④ ㉣ : 전등의 밝기[발끼]를 낮추다.
⑤ ㉤ : 동쪽에서 날이 밝는다[방는다].

03

2015년 4월 고3 전국연합학력평가

다음은 '음운의 변동'과 관련된 학습지의 일부이다. ㉠과 ㉡에 들어갈 단어로 적절한 것은?

음운의 변동은 어떤 음운이 놓이는 환경에 따라 다른 음운으로 바뀌는 현상을 말한다. 음운의 변동은 그 결과에 따라 교체, 축약, 첨가, 탈락으로 나눌 수 있다. 이러한 음운의 변동은 한 단어에 2개 이상이 함께 나타나기도 한다.

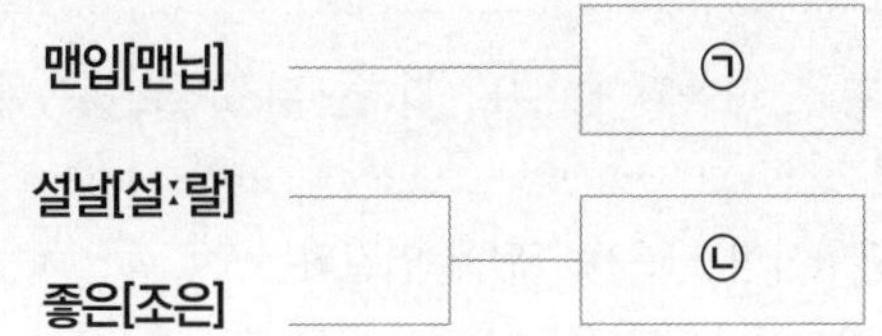

1 - ㉠에는 '맨입'을 발음할 때 나타나는 음운의 변동이 일어난 단어를 자료에서 찾아 쓴다.

2 - ㉡에는 '설날'을 발음할 때와 '좋은'을 발음할 때 나타나는 음운의 변동이 함께 일어난 단어를 자료에서 찾아 쓴다.

자료

논일[논닐], 나뭇잎[나문닙], 칼날[칼랄]
늦여름[는녀름], 닿은[다은], 닳는[달른]

	㉠	㉡
①	논일[논닐]	늦여름[는녀름]
②	닿은[다은]	닳는[달른]
③	칼날[칼랄]	나뭇잎[나문닙]
④	논일[논닐]	닳는[달른]
⑤	닿은[다은]	칼날[칼랄]

04

2015년 4월 고3 전국연합학력평가

〈보기〉의 자료를 탐구한 내용으로 적절하지 않은 것은? [3점]

보기

[표준 발음법]

제18항 받침 'ㄱ(ㄲ, ㅋ, ㄳ, ㄺ), ㄷ(ㅅ, ㅆ, ㅈ, ㅊ, ㅌ, ㅎ), ㅂ(ㅍ, ㄼ, ㄿ, ㅄ)'은 'ㄴ, ㅁ' 앞에서 [ㅇ, ㄴ, ㅁ]으로 발음한다.

제23항 받침 'ㄱ(ㄲ, ㅋ, ㄳ, ㄺ), ㄷ(ㅅ, ㅆ, ㅈ, ㅊ, ㅌ), ㅂ(ㅍ, ㄼ, ㄿ,ㅄ)' 뒤에 연결되는 'ㄱ, ㄷ, ㅂ, ㅅ, ㅈ'은 된소리로 발음한다.

① '앞마당'은 18항이 적용되어 [암마당]으로 발음된다.
② '늦가을'은 23항이 적용되어 [늗까을]로 발음된다.
③ '꽃망울'은 18항과 23항이 모두 적용되어 [꼰망울]로 발음된다.
④ '맞먹다'는 18항과 23항이 모두 적용되어 [만먹따]로 발음된다.
⑤ '흙낚시'는 18항과 23항이 모두 적용되어 [흥낙씨]로 발음된다.

05

2015년 7월 고3 전국연합학력평가

다음 ㄱ~ㄷ의 음운 변동에 대한 설명으로 적절하지 않은 것은?

보기

ㄱ. 솥 → [솓], 잎 → [입], 동녘 → [동녁]
ㄴ. 닭 → [닥], 값 → [갑], 여덟 → [여덜]
ㄷ. 국화 → [구콰], 쌓다 → [싸타], 입학 → [이팍]

① ㄱ은 음절의 끝에서 한 음운이 다른 음운으로 바뀌는 현상으로, ㄱ의 예로 '꽃 → [꼳]'을 추가할 수 있다.
② ㄴ은 음절의 끝에 두 개의 자음이 올 때 이 중에서 한 자음이 없어지는 현상으로, ㄴ의 예로 '넋 → [넉]'을 추가할 수 있다.
③ ㄷ은 두 음운이 만나 하나의 음운이 되는 현상으로, ㄷ의 예로 '놓지 → [노치]'를 추가할 수 있다.
④ ㄱ과 ㄷ의 변동이 모두 일어난 예로는 '첫해 → [처태]'를 들 수 있다.
⑤ ㄴ과 ㄷ의 변동이 모두 일어난 예로는 '핥다 → [할따]'를 들 수 있다.

06

2015년 7월 고3 전국연합학력평가

다음은 〈보기〉의 한글 맞춤법 규정을 참고하여 두 친구가 나눈 대화의 일부이다. ㉠~㉤ 중 적절하지 않은 것은?

보기

제27항 둘 이상의 단어가 어울리거나 접두사가 붙어서 이루어진 말은 각각 그 원형을 밝히어 적는다.

예 꽃잎, 헛웃음

제28항 끝소리가 'ㄹ'인 말과 딴 말이 어울릴 적에 'ㄹ' 소리가 나지 아니하는 것은 아니 나는 대로 적는다.

예 따님(딸-님), 화살(활-살)

제29항 끝소리가 'ㄹ'인 말과 딴 말이 어울릴 적에 'ㄹ' 소리가 'ㄷ' 소리로 나는 것은 'ㄷ'으로 적는다.

예 숟가락(술~), 사흗날(사흘~)

대화

우진 : 수업 시간에 선생님께서 '꽃잎'은 [꼰닙]이라고 발음을 하지만 합성어는 원형을 밝혀 적기에 '꽃잎'이라고 적어야 한다고 하셨는데, 어떤 예가 또 있을까?

정인 : ㉠**'칼날'을 [칼랄]이라고 발음하지만 '칼날'로 표기하는 것도 이에 해당하겠지.** 그런데 '소나무'는 합성어인데 왜 '솔나무'라고 적지 않을까?

우진 : ㉡**'솔'의 끝소리가 'ㄹ'이고 '나무'와 어울릴 때 'ㄹ'이 탈락하여 소리가 나지 않기 때문이지.** 'ㄹ'이 탈락하는 다른 예가 뭐가 있을까?

정인 : 다른 예로는 '마소, 아드님'이 있어.

우진 : 그래, 그런데 '마소'와 '아드님'은 단어 형성법이 다르네.

정인 : ㉢**'마소'는 '말'과 '소'가 합성어를 이루는 과정에서 'ㄹ'이 탈락한 것이고,** ㉣**'아드님'은 파생어로 명사 '아들'과 접미사 '-님'이 결합하면서 'ㄹ'이 탈락한 것이지.**

우진 : 그런데, '숟가락'은 '술'과 '가락'이 합성된 말인데 왜 '숟가락'이라고 적을까?

정인 : ㉤**본래 끝소리가 'ㄹ'인 말과 딴 말이 어울릴 적에 'ㄹ' 소리가 'ㄷ' 소리로 나는 것은 'ㄷ'으로 적도록 한 것이지. '여닫이'도 이에 해당해.**

① ㉠ ② ㉡ ③ ㉢ ④ ㉣ ⑤ ㉤

07

2015년 7월 고3 전국연합학력평가

〈보기〉의 표준 발음 자료를 탐구한 내용으로 적절하지 않은 것은?

보기

제23항 받침 'ㄱ(ㄲ, ㅋ, ㄳ, ㄺ), ㄷ(ㅅ, ㅆ, ㅈ, ㅊ, ㅌ), ㅂ(ㅍ, ㄼ, ㄿ, ㅄ)' 뒤에 연결되는 'ㄱ, ㄷ, ㅂ, ㅅ, ㅈ'은 된소리로 발음한다. ……… ㉠

제24항 어간 받침 'ㄴ(ㄵ), ㅁ(ㄻ)' 뒤에 결합되는 어미의 첫소리 'ㄱ, ㄷ, ㅅ, ㅈ'은 된소리로 발음한다. ……… ㉡

다만, 피동, 사동의 접미사 '-기-'는 된소리로 발음하지 않는다. ……… ㉢

제27항 관형사형 '-(으)ㄹ' 뒤에 연결되는 'ㄱ, ㄷ, ㅂ, ㅅ, ㅈ'은 된소리로 발음한다. ……… ㉣

[붙임] '-(으)ㄹ'로 시작되는 어미의 경우에도 이에 준한다. ……… ㉤

① ㉠에 따르면 '꽃다발이 예쁘다.'에서 '꽃다발'의 표준 발음은 [꼳따발]이겠군.

② ㉡에 따르면 '아기를 꼭 껴안고 갔다.'에서 '껴안고'의 표준 발음은 [껴안꼬]이겠군.

③ ㉢에 따르면 '감기를 옮기다.'에서 '옮기다'의 표준 발음은 [옴기다]이겠군.

④ ㉣에 따르면 '여기 외엔 갈 데가 없다.'에서 '갈 데가'의 표준 발음은 [갈떼가]이겠군.

⑤ ㉤에 따르면 '사랑할수록 참아야지.'에서 '사랑할수록'의 표준 발음은 [사랑할수록]이겠군.

08

2015년 10월 고3 전국연합학력평가

〈보기〉의 ㉠과 ㉡에 해당하는 예가 바르게 짝지어진 것은?

보기
비음화는 ㉠홑받침 또는 쌍받침이 'ㄱ, ㄴ, ㄷ, ㄹ, ㅁ, ㅂ, ㅇ'의 일곱 자음만으로만 발음되는 현상을 겪은 후에 나타나기도 하고, ㉡겹받침이 그 중 한 자음만 발음되는 현상을 겪은 후에 나타나기도 한다.

	㉠	㉡
①	깎는[깡는]	흙만[흥만]
②	끝물[끈물]	앉자[안짜]
③	듣는[든는]	읊는[음는]
④	숯내[순내]	닳은[다른]
⑤	앞마당[암마당]	값이[갑씨]

09

2016년 3월 고3 전국연합학력평가

〈보기〉의 (가)~(다)에 들어갈 내용으로 적절한 것은? [3점]

보기

선생님 : 지난 시간에 배운 음운의 변동에 대해 잘 기억하는지 질문 하나 하겠습니다. '낫다'와 '낳다'가 활용될 때 공통적으로 일어나는 음운 변동은 무엇일까요?

학 생 : 둘 다 음운의 ___(가)___ 현상이 일어납니다.

선생님 : 맞아요. 그래서 사람들이 가끔 혼동해서 틀리곤 하지요. ___(가)___ 현상이 일어나는 용언들 가운데 불규칙 활용을 하는 것은 모두 음운 변동이 표기에 반영되는 반면, 규칙 활용을 하는 것은 표기에 반영되기도 하고 반영되지 않기도 합니다. '낫다'와 '낳다'는 다음 중 어떤 유형에 해당할까요?

표기 반영 여부 / 활용 유형	반영	미반영
규칙 활용	Ⓐ	Ⓑ
불규칙 활용	Ⓒ	

학 생 : '낫다'는 ___(나)___, '낳다'는 ___(다)___에 해당됩니다.

	(가)	(나)	(다)
①	축약	Ⓐ	Ⓒ
②	탈락	Ⓑ	Ⓐ
③	탈락	Ⓒ	Ⓑ
④	교체	Ⓑ	Ⓒ
⑤	교체	Ⓒ	Ⓑ

10

2016년 4월 고3 전국연합학력평가

〈보기1〉은 문법 수업의 한 장면이다. 〈보기1〉을 참고하여 〈보기2〉를 탐구한 것으로 옳지 않은 것은? [3점]

보기1

선생님 : 표준 발음법에 대한 이해는 올바른 발음 생활뿐만 아니라 국어를 로마자로 표기하려고 할 때도 많은 도움을 줍니다. 국어의 로마자 표기는 표준 발음에 따라 적는 것을 원칙으로 하기 때문입니다.

[표준 발음법]

제13항 홑받침이나 쌍받침이 모음으로 시작된 조사나 어미, 접미사와 결합되는 경우에는, 제 음가대로 뒤 음절 첫소리로 옮겨 발음한다.

제15항 받침 뒤에 모음 'ㅏ, ㅓ, ㅗ, ㅜ, ㅟ'들로 시작되는 실질 형태소가 연결되는 경우에는, 대표음으로 바꾸어서 뒤 음절 첫소리로 옮겨 발음한다.

제17항 받침 'ㄷ, ㅌ(ㄾ)'이 조사나 접미사의 모음 'ㅣ'와 결합되는 경우에는, [ㅈ, ㅊ]으로 바꾸어서 뒤 음절 첫소리로 옮겨 발음한다.

제18항 받침 'ㄱ(ㄲ, ㅋ, ㄳ, ㄺ), ㄷ(ㅅ, ㅆ, ㅈ, ㅊ, ㅌ, ㅎ), ㅂ(ㅍ, ㄼ, ㄿ, ㅄ)'은 'ㄴ, ㅁ' 앞에서 [ㅇ, ㄴ, ㅁ]으로 발음한다.

제29항 합성어 및 파생어에서, 앞 단어나 접두사의 끝이 자음이고 뒤 단어나 접미사의 첫 음절이 '이, 야, 여, 요, 유'인 경우에는, 'ㄴ' 소리를 첨가하여 [니, 냐, 녀, 뇨, 뉴]로 발음한다.

보기2

덮이다, 웃어른, 굳이, 집일, 색연필

① '덮이다'를 로마자로 표기하려면, 표준 발음법 제13항에 대한 이해가 필요하겠군.
② '웃어른'을 로마자로 표기하려면, 표준 발음법 제15항에 대한 이해가 필요하겠군.
③ '굳이'를 로마자로 표기하려면, 표준 발음법 제17항에 대한 이해가 필요하겠군.
④ '집일'을 로마자로 표기하려면, 표준 발음법 제13항, 제18항에 대한 이해가 필요하겠군.
⑤ '색연필'을 로마자로 표기하려면, 표준 발음법 제18항, 제29항에 대한 이해가 필요하겠군.

11

2016년 7월 고3 전국연합학력평가

〈보기〉의 ㉠~㉤의 밑줄 친 부분과 동일한 음운 변동이 일어나는 예가 모두 바르게 제시된 것은?

보기

국어에는 자음군 단순화, 구개음화, 비음화, 된소리되기, 거센소리되기 등의 음운 변동이 있다.

㉠ 우리는 자리를 **옮겨서**[옴겨서] 밥을 먹었다.
㉡ 그녀는 내 말을 **굳이**[구지] 따지려 들지는 않았다.
㉢ 그는 정계에 **입문하여**[임문하여] 활동을 시작했다.
㉣ 나는 말을 **더듬지**[더듬찌] 않고 또박또박 대답했다.
㉤ 그는 **듬직한**[듬지칸] 성품으로 주변에 친구가 많았다.

① ㉠의 예 : 굶기다, 급하다
② ㉡의 예 : 미닫이, 뻗대다
③ ㉢의 예 : 집문서, 맏누이
④ ㉣의 예 : 껴안다, 꿈같이
⑤ ㉤의 예 : 굽히다, 한여름

12

2016년 10월 고3 전국연합학력평가

㉠, ㉡에 해당하는 예만을 〈보기〉에서 골라 바르게 묶은 것은?

대화

학생 A : '볍씨'는 '벼'와 '씨'가 결합한 말이잖아? 그런데 왜 '벼씨'가 아니라 '볍씨'야?

학생 B : 그러고 보니 '살'과 '고기'가 결합한 말도 'ㄱ'이 'ㅋ'으로 바뀌어서 '살코기'로 쓰이고 있어.

학생 A : 그렇구나. 왜 두 말이 어울릴 적에 'ㅂ' 소리나 'ㅎ' 소리가 덧나는 경우가 있는 것일까?

자료

현대 국어와 달리 15세기 국어에서는 어두에 두 개 이상의 서로 다른 자음, 즉 어두 자음군이 올 수 있었다. 그러한 자음군 중 맨 앞의 'ㅂ'은 당시에는 실제로 발음되었을 것으로 추정된다. 이 'ㅂ'은 훗날 탈락하였으나 과거에 만들어진 복합어 속에 그 흔적이 남아 있는 경우가 있다. 가령, 현대 국어의 '벼+씨→볍씨'에서 'ㅂ'이 생겨나는 이유는 'ᄡᅵ>씨'의 변화와 관련이 있다. 15세기에는 'ᄡᅵ'의 어두에 'ㅂ'이 있었는데, 당시 '벼+ᄡᅵ→벼ᄡᅵ'가 만들어진 후 나중에 'ᄡᅵ'의 어두에 있는 'ㅂ'이 앞 형태소의 받침 자리로 가서 붙어 '볍씨'와 같은 어형이 생성되었다. 'ᄡᅵ>씨'에서 보듯이 훗날 단일어에서는 'ㅂ'이 탈락하였다. 그러나 ㉠**<u>복합어 속에서는 'ㅂ'이 탈락되지 않고 그대로 남아 있는 경우</u>**가 현대 국어에서 확인된다.

15세기 국어에는 체언 종성에 'ㅎ'을 가진 단어들이 존재했는데, 이를 'ㅎ' 종성 체언이라고 한다. 이 'ㅎ' 역시 훗날 탈락하였으나 과거에 만들어진 단어 속에 그 흔적이 남아 있는 경우가 있다. 대표적인 'ㅎ' 종성 체언이었던 '숧'을 살펴보자. 'ㅎ' 종성 체언은 단독형으로 쓰일 때는 'ㅎ'이 실현되지 않았으나 '숧+이→술히'처럼 모음으로 시작하는 말 앞에서는 연음이 되어 나타났다. 현대 국어의 '살+고기→살코기'에서 'ㄱ'이 'ㅋ'으로 바뀌는 이유 역시 '숧>살'의 변화와 관련이 있다. 'ㅎ' 종성 체언은 'ㄱ, ㄷ, ㅂ'으로 시작하는 말과 결합할 때 'ㅎ' 종성이 뒤에 오는 'ㄱ, ㄷ, ㅂ'과 결합하여 'ㅋ, ㅌ, ㅍ'으로 축약되어 나타났다. 즉 '숧'이 '고기'와 결합한 말이 만들어질 때 'ㅎ'이 'ㄱ'과 결합하여 축약되었으므로 '살코기'와 같은 어형이 생성된 것이다. 현대 국어에서 단일어의 'ㅎ' 종성은 대체로 소멸하였으나 '살코기' 외에도 ㉡**<u>복합어 속에서 'ㅎ'이 탈락하지 않고 그대로 남아 있는 경우</u>**가 더 있다.

보기

a. 휩쓸다 : '휘-'와 '쓸다'가 결합한 말인데, '쓸다'는 옛말 'ᄡᅳᆯ다'에서 온 말이다.

b. 햅 쌀 : '해-'와 '쌀'이 결합한 말인데, '쌀'은 옛말 'ᄡᆞᆯ'에서 온 말이다.

c. 수 퀑 : '수-'와 '꿩'이 결합한 말인데, '수'는 옛말에서 'ㅎ'을 종성으로 가지고 있었다.

d. 안 팎 : '안'과 '밖'이 결합한 말인데, '안'은 옛말에서 'ㅎ'을 종성으로 가지고 있었다.

e. 들뜨다 : '들다'와 '뜨다'가 결합한 말인데, '뜨다'는 옛말 'ᄠᅳ다'에서 온 말이다.

	㉠	㉡
①	a, b	c
②	a, e	c
③	a, b	d
④	b, e	d
⑤	a, b, e	c, d

13

2017년 4월 고3 전국연합학력평가

〈보기1〉을 참고하여 〈보기2〉의 ㉠~㉤에 대해 설명한 내용으로 가장 적절한 것은?

보기1

[구개음화]

교체 현상의 하나로, 받침이 'ㄷ', 'ㅌ'인 형태소가 모음 'ㅣ'나 반모음 'ㅣ[j]'로 시작되는 형식 형태소와 만나면 그것이 각각 구개음 [ㅈ], [ㅊ]이 되거나, 'ㄷ' 뒤에 형식 형태소 '-히-'가 올 때 'ㅎ'과 결합하여 이루어진 [ㅌ]이 [ㅊ]이 되는 현상.

보기

- 나는 벽에 ㉠**붙인** 게시물을 떼었다.
- 교수는 문제의 원인을 ㉡**낱낱이** 밝혔다.
- 그녀는 평생 ㉢**밭이랑**을 일구며 살았다.
- 그의 말소리는 소음에 ㉣**묻히고** 말았다.
- 그는 겨울에도 방에서 ㉤**홑이불**을 덮고 잤다.

① ㉠의 '붙-'은 접미사의 모음 'ㅣ'와 만나므로 구개음화 현상이 일어나지 않는다.
② ㉡의 '-이'는 실질 형태소이므로 '낱'의 받침 'ㅌ'은 [ㅊ]으로 발음되지 않는다.
③ ㉢의 '이랑'은 모음 'ㅣ'로 시작되는 형식 형태소이므로 '밭'의 'ㅌ'은 [ㅊ]으로 발음된다.
④ ㉣의 '묻-'은 접미사 '-히-'와 만나므로 'ㄷ'이 'ㅎ'과 결합하여 이루어진 [ㅌ]은 [ㅊ]으로 발음된다.
⑤ ㉤의 '홑-'과 결합한 '이불'은 모음 'ㅣ'로 시작되는 실질 형태소이므로 '홑-'의 받침 'ㅌ'은 구개음화 현상이 일어난다.

14

2017년 7월 고3 전국연합학력평가

〈보기〉의 ㉠에 해당하는 예로 적절한 것은?

보기

음운 변동의 유형으로는 교체, 탈락, 축약, 첨가가 있다. 한 단어가 발음될 때, 이러한 음운 변동 유형들 중 ㉠**한 가지 유형만 나타나는 경우**가 있고, 두 가지 이상의 유형이 나타나는 경우가 있다. 가령 '꽃밭[꼳빧]'은 교체 한 가지만 나타나지만, '꽃잎[꼰닙]'은 교체와 첨가 두 가지가 나타난다.

① 깎다[깍따] ② 막일[망닐] ③ 색연필[생년필]
④ 값하다[가파다] ⑤ 설익다[설릭따]

15

2017년 10월 고3 전국연합학력평가

〈보기〉를 참조하여 단어의 발음을 설명한 내용으로 적절하지 <u>않은</u> 것은?

보기

연음은 앞 음절의 종성에 있던 자음이 모음으로 시작하는 뒤 음절의 초성으로 옮겨 가 발음되는 현상이다. 뒤에 모음으로 시작하는 형식 형태소가 오면 곧바로 연음이 일어나지만, 'ㅏ, ㅓ, ㅗ, ㅜ, ㅟ'들로 시작되는 실질 형태소가 올 때에는 '홑옷[호돋]'처럼 음절의 끝소리 규칙이 먼저 적용된 후 연음이 일어난다.

① '밭은소리'는 용언의 활용형인 '밭은'과 명사 '소리'가 결합된 단어이므로 [바든소리]로 발음한다.
② '낱'에 조사 '으로'가 붙으면 [나트로]라고 발음하지만, 어근 '알'이 붙으면 [나달]로 발음한다.
③ '앞어금니'는 어근 '앞'과 '어금니'가 결합된 단어이므로 [아버금니]로 발음한다.
④ '겉웃음'은 '웃-'이 어근이고, '-음'이 접사이므로 [거두슴]으로 발음한다.
⑤ '밭' 뒤에 조사 '을'이 붙으면 연음되어 [바틀]로 발음한다.

2018년 3월 고3 전국연합학력평가

[16] 다음 글을 읽고 물음에 답하시오.

국어에는 발음을 자연스럽게 하는 상황에서 어떠한 자음 두 개를 연달아 발음하는 것이 어려워 발생하는 음운 변동들이 있다. 가령 '국'과 '물'은 따로 발음하면 제 소리대로 [국]과 [물]로 발음되지만, '국물'처럼 'ㄱ'과 'ㅁ'을 연달아 발음하게 되면 예외 없이 비음화가 일어나 'ㄱ'이 [ㅇ]으로 바뀐다. 이것은 국어에서 장애음*과 비음을 자연스럽게 연달아 발음하는 것이 어려워 일어나는 현상이다. '국화[구콰]', '좋다[조:타]'처럼 예사소리와 'ㅎ'이 거센소리로 축약되는 현상도 국어에서 연달아 발음하는 것이 어려운 자음들이 이어질 때 발생하는 음운 변동으로 볼 수 있다. 비음화와 자음 축약은 장애음 뒤에 비음이 이어질 때, 'ㅎ'의 앞이나 뒤에서 예사소리가 이어질 때와 같이 음운과 관련된 조건만으로 규칙성을 파악할 수 있다.

국어에서 일어나는 된소리되기를 살펴보면, 예사소리인 파열음 'ㅂ, ㄷ, ㄱ' 뒤에 예사소리 'ㅂ, ㄷ, ㄱ, ㅅ, ㅈ'이 연달아 발음되기 어려워, 뒤에 오는 예사소리가 반드시 된소리로 바뀐다. 예를 들면, '국밥'은 반드시 [국빱]으로 발음된다. 이와 같은 현상은 필수적으로 일어나기 때문에 [갑짜기]로 발음되는 단어를 '갑자기'로 표기하더라도 발음할 때에는 예외 없이 [갑짜기]가 된다.

한편 자음의 본래 소리대로 발음할 수 있음에도 불구하고 일어나는 된소리되기가 존재한다. '(신을) 신고'가 [신:꼬]로 발음되는 것처럼, 용언의 어간이 비음으로 끝나고 뒤에 오는 어미가 예사소리로 시작하면 예사소리가 된소리로 바뀐다. 그런데 명사인 '신고(申告)'는 [신고]로 발음되듯이, 국어의 자연스러운 발음에서 비음과 예사소리는 그대로 발음될 수도 있다. 따라서 비음 뒤의 예사소리가 된소리로 발음되는 현상의 규칙성을 파악하기 위해서는 음운과 관련된 조건뿐만 아니라 용언의 어간과 어미가 결합한다는 것과 같은 형태소와 관련된 조건까지 알아야 한다.

국어의 규칙적인 음운 변동 중에는 어떠한 자음 두 개를 연달아 발음하는 것이 어려워 발생하는 것도 있고, 자음의 본래 소리대로 발음할 수 있음에도 불구하고 발생하는 것도 있다. 이와 같은 음운 변동이 일어난 발음들은 모두 표준 발음으로 인정된다.

* 장애음 : 구강 통로가 폐쇄되거나 마찰이 생겨서 나는 소리. 일반적으로 장애의 정도가 큰 파열음, 마찰음, 파찰음을 이름.

16 〈보기〉의 ㉠~㉣에 대한 설명으로 적절한 것은?

보기

음운의 변동은 한 음운이 다른 음운으로 바뀌는 교체, 한 음운이 없어지는 탈락, 새로운 음운이 생기는 첨가, 두 음운이 하나의 음운으로 합쳐지는 축약으로 구분된다. 한 단어가 발음될 때 이 네 가지 변동 중 둘 이상이 나타나는 경우도 있고, 하나의 음운이 두 번 이상의 음운 변동을 겪기도 한다.

㉠ 낱낱이→[난:나치] ㉡ 넋두리→[넉뚜리]
㉢ 입학식→[이팍씩] ㉣ 첫여름→[천녀름]

① ㉠과 ㉣에서는 공통적으로 음운이 첨가되는 현상이 나타난다.
② ㉡과 ㉢에서 공통적으로 나타나는 음운의 변동은 탈락이다.
③ ㉠에서 발음된 'ㅊ'과 ㉢에서 발음된 'ㅍ'은 공통적으로 음운이 축약된 것이다.
④ ㉠에서 'ㅌ'이 'ㄴ'으로, ㉣에서 'ㅅ'이 'ㄴ'으로 발음될 때 일어나는 음운 교체의 횟수는 같다.
⑤ ㉡에서 'ㄳ'이 'ㄱ'으로, ㉢에서 'ㅅ'이 'ㅆ'으로 발음될 때 일어나는 음운 변동의 횟수는 다르다.

17

2018년 7월 고3 전국연합학력평가

〈보기〉는 표준 발음법 중 '된소리되기'의 일부이다. 이를 바탕으로 표준 발음을 이해한 내용으로 적절하지 않은 것은?

보기
㉠ 받침 'ㄱ(ㄲ, ㅋ, ㄳ, ㄺ), ㄷ(ㅅ, ㅆ, ㅈ, ㅊ, ㅌ), ㅂ(ㅍ, ㄼ, ㄿ, ㅄ)' 뒤에 연결되는 'ㄱ, ㄷ, ㅂ, ㅅ, ㅈ'은 된소리로 발음한다. ㉡ 어간 받침 'ㄴ(ㄵ), ㅁ(ㄻ)' 뒤에 결합되는 어미의 첫소리 'ㄱ, ㄷ, ㅅ, ㅈ'은 된소리로 발음한다. ㉢ 어간 받침 'ㄼ, ㄾ' 뒤에 결합되는 어미의 첫소리 'ㄱ, ㄷ, ㅅ, ㅈ'은 된소리로 발음한다. ㉣ 관형사형 '-(으)ㄹ' 뒤에 연결되는 'ㄱ, ㄷ, ㅂ, ㅅ, ㅈ'은 된소리로 발음한다. '-(으)ㄹ'로 시작되는 어미의 경우에도 이에 준한다.

① '국밥'과 '(계란을) 삶고'에서의 된소리되기는 각각 ㉠, ㉡에 따른 것이다.

② '꽃다발'과 '(그릇을) 핥지만'에서의 된소리되기는 각각 ㉠, ㉢에 따른 것이다.

③ '(시를) 읊조리다'와 '(죽을) 먹을지언정'에서의 된소리되기는 각각 ㉠, ㉣에 따른 것이다.

④ '(바닥에) 앉을수록'과 '(몸을) 기댈 곳이'에서의 된소리되기는 각각 ㉡, ㉣에 따른 것이다.

⑤ '(샅샅이) 훑다'와 '(내가) 떠날지라도'에서의 된소리되기는 각각 ㉢, ㉣에 따른 것이다.

18

2018년 10월 고3 전국연합학력평가

〈보기〉의 자료에 나타난 음운 변동을 탐구한 내용으로 적절하지 않은 것은?

보기
ⓐ 놓고[노코], 낳던[나:턴], 쌓지[싸치] ⓑ 닿소[다:쏘], 좋소[조:쏘] ⓒ 놓는[논는], 쌓네[싼네] ⓓ 않는[안는], 많네[만:네] ⓔ 낳은[나은], 놓아[노아], 쌓이다[싸이다]

① ⓐ를 보니, 받침 'ㅎ' 뒤에 'ㄱ, ㄷ, ㅈ'이 오는 경우에는 축약이 일어나는군.

② ⓑ를 보니, 받침 'ㅎ' 뒤에 'ㅅ'이 오는 경우에는 교체와 축약이 일어나는군.

③ ⓒ를 보니, 받침 'ㅎ' 뒤에 'ㄴ'이 오는 경우에는 교체가 두 번 일어나는군.

④ ⓓ를 보니, 받침 'ㄶ' 뒤에 'ㄴ'이 오는 경우에는 탈락이 일어나는군.

⑤ ⓔ를 보니, 받침 'ㅎ' 뒤에 모음으로 시작하는 형식 형태소가 오는 경우에는 탈락이 일어나는군.

2019년 3월 고3 전국연합학력평가

[19] 다음 글을 읽고 물음에 답하시오.

현대 국어에서는 음절의 종성에서 실제로 발음되는 소리가 제한되어 있다. ㉠**음절의 종성에 마찰음, 파찰음이 오거나 파열음 중 된소리나 거센소리가 오면 모두 예사소리 'ㄱ, ㄷ, ㅂ'으로 교체**되고, ㉡**음절의 종성에 자음군이 올 때는 한 자음이 탈락**한다. 그런데 모음으로 시작하는 형식 형태소가 뒤에 오면 앞 음절의 종성에 있던 자음이 곧바로 연음된다. 이렇게 연음되어 뒤 음절의 초성에서 소리 나는 자음은 제 음가대로 발음된다.

연음이 일어나는 조건이 갖추어지더라도 다른 현상이 일어나 제 음가대로 발음이 되지 않는 경우도 있다. 가령, ㉢**'ㄷ, ㅌ'으로 끝나는 말 뒤에 'ㅣ'로 시작하는 형식 형태소가 오면 'ㄷ, ㅌ'이 'ㅈ, ㅊ'으로 변하는 구개음화**가 일어난다. 또한 용언 어간 말음 'ㅎ'은 모음으로 시작하는 형식 형태소가 뒤에 오면 연음되지 않고 탈락한다. ㉣**용언 어간 말음 'ㅎ' 뒤에 'ㄱ, ㄷ, ㅈ'으로 시작하는 어미가 오면 'ㅎ'과 'ㄱ, ㄷ, ㅈ'이 거센소리로 축약**되는데 이를 통해 용언 어간 말음 'ㅎ'이 존재함을 간접적으로 알 수 있다.

연음과 음운 변동에 대한 지식을 활용하여 중세 국어 자료를 검토해 보면 현대 국어에서 찾아보기 어려운 형태의 단어를 발견할 수 있다. 예를 들어, 현대 국어에서는 'ㅎ'을 말음으로 가진 체언을 찾아보기 어렵다. 그러나 중세 국어 자료를 살펴보면 '돓(돌)', '나랗(나라)'와 같이 'ㅎ'을 말음으로 가진 체언을 확인할 수 있다.

중세 국어 시기에는 체언 말음 'ㅎ'이 모음으로 시작하는 조사와 결합하면 '나라히'와 같이 연음되어 나타나는 것을 확인할 수 있다. 또한 'ㅎ'을 말음으로 가진 체언이 '과', '도'와 같은 조사와 결합하면 'ㅎ'이 뒤에 오는 'ㄱ, ㄷ'과 축약되어 'ㅋ, ㅌ'으로 나타났는데, 이를 통해서 'ㅎ'의 존재를 간접적으로 확인할 수 있다. 하지만 어떤 체언이 'ㅎ'을 말음으로 가지고 있다고 하더라도, 그 체언이 단독으로 쓰이거나 관형격 조사 'ㅅ'과 결합하여 쓰였을 때는 'ㅎ'이 실현되지 않아서 'ㅎ'을 말음으로 가지지 않은 체언과 구별되지 않았다. 해당 체언이 연음이나 축약이 일어나는 자리에 쓰인 사례를 검토해야 체언 말음 'ㅎ'의 존재 여부를 알 수 있다.

19 ㉠~㉣에 대한 이해로 적절한 것은?

① '한몫[한목]'을 발음할 때, ㉠이 일어난다.
② '놓기[노키]'를 발음할 때, ㉣이 일어난다.
③ '끓지[끌치]'를 발음할 때, ㉡과 ㉢이 일어난다.
④ '값할[가팔]'을 발음할 때, ㉡과 ㉣이 일어난다.
⑤ '맞힌[마친]'을 발음할 때, ㉢과 ㉣이 일어난다.

20

2019년 4월 고3 전국연합학력평가

〈보기1〉의 탐구 과정을 바탕으로 〈보기2〉의 ㉠~㉥을 바르게 분류한 것은?

보기1

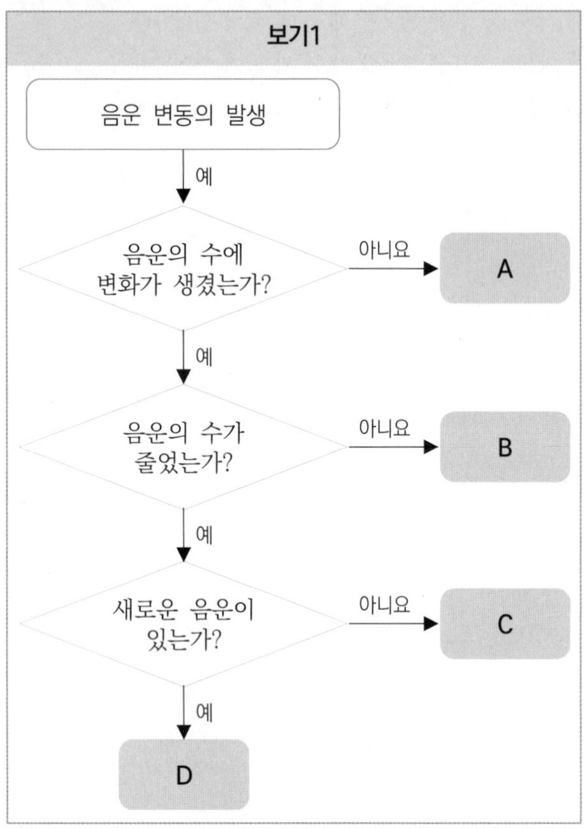

보기2

◦그는 열심히 ㉠**집안일**을 했다.
◦그녀는 기분 ㉡**좋은** 웃음을 지었다.
◦그는 나에게 말을 하지 ㉢**않고** 떠났다.
◦세월이 화살과 ㉣**같이** 빠르게 지나간다.
◦집이 추워서 오래된 ㉤**난로**에 불을 지폈다.
◦면역력이 떨어지면 병이 ㉥**옮는** 경우가 있다.

	A	B	C	D
①	㉠	㉢	㉣, ㉤	㉡, ㉥
②	㉡, ㉥	㉠	㉣, ㉤	㉢
③	㉡, ㉥	㉣, ㉤	㉠	㉢
④	㉣, ㉤	㉠	㉡, ㉥	㉢
⑤	㉣, ㉤	㉡, ㉥	㉢	㉠

21

2019년 7월 고3 전국연합학력평가

〈보기〉의 ㉠, ㉡에 해당하는 예로 적절한 것은?

보기

국어에서 'ㄴ'과 'ㄹ' 소리를 연달아 내는 것은 어려운 일이다. 그래서 'ㄹ'과 'ㄴ'이 연쇄적으로 발음될 때 순행적 유음화가 일어나고, 반대로 'ㄴ'과 'ㄹ'이 연쇄적으로 발음될 때 ㉠**역행적 유음화**가 일어난다. 그런데 표면적으로 순행적 유음화나 역행적 유음화가 일어날 조건이 충족된다고 하더라도 용언의 활용이나 합성어, 파생어 형성 과정에서 순행적 유음화가 아닌 'ㄹ' 탈락이 일어나기도 하고, 역행적 유음화가 아닌 ㉡**'ㄹ'의 비음화**가 일어나기도 한다.

	㉠	㉡
①	산란기	표현력
②	줄넘기	입원료
③	결단력	생산량
④	의견란	향신료
⑤	대관령	물난리

22

2019년 10월 고3 전국연합학력평가

〈보기〉의 ⓐ~ⓓ를 발음할 때 일어나는 음운 변동을 탐구한 내용으로 적절한 것은?

보기

◦ ⓐ**밭일**을 하며 발에 ⓑ**밟힌** 벌을 보았다.
◦ ⓒ**숱한** 시련을 이겨 내 승리를 ⓓ**굳혔다**.

① ⓐ에서는 뒷말의 초성이 앞말의 종성과 조음 방법이 같아지는 비음화가 일어난다.
② ⓐ에서는 '일'이 실질 형태소이기 때문에 구개음화가 일어나지 않고 'ㅌ'이 연음된다.
③ ⓑ와 ⓒ에서는 모두 음운 변동의 결과 전체 음운의 개수가 줄어든다.
④ ⓑ와 ⓓ에서는 모두 어떤 음운이 다른 음운으로 바뀌는 교체 현상이 일어난다.
⑤ ⓒ와 ⓓ에서는 모두 거센소리되기가 먼저 일어난 후 구개음화가 일어난다.

23

2015년 6월 고3 평가원모의평가

〈보기〉의 [가]에 들어갈 말로 가장 적절한 것은?

> **보기**
>
> 선생님 : 어떤 음운이 주위에 있는 다른 음운의 영향을 받아 그것과 동일한 음운으로 바뀌거나, 조음 위치 또는 조음 방법이 그것과 같은 음운으로 바뀌는 현상을 동화라고 합니다. 그럼 ㉠~㉤ 중에서 하나를 골라 그것이 동화인지 아닌지 판단해 보고 그 이유를 말해 봅시다.
>
> ㉠ 듣+고 → [듣꼬]　　㉡ 놓+고 → [노코]
> ㉢ 훑+네 → [훌레]　　㉣ 뽑+느라 → [뽐느라]
> ㉤ 넓+더라 → [널떠라]
>
> 학생 : [가]

① ㉠은 동화입니다. 왜냐하면 'ㄱ'이 'ㄷ'의 영향을 받아 'ㄱ'과 같은 위치에서 소리 나는 'ㄲ'으로 바뀌기 때문입니다.

② ㉡은 동화입니다. 왜냐하면 'ㅎ'이 'ㄱ'의 영향을 받아 'ㅎ'과 거센소리라는 점이 같은 'ㅋ'으로 바뀌기 때문입니다.

③ ㉢은 동화입니다. 왜냐하면 'ㄴ'이 'ㅌ'의 영향을 받아 'ㅌ'과 같은 위치에서 소리 나는 'ㄹ'로 바뀌기 때문입니다.

④ ㉣은 동화입니다. 왜냐하면 'ㅂ'이 'ㄴ'의 영향을 받아 'ㄴ'과 콧소리라는 점이 같은 'ㅁ'으로 바뀌기 때문입니다.

⑤ ㉤은 동화입니다. 왜냐하면 'ㅂ'이 'ㄷ'의 영향을 받아 'ㄷ'과 동일한 소리인 'ㄷ'으로 바뀌기 때문입니다.

24

2015년 9월 고3 평가원모의평가

〈보기〉의 ㉠~㉤의 밑줄 친 부분과 동일한 음운 변동이 일어난 예가 모두 바르게 제시된 것은? [3점]

> **보기**
>
> 국어에는 거센소리되기, 자음군 단순화, 된소리되기, 비음화, 유음화 등의 음운 변동이 있다.
> ㉠ 내가 좋아하는 음식은 **밥하고**[바파고] 떡이다.
> ㉡ 옷에 **흙까지**[흑까지] 묻히고 시내를 쏘다녔다.
> ㉢ 우리는 손을 **잡고**[잡꼬] 마냥 즐거워하였다.
> ㉣ 그는 고전 음악을 즐겨 **듣는다**[든는다].
> ㉤ **칼날**[칼랄]에 다치지 않도록 조심하여야 한다.

① ㉠ : 먹히다, 목걸이　　② ㉡ : 값싸다, 닭똥
③ ㉢ : 굳세다, 솜이불　　④ ㉣ : 겁내다, 맨입
⑤ ㉤ : 잡히다, 설날

25

2015년 9월 고3 평가원모의평가

〈보기〉의 표준 발음법을 바르게 적용한 것은?

> **보기**
>
> ㉠ 받침 'ㄷ, ㅌ'이 조사의 모음 'ㅣ'와 결합되는 경우에는, [ㅈ, ㅊ]으로 바꾸어서 뒤 음절 첫소리로 옮겨 발음한다. 예) 밭이[바치]
> ㉡ 받침 'ㄷ, ㅌ(ㄾ)'이 접미사의 모음 'ㅣ'와 결합되는 경우에는, [ㅈ, ㅊ]으로 바꾸어서 뒤 음절 첫소리로 옮겨 발음한다. 예) 미닫이[미다지]
> ㉢ 받침 'ㄷ' 뒤에 접미사 '히'가 결합되어 '티'를 이루는 것은 [치]로 발음한다. 예) 묻히다[무치다]

① '같이 걷다'의 '같이'는 ㉠에 따라 'ㅌ'을 [ㅊ]으로 바꿔 [가치]로 발음해야겠군.

② '솥이나 냄비를 준비하다'의 '솥이나'는 ㉠에 따라 'ㅌ'을 [ㅊ]으로 바꿔 [소치나]로 발음해야겠군.

③ '그것은 팥이다'의 '팥이다'는 ㉡에 따라 'ㅌ'을 [ㅊ]으로 바꿔 [파치다]로 발음해야겠군.

④ '자전거에 받히다'의 '받히다'는 ㉡에 따라 '티'를 [치]로 바꿔 [바치다]로 발음해야겠군.

⑤ '우표를 붙이다'의 '붙이다'는 ㉢에 따라 '티'를 [치]로 바꿔 [부치다]로 발음해야겠군.

26

2016년 6월 고3 평가원모의평가

〈보기〉의 ㉠~㉣에 대한 설명으로 적절하지 않은 것은? [3점]

보기

㉠ 맑+네→[망네]　　㉡ 낮+일→[난닐]
㉢ 꽃+말→[꼰말]　　㉣ 긁+고→[글꼬]

① ㉠ : '값+도→[갑또]'에서처럼 음절 끝에 둘 이상의 자음이 오지 못하기 때문에 일어난 음운 변동이 있다.
② ㉠, ㉢ : '입+니→[임니]'에서처럼 인접하는 자음과 조음 방법이 같아진 음운 변동이 있다.
③ ㉡ : '물+약→[물략]'에서처럼 자음이 교체된 음운 변동이 있다.
④ ㉡, ㉢ : '팥+죽→[판쭉]'에서처럼 음절 끝에 올 수 있는 자음이 제한되어 있기 때문에 일어난 음운 변동이 있다.
⑤ ㉣ : '잃+지→[일치]'에서처럼 자음이 축약된 음운 변동이 있다.

27

2017년 6월 고3 평가원모의평가

〈보기〉를 바탕으로 음운 변동 사례에 대해 이해한 내용으로 적절한 것은?

보기

교체, 탈락, 축약, 첨가의 음운 변동이 일어나는 경우 음운 개수의 변화가 나타나기도 한다. 먼저 '집일[짐닐]'은 첨가 및 교체가 일어나 음운의 개수가 늘었다. 그런데 '닭만[당만]'은 탈락 및 교체가 일어나 음운의 개수가 줄었고, '뜻하다[뜨타다]'는 교체 및 축약이 일어나 음운의 개수가 줄었다. 한편 '맡는[만는]'은 교체가 두 번 일어나 음운의 개수가 변하지 않았다.

① '흙하고[흐카고]'는 탈락 및 축약이 일어나 음운의 개수가 두 개 줄었군.
② '저녁연기[저녕년기]'는 첨가 및 교체가 일어나 음운의 개수가 두 개 늘었군.
③ '부엌문[부엉문]'과 '볶는[봉는]'은 교체가 한 번 일어나 음운의 개수가 변하지 않았군.
④ '얹지[언찌]'와 '묽고[물꼬]'는 교체 및 축약이 일어나 음운의 개수가 각각 한 개 줄었군.
⑤ '넓네[널레]'와 '밝는[방는]'은 탈락 및 교체가 일어나 음운의 개수가 각각 두 개 줄었군.

28

2018년 6월 고3 평가원모의평가

〈보기〉의 [1가지 조건]으로 적절하지 않은 것은?

보기

'한글 맞춤법'에 따르면, 사이시옷은 아래의 조건 ⓐ~ⓓ가 모두 만족되어야 표기된다. 단, '곳간, 셋방, 숫자, 찻간, 툇간, 횟수'는 예외이다.

○ **사이시옷 표기에 고려되는 조건**
ⓐ 단어 분류상 '합성 명사'일 것.
ⓑ 결합하는 두 말의 어종이 다음 중 하나일 것.
- 고유어+고유어 • 고유어+한자어
- 한자어+고유어

ⓒ 결합하는 두 말 중 앞말이 모음으로 끝날 것.
ⓓ 두 말이 결합하며 발생하는 음운 현상이 다음 중 하나일 것.
- 앞말 끝소리에 'ㄴ' 소리가 덧남.
- 앞말 끝소리와 뒷말 첫소리에 각각 'ㄴ' 소리가 덧남.
- 뒷말 첫소리가 된소리로 바뀜.

㉠~㉤ 각각의 쌍은 위 조건 ⓐ~ⓓ 중 [1가지 조건]만 차이가 나서 사이시옷 표기 여부가 갈린 예이다.

	사이시옷이 없는 단어	사이시옷이 있는 단어
㉠	도매가격[도매까격]	도맷값[도매깝]
㉡	전세방[전세빵]	아랫방[아래빵]
㉢	버섯국[버섣꾹]	조갯국[조개꾹]
㉣	인사말[인사말]	존댓말[존댄말]
㉤	나무껍질[나무껍찔]	나뭇가지[나무까지]

① ㉠ : ⓐ　　② ㉡ : ⓑ　　③ ㉢ : ⓒ
④ ㉣ : ⓓ　　⑤ ㉤ : ⓓ

29

2018년 6월 고3 평가원모의평가

〈보기〉의 ⓐ~ⓒ에 들어갈 말로 적절한 것은?

> **보기**
>
> ○ **탐구 과제**
>
> 겹받침을 가진 용언을 발음할 때 어떤 음운 변동이 나타나야 표준 발음에 맞는지 혼동되는 경우가 있다. 자음군 단순화, 된소리되기, 비음화, 유음화, 거센소리되기 등의 음운 변동으로 비표준 발음과 표준 발음을 설명해 보자.
>
> ○ **탐구 자료**
>
> | | 비표준 발음 | 표준 발음 |
> |---|---|---|
> | ㉠ 긁는 | [글른] | [긍는] |
> | ㉡ 짧네 | [짬네] | [짤레] |
> | ㉢ 끊기고 | [끈기고] | [끈키고] |
> | ㉣ 뚫지 | [뚤찌] | [뚤치] |
>
> ○ **탐구 내용**
>
> ㉠의 비표준 발음과 ㉡의 표준 발음에는 자음군 단순화 후 (ⓐ)가 나타난다. 이에 비해, ㉠의 표준 발음과 ㉡의 비표준 발음에는 자음군 단순화 후 (ⓑ)가 나타난다. ㉢과 ㉣의 표준 발음은 (ⓒ)만 일어난 발음이다.

	ⓐ	ⓑ	ⓒ
①	유음화	비음화	거센소리되기
②	유음화	비음화	된소리되기
③	비음화	유음화	거센소리되기
④	비음화	유음화	된소리되기
⑤	비음화	된소리되기	거센소리되기

30

2019년 6월 고3 평가원모의평가

〈보기〉에 대한 이해로 적절하지 않은 것은?

> **보기**
>
> ㉠ 풀잎[풀립] ㉡ 읊네[음네] ㉢ 벼훑이[벼훌치]

① ㉠, ㉡에서는 음운 변동이 각각 세 번씩 일어났군.

② ㉠, ㉡에서는 인접한 자음과 조음 방법이 같아지는 음운 변동이 일어났군.

③ ㉠에서 첨가된 음운과 ㉡에서 탈락된 음운은 서로 다르군.

④ ㉠, ㉢에서는 음운 개수가 달라지는 음운 변동이 일어났군.

⑤ ㉠은 'ㄹ'로 인해, ㉢은 모음 'ㅣ'로 인해 동화되는 음운 변동이 일어났군.

31

2019년 9월 고3 평가원모의평가

〈보기〉의 ㉠에 들어갈 말로 적절한 것은? [3점]

보기

선생님 : 오늘은 일상생활에서 흔하게 들을 수 있는 부정확한 발음에 대해 알아볼까요? 우선 아래 표에서 부정확한 발음과 정확한 발음을 확인해 보세요.

예	찰흙이	안팎을	넋이	끝을	숲에
부정확한 발음	[찰흐기]	[안파글]	[너기]	[끄츨]	[수베]
	⬇	⬇	⬇	⬇	⬇
정확한 발음	[찰흘기]	[안파끌]	[넉씨]	[끄틀]	[수페]

다 봤나요? 그럼 정확한 발음을 참고하여, 부정확한 발음을 하게 된 이유를 말해 볼까요?

학 생 : ㉠

선생님 : 네, 맞아요. 그럼 이제 정확한 발음을 일상생활에서 실천해 보세요.

'찰흙이'는 자음군 단순화를 적용하고 연음해야 하는데, [찰흐기]는 자음군 단순화를 적용하지 않고 연음을 했습니다.

① '안팎을'은 음절의 끝소리 규칙을 적용하지 않고 연음해야 하는데, [안파글]은 음절의 끝소리 규칙을 적용하고 연음을 했습니다.
② '넋이'는 연음을 하고 된소리되기를 적용해야 하는데, [너기]는 음절의 끝소리 규칙을 적용하고 연음을 했습니다.
③ '끝을'은 연음을 하고 구개음화를 적용해야 하는데, [끄츨]은 구개음화를 적용하고 연음을 했습니다.
④ '숲에'는 거센소리되기를 적용하지 않고 연음해야 하는데, [수베]는 거센소리되기를 적용하고 연음을 했습니다.

32

2015년 수능A형

다음의 ⓐ에 해당하는 것을 ㉠~㉣ 중에서 고른 것은?

보기

[모음의 변동]

단모음으로 끝나는 어간과 단모음으로 시작하는 어미가 결합하면 모음의 변동이 자주 일어난다. 모음 변동의 결과 두 개의 단모음 중 하나가 없어지기도 하고, ⓐ**두 개의 단모음이 합쳐져 이중 모음이 되기도 하며**, 단모음 사이에 반모음이 첨가되기도 한다.

[모음 변동의 사례]

㉠ 기+어 → [기여] ㉡ 살피+어 → [살펴]
㉢ 배우+어 → [배워] ㉣ 나서+어 → [나서]

① ㉠, ㉡ ② ㉠, ㉢ ③ ㉡, ㉢ ④ ㉡, ㉣ ⑤ ㉢, ㉣

33

2015년 수능B형

〈보기〉의 표준 발음 자료를 탐구한 내용으로 적절하지 <u>않은</u> 것은?

> **보기**
>
> **표준 발음법 제8항** 받침소리로는 'ㄱ, ㄴ, ㄷ, ㄹ, ㅁ, ㅂ, ㅇ'의 7개 자음만 발음한다.
>
> **[해설]** 이 조항은 ⓐ**<u>받침 발음의 원칙</u>**을 규정한 것이다. 어말이나 자음 앞에서 모든 받침은 제시된 7개의 자음 중 하나로만 발음할 수 있을 뿐이다. 이 원칙을 지키기 위해 두 가지 음운 변동이 적용된다. 하나는 ㉠**<u>자음이 탈락</u>**되는 것이고 다른 하나는 ㉡**<u>자음이 다른 자음으로 교체</u>**되는 것이다.
>
> **표준 발음 자료** 읽다[익따], 옮는[옴ː는], 닦지[닥찌], 읊기[읍끼], 밟는[밤ː는]

① '읽다[익따]'는 ⓐ를 지키기 위해 ㉠이 적용되었다.
② '옮는[옴ː는]'은 ⓐ를 지키기 위해 ㉠이 적용되었다.
③ '닦지[닥찌]'는 ⓐ를 지키기 위해 ㉡이 적용되었다.
④ '읊기[읍끼]'는 ⓐ를 지키기 위해 ㉠, ㉡이 모두 적용되었다.
⑤ '밟는[밤ː는]'은 ⓐ를 지키기 위해 ㉠, ㉡이 모두 적용되었다.

34

2016년 수능A형

다음 ㉠~㉤에서 일어나는 음운 변동에 대한 설명으로 적절한 것은? [3점]

> **보기**
>
> ㉠ 옳지 → [올치], 좁히다 → [조피다]
> ㉡ 끊어 → [끄너], 쌓이다 → [싸이다]
> ㉢ 슻도 → [숟또], 옷고름 → [옫꼬름]
> ㉣ 닦는 → [당는], 부엌문 → [부엉문]
> ㉤ 읽지 → [익찌], 훑거나 → [훌꺼나]

① ㉠, ㉡ : 'ㅎ'과 다른 음운이 결합하여 한 음운으로 축약되는 현상이 일어난다.
② ㉠, ㉢, ㉤ : 앞 음절의 종성에 따라 뒤 음절의 초성이 된소리로 되는 현상이 일어난다.
③ ㉢, ㉣ : '깊다 → [깁따]'에서처럼 음절 끝에서 발음되는 자음이 7개로 제한되는 현상이 일어난다.
④ ㉣ : '겉모양 → [건모양]'에서처럼 앞 음절의 종성이 뒤 음절의 초성과 조음 위치가 같아지는 현상이 일어난다.
⑤ ㉣, ㉤ : '앉고 → [안꼬]'에서처럼 받침 자음의 일부가 탈락하는 현상이 일어난다.

35
2016년 수능B형

〈보기〉에 따라 겹받침의 표준 발음에 대하여 단계별로 학습하였다. 각 예에 적용된 내용과 그 발음이 모두 바른 것은? [3점]

> **보기**
>
> ◦ 겹받침이 모음으로 시작된 조사나 어미, 접미사와 결합되는 경우에는 뒤엣것만을 뒤 음절 첫소리로 옮겨 발음한다. 이 경우, 'ㅅ'은 [ㅆ]으로 발음한다. …………… ⓐ
> ◦ 겹받침 'ㄳ, ㄺ', 'ㄻ', 'ㅄ'은 어말 또는 자음 앞에서 각각 [ㄱ, ㄹ, ㅂ]으로 발음한다. …………… ⓑ
>
> 이 후에는 다음과 같이 발음한다.
>
> • [ㄱ, ㅂ]은 'ㄴ, ㅁ' 앞에서 각각 [ㅇ, ㅁ]으로 발음한다. …………… ⓒ
> • [ㄱ, ㅂ] 뒤에 연결되는 'ㄱ, ㄷ, ㅂ, ㅅ, ㅈ'은 각각 [ㄲ, ㄸ, ㅃ, ㅆ, ㅉ]으로 발음한다. …………… ⓓ
> • [ㄱ, ㅂ]은 'ㅎ'과 결합되는 경우, 두 음을 합쳐서 각각 [ㅋ, ㅍ]으로 발음한다. …………… ⓔ

	예	적용 내용	발음
①	여덟+이	ⓐ	[여더리]
②	몫+을	ⓐ	[목슬]
③	흙+만	ⓑ, ⓒ	[흑만]
④	값+까지	ⓑ, ⓓ	[갑까지]
⑤	닭+하고	ⓑ, ⓔ	[다카고]

36
2017년 수능

〈보기〉의 (가), (나)를 중심으로 음운 변동을 이해한 내용으로 적절한 것은? [3점]

> **보기**
>
> 국어의 음운 변동은 교체, 탈락, 첨가, 축약으로 구분된다. 이 중에는 음의 종성과 관련된 음운 변동이 있다.
>
> [가] 음절의 종성에 마찰음, 파찰음이 오거나 파열음 중 거센소리나 된소리가 올 경우, 모두 파열음의 예사소리로 교체된다. 이는 종성에서 발음될 수 있는 자음의 종류가 제한됨을 알려 준다.
>
> [나] 또한 음절의 종성에 자음군이 올 경우, 한 자음이 탈락한다. 이는 종성에서 하나의 자음만이 발음될 수 있음을 알려 준다.

① '꽂힌[꼬친]'에는 (가)에 해당하는 음운 변동이 있다.
② '몫이[목씨]'에는 (나)에 해당하는 음운 변동이 있다.
③ '비옷[비옫]'에는 (나)에 해당하는 음운 변동이 있다.
④ '않고[안코]'에는 (가), (나) 모두에 해당하는 음운 변동이 있다.
⑤ '읊고[읍꼬]'에는 (가), (나) 모두에 해당하는 음운 변동이 있다.

37
2018년 수능

〈보기〉의 음운 변동을 분석한 것으로 적절하지 <u>않은</u> 것은?

> **보기**
>
> ㉠ 흙일 → [흥닐]
> ㉡ 닳는 → [달른]
> ㉢ 발야구 → [발랴구]

① ㉠~㉢은 각각 2회 이상의 음운 변동이 일어났다.
② ㉠~㉢에 공통으로 일어난 음운 변동은 첨가이다.
③ 음운 변동의 결과 음운의 개수에 변화가 없는 것은 ㉠이다.
④ ㉡과 ㉢에서 일어난 음운 변동의 횟수는 같다.
⑤ ㉢에서 첨가된 음운은 ㉠에서 첨가된 음운과 같다.

38

2019년 수능

〈보기〉의 ㉠에 들어갈 말로 적절하지 않은 것은?

보기

선생님 : 최소 대립쌍이란 하나의 소리로 인해 뜻이 구별되는 단어의 짝을 말해요. 가령 최소 대립쌍 '살'과 '쌀'은 'ㅅ'과 'ㅆ'으로 인해 뜻이 달라지는데, 이때의 'ㅅ', 'ㅆ'은 음운의 자격을 얻게 되죠. 이처럼 최소 대립쌍을 이용해 음운들을 추출하면 음운 체계를 수립할 수 있어요. 이제 고유어들을 모은 [A]에서 최소 대립쌍들을 찾아 음운들을 추출하고, 그 음운들을 [B]에서 확인해 봅시다.

[A] 쉬리, 마루, 구실, 모래, 소리, 구슬, 머루

[B] 국어의 단모음 체계

혀의 앞뒤 / 입술 모양 / 혀의 높낮이	전설 모음		후설 모음	
	평순	원순	평순	원순
고모음	ㅣ	ㅟ	ㅡ	ㅜ
중모음	ㅔ	ㅚ	ㅓ	ㅗ
저모음	ㅐ		ㅏ	

[학생의 탐구 내용]

추출된 음운들 중 (㉠)을 확인할 수 있군.

① 2개의 전설 모음
② 2개의 중모음
③ 3개의 평순 모음
④ 3개의 고모음
⑤ 4개의 후설 모음

39

2020년 수능

〈보기〉의 [A]에 들어갈 말로 적절한 것은?

보기

선생님 : 음절은 발음할 수 있는 최소의 언어 단위인데, 음절의 유형은 크게 분류하면 '1 모음, 2 자음+모음, 3 모음+자음, 4 자음+모음+자음'이 있어요. 예를 들면 '꽃[꼳]'은 4, '잎[입]'은 3에 속하지요. 그런데 복합어 '꽃잎'은 음운 변동이 일어나 [꼰닙]으로 발음돼요. 이때 [닙]은 4에 해당하며 음운의 첨가로 음절 유형이 바뀐 것이지요.
이제 아래 단어들을 탐구해 봅시다.

밥상(밥+상), 집일(집+일), 의복함(의복+함), 국물(국+물), 화살(활+살)

학 생 : [A]

선생님 : 네, 맞아요.

① '밥상[밥쌍]'에서의 [쌍]은 첨가의 결과이고, 음절 유형이 단일어인 '상[상]'과 달라졌어요.
② '집일[짐닐]'에서의 [닐]은 교체의 결과이고, 음절 유형이 단일어인 '일[일]'과 달라졌어요.
③ '의복함[의보캄]'에서의 [캄]은 축약의 결과이고, 음절 유형이 단일어인 '함[함]'과 달라졌어요.
④ '국물[궁물]'에서의 [궁]은 교체의 결과이고, 음절 유형이 단일어인 '국[국]'과 같아요.
⑤ '화살[화살]'에서의 [화]는 탈락의 결과이고, 음절 유형이 단일어인 '활[활]'과 같아요.

40

2020년 9월 고3 평가원모의평가

〈보기〉의 ㉮에 들어갈 말로 적절한 것은?

보기

선생님 : 용언 어간 뒤에 '-아/어'로 시작하는 어미가 결합할 때, 단모음이 반모음으로 교체되는 음운 변동이 일어날 수 있어요. 가령, 어간 '오-'와 어미 '-아'가 결합해 [와]로 발음될 때, 단모음 'ㅗ'가 반모음 'w'로 교체되는 것이지요. 우리말의 반모음은 'j'도 있으니까 반모음 'j'로 교체되는 예도 있겠죠? 그럼 용언 어간의 단모음이 '-아/어'로 시작하는 어미와 결합할 때 반모음 'j'로 교체되는 예를 들어 볼까요?

학 생 : 네, ___㉮___로 발음되는 예를 들 수 있어요.

① 어간 '뛰-'와 어미 '-어'가 결합해 [뛰여]
② 어간 '차-'와 어미 '-아도'가 결합해 [차도]
③ 어간 '잠그-'와 어미 '-아'가 결합해 [잠가]
④ 어간 '견디-'와 어미 '-어서'가 결합해 [견뎌서]
⑤ 어간 '키우-'와 어미 '-어라'가 결합해 [키워라]

41

2020년 3월 고3 전국연합학력평가

〈보기〉의 학습 과제를 수행한 결과로 가장 적절한 것은?

보기

◦ **학습 내용**: 음운 변동의 유형에는 교체, 탈락, 첨가, 축약이 있다. 음운 변동은 한 단어를 단독으로 발음하는 경우에만 일어나는 것이 아니라 둘 이상의 단어를 이어서 한 마디로 발음하는 경우에도 일어날 수 있다. 예를 들어 '낮'과 '한때'를 각각 단독으로 발음하는 경우에 '낮[낟]'은 교체가 일어나고 '한때[한때]'는 음운 변동이 일어나지 않는다. 그런데 '낮'과 '한때'를 이어서 한 마디로 발음하는 경우에는 교체와 축약이 일어나 '낮 한때[나탄때]'로 발음된다.

◦ **학습 과제** : 아래의 ㄱ과 ㄴ에서 두 단어를 이어서 한 마디로 발음하는 경우 공통적으로 일어나는 음운 변동의 유형을 찾고, 그 유형의 적절한 예를 제시하시오.

ㄱ. 잘 입다[잘립따]
ㄴ. 값 매기다[감매기다]

	공통적인 음운 변동의 유형	예
①	교체	책 넣는다[챙넌는다]
②	교체	좋은 약[조:은냑]
③	교체	잘한 일[잘한닐]
④	첨가	슬픈 얘기[슬픈내기]
⑤	첨가	먼 옛날[먼:녠날]

42

2020년 4월 고3 전국연합학력평가

〈보기〉를 바탕으로 단모음의 변별적 자질을 탐구한 내용으로 적절하지 않은 것은?

보기

변별적 자질이란 한 음소를 이루는 여러 음성적 특성들을 별개의 단위로 독립하여 표시한 것이다. 하나의 변별적 자질은 오로지 두 부류로만 구별해 주며, 해당 변별적 자질이 나타내는 특성을 가진 부류는 '+', 그렇지 않은 부류는 '-'로 표시한다.

[자료 1] 단모음의 변별적 자질

- [후설성]: 혀의 전후 위치와 관련된 자질로 혀의 최고점이 중립적 위치보다 뒤에 놓이는 성질. 후설 모음은 [+후설성], 전설 모음은 [-후설성]이다.
- [고설성]: 혀의 높낮이와 관련된 자질로 혀의 최고점이 중립적 위치보다 높아지는 성질. 고모음은 [+고설성], 중모음과 저모음은 [-고설성]이다.
- [저설성]: 혀의 높낮이와 관련된 자질로 혀의 최고점이 중립적 위치보다 낮아지는 성질. 저모음은 [+저설성], 중모음과 고모음은 [-저설성]이다.
- [원순성]: 입술을 동그랗게 오므리는 성질. 원순 모음은 [+원순성], 평순 모음은 [-원순성]이다.

[자료 2] 단모음 체계표

혀의 앞뒤 / 입술 모양 / 혀의 높낮이	전설 모음		후설 모음	
	평순	원순	평순	원순
고모음	ㅣ	ㅟ	ㅡ	ㅜ
중모음	ㅔ	ㅚ	ㅓ	ㅗ
저모음	ㅐ		ㅏ	

① 'ㅡ'는 [+후설성]으로, 'ㅣ'는 [-후설성]으로 표시한다.
② 'ㅏ'와 'ㅓ'는 [저설성]을 나타내는 변별적 자질의 특성이 서로 다르다.
③ 'ㅚ'와 'ㅜ'의 동일한 변별적 자질의 특성은 [+원순성]과 [-저설성]이다.
④ 'ㅔ'와 'ㅗ'는 [저설성]을 나타내는 변별적 자질의 특성은 동일하고, [고설성]을 나타내는 변별적 자질의 특성은 서로 다르다.
⑤ 'ㅐ'와 'ㅟ'는 [후설성]을 나타내는 변별적 자질의 특성은 동일하고, [고설성]을 나타내는 변별적 자질의 특성은 서로 다르다.

43

2020년 7월 고3 전국연합학력평가

〈보기〉의 음운 변동을 분석한 것으로 적절하지 않은 것은?

보기

㉠ 밭일[반닐]　㉡ 훑는[훌른]　㉢ 같이[가치]

① ㉠에는 음절 끝에 올 수 있는 자음이 제한되어 있기 때문에 일어난 음운 변동이 있다.
② ㉠과 ㉡은 음운 변동의 결과 음운의 개수에 변화가 생겼다.
③ ㉠은 실질 형태소끼리 결합할 때, ㉢은 실질 형태소와 형식 형태소가 결합할 때 음운 변동이 일어났다.
④ ㉡은 자음으로 인한, ㉢은 모음으로 인한 음운 변동이 일어났다.
⑤ ㉠, ㉡, ㉢에 공통적으로 일어난 음운 변동은 탈락과 교체이다.

44

2020년 10월 고3 전국연합학력평가

〈보기〉에 제시된 '선생님'의 질문에 대한 답으로 적절한 것은?

보기

선생님 : 음운 변동이 일어날 때에는 조음 위치 및 조음 방법이 변하기도 합니다. 다음 단어를 발음할 때 일어나는 변화를 자음 체계를 참고하여 설명해 볼까요?

맏이[마지], 꽃눈[꼰눈], 강릉[강능], 실내[실래], 앞날[암날]

조음 위치 / 조음 방법	양순음	치조음	경구개음	연구개음	후음
파열음	ㅂ ㅃ ㅍ	ㄷ ㄸ ㅌ		ㄱ ㄲ ㅋ	
파찰음			ㅈ ㅉ ㅊ		
마찰음		ㅅ ㅆ			ㅎ
비음	ㅁ	ㄴ		ㅇ	
유음		ㄹ			

① '맏이'를 발음할 때 일어나는 음운 변동에서는 조음 위치만 한 번 변합니다.

② '꽃눈'을 발음할 때 일어나는 음운 변동에서는 조음 위치만 두 번 변합니다.

③ '강릉'을 발음할 때 일어나는 음운 변동에서는 조음 방법만 한 번 변합니다.

④ '실내'를 발음할 때 일어나는 음운 변동에서는 조음 위치가 변한 후 조음 방법이 변합니다.

⑤ '앞날'을 발음할 때 일어나는 음운 변동에서는 조음 방법이 변한 후 조음 위치가 변합니다.

2021년 3월 고3 전국연합학력평가

[45] 다음 글을 읽고 물음에 답하시오.

(가) 표준 발음법 제5장에서는 '음의 동화'에 대해 다루고 있다. 동화는 음운 변동 중 한 음운이 다른 음운으로 바뀌는 교체에 속한다. 대표적인 예로 'ㄱ, ㄷ, ㅂ'이 비음 'ㄴ, ㅁ' 앞에서 각각 동일한 조음 위치의 비음인 'ㅇ, ㄴ, ㅁ'으로 조음 방법이 바뀌는 비음화, 'ㄴ'이 'ㄹ'의 앞 또는 뒤에서 동일한 조음 위치의 유음인 'ㄹ'로 조음 방법이 바뀌는 유음화가 있다. 예컨대 '맏물[만물]'에서는 비음화가 일어나고, '실내[실래]'에서는 유음화가 일어난다.

[A] 한편 동화를 일으키는 음운은 동화음, 동화음의 영향을 받는 음운은 피동화음이라고 하는데, 동화는 동화의 방향이나 동화의 정도에 따라 나눌 수 있다. 동화의 방향에 따라서는 동화음이 피동화음에 선행하는 동화, ㉠**동화음이 피동화음에 후행하는 동화**로 나눌 수 있다. 그리고 동화의 정도에 따라서는 ㉡**피동화음이 동화음과 완전히 같아지는 동화**, 피동화음이 동화음의 조음 위치나 조음 방법과 같은 일부 특성만 닮는 동화로 나눌 수 있다. 예컨대 '실내'에서는 동화음이 피동화음에 선행하며 피동화음이 동화음과 완전히 같아지는 동화가 일어나지만, '맏물'에서는 동화음이 피동화음에 후행하며 피동화음이 동화음의 조음 방법만 닮는 동화가 일어난다.

(나) 국어의 로마자 표기는 국어의 표준 발음법에 따라 적는 것을 원칙으로 한다. 다음은 국어의 로마자 표기법의 일부를 정리한 것이다.

1. 표기 일람

(1) 모음

ㅏ	ㅗ	ㅜ	ㅣ	ㅐ	ㅕ	ㅛ	ㅘ
a	o	u	i	ae	yeo	yo	wa

• 장모음의 표기는 따로 하지 않는다.

(2) 자음

ㄱ	ㄷ	ㅂ	ㅅ	ㅁ	ㅇ	ㄹ
g, k	d, t	b, p	s	m	ng	r, l

- 'ㄱ, ㄷ, ㅂ'은 모음 앞에서는 'g, d, b'로, 자음 앞이나 어말에서는 'k, t, p'로 적는다.
- 'ㄹ'은 모음 앞에서는 'r'로, 자음 앞이나 어말에서는 'l'로 적는다. 단, 'ㄹㄹ'은 'll'로 적는다.

2. 표기상의 유의점

- 음운 변화가 일어날 때에는 변화의 결과에 따라 적는다.
- 고유 명사는 첫 글자를 대문자로 적는다.

45

[A]를 바탕으로 〈보기〉에서 일어나는 동화의 양상을 분석할 때, ㉠과 ㉡이 모두 일어나는 단어만을 골라 묶은 것은?

보기		
곤란[골ː란]	국민[궁민]	읍내[음내]
입문[임문]	칼날[칼랄]	

① 곤란, 입문 ② 국민, 읍내 ③ 곤란, 국민, 읍내 ④ 곤란, 입문, 칼날 ⑤ 국민, 입문, 칼날

46

2021년 4월 고3 전국연합학력평가

다음의 ⓐ에 해당하는 것을 ㉠~㉣ 중에서 바르게 고른 것은?

원격 수업에서 활용하기 위해 우리말 음성을 한글로 변환하는 프로그램이 개발되고 있다. 아래는 이 프로그램의 개발자가 쓴 일지의 일부이다.

◦프로그램의 원리

사용자가 한글 맞춤법에 맞게 표기된 자료를 표준 발음법에 따라 발음하면, 프로그램은 그 발음에 나타난 음운 변동 현상을 분석해 본래의 표기된 자료로 출력한다.

◦확인된 문제

프로그램이 입력된 발음을 본래의 자료로 출력하지 못한 사례가 확인되었다. 아래의 잘못 출력된 사례에서 한글 맞춤법에 맞게 표기된 자료와 출력된 자료를 대조해 ㉠**교체**, ㉡**탈락**, ㉢**첨가**, ㉣**축약** 중 ⓐ**프로그램이 분석하지 못한 음운 변동 현상**이 무엇인지 알아봐야겠다.

표기된 자료	표준 발음	출력된 자료
끊어지다	[끄너지다]	끄너지다
없애다	[업ː쌔다]	업쌔다
피붙이	[피부치]	피부치
웃어른	[우더른]	우더른
암탉	[암탁]	암탁

① ㉠, ㉡ ② ㉠, ㉣ ③ ㉡, ㉢ ④ ㉡, ㉣ ⑤ ㉢, ㉣

47

2021년 7월 고3 전국연합학력평가

〈보기〉를 바탕으로 음운 변동에 대해 이해한 내용으로 적절하지 않은 것은?

보기

한 음운이 다른 음운과 만날 때 환경에 따라 다른 음운으로 바뀌어서 소리 나는 현상을 음운 변동이라고 한다. 음운 변동은 그 양상에 따라 교체, 축약, 탈락, 첨가로 나눌 수 있다. 이러한 음운 변동은 한 단어에서 두 가지 이상이 함께 나타나기도 한다.

① '물약[물략]'에서는 첨가와 교체의 음운 변동이 일어난다.
② '읊는[음는]'에서는 탈락과 교체의 음운 변동이 일어난다.
③ '값하다[가파다]'에서는 탈락과 축약의 음운 변동이 일어난다.
④ '급행요금[그팽뇨금]'에서는 탈락과 축약과 첨가의 음운 변동이 일어난다.
⑤ '넓죽하다[넙쭈카다]'에서는 탈락과 교체와 축약의 음운 변동이 일어난다.

48

2021년 10월 고3 전국연합학력평가

〈보기〉의 ㉠과 ㉡에 들어갈 말로 바르게 짝지어진 것은?

보기

탐구 주제 : '훑다'는 어떤 과정을 거쳐서 [훌따]로 발음될까?

[자료]

(1) 종성의 'ㄲ ㅋ', 'ㅅ ㅆ ㅈ ㅊ ㅌ', 'ㅍ'은 어말 또는 자음 앞에서 각각 대표음 [ㄱ, ㄷ, ㅂ]으로 발음한다.
(2) 어말 또는 자음 앞에서 음절 종성에 두 개의 자음이 놓이면 두 개의 자음 중 하나만 발음한다.
(3) 종성의 'ㄱ, ㄷ, ㅂ'뒤에 연결되는 'ㄱ, ㄷ, ㅂ, ㅅ, ㅈ'은 된소리로 발음한다.
(4) 갈다[갈다], 날겠다[날겓따], 거칠더라도[거칠더라도]

탐구 과정 :

가설 1 : 어간의 종성에서 탈락이 일어난 후에 어미의 초성에서 교체가 일어난다.
→ '[자료] (4)'에서 확인되듯이, 어간이 (㉠) 끝날 때 그 어간 바로 뒤에 오는 어미의 초성에서는 된소리되기가 일어나지 않음.

가설 2 : 어간의 종성과 어미의 초성에서 교체가 일어난 후에 어간의 종성에서 탈락이 일어난다.
→ '[자료] (1)'의 현상이 어간 종성에서 일어나 어간 종성의 'ㅌ'이 (㉡), '[자료] (3)'의 현상이 일어날 수 있음. 이후 '[자료] (2)'의 현상이 일어났다고 볼 수 있음.

탐구 결과 : '가설 1'을 기각하고 '가설 2'를 받아들인다.

	㉠	㉡
①	'ㄷ'으로	'ㄷ'으로 교체된 후
②	'ㄷ'으로	탈락하게 된 후
③	'ㄹ'로	'ㄷ'으로 교체된 후
④	'ㄹ'로	탈락하게 된 후
⑤	'ㅆ'으로	'ㄷ'으로 교체된 후

49

2022년 3월 고3 전국연합학력평가

〈보기〉의 활동을 수행한 결과로 적절하지 않은 것은?

> **보기**
>
> [활동] 제시된 단어의 발음을 [자료]에 근거하여 탐구해 보자.
>
> 훑이[훌치]　　훑어[훌터]　　얹는[언는]
> 끓고[끌코]　　끓는[끌른]
>
> [자료]
> - 자음군 단순화만 일어나는 경우도 있지만, 자음군 단순화가 일어난 후에 비음화나 유음화와 같은 음운 변동이 일어나는 경우도 있음.
> - 자음군 단순화는, 두 자음 중 뒤의 자음이 구개음화되거나 뒤의 자음과 그다음 음절의 처음에 놓인 자음이 축약되면 일어나지 않음.
> - 자음군 단순화는 모음으로 시작하는 형식 형태소가 와서 뒤의 자음이 연음되면 일어나지 않음.

① '훑이[훌치]'는 모음으로 시작하는 접사 '-이'가 와서 'ㅌ'이 'ㅊ'으로 교체된 후 자음군 단순화가 일어난 것이군.
② '훑어[훌터]'는 모음으로 시작하는 어미 '-어'가 와서 'ㅌ'이 연음되어 자음군 단순화가 일어나지 않은 것이군.
③ '얹는[언는]'은 'ㄵ' 중 뒤의 자음인 'ㅈ'이 탈락되어 자음군 단순화만 일어난 것이군.
④ '끓고[끌코]'는 'ㅎ'과 그다음 음절의 'ㄱ'이 축약되어 자음군 단순화가 일어나지 않은 것이군.
⑤ '끓는[끌른]'은 자음군 단순화가 일어난 후 남은 'ㄹ'로 인해 'ㄴ'이 'ㄹ'로 교체된 것이군.

2022년 4월 고3 전국연합학력평가

[50] 다음 글을 읽고 물음에 답하시오.

> 한글 맞춤법은 표준어를 소리대로 적되, 어법에 맞도록 함을 원칙으로 하고 있다. 우선 표준어를 소리대로 적는다는 것은 표준어를 발음되는 대로 표기하는 것을 가리킨다. 그런데 이것만으로는 충분하지 않은 경우가 있다.
>
> 예를 들어, '꽃'이라는 단어는 발음되는 환경에 따라 소리가 달라진다. '꽃'이 조사 '이', '만', '도'와 결합한 것을 발음되는 대로 적으면 '꼬치', '꼰만', '꼳또'이므로 의미를 파악하기 어렵다. 따라서 한글 맞춤법에서는 어법에 맞도록 한다는 원칙에 따라 '꽃이', '꽃만', '꽃도'와 같이 '꽃'이라는 하나의 형태로 적도록 하고 있다. 즉 여러 가지 발음을 고려한 대표 형태를 선택하여 일관되게 표기하게 한 것이다. 이러한 원칙은 용언의 어간에 어미가 결합할 때도 동일하게 적용된다. 다만 언제나 어법에 따라 의미가 같은 하나의 말을 하나의 형태로 고정하여 적을 수 있는 것은 아니다.
>
> ㉮**대표 형태로는 여러 발음들이 나타나는 과정을 합리적으로 설명할 수 있다**. [이써요], [인는데요], [읻떠라고요]와 같이 발음한 것을 한글 맞춤법에 따라 표기하기 위해 대표 형태를 선택하는 상황을 예로 들 수 있다. '있-', '인-', '읻-' 중에 '읻-'을 대표 형태로 본다면 [인는데요]는 비음화, [읻떠라고요]는 된소리되기로 둘 다 교체로 설명할 수 있지만, [이써요]는 설명할 수 없다. '인-'을 대표 형태로 본다면 [이써요]와 [읻떠라고요]는 설명할 수 없다. 그러나 '있-'을 대표 형태로 선택하면 [이써요]는 음운 변동 없이 연음된 것으로, [인는데요]와 [읻떠라고요]는 모두 교체로 설명할 수 있다. 따라서 '있-'을 대표 형태로 보는 것이 가장 합리적이다.
>
> 이와 달리 실제 발음에서 나타나지 않는 형태를 대표 형태로 선택하는 경우가 있다. 예를 들어 '놓으니', '놓다'는 [노으니], [노타]로 발음되는데 어간을 '놓-'이라는 대표 형태로 고정하여 적고 있다. 왜냐하면 대표 형태가 '노-'라면 [노타]를 설명할 수 없지만 '놓-'이라면 [노으니]는 탈락, [노타]는 축약으로 설명이 가능하기 때문이다.

50

㉮를 고려하여 〈보기〉의 ⓐ~ⓔ의 대표 형태를 탐구한 내용으로 적절한 것은? [3점]

보기

※ 다음은 어간과 어미가 결합할 때의 발음이다.

어미 / 어간	-고	-아서	-지만	-는
ⓐ	[깍꼬]	[까까서]	[깍찌만]	[깡는]
ⓑ	[달코]	[다라서]	[달치만]	[달른]
ⓒ	[싸코]	[싸아서]	[싸치만]	[싼는]
ⓓ	[할꼬]	[할타서]	[할찌만]	[할른]
ⓔ	[갑꼬]	[가파서]	[갑찌만]	[감는]

① ⓐ: 대표 형태가 '깍-'이라면 [깍찌만]과 [깡는]을 음운 변동으로 설명할 수 없지만, 대표 형태가 '깎-'이라면 둘 다 탈락으로 설명할 수 있겠군.

② ⓑ: 대표 형태가 '달-'이라면 [달코]와 [달치만]을 음운 변동으로 설명할 수 없지만, 대표 형태가 '닳-'이라면 둘 다 축약으로 설명할 수 있겠군.

③ ⓒ: 대표 형태가 '싼-'이라면 [싸코]와 [싸아서]를 음운 변동으로 설명할 수 없지만, 대표 형태가 '쌓-'이라면 둘 다 탈락으로 설명할 수 있겠군.

④ ⓓ: 대표 형태가 '할-'이라면 [할꼬]와 [할찌만]을 음운 변동으로 설명할 수 없지만, 대표 형태가 '핥-'이라면 둘 다 축약으로 설명할 수 있겠군.

⑤ ⓔ: 대표 형태가 '갑-'이라면 [갑꼬]와 [감는]을 음운 변동으로 설명할 수 없지만, 대표 형태가 '갚-'이라면 둘 다 교체로 설명할 수 있겠군.

2022년 6월 고3 평가원모의고사

[51] 다음 글을 읽고 물음에 답하시오.

한글 맞춤법 제15항과 제18항은 용언이 활용할 때의 표기 원칙을 규정하고 있다. 제15항은 '웃다, 웃고, 웃으니'처럼 규칙적으로 활용하는 용언의 표기 원칙을, 제18항은 '긋다, 그어, 그으니'처럼 ㉠**불규칙적으로 활용하는 용언**의 표기 원칙을 밝히고 있다. 한글 맞춤법의 이러한 내용들은 국어사전의 [활용]의 표기에 반영되어 있다. 아래는 국어사전의 일부를 간추려 제시한 것이다.

웃다
발음 [욷:따]
[활용] 웃어[우:서], 웃으니[우:스니], 웃는[운:는]

긋다
발음 [귿:따]
[활용] 그어[그어], 그으니[그으니], 긋는[근:는]

동사 '웃다'와 '긋다'의 [활용]에서 각각 '웃다'와 '긋다'의 활용형과 그 표준 발음을 확인할 수 있다. [활용]에 제시되어 있는 정보, 즉 '활용 정보'를 통하여 ㉡**활용 양상이 동일한 용언**들을 알아볼 수 있다. 예를 들어 규칙 활용 용언 중 동사 '벗다'는 '벗어, 벗으니, 벗는'처럼 활용하므로 '웃다'와 활용 양상이 동일하고, 불규칙 활용 용언 중 '짓다'는 '지어, 지으니, 짓는'처럼 활용하므로 '긋다'와 활용 양상이 동일하다.

[A] 한편 용언이 활용할 때 음운 변동이 나타나는 경우에는 그 결과가 활용형의 표기에 반영되기도 한다. 예를 들어 '자다'의 활용 정보는 '자[자], 자니[자니]'처럼 제시되는데 이때의 활용형 '자'는 '자다'의 어간 '자-'가 어미 '-아'와 결합할 때 동일 모음의 탈락이 일어나 '자'로 실현된 결과가 활용형의 표기에 반영된 것이다. 이와는 달리 '좋다'는 '좋아[조:아], 좋으니[조:으니]'가 활용 정보에 제시되는데 이는 음운 변동의 결과가 활용형의 표기에 반영되지 않은 것이다. 즉 활용 정보에 나타나는 활용형 '자'와 '좋아'의 표기는 한글 맞춤법의 원리에 따른 것임을 확인할 수 있다.

51

[A]를 바탕으로 〈보기〉의 ⓐ~ⓔ의 밑줄 친 부분을 이해한 내용으로 적절하지 않은 것은?

보기		
국어사전의 표제어와 활용 정보		
ⓐ **서다**	활용	서, 서니 …
ⓑ **끄다**	활용	꺼, 끄니 …
ⓒ **풀다**	활용	풀어, **푸니** …
ⓓ **쌓다**	활용	쌓아, **쌓으니**, 쌓는 …
ⓔ **믿다**	활용	믿어, 믿으니, **믿는** …

① ⓐ: 탈락이 나타나고 그 결과가 표기에 반영되었다.
② ⓑ: 탈락이 나타나고 그 결과가 표기에 반영되었다.
③ ⓒ: 탈락이 나타나고 그 결과가 표기에 반영되었다.
④ ⓓ: 교체가 나타나지만 그 결과가 표기에 반영되지 않았다.
⑤ ⓔ: 교체가 나타나지만 그 결과가 표기에 반영되지 않았다.

2022년 9월 고3 평가원모의고사

[52~53] 다음 글을 읽고 물음에 답하시오.

'음절'은 발음의 단위이다. 음절의 특징을 이해하는 것은 국어 발음의 특징과 여러 가지 음운 변동 현상을 이해하기 위한 기초가 된다. 한글은 소리를 나타내는 문자이기 때문에 한글의 표기와 발음이 동일하다고 생각하기 쉽다. 하지만 한글 표기법에는 소리를 그대로 적는다는 원칙도 있지만 ㉠**의미를 효과적으로 전달하기 위해 하나의 의미는 하나의 형태로 고정하여 적는다는 원칙**도 있어서, ㉡**표기가 실제 발음을 그대로 드러내지 않는 경우**가 많다. 그런데 표기된 글자가 실제 발음과 다르더라도, 우리는 실제 발음이 아니라 ㉢**표기된 글자 하나하나를 '음절'이라고 인식하는 관습**이 있다. 끝말잇기도 이러한 관습을 규칙으로 하여 이루어지는 놀이이다. 그러나 발음의 특징을 이해하기 위해서는 표기가 아니라 발음을 기준으로 음절을 인식해야 한다.

발음을 기준으로 할 때 우리말의 음절은 네 가지 유형으로 나뉜다. 어떤 음절이든 자음과 모음의 결합 방식에 따라 ㉣**'모음', '자음+모음', '모음+자음', '자음+모음+자음' 중 한 가지 유형**에 해당한다. 각 음절 유형은 표기 형태에 그대로 나타나는 경우도 있지만, '축하[추카]'와 같이 ㉤**표기 형태가 음절 유형을 그대로 나타내지 않는 경우**도 있다.

[A] 그런데 우리말에는 음절의 구조에 제약이 존재한다. 우선 초성에는 'ㅇ'이 올 수 없다. 또한 종성에는 'ㄱ, ㄴ, ㄷ, ㄹ, ㅁ, ㅂ, ㅇ'만 올 수 있다는 제약이 있다. 그래서 종성 자리에 올 수 없는 자음이 놓여 발음할 수 없으면, 다른 자음으로 교체되는 음운 변동이 일어나 발음이 가능해진다. 그리고 종성에는 둘 이상의 자음이 올 수 없다는 제약이 있다. 종성 자리에 두 개의 자음이 놓이게 되면 둘 중 하나가 탈락하는 음운 변동이 일어난다. 한편 음절 구조 제약과 관계없이 일어나는 음운 변동도 있다. 예를 들어 '논일[논닐]'에서 'ㄴ'이 첨가되는 것은 음절 구조 제약과는 무관한 음운 변동이다.

52

㉠~㉤을 이해한 내용으로 적절하지 않은 것은?

① ㉠에 따라 '싫증'은 싫다는 의미를 효과적으로 전달하기 위해 첫 글자의 형태를 고정하여 표기한 예이다.
② ㉡에 해당하는 예로 '북소리'와 '국물'을 들 수 있다.
③ ㉢에 따라 끝말잇기를 할 때, '나뭇잎' 뒤에 '잎새'를 연결할 수 있다.
④ ㉣의 구분에 따르면 '강'과 '복'은 같은 음절 유형에 해당하지만, '목'과 '몫'은 서로 다른 음절 유형에 해당한다.
⑤ ㉤에 해당하는 예로 '북어'를, 해당하지 않는 예로 '강변'을 들 수 있다.

53

[A]를 바탕으로 할 때, 〈보기〉의 ⓐ~ⓔ에 대한 설명으로 적절한 것은?

보기

	표기	발음
ⓐ	굳이	[구지]
ⓑ	옷만	[온만]
ⓒ	물약	[물략]
ⓓ	값도	[갑또]
ⓔ	핥는	[할른]

① ⓐ : 음절 구조 제약과 관련된 교체가 한 번 일어난다.
② ⓑ : 음절 구조 제약과 관련된 교체가 한 번, 음절 구조 제약과 무관한 교체가 한 번 일어난다.
③ ⓒ : 음절 구조 제약과 무관한 첨가가 한 번, 음절 구조 제약과 관련된 교체가 한 번 일어난다.
④ ⓓ : 음절 구조 제약과 관련된 탈락이 한 번, 음절 구조 제약과 무관한 첨가가 한 번 일어난다.
⑤ ⓔ : 음절 구조 제약과 관련된 탈락이 한 번, 음절 구조 제약과 관련된 교체가 한 번 일어난다.

2023년 6월 고3 평가원모의고사

[54~55] 다음 글을 읽고 물음에 답하시오.

음운은 단어의 뜻을 변별하는 데 사용되는 소리로 언어마다 차이가 있다. 예컨대 국어에서는 음운으로서 'ㅅ'과 'ㅆ'을 구분하지만 영어에서는 구분하지 않는다. 음운이 실제로 발음되기 위해서는 발음의 최소 단위인 음절을 이뤄야 하는데 음절의 구조도 언어마다 다르다. 국어는 한 음절 내에서 모음 앞이나 뒤에 각각 최대 하나의 자음을 둘 수 있지만, 영어는 'spring[spriŋ]'처럼 한 음절 내에서 자음군이 형성될 수 있다.

음운은 그 자체로는 뜻이 없다. 음운이 하나 이상 모여 뜻을 가지면 의미의 최소 단위인 형태소가 된다. 그리고 우리는 이러한 형태소를 결합하여 단어를 만들고 말을 한다. 이때 ㉠**<u>형태소와 형태소가 만나는 경계</u>**에서 음운이 다양하게 배열되고 발음이 결정되는데, 여기에 음운 규칙이 관여한다. 예컨대 국어에서는 '국물[궁물]'처럼 '파열음 - 비음' 순의 음운 배열이 만들어지면, 파열음은 동일 조음 위치의 비음으로 교체된다. 그런데 이런 음운 규칙도 모든 언어에 적용되는 것은 아니어서 영어에서는 'nickname [nikneim]'처럼 '파열음(k) - 비음(n)'이 배열되어도 비음화가 일어나지 않는다.

이러한 음운, 음절 구조, 음운 규칙은 말을 할 때뿐만 아니라 말을 들을 때도 작동한다. 이들은 말을 할 때는 발음을 할 수 있게 만드는 재료, 구조, 방법이 되고, 말을 들을 때는 말소리를 분류하고 인식하는 틀이 된다. 예컨대 '국'과 '밥'이 결합한 '국밥'은 된소리되기가 적용되어 늘 [국빱]으로 발음되지만, 우리는 이것을 '빱'이 아니라 '밥'과 관련된 것으로 인식한다. 그 이유는 [국빱]을 들을 때 된소리되기가 인식의 틀로 작동하여 된소리되기 이전의 음운 배열인 '국밥'으로 복원되기 때문이다. 더불어 외국어를 듣는 상황을 생각해 보자. 국어의 음절 구조와 맞지 않는 소리를 듣는다면 국어의 음절 구조에 맞게 바꾸고, 국어에 없는 소리를 듣는다면 국어에서 가장 가까운 음운으로 바꾸어 인식하게 된다. 영어 단어 'bus'를 우리말 음절 구조에 맞게 2음절로 바꾸고, 'b'를 'ㅂ' 또는 'ㅃ'으로 바꾸어 [버스]나 [뻐스]로 인식하는 것이 그 예이다.

54

윗글을 통해 추론한 내용으로 적절하지 않은 것은?

① 국어 음절 구조의 특징을 고려하면 '몫[목]'의 발음에서 음운이 탈락하는 것을 이해할 수 있겠군.

② 국어 음운 'ㄹ'은 그 자체에는 뜻이 없지만, '갈 곳'의 'ㄹ'은 어미로 쓰이고 있으므로 뜻을 가진 최소 단위가 되겠군.

③ 국어에서 '밥만 있어'의 '밥만[밤만]'을 듣고 '밤만'으로 알았다면 그 과정에서 비음화 규칙이 인식의 틀로 작동했겠군.

④ 영어의 'spring'이 국어에서 3음절 '스프링'으로 인식되는 것은 국어 음절 구조 인식의 틀이 제대로 작동한 결과이겠군.

⑤ 영어의 'vocal'이 국어에서 '보컬'로 인식되는 것은 영어 'v'와 가장 비슷한 국어 음운이 'ㅂ'이기 때문이겠군.

55

㉠의 위치에서 음운 변동이 일어난 예만을 〈보기〉에서 고른 것은?

보기
ⓐ 앞일[암닐] ⓑ 장미꽃[장미꼳] ⓒ 넣고[너코] ⓓ 걱정[걱쩡] ⓔ 굳이[구지]

① ⓐ, ⓑ, ⓒ ② ⓐ, ⓒ, ⓔ ③ ⓐ, ⓓ, ⓔ
④ ⓑ, ⓒ, ⓓ ⑤ ⓑ, ⓓ, ⓔ

02 형태론(단어)

01
2015년 3월 고3 전국연합학력평가

〈보기〉의 ㉠~㉢에 들어갈 말로 적절한 것은?

보기

선생님 : 어간은 용언의 활용 시 변하지 않는 부분을, 어근은 단어 분석 시 실질적 의미를 나타내는 중심 부분을 가리킵니다.

용언	어간	어근
솟다 (단일어)	솟-	솟-
치솟다 (파생어)	치솟-	솟-
샘솟다 (합성어)	샘솟-	샘, 솟-

위의 예에서 알 수 있듯이 어떤 용언이 단일어일 경우 어간과 어근이 일치합니다. 하지만, 용언이 파생어나 합성어일 경우 어간과 어근이 일치하지 않습니다. 그렇다면 이번에는 다음 세 단어의 어간과 어근을 분석해 볼까요?

용언	어간	어근
줄이다	줄이-	㉠
힘들다	힘들-	㉡
오가다	오가-	㉢

	㉠	㉡	㉢
①	줄이-	힘들-	오가-
②	줄이-	힘들-	오-, 가-
③	줄-	힘들-	오가-
④	줄-	힘, 들-	오-, 가-
⑤	줄-	힘, 들-	오가-

02
2015년 4월 고3 전국연합학력평가

다음은 접사와 어근의 결합 양상에 대해 수업 중 발표한 내용이다. 이에 대한 학생들의 반응으로 적절하지 않은 것은?

발표 내용

발표 1 : 어근에 접두사가 결합되면 어근에 의미가 더해집니다. 예를 들어 '선무당'은 어근 '무당'에 접두사 '선-'이 결합하여 '서툰'이라는 의미가 더해진 것입니다. '군말', '군살'도 그 예에 속합니다.

발표 2 : 어근에 접미사가 결합되면 어근에 의미가 더해집니다. 예를 들어 '꾀보'는 어근 '꾀'에 접미사 '-보'가 결합하여 '그것을 즐기거나 그 정도가 심한 사람'의 의미가 더해진 것입니다.

발표 3 : 어근에 접미사가 결합하면 품사가 바뀌기도 합니다. 예를 들어 '사랑'은 '-하다'가 붙으면 명사에서 동사로 품사가 바뀝니다.

① '발표 1'의 내용 중 '군말', '군살'의 '군-'은 '쓸데없는'의 의미를 어근에 더해 주는군.
② '발표 1'과 '발표 2'를 종합해 보면, 접두사와 접미사는 어근과 결합하여 새로운 단어를 만드는군.
③ '발표 2'의 단어에 '멋쟁이', '장난꾸러기'를 더 추가할 수 있겠군.
④ '발표 2'와 '발표 3'을 종합해 보면, '꾀보'는 '-보'에 의해 의미가 더해지고 품사가 바뀌었군.
⑤ '발표 3'에는 '숙제하다'를 더 추가할 수 있겠군.

정답 및 해설 : 13~23쪽

03

2015년 7월 고3 전국연합학력평가

〈보기1〉을 바탕으로 ㉠과 품사가 같은 것만을 〈보기2〉에서 고른 것은?

보기1
수관형사는 수사와 형태가 같은 경우가 많아 혼동하기 쉽다. 문장에서 둘 다 활용을 하지 않고 사물의 수량이나 순서를 가리키지만, 수관형사는 수사와 달리 단위를 나타내는 의존 명사와 함께 쓰인다는 차이가 있다. ◦ 이 일을 마치는 데에 ㉠**칠** 개월 걸렸다. (수관형사) ◦ 육에 일을 더하면 **칠**이다. (수사)

보기2
◦ 명호는 바둑을 ㉮**다섯** 판이나 두었다. ◦ 윤배가 고향을 떠난 지 ㉯**팔** 년이 지났다. ◦ 은주는 시장에서 토마토를 ㉰**하나** 사 왔다. ◦ 현수는 달리기 시합에서 ㉱**셋째**로 들어왔다.

① ㉮, ㉯ ② ㉮, ㉰ ③ ㉯, ㉰
④ ㉯, ㉱ ⑤ ㉰, ㉱

04

2015년 10월 고3 전국연합학력평가

〈보기〉를 바탕으로 하여 조사의 특성에 대해 탐구한 내용이 적절하지 <u>않은</u> 것은?

보기
◦ **형(은/*는)** 학교에 가고, **나(*은/는)** 집에 갔다. ◦ **민수(가/는)** **운동(을/은)** 싫어한다. ◦ 나는 점심에 **국수** 먹었는데 너는 **무엇을** 먹었어? ◦ **어서요** 읽어 보세요. ◦ **빵만으로** 살 수 없다. (*는 비문법적인 표현임.)

① 격 조사 자리에 보조사가 올 수도 있군.
② 격 조사는 담화 상황에 따라 생략할 수도 있군.
③ 앞에 오는 말의 받침 유무에 따라 조사를 선택하기도 하는군.
④ 보조사는 체언뿐 아니라 부사 뒤에도 붙을 수 있군.
⑤ 보조사는 격 조사와 결합할 때 격 조사 뒤에만 붙을 수 있군.

05

2015년 10월 고3 전국연합학력평가

〈보기〉의 설명에 따라 학습지를 푼 결과 중, 바르지 않은 것은?

보기
선생님 : 본용언과 보조 용언은 띄어 쓰는 것이 원칙이지만 경우에 따라 붙여 쓰는 것도 허용하고 있어요. 그렇지만 앞말에 조사가 붙거나 앞말이 합성 동사인 경우에 그 뒤에 오는 보조 용언은 띄어 써야 해요. 예를 들어, '노와 드리다'의 경우 '드리다'가 보조 용언이니까 '도와 드리다'로 쓰는 것이 원칙이지만 '도와드리다'도 허용하는 것이지요. 그럼 선생님 설명을 얼마나 잘 이해했는지 확인해 볼까요?

학습지

다음은 보조 용언이 쓰인 문장이다. 띄어쓰기에 맞는 표현을 모두 찾아 ○표 하시오.

○ 활활 타던 불이 (꺼져 갔다 / 꺼져갔다).	①
○ 의자를 뒤로 (밀어내 버렸다 / 밀어내버렸다).	②
○ 네가 그 일에 (덤벼들어 보아라 / 덤벼들어보아라).	③
○ 책을 여러 번 (읽어도 보았다 / 읽어도보았다).	④
○ 공책에 (기록해 두었다 / 기록해두었다).	⑤

06

2016년 3월 고3 전국연합학력평가

밑줄 친 말 가운데 〈보기〉의 [A]의 사례로 추가하기에 적절하지 않은 것은?

보기

합성어의 품사는 합성어를 구성하는 어근의 품사와 관계없이 새로운 품사가 되기도 하지만, **[A]일차적으로 직접 구성 성분* 분석을 했을 때 맨 끝 구성 성분의 품사에 따라 결정되는 경우**가 많다. 그 사례는 아래와 같다.

단어	직접 구성 성분 분석	단어의 품사
큰집	큰(형용사) + 집(명사)	명사
본받다	본(명사) + 받다(동사)	동사
⋮	⋮	⋮

* 직접 구성 성분 : 어떤 언어 단위를 층위를 두고 분석할 때 일차적으로 분석되어 나오는 성분.

① 입학했던 때가 엊그제 같은데 어느새 3학년이구나.
② 그는 농구는 몰라도 축구 실력만큼은 남달랐다.
③ 아침에 늦잠이 들어 하마터면 지각할 뻔했다.
④ 길을 가는데 낯선 사람이 알은척을 했다.
⑤ 하루빨리 여름방학이 왔으면 좋겠다.

07

2016년 7월 고3 전국연합학력평가

〈보기〉의 밑줄 친 부분에 해당하는 예로 적절하지 않은 것은? [3점]

보기

국어의 조사 중에는 주로 체언 뒤에 결합하여 문법적인 관계를 나타내는 격 조사와 체언, 부사, 활용 어미 따위에 붙어서 어떤 특별한 의미를 더해주는 **보조사**가 있다.

① '국수라도 먹으렴.'에서의 '라도'
② '영어야 철수가 도사지.'에서의 '야'
③ '그 과자를 먹어는 보았다.'에서의 '는'
④ '일을 빨리만 하면 안 된다.'에서의 '만'
⑤ '그는 아이처럼 순진하다.'에서의 '처럼'

08

2017년 3월 고3 전국연합학력평가

〈보기〉의 ⓐ, ⓑ가 사용된 예를 ㉠~㉤에서 바르게 고른 것은?

보기

선생님 : 여러분이 헷갈려 하는 것들 중 ⓐ**용언의 어간과 결합하는 명사형 어미 '-(으)ㅁ', '-기'**와 ⓑ**어근과 결합하여 명사를 만드는 접미사 '-이', '-음', '-기'**가 있어요. 전자는 용언의 품사를 바꾸지 않으며, 전자가 결합해 활용된 용언은 서술하는 기능이 유지되고 부사어의 수식을 받을 수 있어요. 한편 후자가 결합하여 만들어진 명사는 관형어의 수식을 받을 수 있어요.

- 세상은 홀로 ㉠**살기**가 어렵다.
- 형은 충분히 ㉡**잠**으로써 피로를 풀었다.
- 날씨가 더워 시원한 ㉢**얼음**이 필요하다.
- 우리에게 건전한 ㉣**놀이** 문화가 필요하다.
- 이곳은 풍경이 매우 ㉤**아름답기**로 유명하다.

	ⓐ	ⓑ
①	㉠, ㉡	㉢, ㉣, ㉤
②	㉠, ㉤	㉡, ㉢, ㉣
③	㉢, ㉣	㉠, ㉡, ㉤
④	㉠, ㉡, ㉤	㉢, ㉣
⑤	㉡, ㉢, ㉣	㉠, ㉤

09 2017년 3월 고3 전국연합학력평가

〈보기〉를 참고할 때, 밑줄 친 부분이 바르게 쓰인 것은?

보기

> **채** 「의존 명사」
> 이미 있는 상태 그대로 있다는 뜻을 나타내는 말.
>
> **체** 「의존 명사」
> 그럴듯하게 꾸미는 거짓 태도나 모양.
>
> **-째** 「접사」
> '그대로', 또는 '전부'의 뜻을 더하는 접미사.

① 사과를 껍질째로 먹었다.
② 나는 앉은 체로 잠이 들었다.
③ 그녀는 혼자 똑똑한 채를 한다.
④ 사나운 멧돼지를 산 째로 잡았다.
⑤ 곰이 다가오자 그는 죽은 채를 했다.

10 2017년 4월 고3 전국연합학력평가

(가)는 학생의 메모이고, (나)는 추가로 조사한 자료이다. (가)와 (나)를 참고하여 〈보기〉에 대해 탐구한 것으로 적절하지 않은 것은? [3점]

(가) 두 용언이 연결 어미로 이어진 경우

유 형	특 징
본용언 + 본용언	▶ 각각의 용언이 주어와 호응한다. ▶ 두 용언 사이에 다른 문장 성분이 올 수 있다. ▶ 반드시 띄어 쓴다.
본용언 + 보조 용언	▶ 앞의 용언만으로 문장이 성립되고, 뒤의 용언만으로는 문장이 성립되지 않는다. ▶ 보조 용언은 띄어 쓰는 것이 원칙이지만 경우에 따라 붙여 쓰는 것도 허용한다.
합성 동사	▶ 국어사전에 하나의 단어로 등재되어 있다. ▶ 반드시 붙여 쓴다.

(나) 표준국어대사전 검색 결과

검색

▾ 표준국어대사전 검색

▶ **'집어먹다'에 대한 검색 결과입니다.(1건)**
집어-먹다「동사」【…을】
「1」 남의 것을 가로채어 제 것으로 만들다.
「2」 겁, 두려움 따위를 가지게 되다.

• **'잊어먹다'에 대한 검색 결과입니다.(0건)**

보기

◦ 온순했던 청년들은 지레 겁을 ㉠**집어먹었다**.
◦ 나는 시험 준비를 하느라 잠자는 것도 ㉡**잊어 먹었다**.
◦ 그는 그녀에게 진 빚을 갚기 위해 공금을 ㉢**집어먹었다**.
◦ 그는 굶주림에 지쳐 땅 위에 버려진 빵을 ㉣**집어 먹었다**.
◦ 그들은 서로 만나기로 했던 사실을 새까맣게 ㉤**잊어먹었다**.

① ㉠은 국어사전에 단어로 등재되어 있는 합성 동사이므로 두 용언을 붙여 쓴 것이겠군.
② ㉡은 뒤의 용언만으로 문장이 성립되지 않으므로 원칙에 따라 두 용언을 띄어 쓴 것이겠군.
③ ㉢은 각각의 용언이 모두 주어인 '그는'과 호응하고 있으므로 두 용언을 붙여 쓴 것이겠군.
④ ㉣은 두 용언 사이에 '허겁지겁'과 같이 다른 문장 성분이 올 수 있으므로 두 용언을 띄어 쓴 것이겠군.
⑤ ㉤은 사전에 등재된 단어가 아니고, 뒤의 용언만으로 문장이 성립하지 않으므로 두 용언을 띄어 써야 하지만 붙여 쓴 것을 허용한 것이겠군.

2017년 7월 고3 전국연합학력평가

[11~12] 다음 글을 읽고 물음에 답하시오.

[A] 공통된 성질을 가진 단어들을 모아 갈래 지어 놓은 것을 품사라고 한다. 국어의 품사는 단어의 형태, 기능, 의미를 기준으로 분류한다.

첫째, 단어는 형태 변화의 여부에 따라 형태가 변하지 않는 말인 불변어와, 활용하여 형태가 변하는 말인 가변어로 나뉜다. 둘째, 단어는 문장 속에서 해당 단어가 수행하는 기능에 따라 문장에서 주로 주어의 기능을 하는 체언, 문장의 주어를 서술하는 기능을 하는 용언, 다른 말을 수식하는 기능을 하는 수식언, 문장에 쓰인 단어들의 관계를 나타내는 기능을 하는 관계언, 다른 성분에 얽매이지 않고 독립적으로 쓰이는 독립언으로 나뉜다. 셋째, 단어는 개별 단어가 어떤 의미를 갖고 있느냐에 따라 대상의 이름을 나타내는 명사, 명사를 대신하여 그것을 가리키는 대명사, 대상의 수량이나 순서를 나타내는 수사, 사람이나 사물 따위의 움직임이나 작용을 나타내는 동사, 성질이나 상태를 나타내는 형용사, 주로 체언을 꾸며 주는 관형사, 주로 용언이나 문장을 꾸며 주는 부사, 앞말에 붙어 그 말과 다른 말과의 문법적 관계를 나타내거나 특별한 뜻을 더하는 조사, 말하는 이의 놀람이나 느낌, 부름, 응답 따위를 나타내는 감탄사로 나뉜다.

단어는 하나의 품사로 사용되는 경우가 일반적이지만 둘 이상의 품사로 사용되는 경우도 있다. 가령 '그는 모든 원인을 자기의 잘못으로 돌렸다.'의 '잘못'은 조사와 결합하는 명사이지만, '그는 길을 잘못 들어서 한참 헤맸다.'의 '잘못'은 용언을 수식하는 부사이다. '잘못'이 ㉠**명사와 부사로 쓰인 것**이다. 또한 '노력한 만큼 대가를 얻다.'의 '만큼'은 관형어의 수식을 받는 명사이지만, '집을 대궐만큼 크게 짓다.'의 '만큼'은 앞말과 비슷한 정도나 한도임을 나타내는 조사이다. '만큼'이 ㉡**명사와 조사로 쓰인 것**이다. 이 밖에도 국어에는 부사와 조사로 쓰이는 경우, 수사와 관형사로 쓰이는 경우와 같이 두 개 이상의 품사로 쓰이는 단어들이 존재한다.

11

[A]를 바탕으로 〈보기〉의 ⓐ~ⓒ를 이해한 내용으로 적절하지 않은 것은? [3점]

보기
ⓐ 아직까지는 그 사실을 **아무**도 모르고 있다. ⓑ 할머니께서 **온갖** 재료로 만두를 곱게 빚으셨다. ⓒ (대화 중) "들어가도 됩니까?" "**네**, 어서 오십시오."

① ⓐ에서 '아무'는 문장에서 주어의 기능을 하는 체언이다.
② ⓑ에서 '온갖'은 문장에서 다른 말을 수식하는 수식언이다.
③ ⓒ에서 '네'는 말하는 이의 응답을 나타내는 감탄사이다.
④ ⓐ와 ⓑ에서 조사는 각각 3개씩이다.
⑤ ⓐ와 ⓑ에서 가변어는 각각 2개씩이다.

12

㉠, ㉡에 해당하는 예로 적절한 것은?

① ㉠ 둘에 다섯을 더하면 일곱이다. / 여기에 사과 일곱 개가 있다.
② ㉠ 너 커서 무엇이 되고 싶니? / 가구가 커서 방에 들어가지 않는다.
③ ㉠ 식구 모두가 여행을 떠났다. / 그릇에 담긴 소금을 모두 쏟았다.
④ ㉡ 나를 처벌하려면 법대로 해라. / 큰 것은 큰 것대로 따로 모아 두다.
⑤ ㉡ 모두 같이 학교에 갑시다. / 얼음장같이 차가운 방바닥이 생각난다.

13

2018년 3월 고3 전국연합학력평가

〈보기〉의 밑줄 친 부분과 관련한 탐구로 적절하지 않은 것은?

보기

선생님 : 지난 시간에 모둠별로 〈그림〉의 대상을 지칭하는 새말을 만드는 활동을 했어요. **이번 시간에는 지난 시간에 만든 새말들의 단어 구조에 대해 탐구해 봅시다.**

○ 모둠 활동 결과

〈그림〉		새말
	㉠	오이칼, 껍질칼
	㉡	갉작갉작칼, 사각사각칼
	㉢	까개, 깎개
	㉣	긁도구, 밀도구
	㉤	박박이, 쓱쓱이

① ㉠은 명사 어근들을 결합하여 만든 통사적 합성어입니다.
② ㉡은 부사 어근과 명사 어근을 결합하여 만든 비통사적 합성어입니다.
③ ㉢은 동사 어근에 접사를 결합하여 만든 파생어입니다.
④ ㉣은 명사 어근에 접사를 결합하여 만든 파생어입니다.
⑤ ㉤은 부사 어근에 접사를 결합하여 만든 파생어입니다.

14

2018년 4월 고3 전국연합학력평가

〈보기〉의 ㉠과 ㉡에 모두 해당하는 단어로 적절한 것은?

보기

복합어는 어근과 어근이 결합되거나 어근에 접사가 결합되어 만들어진다. 이런 결합 관계는 여러 번에 걸쳐 일어나기도 해서, ㉠**어근과 어근이 결합한 데 다시 접사가 붙는 경우**도 있고, 어근과 접사가 결합한 데 다시 접사가 붙는 경우도 있다. 이때 ㉡**접사가 결합되어 어근의 품사가 변하는 경우**도 있다.

① 군것질 ② 바느질 ③ 겹겹이
④ 다듬이 ⑤ 헛웃음

15

2018년 10월 고3 전국연합학력평가

〈보기〉의 ㉠~㉤에 대한 수정 방안으로 적절하지 않은 것은?

보기

결석해서 무엇을 공부해야 ㉠**할 지** 모르는 나에게 승호는 필기한 공책을 ㉡**주고 갔다**. 승호는 역시 듬직한 ㉢**형 같다**. 이제 내가 심혈을 ㉣**기울일것**은 ㉤**공부 뿐이다**.

① ㉠ : '-ㄹ지'가 하나의 어미이기 때문에 '할'과 '지'를 붙여 '할지'로 수정한다.
② ㉡ : '갔다'가 본동사이기 때문에 '주고'와 '갔다'를 붙여 '주고갔다'로 수정한다.
③ ㉢ : '같다'가 형용사이기 때문에 '형'과 띄어 '형 같다'로 수정한다.
④ ㉣ : '것'이 의존 명사이기 때문에 '기울일'과 띄어 '기울일 것'으로 수정한다.
⑤ ㉤ : '뿐'이 조사로 쓰였기 때문에 '공부'와 붙여 '공부뿐이다'로 수정한다.

2018년 7월 고3 전국연합학력평가

[16] 다음 글을 읽고 물음에 답하시오.

단어를 이루는 형태소 중에 실질적인 의미를 나타내는 중심 부분을 어근이라고 하는데, 어근이 두 개 이상 결합한 단어를 합성어라고 한다.

[A] 합성어는 형성 방법과 종류가 매우 다양하다. 그 중 국어의 일반적인 단어 배열법에 따라 어근을 결합한 합성어를 통사적 합성어라 하고, 그렇지 않은 것을 비통사적 합성어라고 한다. 예를 들어, 명사와 명사가 결합한 '논밭', 용언의 관형사형과 명사가 결합한 '굳은살', 용언의 연결형과 용언의 어간이 결합한 '스며들다' 등은 국어 문장에서 흔히 나타나는 배열법으로서 통사적 합성어에 해당한다. 반면에 용언의 어간이 명사에 직접 결합한 '덮밥', 용언의 어간과 어간이 연결 어미 없이 결합한 '오르내리다' 등은 국어의 문장 구성 방식에 없는 단어 배열법으로 비통사적 합성어에 해당한다.

이러한 단어 합성법은 중세 국어에서도 찾아볼 수 있다. 명사와 명사가 결합한 '바ᄂᆞ실(바느실)', 용언의 관형사형과 명사가 결합한 '져므니(젊은이)', 용언의 연결형과 용언의 어간이 결합한 '니러셔다(일어서다)' 같은 통사적 합성어와 '빌먹다(빌어먹다)'와 같이 용언의 어간과 어간이 연결 어미 없이 결합한 비통사적 합성어가 그러한 예이다.

한편 중세 국어에서 '뛰다'와 '놀다'의 합성어 형태로는 비통사적으로 결합한 '뛰놀다' 하나만 확인되고 있는데 현대 국어에는 비통사적 합성어인 '뛰놀다'와 통사적 합성어인 '뛰어놀다'의 두 가지 합성어 형태가 모두 쓰이는 것을 확인할 수 있다. 이와 반대로 현대 국어에는 하나의 합성어 형태로만 쓰이는 단어가 중세 국어에는 두 가지 합성어 형태로 모두 쓰였던 경우도 찾아볼 수 있다.

16

[A]를 바탕으로 다음 단어를 분석한 것으로 적절하지 않은 것은?

	단어	결합 방식	합성어의 종류
①	어깨동무	명사 + 명사	통사적 합성어
②	건널목	용언의 관형사형 + 명사	통사적 합성어
③	보살피다	용언의 연결형 + 용언의 어간	통사적 합성어
④	여닫다	용언의 어간 + 용언의 어간	비통사적 합성어
⑤	검버섯	용언의 어간 + 명사	비통사적 합성어

17

2018년 10월 고3 전국연합학력평가

〈보기〉에 제시된 ㉮와 ㉯의 사례를 올바르게 짝지은 것은?

보기

파생어는 어근에 접사가 붙어 이루어진 말이다. 파생어 형성의 결과 품사가 달라지는 경우가 있고, 문장에 사용된 어떤 단어가 파생어로 바뀌면 그 파생어로 인해 문장 구조가 달라지는 경우도 있다. 예컨대 형용사 '괴롭다'는 동사 '괴롭히다'로 파생된다. 또한 '마음이 괴롭다.'의 '괴롭다'를 '괴롭히다'로 바꾸면 '마음을 괴롭히다.'와 같이 문장 구조가 달라진다.

품사	문장 구조	
○	○	…………… ㉮
○	×	
×	○	…………… ㉯
×	×	

(○ : 달라짐. × : 달라지지 않음.)

	㉮	㉯
①	(풀을) 깎다 → (풀이) 깎이다	(발을) 밟다 → (발이) 밟히다
②	(풀을) 깎다 → (풀이) 깎이다	(불이) 밝다 → (불을) 밝히다
③	(방이) 넓다 → (방을) 넓히다	(책을) 팔다 → (책이) 팔리다
④	(방이) 넓다 → (방을) 넓히다	(굽이) 높다 → (굽을) 높이다
⑤	(음이) 낮다 → (음을) 낮추다	(문을) 밀다 → (문을) 밀치다

18

2019년 3월 고3 전국연합학력평가

〈보기〉의 선생님 물음에 대한 답으로 가장 적절한 것은?

보기

선생님 : 지난 시간에 형태소와 단어에 대해 공부했는데, 이를 바탕으로 다음 자료에서 ㉠, ㉡, ㉢의 공통점과 차이점이 무엇인지 말해볼까요?

[자료]

◦ 이 문제는 나한테 묻(㉠)지 말고 그에게 물(㉠)어라.

◦ 귀로는 음악을 들었(㉡)고 눈으로는 풍경을 보았(㉡)다.

◦ 나는(㉢) 산으로 가자고 했지만 동생은(㉢) 바다로 갔다.

① 공통점은 단어의 자격을 가진다는 것이고, 차이점은 ㉠만 실질적 의미를 나타낸다는 것입니다.

② 공통점은 문법적 의미를 나타낸다는 것이고, 차이점은 ㉢만 단어의 자격을 가진다는 것입니다.

③ 공통점은 단어의 자격을 갖지 못한다는 것이고, 차이점은 ㉡, ㉢만 문법적 의미를 나타낸다는 것입니다.

④ 공통점은 음운 환경에 따라 그 형태가 바뀐다는 것이고, 차이점은 ㉡, ㉢만 문법적 의미를 나타낸다는 것입니다.

⑤ 공통점은 반드시 다른 말과 결합하여 쓰인다는 것이고, 차이점은 ㉡, ㉢만 음운 환경에 따라 그 형태가 바뀐다는 것입니다.

2019년 4월 고3 전국연합학력평가

[19] 다음 글을 읽고 물음에 답하시오.

하나의 형태소가 환경에 따라 다르게 나타나기도 하는데, 그 모습들을 이형태라고 한다. 이형태가 성립하기 위해서는 하나의 형태소가 다른 모습으로 나타나더라도 그 의미가 서로 동일해야 한다. '이'와 '가'는 주어의 자격을 나타내는 조사로 그 의미가 서로 동일하다. 하지만 의미의 동일성만으로는 이형태를 구분하기 힘든 경우가 있다. 이럴 때는 각각의 형태가 상보적 분포를 보이는지 확인하면 이형태인지를 알 수 있다. 주격 조사 '이'는 자음 뒤에만 나타나고 주격 조사 '가'는 모음 뒤에만 나타나므로, 이 두 형태가 나타나는 음운 환경은 서로 겹치지 않는다. 따라서 '이'와 '가'는 상보적 분포를 보이고, 의미가 동일하기 때문에 이형태 관계에 있다. 이형태는 음운 환경에 따라 다른 모습으로 나타나는 경우가 많은데 이를 음운론적 이형태라고 한다. '막았다'의 '-았-'과 '먹었다'의 '-었-'은 앞말 모음의 성질이 양성인지 음성인지에 따라 형태가 결정되므로 음운론적 이형태이다. 이와 달리 음운론적으로 설명할 수 없는 예외적인 환경에서 나타나는 이형태를 형태론적 이형태라고 한다. '하였다'의 '-였-'은 '하-'라는 특정 형태소와 어울려서 음운론적으로 설명할 수 없는 경우이므로, '-였-'은 '-았- / -었-'과 형태론적 이형태의 관계에 있다.

이형태는 중세 국어에서도 나타났는데 현대 국어와 차이점을 보이기도 했다. 현대 국어에서 부사격 조사 '에'는 이형태가 존재하지 않는다. 하지만 중세 국어에서는 앞말 모음의 성질에 따라 이형태가 존재했다. 앞말의 모음이 양성 모음일 때는 '애'가, 음성 모음일 때는 '에'가, 단모음 '이' 또는 반모음 'ㅣ'일 때는 '예'가 사용되었다.

19

윗글을 바탕으로 〈보기〉의 자료를 탐구한 내용으로 적절하지 않은 것은? [3점]

보기
◦ 이 사과<u>는</u>(㉠) 민수<u>한테</u>(㉡) 주는 선물이다. ◦ 네 일<u>은</u>(㉢) 네가 알아서 하<u>여라</u>(㉣). ◦ 영수<u>야</u>(㉤) 내 손을 꼭 <u>잡아라</u>(㉥). ◦ 영숙<u>아</u>(㉦) 민수<u>에게</u>(㉧) 책을 주<u>어라</u>(㉨).

① ㉠은 모음 뒤에만 나타나고 ㉢은 자음 뒤에만 나타나기 때문에 서로가 나타나는 음운 환경이 겹치지 않겠군.

② ㉡과 ㉧은 상보적 분포를 보이지 않으므로 이형태의 관계가 아니라고 할 수 있겠군.

③ ㉣은 ㉥, ㉨과 비교했을 때, 특정 형태소와 어울려서 음운론적으로 설명할 수 없는 이형태라고 볼 수 있겠군.

④ ㉤과 ㉦은 손아랫사람을 부를 때 쓰는 호격 조사로 형태론적 이형태의 관계이겠군.

⑤ ㉥과 ㉨은 앞말 모음의 성질에 따라 형태가 결정되겠군.

2019년 7월 고3 전국연합학력평가

[20] 다음 글을 읽고 물음에 답하시오.

용언은 문장에서 사용될 때 다양한 모습으로 변화한다. 이때 변하지 않고 고정된 부분을 어간이라고 하고, 그 뒤에 붙어서 변화하는 부분을 어미라고 한다. 어간에 다양한 어미들이 결합하는 것을 활용이라고 하는데, '씻다'처럼 활용할 때 어간이나 어미의 기본 형태가 유지되거나, '쓰다'처럼 활용할 때 기본 형태가 달라진다 해도 그 현상을 일반적인 음운 규칙으로 설명할 수 있으면 이를 규칙 활용이라고 한다.

반면 특정한 환경이나 조건에서 불규칙적으로 어간이나 어미의 형태 변화가 일어나는 것은 불규칙 활용이라고 한다. 불규칙 활용은 '싣다'와 같은 'ㄷ' 불규칙, '젓다'와 같은 'ㅅ' 불규칙, '돕다'와 같은 'ㅂ' 불규칙, '푸다'와 같은 '우' 불규칙처럼 어간이 바뀌는 경우, '하다'와 같은 '여' 불규칙처럼 어미가 바뀌는 경우, '파랗다'와 같은 'ㅎ' 불규칙처럼 어간과 어미가 모두 바뀌는 경우로 구분할 수 있다.

현대 국어에서 기본 형태가 달라지는 용언의 규칙 활용과 불규칙 활용은 중세 국어 용언의 활용과 밀접한 관련이 있다. 중세 국어에서도 단모음과 단모음이 결합할 때 하나의 모음이 탈락하는 현상이 활발하게 일어났다. 대표적으로 '쓰다'가 '써'처럼 활용하는 'ㅡ' 탈락이 있는데 이는 현대 국어의 'ㅡ' 탈락에 대응한다.

또한 중세 국어에서 '싣다'의 어간이 자음으로 시작하는 어미 앞에서는 '싣-', 모음으로 시작하는 어미 앞에서는 '실-'로 교체되는 현상은 현대 국어의 'ㄷ' 불규칙으로 이어진다. '돕다'와 '젓다' 역시 자음으로 시작하는 어미 앞에서는 어간의 기본 형태를 유지하지만, 그 외의 경우에는 '돌-'과 '젓-'으로 교체된다. 이러한 교체는 'ㅸ'이 'ㅏ' 또는 'ㅓ' 앞에서 반모음 'ㅗ̆/ㅜ̆[w]'로 변화하거나 'ㆍ' 또는 'ㅡ'와 결합하여 'ㅗ' 또는 'ㅜ'로 바뀌어 현대 국어에서 'ㅂ' 불규칙으로 나타난다. 그리고 'ㅿ'은 소실되어 현대 국어에서 'ㅅ' 불규칙으로 나타난다. 또한 어간이거나 어간의 일부인 'ᄒᆞ-'에 모음으로 시작하는 어미가 결합할 때 어미가 '-아'가 아닌 '-야'로 나타나는 것은 현대 국어의 '여' 불규칙으로 이어진다.

20

〈보기〉는 윗글을 바탕으로 용언의 활용에 대해 탐구한 내용이다. ㉠~㉢에 들어갈 말로 적절한 것은?

보기

[탐구 과제]

다음 자료를 보고, 용언의 활용 양상을 탐구해 보자.

[탐구 자료]

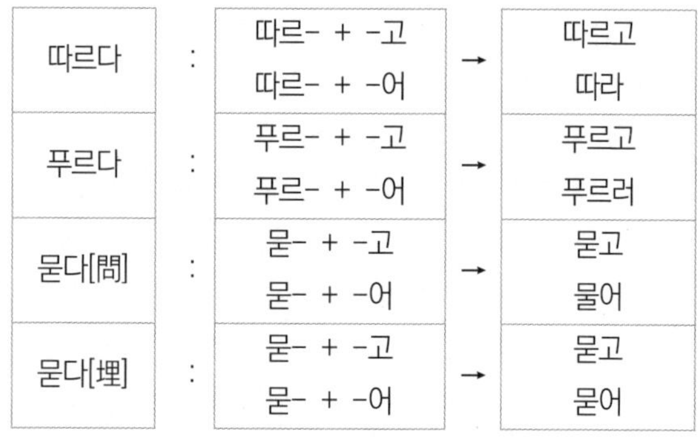

따르다	:	따르- + -고 따르- + -어	→	따르고 따라
푸르다	:	푸르- + -고 푸르- + -어	→	푸르고 푸르러
묻다[問]	:	묻- + -고 묻- + -어	→	묻고 물어
묻다[埋]	:	묻- + -고 묻- + -어	→	묻고 묻어

[탐구 결과]

'따르다'는 (㉠)처럼 'ㅡ'가 모음으로 시작하는 어미 앞에서 탈락하는 규칙 활용을 하는 반면, '푸르다'는 (㉡)에서 '따르다'와 다른 활용 양상을 보인다는 점에서 불규칙 활용을 한다. 또한 '묻다[問]'는 (㉢)에서 '묻다[埋]'와 다른 활용 양상을 보인다는 점에서 불규칙 활용을 한다.

	㉠	㉡	㉢
①	잠그다	어간	어미
②	다다르다	어간	어미
③	부르다	어미	어간
④	들르다	어미	어간
⑤	머무르다	어미	어간

21

2019년 10월 고3 전국연합학력평가

〈보기〉의 밑줄 친 단어의 품사에 대한 이해로 적절하지 않은 것은?

보기

ㄱ. **그곳**에서는 빵을 **아주** **쉽게** **구울** 수 있다.
ㄴ. **그** 사람은 자기**가** 잠을 **잘** 잤다고 말했다.
ㄷ. **멋진** 형이 근처 식당**에서** 밥을 **지어** 왔다.

① ㄱ의 '그곳'과 ㄴ의 '그'는 어떤 처소나 대상을 지시하는 대명사이다.
② ㄱ의 '아주'와 ㄴ의 '잘'은 용언 앞에 놓여서 그 뜻을 한정하는 부사이다.
③ ㄱ의 '구울'과 ㄷ의 '지어'는 용언의 어간이 불규칙적으로 활용되는 동사이다.
④ ㄱ의 '쉽게'와 ㄷ의 '멋진'은 어떤 대상의 성질이나 상태를 나타내는 형용사이다.
⑤ ㄴ의 '가'와 ㄷ의 '에서'는 앞말과 다른 말과의 문법적인 관계를 나타내는 조사이다.

22

2015년 6월 고3 평가원모의평가

〈보기〉에 제시된 국어사전 정보를 완성한다고 할 때, ㉠~㉤에 대한 설명으로 적절하지 않은 것은? [3점]

보기

과「조사」(받침 있는 체언 뒤에 붙어)

1 다른 것과 비교하거나 기준으로 삼는 대상임을 나타내는 격 조사.

¶ 막내는 큰형과 닮았다. / ______㉠______

일 따위를 함께 함을 나타내는 격 조사.

¶ 나는 방에서 동생과 조용히 공부했다. / ______㉡______

상대로 하는 대상임을 나타내는 ______㉢______.

¶ 그는 거대한 폭력 조직과 맞섰다.

2 둘 이상의 사물을 같은 자격으로 이어 주는 접속 조사.

¶ 닭과 오리는 동물이다. / 책과 연필을 가져와라.

유의어 하고, ______㉣______

형태 정보 받침 없는 체언 뒤에는 '㉤'가 붙는다.

① ㉠에는 '그는 낯선 사람과 잘 사귄다.'를 넣을 수 있다.
② ㉡에는 '그는 형님과 고향에 다녀왔다.'를 넣을 수 있다.
③ ㉢에 들어갈 말은 '격 조사'이다.
④ ㉣에 '이랑'이 들어갈 수 있다.
⑤ ㉤에 들어갈 말은 '와'이다.

23

2015년 9월 고3 평가원모의평가

밑줄 친 부분이 〈보기〉의 ㉠에 해당하지 않는 것은?

보기

국어에서는 의존 명사가 수량을 표하는 말 뒤에 쓰여 수효나 분량 따위의 단위를 나타내는 경우가 일반적이지만, ㉠**자립 명사가 단위를 나타내는 경우**도 있다. 예를 들어 '사람'은 자립 명사로 쓰이기도 하지만 수량을 표현하는 말 뒤에 쓰여 사람을 세는 단위를 나타낼 수도 있다.

◦ 의존 명사 : 그 아이는 올해 아홉 **살**이다.
◦ 자립 명사 : 그는 **사람**을 부리는 재주가 있다.
◦ 자립 명사가 단위를 나타내는 경우
 : 친구 다섯 **사람**과 함께 도서관에 갔다.

① 이 글에는 여러 군데 잘못이 있다.
② 앉은자리에서 밥 두 그릇을 다 먹었다.
③ 시장에서 수박 세 덩어리를 사 가지고 왔다.
④ 할아버지께서는 밥을 몇 숟가락 겨우 뜨셨다.
⑤ 나는 서너 발자국 뒤로 물러서다가 냅다 도망쳤다.

24

2016년 6월 고3 평가원모의평가

〈보기〉의 ㉠에 해당하는 예로 적절한 것은?

> **보기**
>
> 합성어는 어근과 어근이 결합하여 형성되는데, 어근들의 결합 방식에 따라 다음과 같이 둘로 나눌 수 있다.
>
> ◦ 통사적 합성어 : 어근들의 결합 방식이 일반적인 문장 구성 방식과 같은 합성어
> ◦ ㉠**비통사적 합성어** : 어근들의 결합 방식이 일반적인 문장 구성 방식과 다른 합성어

① 아이들이 뛰노는 소리가 밖에서 들렸다.
② 서로 몰라볼 정도로 세월이 많이 흘렀다.
③ 저마다의 타고난 소질을 계발하는 것이 중요하다.
④ 지난달부터 공부를 열심히 했더니 자신감이 생겼다.
⑤ 망치질을 자주 하다 보니 손바닥에 굳은살이 박였다.

2016년 9월 고3 평가원모의평가

[25] 다음 글을 읽고 물음에 답하시오.

여러 형태소로 이루어진 단어나 여러 단어들로 이루어진 문장은 그 구조를 명확히 파악하기 어렵다. 가령, '민물고기'가 합성어인지 파생어인지를 판별하기 어렵고 "언니가 찾던 책이 여기 있구나."와 같은 문장에서 주어가 무엇인지를 파악하기 쉽지 않다. 이처럼 복잡한 단어나 문장의 구조를 명확히 파악하기 위한 효과적인 방법으로 직접 구성 요소 분석이 있다.

직접 구성 요소란 어떤 말을 직접 이루고 있는 두 부분으로 나누었을 때 나오는 두 요소이다. 위의 '민물고기'에서는 '민물'과 '고기'가 직접 구성 요소가 된다. 이 분석은 '민물'에 대해서도 더 적용할 수 있다. 이렇게 직접 구성 요소를 분석해 보면 한 단어에 합성과 파생 과정이 모두 있는 '민물고기'는 파생어가 아닌 합성어임을 알 수 있다.

직접 구성 요소 분석 시에는 특히 두 가지를 고려해야 한다. 첫째, 직접 구성 요소로 분석되는 말이 실제로 존재하는가 하는 점이다. 가령, '살얼음'은 '살-'과 '얼음'으로 분석해야 하는데, 만약 '살얼-'과 '-음'으로 분석하면 '살얼다'가 존재하지 않으므로 잘못된 분석이 된다. 둘째, 직접 구성 요소들과 그 전체 구성의 의미가 서로 통하는가 하는 점이다. '벽돌집'을 직접 구성 요소로 나누면 '벽돌'과 '집'이 분석된다. 이를 '벽'과 '돌집'으로 나누면 '벽돌로 만든 집'이라는 의미를 갖지 못한다.

긴 문장도 직접 구성 요소 분석을 통해 그 구조를 알 수 있다. 일반적으로 문장에는 주어와 서술어가 나타나므로, 문장의 직접 구성 요소는 주어와 서술어가 된다. 그런데 서술어는 홀로 나오기도 하지만 주어 이외의 필수 성분과 결합하여 나오는 경우도 있다. 따라서 "내 동생은 엄마의 칭찬을 많이 받았다."는 첫 분석 층위에서 주어 '내 동생은'과 '엄마의 칭찬을 많이 받았다'로 그 직접 구성 요소가 분석된다. 또 '엄마의 칭찬을 많이 받았다'는 한 층위 아래에서 '엄마의 칭찬을'과 '많이 받았다'로 나뉜다. 또한 '내 동생'의 직접 구성 요소는 '내'와 '동생'인데, 이처럼 꾸미는 말과 꾸밈을 받는 말이 인접하면 그 두 요소는 바로 위 층위의 말을 이루는 직접 구성 요소가 된다. 이렇게 직접 구성 요소를 분석해 보면 "언니가 찾던 책이 여기 있구나."에서 '언니가'는 관형사절 속

에 포함된 주어일 뿐이며 문장 전체의 주어, 즉 가장 위 층위에 있는 직접 구성 요소는 '언니가 찾던 책이'임을 알 수 있다.

25

〈보기〉는 윗글을 바탕으로 진행된 학습 활동이다. ⓐ~ⓔ에 대한 이해로 적절한 것은?

보기

학 생 : '민물고기'에 있는 접두사 '민-'은 '민물고기'의 직접 구성 요소가 아니라, '민물'을 직접 구성 요소로 분석할 때 나오는 것이군요. 이제 왜 '민물고기'가 파생어가 아니라 합성어인지 알겠어요.

선생님 : 직접 구성 요소 분석에 대해 잘 이해했구나. 그럼 아래의 단어들도 분석해 보자.

ⓐ 나들이옷　ⓑ 눈웃음　ⓒ 드높이다
ⓓ 집집이　ⓔ 놀이터

① ⓐ는 그 직접 구성 요소 중 하나가 합성어인 합성어이다.
② ⓑ는 그 직접 구성 요소 중 하나가 파생어인 합성어이다.
③ ⓒ는 그 직접 구성 요소 중 하나가 합성어인 파생어이다.
④ ⓓ는 그 직접 구성 요소 중 하나가 파생어인 파생어이다.
⑤ ⓔ는 그 직접 구성 요소 중 하나가 합성어인 파생어이다.

26

2016년 9월 고3 평가원모의평가

〈보기〉의 ㉠~㉤에 쓰인 ⓐ, ⓑ에 대한 설명으로 옳지 않은 것은?

보기

용언은 어간에 어미가 붙어 다양한 의미를 나타내며 활용된다. 어미는 ⓐ**선어말 어미**와 ⓑ**어말 어미**로 나뉜다. 어말 어미는 다시 종결 어미, 연결 어미, 전성 어미로 나뉜다. 용언의 활용형에서 선어말 어미는 없는 경우가 있어도 어말 어미는 반드시 있어야 한다.

㉠ 민수가 그 나무를 **심었구나!**
㉡ 저기서 **청소하는** 아이가 내 동생이야.
㉢ 그 친구가 설마 그 음식을 다 **먹었겠니?**
㉣ 그가 나에게 권한 책은 이미 **읽은** 책이다.
㉤ 주말에 바람은 **불겠지만** 비는 오지 않을 것이다.

① ㉠에는 과거 시제를 나타내는 '-었-'이 ⓐ로 쓰였고, 감탄형 종결 어미 '-구나'가 ⓑ로 쓰였다.
② ㉡에는 ⓐ는 없고 동사의 현재 시제를 나타내는 관형사형 전성 어미 '-는'이 ⓑ로 쓰였다.
③ ㉢에는 과거 시제를 나타내는 '-었-'과 주체의 의지를 나타내는 '-겠-'이 ⓐ로 쓰였고, 의문형 종결 어미 '-니'가 ⓑ로 쓰였다.
④ ㉣에는 ⓐ는 없고 동사의 과거 시제를 나타내는 관형사형 전성 어미 '-은'이 ⓑ로 쓰였다.
⑤ ㉤에는 추측의 의미를 나타내는 '-겠-'이 ⓐ로 쓰였고, 대등적 연결 어미 '-지만'이 ⓑ로 쓰였다.

2017년 9월 고3 평가원모의평가

[27~28] 다음 글을 읽고 물음에 답하시오.

선생님 : 여러분, 현대 사회에서 인공위성이 다양하게 활용되고 있다는 것은 잘 알죠? 그런데 '인공위성'은 옛날에는 쓰이지 않았던 말입니다. '인공위성'이라는 말이 어떻게 쓰이게 되었는지 생각해 봅시다. 행성의 궤도를 도는 인공적 물체가 처음 만들어졌을 때, 그 물체를 가리키는 말이 필요해서 '인공위성'이라는 말이 생긴 거겠죠? 이 말은 어떻게 만들어졌을까요?

학생1 : '인공'과 '위성'을 합쳐 만든 것입니다.

선생님 : 맞아요. 그래서 오늘은 '인공위성'이라는 말을 만든 것처럼 새 단어를 만드는 원리를 알아볼 텐데, 그중에서도 실생활에서 자주 사용되는 합성 명사가 어떻게 만들어지는지를 먼저 알아보려고 합니다. 합성 명사는 어떻게 만들어질까요?

학생2 : 선생님, 합성 명사는 명사와 명사가 합쳐진 말 아닌가요?

선생님 : 네, 그런 경우가 많지요. 예를 들어 '논밭, 불고기'처럼 명사에 명사가 결합하는 경우가 있어요. 그 밖에 용언의 활용형이 명사와 결합한 '건널목, 노림수, 섞어찌개'와 같은 경우도 있고 '새색시'처럼 명사를 꾸며 주는 관형사가 앞에 오는 경우도 있어요.

학생3 : 그런데 선생님, 말씀하신 합성 명사들을 보니 뒤의 말이 모두 명사네요?

선생님 : 그래요. 우리말에서 합성어의 품사는 뒤에 오는 말의 품사와 같은 것이 원칙이에요. 앞에서 말한 예들이 다 그래요. 그런데 이러한 일반적인 경우와는 달리 ㉠**명사가 아닌 품사들로만 이루어진 합성 명사**도 있답니다.

학생4 : 아, 그렇군요. 그런데 선생님, 생각해 보니 요즘 자주 쓰는 말들은 그런 방식과는 다르게 만들어지는 것 같아요.

선생님 : 맞아요. 여러분들이 자주 쓰는 '인강'이라는 말은 '인터넷'과 '강의'가 합쳐지면서 줄어든 말인데, 앞말과 뒷말의 첫 음절만 따서 만들어진 것이에요. 또한 컴퓨터를 잘 다루지 못하는 사람이라는 뜻의 '컴시인'은 '컴퓨터'와 '원시인'이 합쳐지면서 줄어든 말인데, 앞말의 첫 음절과 뒷말의 둘째, 셋째 음절을 따서 만들어진 것이에요.

27

〈보기〉의 ㄱ~ㅁ 중 윗글에서 설명한 단어 형성 방법의 사례에 해당하는 것만을 있는 대로 고른 것은?

보기

ㄱ. '선생님'을 줄여서 '샘'이라는 말을 만들었다.
ㄴ. '개-'와 '살구'를 결합하여 '개살구'라는 말을 만들었다.
ㄷ. '사범'과 '대학'을 결합하여 '사대'라는 말을 만들었다.
ㄹ. '점잖다'라는 형용사로부터 '점잔'이라는 말을 만들었다.
ㅁ. '비빔'과 '냉면'을 결합하여 '비빔냉면'이라는 말을 만들었다.

① ㄱ, ㄹ ② ㄷ, ㅁ ③ ㄱ, ㄴ, ㄷ
④ ㄴ, ㄷ, ㅁ ⑤ ㄴ, ㄹ, ㅁ

28

밑줄 친 단어 중 ㉠의 예로 적절한 것은?

① 자기 잘못은 자기가 책임져야 한다.
② 언니는 가구를 전부 새것으로 바꿨다.
③ 아이가 요사이에 몰라보게 훌쩍 컸다.
④ 오늘날에는 교육에서 창의성이 중시된다.
⑤ 나는 갈림길에서 어디로 가야 할지 몰랐다.

2018년 6월 고3 평가원모의평가

[29] 다음 글을 읽고 물음에 답하시오.

국어에서 '-(으)ㅁ'이나 '-이'가 결합된 단어들 중에 형태는 같으나 품사가 다른 경우가 있다. 예를 들어 명사 '걸음'과 동사의 명사형 '걸음', 명사 '높이'와 부사 '높이'가 그러하다. 이는 용언에 결합하는 명사 파생 접미사 '-(으)ㅁ'과 명사형 전성 어미 '-(으)ㅁ'의 형태가 같고, '높다' 등의 일부 형용사에 결합하는 명사 파생 접미사 '-이'와 부사 파생 접미사 '-이'의 형태가 같기 때문이다.

[A] 이들의 품사를 구별하기 위해서는 각 단어의 다음과 같은 문법적 특징을 고려해야 한다. 명사는 서술격 조사가 결합하는 경우를 제외하고는 서술어로 쓰일 수 없고, 관형어의 수식을 받는다. 반면 ㉠**동사나 형용사는 명사형이라 하더라도 문장이나 절에서 서술어로 쓰이고**, 부사어의 수식을 받는다. 그리고 부사는 격조사와 결합할 수 없고 다른 부사어나 서술어 등을 수식한다.

한편 이들 '-(으)ㅁ'과 '-이'가 중세 국어에서는 그 쓰임에 따라 형태가 다르기 때문에 일반으로 그 형태만으로 품사를 구별할 수 있다. 현대 국어의 두 가지 '-(으)ㅁ'은 중세 국어의 명사 파생 접미사 '-(ᄋᆞ/으)ㅁ'과 명사형 전성 어미 '-옴/움'에 각각 대응한다. 이러한 구별은 'ᄒᆞᆫ 거름 나소 거룸(한 걸음 나아가도록 걸음)'에서 확인된다. '걷-'과 달리, 마지막 음절의 모음이 양성 모음인 어근이나 용언 어간에는 모음 조화에 따라 '-(ᄋᆞ)ㅁ'과 '-옴'이 각각 결합한다.

앞서 말한 현대 국어의 두 가지 '-이' 역시 중세 국어의 명사 파생 접미사 '-ᄋᆡ/의'와 부사 파생 접미사 '-이'에 각각 대응한다. 이러한 구별은 '나못 노ᄑᆡ(나무의 높이)'와 '노피 ᄂᆞᄂᆞᆫ 져비(높이 나는 제비)'에서 확인된다. '높-'과 달리, 마지막 음절의 모음이 음성 모음인 어근에는 모음 조화에 따라 명사 파생 접미사 '-의'가 결합한다. 그런데 부사 파생 접미사는 '-이' 하나여서 모음 조화에 상관없이 '-이'가 결합한다.

29

[A]를 참고할 때, 밑줄 친 부분이 ㉠에 해당하는 예로만 묶인 것은?

① 많이 앎이 항상 미덕인 것은 아니다
　그의 목소리는 격한 슬픔으로 떨렸다.

② 멸치 볶음은 맛도 좋고 건강에도 좋다.
　오빠는 몹시 기쁨에도 내색을 안 했다.

③ 요즘은 상품을 큰 묶음으로 파는 가게가 많다
　무용수들이 군무를 춤과 동시에 조명이 켜졌다.

④ 어려운 이웃을 도움으로써 보람을 찾는 이도 있다.
　나는 그를 온전히 믿음에도 그 일은 맡기고 싶지 않다.

⑤ 아이가 울음 섞인 목소리로 빨리 오라고 소리쳤다.
　수술 뒤 친구가 밝게 웃음을 보니 나도 마음이 놓였다.

2018년 9월 고3 평가원모의평가

[30~31] 다음 글을 읽고 물음에 답하시오.

단어를 공통된 성질에 따라 분류한 것을 '품사'라 한다. 품사 분류의 기준으로는 일반적으로 '형태, 기능, 의미'가 있다. '형태'는 단어가 활용하느냐 활용하지 않느냐에 관한 것이고 '기능'은 단어가 문장에서 하는 역할과 관련된다. '의미'는 단어의 구체적인 의미가 아니라 단어 부류가 가지는 추상적인 의미를 말한다.

이러한 기준의 전체 혹은 일부를 적용하여 ㉠**활용하지 않으며 사물의 이름을 나타내는 말**, ㉡**활용하고 사물의 동작이나 작용을 나타내는 말**, ㉢**활용하지 않으며 수량이나 순서를 나타내는 말**, ㉣**활용하지 않으며 앞말에 붙어 앞말과 다른 말의 문법적 관계를 나타내거나 특수한 의미를 덧붙이는 말**, ㉤**활용하지 않으며 뒤에 오는 체언을 수식하는 말** 등으로 개별 품사를 분류할 수 있다.

[A] 그런데 실제로 단어의 품사를 분류할 때에는 분류가 쉽지 않은 것들도 있다. 동사와 형용사의 구별이 대표적인데 사물의 속성이나 상태를 나타내는 형용사와 사물의 작용의 일종인 상태 변화를 나타내는 일부 동사는 의미상 매우 밀접하여 좀 더 세밀하게 구분하여야 한다. 가령 '햇살이 밝다'에서의 '밝다'는 상태를 나타내는 형용사이고, '날이 밝는다'에서의 '밝다'는 상태의 변화를 나타내는 동사이다. 동사와 형용사를 구별하는 또 다른 기준으로 활용 양상을 내세우기도 한다. 동사와 달리 형용사는 원칙적으로 선어말 어미 '-ㄴ/는-', 관형사형 어미 '-는', 명령형·청유형 종결 어미, 의도나 목적을 나타내는 연결 어미 등과 결합하여 쓰이지 않는다.

다만, '있다'의 경우는 품사를 분류할 때 더욱 주의해야 한다. '존재', '소유'와 같이 상태의 의미를 나타내는 '있다'는 형용사로, '한 장소에 머묾'의 의미인 '있다'는 동사로 분류 되는데, 동사 '있다'뿐만 아니라 형용사의 '있다'가 관형사형 어미 '-는'과 결합하기 때문이다. 형용사 '없다'의 경우도 반의어인 형용사 '있다'와 동일한 활용 양상을 보여 준다.

30

다음 문장에서 ㉠~㉤에 해당하는 예를 찾아 이를 설명한 내용으로 적절하지 않은 것은?

> 옛날 사진을 보니 즐거운 기억 하나가 떠올랐다.

① '옛날, 사진, 기억'은 ㉠에 해당하고 명사이다.
② '보니, 떠올랐다'는 ㉡에 해당하고 동사이다.
③ '하나'는 ㉢에 해당하고 수사이다.
④ '을, 가'는 ㉣에 해당하고 조사이다.
⑤ '즐거운'은 ㉤에 해당하고 관형사이다.

31

[A]를 참고하여 〈보기〉를 이해한 내용으로 적절하지 않은 것은?

보기

ⓐ 영희가 밥을 먹었다. / 꽃이 예뻤다.
　 영희가 밥을 먹는다. / *꽃이 예쁜다

ⓑ 영희야, 밥 먹어라 /*영희야, 좀 예뻐라
　 영희야, 밥 먹자. / *우리 좀 예쁘자.

ⓒ 밥먹으려고 식당으로 갔다. / *예쁘려고 미용실에 갔다.
　 밥 먹으러 식당에 갔다. / *예쁘러 미용실에 갔다.

ⓓ 나에게는 돈이 있다. / 돈이 있는 사람
　 나에게는 돈이 없다. / 돈이 없는 사람

ⓔ 나무가 크다. / 나무가 쑥쑥 큰다.
　 머리카락이 길다. / 머리카락이 잘 긴다.

※ '*'는 비문임을 나타냄.

① ⓐ : 동사와는 달리 형용사는 현재를 나타내는 선어말 어미와 결합할 수 없다.
② ⓑ : 동사와는 달리 형용사는 명령형·청유형 어미와 결합할 수 없다.
③ ⓒ : 동사와는 달리 형용사는 의도·목적을 나타내는 연결 어미와 결합할 수 없다.
④ ⓓ : '있다'와 '없다'는 상태의 의미를 나타내지만 동사로 쓰이고 있다.
⑤ ⓔ : '크다'와 '길다'는 형용사, 동사로 모두 쓰이고 있다.

32

2019년 9월 고3 평가원모의평가

〈보기〉의 ㉠과 ㉡을 모두 충족하는 예로 적절한 것은?

> **보기**
>
> '붙잡다'의 어간 '붙잡-'은 어근 '붙-'과 어근 '잡-'으로 나뉘고, '잡히다'의 어간 '잡히-'는 어근 '잡-'과 접사 '-히-'로 나뉜다. 이렇듯 어떤 말을 둘로 나누었을 때 나누어진 두 요소 각각을 직접 구성 요소라 하는데, 어근과 어근으로 분석되는 말을 합성어라 하고 어근과 접사로 분석되는 말을 파생어라 한다.
>
> 그런데 ㉠**어간이 3개 이상의 구성 요소로 이루어진 경우**가 있다. 이때 ㉡**직접 구성 요소가 먼저 어근과 어근으로 분석되면** 합성어이고 어근과 접사로 분석되면 파생어이다. 예컨대 '밀어붙이다'는 직접 구성 요소가 먼저 어근과 어근으로 분석되므로 합성어이다.

① 밤새 거센 비바람이 내리쳤다.
② 책임을 남에게 떠넘기면 안 된다.
③ 차바퀴가 진흙 바닥에서 헛돌았다.
④ 거리에는 매일 많은 사람이 오간다.
⑤ 그들은 끊임없이 짓밟혀도 굴하지 않았다.

33

2016년 수능A형

다음의 (가)에 들어갈 말로 가장 적절한 것은?

> 선생님 : 지금까지 형태소의 개념 및 유형 그리고 특성에 대해 공부했지요? 그럼, 다음 자료에서 밑줄 친 말들이 가진 공통점이 무엇인지 한번 찾아보세요.
>
> - 하늘은 맑고 바다는 푸르다.
> - 그의 말은 듣지 말고 내 말을 들어라.
> - 나는 물고기를 잡았지만 놓아주었다.
>
> 학 생 : 밑줄 친 말들은 모두 (가)

① 단어의 자격을 가지고 반드시 다른 말과 결합하여 쓰이는군요.
② 단어의 자격을 가지고 실질적 의미가 아닌 문법적 의미를 나타내는군요.
③ 반드시 다른 말과 결합하여 쓰이고 음운 환경에 따라 그 형태가 바뀌는군요.
④ 음운 환경에 따라 형태가 바뀌고 실질적 의미가 아닌 문법적 의미를 나타내는군요.
⑤ 실질적 의미가 아닌 문법적 의미를 나타내고 반드시 다른 말과 결합하여 쓰이는군요.

34

2016년 수능B형

〈보기〉는 한글 맞춤법 제1항이 파생어와 합성어에 적용된 예를 찾아본 것이다. ㉠~㉤에 들어갈 예로 적절한 것은?

보기

제1항 한글 맞춤법은 표준어를 ⓐ**소리대로 적되**, ⓑ**어법에 맞도록 함**을 원칙으로 한다.

	파생어	합성어
ⓐ만 충족한 경우	㉠	㉡
ⓑ만 충족한 경우	㉢	㉣
ⓐ, ⓑ 모두 충족한 경우	㉤	줄자(줄+자), 눈물(눈+물)

① ㉠ : 이파리(잎+아리), 얼음(얼+음)
② ㉡ : 마소(말+소), 낮잠(낮+잠)
③ ㉢ : 웃음(웃+음), 바가지(박+아지)
④ ㉣ : 웃소매(웃+소매), 밥알(밥+알)
⑤ ㉤ : 꿈(꾸+ㅁ), 사랑니(사랑+이)

2017년 수능

[35~36] 다음 글을 읽고 물음에 답하시오.

국어에서 동사나 형용사에 붙어 새로운 단어를 형성하는 접미사는 다양한 문법적 특징을 지니고 있다. 그 특징은 다음과 같다.

첫째로, 접미사는 동사나 형용사에 붙어 새로운 어간을 형성한다. 예를 들면, '녹다'의 어근 '녹-'에 접미사 '-이-'가 붙어 새로운 어간 '녹이-'가 형성된다. 이렇게 만들어진 '녹이다'의 어간 '녹이-'는 '녹다'의 어간 '녹-'과 구별된다. 둘째로, 접미사는 동사나 형용사의 어근에 붙어 품사를 바꾸기도 한다. 예를 들면, 명사 '먹이'나 '넓이'는 각각 동사와 형용사의 어근에 접미사 '-이'가 붙어 형성된 단어이다. 이때 '먹이'와 '넓이'의 '먹-'과 '넓-'은 서술어로 기능하지 못한다. 셋째로, ㉠**접미사는 동사나 형용사에 붙어 사동의 의미를 더하기도 한다**. 예를 들면, 동사 '익다'와 '먹다'의 어근에 각각 접미사 '-히-'와 '-이-'가 붙어 형성된 '익히다'와 '먹이다'는 '고기를 익히다.'와 '아이에게 밥을 먹이다.'에서와 같이 사동의 의미를 가진다. 넷째로, ㉡ **접미사는 타동사에 붙어 피동의 의미를 더하기도 한다**. 예를 들면, '안다'의 어근 '안-'에 접미사 '-기-'가 붙어 형성된 '안기다'는 '아기가 엄마한테 안기다.'와 같이 피동의 의미를 가진다. 이때 피동을 나타내는 접미사는 '눕다', '식다'와 같은 자동사에는 결합하지 않는다.

한편, 하나의 접미사가 모든 동사나 형용사에 자유롭게 결합하는 것은 아니다. 예를 들면, 접미사 '-히-'는 '읽다'의 어근 '읽-'에 붙어 '읽히다'를 만들 수 있지만, '살다'의 어근 '살-'에는 붙지 못한다. 어근 '살-'에는 접미사 '-리-'가 붙어 '살리다'가 형성된다. 한 어근과 접미사 사이에는 다른 형태소가 끼어들 수 없다. 가령, 어근 '읽-'과 접미사 '-히-' 사이에 '-시-'와 같은 선어말 어미가 끼어든 '읽시히-'와 같은 것은 만들어지지 않는다.

35

윗글을 바탕으로 〈보기〉의 ⓐ~ⓔ를 이해한 내용으로 적절한 것은?

보기

ⓐ 달콤한 휴식을 위해 시간을 **비워** 놓았다.
ⓑ 아주 **높이** 나는 새라야 멀리 볼 수 있다.
ⓒ 마을 앞 공터를 **놀이** 공간으로 조성했다.
ⓓ 멀리서 찾아온 손님을 위해 차를 **끓였다**.
ⓔ 할아버지께서는 오늘 일찍 **오시기** 힘들다.

① ⓐ에서 '비워'의 어간은 '시간이 빈다.'에서 '비다'의 어간과 같다.
② ⓑ에서 '높이'는 형용사 '높다'의 어근 '높-'에 접미사 '-이'가 붙어 형성된 명사이다.
③ ⓒ에서 '놀이'는 명사이므로 '놀이' 속의 '놀-'은 서술어로 기능하지 못한다.
④ ⓓ에서 '끓였다'의 어근에 붙은 접미사 '-이-'는 모든 동사에 자유롭게 결합한다.
⑤ ⓔ에서 '오시기'는 '오-'와 '-기' 사이에 다른 형태소가 끼어든 것이므로 명사이다.

36

밑줄 친 부분이 ㉠, ㉡에 해당하는 예로 적절한 것은?

① ㉠ : 형이 동생을 울렸다.
   ㉡ : 그는 지구본을 돌렸다.
② ㉠ : 이제야 마음이 놓인다.
   ㉡ : 우리는 용돈을 남겼다.
③ ㉠ : 공책이 가방에 눌렸다.
   ㉡ : 옷이 못에 걸려 찢겼다.
④ ㉠ : 바위 뒤에 동생을 숨겼다.
   ㉡ : 피곤해서 눈이 자꾸 감겼다.
⑤ ㉠ : 나는 종이비행기를 하늘로 날렸다.
   ㉡ : 그는 소년에게 중요한 임무를 맡겼다.

2018년 수능

[37~38] 다음 글을 읽고 물음에 답하시오.

국어의 단어들은 ㉠**어근과 어근이 결합**해 만들어지기도 하고 어근과 파생 접사가 결합해 만들어지기도 한다. 어근과 파생 접사가 결합한 단어는 ㉡**파생 접사가 어근의 앞에 결합**한 것도 있고, ㉢**파생 접사가 어근의 뒤에 결합**한 것도 있다. 어근이 용언 어간이나 체언일 때, 그 뒤에 결합한 파생 접사는 어미나 조사와 혼동될 수도 있다. 그러나 파생 접사는 주로 새로운 단어를 만든다는 점에서 차이가 있다. 이에 비해 ㉣**어미는 용언 어간과 결합**해 용언이 문장 성분이 될 수 있도록 해 주고, ㉤**조사는 체언과 결합**해 체언이 문장 성분임을 나타내 줄 뿐 새로운 단어를 만들지는 않는다. 이 점에서 어미와 조사는 파생 접사와 분명하게 구별된다.

이러한 일반인 상황과는 달리, 용언 어간에 어미가 결합한 형태나, 체언에 조사가 결합한 형태가 시간이 지나면서 새로운 단어가 된 경우도 있다. 먼저 용언의 활용형이 역사적으로 굳어져 새로운 단어가 된 예가 있다. 부사 '하지만'은 '하다'의 어간에 어미 '-지만'이 결합했던 것이었는데, 시간이 지나면서 굳어져 새로운 단어가 되었다. 다음으로 체언에 조사가 결합한 형태가 역사적으로 굳어져 새로운 단어가 된 예도 있다. 명사 '아기'에 호격 조사 '아'가 결합했던 형태인 '아가'가 시간이 지나면서 새로운 단어가 되었다.

[A] 또 다른 예로 미지칭의 인칭 대명사에, 의문문을 만드는 보조사 '고/구'가 결합한 형태가 굳어져 새로운 인칭 대명사가 된 경우를 들 수 있다. '이는 엇던 사룸고(이는 어떤 사람인가?)'에서 볼 수 있듯이 중세 국어에서 보조사 '고/ 구'는 문장에 '엇던', '므슴', '어느' 등과 같은 의문사가 있을 때, 체언 또는 의문사 그 자체에 결합해 의문문을 만들었다. 이와 같은 방식의 의문문 구성은 근대 국어를 거쳐 현대 국어의 일부 방언에까지 지속되고 있다.

37

다음 문장에서 ㉠~㉤에 해당하는 예를 찾아 이를 설명한 내용으로 적절하지 않은 것은?

> 아기장수가 맨손으로 산 위에 쌓인 바위를 깨뜨리는 모습이 멋졌다.

① '아기장수가'의 '아기장수'는 ㉠에 해당하는 예로, 어근 '아기'와 어근 '장수'가 결합했다.
② '맨손으로'의 '맨손'은 ㉡에 해당하는 예로, 파생 접사 '맨-'이 어근 '손' 앞에 결합했다.
③ '쌓인'의 어간은 ㉢에 해당하는 예로, 파생 접사 '-이-'가 어근 '쌓-' 뒤에 결합했다
④ '깨뜨리는'은 ㉣에 해당하는 예로, 어미 '-리는'이 용언 어간 '깨뜨-'와 결합했다.
⑤ '모습이'는 ㉤에 해당하는 예로, 조사 '이'가 체언 '모습'과 결합했다.

38

[A]를 바탕으로 〈보기〉의 '자료'를 탐구한 '탐구 내용'으로 적절하지 않은 것은? [3점]

> **보기**
>
> **[탐구 목표]**
> 현대 국어의 인칭 대명사 '누구'의 형성에 대해 이해한다.
>
> **[자료]**
> **(가) 중세 국어 : 15세기 국어**
> • 누를 니ᄅᆞ더뇨 (누구를 이르던가?)
> • 네 스승이 누고 (네 스승이 누구인가?)
> • ᄂᆞᄆᆞᆫ 누구 (남은 누구인가?)
> **(나) 근대 국어**
> • 이 벗은 누고고 (이 벗은 누구인가?)
> • 져 ᄒᆞᆫ 벗은 누구고 (저 한 벗은 누구인가?)
> **(다) 현대 국어**
> • 누구를 찾으세요? / • 누구에게 말했어요?
>
> **[탐구 내용]**
>
> **[탐구 결과]**
> 미지칭의 인칭 대명사에 의문문을 만드는 보조사 '고/구'가 결합했던 형태인 '누고', '누구'는 시간이 지나면서 점점 굳어져 새로운 단어가 되었는데, 오늘날에는 '누구'만 남게 되었다.

① (가)에서 미지칭의 인칭 대명사의 형태는 '누', '누고', '누구'이다.
② (나)에서 미지칭의 인칭 대명사의 형태는 '누고', '누구'이다.
③ (다)에서 미지칭의 인칭 대명사의 형태는 '누구'이다.
④ (가)에서 (나)로의 변화를 보니, '누고', '누구'는 체언과 보조사가 결합한 형태였다가 새로운 단어가 되었다.
⑤ (나)에서 (다)로의 변화를 보니, 현대 국어에서는 미지칭의 인칭 대명사로 '누고'는 쓰이지 않고 '누구'만이 쓰이고 있다.

2019년 수능

[39] 다음 글을 읽고 물음에 답하시오.

국어사적 사실이 현대 국어의 일관되지 않은 현상을 이해하는 데 도움이 되는 경우가 많다. 예를 들어 'ㄹ'로 끝나는 명사 '발', '솔', '이틀'이 ㉠'**발가락**', ㉡'**소나무**', ㉢'**이튿날**'과 같은 합성어들에서는 받침 'ㄹ'의 모습이 일관되지 않는데, 이를 이해하기 위해서는 이들 단어의 옛 모습을 알아야 한다.

'소나무'에서는 '발가락'에서와는 달리 받침 'ㄹ'이 탈락하였고, '이튿날'에서는 받침이 'ㄹ'이 아닌 'ㄷ'이다. 모두 'ㄹ' 받침의 명사가 결합한 합성어인데 왜 **이러한 차이**를 보이는 것일까? 현대 국어에는 받침 'ㄹ'이 'ㄷ'으로 바뀌거나, 명사와 명사가 결합할 때 'ㄹ'이 탈락하는 규칙이 없기 때문에 이러한 차이는 현대 국어의 규칙만으로는 설명할 수 없다.

'발가락'은 중세 국어에서 대부분 '밠 가락'으로 나타난다. 중세 국어에서 'ㅅ'은 관형격 조사로 사용되었으므로 '밠 가락'은 구로 파악된다. 이는 '밠 엄지 가락(엄지발가락)'과 같은 예를 통해 잘 알 수 있다. 이후 'ㅅ'은 점차 관형격 조사의 기능을 잃고 합성어 내부의 사이시옷으로만 흔적이 남았는데, 이에 따라 중세 국어 '밠 가락'은 현대 국어 '발가락[발까락]'이 되었다.

[A]

'소나무'는 중세 국어에서 명사 '솔'에 '나무'의 옛말인 '나모'가 결합하고 'ㄹ'이 탈락한 합성어 '소나모'로 나타난다. 중세 국어에서는 현대 국어와 달리 명사와 명사가 결합하여 합성어가 될 때 'ㄴ, ㄷ, ㅅ, ㅈ' 등으로 시작하는 명사 앞에서 받침 'ㄹ'이 탈락하는 규칙이 있었기 때문에 '솔'의 'ㄹ'이 탈락하였다.

'이튿날'은 중세 국어에서 자립 명사 '이틀'과 '날' 사이에 관형격 조사 'ㅅ'이 결합한 '이틄 날'로 많이 나타나는데, 이 'ㅅ'은 '이틄 밤', '이틄 길'에서의 'ㅅ'과 같은 것이다. 중세 국어에서 '이틄 날'은 '이틋 날'로도 나타났는데, 근대 국어로 오면서는 'ㄹ'이 탈락한 합성어 '이틋날'로 굳어지게 되었다. 이와 함께 'ㅅ'이 관형격 조사의 기능을 잃어 가고, 받침 'ㅅ'과 'ㄷ'의 발음이 구분되지 않게 되었다. 이에 따라 「한글 맞춤법」에서는 '이틋날'의 표기와 관련하여 "끝소리가 'ㄹ'인 말과 딴 말이 어울릴 적에 'ㄹ' 소리가 'ㄷ' 소리로 나는 것"으로 보아 이를 '이튿날'로 적도록 했다. 그러나 이때의 'ㄷ'은 'ㄹ'이 변한 것으로 설명되지 않으므로 중세 국어 '묹 사룸'에서 온 '뭇사람'에서처럼 'ㅅ'으로 적는 것이 국어의 변화 과정을 고려한 관점에 부합한다고 할 수 있다.

39

윗글을 참고할 때, ㉠~㉢과 같이 [이러한 차이]를 보이는 예를 〈보기〉에서 각각 하나씩 찾아 그 순서대로 제시한 것은?

보기	
무술(물+술)	쌀가루(쌀+가루)
낟알(낟+알)	솔방울(솔+방울)
섣달(설+달)	푸나무(풀+나무)

① 솔방울, 무술, 낟알 ② 솔방울, 푸나무, 섣달
③ 푸나무, 무술, 섣달 ④ 쌀가루, 푸나무, 낟알
⑤ 쌀가루, 솔방울, 섣달

40

2020년 수능

〈학습 활동〉을 해결한 내용으로 적절한 것은?

학습 활동

관형사형 어미의 형태는 시제 및 단어의 품사에 의해 결정된다. [자료]에서 밑줄 친 단어의 품사와 시제를 분석하여 그 단어에 쓰인 어미가 [표]의 ㉠~㉢ 중 어느 것에 해당하는지 확인해 보자.

[자료]

ⓐ 하늘에 <u>뜬</u> 태양
ⓑ 우리가 즐겨 <u>부르던</u> 노래
ⓒ 늘 <u>푸르던</u> 하늘
ⓓ 운동장에 <u>남은</u> 아이들
ⓔ 네가 <u>읽는</u> 소설
ⓕ 이미 아이들로 가득 <u>찬</u> 교실
ⓖ 달리기가 제일 <u>빠른</u> 친구

[표] 형사형 어미 체계

	동사	형용사
현재	-는	㉠
과거	㉡	㉢
	-던	
미래	-(으)ㄹ	-(으)ㄹ

① ⓐ의 '뜬'에 쓰인 어미 '-(으)ㄴ'은 ㉠에 해당한다.
② ⓑ의 '부르던'과 ⓒ의 '푸르던'에 쓰인 어미 '-던'은 ㉢에 해당한다.
③ ⓓ의 '남은'과 ⓕ의 '찬'에 쓰인 어미 '-(으)ㄴ'은 ㉡에 해당한다.
④ ⓔ의 '읽는'에 쓰인 어미 '-는'은 ㉡에 해당한다.
⑤ ⓖ의 '빠른'에 쓰인 어미 '-(으)ㄴ'은 ㉢에 해당한다.

2021년 9월 고3 평가원모의평가

[41~42] 다음 글을 읽고 물음에 답하시오.

사전의 뜻풀이 대상이 되는 표제 항목을 '표제어'라고 한다. 『표준국어대사전』의 표제어에는 붙임표 '-'가 쓰인 경우와 그렇지 않은 경우가 있다. 붙임표는 표제어의 문법적 특성, 띄어쓰기, 어원 및 올바른 표기에 대한 정보를 제공한다.

표제어에 붙임표가 쓰이는 대표적인 경우는 다음과 같다. 첫째, 접사와 어미처럼 자립적으로 쓰이지 않고 언제나 다른 말과 결합해야 하는 표제어에는 다른 말과 결합하는 부분에 붙임표가 쓰인다. 접사 '-질'과 연결 어미 '-으니'가 이러한 예이다. 다만 조사도 자립적으로 쓰이지 않지만 단어이므로 그 앞에 붙임표가 쓰이지 않는다. 용언 어간도 자립적으로 쓰이지 않지만 어미 '-다'와 결합한 기본형이 표제어가 되고, 용언 어간과 어미 '-다' 사이에 붙임표가 쓰이지 않는다.

둘째, 둘 이상의 구성 성분으로 이루어진 표제어에는 가장 나중에 결합한 구성 성분들 사이에 붙임표가 한 번만 쓰인다. '이등분선'은 '이', '등분', '선'의 세 구성 성분으로 이루어진 복합어이다. 이 복합어의 표제어 '이등분-선'에서 붙임표는 '이등분'과 '선'이 가장 나중에 결합했다는 정보를 제공한다. 복합어의 붙임표는 구성 성분들을 반드시 붙여 써야 한다는 점도 알려 준다.

한편 '무덤', '노름', '이따가'처럼 기원적으로 두 구성 성분이 결합한 단어이지만 붙임표가 쓰이지 않는 경우가 있다. '한글 맞춤법'에서는 현대 국어에서 새로운 단어를 만들지 못하는 접미사가 결합한 경우나 ㉠**단어의 의미가 어근이나 어간의 본뜻과 멀어진 경우**에 해당하는 단어를 소리대로 적는 것을 원칙으로 하고 있다. 이처럼 소리대로 적는 단어들은 구성 성분들이 원래 형태의 음절로 나누어지지 않으므로 표제어에 붙임표가 쓰이지 않는다.

'무덤'의 접미사 '-엄'은 현대 국어에서 새로운 단어를 만들지 못한다. 따라서 어근 '묻-'과 접미사 '-엄'이 결합한 '무덤'은 소리대로 적고 표제어에 붙임표가 쓰이지 않는다. '-엄'과 비슷한 접미사에는 '-암', '-억', '-우' 등이 있다.

'노름'은 어근 '놀-'의 본뜻만으로는 그 의미가 '돈이나 재물 따위를 걸고 서로 내기를 하는 일'이라는 사실을 알기 어렵다. '조금 지난 뒤에'를 뜻하는 '이따가'도 어간 '있-'의 본뜻과 멀어졌다. 따라서 '노름'과 '이따가'는 소리대로 적고 표제어에 붙임표가 쓰이지 않는다.

41

윗글을 읽고 추론한 내용으로 적절하지 않은 것은?

① '맨발'에서 분석되는 접두사의 뜻풀이를 표제어 '맨-'에서 확인할 수 있겠군.
② '나만 비를 맞았다.'에서 쓰인 격 조사의 뜻풀이를 표제어 '를'에서 확인할 수 있겠군.
③ '저도 학교 앞에 삽니다.'에서 쓰인 동사의 뜻풀이를 표제어 '살다'에서 확인할 수 있겠군.
④ '앞'과 '집'이 결합한 단어를 '앞 집'처럼 띄어 쓰면 안 된다는 정보를 표제어 '앞-집'에서 확인할 수 있겠군.
⑤ '논둑'과 '길'이 결합한 '논둑길'의 구성 성분이 '논', '둑', '길'이라는 정보를 표제어 '논-둑-길'에서 확인할 수 있겠군.

42

〈보기〉의 [자료]에서 ㉠에 해당하는 단어만을 있는 대로 고른 것? [3점]

보기

[자료]는 '조차', '자주', '차마', '부터'가 쓰인 문장과 이 단어들의 어원이 되는 용언이 쓰인 문장의 쌍들이다.

[자료]

- 나**조차** 그런 일들을 할 수는 없었다.
  동생도 누나의 기발한 생각을 **좇았다**.
- 누나는 휴일에 이 책을 **자주** 읽었다.
  동생은 늦잠 때문에 지각이 **잦았다**.
- 나는 **차마** 그의 눈을 볼 수 없었다.
  언니는 쏟아지는 졸음을 잘 **참았다**.
- 그 일은 나**부터** 모범을 보여야 했다.
  부원 모집 공고문이 게시판에 **붙었다**.

① 자주, 부터　② 차마, 부터
③ 조차, 자주, 차마　④ 조차, 차마, 부터
⑤ 조차, 자주, 차마, 부터

2021년 수능

[43] 다음 글을 읽고 물음에 답하시오.

우리는 단어의 의미와 유래를 통해 단어에 담긴 언중의 인식과 더불어 시대상을 짐작할 수 있다. 그리고 단어의 구조를 통해 단어 구성 방식도 이해할 수 있다.

유길준의 『서유견문』(1895)에는 '원어기(遠語機)'라는 말이 등장하는데, 이것은 영어의 'telephone'에 해당하는 단어로 '말을 멀리 보내는 기계'라는 뜻이다. 오늘날의 '전화기(電話機)'가 '전기를 통해 말을 보내는 기계'의 뜻이라는 점과 비교해 보면 '원어기'는 말을 '멀리' 보낸다는 점에, '전화기'는 말을 '전기로' 보낸다는 점에 초점을 맞춘 단어이다. 이처럼 대상을 어떻게 인식하느냐에 따라 그것을 표현하는 단어는 달라지기도 한다. 또한 개화기 사전에 등장하는 '소졋메쥬(소젖메주)'처럼 새롭게 유입된 대상을 일상의 단어로 표현한 경우도 있다. '소졋메쥬'는 '치즈(cheese)'에 대응하는 단어인데, 간장과 된장의 재료인 '메주'라는 일상의 단어를 통해 대상을 인식했음을 보여 준다.

한편, 『가례언해』(1632)에 따르면 '총각(總角)'은 '머리를 땋아 갈라서 틀어 맴'을 이르는 말이었으나 그러한 의미는 사라지고 오늘날에는 '결혼하지 않은 성년 남자'를 뜻한다. 특정한 행위를 나타내던 단어가 이와 관련된 사람을 지시하는 말로 그 의미가 변화한 것이다. 여기에서 남자도 머리를 땋아 묶었던 과거의 관습을 짐작할 수 있다. 또한 '부대찌개' 역시 한국 전쟁 이후 미군 부대에서 나온 재료로 찌개를 끓였던 것에서 유래한 단어라는 점에서 시대의 흔적을 담고 있다.

우리는 단어의 구조를 통해 단어가 구성되는 방식도 파악할 수 있다. 『한불자전』(1880)에는 이전 시기의 문헌에서는 볼 수 없었던 '두길보기'와 '산돌이'가 등장한다. "양쪽 모두의 눈치를 보는 사람"으로 풀이된 '두길보기'의 '두길'은 ㉠**관형사가 후행하는 명사를 수식**하는 것으로 분석된다. "같은 장소를 일 년에 한 번만 지나가는 큰 호랑이"로 풀이된 '산돌이'는 ㉡**단어의 구성 요소들이 의미상 목적어와 서술어의 관계**로 이루어져 '산을 돌다'라는 의미를 나타내고 있다. 이와 같이 예전에도 오늘날처럼 다양한 방식으로 단어를 만들어 생각을 표현하고 있었던 셈이다.

43

㉠과 ㉡을 모두 충족하는 단어만을 〈보기〉에서 있는 대로 고른 것은?

보기
새해맞이, 두말없이, 숨은그림찾기, 한몫하다

① 새해맞이, 숨은그림찾기, 한몫하다
② 두말없이, 숨은그림찾기, 한몫하다
③ 두말없이, 숨은그림찾기
④ 새해맞이, 한몫하다
⑤ 새해맞이

44

2021년 수능

ⓐ~ⓔ는 잘못된 표기를 바르게 고친 것이다. 고치는 과정에서 해당 단어에 적용된 용언 활용의 예로 적절하지 않은 것은?

'국물 떡볶이' 만드는 법

- 떡을 물에 담궈(→ ⓐ 담가) 둔다.
- 멸치를 물에 넣고 끓인 다음 체에 거러서(→ ⓑ 걸러서) 육수를 준비한다.
- 육수에 고추장, 갈은(→ ⓒ 간) 마늘, 불린 떡, 어묵을 넣는다.
- 하얬던(→ ⓓ 하얬던) 떡이 빨갛게 될 때까지 잘 젓어(→ ⓔ 저어) 익힌다.

① ⓐ : 예쁘-+-어도 → 예뻐도
② ⓑ : 푸르-+-어 → 푸르러
③ ⓒ : 살-+-니 → 사니
④ ⓓ : 동그랗-+-아 → 동그래
⑤ ⓔ : 긋-+-은 → 그은

45

2020년 3월 고3 전국연합학력평가

〈보기1〉을 바탕으로 〈보기2〉의 ㉠~㉤에 대해 설명한 내용으로 적절하지 않은 것은?

> **보기1**
>
> 합성 명사의 구성 요소 중 선행 요소는 다양한 품사의 단어이지만 후행 요소는 일반적으로 명사이다.

> **보기2**
>
> ㉠**새해**를 맞이하여 오랜만에 할머니 댁에 갔다. 할머니께서 점심으로 ㉡**굵은소금** 위에 새우를 올려놓고 구워 주셨고, 저녁에는 ㉢**산나물**을 넣은 비빔밥을 해 주셨다. 내가 할머니께 스마트폰의 여러 기능을 알려 드리자 "㉣**척척박사**로구나."라며 ㉤**어린아이**처럼 좋아하셨다.

① ㉠은 관형사와 명사가 결합한 합성 명사이다.
② ㉡은 동사의 활용형과 명사가 결합한 합성 명사이다.
③ ㉢은 명사와 명사가 결합한 합성 명사이다.
④ ㉣은 부사와 명사가 결합한 합성 명사이다.
⑤ ㉤은 형용사의 활용형과 명사가 결합한 합성 명사이다.

46

2020년 4월 고3 전국연합학력평가

〈보기1〉의 ㉠~㉣에 해당하는 가장 적절한 예를 〈보기2〉에서 고른 것은?

> **보기1**
>
> 용언의 활용은 규칙 활용과 불규칙 활용으로 나눌 수 있다. ㉠**규칙 활용**은 용언이 활용될 때 어간과 어미의 기본 형태가 바뀌지 않거나, 어간이나 어미의 기본 형태가 바뀌는 모습을 일정한 규칙으로 설명할 수 있다. 한편 불규칙 활용은 용언이 활용될 때 어간이나 어미의 기본 형태가 바뀌는 이유를 일정한 규칙으로 설명할 수 없다. 불규칙 활용에는 ㉡**어간이 불규칙적으로 바뀌는 경우**, ㉢**어미가 불규칙적으로 바뀌는 경우**, ㉣**어간과 어미가 모두 불규칙적으로 바뀌는 경우**가 있다.

> **보기2**
>
> ◦ 놀이터에서 놀다 보니 옷에 흙이 **묻었다**.
> ◦ 나는 동생에게 출발 시간을 **일러** 주었다.
> ◦ 우리는 한라산 정상에 **이르러** 잠시 쉬었다.
> ◦ 드디어 사람들은 그를 **우러러** 섬기게 되었다.
> ◦ 하늘은 맑고 강물은 **파래** 기분이 정말 상쾌했다.

	㉠	㉡	㉢	㉣
①	묻었다	이르러	일러, 우러러	파래
②	일러	이르러, 파래	묻었다	우러러
③	이르러	묻었다, 우러러	파래	일러
④	묻었다, 우러러	일러	이르러	파래
⑤	일러, 우러러	묻었다	파래	이르러

47

2020년 10월 고3 전국연합학력평가

〈보기〉의 ㉠~㉣을 바르게 분류한 것은? [3점]

보기

※ 다음 밑줄 친 단어를 통해 합성어의 형성 과정을 탐구해 보자.

- 곳은 ㉠이른바 우리나라의 곡창 지대이다.
- 붕대로 ㉡감싼 상처가 정말 심각해 보였다.
- 집행부가 질서를 ㉢바로잡을 계획을 세웠다.
- 대학교에 가려면 ㉣건널목을 건너야만 한다.

[탐구 과정]

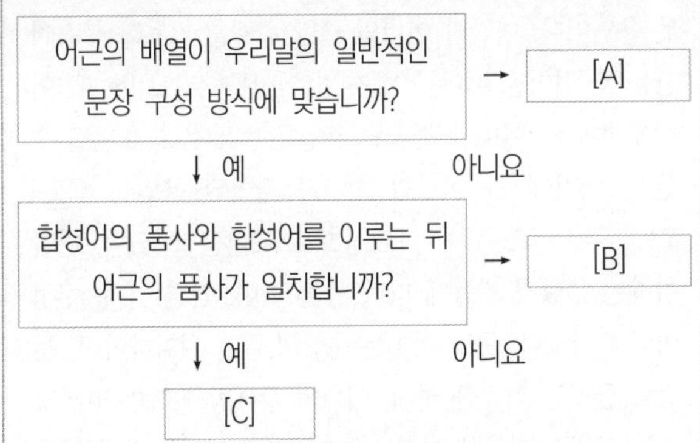

	[A]	[B]	[C]
①	㉠	㉡, ㉣	㉢
②	㉠, ㉢	㉡	㉣
③	㉡	㉠	㉢, ㉣
④	㉡	㉢	㉠, ㉣
⑤	㉡, ㉣	㉢	㉠

48

2021년 3월 고3 전국연합학력평가

[학습 활동]을 수행한 결과로 적절하지 않은 것은? [3점]

보기

선생님 : 형용사 형성 파생법은 크게 접두사에 의한 파생법과 접미사에 의한 파생법으로 나누어 볼 수 있습니다. 일반적으로 접두사에 의한 파생법은 ㉠**형용사 어근 앞에 뜻을 더하는 접사가 붙은 것**이고, 접미사에 의한 파생법은 대체로 ㉡**명사 어근 뒤에 어근의 품사를 형용사로 바꾸는 접사가 붙은 것**입니다. 그럼 아래를 참고하여, [학습 활동]을 해결해 볼까요?

[접두사] 새-, 시-
[접미사] -롭다, -되다, -답다, -스럽다

[학습 활동] 다음에서 ㉠, ㉡에 해당하는 예를 찾아보자.

나는 바닷가 산책로를 따라 걸었다. 바로 코끝에서 **시퍼런** 바닷물이 철썩거리고 있었다. 늘 걷던 길이 오늘따라 **새롭게** 느껴지는 것은 곧 이곳을 떠나야 한다는 사실 때문일 것이다. 여기 머문 지도 어느새 삼 년이 되어 간다. 돌이켜 보면 **복된** 나날이었다. 이웃들과 매일 **정답게** 인사를 주고받았으며, 어디서든 아이들의 **사랑스러운** 웃음소리를 들을 수 있었다.

① '시퍼런'은 접두사 '시-'가 형용사 어근 앞에 붙어 형성된 말의 활용형으로, ㉠에 해당하는 예이다.
② '새롭게'는 접두사 '새-'가 형용사 어근 앞에 붙어 형성된 말의 활용형으로, ㉠에 해당하는 예이다.
③ '복된'은 접미사 '-되다'가 명사 어근 뒤에 붙어 형성된 말의 활용형으로, ㉡에 해당하는 예이다.
④ '정답게'는 접미사 '-답다'가 명사 어근 뒤에 붙어 형성된 말의 활용형으로, ㉡에 해당하는 예이다.
⑤ '사랑스러운'은 접미사 '-스럽다'가 명사 어근 뒤에 붙어 형성된 말의 활용형으로, ㉡에 해당하는 예이다.

49

2021년 4월 고3 전국연합학력평가

〈보기〉는 학생들이 작성한 탐구 보고서의 일부이다. [가]에 들어갈 내용으로 적절한 것은?

보기

○ 탐구 개요

학생들은 형태가 동일한 두 형태소가 하나는 어근, 하나는 접사로 사용되는 경우 이를 구분할 때 어려움을 겪는 경향이 있다. 그래서 우리 반 학생들을 대상으로 관련 사례에 대한 반응을 조사한 후 이를 토대로 결과를 분석하고 추가 예시 자료를 제시하여 학생들의 이해를 돕고자 한다.

○ 사례

1. 마당 한(㉠)가운데 꽃이 폈다.
2. 그가 이 책의 지은이(㉡)이다.
3. 커다란 알(㉢)밤을 주웠다.

○ 학생들의 반응

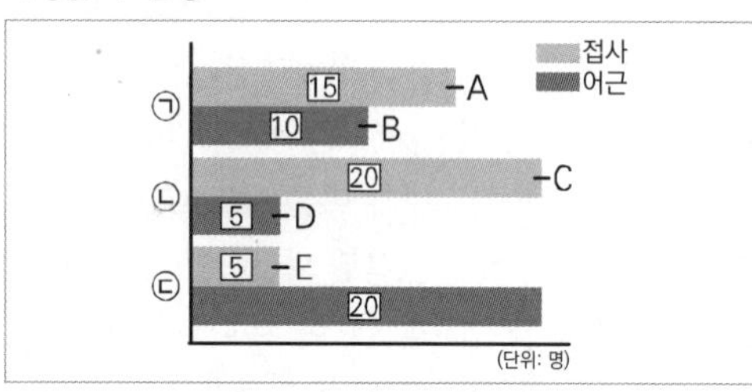

○ 결과 분석 및 추가 예시 자료 제시

[가]

① '사례 1'에 대해 ㉠을 잘못 알고 있는 학생들이 더 많다. 이에 따라 'A 집단'의 이해를 돕기 위해 ㉠이 쓰인 예로 '한번'을 제시한다.

② '사례 1'에 대해 ㉠을 잘못 알고 있는 학생들이 더 적다. 이에 따라 'B 집단'의 이해를 돕기 위해 ㉠이 쓰인 예로 '한복판'을 제시한다.

③ '사례 2'에 대해 ㉡을 잘못 알고 있는 학생들이 더 많다. 이에 따라 'C 집단'의 이해를 돕기 위해 ㉡이 쓰인 예로 '먹이'를 제시한다.

④ '사례 2'에 대해 ㉡을 잘못 알고 있는 학생들이 더 적다. 이에 따라 'D 집단'의 이해를 돕기 위해 ㉡이 쓰인 예로 '미닫이'를 제시한다.

⑤ '사례 3'에 대해 ㉢을 잘못 알고 있는 학생들이 더 적다. 이에 따라 'E 집단'의 이해를 돕기 위해 ㉢이 쓰인 예로 '알사탕'을 제시한다.

2021년 4월 고3 전국연합학력평가

[50] 다음 글을 읽고 물음에 답하시오.

용언의 어간에 여러 어미가 번갈아 결합하는 현상을 용언의 활용이라 한다. 어간은 용언이 활용할 때 변하지 않는 부분을 가리키고, 어미는 어간 뒤에 결합하여 여러 가지 문법적 의미를 더해 주는 요소를 가리킨다. 어미는 그것이 나타나는 자리에 따라 어말 어미와 선어말 어미로 나눌 수 있다. 어말 어미는 용언의 맨 뒤에 오는 어미이고, 선어말 어미는 어말 어미 앞에 나타나는 어미이다. 가령, "나는 물건을 들었다."라는 문장에서 '들었다'는 어간 '들-'에 선어말 어미 '-었-'과 어말 어미 '-다'가 결합된 용언이다. 어간과 어미의 결합 관계를 기호화하여 어간을 X, 선어말 어미를 Y, 어말 어미를 Z라고 할 때, 어간에 하나의 어미만 결합된 용언은 ㉠<u>X+Z</u>로 표현될 수 있고, 어간에 둘 이상의 어미가 결합된 용언은 ㉡<u>X+Y+Z</u> 혹은 ㉢<u>X+Y_1+Y_2+Z</u> 등으로 표현될 수 있다. 어말 어미는 문법적 기능에 따라 종결 어미, 연결 어미, 전성 어미로 나뉜다. 종결 어미는 문장의 끝에 위치하여 한 문장을 끝맺는 기능을 하며, 대화의 상대방을 높이거나 낮추는 문법적 기능을 하기도 한다. 연결 어미는 두 문장을 나열, 대조 등의 의미 관계로 이어 주는 ⓐ**<u>대등적 연결 어미</u>**, 앞 문장이 뒤 문장의 원인, 조건 등과 같은 의미를 가지도록 이어 주는 ⓑ**<u>종속적 연결 어미</u>**, 본용언과 보조 용언을 이어 주는 ⓒ**<u>보조적 연결 어미</u>**로 나눌 수 있다. 전성 어미는 용언이 서술성을 유지하면서 다른 품사처럼 기능하게 하는 것으로, 명사형 전성 어미, 관형사형 전성 어미 등으로 나눌 수 있다. 한편 선어말 어미는 문장의 주체를 높이거나 문장의 시제를 표현하는 것과 같은 문법적 기능을 한다.

50

〈보기〉의 ㉮~㉲를 윗글의 ⓐ~ⓒ로 바르게 분류한 것은?

> **보기**
>
> ◦ 원숭이가 바나나를 먹고(㉮) 있다.
>
> ◦ 김이 습기를 먹어(㉯) 눅눅해졌다.
>
> ◦ 형은 빵을 먹고(㉰) 동생은 과자를 먹었다.
>
> ◦ 우리는 상대편에게 한 골을 먹고(㉱) 당황했다.
>
> ◦ 그는 경기가 시작되기도 전에 겁을 먹어(㉲) 버렸다.

	ⓐ	ⓑ	ⓒ
①	㉰, ㉱	㉯, ㉲	㉮
②	㉰, ㉱	㉯	㉮, ㉲
③	㉰	㉮, ㉱	㉯, ㉲
④	㉰	㉯, ㉱	㉮, ㉲
⑤	㉰	㉱, ㉲	㉮, ㉯

51

2021년 7월 고3 전국연합학력평가

〈보기〉를 참고할 때, 밑줄 친 단어의 활용이 적절하지 않은 것은?

> **보기**
>
> ‘다양한 기능을 갖은 물건이다.’에서 ‘갖은’은 ‘가진’을 잘못 쓴 예이다. ‘갖다’는 본말 ‘가지다’의 준말로, ‘갖다’와 ‘가지다’는 모두 표준어이다. 그런데 ‘갖다’는 ‘갖고’, ‘갖지만’과 같이 활용할 수 있지만 ‘갖아’, ‘갖으며’와 같이 활용할 수는 없는데, 이는 모음으로 시작하는 어미가 연결될 때에는 준말의 활용형을 인정하지 않기 때문이다. ‘내디디다/내딛다, 서투르다/서툴다, 머무르다/머물다, 서두르다/서둘다, 건드리다/건들다’ 등도 모음으로 시작하는 어미 앞에서는 본말의 활용형만 쓴다.

① 그녀는 새로운 삶에 첫발을 내딛었다.
② 아저씨가 농사일에 서투른 줄 몰랐다.
③ 우리는 여기에 머물면서 쉴 생각이다.
④ 서두르지 않으면 출발 시간에 늦겠다.
⑤ 조금만 건드려도 방울 소리가 잘 난다.

2021년 7월 고3 전국연합학력평가

[52] 다음 글을 읽고 물음에 답하시오.

단어를 공통된 성질에 따라 분류한 것을 '품사'라고 하는데, 품사는 형태, 기능, 의미에 따라 분류할 수 있다. 그중 단어 부류가 가지는 공통 의미에 따라 분류하면 대상의 이름을 나타내는 명사, 명사를 대신하여 가리키는 대명사, 대상의 수량이나 순서를 나타내는 수사, 대상의 동작이나 작용을 나타내는 동사, 대상의 성질이나 상태를 나타내는 형용사, 주로 체언을 수식하는 관형사, 주로 용언이나 문장을 수식하는 부사, 주로 체언에 붙어 문법적 관계를 표시하거나 특별한 의미를 더하는 조사, 말하는 이의 놀람, 느낌, 부름 등을 나타내는 감탄사로 구분된다.

단어는 일반적으로 하나의 품사로 사용되지만 어떤 단어는 두 가지 이상의 문법적 성질을 가지고 있어 여러 가지의 품사로 쓰이는 경우가 있다. 이를 '품사 통용'이라고 한다. '같이'의 경우, '**같이** 가다'에서는 부사로, '소**같이** 일만 하다'에서는 조사로 쓰이고 있다. 품사 통용은 중세 국어에도 있었는데, 현대 국어의 품사 통용과 같은 양상으로 나타나기도 하고 다른 양상으로 나타나기도 했다. 그리고 현대 국어에서 하나의 품사로 쓰이는 단어가 중세 국어에서는 품사 통용이 나타나기도 했다. 예를 들어 현대 국어에서 관형사로만 쓰이는 '어느'를 살펴보자.

(ㄱ) **어느** 뉘 請ᄒᆞ니(어느 누가 청한 것입니까?)
(ㄴ) 迷惑 **어느** 플리(미혹한 마음을 어찌 풀 것인가?)
(ㄷ) 이 두 말올 **어늘** 從ᄒᆞ시려뇨(이 두 말을 어느 것을 따르시겠습니까?)

중세 국어에서 '어느'는 (ㄱ)에서는 체언을 수식하는 관형사로, (ㄴ)에서는 용언을 수식하는 부사로 쓰였다. (ㄷ)에서 '어늘'은 '어느'에 조사가 결합된 형태로 여기에서 '어느'는 명사를 대신하여 가리키는 대명사로 쓰였다. 현대 국어에서 관형사로만 쓰이는 '어느'가 중세 국어에서는 관형사, 부사, 대명사로 두루 쓰인 것이다.

52

윗글을 바탕으로 〈보기〉에 대해 이해한 내용으로 적절하지 않은 것은?

보기
ㄱ. **과연** **두** 사람이 만날 수 있을까? ㄴ. 합격 소식을 듣고 그가 활짝 **웃었다**. ㄷ. **학생**, 아무리 바쁘더라도 식사**는** 해야지.

① ㄱ의 '과연'은 문장 전체를 수식하는 부사이군.
② ㄱ의 '두'는 대상의 수량을 나타내는 수사이군.
③ ㄴ의 '웃었다'는 대상의 동작을 나타내는 동사이군.
④ ㄷ의 '학생'은 대상의 이름을 나타내는 명사이군.
⑤ ㄷ의 '는'은 체언에 붙어 특별한 의미를 더하는 조사이군.

53

2022년 3월 고3 전국연합학력평가

〈보기〉의 [A]에 들어갈 말로 적절하지 않은 것은? [3점]

보기

선생님 : 단어는 다음과 같이 세 가지 기준으로 분류될 수 있습니다.

기준	분류
㉠	가변어, 불변어
㉡	용언, 체언, 수식언, 관계언, 독립언
㉢	동사, 형용사, 명사, 대명사, 수사, 관형사, 부사, 조사, 감탄사

자, 이제 아래 문장의 단어들을 탐구해 봅시다.

음, 우리가 밝은 곳에서 그 나비 하나를 또 잡았어.

학생 : [A]

선생님 : 네, 맞아요.

① '나비 하나를 또 잡았어'는 ㉠에 따라 분류하면 가변어 한 개, 불변어 네 개를 포함합니다.

② '나비 하나를'은 ㉡에 따라 분류하면 체언 두 개, 관계언 한 개를 포함합니다.

③ '음, 우리가 밝은 곳에서 그 나비 하나를 또 잡았어'는 ㉢에 따라 분류하면 아홉 개의 품사를 모두 포함합니다.

④ '밝은'과 '잡았어'는 ㉡이나 ㉢ 중 어느 것에 따라 분류하더라도 서로 다른 부류로 분류됩니다.

⑤ '그'와 '또'는 ㉡에 따라 분류하면 수식언이고, ㉢에 따라 분류하면 각각 관형사, 부사입니다.

2022년 3월 고3 전국연합학력평가

[54] 다음 글을 읽고 물음에 답하시오.

현대 국어에서 명사를 파생하는 접미사로 널리 쓰이는 것에 '-(으)ㅁ'이 있다. 접미사 '-(으)ㅁ'은 동사나 형용사를 명사로 바꿀 수 있으며 '묶음, 기쁨'과 같은 단어를 만든다. 한글 맞춤법에서는 어간에 '-(으)ㅁ'이 붙어서 명사로 된 것은 그 어간의 원형을 밝히어 적도록 규정하고 있다. '-(으)ㅁ'이 비교적 널리 여러 어간에 결합할 수 있고 이것이 결합하여 만들어진 단어의 의미가 어간의 본뜻을 유지하고 있기 때문이다. 이는 가령 '무덤'이 기원적으로 '묻-'에 '-엄'이 붙어서 된 것이기는 하지만 '-엄'은 현대 국어에서 새로운 단어를 만들지 못하므로 '무덤'에서 어간의 원형인 '묻-'을 밝히어 적지 않는 것과 대조된다.

그런데 명사형 어미에도 '-(으)ㅁ'이 있어서, 현대 국어에서 '-(으)ㅁ'이 결합한 단어들 중에는 형태는 같으나 품사가 다른 경우가 있다. 예를 들어 '그가 시원한 웃음을 크게 웃음은 시험에 합격했기 때문이다.'에서 앞에 나오는 '웃음'은 관형어 '시원한'의 수식을 받는 명사이므로 여기서 '-음'은 명사 파생 접미사이다. 그러나 뒤에 나오는 '웃음'은 명사절에서 서술어로 기능하고 있으며 부사어 '크게'의 수식을 받는 동사의 명사형이다. 그러므로 여기서 '-음'은 명사형 어미이다. '크게 웃음'을 '크게 웃었음'으로 바꾸어 쓸 수 있는 것에서 알 수 있듯이, 어미 '-(으)ㅁ'은 '-았/었-', '-겠-', '-(으)시-' 등 대부분의 선어말 어미와 결합할 수 있다.

현대 국어와 달리, 중세 국어에서는 ㉠**파생 명사**와 ㉡**명사형 어미가 결합한 용언의 활용형**이 형태적으로 구별되었다. 예를 들어 '짜 그륨과[땅을 그림과]'에서 서술어로 기능하는 '그륨'은 동사 '(그림을) 그리다'의 명사형인데, '그리다'의 파생 명사는 '그리-'에 '-ㅁ'이 붙어서 만들어진 '그림'이었다. 일반적으로 중세 국어에서는 명사 파생 접미사 '-(ᄋᆞ/으)ㅁ'과 명사형 어미 '-옴/움'이 형태상으로 구분되었다. 모음 조화에 따라 양성 모음 뒤에서는 접미사 '-(ᄋᆞ)ㅁ'과 어미 '-옴'이, 음성 모음 뒤에서는 접미사 '-(으)ㅁ'과 어미 '-움'이 쓰였다. 그러다가 'ㆍ'가 소실되고 명사형 어미의 형태가 달라지는 등 여러 변화를 입어 현대 국어에서는 명사 파생 접미사와 명사형 어미가 모두 '-(으)ㅁ'으로 나타나게 되었다.

54

윗글을 통해 〈보기〉의 ㄱ~ㅁ을 이해한 내용으로 적절하지 않은 것은?

> **보기**
>
> ㄱ. 나이도 어린 동생이 고난도의 춤을 잘 춤이 신기했다.
> ㄴ. 차가운 주검을 보니 그제야 그의 죽음이 실감이 났다.
> ㄷ. 나는 그를 조용히 도움으로써 지난날의 은혜에 보답했다.
> ㄹ. 작가에 대해서 많이 앎이 오히려 감상을 방해하기도 한다.
> ㅁ. 그를 전적으로 믿음에도 결과를 직접 확인할 필요는 있었다.

① ㄱ에서 '고난도의'의 수식을 받는 '춤'은 명사이고, '잘'의 수식을 받는 '춤'은 동사의 명사형이다.

② ㄴ에서 '죽음'은 접미사 '-음'이 붙어서 된 말이므로 '주검'과는 달리 어간의 원형을 밝히어 적는다.

③ ㄷ에서 '도움'은 동사의 명사형으로, 명사절에서 서술어로 기능하고 있다.

④ ㄹ에서 '앎'의 '-ㅁ'은 '알-'에 붙어 품사를 동사에서 명사로 바꾸었다.

⑤ ㅁ에서 '믿음'의 '믿-'과 '-음' 사이에는 선어말 어미 '-었-'이 끼어들 수 있다.

2022년 6월 고3 평가원모의고사

[55] 다음 글을 읽고 물음에 답하시오.

한글 맞춤법 제15항과 제18항은 용언이 활용할 때의 표기 원칙을 규정하고 있다. 제15항은 '웃다, 웃고, 웃으니'처럼 규칙적으로 활용하는 용언의 표기 원칙을, 제18항은 '긋다, 그어, 그으니'처럼 ㉠**불규칙적으로 활용하는 용언**의 표기 원칙을 밝히고 있다. 한글 맞춤법의 이러한 내용들은 국어사전의 [활용]의 표기에 반영되어 있다. 아래는 국어사전의 일부를 간추려 제시한 것이다.

> **웃다**
> 발음 [욷ː따]
> [활용] 웃어[우ː서], 웃으니[우ː스니], 웃는[운ː는]

> **긋다**
> 발음 [귿ː따]
> [활용] 그어[그어], 그으니[그으니], 긋는[근ː는]

동사 '웃다'와 '긋다'의 [활용]에서 각각 '웃다'와 '긋다'의 활용형과 그 표준 발음을 확인할 수 있다. [활용]에 제시되어 있는 정보, 즉 '활용 정보'를 통하여 ㉡**활용 양상이 동일한 용언**들을 알아볼 수 있다. 예를 들어 규칙 활용 용언 중 동사 '벗다'는 '벗어, 벗으니, 벗는'처럼 활용하므로 '웃다'와 활용 양상이 동일하고, 불규칙 활용 용언 중 '짓다'는 '지어, 지으니, 짓는'처럼 활용하므로 '긋다'와 활용 양상이 동일하다.

[A] 한편 용언이 활용할 때 음운 변동이 나타나는 경우에는 그 결과가 활용형의 표기에 반영되기도 한다. 예를 들어 '자다'의 활용 정보는 '자[자], 자니[자니]'처럼 제시되는데 이때의 활용형 '자'는 '자다'의 어간 '자-'가 어미 '-아'와 결합할 때 동일 모음의 탈락이 일어나 '자'로 실현된 결과가 활용형의 표기에 반영된 것이다. 이와는 달리 '좋다'는 '좋아[조ː아], 좋으니[조ː으니]'가 활용 정보에 제시되는데 이는 음운 변동의 결과가 활용형의 표기에 반영되지 않은 것이다. 즉 활용 정보에 나타나는 활용형 '자'와 '좋아'의 표기는 한글 맞춤법의 원리에 따른 것임을 확인할 수 있다.

55

㉠과 ㉡을 모두 만족하는 용언의 짝으로 적절한 것은?

① 구르다 - 잠그다
② 흐르다 - 푸르다
③ 뒤집다 - 껴입다
④ 붙잡다 - 정답다
⑤ 캐묻다 - 엿듣다

56

2022년 9월 고3 평가원모의고사

〈보기〉의 ㉮에 들어갈 말로 적절하지 않은 것은? [3점]

보기

선생님: 다음은 접사의 특징을 확인하기 위해 수집한 파생어들이에요. ㉠~㉤에서 각각 확인되는 접사의 공통점을 설명해 보세요.

> ㉠ 넓이, 믿음, 크기, 지우개
> ㉡ 끄덕이다, 출렁대다, 반짝거리다
> ㉢ 울보, 낚시꾼, 멋쟁이, 장난꾸러기
> ㉣ 밀치다, 살리다, 입히다, 깨뜨리다
> ㉤ 부채질, 풋나물, 휘감다, 빼앗기다

학생: 예, 접사가 [㉮] 는 공통점이 있습니다.

① ㉠에서는 용언에 결합하여 명사를 만든다.
② ㉡에서는 부사에 결합하여 동사를 만든다.
③ ㉢에서는 사람을 가리키는 의미의 단어를 만든다.
④ ㉣에서는 주동사에 결합하여 사동사를 만든다.
⑤ ㉤에서는 어근과 품사가 동일한 단어를 만든다.

57

2023년 6월 고3 평가원모의고사

〈학습 활동〉을 수행한 결과로 적절한 것은?

학습 활동

형태소는 자립성의 유무와 의미의 유형에 따라 다음과 같이 구분된다.

자립성의 유무 \ 의미의 유형	자립 형태소	의존 형태소
실질 형태소	㉠	㉡
형식 형태소	╳	㉢

다음 문장의 형태소를 ㉠, ㉡, ㉢으로 분류한 후, 그 결과를 정리해 보자.

> 우리는 비를 맞고 바람에 맞서다가 드디어 길을 찾아냈다.

① '우리는'의 '우리'와 '드디어'는 ㉡에 속한다.
② '비를'과 '길을'에는 ㉠과 ㉡에 속하는 형태소만 있다.
③ '맞고'의 '맞-'과 '맞서다가'의 '맞-'은 모두 ㉢에 속한다.
④ '바람에'에는 ㉡과 ㉢에 속하는 형태소만 있다.
⑤ '찾아냈다'에는 ㉡과 ㉢에 속하는 형태소만 있다.

03 문장론(문장)

01 2015년 3월 고3 전국연합학력평가

〈보기〉를 참고하여 ㉠~㉣에 대해 탐구한 결과로 적절하지 않은 것은? [3점]

보기

문장은 동작이나 행위를 누가 하느냐에 따라 능동문과 피동문으로 나누어진다. 주어가 동작을 제힘으로 하는 문장을 능동문이라고 하고, 다른 주체에 의해 동작이 이루어지거나 영향을 받는 문장을 피동문이라고 한다.

	능동문	피동문
㉠	눈이 온 세상을 덮었다.	온 세상이 눈에 덮였다.
㉡	두 학생이 참새 네 마리를 잡았다.	참새 네 마리가 두 학생에게 잡혔다.
㉢	낙엽이 바람에 난다.	낙엽이 바람에 날린다.
㉣	해당 사례 없음.	오늘은 날씨가 갑자기 풀렸다.

① ㉠의 피동문은 능동문에 비해 주어의 동작성이 잘 드러나지 않는다.

② ㉠과 ㉡은 모두 능동문의 주어가 피동문에서 부사어로 나타나는 사례이다.

③ ㉡과 ㉢은 모두 능동문과 달리 피동문이 여러 가지 의미로 해석될 수 있다.

④ ㉢은 자동사를 피동사로 만들 수 있음을 보여 주는 사례이다.

⑤ ㉣은 피동문에 대응하는 능동문을 상정할 수 없는 경우가 있음을 보여 주는 사례이다.

02 2015년 4월 고3 전국연합학력평가

〈보기〉의 ㉠~㉣에 대한 설명으로 적절하지 않은 것은? [3점]

보기

◦ 영수는 ㉠**집에 가기**를 원한다.
◦ 친구는 ㉡**밥을 먹기**에 바쁘다.
◦ 영희는 ㉢**동생이 산** 빵을 먹었다.
◦ 그는 ㉣**우리가 돌아온** 사실을 모른다.

① ㉠은 조사 '를'과 결합하여 안은 문장의 목적어로 쓰이고 있다.

② ㉡은 조사 '에'와 결합하여 안은 문장의 서술어를 수식하고 있다.

③ ㉢은 안은 문장의 목적어를 수식하는 관형절이다.

④ ㉡과 달리 ㉣의 주어는 안은 문장의 주어와 다르다.

⑤ ㉢과 달리 ㉣에서 생략된 문장 성분은 안은 문장의 목적어이다.

03 2015년 7월 고3 전국연합학력평가

다음 ㄱ~ㄹ의 문장 성분과 문장 구조에 대한 설명으로 옳지 않은 것은? [3점]

보기

ㄱ. 그가 마침내 대학생이 되었다.
ㄴ. 이 전시장은 창문이 아주 많다.
ㄷ. 우리는 그가 정당했음을 깨달았다.
ㄹ. 절약은 부자를 만들고, 절제는 사람을 만든다.

① ㄱ은 보어가 있고, ㄷ은 보어가 없다.

② ㄴ은 목적어가 없고, ㄹ은 목적어가 있다.

③ ㄱ과 ㄴ은 부사어가 있고, ㄷ과 ㄹ은 부사어가 없다.

④ ㄱ과 ㄴ은 주어와 서술어의 관계가 한 번만 나타나고, ㄷ과 ㄹ은 두 번 이상 나타난다.

⑤ ㄷ은 절이 전체 문장 속에 안겨 있고, ㄹ은 두 개의 절이 대등한 관계로 이어져 있다.

04

2015년 7월 고3 전국연합학력평가

〈보기〉를 통해 부정 표현의 특성에 대해 탐구한 내용으로 적절하지 않은 것은?

> **보기**
>
> ㄱ. 나는 수학 공부를 안 했다.
> 　나는 수학 문제가 어려워서 못 풀었다.
> ㄴ. 여기에는 이제 해가 비치지 {않는다/못한다}.
> ㄷ. 그녀를 만나지 {*않아라/*못해라/마라}.
> ㄹ. 그는 결코 그 일을 {*했다/안 했다}.
> 　그는 분명히 그 일을 {했다/안 했다}.
> ㅁ. 교실이 {안/*못} 깨끗하다.
>
> *비문법적 표현.

① ㄱ을 보니, '안' 부정문은 '의지 부정'을 나타내고, '못' 부정문은 '능력 부정'을 나타내는군.
② ㄴ을 보니, 행동 주체의 의지를 부정할 때는 '긴 부정문'만 쓸 수 있군.
③ ㄷ을 보니, 명령문의 부정 표현은 보조 용언 '말다'를 활용하여 사용하는군.
④ ㄹ을 보니, 어떤 부사는 반드시 부정 표현과 함께 쓰여야 하는군.
⑤ ㅁ을 보니, 형용사를 부정할 때에는 부사 '못'을 사용하여 부정 표현을 나타낼 수 없군.

05

2015년 10월 고3 전국연합학력평가

〈보기〉를 이해한 내용으로 적절한 것은? [3점]

> **보기**
>
> ㄱ. 지훈이가 눈이 크다.
> ㄴ. 그는 지훈이가 성실하고 눈이 크다는 사실을 알고 있었다.

① ㄱ의 '크다'와 ㄴ의 '알고 있었다'는 전체 문장의 서술어 역할을 한다.
② ㄱ은 주어와 서술어의 관계가 한 번만 나타나므로 홑문장이다.
③ ㄴ의 '성실하고'와 '크다'의 주어는 모두 '지훈이가'로 동일하다.
④ ㄴ의 안긴문장에서 앞뒤 절은 종속적으로 이어져 있다.
⑤ ㄴ의 안긴문장은 목적어를 가지지 않는다.

06

2016년 3월 고3 전국연합학력평가

〈보기〉를 참고할 때, 다음 중 '이어진문장'에 해당하지 않는 것은?

> **보기**
>
> 　'우리는 자유와 평화를 원한다.'라는 문장은 서술어가 하나뿐이어서 홑문장처럼 보이지만, 실제로는 '우리는 자유를 원한다.'와 '우리는 평화를 원한다.'라는 두 홑문장이 결합된 **이어진문장**이다. 이때의 '와/과'는 접속 조사로, '자유'와 '평화'를 같은 자격으로 이어준다. 한편, '와/과'는 '빠르기가 번개와 같다.'나 '그는 당당히 적과 맞섰다.'처럼 비교의 대상이나 행위의 상대임을 나타내는 격 조사로도 쓰이는데, 이때는 서술어가 하나이면 홑문장이 된다.

① 나는 시와 소설을 좋아한다.
② 그녀는 집과 도서관에서 공부했다.
③ 고향의 산과 하늘은 예전 그대로였다.
④ 성난 군중이 앞문과 뒷문으로 들이닥쳤다.
⑤ 그 사람과 나는 오래 전부터 서로 사귀어 왔다.

07

2016년 4월 고3 전국연합학력평가

〈보기〉의 ㉠~㉤에 대한 설명으로 옳지 않은 것은?

보기

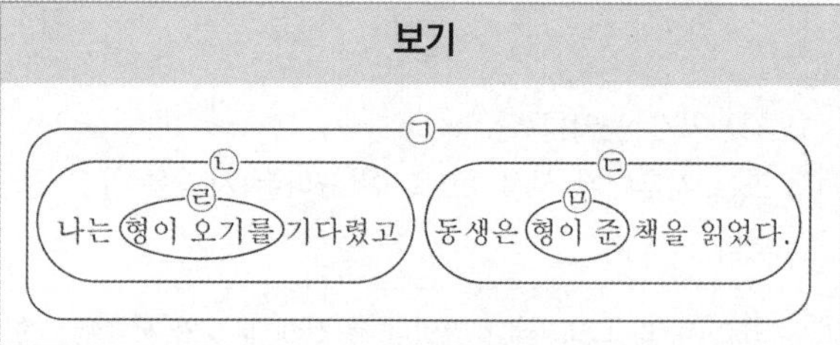

① ㉠은, ㉡과 ㉢이 대등하게 연결된 이어진문장이다.

② ㉡은, '나는'의 서술어인 ㉣을 안고 있다.

③ ㉡과 ㉢은, 각각 '주어-서술어'의 관계가 두 번 이상 나타난다.

④ ㉣과 ㉤은, '주어-서술어'의 관계가 한 번씩만 나타난다.

⑤ ㉤은, '책'을 수식하는 관형어 역할을 하면서 ㉢에 안겨 있다.

08

2016년 10월 고3 전국연합학력평가

〈보기〉의 ㄱ~ㅁ에 대한 설명으로 적절하지 않은 것은?

보기

ㄱ. 그가 이 사건의 범인임이 밝혀졌다.
ㄴ. 언니가 빵을 먹은 사실이 드러났다.
ㄷ. 오빠가 동생이 가게에서 산 빵을 먹었다.
ㄹ. 나는 집에 가기만을 기다렸다.
ㅁ. 누나가 집에 가기에 바쁘다.

① ㄱ과 ㄴ의 안긴문장은 각각의 안은문장에서 다른 문장 성분으로 쓰인다.

② ㄴ과 ㄷ의 안긴문장은 각각의 안은문장에서 동일한 문장 성분으로 쓰인다.

③ ㄴ의 안긴문장은 ㄷ의 안긴문장과 달리 안긴문장 속에 생략된 필수 성분이 없다.

④ ㄷ과 ㅁ의 안긴문장의 주어는 각각의 안은문장의 주어와 다르다.

⑤ ㄹ과 ㅁ의 안긴문장은 각각의 안은문장에서 다른 문장 성분으로 쓰인다.

09

2016년 7월 고3 전국연합학력평가

〈보기〉의 ㉠~㉤에 대한 설명으로 옳지 않은 것은?

보기

높임법은 화자가 높이려는 대상이 누구인지에 따라 주체 높임법, 상대 높임법, 객체 높임법으로 구분된다. 주체 높임법은 주어가 나타내는 대상인 주체를 높이는 것이며, 상대 높임법은 대화의 상대인 청자를 높이거나 낮추는 것이고, 객체 높임법은 문장의 목적어나 부사어가 나타내는 대상인 객체를 높이는 것이다.

㉠ 할머니께서 책을 읽고 계신다.
㉡ 누나는 어머니께 모자를 선물로 드렸다.
㉢ 할아버지께서 월요일 오후에 병원에 가신다.
㉣ (선생님과의 대화 중) 선생님, 제가 드릴 말씀이 있습니다.
㉤ (아버지와의 대화 중) 아버지, 저는 아버지를 예전부터 존경해 왔습니다.

① ㉠은 주체인 '할머니'를 높이는 데에 '께서'와 '계시다'를 사용하고 있다.

② ㉡은 객체인 '어머니'를 높이는 데에 '께'와 '드리다'를 사용하고 있다.

③ ㉢은 주체인 '할아버지'를 높이는 데에 '께서'와 '-시-'를 사용하고 있다.

④ ㉣은 주체인 '선생님'을 높이는 데에 '말씀'을 사용하고 있다.

⑤ ㉤은 상대인 '아버지'를 높이는 데에 '-습니다'를 사용하고 있다.

10

2017년 3월 고3 전국연합학력평가

〈보기〉의 ㉠~㉤에 대한 탐구로 적절하지 않은 것은? [3점]

보기

서술어의 자릿수란 서술어가 필수적으로 요구하는 문장 성분의 개수를 의미한다. 그런데 서술어는 문장에서 사용되는 의미에 따라 필수적으로 요구하는 문장 성분이 달라지기도 한다.

	의미	예문
살다	불 따위가 타거나 비치고 있는 상태에 있다.	바람 때문에 불씨가 다시 ㉠**살았다**.
	본래 가지고 있던 특징 따위가 그대로 있거나 뚜렷이 나타나다.	이 한 구절로 글이 ㉡**살았다**.
	어떤 직분이나 신분의 생활을 하다.	그는 조선 시대에 오랫동안 벼슬을 ㉢**살았다**.
놓다	계속해 오던 일을 그만두고 하지 아니하다.	그는 잠시 일손을 ㉣**놓았다**.
	잡거나 쥐고 있던 물체를 일정한 곳에 두다.	형은 책을 책상 위에 ㉤**놓았다**.

① ㉠은 주어만 필수적으로 요구하는 한 자리 서술어이군.
② ㉡은 주어와 부사어를 필수적으로 요구하는 두 자리 서술어이군.
③ ㉢은 주어와 목적어를 필수적으로 요구하는 두 자리 서술어이군.
④ ㉣은 주어와 목적어를 필수적으로 요구하는 두 자리 서술어이군.
⑤ ㉤은 주어, 목적어, 부사어를 필수적으로 요구하는 세 자리 서술어이군.

11

2017년 4월 고3 전국연합학력평가

〈보기〉는 '학습 활동'에 대해 짝토론을 한 것이다. ㉠~㉢에 알맞은 말을 골라 바르게 연결한 것은?

[학습 활동] 다음 문장의 짜임에 대해 알아보자.

그가 아끼던 제자가 상을 받았음을 그녀가 알려 줬다.

보기

학생 1 : 어제 보았던 거꾸로 수업 동영상 강의에서 문장 속에 들어가 있는 절을 '안긴문장'이라고 하고, 절을 포함하고 있는 문장을 '안은문장'이라고 했지?
학생 2 : 그래. 그리고 어떤 문장의 짜임을 이해하려면 그 문장의 주어와 서술어를 파악하는 것이 중요하다고 했어. 그럼, 먼저 주어를 서술하는 기능을 가진 단어부터 찾아보자. 음……. '알려 줬다'와 '받았음' 이렇게 두 개인가?
학생 1 : 아니야. '아끼던'도 서술 기능이 있잖아.
학생 2 : 그렇구나. 그러면 그중에서 문장 전체의 서술어는 '알려 줬다'이고, 그것의 주어는 (㉠)이겠다.
학생 1 : 맞아. 그럼 '받았음'의 주어는 (㉡)이겠지?
학생 2 : 응. 명사절이 문장 전체의 목적어 역할을 하며 안겨 있는 거지.
학생 1 : 명사절 외에 관형절도 있잖아. 그러면 이 관형절의 주어는 (㉢)이겠다.
학생 2 : 그래. 국어의 안은문장은 이렇게 여러 개의 안긴문장으로 이루어질 수 있는 거구나.

	㉠	㉡	㉢
①	그녀가	제자가	그가
②	그녀가	그가	제자가
③	그가	그녀가	제자가
④	그가	제자가	그녀가
⑤	제자가	그녀가	그가

2017년 4월 고3 전국연합학력평가

[12] 다음 글을 읽고 물음에 답하시오.

화자가 어떤 대상에 대하여 높임의 태도를 나타내는 문법 기능을 높임법이라 한다. 높임법은 높임이나 낮춤의 대상이 누구냐에 따라 주체 높임법, 객체 높임법, 상대 높임법으로 나누어진다.

주체 높임법은 화자가 문장의 주어인 서술의 주체에 대하여 높임의 태도를 나타내는 방법이다. 현대 국어에서는 선어말 어미 '-시-'를 통해 높임이 실현되는 것이 가장 일반적인 형태이지만, '주무시다'와 같은 특수한 어휘나 조사 '께서'에 의해 주체 높임법이 실현되기도 한다. 중세 국어의 경우에도 주로 '-시-'와 특수한 어휘가 사용된다는 점에서 현대 국어와 유사하다.

객체 높임법은 문장의 목적어나 부사어가 지시하는 대상, 곧 서술의 객체에 대하여 높임의 태도를 나타내는 방법이다. 현대 국어에서는 '드리다'와 같은 특수한 어휘나 조사 '께' 등을 통해 실현된다. 중세 국어의 경우에는 대표적으로 객체 높임 선어말 어미 '-숩-'을 통해 객체 높임이 실현되었으며, '-숩-'은 앞뒤의 음운적 환경에 따라 '-숩-, -줍-, -숳-, -즇-, -줗-'으로 실현되기도 하였다. 또한 현대 국어와 같이 특수한 어휘들이 사용되어 객체 높임이 실현되기도 하였다.

상대 높임법은 화자가 청자인 상대방에 대하여 높이거나 낮추어 말하는 법을 일컫는다. 현대 국어에서 상대 높임법은 종결 표현에 의해 실현된다. 중세 국어의 경우에는 종결 표현이나 상대 높임 선어말 어미 '-이-, -잇-' 등을 통해 실현되었다.

12

윗글과 〈보기 1〉을 바탕으로 〈보기 2〉에서 사용된 높임의 양상을 바르게 분석하여 제시한 것은?

보기 1

주체 높임에는 서술의 주체를 직접 높이는 직접 높임과, 높여야 할 대상의 신체 부분, 개인적 소유물 등을 높임으로써 해당 인물을 높이는 간접 높임이 있다.

보기 2

아버지는 허리가 아프셔서 한영이가 아버지 대신 할아버지를 뵙고 왔습니다.

	주체 높임		객체 높임	상대 높임
	직접 높임	간접 높임		
①	×	○	○	높임
②	×	○	×	낮춤
③	○	×	○	높임
④	×	○	×	낮춤
⑤	○	×	○	낮춤

13 2017년 7월 고3 전국연합학력평가

〈보기〉의 [A]에 들어갈 말로 적절한 것은?

> **보기**
>
> 선생님 : 두 개의 홑문장을 하나의 겹문장으로 만들 때, 두 홑문장 중 한 문장에서 특정 성분이 생략되는 경우가 있습니다. 다음은 홑문장 ㉠, ㉡을 하나의 겹문장 ㉢으로 만든 예인데요, ㉢에 대해 설명해 볼까요?
>
> ㉠ 철수가 공원에서 산책을 하였다.
>
> \+
>
> ㉡ 공원은 학교 뒤에 있다.
>
> 
>
> ㉢ 철수가 산책을 한 공원은 학교 뒤에 있다.
>
> 학 생 : ______[A]______

① ㉠이 ㉡에 관형절로 안기면서 ㉠의 목적어가 생략되었습니다.
② ㉠이 ㉡에 관형절로 안기면서 ㉠의 부사어가 생략되었습니다.
③ ㉠이 ㉡에 부사절로 안기면서 ㉠의 부사어가 생략되었습니다.
④ ㉠이 ㉡에 부사절로 안기면서 ㉡의 주어가 생략되었습니다.
⑤ ㉠이 ㉡에 명사절로 안기면서 ㉡의 주어가 생략되었습니다.

14 2017년 10월 고3 전국연합학력평가

㉠~㉣에 대해 이해한 내용으로 적절한 것은?

> **보기**
>
> ㉠ 드디어 나도 일을 끝냈다.
> ㉡ 벌써 바깥이 칠흑같이 어둡다.
> ㉢ 신입 장관은 이번 회의에 참석한다.
> ㉣ 새 컴퓨터가 순식간에 고물이 되었다.

① ㉠과 ㉡에서 주어는 명사구에 조사가 붙은 형태이다.
② ㉠과 ㉢에서 격조사가 문장의 주어를 나타내 주고 있다.
③ ㉡과 ㉢에서 주어는 서술어가 나타내는 동작의 주체이다.
④ ㉢과 ㉣에서 주어는 체언 구실을 하는 구에 조사가 붙은 형태이다.
⑤ ㉣에서는 상태의 변화를 의미하는 서술어의 영향으로 주어가 두 번 쓰였다.

15

2017년 10월 고3 전국연합학력평가

다음의 학습 활동을 수행한 결과로 적절하지 않은 것은?

보기
학습 활동 : 어떠한 두 사건을 '-다가'나 '-아서/-어서'에 의해 연결할 때, 두 사건의 시제가 문장에서 어떻게 나타나고, 두 사건의 의미가 어떠한 관계를 맺게 되는지 (가)~(라)에서 살펴봅시다. (가) 찌개를 먹다가 혀를 데었다. (나) 찌개를 끓였다가 다시 식혔다. (다) 그는 종이를 접어서 주머니에 넣었다. (라) 내가 문을 쾅 닫아서 동생이 잠을 깼다.

① (가)와 (나)에서는 앞 절과 뒤 절의 사건이 모두 과거에 일어났지만, (가)에는 (나)와 달리 '-다가'로 연결된 앞 절에 현재 시제 선어말 어미가 나타났어.

② (가)와 (다)에서는 뒤 절의 시제가 과거임을 확인해야 '-다가'와 '-아서/-어서'가 쓰인 앞 절의 사건이 과거에 일어났음을 알 수 있어.

③ (가)와 (라)에서는 모든 사건이 과거에 일어났는데도, '-다가'와 '-아서/-어서'가 쓰인 앞 절에 과거 시제 선어말 어미를 사용하지 않았어.

④ (나)와 (다)에서는 '-다가'와 '-아서/-어서'가 쓰인 앞 절의 사건이 끝난 후 뒤 절의 사건이 일어나고 있어.

⑤ (다)와 (라)에서는 앞 절과 뒤 절이 모두 '-아서/-어서'로 이어졌지만, (라)는 (다)와 달리 앞 절의 사건이 뒤 절의 사건의 원인이나 이유로 이해될 수 있어.

2017년 10월 고3 전국연합학력평가

[16] 다음 글을 읽고 물음에 답하시오.

현대 국어에서 사동 표현은 주동문의 동사나 형용사 어근에 사동 접미사 '-이-, -히-, -리-, -기-, -우-, -구-, -추-'가 붙거나, '-게 하다'에 의해 만들어진다.

서술어가 형용사나 자동사인 주동문을 사동문으로 바꿀 때, 주동문의 주어가 사동문의 목적어가 되며 사동문의 주어가 새로 도입된다. 이는 주동문 (ㄱ)과 사동문 (ㄴ)을 살펴보면 알 수 있는데, 서술어의 자릿수에도 변화가 일어난다.

(ㄱ) 얼음이 녹는다.
(ㄴ) 아이들이 얼음을 녹인다.

한편 서술어가 타동사인 주동문을 사동문으로 바꿀 때, 주동문의 주어는 사동문의 부사어가 되고 주동문의 목적어는 그대로 사동문의 목적어가 되며 사동문의 주어가 새로 도입된다. 이는 주동문 (ㄷ)과 사동문 (ㄹ)을 살펴보면 알 수 있는데, 서술어의 자릿수에도 변화가 일어난다.

(ㄷ) 영희가 책을 읽었다.
(ㄹ) 선생님께서 영희에게 책을 읽히셨다.

한편 주동문의 동사나 형용사 어근에 사동 접미사가 붙은 사동사에 의한 사동을 단형 사동이라 하고, '-게 하다'에 의한 사동을 장형 사동이라 한다. 사동을 일으키는 주체가 사동 행위를 받는 대상의 행위에 함께 참여하는 의미를 표현하는 경우를 직접 사동이라 하고 그렇지 않은 경우를 간접 사동이라 하는데, 단형 사동은 맥락에 따라 직접 사동과 간접 사동의 두 가지 의미를 모두 표현할 수 있으나 장형 사동은 간접 사동의 해석만을 허용한다.

15세기 국어에서 사동 범주는 주동문의 동사나 형용사 어근에 사동 접미사 '-이-, -히-, -기-, -오-/-우-, -호-/-후-, -ᄋᆞ-/-으-'가 붙어서 만들어지거나 현대 국어의 '-게 하다'에 해당하는 '-게 ᄒᆞ다'에 의해 만들어졌다.

16

윗글을 바탕으로 〈보기〉의 ㉠~㉣을 탐구한 내용으로 적절하지 않은 것은?

보기
㉠ 얼음 위에서 팽이가 돈다. ㉡ 지원이가 그 일을 맡았다. ㉢ 엄마가 아이에게 우유를 먹였다. ㉣ 엄마가 아이에게 우유를 먹게 하였다.

① ㉠을 '아이들이'를 주어로 삼는 단형 사동문으로 바꿀 때, ㉠의 주어는 목적어로 바뀔 것이다.
② ㉠을 '아이들이'를 주어로 삼는 단형 사동문으로 바꿀 때, 서술어의 자릿수가 한 자리에서 두 자리로 바뀔 것이다.
③ ㉡을 '선생님께서'를 주어로 삼는 단형 사동문으로 바꿀 때, ㉡의 주어는 부사어로 바뀔 것이다.
④ ㉡을 '선생님께서'를 주어로 삼는 단형 사동문으로 바꿀 때, 서술어의 자릿수가 두 자리에서 세 자리로 바뀔 것이다.
⑤ ㉣은 ㉢과 달리 직접 사동과 간접 사동의 의미 모두로 해석될 수 있을 것이다.

17

2018년 3월 고3 전국연합학력평가

㉠~㉣의 문장 성분과 문장 구조에 대한 설명으로 적절하지 않은 것은?

보기
㉠ 내가 빌린 자전거는 내 친구의 것이다. ㉡ 우리는 공연이 시작되기 전에 극장에 도착했다. ㉢ 피아노를 잘 치는 영수는 손가락이 누구보다 길다. ㉣ 파수꾼이 마을에 사는 사람들을 속였음이 드러났다.

① ㉠, ㉢에는 모두 서술어의 기능을 하는 안긴문장이 있다.
② ㉠, ㉣에는 모두 체언을 수식하는 안긴문장이 있다.
③ ㉡의 안긴문장에는 부사어가 없지만, ㉢의 안긴문장에는 부사어가 있다.
④ ㉡에는 관형어의 기능을 하는 안긴문장이 있고, ㉣에는 조사와 결합하여 주어의 기능을 하는 안긴문장이 있다.
⑤ ㉢, ㉣에는 모두 주어가 생략된 안긴문장이 있다.

2018년 4월 고3 전국연합학력평가

[18] 다음 글을 읽고 물음에 답하시오.

문장은 주어와 서술어 관계가 한 번 나타나는 홑문장과 두 번 이상 나타나는 겹문장으로 나뉘는데, 겹문장에는 이어진문장과 안은문장이 있다.

이어진문장은 둘 이상의 문장이 연결 어미에 의해 대등하게 혹은 종속적으로 결합된 문장을 말한다. 대등하게 이어진 문장은 앞뒤 문장이 '나열', '대조' 등의 대등한 의미 관계를 가지며, '-고', '-지만' 등의 연결 어미에 의해 이어진다. 종속적으로 이어진 문장은 앞 문장이 뒤 문장의 원인, 조건, 목적 등의 의미를 가지며, '-아서/-어서', '-(으)면', '-(으)러' 등의 연결 어미에 의해 이어진다.

[A] 한 문장이 하나의 성분처럼 기능하는 다른 문장을 안고 있을 때 그것을 안은문장이라 하고, 이때 하나의 성분처럼 기능하는 문장을 안긴문장이라 한다. 안긴문장에는 명사절, 관형절, 부사절, 서술절, 인용절이 있다. 명사절은 '-(으)ㅁ', '-기'가 붙어 만들어지며 문장 안에서 조사와 결합하여 주어, 목적어, 부사어와 같은 다양한 기능을 한다. 관형절은 '-(으)ㄴ', '-는', '-(으)ㄹ' 등이 붙어 뒤의 체언을 꾸민다. 부사어처럼 용언을 수식하는 기능을 하는 부사절은 '-이', '-게', '-도록' 등이 결합하여 이루어진다. 그리고 절 전체가 서술어의 기능을 하는 서술절은 다른 절들과 달리 특별한 표지(標識)가 붙지 않는다. 끝으로 다른 사람의 말이나 자신의 생각 등을 인용한 것을 인용절이라고 하는데, 문장을 그대로 인용하는 직접 인용절에는 '라고'나 '하고'와 같은 조사가, 말하는 사람의 표현으로 바꾸어 인용하는 간접 인용절에는 '고'와 같은 조사가 쓰인다. 한편 안긴문장의 한 요소가 안은문장의 요소와 동일한 경우 생략될 수 있으며, 하나의 안긴문장 안에 또 다른 문장이 안기기도 한다.

중세 국어의 문법 자료에서도 겹문장이 확인된다. 이어진문장은 현대 국어와 마찬가지로 둘 이상의 문장이 연결 어미에 의해 결합되는데, 현대 국어에 사용되지 않는 어미가 붙어 성립되기도 하였다. 안은문장의 경우 명사절이 '-옴/-움'이나 '-디', '-기'에 기대어 나타났으며, 관형절은 '-(으)ㄴ' 외에 'ㅅ'에 기대어 나타나는 경우가 있었다. 그리고 부사절은 현대 국어와 유사한 방식으로 나타났으며, 인용절이나 서술절은 조사나 어미와 같은 표지 없이 나타났다.

18

[A]를 바탕으로 〈보기〉를 이해한 내용으로 적절하지 않은 것은? [3점]

보기

ㄱ. 잘 다져진 음식은 아이가 먹기에 알맞다.
ㄴ. 나는 그가 소리도 없이 사라졌음을 알았다.
ㄷ. 운동장을 달리는 나에게 그가 발밑을 조심하라고 외쳤다.

① ㄱ은 ㄴ과 달리, 명사절에 조사가 붙어 부사어로 기능하고 있다.
② ㄴ은 ㄱ과 달리, 부사절이 사용되어 용언을 수식하고 있다.
③ ㄷ은 ㄴ과 달리, 다른 사람의 말을 말하는 사람의 표현으로 바꾸어 인용한 절이 있다.
④ ㄱ과 ㄷ은 모두 체언을 수식하는 안긴문장의 주어가 생략되어 있다.
⑤ ㄴ과 ㄷ은 모두 하나의 안긴문장 안에 또 다른 문장이 안겨 있다.

2018년 10월 고3 전국연합학력평가

[19] 다음 글을 읽고 물음에 답하시오.

중세 국어에서는 주체나 객체로 표현되는 인물이 신분이나 지위가 높은 경우, 대개 그 인물을 직접적으로 높여 표현하였다. 그런데 어떤 때에는 현대 국어의 간접 높임에서처럼 높임의 대상이 되는 인물의 신체 부분, 소유물, 생각 등을 높임으로써 실제 높여야 할 인물을 간접적으로 높이기도 하였다.

(1) 太子(태자)ㅣ 東門(동문) 밧긔 나가시니
(태자께서 동문 밖에 나가시니)
(2) 부텻 누니 비록 볼ᄀᆞ시나
(부처의 눈이 비록 밝으시나)

(1)의 '-시-'와 (2)의 '-ᄋᆞ시-'는 모두 현대 국어의 '-(으)시-'처럼 주체를 높이기 위한 선어말 어미이다. 그러나 (1)과 (2)에 쓰인 '-(ᄋᆞ)시-'의 쓰임에는 차이가 있다. 즉 (1)에서는 주체인 '太子(태자)'를 직접적으로 높이고 있지만, (2)에서는 '부텨'의 신체 부분인 '눈'을 주체 높임 선어말 어미를 통해 높임으로써 실제 높이고자 하는 대상인 '부텨'를 간접적으로 높이고 있다.

한편 현대 국어에서는 객체 높임을 나타내기 위해 주로 '모시다', '뵙다' 등의 특수 어휘를 활용하지만 중세 국어에서는 주로 객체 높임 선어말 어미를 활용하였다.

(3) 너희 스승을 보ᅀᆞᆸ고져 ᄒᆞ노니
(너희 스승을 뵙고자 하나니)
(4) 부텻 敎化(교화)를 돕ᄉᆞᆸ고
(부처의 교화를 돕고)

(3)의 '-ᅀᆞᆸ-'과 (4)의 '-ᄉᆞᆸ-'은 중세 국어의 객체 높임 선어말 어미이다. (3)과 (4)는 모두 객체 높임 선어말 어미를 통해 객체에 해당하는 인물을 높이고 있다는 공통점이 있지만, 그 인물을 직접적으로 높이느냐 간접적으로 높이느냐에 차이가 있다. 즉 (3)에서 '-ᅀᆞᆸ-'은 객체인 '스승'을 직접적으로 높이는 데 비해, (4)에서 '-ᄉᆞᆸ-'은 '敎化(교화)'를 높임으로써 실제 높이고자 하는 대상인 '부텨'를 간접적으로 높이고 있다.

19

다음은 윗글과 관련된 [활동]과 이를 수행하는 학생들의 대화이다. '학생 2'의 분류 기준으로 가장 적절한 것은? [3점]

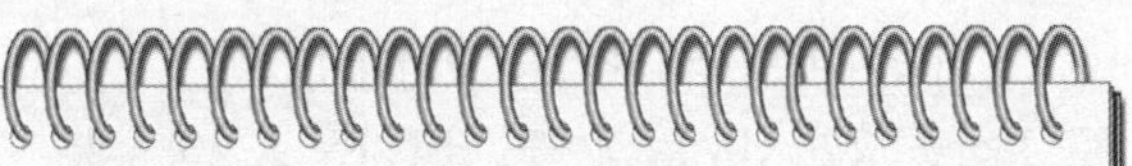

[활동] 문맥을 고려하여 ⓐ~ⓓ에 사용된 '높임 표현'을 기준을 세워 분류하시오.

- 우리 할아버지의 치아는 여전히 ⓐ**튼튼하시다**.
- 언니가 고모님을 공손하게 안방으로 ⓑ**모시다**.
- 아버지께서는 저녁거리를 사러 장에 ⓒ**가시다**.
- 형님께서 부르신 그분의 생각이 ⓓ**타당하시다**.

학생 1

나는 'ⓑ, ⓒ', 'ⓐ, ⓓ'의 두 부류로 나누어 봤어.

나는 'ⓑ'와 'ⓐ, ⓒ, ⓓ'의 두 부류로 나누어 봤어.

학생 2

① 소유물을 높인 표현이 사용되는가의 여부
② 높임 대상을 직접적으로 높이는가의 여부
③ 객체에 해당하는 인물을 높이는가의 여부
④ 신체 부분을 높인 표현이 사용되는가의 여부
⑤ 객체 높임 선어말 어미가 활용되는가의 여부

20

2018년 7월 고3 전국연합학력평가

〈보기〉의 사례를 탐구한 내용으로 적절하지 않은 것은?

㉠ 똑같은 일을 반복하니 지루하다 못해 졸리다.
㉡ 나는 자전거를 {못 탄다 / 타지 못한다}.
㉢ 컴퓨터를 너무 오래하지 {*않아라 / *못해라 / 마라}.
㉣ 시간이 {*못 넉넉하다 / 넉넉하지 못하다}.
㉤ 그녀는 결코 거짓말을 {*했다 / 하지 않았다}.
　 그녀는 분명히 거짓말을 {했다 / 하지 않았다}.
'*' 는 비문법적 표현임.

① ㉠을 보니, '못하다'는 앞말의 상태에 미치지 아니함을 나타내어 뒷말을 부정하기도 하는구나.
② ㉡을 보니, 부정 표현은 부정 부사를 통해 실현되기도 하고, 부정 용언을 통해 실현되기도 하는구나.
③ ㉢을 보니, 명령문의 부정 표현에서는 '않다'나 '못하다'가 아니라 '말다'를 사용하는 것이 자연스럽구나.
④ ㉣을 보니, 서술어가 형용사인 경우에는 부정 부사 대신 부정 용언을 사용하는 것이 자연스럽구나.
⑤ ㉤을 보니, 부사에 따라 반드시 부정 표현이 함께 쓰여야 하는 경우가 있겠구나.

21

2019년 3월 고3 전국연합학력평가

사전 자료의 일부인 〈보기〉를 바탕으로 어미의 쓰임을 탐구한 학습지 활동의 결과로 적절하지 않은 것은? [3점]

보기

-ㄴ-「어미」
이야기하는 시점에서 볼 때 사건이나 행위가 현재 일어남을 나타내는 어미.
¶ 일을 마치고 집으로 간다.

-ㄴ「어미」
1 사건이나 행위가 과거 또는 말하는 이가 상정한 기준 시점보다 과거에 일어남을 나타내는 어미.
¶ 이것은 털실로 짠 옷이다.
2 현재의 상태를 나타내는 어미.
¶ 누나는 유명한 성악가이다.

[학습지]

각 질문에 대해 '예'는 ○, '아니요'는 ×로 표시하시오.

질문	-ㄴ-	-ㄴ		
		1	2	
◦ 다른 어미 앞에 붙을 수 있는가?	○	×	×	…㉠
◦ 어미 '-(으)시-' 뒤에 붙을 수 있는가?	○	○	○	…㉡
◦ 어간에 붙어 관형어 구실을 하게 하는가?	×	○	○	…㉢
◦ 받침 없는 용언의 어간 뒤에 붙어 현재 시제를 나타내는가?	○	×	○	…㉣
◦ 예문으로 '흰 눈이 내립니다.'를 추가할 수 있는가?	○	×	×	…㉤

① ㉠ ② ㉡ ③ ㉢ ④ ㉣ ⑤ ㉤

22

2019년 3월 고3 전국연합학력평가

〈보기〉의 ㉮~㉰에 대한 설명으로 적절하지 않은 것은?

보기

㉮ **그 사람이 범인임**이 확실히 밝혀졌다.
㉯ **부상을 당한** 선수는 장애물 달리기를 포기하였다.
㉰ 학생들은 **성적이 많이 오르기**를 마음속으로 빌었다.

① ㉮는 명사절 속에 관형어가 한 개 있다.
② ㉮에는 주어의 기능을 하는 안긴문장이 있다.
③ ㉯에는 주어가 생략된 안긴문장이 있다.
④ ㉰는 ㉮와 달리 안긴문장 속에 부사어가 있다.
⑤ ㉯와 ㉰에는 목적어의 기능을 하는 안긴문장이 있다.

23

2019년 4월 고3 전국연합학력평가

〈보기〉는 문법 수업의 일부이다. 선생님의 설명에 따라 ㉠~㉣을 이해한 내용으로 가장 적절한 것은?

보기

선생님 : 오늘은 사동문과 피동문의 서술어 자릿수에 대해 공부해 봅시다. 주동문이 사동문으로 바뀔 때나, 능동문이 피동문으로 바뀔 때는 서술어 자릿수가 변하기도 합니다. 이 점을 고려하면서 다음 문장들을 살펴봅시다.
㉠ 얼음이 매우 빠르게 녹았다.
㉡ 아이들이 얼음을 빠르게 녹였다.
㉢ 사람들은 산을 멀리서 보았다.
㉣ 그 산이 잘 보였다.

① ㉠은 피동문이며, ㉣과 서술어 자릿수가 서로 같다.
② ㉡은 사동문이며, ㉢과 서술어 자릿수가 서로 같다.
③ ㉡은 피동문이며, ㉣과 서술어 자릿수가 서로 다르다.
④ ㉣은 사동문이며, ㉡과 서술어 자릿수가 서로 같다.
⑤ ㉣은 사동문이며, ㉢과 서술어 자릿수가 서로 다르다.

24

2019년 7월 고3 전국연합학력평가

〈보기〉의 ㉠~㉤에 대한 이해로 적절하지 않은 것은?

보기
㉠ 담장이 낮다. → 동네 사람들이 담장을 낮춘다. ㉡ 아이가 옷을 입었다. → 엄마가 아이에게 옷을 입히었다. ㉢ 사람들이 방으로 이삿짐을 옮긴다. ㉣ 선생님께서 철수에게 책을 [읽히셨다 / 읽게 하셨다]. ㉤ 아기가 웃는다. ➔ 아빠가 아기를 웃긴다. 철수가 짐을 졌다. ➔ 형이 철수에게 짐을 지웠다.

① ㉠ : 형용사에 사동 접사가 결합되어 사동사가 되었군.

② ㉡ : 주동문이 사동문으로 바뀌면 서술어가 필요로 하는 문장 성분의 개수가 달라지는군.

③ ㉢ : 사동문 중에는 대응하는 주동문을 만들 수 없는 경우가 있군.

④ ㉣ : 접사에 의한 사동 표현은 직접 사동의 의미로, '-게 하다'에 의한 사동 표현은 간접 사동의 의미로 해석되는군.

⑤ ㉤ : 주동문의 서술어가 자동사인지 타동사인지에 따라 주동문의 주어는 사동문에서 그 문장 성분이 달라지는군.

2019년 10월 고3 전국연합학력평가

[25] 다음 글을 읽고 물음에 답하시오.

관형사형 어미는 용언의 어간에 붙어 용언이 관형사와 같은 기능을 수행하게 하는 어미이다. 현대 국어에서 관형사형 어미는 '-(으)ㄴ', '-는', '-(으)ㄹ' 등으로, 이들이 용언의 어간에 붙으면 관형절이 만들어진다. 일반적으로 관형절은 '관계 관형절'과 '동격 관형절'로 분류된다. 수식을 받는 체언이 관형절 속의 한 성분으로 쓰일 수 있으면 관계 관형절이고, 그렇지 않으면 동격 관형절이다. 한편 동격 관형절은 관형절이 만들어지는 과정에서 원래 문장의 종결 어미가 그대로 유지되는 관형절과, 그렇지 않은 관형절로 다시 나눌 수 있다.

중세 국어에서도 현대 국어에서처럼 관형절을 관계 관형절과 동격 관형절로 구분할 수 있다. 중세 국어의 대표적인 관형사형 어미는 '-(ᄋᆞ/으)ㄴ'과 '-(ᄋᆞ/으)ㄹ'로, 각각 과거 시제와 미래 시제를 나타내는 것과 관련된다. 또한 관형절에서 현재 시제는 동사의 경우 '-ㄴ' 앞에 선어말 어미 '-ᄂᆞ-'를 붙여 나타냈다. 예컨대 '八婇女의 기론 찻므리 모ᄌᆞ랄씨(팔채녀가 길은 찻물이 모자라므로)'에서 '八婇女의 기론'은 사건시가 발화시보다 앞서는 시제가 나타난 관계 관형절이고, '주글 싸ᄅᆞ미어니(죽을 사람이니)'에서 '주글'은 발화시가 사건시보다 앞서는 시제가 나타난 관계 관형절이다. 그리고 '本來 求ᄒᆞ논 ᄆᆞᅀᆞᆷ 업다이다(본래 구하는 마음 없었습니다)'에서 '本來 求ᄒᆞ논'은 발화시와 사건시가 일치하는 시제가 나타난 동격 관형절이다.

한편 중세 국어에서는 현대 국어에서와 달리 '-ㄴ'이 명사절을 이끄는 경우도 있었다. 곧 '-ㄴ'이 붙은 절 뒤에 절의 수식을 받는 체언이 없는 상태로, '그듸 혼 조초(그대 한 것 좇아)'에서 '그듸 혼'을 예로 들 수 있다. '혼'[ᄒᆞ-+-오-+-ㄴ]에서 선어말 어미 뒤에 쓰인 '-ㄴ'은 '~ㄴ 것' 정도로 해석된다. 더불어 '威化 振旅ᄒᆞ시ᄂᆞ로(위화도에서 군대를 돌이키신 것으로)'에서처럼 명사절을 이끄는 '-ㄴ' 뒤에 조사가 붙은 경우도 있었다. 'ᄒᆞ시ᄂᆞ로'[ᄒᆞ-+-시-+-ㄴ+ᄋᆞ로]는 '-ㄴ' 바로 뒤에 부사격 조사가 붙어 있는 예이다.

25

윗글을 근거로 〈보기〉의 ㉠~㉣을 바르게 분류한 것은?

보기

[탐구 자료]

- ㉠**힘찬** 함성이 운동장에 울려 퍼졌다.
- 누나는 ㉡**자동차가 전복된** 기억을 떠올렸다.
- 나는 ㉢**형이 조사한** 자료를 보고서에 인용했다.
- ㉣**내가 그 일을 한다는** 사실은 확실히 변함없다.

[탐구 과정]

동격 관형절에 해당합니까? → 아니요 → [A]

⇩ 예

관형절이 만들어지는 과정에서 원래 문장의 종결 어미가 그대로 유지됩니까? → 아니요 → [B]

⇩ 예

[C]

	[A]	[B]	[C]
①	㉠	㉡	㉢, ㉣
②	㉠	㉡, ㉢	㉣
③	㉢	㉠, ㉣	㉡
④	㉠, ㉢	㉡	㉣
⑤	㉠, ㉢	㉣	㉡

26

2015년 9월 고3 평가원모의평가

밑줄 친 부분이 〈보기〉의 ㉠에 해당하지 않는 것은?

보기

동사의 어간에 연결 어미 '-(으)며'가 결합할 때, ㉠**앞 문장과 뒤 문장의 주어가 서로 같고, '-(으)며'를 연결 어미 '-(으)면서'로 바꾸어 쓸 수 있는 경우에 '-(으)며'는 앞뒤 문장의 동작이 동시에 일어남을 나타낸다.**

예 철수가 음악을 듣는다. + 철수가 커피를 마신다.
→ 철수가 음악을 들**으며**(들**으면서**) 커피를 마신다.

① 우리는 함께 걸으며 희망에 대해 이야기했다.
② 모두들 음정에 주의하며 노래를 제대로 부르자.
③ 아는 사람 하나가 미소를 지으며 내게 다가왔다.
④ 마라톤 선수가 가쁜 숨을 몰아쉬며 결승선을 통과했다.
⑤ 출근할 때, 일부는 버스를 이용하며 일부는 지하철을 이용한다.

27

2015년 9월 고3 평가원모의평가

〈보기〉를 참고할 때 밑줄 친 서술어의 문형 정보를 바르게 추출한 것은? [3점]

보기

서술어의 필수적 문장 성분은 사전의 문형 정보에 제시되어 있다. 이러한 문형 정보를 추출하는 과정을 '지내다'의 예로 간략히 보이면 아래와 같다.

['지내다'의 문형 정보 추출 과정]

예문	• 민수가 요즘에 조용하게 지낸다. • 할아버지가 노년에 편하게 지내신다.
↓	
문장 성분 분석	• 주어 : 민수가, 할아버지가 • 부사어 : 요즘에, 조용하게, 노년에, 편하게
↓	
필수적 문장 성분 추출	• 주어 : 민수가, 할아버지가 • 필수적 부사어 : 조용하게, 편하게
⬇ ← 주어 제외	
문형 정보	【-게】

	예문	문형 정보
①	• 이 나라는 국토가 대부분 산으로 되어 있다. • 요즘에 가죽으로 된 지갑이 인기다.	➡【…으로】
②	• 모두 그 속임수에 아무지 않게 넘어갔다. • 제 꾀에 자기가 자연스럽게 넘어간 꼴이다.	➡【-게】
③	• 나는 언니와 옷 때문에 다투기도 했다. • 그는 군가와 한밤에 다투곤 했다.	➡【…에】
④	• 가방에 지갑이 사은품으로 딸려 있다. • 그 책에 단어장이 부록으로 딸려 있다.	➡【…으로】
⑤	• 옷에서 때가 깨끗하게 빠졌다. • 청바지에서 물이 허게 빠졌다.	➡【-게】

2016년 9월 고3 평가원모의평가

[28] 다음 글을 읽고 물음에 답하시오.

여러 형태소로 이루어진 단어나 여러 단어들로 이루어진 문장은 그 구조를 명확히 파악하기 어렵다. 가령, '민물고기'가 합성어인지 파생어인지를 판별하기 어렵고 "언니가 찾던 책이 여기 있구나."와 같은 문장에서 주어가 무엇인지를 파악하기 쉽지 않다. 이처럼 복잡한 단어나 문장의 구조를 명확히 파악하기 위한 효과인 방법으로 직접 구성 요소 분석이 있다.

직접 구성 요소란 어떤 말을 직접 이루고 있는 두 부분으로 나누었을 때 나오는 두 요소이다. 위의 '민물고기'에서는 '민물'과 '고기'가 직접 구성 요소가 된다. 이 분석은 '민물'에 대해서도 더 적용할 수 있다. 이렇게 직접 구성 요소를 분석해 보면 한 단어에 합성과 파생 과정이 모두 있는 '민물고기'는 파생어가 아닌 합성어임을 알 수 있다.

직접 구성 요소 분석 시에는 특히 두 가지를 고려해야 한다. 첫째, 직접 구성 요소로 분석되는 말이 실제로 존재하는가 하는 점이다. 가령, '살얼음'은 '살-'과 '얼음'으로 분석해야 하는데, 만약 '살얼-'과 '-음'으로 분석하면 '살얼다'가 존재하지 않으므로 잘못된 분석이 된다. 둘째, 직접 구성 요소들과 그 전체 구성의 의미가 서로 통하는가 하는 점이다. '벽돌집'을 직접 구성 요소로 나누면 '벽돌'과 '집'이 분석된다. 이를 '벽'과 '돌집'으로 나누면 '벽돌로 만든 집'이라는 의미를 갖지 못한다.

긴 문장도 직접 구성 요소 분석을 통해 그 구조를 알 수 있다. 일반적으로 문장에는 주어와 서술어가 나타나므로, 문장의 직접 구성 요소는 주어와 서술어가 된다. 그런데 서술어는 홀로 나오기도 하지만 주어 이외의 필수 성분과 결합하여 나오는 경우도 있다. 따라서 "내 동생은 엄마의 칭찬을 많이 받았다."는 첫 분 석 층위에서 주어 '내 동생은'과 '엄마의 칭찬을 많이 받았다'로 그 직접 구성 요소가 분석된다. 또 '엄마의 칭찬을 많이 받았다'는 한 층위 아래에서 '엄마의 칭찬을'과 '많이 받았다'로 나뉜다. 또한 '내 동생'의 직접 구성 요소는 '내'와 '동생'인데, 이처럼 꾸미는 말과 꾸밈을 받는 말이 인접하면 그 두 요소는 바로 위 층위의 말을 이루는 직접 구성 요소가 된다. 이렇게 직접 구성 요소를 분석해 보면 "언니가 찾던 책이 여기 있구나."에서 '언니가'는 관형사절 속에 포함된 주어일 뿐이며 문장 전체의 주어, 즉 가장 위 층위에 있는 직접 구성 요소는 '언니가 찾던 책이'임을 알 수 있다.

28

윗글의 관점에서 〈보기〉의 ㉠~㉤을 분석한 것으로 옳지 않은 것은?

보기

㉠ 지희는 목소리가 곱다.
㉡ 소포가 도착했다고 들었다.
㉢ 동수가 미애에게 선물을 주었다.
㉣ 그가 익명의 기부자임이 밝혀졌다.
㉤ 인생은 짧고 예술은 길다는 말은 명언이다.

① ㉠은 '지희는'과 '목소리가 곱다'로 분석되겠군.
② ㉡은 '소포가'와 '도착했다고 들었다'로 분석되겠군.
③ ㉢은 '동수가'와 '미애에게 선물을 주었다'로 분석되겠군.
④ ㉣은 '그가 익명의 기부자임이'와 '밝혀졌다'로 분석되겠군.
⑤ ㉤은 '인생은 짧고 예술은 길다는 말은'과 '명언이다'로 분석되겠군.

29

2016년 6월 고3 평가원모의평가

〈보기〉의 ㉠~㉢에 해당하는 예로 적절하지 않은 것은?

보기

(가)~(다)는 관형절을 안은 문장이고 [A]~[C]는 안긴 문장인 관형절을 완결된 문장으로 바꾼 것이다. 이를 보면 (가)의 '동생', (나)의 '책', (다)의 '도서관'은 완결된 문장 [A], [B], [C]에서 뒤에 붙는 조사와 함께 각각 ㉠**주어**, ㉡**목적어**, ㉢**부사어**로 기능을 하고 있다.

(가) 어제 책만 읽은 **동생**에게 오늘은 쉬라고 했다.
[A] 동생이 어제 책만 읽었다.
(나) 아이가 읽은 **책**은 동화책이다.
[B] 아이가 책을 읽었다.
(다) 형이 책을 읽은 **도서관**은 집 근처에 있다.
[C] 형이 도서관에서 책을 읽었다.

① ㉠ ┌ 어제 결혼한 그들에게 나는 미리 선물을 주었다.
└ 누나를 많이 닮은 친구를 우리는 오늘도 만났다.

② ㉠ ┌ 나무로 된 탁자에 동생이 낙서를 하고 있다.
└ 그들은 시대에 뒤떨어진 생각을 여전히 하고 있다.

③ ㉡ ┌ 두 사람이 어제 헤어진 공원이 지금 공사 중입니다.
└ 나는 어제 부모님이 시키신 일을 오늘에야 다 끝냈다.

④ ㉡ ┌ 친구가 나에게 준 옷이 나는 마음에 든다.
└ 누나는 털실로 짠 장갑도 내게 주었습니다.

⑤ ㉢ ┌ 아이들이 운동장에서 공을 찬 주말을 기억해 보세요.
└ 그는 관중이 쓰레기를 남긴 경기장을 열심히 청소했다.

30

2016년 9월 고3 평가원모의평가

〈보기〉의 ⓐ~ⓓ에 들어갈 말을 올바르게 짝지은 것은? [3점]

보기

㉠ 영희 어머니께서는 "네 동생은 착해."라고 말씀하셨다.
㉡ 영희 어머니께서는 내 동생이 착하다고 말씀하셨다.

㉠은 영희 어머니의 발화를 그대로 옮긴 직접 인용이고, ㉡은 영희 어머니의 발화를 풀어 쓴 간접 인용이다. 그런데 직접 인용을 간접 인용으로 바꿀 때나 간접 인용을 직접 인용으로 바꿀 때는 인용절 속의 어미, 인용 조사, 대명사, 지시 표현, 높임 표현 등에 변화가 생길 수 있다.

직접 인용	아들이 어제 저에게 "내일 사무실에 계십시오."라고 말했습니다.

⇩

간접 인용	아들이 어제 저에게 (ⓐ) 사무실에 (ⓑ) 말했습니다.

직접 인용	언니는 어제 "나의 휴대 전화에 메시지를 꼭 남겨라."라고 나에게 말했다.

⇩

간접 인용	언니는 어제 (ⓒ) 휴대 전화에 메시지를 꼭 (ⓓ) 나에게 말했다.

	ⓐ	ⓑ	ⓒ	ⓓ
①	오늘	있으라고	자기의	남기라고
②	어제	계시라고	자기의	남겨라고
③	오늘	있으라고	나의	남겨라고
④	오늘	계시라고	자기의	남겨라고
⑤	어제	계시라고	나의	남기라고

31

2017년 6월 고3 평가원모의평가

㉠~㉣의 문장 성분과 문장 구조에 대한 설명으로 적절하지 않은 것은? [3점]

보기

㉠ 그녀는 따뜻한 봄이 빨리 오기를 기다린다.
㉡ 내가 만난 친구는 마음이 정말 착하다.
㉢ 피곤해하던 동생이 엄마가 모르게 잔다.
㉣ 그가 시장에서 산 배추는 값이 비싸다.

① ㉠과 ㉡은 체언을 수식하는 안긴문장이 있다.
② ㉢과 ㉣은 서술어의 기능을 하는 안긴문장이 있다.
③ ㉠은 명사절 속에 부사어가 있고, ㉡은 서술절 속에 부사어가 있다.
④ ㉠은 주어가 생략된 안긴문장이 있고, ㉣은 목적어가 생략된 안긴문장이 있다.
⑤ ㉢은 부사어의 기능을 하는 안긴문장이 있고, ㉣은 관형어의 기능을 하는 안긴문장이 있다.

32
2017년 9월 고3 평가원모의평가

밑줄 친 말에 주목하여 〈보기〉의 ㉠~㉤에 대해 탐구한 결과로 적절하지 않은 것은?

보기

㉠ 거기에는 눈이 **왔겠다**.
지금 거기에는 눈이 **오겠지**.
㉡ 그가 집에 **갔다**.
막차를 놓쳤으니 나는 집에 다 **갔다**.
㉢ 내가 **떠날** 때 비가 올 것이다.
내가 **떠날** 때 비가 왔다.
㉣ 그는 지금 학교에 **간다**.
그는 내년에 **진학한다고** 한다.
㉤ 오늘 보니 그는 키가 **작다**.
작년에 그는 키가 **작았다**.

① ㉠을 보니, 선어말 어미 '-겠-'이 미래의 사건을 추측하는 데에 쓰이고 있군.
② ㉡을 보니, 선어말 어미 '-았-'이 과거 시제를 나타내지 않는 경우도 있군.
③ ㉢을 보니, 관형사형 어미 '-ㄹ'이 붙을 때 미래의 사건을 나타내지 않는 경우도 있군.
④ ㉣을 보니, 현재 시제 선어말 어미 '-ㄴ-'이 미래의 사건을 나타낼 때도 쓰이고 있군.
⑤ ㉤을 보니, 형용사에서 현재 시제를 나타낼 때 시제 선어말 어미가 나타나지 않고 있군.

33
2018년 6월 고3 평가원모의평가

〈보기〉의 ㉠~㉤의 예로 적절하지 않은 것은? [3점]

보기

선어말 어미 '-더-'는 시간 표현, 주어의 인칭, 용언의 품사, 문장 종결 표현 등과 다양하게 관련을 맺는다.

예컨대 '아까 달력을 보니 내일이 언니 생일이더라.'와 같이 ㉠**새삼스럽거나 새롭게 알게 된 내용이 비록 미래의 일이라도 그것을 안 시점이 과거이면 '-더-'가 쓰일 수 있다**. 또한 '-더-'가 쓰인 문장에는 특정 인칭의 주어만 나타나는 경우가 있다. 가령, ㉡**본인만이 직접 느껴 알 수 있는 감정이나 감각을 표현하는 형용사가 서술어일 때, 평서문에는 1인칭 주어만이 '-더-'와 함께 쓰인다**. ㉢**이 경우, 의문문에는 2인칭 주어만이 '-더-'와 함께 쓰인다**. 단, ㉣**이 때도 수사 의문문에는 '-더-'와 함께 1인칭 주어가 나타날 수 있다**. 한편, '꿈에서 내가 하늘을 날더라.'처럼 ㉤**꿈속의 일이나 무의식중에 일어난 일을 말할 때, 화자가 자신의 행동이나 상태를 타인이 관찰하듯이 진술할 경우 '-더-'가 1인칭 주어와 쓰일 수 있다**.

① ㉠ : 아까 수첩을 보니 다음 주에 약속이 있더라.
② ㉡ : 나는 그의 합격이 놀랍더라.
③ ㉢ : 영수야, 넌 내가 그리 말했는데도 안 밉더냐?
④ ㉣ : 기어이 우승한 그날, 우리 어찌 아니 기쁘더냐?
⑤ ㉤ : 내가 어제 마신 약은 생각보다 안 쓰더라.

34

2018년 9월 고3 평가원모의평가

〈보기〉의 자료를 탐구한 결과로 적절한 것은?

보기

○ **탐구 과제**

하나의 문장이 안긴문장으로 다른 문장에 안길 때, 원래 있던 문장 성분이 생략되는 경우가 있다. 아래의 각 문장에서 안긴문장을 파악한 후, 생략된 문장 성분이 있다면 무엇인지 확인해 보자.

○ **자료**

㉠ 부모님은 자식이 건강하기를 바란다.
㉡ 그 친구는 연락도 없이 그곳에 안 왔다.
㉢ 동생은 자신의 판단이 옳았음을 깨달았다.
㉣ 그는 내가 늘 쉬던 공원에서 산책을 했다.
㉤ 그 사람들은 아주 어려운 과제를 금방 끝냈다.

		안긴문장의 종류	생략된 문장 성분
①	㉠	부사절	없음
②	㉡	명사절	없음
③	㉢	명사절	주어
④	㉣	관형절	부사어
⑤	㉤	관형절	목적어

35

2019년 6월 고3 평가원모의평가

〈보기〉의 ㉠, ㉡에 해당하는 예끼리 묶인 것으로 적절한 것은? [3점]

보기

[선생님의 설명]

여러분, '쓰이다'라는 단어를 어떻게 해석해야 할까요? 우선 '쓰이다'는 피동사이기도 하고 사동사이기도 하므로 이를 구별해야겠죠? 또한 '쓰다'는 동음이의어나 다의어이므로 그 의미에도 유의해야 합니다. 단어를 이해할 때, 이러한 점들을 모두 고려해야 해요. 그럼 이와 관련된 학습 활동을 해 볼까요?

[학습 활동]

다음은 국어사전의 일부이다. 제시된 단어의 의미에 유의하여 각각의 피동사와 사동사가 포함된 예를 들어 보자.

갈다1 동 【…을 …으로】 어떤 직책에 있는 사람을 다른 사람으로 바꾸다.
깎다 동 1 【…을】 값이나 금액을 낮추어서 줄이다.
묻다1 동 【…에】 가루, 풀, 물 따위가 그보다 큰 다른 물체에 들러붙거나 흔적이 남게 되다.
물다2 동 1 【…을】 윗니와 아랫니 사이에 끼운 상태로 상처가 날 만큼 세게 누르다.
쓸다2 동 【…을】 비로 쓰레기 따위를 밀어내거나 한데 모아서 버리다.

피동문	사동문
㉠	㉡

① ㉠ : 학생회 임원이 새 친구로 갈렸다.
　㉡ : 삼촌이 형에게 그 텃밭을 갈렸다.
② ㉠ : 용돈이 이달에 만 원이나 깎였다.
　㉡ : 나는 저번 실수로 점수를 깎였다.
③ ㉠ : 내 친구는 가래떡에 꿀만 묻혔다.
　㉡ : 누나는 붓에 먹물을 듬뿍 묻혔다.
④ ㉠ : 아빠가 아이 입에 사탕을 물렸다.
　㉡ : 큰형이 동네 개에게 발을 물렸다.
⑤ ㉠ : 큰 마당의 눈이 빗자루에 쓸렸다.
　㉡ : 내 동생에게 거실 바닥만 쓸렸다.

36 2019년 9월 고3 평가원모의평가

〈보기〉의 ㉠~㉤에 해당하는 문장으로 적절하지 않은 것은?

보기

[학습 활동]

겹문장은 홑문장보다 복잡한 생각을 효과적으로 표현할 수 있는 장점이 있다. 〈자료〉에 제시된 홑문장을 활용하여 〈조건〉에 해당하는 겹문장을 만들어 보자.

〈자료〉	〈조건〉
• 날씨가 춥다.	㉠ 명사절을 안은문장
• 형은 물을 마셨다.	㉡ 관형절을 안은문장
• 동생은 얼음을 먹었다.	㉢ 부사절을 안은문장
• 동생은 추위와 상관없다.	㉣ 인용절을 안은문장
• 형은 동생에게 불평을 했다.	㉤ 대등하게 이어진문장

① ㉠ : 동생은 추운 날씨에도 얼음을 먹었다.
② ㉡ : 형은 얼음을 먹는 동생에게 불평을 했다.
③ ㉢ : 동생은 추위와 상관없이 얼음을 먹었다.
④ ㉣ : 형은 동생에게 날씨가 춥다고 불평을 했다.
⑤ ㉤ : 형은 물을 마셨지만 동생은 얼음을 먹었다.

37 2015년 수능A

밑줄 친 부분이 〈보기〉의 ⓐ~ⓒ에 해당하는 예로 적절하지 않은 것은?

보기

선어말 어미 '-았-/-었-'은 여러 가지 의미를 지닌다.

(가) 오늘 아침에 누나는 밥을 안 **먹었어**요.
(나) 들판에 안개꽃이 아름답게 **피었습니다**.
(다) 이렇게 비가 안 오니 농사는 다 **지었다**.

(가)에서와 같이 ⓐ**사건이나 상태가 과거의 것임**을 나타내기도 하고, (나)에서와 같이 ⓑ**과거에 일어난 사건의 결과 상태가 현재까지 지속되고 있음**을 나타내기도 한다. (가)의 경우와 달리 (나)의 경우에는 '-았-/-었-'을 보조 용언 구성 '-아/-어 있-'이나 '-고 있-'으로 교체하여도 의미가 달라지지 않는다. 또한 (다)에서와 같이 ⓒ**미래의 일을 확정적인 사실로 받아들임**을 나타내기도 한다.

① ⓐ A : 어제 뭐 했니?
B : 하루 종일 텔레비전만 보았어.

② ⓐ A : 너 아까 집에 없더라.
B : 할머니 생신 선물 사러 갔어.

③ ⓑ A : 감기 걸렸다며?
B : 응, 그래서인지 아직도 목이 잠겼어.

④ ⓑ A : 소풍날 날씨는 괜찮았어?
B : 아주 나빴어.

⑤ ⓒ A : 너 오늘도 바빠?
B : 응, 과제 준비하려면 오늘도 잠은 다 잤어.

38

2015년 수능A

다음 ㉠, ㉡의 문장 성분과 문장 구조에 한 설명이 옳은 것은? [3점]

보기
㉠ 친구들은 내가 노래 부르기를 원한다. ㉡ 우리는 이 지역 토양이 벼농사에 적합함을 몰랐다.

① ㉠에는 부사어가 있지만 ㉡에는 부사어가 없다.
② ㉠에는 명사절이 안겨 있지만 ㉡에는 부사절이 안겨 있다.
③ ㉠에는 서술절이 안겨 있지만 ㉡에는 관형절이 안겨 있다.
④ ㉠의 안긴문장 속에는 관형어가 있지만 ㉡의 안긴문장 속에는 관형어가 없다.
⑤ ㉠의 안긴문장 속에는 목적어가 있지만 ㉡의 안긴문장 속에는 목적어가 없다.

39

2015년 수능A,B

〈보기〉의 내용을 근거로 하여 잘못된 문장을 수정한 예로 적절하지 않은 것은?

보기
서술어의 자릿수는 문법으로 정확하지 못한 문장을 수정하는 데 고려해야 할 중요한 기준이다. 서술어의 자릿수란 서술어가 반드시 갖추어야 하는 문장 성분의 수를 의미하는데, 다음과 같은 예를 들 수 있다. ◦ 한 자리 서술어 : 꽃이 **피었다**. ◦ 두 자리 서술어 : 고양이가 쥐를 **잡았다**. ◦ 세 자리 서술어 : 동생은 나에게 책을 **주었다**. 서술어가 요구하는 문장 성분이 빠져 있으면 문법적으로 정확하지 못한 문장이 되므로 그 성분을 보충하여야 한다.

① 그들은 양식이 다 떨어지자 식량 공급을 요청했다.
→ 그들은 양식이 다 떨어지자 정부에 식량 공급을 요청했다.
② 문제는 우리가 예의를 지키지 못하는 경우가 많다.
→ 문제는 우리가 예의를 지키지 못하는 경우가 많다는 사실이다.
③ 나는 오늘 점심을 먹으면서 내 친구를 소개하였다.
→ 나는 오늘 점심을 먹으면서 내 친구를 누나에게 소개하였다.
④ 우리는 전화위복의 계기로 삼아 지금보다 강해질 것이다.
→ 우리는 그 일을 전화위복의 계기로 삼아 지금보다 강해질 것이다.
⑤ 형은 이곳에 온 지 얼마 되지 않아 어두울 수밖에 없다.
→ 형은 이곳에 온 지 얼마 되지 않아 동네 지리에 어두울 수밖에 없다.

40

2016년 수능A

〈보기〉의 ⓐ~ⓒ에 해당하는 예로 적절하지 않은 것은?

> **보기**
>
> 보조 용언 구성 '-고 있-'은 크게 두 가지 의미를 지닌다.
>
> (가) 민수는 지금 떡국을 먹고 **있다**.
> (나) 선생님은 너를 믿고 **있다**.
> (다) 지혜는 모자를 쓰고 **있다**.
>
> (가)에서처럼 ⓐ'**어떤 동작이 진행되고 있음**'을 나타내기도 하고, (나)에서처럼 ⓑ'**어떤 상태가 지속되고 있음**'을 나타내기도 한다. (가)의 '-고 있-'은 '-는 중이-'로 교체하여도 ⓐ의 의미가 유지되지만, (나)의 '-고 있-'은 교체하면 부자연스러운 문장이 되거나 ⓑ의 의미가 유지되지 않는다. 한편 (가), (나)에서는 특정한 문맥이 주어지지 않아도 그 의미를 확정할 수 있는 데 반해, (다)에서는 문맥이 충분히 주어지지 않으면 '-고 있-'이 ⓒ**두 가지 의미 모두로 해석될 수 있다**.

① ⓐ A : 아빠 들어오실 때 형은 뭐 하고 있었니?
B : 형은 양치질을 하고 있었어요.

② ⓑ A : 오빠가 너한테 화가 많이 났나 봐.
B : 오빠는 지금 날 오해하고 있는 것 같아.

③ ⓑ A : 내일이 고모님 생신이라고 하네.
B : 아, 나 그거 이미 알고 있어.

④ ⓒ A : 너 안경 잃어버렸다며? 괜찮아?
B : 눈이 아주 나쁘진 않아서 안경 벗고 있어도 괜찮아.

⑤ ⓒ A : 저 중에 신입 사원이 누구야?
B : 저기에 있잖아. 넥타이를 매고 있네.

41

2018년 수능

다음은 부사어에 대해 탐구한 것이다. 탐구 내용으로 적절하지 않은 것은?

<table>
<tr><td rowspan="2">①</td><td>• 하늘이 눈이 부시게 푸른 날이다.</td></tr>
<tr><td>⇨ 절인 '눈이 부시게'가 부사어로 쓰였군.</td></tr>
<tr><td rowspan="2">②</td><td>• 함박눈이 하늘에서 펑펑 내리고 있다.</td></tr>
<tr><td>⇨ 부사격 조사가 결합한 '하늘에서'와 부사 '펑펑'이 부사어로 쓰였군.</td></tr>
<tr><td rowspan="2">③</td><td>• 그는 너무 헌 차를 한 대 샀다.</td></tr>
<tr><td>⇨ 부사어 '너무'가 서술어 '샀다'를 수식하는군.</td></tr>
<tr><td rowspan="2">④</td><td>㉠ 영이는 엄마와 닮았다. / *영이는 닮았다.
㉡ 영이는 취미로 책을 읽는다. / 영이는 책을 읽는다.</td></tr>
<tr><td>⇨ ㉠의 '엄마와', ㉡의 '취미로'는 둘 다 부사어인데, ㉠의 '엄마와'는 ㉡의 '취미로'와 달리 필수 성분이군.</td></tr>
<tr><td rowspan="2">⑤</td><td>㉠ 모든 것이 재로 되었다. / *모든 것이 되었다.
㉡ 모든 것이 재가 되었다. / *모든 것이 되었다.</td></tr>
<tr><td>⇨ ㉠의 '재로'는 부사어이고 ㉡의 '재가'는 보어로서, 문장 성분은 서로 다르지만 서술어가 반드시 필요로 하는 성분이라는 점에서는 같군.</td></tr>
</table>

※ '*'는 비문임을 나타냄.

42

2019년 수능

〈보기〉의 ⓐ~ⓒ를 이해한 내용으로 적절하지 않은 것은?

> **보기**
>
> ⓐ 그는 위기를 좋은 기회로 삼았다.
> ⓑ 바다가 눈이 부시게 파랗다.
> ⓒ 동주는 반짝이는 별을 응시했다.

① ⓐ의 '삼았다'는 주어 이외에도 두 개의 문장 성분을 필수적으로 요구하는군.

② ⓑ의 '바다가'와 '눈이'는 각각 다른 서술어의 주어이군.

③ ⓒ의 '별을'은 안긴문장의 목적어이면서 안은문장의 목적어이군.

④ ⓐ의 '좋은'과 ⓒ의 '반짝이는'은 안긴문장의 서술어이군.

⑤ ⓑ의 '눈이 부시게'와 ⓒ의 '반짝이는'은 수식의 기능을 하는군.

2020년 6월 고3 평가원모의평가

[43] 다음 글을 읽고 물음에 답하시오.

담화는 하나 이상의 발화나 문장으로 이루어진다. 담화가 그 내용 면에서 완결성을 갖추기 위해서는 담화를 이루는 발화나 문장들이 일관된 주제 속에 내용상 유기적인 관련을 맺고 있어야 한다. 이때 각 발화나 문장 간의 관련성을 보여 주는 형식적 장치가 필요하다. 이러한 장치에는 지시, 대용, 접속 표현이 있다.

우선 지시 표현은 담화 장면을 구성하는 화자, 청자, 사물, 시간, 장소 등의 요소를 직접 가리키는 표현이다. 그리고 대용 표현은 담화에서 언급된 말, 혹은 뒤에서 언급될 말을 대신하는 표현이다. 대표적인 지시 표현으로는 '이, 그, 저' 등이 있다. 이들이 담화에서 언급되는 말을 대신할 때는 대용 표현이 된다. 가령 친구가 든 꽃을 보면서 화자가 "이 꽃 예쁘네."라고 말했다면, '꽃'을 직접 가리키는 '이'는 지시 표현이다. 그러나 화자가 "그런데 지난번 꽃도 예쁘던데, 그때 그거는 어디서 샀어?"라고 발화를 곧장 이어 간다면 이때의 '그거'는 앞선 발화의 '지난번 꽃'이라는 말을 대신하는 대용 표현이다. 끝으로 접속 표현은 문장과 문장, 발화와 발화를 연결해 주는 표현으로, '그리고' 등과 같은 접속 부사가 대표적인 예이다. 앞서 언급된 두 번째 발화의 '그런데'도 앞의 발화를 뒤의 발화와 이어 주는 접속 표현에 속한다.

한편, 담화 전개 과정에서 화자는 청자 및 맥락을 고려하면서 발화나 문장을 통해 자신의 의도를 효과적으로 구현한다. 이때 여러 문법 요소가 활용된다. 가령 화자는 "아버지! 진지 드세요."라는 발화에서 '드세요'의 '드시-'를 통해 문장의 주체인 '아버지'를, 종결 어미 '-어요'를 통해 청자인 '아버지'를 높이고 있다. 이와 같이 화자는 특정 어휘나 조사, 어미 등을 사용하여 어떤 대상에 대해 높이거나 낮추는 태도를 드러낸다. 아울러 위의 '드세요'의 '-어요'는 화자가 청자에게 어떠한 행동을 요구하고 있음도 보여 준다. 즉, 종결 어미는 청자에게 답변을 요구하거나, 어떠한 사실을 새롭게 알게 되었다는 점을 두드러지게 나타내는 등 화자의 의도를 구현할 때도 쓰인다. 화자, 청자 및 맥락이 발화나 문장에서 문법 요소와 맺고 있는 관련성은 ㉠**"할아버지께서 마침 방에 계셨구나! 과일 좀 드리고 오렴."**과 같이 연속된 발화로 이루어진 담화에서 더욱 다양하게 나타날 수 있다.

43

㉠에 대한 이해로 적절하지 않은 것은?

① '할아버지께서'의 '께서'를 통해 화자가 문장의 주체인 '할아버지'를 높이고 있다.
② '계셨구나'의 '계시-'를 통해 화자가 문장의 주체인 '할아버지'를 높이고 있다.
③ '계셨구나'의 '-구나'를 통해 화자가 문장의 주체인 '할아버지'에 관한 사실을 새롭게 알게 되었음을 부각하고 있다.
④ '드리고'의 '드리-'를 통해 화자가 문장의 주체인 '할아버지'를 높이고 있다.
⑤ '오렴'의 '-렴'을 통해 화자가 청자에게 어떠한 행동을 요구하고 있다.

44

2020년 6월 고3 평가원모의평가

〈보기〉의 ㉠~㉤과 관련된 설명으로 적절한 것은? [3점]

보기

주기적으로 운동하기가 ㉠**건강의 첫걸음이다**. 그것을 꾸준하게 ㉡**실천하기** ㉢**원한다면** 제대로 ㉣**된** 계획 세우기가 ㉤**선행되어야 한다.**

① ㉠이 서술어인 문장에서 명사절이 주어 기능을 하고 있다.
② ㉡이 서술어인 문장에서 명사절이 목적어 기능을 하고 있다.
③ ㉢이 서술어인 문장에서 명사절이 부사어 기능을 하고 있다.
④ ㉣이 서술어인 문장에서 명사절이 보어 기능을 하고 있다.
⑤ ㉤이 서술어인 문장에서 명사절이 관형어 기능을 하고 있다.

45
2021년 9월 고3 평가원모의평가

〈학습 활동〉을 수행한 결과로 적절한 것은?

학습 활동

품사는 다양한 방식을 통해 문장 성분으로 실현된다. 품사가 어떻게 문장 성분으로 실현되는지 다음 밑줄 친 부분을 중심으로 알아보자.

ⓐ **빵은** 동생이 간식으로 제일 좋아한다.
ⓑ 형은 **아주** 옛 물건만 항상 찾곤 했다.
ⓒ 나중에 **어른** 돼서 우리 다시 만나자.
ⓓ 친구가 내게 준 선물은 **장미였다**.
ⓔ 다람쥐 **세** 마리가 나무를 오른다.

① ⓐ : 명사가 격 조사와 결합해 목적어로 쓰였다.
② ⓑ : 부사가 관형사를 수식하는 부사어로 쓰였다.
③ ⓒ : 명사가 조사와 결합 없이 주어로 쓰였다.
④ ⓓ : 명사가 어미와 직접 결합해 서술어로 쓰였다.
⑤ ⓔ : 수사가 명사를 수식하는 관형어로 쓰였다.

46
2021년 수능

〈학습 활동〉을 수행한 결과로 적절하지 않은 것은? [3점]

학습 활동

겹문장은 다른 문장 속에 들어가 안긴문장으로 쓰일 수 있다. 또한 겹문장은 안은문장에서 다양한 문장 성분으로도 쓰인다. 다음 밑줄 친 겹문장 ⓐ~ⓔ의 쓰임을 설명해 보자.

◦ 기상청은 ⓐ**내일은 따뜻하지만 비가 온다는** 예보를 했다.
◦ 시민들은 ⓑ**공원이 많고 거리가 깨끗한** 도시를 만들었다.
◦ ⓒ**바람이 거세지고 어둠이 내리기** 전에 산에서 내려갔다.
◦ 나는 나중에야 ⓓ**그녀는 왔으나 그가 안 왔음**을 깨달았다.
◦ 삼촌은 주말에 ⓔ**꽃이 피고 새가 지저귀는** 들판을 거닐었다.

① ⓐ는 인용절로 쓰이고 있다.
② ⓑ는 관형절로 쓰이고 있다.
③ ⓒ는 명사절로 쓰이고 있다.
④ ⓓ는 조사와 결합하여 주성분으로 쓰이고 있다.
⑤ ⓔ는 조사와 결합 없이 부속 성분으로 쓰이고 있다.

47

2020년 3월 고3 전국연합학력평가

〈보기〉는 문법 수업의 일부이다. 선생님의 설명에 따라 ㉠~㉤을 이해한 내용으로 적절하지 않은 것은? [3점]

> **보기**
>
> 선생님 : 관형절은 안은문장에서 관형어로 쓰이는데 관형절에는 주어가 생략된 관형절, 목적어가 생략된 관형절, 부사어가 생략된 관형절 등이 있어요. 그리고 명사절은 안은문장에서 조사와 결합하여 주어, 목적어, 부사어 등으로 쓰일 수 있어요. 그럼 다음 문장에 대해 관형절과 명사절에 주목하여 분석해 볼까요?
>
> ㉠ 약속 시간에 늦은 친구들이 많았다.
> ㉡ 마지막 문제를 풀기가 생각보다 어렵다.
> ㉢ 나는 아버지께서 주신 빵을 형과 함께 먹었다.
> ㉣ 그는 지금 사는 집에서 계속 머무르기를 희망했다.
> ㉤ 그들은 우리가 어제 목적지에 도착했음을 이미 알았다.

① ㉠에는 주어가 생략된 관형절이 있고, 명사절은 없습니다.
② ㉡에는 관형절이 없고, 주어로 쓰인 명사절이 있습니다.
③ ㉢에는 목적어가 생략된 관형절이 있고, 명사절은 없습니다.
④ ㉣에는 부사어가 생략된 관형절이 있고, 부사어로 쓰인 명사절이 있습니다.
⑤ ㉤에는 관형절이 없고, 목적어로 쓰인 명사절이 있습니다.

2020년 3월 고3 전국연합학력평가

[48] 다음 글을 읽고 물음에 답하시오.

현대 국어의 시간 표현 중 하나는 선어말 어미를 활용하는 것이다. 동사는 어간에 선어말 어미 '-는-/-ㄴ-'을 결합하여 현재 시제를 표현하는데, 동사의 어간 말음이 자음인 경우에는 '-는-'이, 모음인 경우에는 '-ㄴ-'이 결합한다. 이와 달리 형용사와 '이다'는 어간에 선어말 어미가 결합하지 않고 현재 시제를 표현할 수 있다. 동사와 형용사, 그리고 '이다'는 어간에 선어말 어미 '-았-/-었-'을 결합하여 과거 시제를 표현하는데, 어간 '하-' 다음에는 선어말 어미 '-였-'을 결합하여 과거 시제를 표현한다. 동사와 형용사, 그리고 '이다'는 어간에 선어말 어미 '-겠-'을 결합하여 미래 시제를 표현하는데, 추측이나 의지 등의 의미를 나타내기도 한다.

중세 국어의 시간 표현은 ㉠**용언의 어간에 선어말 어미를 결합하여 나타내는 경우**와 ㉡**용언의 어간에 선어말 어미를 결합하지 않고 나타내는 경우**가 있었다. 이를 살펴보면, 동사는 어간에 선어말 어미 '-ᄂᆞ-'를 결합하여 현재 시제를 표현하였고, 형용사는 어간에 선어말 어미를 결합하지 않고 현재 시제를 표현하였다. 또한 동사는 어간에 선어말 어미를 결합하지 않고 과거 시제를 표현하기도 했고, 회상의 의미가 있는 선어말 어미 '-더-'를 결합하여 과거 시제를 표현하기도 했다. 형용사도 선어말 어미 '-더-'를 통해 과거 시제를 표현하였다. 또한 동사와 형용사는 추측의 의미가 있는 선어말 어미 '-리-'를 어간에 결합하여 미래 시제를 표현하였다.

48

윗글을 바탕으로 〈보기〉를 탐구한 내용으로 적절하지 않은 것은?

보기

- 동생이 지금 밥을 ⓐ**먹는다**.
- 우리 아기가 무럭무럭 ⓑ**자란다**.
- 이곳에 따뜻한 난로가 ⓒ**놓였다**.
- 신랑, 신부가 ⓓ**입장하겠습니다**.
- 나는 어젯밤에 무서운 꿈을 ⓔ**꿨다**.

① ⓐ는 동사의 어간 다음에 현재 시제 선어말 어미로 '-는-'이 사용된 예에 해당한다.

② ⓑ는 동사의 어간 다음에 현재 시제 선어말 어미로 '-ㄴ-'이 사용된 예에 해당한다.

③ ⓒ는 동사의 어간 다음에 과거 시제 선어말 어미로 '-였-'이 사용된 예에 해당한다.

④ ⓓ는 동사의 어간 다음에 미래 시제 선어말 어미로 '-겠-'이 사용된 예에 해당한다.

⑤ ⓔ는 동사의 어간 다음에 과거 시제 선어말 어미로 '-었-'이 사용된 예에 해당한다.

2020년 4월 고3 전국연합학력평가

[49] 다음 글을 읽고 물음에 답하시오.

부정하는 내용을 문법적으로 실현한 문장을 부정문이라고 한다. 부정문은 의미에 따라 '안' 부정문과 '못' 부정문으로, 길이에 따라 '짧은 부정문'과 '긴 부정문'으로 나누기도 한다. 한편 명령문과 청유문의 부정에는 '말다' 부정문이 쓰이고, '말다' 부정문은 '긴 부정문'만 가능하다.

'안' 부정문은 부정 부사 '안(아니)'으로 실현되는 짧은 부정문과 부정의 용언 구성 '-지 않다(아니하다)'로 실현되는 긴 부정문이 있고, 객관적인 사실을 부정하는 '단순 부정'과 동작 주체의 의도를 부정하는 '의도 부정'이 있다. '안' 부정문의 서술어가 동사이고 주어가 의지를 가질 수 있는 동작 주체인 경우에 '단순 부정'과 '의도 부정'의 해석이 모두 가능하다. 하지만 서술어가 형용사이거나 주어가 의지를 가질 수 없는 경우에는 대개 '단순 부정'으로 해석한다.

'못' 부정문은 부정 부사 '못'으로 실현되는 짧은 부정문과 부정의 용언 구성 '-지 못하다'로 실현되는 긴 부정문이 있다. 일반적으로 '못' 부정문은 동작 주체의 능력 부족을 드러내는 부정문이므로, 동작 주체의 능력으로는 어쩔 수 없는 심리적 상태를 나타내는 서술어는 '못' 부정문에 쓰이기 어렵다. 한편 '못' 부정문은 일반적으로 서술어가 형용사인 경우에는 성립할 수 없지만, '긴 부정문'에 한하여 '화자의 기대하는 기준에 이르지 못함'의 뜻을 나타내는 경우에는 쓰이기도 한다. 나아가 '못' 부정문은 화자의 능력을 부정하는 의미에서 발전하여 완곡한 거절, 또는 강한 거부와 같은 화자의 심리적 태도를 반영하기도 한다.

'말다' 부정문은 명령문 및 청유문에서 부정의 용언 구성 '-지 말다'로 실현된다. 형용사는 대부분 명령문이나 청유문의 서술어로 쓰일 수 없기 때문에 '말다' 부정문은 서술어가 형용사인 경우에는 성립하지 않는다. 하지만 문장의 서술어가 형용사라도 기원이나 희망을 나타낼 때는 '말다' 부정문이 쓰이기도 한다.

49

윗글을 바탕으로 〈보기〉를 이해한 내용으로 적절하지 않은 것은? [3점]

> **보기**
>
> 태영 : 새로 배정받은 ㉠**동아리실이 그리 넓지 못해** 고민이야. 우리가 쓰던 ㉡**물품이 전부 안 들어가겠는데**?
>
> 수진 : 그 정도는 아닐 거야. 일단 물품을 옮겨 보자. 내일 어때?
>
> 태영 : 미안하지만 ㉢**나는 내일 못 와**. 이번 휴일에는 집에서 좀 쉬고 싶어.
>
> 수진: ㉣**나도 별로 안 내키는데**, 다른 친구들은 내일 시간이 괜찮다고 하더라.
>
> 태영 : 그래? 그럼 나도 와서 도울게. 그나저나 ㉤**내일은 제발 덥지만 마라**.

① ㉠의 '못' 부정문은 형용사인 서술어에 '긴 부정문' 형태로 실현되어 화자가 기대하는 기준에 이르지 못한다는 의미를 나타내고 있군.
② ㉡의 '안' 부정문은 주어가 의지를 가질 수 있는 동작 주체인 경우이기 때문에 '단순 부정'과 '의도 부정'으로 모두 해석이 가능하겠군.
③ ㉢의 '못' 부정문은 완곡한 거절이라는 화자의 심리적 태도를 나타내고 있군.
④ ㉣의 서술어는 동작 주체의 능력으로는 어쩔 수 없는 심리적 상태를 나타내기 때문에 '못' 부정문에 사용될 수 없겠군.
⑤ ㉤의 '말다' 부정문은 형용사인 서술어에 '긴 부정문' 형태로 실현되어 화자의 기원이나 희망의 의미를 나타내고 있군.

2020년 7월 고3 전국연합학력평가

[50] 다음 글을 읽고 물음에 답하시오.

관형어는 체언을 수식하는 문장 성분으로 관형사나 체언이 그대로 관형어가 되기도 하며, 체언에 관형격 조사 '의'가 결합된 형태나 용언의 관형사형으로도 나타난다. 또한 관형절도 관형어의 기능을 한다. 관형어는 필수적인 성분은 아니지만 수식을 받는 체언이 의존 명사이면 그 앞에 반드시 관형어가 와야 한다. 한편 관형격 조사 '의'는 앞과 뒤의 체언을 의미상으로 어떤 관계에 놓이도록 연결하는 역할을 한다. 예를 들어 '조국 통일의 위업'은 앞 체언과 뒤 체언이 ㉠**'의미상 동격'의 관계**, '나의 옷'은 '소유주 - 대상'의 관계, '우리의 각오'는 ㉡**'주체 - 행동'의 관계**, '조카의 아들'은 '사회적·친족적' 관계로 연결된 것이다.

중세 국어의 관형어도 현대 국어와 같은 방식으로 실현되는 경우가 많았다. 하지만 현대 국어에서는 자주 나타나지 않거나 현대 국어의 관형어와 구별되는 특이한 현상도 있었다.

(가) 사ᄅᆞ미 몸 (사람의 몸)
(나) 불휘 기픈 남ᄀᆞᆫ (뿌리가 깊은 나무는)
(다) 前生앳 이리 (전생에서의 일이)
(라) 아비의 便安히 안ᄌᆞᆫ ᄃᆞᆯ (아비가 편안히 앉은 것을)

(가)에는 관형격 조사 'ᄋᆡ'의 결합에 의한, (나)에는 관형사형 어미 '-(ᄋᆞ/으)ㄴ'이 붙어서 만들어진 관형절에 의한 관형어가 나타난다. 이와 달리 (다)의 '前生앳'은 '체언 + 부사격 조사'로 이루어진 부사어에 관형격 조사 'ㅅ'이 붙어 관형어가 된 경우이다. (라)의 '아비의'는 '아비가'로 해석되는데, '안ᄌᆞᆫ'의 의미상 주어인 '아비'에 주격 조사가 붙지 않고 관형격 조사 '의'가 붙은 것으로 안긴문장의 의미상 주어가 관형격 형태로 나타나는 경우에 해당한다. (다)와 (라) 같은 용법들은 현대 국어에도 일부 남아 있다.

50

윗글을 참고할 때, ㉠, ㉡에 해당하는 예끼리 묶인 것으로 적절한 것은?

	㉠	㉡
①	너의 부탁	친구의 자동차
②	자기 합리화의 함정	친구의 사전
③	회장의 칭호	영희의 오빠
④	은호의 아버지	친구의 졸업
⑤	질투의 감정	국민의 단결

51

2020년 10월 고3 전국연합학력평가

〈보기〉의 밑줄 친 관형어에 대해 탐구한 내용으로 적절하지 않은 것은?

> **보기**
>
> **나의** 일기장에는 "일에는 **정해진** 시기가 **있는** 법이니 **그** 시기를 놓치면 안 된다."라고 적혀 있다. **이** 구절은 **온갖** 시련으로 **방황했던** **사춘기의** 나를 반성하게 만든다.

① '그', '이', '온갖'은 관형사가 그대로 관형어로 쓰인 경우에 해당한다.

② '정해진', '있는', '방황했던'은 용언의 관형사형이 관형어로 쓰인 경우에 해당한다.

③ '그', '이'는 앞에서 이미 언급된 것을 가리키며 뒤에 있는 말을 꾸며 주는 역할을 한다.

④ '나의', '사춘기의'는 체언에 관형격 조사가 결합된 형태가 관형어로 쓰인 경우에 해당한다.

⑤ '정해진', '있는', '온갖', '방황했던'은 각각 문장에서 생략할 수 없는 필수 성분에 해당한다.

2020년 10월 고3 전국연합학력평가

[52] 다음 글을 읽고 물음에 답하시오.

> 사동 표현은 주어가 남에게 동작을 하도록 시키는 뜻을 나타내는 것으로, 파생적 사동과 통사적 사동으로 구분될 수 있다. 우선 파생적 사동은 사동 접사 '-이-, -히-, -리-, -기-, -우-, -구-, -추-' 등이 붙어 만들어지는데, '높이다', '좁히다', '울리다', '옮기다', '비우다' 등이 그 예이다. 다만 일부 용언은 사동 접사의 결합에 제약이 있기도 하다. 예컨대 '(회사에) 다니다', '(손을) 만지다'와 같이 어간이 'ㅣ'로 끝나는 동사, '(형과) 만나다', '(원수와) 맞서다'와 같이 특정한 상대 등을 필수적으로 요구하는 동사, '(돈을) 주다'와 같이 주거나 받는 뜻을 가진 동사 등은 대개 사동 접사가 결합되지 못한다. 한편 사동 표현은 '먹게 하다', '잡게 하다'와 같이 '-게 하다'에 의해 만들어지기도 하는데 이를 통사적 사동이라 한다.
>
> 15세기 국어에서도 사동 표현이 쓰였다. 우선 파생적 사동은 주로 '-이-, -히-, -기-, -오/우-, -호/후-, -ᄋᆞ/으-' 등이 붙어 만들어졌다. 다만 '걷다'와 같은 ㄷ 불규칙 용언에 '-이-'가 결합될 때에는 어간 '걷-'의 받침 'ㄷ'이 'ㄹ'로 바뀌어 '걸이다'[걸리다]로 쓰였다. 한편 현대 국어의 '-게 하다'에 해당하는 통사적 사동도 있었다. 이때 보조적 연결 어미는 '-게/긔'가 주로 쓰였는데, 모음이나 자음 'ㄹ'로 끝나는 어간 뒤, 혹은 '이다'의 '이-' 뒤에서는 '-에/의'로도 쓰였다. '얻게 ᄒᆞ다'[얻게 하다]는 '얻-'에 '-게 ᄒᆞ다'가 결합된 통사적 사동의 예이다.

52

윗글을 바탕으로 할 때, 〈보기〉에서 적절한 것만을 있는 대로 고른 것은?

보기
ㄱ. '(선물을) 받다', '(시간이) 늦다'는 모두 파생적 사동이 불가능한 동사이다. ㄴ. '(넓을) 기리다'와 달리 '(연을) 날리다'는 사동 접사가 붙어 만들어진 동사이다. ㄷ. '(공을) 던지다'와 달리 '(추위를) 견디다'는 어간이 'ㅣ'로 끝나기 때문에 사동 접사가 결합되지 못한다. ㄹ. '(적과) 싸우다', '(동생과) 닮다'는 모두 특정한 상대 등을 필수적으로 요구하는 동사이기 때문에 사동 접사가 결합되지 못한다.

① ㄱ, ㄴ ② ㄱ, ㄷ ③ ㄴ, ㄹ
④ ㄱ, ㄷ, ㄹ ⑤ ㄴ, ㄷ, ㄹ

53

2021년 3월 고3 전국연합학력평가

〈보기〉의 ㉠ ~ ㉢에 대한 설명으로 적절하지 않은 것은?

보기
㉠ 우리는 <u>**봄이 어서 오기**</u>를 기다렸다. ㉡ 나는 <u>**그가 범인이 아니었음**</u>에 안도했다. ㉢ <u>**우유를 마신**</u> 아이가 마루에서 잠들었다.

① ㉠에는 목적어의 기능을 하는 안긴문장이 있다.
② ㉡에는 서술어의 기능을 하는 안긴문장이 있다.
③ ㉢에는 관형어의 기능을 하는 안긴문장이 있다.
④ ㉢과 달리 ㉠에는 안긴문장 속에 부사어가 있다.
⑤ ㉡과 달리 ㉢에는 주어가 생략된 안긴문장이 있다.

2021년 4월 고3 전국연합학력평가

[54] 다음 글을 읽고 물음에 답하시오.

용언의 어간에 여러 어미가 번갈아 결합하는 현상을 용언의 활용이라 한다. 어간은 용언이 활용할 때 변하지 않는 부분을 가리키고, 어미는 어간 뒤에 결합하여 여러 가지 문법적 의미를 더해 주는 요소를 가리킨다. 어미는 그것이 나타나는 자리에 따라 어말 어미와 선어말 어미로 나눌 수 있다. 어말 어미는 용언의 맨 뒤에 오는 어미이고, 선어말 어미는 어말 어미 앞에 나타나는 어미이다. 가령, "나는 물건을 들었다."라는 문장에서 '들었다'는 어간 '들-'에 선어말 어미 '-었-'과 어말 어미 '-다'가 결합된 용언이다. 어간과 어미의 결합 관계를 기호화하여 어간을 X, 선어말 어미를 Y, 어말 어미를 Z라고 할 때, 어간에 하나의 어미만 결합된 용언은 ㉠<u>**X+Z**</u>로 표현될 수 있고, 어간에 둘 이상의 어미가 결합된 용언은 ㉡<u>**X+Y+Z**</u> 혹은 ㉢<u>**$X+Y_1+Y_2+Z$**</u> 등으로 표현될 수 있다. 어말 어미는 문법적 기능에 따라 종결 어미, 연결 어미, 전성 어미로 나뉜다. 종결 어미는 문장의 끝에 위치하여 한 문장을 끝맺는 기능을 하며, 대화의 상대방을 높이거나 낮추는 문법적 기능을 하기도 한다. 연결 어미는 두 문장을 나열, 대조 등의 의미 관계로 이어 주는 ⓐ<u>**대등적 연결 어미**</u>, 앞 문장이 뒤 문장의 원인, 조건 등과 같은 의미를 가지도록 이어 주는 ⓑ<u>**종속적 연결 어미**</u>, 본용언과 보조 용언을 이어 주는 ⓒ<u>**보조적 연결 어미**</u>로 나눌 수 있다. 전성 어미는 용언이 서술성을 유지하면서 다른 품사처럼 기능하게 하는 것으로, 명사형 전성 어미, 관형사형 전성 어미 등으로 나눌 수 있다. 한편 선어말 어미는 문장의 주체를 높이거나 문장의 시제를 표현하는 것과 같은 문법적 기능을 한다.

54

윗글을 바탕으로 〈보기〉의 밑줄 친 부분을 이해한 내용으로 적절하지 않은 것은? [3점]

보기

선생님: 다음 주에 있을 전국 학생 토론 대회 준비는 마쳤니?
라온: 아직이요. 내일까지는 반드시 **끝내겠습니다**.
해람: 사실 이번 주제는 저희들끼리 **준비하기** 너무 어려워요.
선생님: 방금 교무실로 **들어가신** 선생님께 조언을 구해 보렴.
라온: 창가 쪽에 서 **계신** 분 말씀이죠?
해람: 아, 수업 종이 **울렸네**. 다음 시간에 다시 오자.

① '끝내겠습니다'는 ㉡에 속하며, 이때 Z는 대화의 상대방을 높이는 기능을 하고 있군.
② '준비하기'는 ㉠에 속하며, 이때 Z는 용언을 명사처럼 기능하게 하고 있군.
③ '들어가신'은 ㉡에 속하며, 이때 Y는 문장의 주체를 높이는 기능을 하고 있군.
④ '계신'은 ㉠에 속하며, 이때 Z는 용언을 관형사처럼 기능하게 하고 있군.
⑤ '울렸네'는 ㉢에 속하며, 이때 Y2는 과거 시제를 표현하는 기능을 하고 있군.

55

2021년 7월 고3 전국연합학력평가

〈보기〉의 ㉠에 들어갈 예로 적절한 것은?

보기

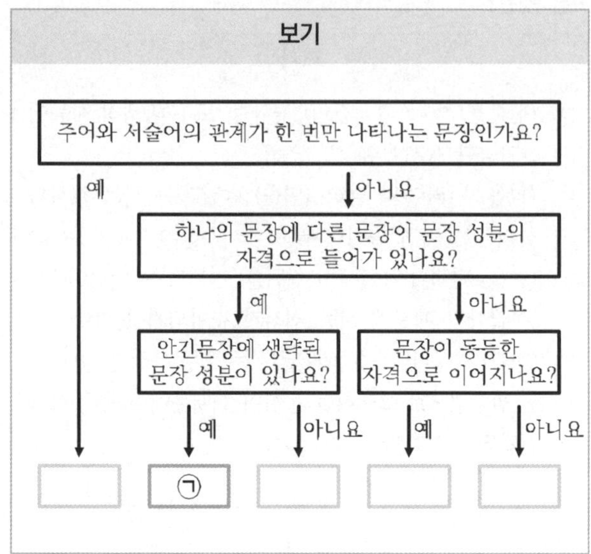

① 아버지가 만든 책꽂이가 제일 멋지다.
② 어머니는 그 일이 끝나기를 기다렸다.
③ 그녀는 지난주에 고향 집으로 떠났다.
④ 창밖에는 비가 내리고 바람이 불었다.
⑤ 형은 개를 좋아하지만 나는 싫어한다.

56

2021년 10월 고3 전국연합학력평가

〈보기〉의 선생님의 질문에 대한 답으로 옳은 것은?

보기

선생님 : 문장에서 부사어는 다양한 형태로 실현됩니다. 명사에 부사격 조사가 결합하여 부사어로 쓰이는 경우도 그중 하나입니다. 다음의 ⓐ~ⓔ 중 관형사절이 꾸미고 있는 명사에 부사격 조사가 붙은 형태를 찾아볼까요?

◦ 오늘의 행복은 ⓐ**내일의 성공만큼** 중요하다.
◦ 이곳의 토양은 ⓑ**토마토 농사를 짓기에** 적합하다.
◦ 너는 ⓒ**너에게 주어진 문제만** 해결해서는 안 된다.
◦ 형은 ⓓ**머리가 덜 마른 상태로** 국어 교과서를 읽었다.
◦ ⓔ**열심히 공부하는 친구들은** 나에게 많은 자극을 주었다.

① ⓐ ② ⓑ ③ ⓒ ④ ⓓ ⑤ ⓔ

57
2021년 10월 고3 전국연합학력평가

〈보기〉의 ㉠과 ㉡이 모두 사용된 문장으로 적절한 것은?

보기
국어의 높임 표현은 조사나 어미로 실현되기도 하지만 ㉠**그 자체에 높임의 의미가 담긴 특수 어휘**를 통해 실현되기도 한다. 또한 국어에는 대상을 높이는 것이 아니라 자신을 낮추는 겸양의 표현도 존재한다. 겸양의 표현은 일부 어미로 실현되기도 하지만 ㉡**그 자체에 낮춤의 의미가 있는 특수 어휘**를 통해 실현되기도 한다.

① 저희가 어머니께 드렸던 선물이 여기 있네요.
② 연세가 지긋하신 할아버지께서 걸어가신다.
③ 제 말씀은 그런 의도가 아니었어요.
④ 이 문제는 아버지께 여쭈어보자.
⑤ 지나야 가서 할머니 모시고 와.

58
2022년 3월 고3 전국연합학력평가

〈보기〉를 모두 충족하는 문장으로 적절한 것은?

보기
◦ 서술어의 자릿수가 한 자리인 용언이 포함될 것. ◦ 관형사절 속에 보어가 포함될 것.

① 화단도 아닌 곳에 진달래꽃이 피었다.
② 대학생이 된 누나가 주인공을 맡았다.
③ 학생이었던 삼촌은 마흔 살이 되었다.
④ 큰언니는 성숙했지만 성인이 아니었다.
⑤ 나무로 된 책상을 나는 그에게 주었다.

59
2022년 4월 고3 전국연합학력평가

〈보기 1〉의 ㉠~㉢에 해당하는 예만을 〈보기 2〉에서 고른 것은?

보기 1
연결 어미 '-고'의 쓰임은 다양하다. 먼저 ㉠**앞 절과 뒤 절의 사실을 대등하게 벌여 놓는 경우**가 있다. 또한 ㉡**앞 뒤 절의 두 사실 간에 계기적인 관계가 있음을 나타내는 경우**나, ㉢**앞 절의 동작이 이루어진 그대로 지속되는 가운데 뒤 절의 동작이 일어남을 나타내는 경우**도 있다.

보기 2
◦ 그들은 서로 손을 쥐고 팔씨름을 했다. ⓐ ◦ 어머니는 나를 업고 병원으로 달려갔다. ⓑ ◦ 나는 그가 정직하고 성실하다는 것을 알고 있었다. ⓒ ◦ 눈 깜짝할 사이에 다리가 벌에 쏘이고 퉁퉁 부었다. ⓓ ◦ 그 책은 내가 읽을 책이고 이 책은 내가 읽은 책이다. ⓔ

① ㉠: ⓐ, ⓒ　② ㉡: ⓑ, ⓔ　③ ㉡: ⓓ, ⓔ
④ ㉢: ⓐ, ⓑ　⑤ ㉢: ⓒ, ⓓ

60
2022년 4월 고3 전국연합학력평가

〈보기〉의 ㄱ~ㄷ을 이해한 내용으로 적절한 것은?

보기
ㄱ. 신중한 그는 고민을 가족들과 의논했다. ㄴ. 너는 밥 먹기 전에 손을 좀 씻어! ㄷ. 네가 들은 소문은 정말 사실이 아니다.

① ㄱ의 '신중한'은 안은문장의 필수 성분이군.
② ㄱ의 '가족들과'와 ㄷ의 '정말'은 생략이 가능한 성분이군.
③ ㄴ의 '먹기'는 안긴문장의 부속 성분이군.
④ ㄴ의 '너는'은 안긴문장의 주어이면서 안은문장의 주어이군.
⑤ ㄷ의 '네가'와 '사실이'는 각각 다른 서술어의 주어이군.

61
2022년 6월 고3 평가원모의고사

〈학습 활동〉을 수행한 결과로 적절한 것은? [3점]

학습 활동

아래 그림에 따라 [자료]의 ㉮~㉱를 분류할 때, ⓒ에 해당하는 것만을 있는 대로 찾아보자.

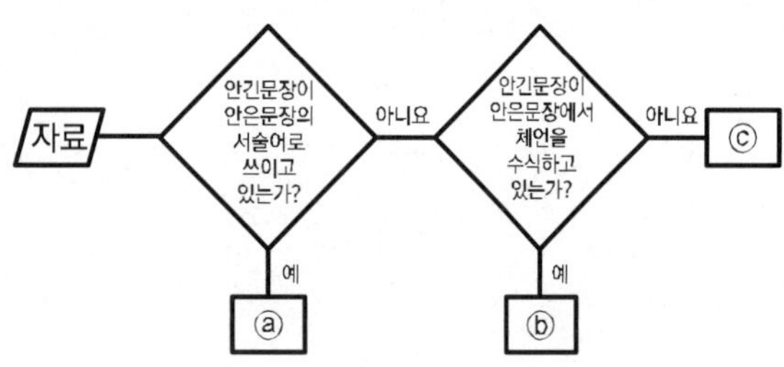

[자료]

㉮ **노래를 부르기**가 쉽지가 않다.
㉯ 마당에 **아무도 모르게** 꽃이 피었다.
㉰ 나는 **동생이 오기** 전에 학교에 갔다.
㉱ 내 동생은 누구보다 **마음씨가 착하다.**

① ㉮　② ㉮, ㉯　③ ㉰, ㉱
④ ㉮, ㉯, ㉰　⑤ ㉯, ㉰, ㉱

62
2022년 9월 고3 평가원모의고사

〈학습 활동〉의 ㉠에 들어갈 예로 적절한 것은?

학습 활동

높임 표현이 홑문장에서 실현될 수도 있지만, 겹문장의 안긴문장 속에서도 실현될 수 있다. 다음 조건에 해당하는 예문을 만들어 보자.

조건	예문
안긴문장에서의 주체 높임의 대상이 안은문장에서 주어로 실현된 겹문장	공원에서 산책하시던 할아버지께서 활짝 웃으셨다.
안긴문장에서의 객체 높임의 대상이 안은문장에서 목적어로 실현된 겹문장	㉠
⋮	⋮

① 편찮으시던 어르신께서는 좀 건강해지셨나요?
② 오빠는 고향에 계신 부모님을 집으로 모시고 갔다.
③ 나는 할아버지께서 선물을 주신 날짜를 아직도 기억해.
④ 누나는 다음 주에 인사를 드릴 할머니께 편지를 썼어요.
⑤ 형은 동생이 찾아뵈려던 선생님을 학교에서 만났습니다.

63

2023년 6월 고3 평가원모의고사

〈보기〉의 ㉠~㉤에 해당하는 예로 적절한 것은? [3점]

> **보기**
>
> 피동문은 대응하는 능동문과 일정한 문법적 관련을 맺는다. 그중 피동문의 서술어는 능동문의 서술어에 피동의 문법 요소를 결부하여 만드는데, 국어에서는 ㉠**동사 어근에 피동 접사 '-이-', '-히-', '-리-', '-기-'를 결합하는 방법**(접-/접히-), ㉡**접사 '-하-'를 접사 '-받-', '-되-', '-당하-' 등으로 교체하는 방법**(사랑하-/사랑받-), ㉢**동사 어간에 '-아지-/-어지-'를 결합하는 방법**(주-/주어지-) 등이 쓰인다. 단, '날씨가 풀리다'에서처럼 ㉣**자연적으로 발생하는 사태를 표현할 때에는 피동문에 대응하는 능동문을 상정하기 어려운 경우**가 있다.
>
> 한편 '없어지다'나 '거긴 잘 가지지 않는다.'처럼 ㉤**'-아지-/-어지-'는 형용사나 자동사에 변화의 의미를 더하는 데 쓰이기도 하는데** 이런 용법일 때는 피동문을 이루지 않는다.

① ㉠ : 아버지가 아이에게 두터운 점퍼를 입혔다.
② ㉡ : 내 몫의 일거리는 형에게 건네받았다.
③ ㉢ : 언론에 의해 사건의 전모가 자세히 밝혀졌다.
④ ㉣ : 그 사람은 많은 사람들에게 존경받는다.
⑤ ㉤ : 모두가 바라던 소원이 드디어 이루어졌다.

64

2022년 수능

밑줄 친 서술어가 요구하는 필수 성분의 개수와 종류가 〈보기〉의 문장과 같은 것은?

> **보기**
>
> 이곳의 지형은 외적의 침입을 막기에 유리하다.

① 그 광물이 원래는 귀금속에 속했다.
② 그는 바람이 불기에 옷깃을 여몄다.
③ 우리는 원두막을 하루 만에 지었다.
④ 나는 시간이 남았기에 그와 걸었다.
⑤ 나는 구호품을 수해 지역에 보냈다.

04 의미론(의미)

01
2015년 3월 고3 전국연합학력평가

다음은 '달다'에 관한 사전 자료의 일부분이다. 이를 탐구한 결과로 적절하지 않은 것은?

보기

달다¹ 형 【…에 …을】 [달아, 다니, 다오]
㉠ 물건을 일정한 곳에 걸거나 매어 놓다.
예 배에 돛을 달다.
㉡ 이름이나 제목 따위를 정하여 붙이다.
예 작품에 제목을 달다.

달다² 동 [달아, 다니, 다오]
㉠ 꿀이나 설탕의 맛과 같다.
예 아이스크림이 달다.
속 달면 삼키고 쓰면 뱉는다.
㉡ 흡족하여 기분이 좋다.
예 나른한 식곤에 잠이 달았다.

① '달다¹'과 '달다²'는 별개의 표제어로 기술된 걸 보니 동음이의어에 해당하는군.
② '달다¹'과 '달다²'는 모두 연결 어미 '-니'가 결합되면 '다니'로 활용되는군.
③ '달다¹' ㉠의 용례로 '소금의 무게를 저울에 달아 보았다.'를 추가할 수 있겠군.
④ '달다²' ㉠의 속담은 '달다'와 '쓰다'의 반의 관계를 이용한 것이군.
⑤ '달다¹' ㉡은 '달다²' ㉡보다 서술어가 필수적으로 요구하는 문장 성분의 개수가 더 많군.

02
2015년 4월 고3 전국연합학력평가

〈보기〉에 제시된 국어사전의 정보를 완성한다고 할 때, ㉠~㉤에 대한 설명으로 적절하지 않은 것은?

보기

주다
[1] 동사
① 【…에/에게 …을】물건 따위를 남에게 건네어 가지거나 누리게 하다.
¶ 친구에게 선물을 주다.
반의어 주다 ↔ ㉠
② 남에게 어떤 자격이나 권리, 점수 따위를 가지게 하다.
¶ 일등 항해사에게 가산점을 주다. / ㉡
③ 좋지 아니한 영향을 미치게 하다.
¶ 동생과 싸웠다고 어머니가 나에게 핀잔을 주다. / ㉢

받다
[1] 동사
① 【 …에서/에게서/…으로부터 …을】다른 사람이 주거나 보내오는 물건 따위를 가지다.
¶ 남자 친구로부터 선물을 받다.
② 【 …을】공중에서 밑으로 떨어지거나 자기 쪽으로 향해 오는 것을 잡다.
¶ 날아오는 공을 받다.
반의어 받다 ↔ ㉣
③ 【 ㉤ 】 흐르거나 쏟아지거나 하는 것을 그릇 따위에 담기게 하다.
¶ 따끈한 차를 찻잔에 받다.

① '주다[1]①'의 뜻풀이와 용례로 보아 ㉠에 들어갈 말은 '받다[1]①'이다.
② ㉡에는 '약을 사 먹으라고 누나가 나에게 돈을 주다.'를 넣을 수 있다.
③ ㉢에는 '아무렇지도 않게 내뱉은 말이 다른 사람에게 상처를 주다.'를 넣을 수 있다.
④ '받다[1]②'의 용례로 보아 ㉣에는 '던지다'를 넣을 수 있다.
⑤ ㉤에 들어갈 말은 '…을 …에'이다.

03

2015년 10월 고3 전국연합학력평가

〈보기〉의 국어사전 자료를 탐구한 내용으로 적절하지 않은 것은?

> **보기**
>
> 배[1] [배] 명
>
> 「1」 사람이나 동물의 몸에서 위장, 창자, 콩팥 따위의 내장이 들어 있는 곳으로 가슴과 엉덩이 사이의 부위.
>
> ¶ 배가 나오다.
>
> 「2」 긴 물건 가운데의 볼록한 부분.
>
> ¶ 배가 부른 마대 자루.
>
> 배[2] [배] 명
>
> 사람이나 짐 따위를 싣고 물 위로 떠다니도록 나무나 쇠 따위로 만든 물건.
>
> ¶ 배를 띄우다.
>
> 배[3](倍) [배:] 명
>
> (주로 고유어 수 뒤에 쓰여) 일정한 수나 양이 그 수만큼 거듭됨을 이르는 말.
>
> ¶ 힘이 세 배나 들다.

① '배[1]'은 하나의 표제어 아래 여러 뜻을 지니고 있으므로 다의어라고 볼 수 있겠군.

② '배[1]'의 「2」의 용례로는 '배가 불룩한 돌기둥'을 들 수 있군.

③ '배[2]'를 활용한 속담으로 '사공이 많으면 배가 산으로 간다'를 들 수 있군.

④ '배[3]'은 소리의 길이에 의해 '배[1]', '배[2]'와 의미가 변별될 수 있겠군.

⑤ '배[1]', '배[2]', '배[3]'은 모두 의미적 연관성이 있으므로 사전에 각각 등재하는군.

04

2016년 3월 고3 전국연합학력평가

〈보기〉를 바탕으로 '속'과 '안'에 대해 탐구한 내용으로 적절하지 않은 것은?

> **보기**
>
> ㄱ. 건물 {속/안}으로 들어가다.
>
> ㄴ. 한 시간 {*속/안}에 돌아올게.
>
> ㄷ. 벙어리 냉가슴 앓듯 혼자 {속/*안}을 썩였다.
>
> ㄹ. 오랜만에 과식했더니 {속/*안}이 더부룩하다.
> 외국에 살아도 우리나라 {*속/안}의 일을 훤히 안다.
>
> ㅁ. 겉으로는 태연한 척하지만 속으로는 겁을 먹었다.
> 어제는 바깥에 나가지 않고 온종일 집 안에 있었다.
>
> * 는 부자연스러운 쓰임

① ㄱ을 보니 '속'과 '안'은 '사물이나 영역의 내부'라는 공통 의미를 지닌 유의어로군.

② ㄴ을 보니 '속'과 달리 '안'은 시간적 범위를 한정할 때 쓰이는군.

③ ㄷ을 보니 '안'과 달리 '속'은 관용구에 사용되어 사람의 마음을 가리킬 때 쓰이는군.

④ ㄹ을 보니 '속'은 추상적인 대상, '안'은 구체적인 대상의 내부를 가리키는군.

⑤ ㅁ을 보니 '속'은 '겉', '안'은 '바깥'과 각각 반의 관계에 있군.

05

2016년 10월 고3 전국연합학력평가

〈보기〉는 사전 자료의 일부분이다. 이에 대한 이해로 가장 적절한 것은?

보기
크다 [커, 크니] [Ⅰ] 형용사 사람이나 사물의 외형적 길이, 넓이, 높이, 부피 따위가 보통 정도를 넘다. 예 키가 크다. [Ⅱ] 동사 동식물이 몸의 길이가 자라다. 예 날씨가 건조하면 나무가 크지 못한다. **키우다【…을】** [키우어(키워), 키우니] 크다 [Ⅱ]의 사동사

① '크다'[Ⅰ]과 '크다'[Ⅱ]는 별도의 품사로 기술된 걸 보니 동음이의어이겠군.
② '크다'[Ⅰ]과 '크다'[Ⅱ]의 반의어로는 모두 '작다'가 가능하겠군.
③ '크다'[Ⅰ]의 용례로 '키가 몰라보게 컸구나.'를 추가할 수 있겠군.
④ '크다'[Ⅱ]는 사동사로 바뀌면 서술어의 자릿수가 하나 늘어나는군.
⑤ '크다'와 '키우다'는 모두 어미 '-어'가 결합하면 어간 끝의 모음이 탈락하는군.

06

2016년 4월 고3 전국연합학력평가

다음은 '사전 활용하기' 학습 활동을 위한 자료이다. 이에 대한 이해로 옳지 않은 것은?

자료
하다01 [1]「동사」【…을】 ① 사람이나 동물, 물체 따위가 행동이나 작용을 이루다. ¶ 운동을 하다. / 사랑을 하다. ② 먹을 것, 입을 것, 땔감 따위를 만들거나 장만하다. ¶ 나무를 하다. / 밥을 하다. ③ 표정이나 태도 따위를 짓거나 나타내다. ¶ 어두운 얼굴을 하다. [2]「보조동사」 ① (동사나 형용사 뒤에서 '-게 하다' 구성으로 쓰여)앞말의 행동을 시키거나 앞말이 뜻하는 상태가 되도록 함을 나타내는 말. ¶ 숙제를 하게 하다. / 노래를 부르게 하다. / 몸을 청결하게 하다. **-하다02**「접사」 ① (일부 명사 뒤에 붙어)동사를 만드는 접미사. ¶ 운동하다. / 사랑하다. ② (일부 명사 뒤에 붙어)형용사를 만드는 접미사. ¶ 건강하다. / 순수하다. ③ (의성 · 의태어 이외의 일부 성상 부사 뒤에 붙어)동사나 형용사를 만드는 접미사. ¶ 달리하다. / 빨리하다. ④ (몇몇 의존 명사 뒤에 붙어)동사나 형용사를 만드는 접미사. ¶ 체하다. / 척하다. / 듯하다.

① '하다01[1]'은 두 개 이상의 의미를 갖는 다의어이겠군.
② '하다01[2]'는 '하다01[1]'과는 달리 혼자 쓰이지 못하고 다른 용언 뒤에 붙어 사용되겠군.
③ '-하다02'는 앞 단어에 붙어 품사를 바꾸는 기능을 하겠군.
④ '하다01[1]②'의 용례로 '새 옷을 한 벌 했다.'를 추가할 수 있겠군.
⑤ '물에 빠질 뻔하다.'의 '뻔하다'는 '-하다02②'의 용례라고 할 수 있겠군.

07
2016년 7월 고3 전국연합학력평가

다음은 '사전 활용하기' 학습 활동을 위한 자료이다. 이에 대해 탐구한 내용으로 적절하지 <u>않은</u> 것은? [3점]

자료
이르다[1] 〔이르러, 이르니〕**동** 【…에】 ① 어떤 장소나 시간에 닿다. ¶ 목적지에 이르다. ② 어떤 정도나 범위에 미치다. ¶ 결론에 이르다. **이르다**[2] 〔일러, 이르니〕**동** ① 【…에게 …을】【…에게 -고】 무엇이라고 말하다. ¶ 나는 아이들에게 내가 알고 있는 것을 모두 일러 주었다. ‖ 아이들에게 주의하라고 이르다. ② 【…을 -고】 어떤 대상을 무엇이라고 이름 붙이거나 가리켜 말하다. ¶ 이를 도루묵이라 이른다. **이르다**[3] 〔일러, 이르니〕**형** 【…보다】【-기에】 ① 대중이나 기준을 잡은 때보다 앞서거나 빠르다. ¶ 그는 여느 때보다 이르게 학교에 도착했다. ‖ 아직 포기하기엔 이르다.

① '이르다[1]①'과 '이르다[1]②'의 유의어로 '다다르다'가 있겠군.
② '이르다[1]'과 '이르다[2]'와 '이르다[3]'은 서로 동음이의 관계이겠군.
③ '이르다[1]'은 규칙 활용을 하지만 '이르다[2]'와 '이르다[3]'은 불규칙 활용을 하겠군.
④ '이르다[1]'과 '이르다[2]'는 움직임을 나타내는 단어이고, '이르다[3]'은 성질 혹은 상태를 나타내는 단어이겠군.
⑤ '이르다[3]'의 용례로 '올해는 예년보다 첫눈이 이른 감이 있다.'를 추가할 수 있겠군.

08
2018년 4월 고3 전국연합학력평가

〈보기1〉은 '사전 활용하기' 학습 활동을 위한 자료이다. 이를 바탕으로 〈보기2〉의 ㉠~㉤을 탐구한 내용으로 적절하지 <u>않은</u> 것은?

보기1
1. 밖 명사 「1」 어떤 선이나 금을 넘어선 쪽. ¶ 이 선 밖으로 나가시오. 「2」 겉이 되는 쪽. 또는 그런 부분. ¶ 옷장 안은 깨끗했으나, 밖은 긁힌 자국으로 엉망이었다. 「3」 일정한 한도나 범위에 들지 않는 나머지 다른 부분이나 일. ¶ 예상 밖으로 일이 복잡해졌다. **2. 밖에 조사** (주로 체언이나 명사형 어미 뒤에 붙어) '그것 말고는', '그것 이외에는', '기꺼이 받아들이는', '피할 수 없는'의 뜻을 나타내는 보조사. ¶ 공부밖에 모르는 학생 **3. 뜻밖-에 부사** 생각이나 기대 또는 예상과 달리. ≒ 의외로. ¶ 아버지께 여행을 가겠다고 조심스럽게 말씀드렸는데 뜻밖에도 흔쾌히 허락하셨다.

보기2
출입문 ㉠**밖** 복도는 시끌시끌하다. 이런 생기를 느낄 수 있는 날도 ㉡**<u>며칠 밖에</u>** 남지 않았다. 졸업이 가까워지면 후련할 줄 알았는데 ㉢**<u>뜻밖에도</u>** 아쉬움이 더 크다. 추억이 많으니 그럴 ㉣**<u>수밖에</u>** 없는 것 같다. 하지만 졸업 후 주어질 ㉤**<u>기대 밖의 선물</u>** 같은 시간들을 그려 보며 남은 시간을 잘 마무리해야겠다.

① ㉠은 〈보기1〉의 1-「1」의 의미로 쓰인 것이군.
② ㉡은 〈보기1〉의 2가 사용되었으므로 '며칠'과 '밖에'를 붙여 써야겠군.
③ ㉢은 〈보기1〉의 3이 사용되었으므로 '의외로'라고 바꿔 쓸 수 있겠군.
④ ㉣은 〈보기1〉의 1-「2」의 의미이므로 '수'와 '밖에'를 띄어 써야겠군.
⑤ ㉤은 〈보기1〉의 1-「3」의 용례로 추가할 수 있겠군.

09
2019년 4월 고3 전국연합학력평가

〈보기1〉은 '사전 활용하기' 학습을 위한 자료이다. 이를 바탕으로 〈보기2〉의 ㉠~㉤에 대해 탐구한 내용으로 적절하지 않은 것은?

보기1

지[1] 「의존 명사」
(어미 '-은' 뒤에 쓰여) 어떤 일이 있었던 때로부터 지금까지의 동안을 나타내는 말.

-지[2] 「어미」
「1」 (용언의 어간이나 어미 '-으시-', '-었-' 뒤에 붙어) 그 움직임이나 상태를 부정하거나 금지하려 할 때 쓰이는 연결 어미. '않다', '못하다', '말다' 따위가 뒤따른다.
「2」 상반되는 사실을 서로 대조적으로 나타내는 연결 어미.

-지[3] 「어미」
('이다'의 어간, 용언 어간이나 어미 '-으시-', '-었-', '-겠-' 뒤에 붙어) 어떤 사실을 긍정적으로 서술하거나 묻거나 명령하거나 제안하는 따위의 뜻을 나타내는 종결 어미. 서술, 의문, 명령, 제안 따위로 두루 쓰인다.

보기2

- 내일은 비가 오겠<u>지</u>㉠?
- 눈길을 걸은 <u>지</u>㉡도 꽤 오래되었<u>지</u>㉢.
- 친구 사이는 대등한 관계이<u>지</u>㉣ 종속 관계가 아니다.
- 이곳에 쓰레기를 버리<u>지</u>㉤ 마시오.

① ㉠은 어떤 움직임이나 상태를 부정하거나 금지하려 할 때 쓰이는 〈보기1〉의 '-지2-「1」'에 해당하겠군.
② ㉡은 어떤 일이 있었던 때부터 지금까지를 의미하는 것으로 보아 〈보기1〉의 '지1'에 해당하겠군.
③ ㉢은 '-었-' 뒤에 붙어 쓰인 종결 어미에 해당하므로 〈보기1〉의 '-지3'에 해당하겠군.
④ ㉣은 상반되는 사실을 서로 대조적으로 연결하는 것으로 보아 〈보기1〉의 '-지2-「2」'에 해당하겠군.
⑤ ㉤은 용언의 어간과 결합하고 '마시오'가 뒤따르는 것으로 보아 〈보기1〉의 '-지2-「1」'에 해당하겠군.

10
2019년 7월 고3 전국연합학력평가

〈보기1〉은 '사전 활용하기' 학습 활동을 위한 자료이다. 〈보기1〉을 바탕으로 〈보기2〉의 ㉠~㉥을 이해한 내용으로 적절하지 않은 것은?

보기1

한[01] 관
[1] (일부 단위를 나타내는 말 앞에 쓰여) 그 수량이 하나임을 나타내는 말.
[2] '어떤'의 뜻을 나타내는 말.
[3] '같은'의 뜻을 나타내는 말.
[4] (수량을 나타내는 말 앞에 쓰여) '대략'의 뜻을 나타내는 말.

한[02] 명
[1] ('-는 한이 있더라도' 또는 '-는 한이 있어도' 구성으로 쓰여) 어떤 일을 위하여 희생하거나 무릅써야 할 극단적 상황을 나타내는 말.
[2] (주로 '-는 한' 구성으로 쓰여) 조건의 뜻을 나타내는 말.

보기2

결승점을 ㉠**<u>한</u>** 200미터 앞두고 달리고 있다. ㉡**<u>한</u>** 이불을 덮고 자며 훈련했던 동료 선수들의 응원 속에 나는 온 힘을 다해 ㉢**<u>한걸음</u>**씩 내딛고 있다. 쓰러지는 ㉣**<u>한</u>**이 있더라도 힘이 남아 있는 ㉤**<u>한</u>** 포기는 하지 말라고 외치던 ㉥**<u>한</u>** 친구의 말을 떠올리며 나는 힘을 낸다.

① ㉠은 '한01-[4]'의 뜻으로, ㉡은 '한01-[3]'의 뜻으로 쓰였겠군.
② 뒤에 오는 체언을 수식한다는 점에서 ㉠과 ㉤의 품사는 모두 관형사이겠군.
③ ㉡과 ㉣은 서로 동음이의 관계이겠군.
④ ㉢의 '한'은 '한01-[1]'의 의미를 가지므로 '한∨걸음'으로 띄어 써야겠군.
⑤ '옛날 강원도의 한 마을에 효자가 살고 있었다.'의 '한'은 ㉥과 같은 의미로 쓰였겠군.

11

2019년 10월 고3 전국연합학력평가

〈보기〉에 제시된 '선생님'의 질문에 대한 답으로 적절하지 않은 것은?

보기

선생님 : 남북한의 사전을 탐구하는 활동을 하고자 합니다. (가)와 (나)의 자료를 비교해 볼까요?

(가) 표준국어대사전

대로[1] 「의존 명사」
(1) 어떤 모양이나 상태와 같이. ¶ 본 대로.
(2) (어미 '-는' 뒤에 쓰여) 어떤 상태나 행동이 나타나는 그 즉시. ¶ 집에 도착하는 대로 전화해라.
(3) (어미 '-는' 뒤에 쓰여) 어떤 상태나 행동이 나타나는 족족. ¶ 틈나는 대로 찾아보다.

대로[10] 「조사」 (체언 뒤에 붙어)
(1) 앞에 오는 말에 근거하거나 달라짐이 없음을 나타내는 보조사. ¶ 처벌하려면 법대로 해라.
(2) 따로따로 구별됨을 나타내는 보조사. ¶ 큰 것은 큰 것대로 따로 모아 두다.

(나) 조선말대사전

대로[6] [명](불완전*)
(1) (앞에 오는 단어가 뜻하는것과) 다름없이. ‖ 명령대로 집행하다.
(2) (앞에 오는 단어가 나타내는 대상이나 현상과) 같은 모양대로. | 책이 그가 펼쳐놓은대로 있었다.
(3) 앞에 온 단어가 나타내는 행동이나 상태가 일어나는족족. ‖ 생각나는대로 적다.
(4) 《서로 구별되게 따로따로》의 뜻을 나타낸다. | 우리는 우리대로 그들은 그들대로 초소는 달랐다.

* 불완전 : 의존 명사를 뜻하는 말.

① 용례를 보니 (가)의 '대로[10]'과 (나)의 '대로[6]'은 앞말에 붙여 사용되었습니다.
② 뜻풀이와 용례를 보니 (가)의 '대로[10]-(1)'은 (나)의 '대로[6]-(4)'와 쓰임이 유사합니다.
③ 품사 정보를 보니 (가)의 '대로[1]', '대로[10]'과 (나)의 '대로[6]'은 문장의 첫머리에 쓰일 수 없는 말입니다.
④ 뜻풀이를 보니 (가)의 '대로[1]', '대로[10]'과 (나)의 '대로[6]'은 하나의 표제어에 두 가지 이상의 뜻이 있는 말입니다.
⑤ 뜻풀이와 용례를 보니 '너는 너대로 나는 나대로 길을 가다.'의 '대로'는 (가)에서는 조사이지만, (나)에서는 명사입니다.

2017년 6월 고3 평가원모의평가

[12~13] 다음 글을 읽고 물음에 답하시오.

단어의 의미 관계 중 상하 관계는 의미상 한 단어가 다른 단어를 포함하거나 다른 단어에 포함되는 관계를 말한다. 이때 다른 단어의 의미를 포함하는 단어를 상의어라 하고 다른 단어의 의미에 포함되는 단어를 하의어라 하는데, 상의어일수록 일반적이고 포괄적인 의미를 지니며 하의어일수록 구체적이고 한정적인 의미를 지닌다.

상하 관계에 있는 단어들은 상의어와 하의어가 상대적으로 정해진다. 이를테면 '구기'는 '스포츠'와의 관계 속에서 하의어가 되지만, '축구'와의 관계 속에서는 상의어가 된다. 그런데 '구기'의 하의어에는 '축구' 외에 '야구', '농구' 등이 더 있다. 이때 상의어인 '구기'에 대해 하의어 '축구', '야구', '농구' 등은 같은 계층에 있어 이들을 상의어 '구기'의 공하의어라 하며, 이들 공하의어 사이에는 ㉠<u>**비양립 관계**</u>가 성립한다. 곧 어떤 구기가 '축구'이면서 동시에 '야구'나 '농구'일 수는 없다.

한편 상하 관계에서는 하의어들이 상의어의 의미를 이어받아 상의어를 의미적으로 함의한다. 일례로 어떤 새가 '장끼'이면 그 '장끼'는 상의어 '꿩'의 의미를 이어받으므로 '꿩'을 의미적으로 함의하는 것이다. 그러나 어떤 새가 '꿩'이라 해서 그것이 꼭 '장끼'여야 하는 것은 아니므로, 상의어는 하의어를 의미적으로 함의하지 못한다. 이를 '[ ]'로 표현하는 의미 자질로 설명하면, 하의어 '장끼'는 상의어 '꿩'의 의미 자질들을 가지면서 [수컷]이라는 의미 자질을 더 가져, 결국 하의어 '장끼'는 상의어 '꿩'보다 의미 자질 개수가 많다. 곧 상의어보다 의미 자질이 많은 하의어는 상의어를 의미적으로 함의하는 것이다.

그런데 앞에서 살폈듯이 '구기'의 공하의어가 여러 개인 것과 달리, '꿩'의 공하의어는 성별로 구분했을 때 '장끼'와 '까투리' 둘뿐이다. '구기'의 공하의어인 '축구', '야구' 등과 마찬가지로 '장끼', '까투리'는 '꿩'의 공하의어로서 비양립 관계에 있다. 그러나 '장끼'와 '까투리'의 경우, '장끼'가 아닌 것은 곧 '까투리'이고 그 역도 성립한다는 점에서 ㉡<u>**상보적 반의 관계**</u>에 있다. 따라서 한 상의어가 같은 계층의 두 단어만을 공하의어로 포함하면, 그 공하의어들은 상보적 반의 관계에 있다고 할 수 있다.

12

윗글을 바탕으로 다음 자료를 탐구한 것으로 적절하지 않은 것은?

> **보기**
>
> **악기(樂器)** [-끼] 명
>
> [음악] 음악을 연주하는 데 쓰는 기구를 통틀어 이르는 말. 연주법에 따라 일반적으로 현악기, 관악기, 타악기로 나눈다.
>
> **타-악기(打樂器)** [타:-끼] 명
>
> [음악] 두드려서 소리를 내는 악기를 통틀어 이르는 말. 팀파니, 실로폰, 북이나 심벌즈 따위이다.

① '타악기'는 '실로폰'의 상의어로서 '실로폰'보다 포괄적인 의미를 갖겠군.
② '북'은 '타악기'의 하의어이므로 [두드림]을 의미 자질 중 하나로 갖겠군.
③ '기구'는 '악기'를 의미적으로 함의하고 '악기'는 '북'을 의미적으로 함의하겠군.
④ '타악기'와 '심벌즈'는 모두 '기구'의 하의어이지만, '기구'의 공하의어는 아니겠군.
⑤ '현악기'와 '관악기'는 '악기'의 공하의어이므로 모두 '악기'의 상의어 '기구'보다 의미 자질의 개수가 많겠군.

13

윗글을 바탕으로 할 때 ㉠과 ㉡을 모두 만족시키는 단어 쌍만을 〈보기〉에서 있는 대로 고른 것은?

> **보기**
>
> ⓐ**여름**에 고향을 출발한 그가 마침내 ⓑ**북극**에 도달했다는 소식에 나는 다급해졌다. 지구의 양극 중 ⓒ**남극**에는 내가 먼저 가야 했다. 남극 대륙은 ⓓ**계절**이 여름이어도 내 고향의 ⓔ**겨울**만큼 바람이 찼다. 남극 대륙에서 나를 위로해 준 것은 썰매를 끄는 ⓕ**개**들과 귀여운 몸짓을 하는 ⓖ**펭귄**들, 그리고 먹이를 찾아 날아다니는 ⓗ**갈매기들**뿐이었다.

① ⓑ-ⓒ
② ⓐ-ⓔ, ⓑ-ⓒ
③ ⓑ-ⓒ, ⓖ-ⓗ
④ ⓐ-ⓓ, ⓑ-ⓒ, ⓖ-ⓗ
⑤ ⓐ-ⓔ, ⓑ-ⓒ, ⓕ-ⓗ

2019년 6월 고3 평가원모의평가

[14~15] 다음 글을 읽고 물음에 답하시오.

> 어린 말은 망아지, 어린 소는 송아지, 어린 개는 강아지라고 한다. 이들은 모두 사람들이 친숙하게 기르는 가축이라는 공통점이 있으며, 새끼를 나타내는 단어가 모두 '-아지'로 끝난다는 점이 흥미롭다. 그런데 돼지도 흔한 가축인데, 현대 국어에서 어린 돼지를 가리키는 고유어 단어는 따로 없다. '가축과 그 새끼'를 나타내는 고유어 어휘 체계에서 '어린 돼지'의 자리는 빈자리로 남아 있는 것이다. 그렇다고 해서 어린 돼지를 사람들이 인식하지 못하는 것은 아니다. 다만 어린 돼지를 가리키는 고유어 단어가 없을 뿐인데, 이게 한 언어의 어휘 체계 내에서 개념은 존재하지만 실제 단어가 존재하지 않는 경우를 '어휘적 빈자리'라고 한다.
>
> 어휘적 빈자리는 계속 존재하기도 하지만, 다양한 방식으로 채워지기도 한다. 그렇다면 **어휘적 빈자리가 채워지는 방식**에는 어떤 것들이 있을까? 첫 번째 방식은 단어가 아닌 구를 만들어 빈자리를 채우는 방식이다. 어떤 언어에는 '사촌, 고종사촌, 이종사촌'에 해당하는 각각의 단어는 존재하지만, 외사촌을 지시하는 단어는 없다. 그래서 그 언어에서 외사촌을 지시할 때에는 '외삼촌의 자식'이라고 말한다고 한다. 현대 국어에서 어린 돼지를 가리킬 때 '아기 돼지, 새끼 돼지' 등으로 말하는 것도 이러한 방식에 해당된다.
>
> 두 번째 방식은 한자어나 외래어를 이용하여 빈자리를 채우는 방식이다. 무지개의 색채를 나타내는 현대 국어의 어휘 체계는 '빨강-주황-노랑-초록-파랑…'인데 이 중 '빨강, 노랑, 파랑'은 고유어이지만 '빨강과 노랑의 중간색', '풀의 빛깔과 같이 푸른 빛을 약간 띤 녹색' 등을 나타내는 고유어는 없기 때문에 한자어 '주황(朱黃)'과 '초록(草綠)' 등이 쓰이고 있다.
>
> 세 번째 방식은 상의어로 하의어의 빈자리를 채우는 방식이다. '누이'는 원래 손위와 손아래를 모두 가리키는 단어인데, 손위를 의미하는 '누나'라는 단어는 따로 있으나 '손아래'만을 의미하는 단어는 없어서 상의어인 '누이'가 그대로 빈자리에 들어가게 되었다. 이후 의미 구별을 위해 손아래를 의미하는 '누이동생'이 생겨나기는 했지만, 여전히 '누이'는 상의어로도 쓰이고, 하의어로도 쓰인다.

14

윗글을 바탕으로 〈보기〉에 대해 이해한 내용으로 적절한 것은?

> **보기**
>
> 지금의 '돼지'를 의미하는 말이 예전에는 '돝'이었고, '돝'에 '-아지'가 붙어 '돝의 새끼'를 의미하는 '도야지'가 쓰였다. 그런데 현대 국어의 표준어에서는 '돝'이 사라지고, '돝'의 자리를 '도야지'의 형태가 바뀐 '돼지'가 차지하게 되었다.

① '예전'의 '도야지'에 해당하는 개념이 지금은 사라졌다.
② '예전'의 '돝'은 '도야지'의 하의어로, 의미가 더 한정적이다.
③ 지금의 '돼지'와 '예전'의 '도야지'가 나타내는 개념은 다르다.
④ 지금의 '어린 돼지'에 해당하는 어휘적 빈자리는 '예전'부터 있었다.
⑤ '예전'의 '도야지'의 개념을 나타내기 위해 지금은 하나의 고유어 단어가 사용된다.

15

윗글의 [어휘적 빈자리가 채워지는 방식]이 적용된 사례만을 〈보기〉에서 있는 대로 고른 것은?

> **보기**
>
> ㄱ. 학생 1은 할머니 휴대 전화에 번호를 저장해 드리면서 할머니의 첫 번째, 네 번째 사위는 각각 '맏사위', '막냇사위'라고 입력했지만, 두 번째, 세 번째 사위를 구별하여 가리키는 단어가 없어 '둘째 사위', '셋째 사위'라고 입력하였다.
>
> ㄴ. 학생 2는 '꿩'에 대한 보고서를 작성할 때 꿩의 하의어로 수꿩에 해당하는 '장끼'와 암꿩에 해당하는 '까투리'는 알고 있었지만, 꿩의 새끼를 나타내는 단어를 몰라 국어사전에서 고유어 '꺼병이'를 찾아 사용하였다.
>
> ㄷ. 학생 3은 태양계의 행성을 가리키는 어휘 체계인 '수성-금성-지구-화성…'을 조사하면서 '금성'의 고유어로 '샛별'과 '개밥바라기'가 있음을 알았는데, '개밥바라기'라는 단어는 생소하여 '샛별'만을 기록하였다.

① ㄱ　　② ㄱ, ㄴ　　③ ㄱ, ㄷ
④ ㄴ, ㄷ　　⑤ ㄱ, ㄴ, ㄷ

16

2015년 6월 고3 평가원모의평가

〈보기〉의 ㉠, ㉡에 해당하는 예로 적절하지 않은 것은?

> **보기**
>
> 단어는 다양한 맥락에서 사용되면서 ㉠중심적 의미가 ㉡주변적 의미로 확장되어 다의 관계를 이루기도 한다. 일례로 자연과 관련된 단어가 자연물이나 자연현상을 그대로 나타내는 중심적 의미로 쓰이다가 비유적으로 확장되어 주변적 의미로 사용되기도 한다.
>
> (가) 여름이 오기 전에 홍수를 대비한다.
> (나) 우리는 정보의 홍수 시대에 살고 있다.
>
> (가)의 '홍수'는 중심적 의미로, (나)의 '홍수'는 주변적 의미로 사용되었다.

① ㉠ : 천체 망원경으로 밤하늘의 별을 관찰했다.
　㉡ : 어제 물리학계의 큰 별이 졌다.
② ㉠ : 천둥과 번개를 동반한 비가 내렸다.
　㉡ : 그는 도망가는 데만큼은 정말 번개야.
③ ㉠ : 그는 자신의 뿌리를 찾고자 노력한다.
　㉡ : 잡초가 다시 자라지 않도록 뿌리를 뽑았다.
④ ㉠ : 일출을 기다리는 우리 앞에 붉은 태양이 떠올랐다.
　㉡ : 그녀는 그가 자기 마음의 태양이라고 말했다.
⑤ ㉠ : 들판에는 풀잎마다 이슬이 맺혔다.
　㉡ : 그녀의 두 눈에 맺힌 이슬이 뜨겁게 흘러내렸다.

17

2015년 수능A,B

〈보기〉에 제시된 국어사전의 정보를 완성한다고 할 때, ㉠~㉤에 대한 설명으로 적절하지 않은 것은?

보기

더-하다

1 ㉠

【…보다】 어떤 기준보다 정도가 심하다.

¶ 추위는 작년보다 올해가 더하다.

2 동사

① ___㉡___【…을 (…과)】】((‘…과’가 나타나지 않을 때는 목적어가 복수의 의미를 지닌다)) 더 보태어 늘리거나 많게 하다.

¶ 둘에 셋을 더하면 다섯이다./2만 원을 3만 원과 더하면 5만 원이다./아래의 숫자들을 모두 더하시오.

② 【…을】【…에/에게 …을】 어떤 요소가 더 있게 하다.

¶ 너의 격려는 나의 자신감을 더해 준다. / ___㉢___ /그의 표정은 우리에게 행복감을 더해 주었다.

③ 어떤 정도나 상태가 더 크거나 심하게 되다.

¶ 그는 갈수록 고약한 잠버릇이 더했다./ ___㉣___

덜하다 형용사

【…보다】 어떤 기준이나 정도가 약하다.

¶ 찌개 맛이 어제보다 덜하다.

반의어 ___㉤___

① ㉠에 들어갈 말은 ‘형용사’이다.
② ㉡에 들어갈 말은 ‘【…에 …을】’이다.
③ ㉢에는 ‘그의 등장은 영화에 재미를 더했다.’를 넣을 수 있다.
④ ㉣에는 ‘그들의 횡포가 점점 더한다.’를 넣을 수 있다.
⑤ ㉤에 들어갈 말은 ‘더하다2-②’이다.

18

2016년 수능A,B

다음은 ‘사전 활용하기’ 학습 활동을 위한 자료이다. 이에 대한 이해로 적절하지 않은 것은?

자료

같이[가치]

1 부

① 둘 이상의 사람이나 사물이 함께.

¶ 친구와 같이 사업을 하다.

② 어떤 상황이나 행동 따위와 다름이 없이.

¶ 예상한 바와 같이 주가가 크게 떨어졌다.

2 조

① ‘앞말이 보이는 전형적인 어떤 특징처럼’의 뜻을 나타내는 격 조사.

¶ 얼음장같이 차가운 방바닥

② 앞말이 나타내는 그때를 강조하는 격 조사.

¶ 새벽같이 떠나다.

같이-하다[가치--] 동【(…과) …을】

① 경험이나 생활 따위를 얼마 동안 더불어 하다. =함께하다. = 함께하다①

¶ 친구와 침식을 같이하다/평생을 같이한 부부

② 서로 어떤 뜻이나 행동 따위를 동일하게 가지다. =함께하다. = 함께하다②

¶ 그와 의견을 같이하다/견해를 같이하다

① ‘같이’의 품사 정보와 뜻풀이를 보니, ‘같이’는 부사로도 쓰이고 부사격 조사로도 쓰이는 말이로군.
② ‘같이’의 뜻풀이와 용례를 보니, ‘같이2-①’의 용례로 ‘매일같이 지하철을 타다’를 추가할 수 있겠군.
③ ‘같이’와 ‘같이하다’의 표제어 및 뜻풀이를 보니, ‘같이하다’는 ‘같이’에 ‘하다’가 결합한 복합어로군.
④ ‘같이하다’의 문형 정보 및 용례를 보니, ‘같이하다’는 두 자리 서술어로도 쓰일 수 있고, 세 자리 서술어로도 쓰일 수 있군.
⑤ ‘같이하다’의 뜻풀이와 용례를 보니, ‘평생을 같이한 부부’의 ‘같이한’은 ‘함께한’으로 교체하여 쓸 수 있겠군.

19

2017년 수능

〈보기〉의 ㉠, ㉡에 해당하는 예로 적절한 것은?

보기

학 생 : 선생님, 다음 두 문장을 보면 모두 '가깝다'가 쓰였는데 의미가 좀 다른 것 같아요.
(1) 우리 집은 학교에서 가깝다.
(2) 그의 말은 거의 사실에 가깝다.

선생님 : (1)의 '가깝다'는 "어느 한 곳에서 다른 곳까지의 거리가 짧음"을 뜻하고, (2)의 '가깝다'는 "성질이나 특성이 기준이 되는 것과 비슷함"을 뜻한단다. 이는 본래 ㉠**공간과 관련된 중심적 의미를 지니던 것**이 ㉡**추상화되어 주변적 의미도 지니게 된 것**이라고 할 수 있지.

학 생 : 아, 그렇군요. 그러면 '가깝다'는 여러 의미를 지닌 단어로군요.

선생님 : 그렇지. 그래서 '가깝다'는 다의어란다.

	㉠	㉡
①	물은 낮은 곳으로 흐른다.	환경에 대한 관심도가 낮다.
②	그는 성공할 가능성이 크다.	힘든 만큼 기쁨이 큰 법이다.
③	두 팔을 최대한 넓게 벌렸다.	도로 폭이 넓어서 좋다.
④	내 좁은 소견을 말씀드렸다	마음이 좁아서는 곤란하다.
⑤	작은 힘이라도 보태고 싶다.	우리 학교는 운동장이 작다.

20

2018년 수능

〈보기〉는 사전의 개정 내용을 정리한 자료의 일부이다. ㉠~㉤에 대한 이해로 적절하지 않은 것은?

보기

	개정 전	개정 후
㉠	긁다 동 「1」 손톱이나 뾰족한 기구 따위로 바닥이나 거죽을 문지르다. ⋮ 「9」 ……	긁다 동 「1」 손톱이나 뾰족한 기구 따위로 바닥이나 거죽을 문지르다. ⋮ 「9」 …… 「10」 물건 따위를 구매할 때 카드로 결제하다.
㉡	김-밥[김ː밥] 명 ……	김-밥[김ː밥/김ː빱] 명 …
㉢	냄새 명 「1」 코로 맡을 수 있는 온갖 기운. 「2」 어떤 사물이나 분위기 따위에서 느껴지는 특이한 성질이나 낌새.	냄새 명 「1」 코로 맡을 수 있는 온갖 기운. 「2」 어떤 사물이나 분위기 따위에서 느껴지는 특이한 성질이나 낌새.
㉢	내음 명 '냄새'의 방언(경상).	내음 명 코로 맡을 수 있는 나쁘지 않거나 향기로운 기운. 주로 문학적 표현에 쓰인다.
㉣	태양-계 명 태양과 그것을 중심으로 공전하는 천체의 집합. 태양, 9개의 행성, ……	태양-계 명 태양과 그것을 중심으로 공전하는 천체의 집합. 태양, 8개의 행성, ……명
㉤	(표제어 없음)	스마트-폰 휴대 전화에 여러 컴퓨터 지원 기능을 추가한 지능형 단말기.

* 사전의 개정 내용은 표준어와 표준 발음의 최신 정보를 반영한 것임.

① ㉠ : 표제어의 뜻풀이가 추가되어 다의어의 중심적 의미가 수정되었군.
② ㉡ : 표준 발음이 추가로 인정되어 기존의 표준 발음과 함께 제시되었군.
③ ㉢ : 방언이었던 단어가 표준어의 지위를 얻고 뜻풀이도 새롭게 제시되었군.
④ ㉣ : 과학적 정보를 반영하여 뜻풀이 일부가 갱신되었군.
⑤ ㉤ : 새로운 문물을 지칭하는 신어가 표제어로 추가되었군.

21

2019년 수능

〈보기〉를 활용하여 국어사전을 만드는 활동을 하였다. 표제어 ⓐ와 예문 ⓑ, ⓒ에 들어갈 말로 적절한 것은?

> **보기**
>
> ㉠ 약속 날짜를 너무 **밭게** 잡았다.
> ㉡ 서로 **밭게** 앉아 더위를 참기 어려웠다.
> ㉢ 시간이 더 필요한데 제출 기한을 너무 **바투** 잡았다.
> ㉣ 어머니는 아들에게 **바투** 다가가 두 손을 움켜쥐었다.

> ⓐ
> 1 두 대상이나 물체의 사이가 썩 가깝게.
> ¶ ⓑ
> 2 시간이나 길이가 아주 짧게.
> ⋮
> 밭다 형
> 1 시간이나 공간이 다붙어 몹시 가깝다.
> ¶ ⓒ
> 2 길이가 매우 짧다.
> ¶ 새로 산 바지가 **밭아** 발목이 다 보인다.
> 3 음식을 가려 먹는 것이 심하거나 먹는 양이 적다.
> ¶ 우리 아들은 입이 너무 **밭아서** 큰일이야.

	ⓐ	ⓑ	ⓒ
①	밭게 부	㉠	㉡
②	밭게 부	㉡	㉢
③	밭게 부	㉡	㉣
④	바투 부	㉢	㉠
⑤	바투 부	㉣	㉠

]

2020년 수능

[22~23] 다음 글을 읽고 물음에 답하시오.

다의어란 두 가지 이상의 의미를 가진 단어를 말한다. 다의어에서 기본이 되는 핵심 의미를 중심 의미라고 하고, 중심 의미에서 확장된 의미를 주변 의미라고 한다. 중심 의미는 일반적으로 주변 의미보다 언어 습득의 시기가 빠르며 사용 빈도가 높다. 그러면 다의어의 특징에 대해 좀 더 알아보자.

첫째, 주변 의미로 사용되었을 때는 문법적 제약이 나타나기도 한다. 예를 들면 '한 살을 먹다'는 가능하지만 '한 살이 먹히다'나 '한 살을 먹이다'는 어법에 맞지 않는다. 또한 '손'이 '노동력'의 의미로 쓰일 때는 '부족하다, 남다' 등 몇 개의 용언과만 함께 쓰여 중심 의미로 쓰일 때보다 결합하는 용언의 수가 적다.

둘째, 주변 의미는 기존의 의미가 확장되어 생긴 것으로서, 새로 생긴 의미는 기존의 의미보다 추상성이 강화되는 경향이 있다. '손'의 중심 의미가 확장되어 '손이 부족하다', '손에 넣다'처럼 각각 '노동력', '권한이나 범위'로 쓰이는 것이 그 예이다.

셋째, 다의어의 의미들은 서로 관련성을 갖는다.

> 줄 명
> ① 새끼 따위와 같이 무엇을 묶거나 동이는 데에 쓸 수 있는 가늘고 긴 물건.
> 예 줄로 묶었다.
> ② 길이로 죽 벌이거나 늘여 있는 것.
> 예 아이들이 줄을 섰다.
> ③ 사회생활에서의 관계나 인연.
> 예 내 친구는 그쪽 사람들과 줄이 닿는다.

예를 들어 '줄'의 중심 의미는 위의 ①인데 길게 연결되어 있는 모양이 유사하여 ②의 의미를 갖게 되었다. 또한 연결이라는 속성이나 기능이 유사하여 ③의 뜻도 지니게 되었다. 이때 ②와 ③은 '줄'의 주변 의미이다.

그런데 ㉠**다의어의 의미들이 서로 대립적 관계를 맺는 경우**가 있다. 예를 들어 '앞'은 '향하고 있는 쪽이나 곳'이 중심 의미인데 '앞 세대의 입장', '앞으로 다가올 일'에서는 각각 '이미 지나간 시간'과 '장차 올 시간'을 가리킨다. 이것은 시간의 축에서 과거나 미래 중 어느 방향을 바라보는지에 따른 차이로서 이들 사이의 의미적 관련성은 유지된다.

22

윗글을 참고하여 추론한 내용으로 적절하지 않은 것은?

① 대부분의 아이들이 '별'의 의미 중 '군인의 계급장'이라는 의미보다 '천체의 일부'라는 의미를 먼저 배우겠군.
② '앉다'의 의미 중 '착석하다'의 의미로 쓰이는 빈도가 '요직에 앉다'처럼 '직위나 자리를 차지하다'의 의미로 쓰이는 빈도보다 더 높겠군.
③ '결론에 이르다'와 '포기하기에는 아직 이르다'에서 '이르다'의 의미들은 서로 관련성이 없으니, 이 두 의미는 중심 의미와 주변 의미의 관계로 볼 수 없겠군.
④ '팽이를 돌리다'는 어법에 맞는데 '침이 생기다'라는 의미의 '돌다'는 '군침을 돌리다'로 쓰이지 않으니, '군침이 돌다'의 '돌다'는 주변 의미로 사용된 것이겠군.
⑤ 사람의 감각 기관을 뜻하는 '눈'의 의미가 '눈이 나빠져서 안경의 도수를 올렸다'에서의 '눈'의 의미로 확장되었으니, '눈'의 확장된 의미는 기존 의미보다 더 구체적이겠군.

23

밑줄 친 단어들의 의미를 고려하여 ㉠의 예에 해당하는 것만을 〈보기〉에서 있는 대로 고른 것은? [3점]

보기

영희 : 자꾸 말해 미안한데 모둠 발표 자료 좀 줄래?
민수 : 너 빚쟁이 같다. 나한테 자료 맡겨 놓은 거 같네.
영희 : 이틀 뒤에 발표 사전 모임이라고 금방 문자 메시지가 왔었는데 지금 또 왔어. 근데 빚쟁이라니, 내가 언제 돈 빌린 것도 아니고…….
민수 : 아니, 꼭 빌려 준 돈 받으러 온 사람 같다고. 자료 여기 있어. 가현이랑 도서관에 같이 가자. 아까 출발했다니까 금방 올 거야.
영희 : 그래. 발표 끝난 뒤에 다 같이 밥 먹자.

① 빚쟁이 ② 빚쟁이, 금방 ③ 뒤, 돈
④ 뒤, 금방, 돈 ⑤ 빚쟁이, 뒤, 금방

2021년 수능

[24] 다음 글을 읽고 물음에 답하시오.

우리는 단어의 의미와 유래를 통해 단어에 담긴 언중의 인식과 더불어 시대상을 짐작할 수 있다. 그리고 단어의 구조를 통해 단어 구성 방식도 이해할 수 있다.

유길준의 『서유견문』(1895)에는 '원어기(遠語機)'라는 말이 등장하는데, 이것은 영어의 'telephone'에 해당하는 단어로 '말을 멀리 보내는 기계'라는 뜻이다. 오늘날의 '전화기(電話機)'가 '전기를 통해 말을 보내는 기계'의 뜻이라는 점과 비교해 보면 '원어기'는 말을 '멀리' 보낸다는 점에, '전화기'는 말을 '전기로' 보낸다는 점에 초점을 맞춘 단어이다. 이처럼 대상을 어떻게 인식하느냐에 따라 그것을 표현하는 단어는 달라지기도 한다. 또한 개화기 사전에 등장하는 '소졋메쥬(소젖메주)'처럼 새롭게 유입된 대상을 일상의 단어로 표현한 경우도 있다. '소졋메쥬'는 '치즈(cheese)'에 대응하는 단어인데, 간장과 된장의 재료인 '메주'라는 일상의 단어를 통해 대상을 인식했음을 보여 준다.

한편, 『가례언해』(1632)에 따르면 '총각(總角)'은 '머리를 땋아 갈라서 틀어 맴'을 이르는 말이었으나 그러한 의미는 사라지고 오늘날에는 '결혼하지 않은 성년 남자'를 뜻한다. 특정한 행위를 나타내던 단어가 이와 관련된 사람을 지시하는 말로 그 의미가 변화한 것이다. 여기에서 남자도 머리를 땋아 묶었던 과거의 관습을 짐작할 수 있다. 또한 '부대찌개' 역시 한국 전쟁 이후 미군 부대에서 나온 재료로 찌개를 끓였던 것에서 유래한 단어라는 점에서 시대의 흔적을 담고 있다.

우리는 단어의 구조를 통해 단어가 구성되는 방식도 파악할 수 있다. 『한불자전』(1880)에는 이전 시기의 문헌에서는 볼 수 없었던 '두길보기'와 '산돌이'가 등장한다. "양쪽 모두의 눈치를 보는 사람"으로 풀이된 '두길보기'의 '두길'은 ㉠**관형사가 후행하는 명사를 수식**하는 것으로 분석된다. "같은 장소를 일 년에 한 번만 지나가는 큰 호랑이"로 풀이된 '산돌이'는 ㉡**단어의 구성 요소들이 의미상 목적어와 서술어의 관계**로 이루어져 '산을 돌다'라는 의미를 나타내고 있다. 이와 같이 예전에도 오늘날처럼 다양한 방식으로 단어를 만들어 생각을 표현하고 있었던 셈이다.

24

윗글과 〈보기〉를 바탕으로 추론한 내용으로 적절하지 않은 것은?

보기

◦ '립스틱'을 여성들이 입술에 바르던 염료인 '연지'라는 단어를 사용해 '입술연지'라고도 했다.
◦ '변사'는 무성 영화를 상영할 때 장면에 맞추어 그 내용을 설명하던 직업을 가진 사람을 뜻한다.
◦ '수세미'는 박과의 한해살이 덩굴풀을 뜻하는데, 그 열매 속 섬유로 그릇을 닦았다. 오늘날 공장에서 만든 설거지 도구도 '수세미'라고 한다.
◦ '혁대'의 순화어로 '가죽으로 만든 띠'라는 뜻의 '가죽띠'와 '허리에 매는 띠'라는 뜻의 '허리띠'가 제시되어 있다.
◦ '양반'은 조선시대 사대부를 이르는 말이었지만 지금은 '점잖은 사람'의 뜻으로 주로 쓰인다.

① '입술연지'는 '소젖메쥬'처럼 일상의 단어로 새로운 대상을 인식한 예로 볼 수 있겠군.
② '변사'는 무성 영화와 관련해 쓰인 단어라는 점에서 시대상이 반영된 예에 해당하겠군.
③ '수세미'는 기존의 의미에 새로운 의미가 더해졌다는 점에서 '총각'과 유사하겠군.
④ '가죽띠'는 '재료'에, '허리띠'는 '착용하는 위치'에 초점을 둔 단어라는 점에서 서로 다른 인식이 반영된 것이겠군.
⑤ '양반'은 신분의 구분이 있었던 사회의 모습을 엿볼 수 있다는 점에서 시대의 흔적을 담고 있겠군.

25

2020년 7월 고3 전국연합학력평가

〈보기1〉을 참고하여 〈보기2〉를 이해한 내용으로 적절하지 않은 것은?

보기1

언어의 의미는 끊임없이 변화한다. 원래 '주책'은 '일정하게 자리 잡힌 주장이나 판단력'이라는 의미였다. 그런데 '주책없다'처럼 '주책'이 주로 '없다'와 함께 쓰이다 보니 부정적인 의미도 갖게 되었다. 즉, '주책'은 '일정한 줏대가 없이 되는 대로 하는 짓'이란 의미도 갖게 되어 '주책없다'와 '주책이다'가 같은 의미로 쓰이게 되었다. 한편 '에누리'는 상인과 소비자가 물건값을 흥정하는 상황에서 자주 쓰이다 보니 '값을 올리는 일'이라는 의미뿐만 아니라 '값을 내리는 일'이라는 의미로도 쓰이게 되었다.

보기2

ㄱ. 다른 사람의 말에 쉽게 흔들리는 것을 보니 그는 **주책**이 없구나.
ㄴ. 뜬금없이 그런 말을 하다니 그도 참 **주책**이다.
ㄷ. **에누리**를 해 주셔야 다음에 또 오지요.
ㄹ. 그 가게는 **에누리** 없이 장사를 해서 적게 팔고도 많은 이윤을 남긴다.

① ㄱ의 '주책'은 '일정하게 자리 잡힌 주장이나 판단력'의 의미로 쓰였군.
② ㄴ의 '주책'은 부정적인 의미로 쓰였군.
③ ㄴ의 '주책이다'는 '주책없다'로도 바꿔 쓸 수 있겠군.
④ ㄷ의 '에누리'는 '값을 올리는 일'의 의미로 쓰였군.
⑤ ㄹ의 '에누리'는 '값을 내리는 일'의 의미로 볼 수 있겠군.

26

2022년 6월 고3 평가원모의고사

〈보기〉를 바탕으로 할 때, ㉠~㉢에 해당하는 단어가 사용된 예로 적절한 것은?

보기

선생님 : 신체 관련 어휘는 ㉠**신체 부위를 나타내는 중심적 의미**가 ㉡**주변적 의미**로 확장될 수 있어요. 이때 ㉢**소리는 같지만 중심적 의미가 다른 단어**와 잘 구분해야 합니다. 그럼 아래에서 이러한 의미 관계를 확인해 봅시다.

코[1]
- 포유류의 얼굴 중앙에 튀어나온 부분.
- 콧구멍에서 흘러나오는 액체.

코[2]
- 그물이나 뜨개질한 물건의 눈마다의 매듭.

① ㉠ : 묽은 코가 옷에 묻어 휴지로 닦았다.
② ㉠ : 어부가 쳐 놓은 어망의 코가 끊어졌다.
③ ㉡ : 코끼리는 긴 코를 자유자재로 사용한다.
④ ㉡ : 동생이 갑자기 코를 다쳐서 병원에 갔다.
⑤ ㉢ : 어머니께서 목도리를 한 코씩 떠 나가셨다.

05 화용론(담화)

01
2015년 3월 고3 전국연합학력평가

〈보기〉의 담화 상황으로 볼 때, ㉠~㉤에 대한 설명으로 적절하지 않은 것은?

보기

A : 영희가 말도 없이 책을 가져갔다고 민수가 화가 많이 났더라. 그런데 ㉠**그것**이 사실이야?

B : 아니, 내가 영희에게 민수 말이 맞느냐고 물어봤는데, ㉡**자기**는 분명히 말하고 가져갔다고 그러더라.

A : 서로 의사소통이 잘 안됐나 보다. ㉢**아무나** 좋으니 일단 나서서 민수와 영희의 오해를 풀어주는 게 좋겠다. 그나저나 어제 저녁에 교실에 있었던 애들이 ㉣**누구**였는지 기억나?

B : 나도 ㉤**거기**에 누가 있었는지는 기억이 안 나네.

① ㉠은 '민수가 화가 많이 난 것'을 간단히 표현하려고 사용한 대명사이다.

② ㉡은 B가 앞서 언급한 '영희'를 도로 나타내기 위해 사용한 대명사이다.

③ ㉢은 화자가 불특정 대상을 가리키기 위해 사용한 대명사이다.

④ ㉣은 화자가 지시 대상을 정확히 모르고 있어서 사용한 대명사이다.

⑤ ㉤은 A가 앞서 언급한 '교실'을 가리키기 위해 사용한 대명사이다.

02
2015년 4월 고3 전국연합학력평가

〈보기1〉을 바탕으로 〈보기2〉의 ㉠~㉤에 대해 설명한 내용으로 적절하지 않은 것은?

보기1

지칭어와 호칭어, 높임 표현이 발달한 우리말에서는 특히 담화 상황에서 화자, 청자, 맥락 등을 종합적으로 고려해야 한다. 다른 사람에게 그 대상을 가리킬 때 사용하는 말인 지칭어와 그 대상을 직접 부를 때 사용하는 말인 호칭어를, 화자와 청자, 담화에 언급된 대상의 상황을 종합적으로 고려하여 선택해야 한다. 또한 높임 표현은 청자나 담화 속 주체와 객체의 높임 관계를 고려하여 어미, 조사, 어휘 등을 적절하게 사용해야 한다.

보기2

혜연 : 삼촌, 어서 오세요. 좀 늦으셨네요?

삼촌 : 생각보다 차가 밀리더구나. 다들 오셨니?

혜연 : 아니요. 차가 밀리는지 ㉠**할머니**께서도 아직 도착하지 못하셨어요.

삼촌 : ㉡**어머니는 어디 계시니?**

혜연 : ㉢**할아버지를 모시고 조금 전에 결혼식장에 들어가셨어요.**

삼촌 : 아침부터 너희 ㉣**어머니**께서 많이 바쁘셨겠네. 너도 언니 결혼식 때문에 옆에서 이것저것 도와주느라 힘들었지?

혜연 : 아니에요. 그것보다 삼촌께서 이렇게 멀리서 와 주셔서 ㉤**언니가 정말 기뻐할 것 같아요.**

① ㉠에서는 화자가 자신을 기준으로 대상을 파악하여 지칭어를 사용하고 있군.

② ㉡에서 문장의 주체는 화자가 높여야 할 대상이므로 특수한 어휘를 통해 높임을 실현하고 있군.

③ ㉢에서 문장의 객체는 화자가 높여야 할 대상이므로 조사를 통해 높임을 실현하고 있군.

④ ㉣에서는 화자가 청자를 기준으로 대상을 파악하여 지칭어를 사용하고 있군.

⑤ ㉤에서는 청자가 화자보다 높은 대상이므로 종결 어미를 통해 높임을 실현하고 있군.

03

2016년 4월 고3 전국연합학력평가

〈보기1〉을 바탕으로 〈보기2〉의 ㉠~㉤을 이해한 것으로 적절하지 않은 것은?

보기1

선생님 : 담화에서 화자가 자신의 의도를 직접 드러내고자 하는 상황이라면 종결 표현과 화자의 의도를 일치시켜 명시적으로 표현합니다. 반면 명령이나 요청 등과 같이 청자에게 부담을 주거나 예의에 어긋날 수 있는 상황이라면 화자의 의도와는 다른 종결 표현을 사용하거나, '저기', '만', '좀'과 같은 언어 표현을 사용하여 완곡하게 표현합니다.

보기2

어머니 : (지연을 토닥이며) ㉠**저기, 지연아 이제 좀 일어나라.**

지 연 : (힘없이 일어나며) ㉡**엄마, 선생님께 학교에 조금 늦을 거 같다고 전화해 주시겠어요?**

어머니 : (걱정스러운 표정으로) 어디 아프니?

지 연 : 네, 그런 것 같아요. 열도 좀 나고요.

어머니 : ㉢**그럼 선생님께 전화 드리고 엄마랑 병원에 가자.**

지 연 : 네, 그렇게 해야 할 것 같아요.

소 연 : (거실에서 큰 소리로) 지연아, 학교 늦겠다. ㉣ **빨리 가라.**

어머니 : 소연아! ㉤**동생이 아프다니까 조금만 작은 소리로 말해 주면 참 좋겠다.**

① ㉠ : 명령의 의도를 '저기', '좀' 등의 언어 표현을 사용하여 표현함으로써 청자에게 부담을 주려 하지 않고 있군.

② ㉡ : 요청의 의도를 의문형 종결 표현을 사용하여 완곡하게 표현하고 있군.

③ ㉢ : 화자의 의도와 종결 표현을 일치시켜 청유의 의도를 직접 드러내고 있군.

④ ㉣ : 화자의 명령에 대한 청자의 부담을 덜어주기 위해 화자의 의도와 종결 표현을 일치시키지 않고 있군.

⑤ ㉤ : 명령의 의도를 평서형 종결 표현과 '만'과 같은 언어 표현을 사용하여 부드럽게 표현하고 있군.

04

2015년 6월 고3 평가원모의평가

담화 상황을 고려할 때, 〈보기〉의 ㉠~㉤에 대한 이해로 적절하지 않은 것은?

보기

A : 어제 낮엔 많이 바빴니? 전화를 바로 끊더라.

B : 아니야, 끊은 게 아니라 ㉠**끊어진 거야**. 바로 전화 못 해서 미안해. 표정이 심각해 보이는데 무슨 일 있었어?

A : 아니, ㉡**저기**, 심각한 건 아니고. 어제 점심에 도서관에서 만나기로 했잖아. 기다려도 안 오길래 말이야.

B : ㉢**아차**! 내가 먼저 얘기하려고 했는데 깜빡했네. 가려고 했는데 ㉣**못 갔어**.

A : ㉤**자세히 말해 볼래**?

B : 동생이 갑자기 아파서 병원에 데리고 가야 했거든.

A : 그런 일이 있었구나. 동생은 좀 괜찮니?

① ㉠ : 피동 표현을 사용하여 상황이 B의 의지와 무관하게 일어났음을 나타낸다.

② ㉡ : 지시 대명사를 사용하여 B로부터 멀리 떨어져 있는 곳으로 관심을 유도한다.

③ ㉢ : 감탄사를 사용하여 A의 발화를 듣고 어떤 것을 갑자기 깨달았음을 나타낸다.

④ ㉣ : 부정 부사 '못'을 사용하여 B에게 일어난 상황이 불가피했음을 나타낸다.

⑤ ㉤ : 의문 표현을 사용하여 B에게 일의 까닭을 상세히 말해 달라고 요청한다.

05

2015년 9월 고3 평가원모의평가

밑줄 친 부분이 〈보기〉의 ㉠에 해당하는 예로 적절하지 않은 것은?

보기
일반적으로 의문문은 화자가 청자에게 질문에 대한 대답을 요청하는 문장인데, 화자가 청자에게 행동을 요청할 때 쓰이기도 한다. 청유문은 화자가 청자에게 함께 행동할 것을 요청하는 문장이다. 그러므로 이 문장 유형들은 ㉠**화자가 청자에게 요청을 할 때 쓰이는 것**이라는 점에서 공통적이다.

① A : 괜찮다면, 우리 여기서 잠깐 기다릴래요?
B : 좋아요. 10분만 더 기다려요.

② A : 다친 곳은 어떤가? 한번 보세.
B : 보시다시피 많이 좋아졌습니다.

③ A : 저기요. 먼저 좀 내립시다.
B : 아, 예. 저도 여기서 내려요.

④ A : 저 혹시, 모자를 벗어 주실 수 있을까요?
B : 제가 방해가 되었군요. 미안합니다.

⑤ A : 어디 보자. 내가 다 챙겼나?
B : 거기서 혼자 뭐 해요. 빨리 나와요.

06

2018년 9월 고3 평가원모의평가

〈보기〉의 담화 상황에서 ⓐ~ⓔ가 가리키는 대상이 같은 것끼리 바르게 짝지은 것은?

보기
(수빈, 나경, 세은이 대화를 하고 있다.) **수빈** : 나경아, 머리핀 못 보던 거네. 예쁘다. **나경** : 고마워. ⓐ**우리** 엄마가 얼마 전 새로 생긴 선물 가게에서 사 주셨어. **세은** : 너희 어머니 참 자상하시네. 나도 그런 머리핀 하나 사고 싶은데 ⓑ**우리** 셋이 지금 사러 갈까? **수빈** : 미안해. 나도 같이 가고 싶은데 ⓒ**우리** 집에 일이 있어 못 갈 것 같아. **세은** : 그래? 그럼 할 수 없네. ⓓ**우리**끼리 가지, 뭐. **나경** : 그래, 수빈아. 다음엔 꼭 ⓔ**우리** 다 같이 가자.

① ⓐ-ⓑ ② ⓐ-ⓓ ③ ⓑ-ⓔ
④ ⓒ-ⓓ ⑤ ⓒ-ⓔ

07

2016년 수능B

〈보기〉의 ㉠~㉧에 대한 설명으로 적절하지 <u>않은</u> 것은?

보기
(엄마와 아들이 둘이서 걸어가며) 아들 : 엄마, 올해 마지막 날 엄마와 쇼핑 나와서 참 좋아요. 엄마 : ㉠<u>엄마</u>도 영수랑 같이 나오니까 참 좋다. 아들 : 어, 저거 뭐지? 엄마, 옷 가게 광고판 좀 보세요. 엄마 : 뭐? ㉡<u>저거</u>? 아들 : 네, ㉢<u>저거</u>요. '2015년 12월 30일, ㉣<u>오늘</u> 하루만 50% 할인'이라고 쓰여 있는데요. 엄마 : 그래? 그러면 ㉤<u>어제</u>였네. ㉥<u>누나</u> 옷 사야 되는데. 아들 : 엄마, 그 옆 가게는 오늘까지 할인하는데요. 그런데 제 옷도 사 주시면 안 돼요? 엄마 : 그래. 알았어, ㉦<u>우리 아들</u>. ㉧<u>영수</u>도 옷 사 줘야지. 아들 : 와, 잘됐다. 다음 주 여행 갈 때 입고 가야겠다.

① ㉠과 ㉥은 청자의 관점에서 사용한 지칭어이다.
② ㉠과 ㉦은 현재의 담화 상황에 참여하고 있는 사람을 가리킨다.
③ ㉡과 ㉢은 동일한 대상을 가리킨다.
④ ㉣과 ㉤은 동일한 날을 가리킨다.
⑤ ㉥과 ㉧은 화자와 청자를 제외한 제삼자를 가리킨다.

2020년 6월 고3 평가원모의평가

[08] 다음 글을 읽고 물음에 답하시오.

담화는 하나 이상의 발화나 문장으로 이루어진다. 담화가 그 내용 면에서 완결성을 갖추기 위해서는 담화를 이루는 발화나 문장들이 일관된 주제 속에 내용상 유기적인 관련을 맺고 있어야 한다. 이때 각 발화나 문장 간의 관련성을 보여 주는 형식적 장치가 필요하다. 이러한 장치에는 지시, 대용, 접속 표현이 있다.

우선 지시 표현은 담화 장면을 구성하는 화자, 청자, 사물, 시간, 장소 등의 요소를 직접 가리키는 표현이다. 그리고 대용 표현은 담화에서 언급된 말, 혹은 뒤에서 언급될 말을 대신하는 표현이다. 대표적인 지시 표현으로는 '이, 그, 저' 등이 있다. 이들이 담화에서 언급되는 말을 대신할 때는 대용 표현이 된다. 가령 친구가 든 꽃을 보면서 화자가 "이 꽃 예쁘네."라고 말했다면, '꽃'을 직접 가리키는 '이'는 지시 표현이다. 그러나 화자가 "그런데 지난번 꽃도 예쁘던데, 그때 그거는 어디서 샀어?"라고 발화를 곧장 이어 간다면 이때의 '그거'는 앞선 발화의 '지난번 꽃'이라는 말을 대신하는 대용 표현이다. 끝으로 접속 표현은 문장과 문장, 발화와 발화를 연결해 주는 표현으로, '그리고' 등과 같은 접속 부사가 대표적인 예이다. 앞서 언급된 두 번째 발화의 '그런데'도 앞의 발화를 뒤의 발화와 이어 주는 접속 표현에 속한다.

한편, 담화 전개 과정에서 화자는 청자 및 맥락을 고려하면서 발화나 문장을 통해 자신의 의도를 효과적으로 구현한다. 이때 여러 문법 요소가 활용된다. 가령 화자는 "아버지! 진지 드세요."라는 발화에서 '드세요'의 '드시-'를 통해 문장의 주체인 '아버지'를, 종결 어미 '-어요'를 통해 청자인 '아버지'를 높이고 있다. 이와 같이 화자는 특정 어휘나 조사, 어미 등을 사용하여 어떤 대상에 대해 높이거나 낮추는 태도를 드러낸다. 아울러 위의 '드세요'의 '-어요'는 화자가 청자에게 어떠한 행동을 요구하고 있음도 보여 준다. 즉, 종결 어미는 청자에게 답변을 요구하거나, 어떠한 사실을 새롭게 알게 되었다는 점을 두드러지게 나타내는 등 화자의 의도를 구현할 때도 쓰인다. 화자, 청자 및 맥락이 발화나 문장에서 문법 요소와 맺고 있는 관련성은 ㉠<u>**"할아버지께서 마침 방에 계셨구나! 과일 좀 드리고 오렴."**</u>과 같이 연속된 발화로 이루어진 담화에서 더욱 다양하게 나타날 수 있다.

08

윗글을 바탕으로 <보기>의 ⓐ~ⓕ에 대해 설명한 내용으로 적절하지 않은 것은?

보기

(두 친구가 만나서 주말 나들이 장소를 정하는 상황)
선희 : 우리, 이번 주말 나들이 장소로 어디가 좋을까?
영선 : (딴생각을 하다가) ⓐ지금 저녁 먹으러 가자.
선희 : 그게 뭔 소리야? 주말 나들이로 어디 갈 거냐고.
영선 : (머쓱해하며) 아, 그럼 놀이동산 갈까?
선희 : 음, ⓑ거기 말고, (사진을 보여 주며) ⓒ여기는 어때?
영선 : ⓓ거기? 해수욕장은 아직 좀 춥잖아. ⓔ그리고 너무 멀잖아. (선희를 바라보며) 아, 작년에 같이 갔던 수목원은 어때?
선희 : 그래, ⓕ거기가 좋겠다. 그럼, 토요일에 보자. 안녕.

① ⓐ는 '주말 나들이 장소 정하기'라는 내용에 부합하지 않아서 담화의 완결성을 떨어뜨리고 있다.
② ⓑ는 '영선'이 발화한 '놀이동산'을 대신하는 대용 표현이다.
③ ⓒ, ⓓ는 발화 간의 관련성을 높이는 형식적 장치로서 형태가 다른 표현이지만 동일한 장소를 나타내고 있다.
④ ⓔ는 '해수욕장은 아직 좀 춥잖아.'와 '너무 멀잖아.'를 대등하게 이어 주는 접속 표현이다.
⑤ ⓕ는 '작년에 같이 갔던 수목원'을 직접 가리키는 지시 표현이다.

09

2022년 6월 고3 평가원모의고사

<보기>의 ㉠~㉦에 대한 이해로 적절하지 않은 것은?

보기

(같은 동아리에 소속된 후배 부원 둘과 선배 부원의 대화 장면)
선 배: ㉠학교에서 열린 회의는 잘 끝났니?
후배 1: 네. 조금 전에 끝났어요.
선 배: 수고했어. ㉡학교에서 우리 동아리 활동 지원 예산안에 대해 뭐라고 해?
후배 2: 지난번에 저희가 선배님과 함께 제안했던 예산안은 수용하기 힘들다고 했어요.
선 배: ㉢우리가 제안한 예산안이 그렇게 무리한 건 아니었을 텐데.
후배 1: 그런데 학교에서는 ㉣자신의 형편을 감안해 달라는 동아리가 한둘이 아니라면서, ㉤우리의 제안을 수용하기 쉽지 않다고 했어요.
선 배: ㉥서로 만족할 만한 결과를 얻기가 쉽지 않겠구나. 고생했어. 지도 선생님께 말씀드려 볼게.
후배 2: 네. 그럼 ㉦저희도 그렇게 알고 있을게요.

① ㉠과 ㉡은 문장 성분이 서로 다르군.
② ㉢에는 화자와 청자가 모두 포함되어 있군.
③ ㉣은 뒤에 있는 '동아리'를 가리키는 말이군.
④ ㉥은 ㉡의 '학교'와 ㉤의 '우리'를 모두 포함해서 가리키는 말이군.
⑤ ㉦은 화자가 청자와 자신을 모두 낮추기 위해 쓰는 말이군

10

2022년 수능

〈보기〉의 ㉠~㉥에 대한 설명으로 적절한 것은?

> **보기**
>
> (두 사람이 공원에서 만난 상황)
>
> **민수** : 영이야, ㉠**우리 둘**이 뭐 하고 놀까? 이 강아지랑 놀까?
>
> **영이** : (민수 품에 안겨 있는 강아지를 가리키며) 아, 얘?
>
> **민수** : 응, 얘가 전에 말했던 봄이야. 봄이 동생 솜이는 집에 있고.
>
> **영이** : 봄이랑 뭐 하고 놀까? 우리 강아지 별이는 실뭉치를 좋아해서 ㉡**우리 둘**은 실뭉치를 자주 가지고 놀아. 너네 강아지들도 그래?
>
> **민수** : 실뭉치는 ㉢**둘 다** 안 좋아해. 그런데 공은 좋아해서 ㉣**우리 셋**은 공을 갖고 자주 놀아. 그래서 공을 챙겨오긴 했어.
>
> **영이** : 그렇구나. 별이는 실뭉치를 좋아하니까, 다음에 네가 혼자 나오고 내가 별이랑 나오면 그때 ㉤**우리 셋**은 실뭉치를 갖고 놀면 되겠다.
>
> **민수** : 그러자. 그럼 오늘 ㉥**우리 셋**은 공을 가지고 놀자.

① ㉠과 ㉡은 가리키는 대상이 동일하다.
② ㉡이 가리키는 대상은 ㉤이 가리키는 대상에 포함된다.
③ ㉢이 가리키는 대상은 ㉥이 가리키는 대상에 포함된다.
④ ㉣과 ㉤은 가리키는 대상이 동일하다.
⑤ ㉣과 ㉥은 가리키는 대상이 동일하다.

06 국어 어문 규정

01

2015년 3월 고3 전국연합학력평가

〈보기〉는 한글 맞춤법에 대한 설명이다. 한글 맞춤법 조항의 내용과 ㉠, ㉡을 적절하게 연결하지 못한 것은?

보기

한글 맞춤법은 표준어를 ㉠**소리대로 적되**, ㉡**어법에 맞도록 함**을 원칙으로 한다. 표준어를 소리대로 적는다는 것은 표준어의 발음대로 적는다는 뜻이다. 그리고 각 형태소가 지닌 뜻이 분명히 드러나도록 하기 위하여, 그 본 모양을 밝혀 어법에 맞도록 적는다는 또 하나의 원칙이 추가되었다.

①	'ㄷ, ㅌ' 받침 뒤에 종속적 관계를 가진 '-이(-)'나 '-히-'가 올 적에는, 그 'ㄷ, ㅌ'이 'ㅈ, ㅊ'으로 소리 나더라도 'ㄷ, ㅌ'으로 적음. 예 맏이, 굳이, 묻히다	㉡
②	자음을 첫소리로 가지고 있는 음절의 'ㅢ'는 'ㅣ'로 소리 나는 경우가 있더라도 'ㅢ'로 적음. 예 희망, 하늬바람	㉠
③	체언은 조사와 구별하여 적음. 예 떡이, 손이, 팔이	㉡
④	어간에 '-이'나 '-음'이 붙어서 명사로 바뀐 것이라도 그 어간의 뜻과 멀어진 것은 원형을 밝히어 적지 아니함. 예 목거리(목병), 노름(도박)	㉠
⑤	둘 이상의 단어가 어울리거나 접두사가 붙어서 이루어진 말은 각각 그 원형을 밝히어 적음. 예 꽃잎, 헛웃음, 굶주리다	㉡

02

2015년 4월 고3 전국연합학력평가

〈보기〉에 제시된 수업 내용을 바탕으로 학생이 탐구한 결과로 적절한 것은?

보기

선생님 : 지난 시간에 부사화 접미사 '-이'와 '-히'의 표기에 대해 공부했습니다. 한글맞춤법 51항의 해설을 통해 '-하다'가 붙지 않는 용언의 어간이나 'ㅅ'받침 뒤에서는 '-이'로 적는다고 배웠는데, 여기에는 다음의 세 가지 경우가 더 제시되어 있습니다.

㉮ (첩어 또는 준첩어인) 명사 뒤
예 샅샅이, 다달이
㉯ 부사 뒤
예 더욱이, 히죽이
㉰ 'ㅂ' 불규칙 용언의 어간 뒤
예 가벼이, 새로이

판서 내용을 참고하여, 다음의 단어들을 ㉮~㉰로 구분해 봅시다.

나날이, 오뚝이, 일찍이, 즐거이, 겹겹이

	㉮	㉯	㉰
①	나날이, 오뚝이	일찍이	즐거이, 겹겹이
②	나날이, 즐거이	겹겹이	오뚝이, 일찍이
③	나날이, 겹겹이	오뚝이, 일직이	즐거이
④	오뚝이, 겹겹이	일찍이, 즐거이	나날이
⑤	겹겹이	오뚝이, 즐거이	나날이, 일찍이

03

2015년 10월 고3 전국연합학력평가

〈보기〉를 바탕으로 하여 단어들의 표기 원리를 이해한 것으로 적절한 것은?

보기
<한글 맞춤법의 '접미사가 붙어서 된 말' 중 일부> ㉠ 어간에 '-이'나 '-음/-ㅁ'이 붙어서 명사로 된 것 중, 어간의 뜻을 유지하는 경우에는 그 어간의 원형을 밝히어 적는다. 예 길이, 믿음 ㉡ 어간에 '-이'나 '-음'이 붙어서 명사로 바뀐 것이라도 그 어간의 뜻과 멀어진 것은 그 어간의 원형을 밝히어 적지 아니한다. 예 목거리(병의 일종), 거름(비료) ㉢ '-이'나 '-음/-ㅁ' 이외의 모음으로 시작된 접미사가 붙어서 다른 품사로 바뀐 것은 그 어간의 원형을 밝히어 적지 아니한다. 예 나머지, 올가미

① '맞다'에서 파생된 '마중'은 어간의 원형을 밝히어 적은 것으로, ㉠에 따른 것이다.
② '걷다'에서 파생된 '걸음'은 어간의 원형을 밝히어 적지 않은 것으로, ㉡에 따른 것이다.
③ '막다'에서 파생된 '마개'는 어간의 원형을 밝히어 적지 않은 것으로, ㉡에 따른 것이다.
④ '넘다'에서 파생된 '너머'는 어간의 원형을 밝히어 적지 않은 것으로, ㉢에 따른 것이다.
⑤ '놀다'에서 파생된 '노름'은 어간의 원형을 밝히어 적지 않은 것으로, ㉢에 따른 것이다.

04

2015년 10월 고3 전국연합학력평가

〈보기1〉을 참고할 때, 〈보기2〉의 ㉠~㉤ 중, 표준 발음에 해당하지 <u>않는</u> 것은?

보기1
표준 발음법 제5항 'ㅑ, ㅒ, ㅕ, ㅖ, ㅘ, ㅙ, ㅛ, ㅝ, ㅞ, ㅠ, ㅢ'는 이중 모음으로 발음한다. 다만 1 용언의 활용형에 나타나는 '져, 쪄, 쳐'는 [저, 쩌, 처]로 발음한다. 다만 2 '예, 례' 이외의 'ㅖ'는 [ㅔ]로도 발음한다. 다만 3 자음을 첫소리로 가지고 있는 음절의 'ㅢ'는 [ㅣ]로 발음한다. 다만 4 단어의 첫음절 이외의 '의'는 [ㅣ]로, 조사 '의'는 [ㅔ]로 발음함도 허용한다.

보기1
○ 긍정적인 마음을 ㉠<u>**가져야[가저야]**</u>한다. ○ ㉡<u>**협의[혀비]**</u>를 거쳐서 결정한 사안이다. ○ 젊은이들에게 ㉢<u>**희망[희망]**</u>과 용기를 불어넣다. ○ 문화 유적에는 조상들의 ㉣<u>**지혜[지혜]**</u>가 담겨 있다. ○ ㉤<u>**우리의[우리에]**</u> 힘을 합치면 못할 일이 뭐가 있겠어요?

① ㉠ ② ㉡ ③ ㉢ ④ ㉣ ⑤ ㉤

05

2016년 10월 고3 전국연합학력평가

〈보기〉를 바탕으로 ㄱ~ㅁ을 이해한 내용으로 적절하지 않은 것은? [3점]

> **보기**
>
> **한글 맞춤법 제15항** 용언의 어간과 어미는 구별하여 적는다.
>
> [붙임 2] 종결형에서 사용되는 어미 '-오'는 '요'로 소리 나는 경우가 있더라도 그 원형을 밝혀 '오'로 적는다.
>
> 예 이것은 책이오. / 이것은 책이 아니오.
>
> [붙임 3] 연결형에서 사용되는 '이요'는 '이요'로 적는다.
>
> 예 이것은 책이요, 저것은 붓이요, 또 저것은 먹이다.
>
> **선생님의 설명** : 제15항 [붙임 2]에서 설명하는 어미 '-오'는 하오체 종결 어미입니다. 이 어미 '-오'는 [오]로 발음하는 것이 원칙이지만 [요]로 발음할 수도 있습니다. 그리고 이 '-오'가 '이다', '아니다'의 어간 뒤에 붙어 '-이오'로 활용할 때, '차(車)'처럼 모음으로 끝나는 체언과 결합하는 경우 '차이오→차요'와 같이 '-이오'가 '-요'로 줄어 쓰이기도 합니다. 이때 '-이오'가 줄어든 형태인 '-요'는 청자에게 존대의 뜻을 나타내는 보조사 '요'와 그 형태나 발음이 동일하기 때문에 언어생활에서 주의가 필요합니다.
>
> 이제 다음 제시된 자료를 분석해 봅시다. 단, ㄹ과 ㅁ은 모두 말하는 도중에 상대 높임의 등급을 바꾸지 않는다고 가정합니다.

> ㄱ. 이것은 들판이요, 저것은 하늘<u>이오</u>.
> ㄴ. 선배 : 고향이 어디니? / 후배 : 서울<u>요</u>.
> ㄷ. (고향을 묻는 물음에 대한 답) <u>부산이오</u>.
> ㄹ. 무얼 좋아하시오? 소설이오? 아니면 영화<u>요</u>?
> ㅁ. 무얼 좋아하세요? 소설<u>요</u>? 아니면 영화<u>요</u>?

① ㄱ의 밑줄 친 '이오'는 [이요]로 발음할 수 있다.
② ㄴ의 밑줄 친 '요'를 '이요'로 바꾸어 적을 수 있다.
③ ㄷ의 밑줄 친 '부산이오'는 하오체 문장에 해당한다.
④ ㄹ의 밑줄 친 '요'는 모음으로 끝나는 체언 뒤에서 '-이오'가 줄어든 형태에 해당한다.
⑤ ㅁ의 밑줄 친 '요'는 둘 다 청자에게 존대의 뜻을 나타내는 보조사에 해당한다.

06

2016년 4월 고3 전국연합학력평가

〈보기〉의 한글 맞춤법 규정을 적용한 것으로 옳지 않은 것은?

> **보기**
>
> **제19항** 어간에 '-이'나 '-음/-ㅁ'이 붙어서 명사로 된 것과 '-이'나 '-히'가 붙어서 부사로 된 것은 그 어간의 원형을 밝히어 적는다. ······ ㉠
>
> [붙임] 어간에 '-이'나 '-음' 이외의 모음으로 시작된 접미사가 붙어서 다른 품사로 바뀐 것은 그 어간의 원형을 밝히어 적지 아니한다. ······ ㉡
>
> **제20항** 명사 뒤에 '-이'가 붙어서 된 말은 그 명사의 원형을 밝히어 적는다. ······ ㉢
>
> [붙임] '-이' 이외의 모음으로 시작된 접미사가 붙어서 된 말은 그 명사의 원형을 밝히어 적지 아니한다. · ㉣
>
> **제21항** 명사나 혹은 용언의 어간 뒤에 자음으로 시작된 접미사가 붙어서 된 말은 그 명사나 어간의 원형을 밝히어 적는다. ······ ㉤

① '다듬이'로 표기하는 것은 ㉠의 규정을 적용한 것이군.
② '마개'를 '막애'로 표기하지 않는 것은 ㉡의 규정을 적용한 것이군.
③ '삼발이'를 '삼바리'로 표기하지 않는 것은 ㉢의 규정을 적용한 것이군.
④ '귀머거리'로 표기하는 것은 ㉣의 규정을 적용한 것이군.
⑤ '덮개'로 표기하는 것은 ㉤의 규정을 적용한 것이군.

07

2018년 7월 고3 전국연합학력평가

〈보기〉는 수업의 한 장면이다. 선생님의 질문에 대한 답을 바르게 짝지은 것은?

보기

선생님 : 국어를 로마자로 표기할 때는 국어의 표준 발음법에 따라 적는 것을 원칙으로 합니다. 따라서 음운 변동의 결과를 표기에 반영하지요. 이때, 'ㄱ, ㄷ, ㅂ'은 모음 앞에서는 'g, d, b'로, 자음 앞이나 어말에서는 'k, t, p'로 적습니다. 'ㄹ'은 모음 앞에서는 'r'로, 자음 앞이나 어말에서는 'l'로 적으며, 'ㄹㄹ'은 'll'로 적지요.
그럼 아래의 표기 일람을 참고할 때, '독립문'과 '대관령'의 로마자 표기는 어떻게 될까요?

ㄱ	ㄴ	ㄷ	ㄹ	ㅁ	ㅂ	ㅇ
g, k	n	d, t	r, l	m	b, p	ng

ㅐ	ㅕ	ㅗ	ㅘ	ㅜ	ㅣ
ae	yeo	o	wa	u	i

	독립문	대관령
①	Dongnimmun	Daegwallyeong
②	Dongnimmun	Daegwalryeong
③	Dongrimmun	Daegwallyeong
④	Dongrimmun	Daegwanryeong
⑤	Doknipmun	Daegwanryeong

2018년 3월 고3 전국연합학력평가

[8] 다음 글을 읽고 물음에 답하시오.

국어에는 발음을 자연스럽게 하는 상황에서 어떠한 자음 두 개를 연달아 발음하는 것이 어려워 발생하는 음운 변동들이 있다. 가령 '국'과 '물'은 따로 발음하면 제 소리대로 [국]과 [물]로 발음되지만, '국물'처럼 'ㄱ'과 'ㅁ'을 연달아 발음하게 되면 예외 없이 비음화가 일어나 'ㄱ'이 [ㅇ]으로 바뀐다. 이것은 국어에서 장애음*과 비음을 자연스럽게 연달아 발음하는 것이 어려워 일어나는 현상이다. '국화[구콰]', '좋다[조:타]'처럼 예사소리와 'ㅎ'이 거센소리로 축약되는 현상도 국어에서 연달아 발음하는 것이 어려운 자음들이 이어질 때 발생하는 음운 변동으로 볼 수 있다. 비음화와 자음 축약은 장애음 뒤에 비음이 이어질 때, 'ㅎ'의 앞이나 뒤에서 예사소리가 이어질 때와 같이 음운과 관련된 조건만으로 규칙성을 파악할 수 있다.

국어에서 일어나는 된소리되기를 살펴보면, 예사소리인 파열음 'ㅂ, ㄷ, ㄱ' 뒤에 예사소리 'ㅂ, ㄷ, ㄱ, ㅅ, ㅈ'이 연달아 발음되기 어려워, 뒤에 오는 예사소리가 반드시 된소리로 바뀐다. 예를 들면, '국밥'은 반드시 [국빱]으로 발음된다. 이와 같은 현상은 필수적으로 일어나기 때문에 [갑짜기]로 발음되는 단어를 '갑자기'로 표기하더라도 발음할 때에는 예외 없이 [갑짜기]가 된다.

한편 자음의 본래 소리대로 발음할 수 있음에도 불구하고 일어나는 된소리되기가 존재한다. '(신을) 신고'가 [신:꼬]로 발음되는 것처럼, 용언의 어간이 비음으로 끝나고 뒤에 오는 어미가 예사소리로 시작하면 예사소리가 된소리로 바뀐다. 그런데 명사인 '신고(申告)'는 [신고]로 발음되듯이, 국어의 자연스러운 발음에서 비음과 예사소리는 그대로 발음될 수도 있다. 따라서 비음 뒤의 예사소리가 된소리로 발음되는 현상의 규칙성을 파악하기 위해서는 음운과 관련된 조건뿐만 아니라 용언의 어간과 어미가 결합한다는 것과 같은 형태소와 관련된 조건까지 알아야 한다.

국어의 규칙적인 음운 변동 중에는 어떠한 자음 두 개를 연달아 발음하는 것이 어려워 발생하는 것도 있고, 자음의 본래 소리대로 발음할 수 있음에도 불구하고 발생하는 것도 있다. 이와 같은 음운 변동이 일어난 발음들은 모두 표준 발음으로 인정된다.

* 장애음 : 구강 통로가 폐쇄되거나 마찰이 생겨서 나는 소리. 일반적으로 장애의 정도가 큰 파열음, 마찰음, 파찰음을 이름.

08

윗글을 바탕으로 〈보기〉의 '한글 맞춤법'을 이해한 내용으로 적절한 것은? [3점]

보기

제1항 한글 맞춤법은 표준어를 소리대로 적되, 어법에 맞도록 함을 원칙으로 한다.

제5항 한 단어 안에서 뚜렷한 까닭 없이 나는 된소리는 다음 음절의 첫소리를 된소리로 적는다.

1. 두 모음 사이에서 나는 된소리
   예 가끔, 어찌
2. 'ㄴ, ㄹ, ㅁ, ㅇ' 받침 뒤에서 나는 된소리
   예 잔뜩, 훨씬
   다만, 'ㄱ, ㅂ' 받침 뒤에서 나는 된소리는, 같은 음절이나 비슷한 음절이 겹쳐 나는 경우가 아니면 된소리로 적지 아니한다.

예 국수, 몹시

제13항 한 단어 안에서 같은 음절이나 비슷한 음절이 겹쳐 나는 부분은 같은 글자로 적는다. (ㄱ을 취하고, ㄴ을 버림.)

ㄱ	ㄴ
딱딱	딱닥

① 두 모음 사이에 예사소리가 오면 예외 없이 된소리가 되므로 '가끔'은 표기에 된소리를 밝혀 적는다.

② 예사소리인 파열음 뒤에서 된소리되기가 일어날 때 규칙성을 찾을 수 없으므로 '몹시'는 예사소리로 적는다.

③ '딱딱'은 '딱닥'으로 적으면 표준 발음이 [딱닥]이 될 수도 있으므로 두 번째 음절 첫소리를 예사소리로 적지 않는다.

④ '국수'는 두 번째 음절 첫소리를 된소리로 적지 않더라도 표준 발음인 [국쑤]로 발음되므로 표기에 된소리를 밝혀 적지 않는다.

⑤ '잔뜩'은 비음으로 끝난 용언의 어간 뒤의 예사소리가 된소리로 변했다는 뚜렷한 까닭이 있으므로 표기에 된소리를 밝혀 적는다.

09

2015년 6월 고3 평가원모의평가

〈보기〉에 따라 표준 발음을 이해한 내용으로 적절한 것은? [3점]

보기

<표준 발음법의 '된소리되기' 중 일부>

㉠ 어간 받침 'ㄴ(ㄵ), ㅁ(ㄻ)' 뒤에 결합되는 어미의 첫소리 'ㄱ, ㄷ, ㅅ, ㅈ'은 된소리로 발음한다.

㉡ 어간 받침 'ㄼ, ㄾ' 뒤에 결합되는 어미의 첫소리 'ㄱ, ㄷ, ㅅ, ㅈ'은 된소리로 발음한다.

㉢ 관형사형 '-(으)ㄹ' 뒤에 연결되는 'ㄱ, ㄷ, ㅂ, ㅅ, ㅈ'은 된소리로 발음한다. '-(으)ㄹ'로 시작되는 어미의 경우도 이에 준한다.

① '(가슴에) 품을 적에'와 '(며느리로) 삼고'에서의 된소리되기는 모두 ㉠에 따른 것이다.

② '(방이) 넓거든'과 '(두께가) 얇을지라도'에서의 된소리되기는 모두 ㉡에 따른 것이다.

③ '(신을) 신겠네요'와 '(땅을) 밟지도'에서의 된소리되기는 모두 ㉢에 따른 것이다.

④ '(남들이) 비웃을지언정'과 '(먼지를) 훑던'에서의 된소리되기는 각각 ㉠, ㉡에 따른 것이다.

⑤ '(물건을) 얹지만'과 '(자리에) 앉을수록'에서의 된소리되기는 각각 ㉠, ㉢에 따른 것이다.

10

2015년 6월 고3 평가원모의평가

〈보기〉의 선생님의 설명을 바탕으로 할 때, ㉠에 들어갈 말로 적절하지 않은 것은?

보기

학 생 : '되어요, 돼요, 되요' 중에서 어느 게 맞는지 궁금해요.

선생님 : "어간 모음 'ㅚ' 뒤에 '-어'가 붙어서 'ㅙ'로 줄어지는 것은 'ㅙ'로 적는다."라는 맞춤법 규정에 따르면 '되어요'는 어간 '되-'에 '-어요'가 결합된 것이므로 '돼요'로 줄어들 수 있어. 그러니까 '되어요, 돼요'는 맞는 말이지만 '되요'는 틀린 말이지. '(바람을) 쐬다, (턱을) 괴다, (나사를) 죄다, (어른을) 뵈다, (명절을) 쇠다' 등도 이 규정에 따라 적으면 돼.

학 생 : 아, 그러면 ___㉠___.

① '쐬어라'는 '쐬-'와 '-어라'가 결합된 것이므로 '쐐라'로 줄어들 수 있겠네요.
② '괴-'와 '-느냐'가 결합될 때는 '어'가 들어갈 수 없으므로 '괘느냐'는 틀린 말이겠네요.
③ '좨도'는 '죄-'와 '-어도'가 결합된 말이 줄어든 것이겠네요.
④ '뵈-'가 '-어서'와 결합되면 '봬서'로 줄어들 수 있겠네요.
⑤ '쇠-'와 '-더라도'가 결합될 때는 '쇄더라도'로 적으면 틀린 것이겠네요.

11

2015년 9월 고3 평가원모의평가

〈자료〉의 밑줄 친 발음 표시 부분을 맞춤법에 맞게 표기할 때에 적용되는 원칙을 〈보기〉에서 찾아 바르게 짝지은 것은?

자료

㉠ 이것은 유명한 책이 [**아니요**].
㉡ 영화 구경 [**가지요**].
㉢ 이것은 [**설탕이요**], 저것은 소금이다.

보기

◦ 용언의 어간과 어미는 구별하여 적는다.
- 종결형에서 사용되는 어미 '-오'는 '요'로 소리 나는 경우가 있더라도 그 원형을 밝혀 '오'로 적는다. ⓐ
  이리로 오시오. (○)
  이리로 오시요. (×)
- 연결형에서 사용되는 '이요'는 '이요'로 적는다. … ⓑ
  이것은 책이요, 저것은 붓이다. (○)
  이것은 책이오, 저것은 붓이다. (×)

◦ 어미 뒤에 덧붙는 조사 '요'는 '요'로 적는다. ……… ⓒ
읽어 읽어요　　먹을게 먹을게요

① ㉠-ⓐ　② ㉠-ⓑ　③ ㉡-ⓑ　④ ㉢-ⓐ　⑤ ㉢-ⓒ

12

2015년 수능B

밑줄 친 부분이 한글 맞춤법에 맞게 쓰인 것은?

① 엊저녁에는 고향 친구들과 만나서 식사를 했다.
② 그가 발의한 안건은 다음 회의에 부치기로 했다.
③ 적잖은 사람들이 그 의견에 찬성의 뜻을 보였다.
④ 동생은 누나가 직접 만든 깍뚜기를 먹어 보았다.
⑤ 저기 넙적하게 생긴 바위가 우리들의 놀이터였다.

13

2018년 9월 고3 평가원모의평가

〈보기〉의 ㉠~㉤에 대한 설명으로 적절한 것은? [3점]

보기

<로마자 표기 한글 대조표>

자음		ㄱ	ㄷ	ㅂ	ㄸ
표기	모음 앞	g	d	b	tt
	그 외	k	t	p	

ㄴ	ㅁ	ㅇ	ㅈ	ㅊ	ㅌ	ㅎ
n	m	ng	j	ch	t	h

모음	ㅏ	ㅐ	ㅗ	ㅣ
표기	a	ae	o	i

<로마자 표기의 예>

	한글 표기	발음	로마자 표기
㉠	같이	[가치]	gachi
㉡	잡다	[잡따]	japda
㉢	놓지	[노치]	nochi
㉣	맨입	[맨닙]	maennip
㉤	백미	[뱅미]	baengmi

① ㉠에서 일어나는 음운 변동은 '땀받이[땀바지]'에서도 일어나고, 로마자 표기에 반영되었다.

② ㉡에서 일어나는 음운 변동은 '삭제[삭쩨]'에서도 일어나고, 로마자 표기에 반영되었다.

③ ㉢에서 일어나는 음운 변동은 '닳아[다라]'에서도 일어나고, 로마자 표기에 반영되었다.

④ ㉣에서 일어나는 음운 변동은 '한여름[한녀름]'에서도 일어나고, 로마자 표기에 반영되지 않았다.

⑤ ㉤에서 일어나는 음운 변동은 '밥물[밤물]'에서도 일어나고, 로마자 표기에 반영되지 않았다.

14

2020년 6월 고3 평가원모의평가

〈보기〉의 [A]에 들어갈 말로 적절한 것만을 있는 대로 고른 것은?

보기

학 생 : 선생님, 자기 소개서를 써 봤는데, 띄어쓰기가 맞는지 가르쳐 주시겠어요? 헷갈리는 부분을 표시해 왔어요.

> 양로원에 가서 봉사 활동을 했습니다. 사실 그 시간에 ㉠**봉사 보다는** 게임을 하고 싶었습니다. 그저 작은 일을 ㉡**도울 뿐이었는데** ㉢**너 밖에** 없다며 행복해하시는 어르신들의 말씀을 들을 ㉣**때만큼은** 마음이 뿌듯해졌습니다.

선생님 : 한글 맞춤법에 따르면, 문장의 각 단어는 띄어 써야 하지만, 조사는 예외적으로 그 앞말에 붙여 쓴단다.

학 생 : 아, 그럼 [A] 은/는 앞말에 붙여 써야 하는군요.

① ㉠의 '보다', ㉢의 '밖에'

② ㉡의 '뿐', ㉢의 '밖에'

③ ㉡의 '뿐', ㉣의 '만큼'

④ ㉠의 '보다', ㉡의 '뿐', ㉣의 '만큼'

⑤ ㉠의 '보다', ㉢의 '밖에', ㉣의 '만큼'

15

2020년 4월 고3 전국연합학력평가

〈보기1〉을 바탕으로 〈보기2〉의 ㉠~㉤에 대해 이해한 내용으로 적절하지 <u>않은</u> 것은?

보기1

보조 용언도 하나의 단어이므로 띄어 쓰는 것이 원칙이나 경우에 따라서는 붙여 쓰는 것도 허용한다. 다만 본용언에 조사가 붙거나 본용언이 합성 용언인 경우, 본용언이 파생어인 경우는 그 뒤에 오는 보조 용언은 붙여 쓰지 않는다. 그런데 본용언이 합성어나 파생어라도 그 활용형이 2음절인 경우에는 본용언과 보조 용언을 붙여 쓰는 것도 허용한다. 그리고 본용언 뒤에 보조 용언이 거듭 나타나는 경우는 앞의 보조 용언만을 본용언에 붙여 쓸 수 있다.

보기2

◦그가 이 자리를 ㉠<u>**빛내 준다**</u>.
◦오늘 일은 일기에 ㉡<u>**적어 둘 만하다**</u>.
◦나는 어제 그 책을 ㉢<u>**읽어는 보았다**</u>.
◦아마도 이런 기회는 ㉣<u>**다시없을 듯하다**</u>.
◦이번에는 제발 열심히 ㉤<u>**공부해 보아라**</u>.

① ㉠은 본용언이 합성어이지만 활용형이 2음절인 경우이므로 '빛내'와 '준다'를 붙여 쓸 수 있다.
② ㉡은 본용언 뒤에 보조 용언이 거듭 나타나는 경우이므로 '둘'과 '만하다'를 붙여 쓸 수 있다.
③ ㉢은 본용언에 조사가 붙은 경우이므로 '읽어는'과 '보았다'를 붙여 쓰지 않는다.
④ ㉣은 본용언이 합성 용언인 경우이므로 '다시없을'과 '듯하다'를 붙여 쓰지 않는다.
⑤ ㉤은 본용언이 파생어인 경우이므로 '공부해'와 '보아라'를 붙여 쓰지 않는다.

16

2020년 7월 고3 전국연합학력평가

〈보기〉의 대화에서 ㉠~㉢에 해당하는 예끼리 묶인 것으로 적절한 것은?

보기

선생님: 오늘은 '한글맞춤법 제21항'에 대해 알아보도록 하겠습니다. '빛깔'처럼 ㉠<u>**명사 뒤에 자음으로 시작된 접미사가 붙어서 된 것**</u>, '덮개'처럼 ㉡<u>**어간 뒤에 자음으로 시작된 접미사가 붙어서 된 것**</u>은 그 명사나 어간의 원형을 밝히어 적습니다.

학 생: 선생님, 그럼 '널찍하다'의 경우에는 왜 어간의 원형인 '넓-'을 밝히지 않고 소리대로 적나요?

선생님: '널찍하다'처럼 ㉢<u>**겹받침의 끝소리가 드러나지 않는 경우**</u>와 '넙치'처럼 어원이 분명하지 않거나 본뜻에서 멀어진 경우에는 소리대로 적습니다.

	㉠	㉡	㉢
①	멋쟁이	굵기	얄따랗다
②	넋두리	값지다	말끔하다
③	먹거리	낚시	할짝거리다
④	오뚝이	긁적거리다	짤막하다
⑤	옆구리	지우개	깊숙하다

2021년 3월 고3 전국연합학력평가

[17] 다음 글을 읽고 물음에 답하시오.

(가) 표준 발음법 제5장에서는 '음의 동화'에 대해 다루고 있다. 동화는 음운 변동 중 한 음운이 다른 음운으로 바뀌는 교체에 속한다. 대표적인 예로 'ㄱ, ㄷ, ㅂ'이 비음 'ㄴ, ㅁ' 앞에서 각각 동일한 조음 위치의 비음인 'ㅇ, ㄴ, ㅁ'으로 조음 방법이 바뀌는 비음화, 'ㄴ'이 'ㄹ'의 앞 또는 뒤에서 동일한 조음 위치의 유음인 'ㄹ'로 조음 방법이 바뀌는 유음화가 있다. 예컨대 '맏물[만물]'에서는 비음화가 일어나고, '실내[실래]'에서는 유음화가 일어난다.

[A] 한편 동화를 일으키는 음운은 동화음, 동화음의 영향을 받는 음운은 피동화음이라고 하는데, 동화는 동화의 방향이나 동화의 정도에 따라 나눌 수 있다. 동화의 방향에 따라서는 동화음이 피동화음에 선행하는 동화, ㉠**<u>동화음이 피동화음에 후행하는 동화</u>**로 나눌 수 있다. 그리고 동화의 정도에 따라서는 ㉡**<u>피동화음이 동화음과 완전히 같아지는 동화</u>**, 피동화음이 동화음의 조음 위치나 조음 방법과 같은 일부 특성만 닮는 동화로 나눌 수 있다. 예컨대 '실내'에서는 동화음이 피동화음에 선행하며 피동화음이 동화음과 완전히 같아지는 동화가 일어나지만, '맏물'에서는 동화음이 피동화음에 후행하며 피동화음이 동화음의 조음 방법만 닮는 동화가 일어난다.

(나) 국어의 로마자 표기는 국어의 표준 발음법에 따라 적는 것을 원칙으로 한다. 다음은 국어의 로마자 표기법의 일부를 정리한 것이다.

1. 표기 일람

(1) 모음

ㅏ	ㅗ	ㅜ	ㅣ	ㅐ	ㅕ	ㅛ	ㅘ
a	o	u	i	ae	yeo	yo	wa

• 장모음의 표기는 따로 하지 않는다.

(2) 자음

ㄱ	ㄷ	ㅂ	ㅅ	ㅁ	ㅇ	ㄹ
g, k	d, t	b, p	s	m	ng	r, l

• 'ㄱ, ㄷ, ㅂ'은 모음 앞에서는 'g, d, b'로, 자음 앞이나 어말에서는 'k, t, p'로 적는다.
• 'ㄹ'은 모음 앞에서는 'r'로, 자음 앞이나 어말에서는 'l'로 적는다. 단, 'ㄹㄹ'은 'll'로 적는다.

2. 표기상의 유의점
• 음운 변화가 일어날 때에는 변화의 결과에 따라 적는다.
• 고유 명사는 첫 글자를 대문자로 적는다.

17

(가)와 (나)를 참고해 〈보기〉의 ⓐ~ⓔ를 로마자로 표기하려 할 때, 이에 대한 설명으로 적절한 것은?

보기

◦ ⓐ**<u>대관령</u>**[대ː괄령]에서 ⓑ**<u>백마</u>**[뱅마] 교차로까지는 멀다.
◦ ⓒ**<u>별내</u>**[별래] 주민들은 ⓓ**<u>삽목묘</u>**[삼몽묘]를 구입하였다.
◦ 작년에 농장 주인은 ⓔ**<u>물난리</u>**[물랄리]로 피해를 보았다.

* ⓐ~ⓒ는 지명임.

① ⓐ:종성 위치에서만 유음화가 일어나 [대ː괄령]으로 발음되므로 'Daeːkwallyeong'로 표기해야 한다.
② ⓑ:초성 위치에서만 비음화가 일어나 [뱅마]로 발음되므로 'Baengma'로 표기해야 한다.
③ ⓒ:초성 위치에서만 유음화가 일어나 [별래]로 발음되므로 'Byeollae'로 표기해야 한다.
④ ⓓ:초성 위치와 종성 위치에서 비음화가 일어나 [삼몽묘]로 발음되므로 'sammongmyo'로 표기해야 한다.
⑤ ⓔ:초성 위치와 종성 위치에서 유음화가 일어나 [물랄리]로 발음되므로 'mullalri'로 표기해야 한다.

2022년 4월 고3 전국연합학력평가

[18] 다음 글을 읽고 물음에 답하시오.

한글 맞춤법은 표준어를 소리대로 적되, 어법에 맞도록 함을 원칙으로 하고 있다. 우선 표준어를 소리대로 적는다는 것은 표준어를 발음되는 대로 표기하는 것을 가리킨다. 그런데 이것만으로는 충분하지 않은 경우가 있다.

예를 들어, '꽃'이라는 단어는 발음되는 환경에 따라 소리가 달라진다. '꽃'이 조사 '이', '만', '도'와 결합한 것을 발음되는 대로 적으면 '꼬치', '꼰만', '꼳또'이므로 의미를 파악하기 어렵다. 따라서 한글 맞춤법에서는 어법에 맞도록 한다는 원칙에 따라 '꽃이', '꽃만', '꽃도'와 같이 '꽃'이라는 하나의 형태로 적도록 하고 있다. 즉 여러 가지 발음을 고려한 대표 형태를 선택하여 일관되게 표기하게 한 것이다. 이러한 원칙은 용언의 어간에 어미가 결합할 때도 동일하게 적용된다. 다만 언제나 어법에 따라 의미가 같은 하나의 말을 하나의 형태로 고정하여 적을 수 있는 것은 아니다.

㉮ **대표 형태로는 여러 발음들이 나타나는 과정을 합리적으로 설명할 수 있다**. [이써요], [인는데요], [읻떠라고요]와 같이 발음한 것을 한글 맞춤법에 따라 표기하기 위해 대표 형태를 선택하는 상황을 예로 들 수 있다. '있-', '인-', '읻-' 중에 '읻-'을 대표 형태로 본다면 [인는데요]는 비음화, [읻떠라고요]는 된소리되기로 둘 다 교체로 설명할 수 있지만, [이써요]는 설명할 수 없다. '인-'을 대표 형태로 본다면 [이써요]와 [읻떠라고요]는 설명할 수 없다. 그러나 '있-'을 대표 형태로 선택하면 [이써요]는 음운 변동 없이 연음된 것으로, [인는데요]와 [읻떠라고요]는 모두 교체로 설명할 수 있다. 따라서 '있-'을 대표 형태로 보는 것이 가장 합리적이다.

이와 달리 실제 발음에서 나타나지 않는 형태를 대표 형태로 선택하는 경우가 있다. 예를 들어 '놓으니', '놓다'는 [노으니], [노타]로 발음되는데 어간을 '놓-'이라는 대표 형태로 고정하여 적고 있다. 왜냐하면 대표 형태가 '노-'라면 [노타]를 설명할 수 없지만 '놓-'이라면 [노으니]는 탈락, [노타]는 축약으로 설명이 가능하기 때문이다.

18

윗글을 바탕으로 다음을 이해한 내용으로 적절하지 않은 것은?

보기

최근 **들어 더운** 날씨가 이어지고 있습니다. 이번 **여름**은 얼마나 **덥고**, **장마**의 시작과 **끝이** 언제일지 궁금하신 분들이 많을 것 같습니다. 올해도 더위가 기승을 **부릴** 것으로 예측됩니다.

① '들어'를 발음할 때는 음운 변동이 나타나지 않는군.
② '더운'과 '덥고'는 어간의 의미가 같지만 형태를 하나로 고정하여 적지 않은 경우이군.
③ '여름', '장마'는 표준어를 발음되는 대로 표기한 것이군.
④ '끝이'를 '끄치'로 적지 않은 것은 어법에 맞도록 한다는 원칙 때문이군.
⑤ '부릴'의 어간은 실제 발음에서 나타나지 않는 형태를 대표 형태로 선택해 표기한 것이군.

19

2022년 수능

〈보기〉는 준말에 관한 한글 맞춤법의 일부이다. 이를 적용한 내용으로 적절하지 않은 것은? [3점]

> **보기**
>
> **제34항 [붙임 1]** 'ㅐ, ㅔ' 뒤에 '-어, -었-'이 어울려 줄 적에는 준 대로 적는다. ············ ㉠
>
> **제35항** 모음 'ㅗ, ㅜ'로 끝난 어간에 '-아/-어, -았-/-었-'이 어울려 'ㅘ/ㅝ, ㅘㅆ/ㅝㅆ'으로 될 적에는 준 대로 적는다. ············ ㉡
>
> **제35항 [붙임 2]** 'ㅚ' 뒤에 '-어, -었-'이 어울려 'ㅙ, ㅙㅆ'으로 될 적에도 준 대로 적는다 ············ ㉢
>
> **제36항** 'ㅣ' 뒤에 '-어'가 와서 'ㅕ'로 줄 적에는 준 대로 적는다. ············ ㉣
>
> **제37항** 'ㅏ, ㅕ, ㅗ, ㅜ, ㅡ'로 끝난 어간에 '-이-'가 와서 각각 'ㅐ, ㅖ, ㅚ, ㅟ, ㅢ'로 줄 적에는 준 대로 적는다. ············ ㉤

① ㉠을 적용하면 '(날이) 개었다'와 '(나무를) 베어'는 각각 '갰다'와 '베'로 적을 수 있다.

② ㉡을 적용하면 '(다리를) 꼬아'와 '(죽을) 쑤었다'는 각각 '꽈'와 '쒔다'로 적을 수 있다.

③ ㉤을 적용할 때, 어간 '(발로) 차-'에 '-이-'가 붙은 '(발에) 차이-'에 '-었다'가 붙으면 '채었다'로 적을 수 있다.

④ ㉤을 적용한 후 ㉢을 적용할 때, 어간 '(벌이) 쏘-'에 '-이-'가 붙은 '(벌에) 쏘이-'에 '-어'가 붙으면 '쐐'로 적을 수 있다.

⑤ ㉤을 적용한 후 ㉣을 적용할 때, 어간 '(오줌을) 누-'에 '-이-'가 붙은 '(오줌을) 누이-'에 '-어'가 붙으면 '뉘여'로 적을 수 있다.

07 바른 국어 생활

01

2015년 3월 고3 전국연합학력평가

㉠~㉤의 사례로 적절하지 않은 것은?

> 문장을 어법에 어긋나거나 부자연스럽게 사용한 대표적 유형으로는, ㉠<u>주어와 서술어가 호응하지 않는 경우</u>, ㉡<u>부사어와 서술어가 호응하지 않는 경우</u>, ㉢<u>서술어가 요구하는 문장 성분이 부적절하게 생략된 경우</u>, ㉣<u>서술어가 부적절하게 생략된 경우</u>, ㉤<u>불필요하게 의미가 중복되는 경우</u> 등이 있다.

① ㉠ : 내가 하고 싶은 말은 다른 사람을 배려해서 행동하자.
② ㉡ : 새벽에 잠을 깬 사람은 비단 나뿐이었다.
③ ㉢ : 나는 집에 오자마자 들고 있던 가방을 두었다.
④ ㉣ : 새로 산 자동차에 짐과 동생을 태우고 여행을 떠났다.
⑤ ㉤ : 착한 너의 후배를 나한테 빨리 소개해 주었으면 좋겠다.

02

2015년 4월 고3 전국연합학력평가

㉠~㉤에 들어갈 문장으로 적절하지 않은 것은?

원래 문장	표현하려는 의미	수정한 문장
현우는 새로 산 옷을 입고 있다.	옷을 입는 동작이 진행 중임을 나타내고자 함.	㉠
영철이는 지수보다 야구 경기를 더 좋아한다.	영철이가 더 좋아하는 것은 지수가 아니라 야구 경기임.	㉡
친구들이 약속 장소에 다 나오지 않았다.	친구들이 일부만 참석함.	㉢
민수는 아침에 윤서가 여행에서 돌아왔다고 말했다.	돌아온 사실을 말한 시점이 아침임.	㉣
그는 내게 장미와 튤립 두 송이를 주었다.	받은 꽃의 개수가 세 송이임.	㉤

① ㉠ : 현우는 새로 산 옷을 입고 있는 중이다.
② ㉡ : 영철이는 지수를 좋아하는 것보다 야구 경기를 더 좋아한다.
③ ㉢ : 친구들이 약속 장소에 다는 나오지 않았다.
④ ㉣ : 윤서가 아침에 여행에서 돌아왔다는 것을 민수는 말했다.
⑤ ㉤ : 그는 내게 장미 한 송이와 튤립 두 송이를 주었다.

03
2015년 7월 고3 전국연합학력평가

다음은 잘못된 문장 표현을 고쳐 쓴 것이다. 적절하지 않은 것은?

- 문장 성분 간의 호응이 잘못된 경우
  예 그는 마음먹은 일은 절대로 하고 만다.
  → 그는 마음먹은 일은 반드시 하고 만다. ········ ①
- 활용 어미의 사용이 잘못된 경우
  예 알맞는 답을 고르시오.
  → 알맞은 답을 고르시오. ································ ②
- 불필요한 어휘가 중복된 경우
  예 이 사람의 장점은 노래를 잘한다는 것이 장점이다.
  → 이 사람의 장점은 노래를 잘한다는 것이다. · ③
- 시간 표현이 잘못된 경우
  예 철수가 어제 집에 오지 않습니다.
  → 철수가 어제 집에 오지 않았습니다. ············ ④
- 필수적인 문장 성분이 지나치게 생략된 경우
  예 인사 발령이 나서 가게 되었다.
  → 인사 발령이 나서 급히 가게 되었다. ·········· ⑤

04
2015년 10월 고3 전국연합학력평가

〈보기〉의 ㉠~㉤은 모두 중의적인 문장이다. 괄호의 의미만을 나타내도록 수정한 방법으로 적절하지 않은 것은?

보기

㉠ 교실에 학생들이 다 오지 않았다.
(→ 학생들이 한 명도 오지 않았다는 의미로)
㉡ 현규와 숙희는 어제 결혼하였다.
(→ 현규가 숙희의 남편이 되었다는 의미로)
㉢ 이것은 선생님의 그림이다.
(→ 그림 속 인물이 선생님이라는 의미로)
㉣ 아버지께서 귤과 사과 두 개를 가져오셨다.
(→ 과일 세 개 중 두 개가 사과라는 의미로)
㉤ 그녀는 밝은 표정으로 환영하는 사람들에게 인사했다.
(→ 표정이 밝은 사람은 그녀라는 의미로)

① ㉠ : '않았다'를 '못했다'로 바꾼다.
② ㉡ : '현규와 숙희는'을 '현규는 숙희와'로 교체한다.
③ ㉢ : '선생님의'를 '선생님을 그린'으로 교체한다.
④ ㉣ : '귤과 사과 두 개'를 '귤 한 개와 사과 두 개'로 바꾼다.
⑤ ㉤ : '밝은 표정으로'를 '사람들에게'의 뒤로 옮긴다.

05
2016년 3월 고3 전국연합학력평가

〈보기〉는 문법적으로 바르지 않은 문장 유형 중 일부이다. 〈보기〉의 어느 경우에도 해당하지 않는 것은?

보기

- 높임 표현이 적절하게 사용되지 않은 경우
- 연결 어미가 의미에 맞게 사용되지 않은 경우
- 피동 표현이 중복되어 과도한 피동이 된 경우
- 목적어에 대응하는 서술어가 잘못 생략된 경우

① 고등학생이라면 모름지기 그 정도는 다 할 줄 안다.
② 예상치 못했던 결과가 나온다면 실망할 필요가 없다.
③ 그 복지 시설은 지금 민간에 위탁 운영되어지고 있다.
④ 특별한 일이 없을 때는 텔레비전이나 라디오를 듣는다.
⑤ 이것은 어머니가 외할머니한테 생신 선물로 드린 것이다.

06

2016년 수능A, B

다음 중 문법으로 가장 정확한 문장은?

① 그는 자기가 창안한 사회 이론을 더욱 발전해 사회 문제의 해결에 기여하고자 하였다.

② 참관인 자격으로 회의에 참석한 두 사람은 눈짓을 주고받은 후 조용히 회의장을 빠져나갔다.

③ 유럽은 18세기 후반부터 약 100년 동안 생산 기술의 발달과 그에 따라 사회 조직의 큰 변화를 겪었다.

④ 이 책의 저자가 독자에게 말하려는 요점은 모름지기 사람은 남을 하여 자기를 희생할 줄도 알아야 한다.

⑤ 그의 작품들은 엇비슷해서 학생들이 작품 이름의 혼동이나 각 작품의 이야기 줄거리를 잘 기억하지 못했다.

07

2016년 7월 고3 전국연합학력평가

다음은 잘못된 문장 표현을 고쳐 쓴 것이다. 적절하지 <u>않은</u> 것은?

◦ 단어의 사용이 잘못된 경우
예 나이가 많고 작음은 큰 의미가 없다.
→ 나이가 크고 작음은 큰 의미가 없다. ………… ①

◦ 조사의 쓰임이 잘못된 경우
예 우리 아버지에 생신을 축하하려고 모였다.
→ 우리는 아버지의 생신을 축하하려고 모였다.
………………………………………………………… ②

◦ 어미의 사용이 잘못된 경우
예 집에 가던지 학교에 가던지 해라.
→ 집에 가든지 학교에 가든지 해라. ……………… ③

◦ 문장 성분 간의 호응이 잘못된 경우
예 그것은 결코 우연한 일이었다.
→ 그것은 결코 우연한 일이 아니었다. ………… ④

◦ 문장 성분이 과도하게 생략된 경우
예 그녀는 노래와 춤을 추고 있다.
→ 그녀는 노래를 부르며 춤추고 있다. ………… ⑤

08

2015년 6월 고3 평가원모의평가

〈보기1〉의 ㉠~㉣ 중 〈보기2〉와 같이 문장을 수정하는 데에 반영된 것만을 있는 대로 고른 것은?

보기1

문장을 수정할 때는 아래와 같은 사항을 점검해야 한다.

㉠ 문장의 필수 성분이 다 갖추어져 있는가?
㉡ 조사가 적절하게 사용되었는가?
㉢ 어미가 적절하게 사용되었는가?
㉣ 불필요한 의미 중복 표현이 사용되지는 않았는가?

보기2

수정 전	지난여름 청소년 문화 교류단에 참여하려는 학생들은 각 지역에 청소년들과 소통하고 답사함으로써 즐거운 추억을 만들 수 있었다.

수정 후	지난여름 청소년 문화 교류단에 참여한 학생들은 각 지역의 청소년들과 소통하고 유적지를 답사함으로써 즐거운 추억을 만들 수 있었다.

① ㉠, ㉢ ② ㉠, ㉣ ③ ㉡, ㉣
④ ㉠, ㉡, ㉢ ⑤ ㉡, ㉢, ㉣

09

2015년 9월 고3 평가원모의평가

〈자료〉와 같이 문장을 수정할 때 고려한 사항을 〈보기〉의 ㉠~㉣에서 고른 것은?

보기

㉠ 주어와 서술어의 호응
- 너희가 기억할 것은 좋은 지도자는 실패하더라도 좌절하지 않는다.
  → 너희가 기억할 것은 좋은 지도자는 실패하더라도 좌절하지 않는다는 점이다.

㉡ 부사어와 연결 어미의 호응
- 그는 아무리 돈이 많아서 그것을 쓸 줄 모른다.
  → 그는 아무리 돈이 많아도 그것을 쓸 줄 모른다.

㉢ 목적어의 누락
- 상대방의 함정에 빠진 그들은 머리를 모아 궁리하기 시작했다.
  → 상대방의 함정에 빠진 그들은 머리를 모아 탈출 방법을 궁리하기 시작했다.

㉣ 피동의 중복
- 그것은 오래전에 불려지던 노래이다.
  → 그것은 오래전에 불리던 노래이다.

자료

- 그 프로그램을 쓰면 비록 초보자일수록 누구나 쉽게 표와 그래프 등을 그려서 작성할 수 있다.
  → 그 프로그램을 쓰면 비록 초보자일지라도 누구나 쉽게 표와 그래프 등을 그려서 문서를 작성할 수 있다.

① ㉠, ㉡ ② ㉠, ㉢ ③ ㉡, ㉢ ④ ㉡, ㉣ ⑤ ㉢, ㉣

2021년 10월 고3 전국연합학력평가

[10] 다음 글을 읽고 물음에 답하시오.

국어에는 '않다', '못하다', '말다', '아니다', '없다' 등의 부정 의미의 용언과 주로 함께 쓰이는 단어가 있다. 이러한 단어는 여러 품사에서 나타나는데, 단어에 따라 호응하는 부정 의미의 용언이 다를 수 있다. 그런데 부정 의미의 용언이 나타나지 않은 문장이 문맥적으로 부정 의미를 내포하는 경우에 쓰이는 단어가 있다. 예를 들어 보면, '나는 그곳에 차마 가지 못했다(*나는 그곳에 차마 갔다)'와 같이 '차마'는 부정 의미를 나타내는 '가지 못했다'와 어울린다. 그러나 '내가 그곳에 차마 가겠니?'와 같은 의문문이 '나는 그곳에 차마 갈 수 없다(가지 못한다 / 가지 않는다)'를 뜻함으로써 용언의 의미를 부정하는 문맥일 때에는 '차마'가 쓰일 수 있다.

한편, 부정문 형식의 문장에 함께 쓰여 그 문장의 의미를 강한 긍정으로 해석되게 하는 단어가 있다. 예를 들어, '문제가 어렵지 않다'라는 부정문에 '이만저만'을 함께 써서 '문제가 이만저만 어렵지 않다'가 되면 '문제가 매우 어렵다'라는 의미로 해석된다. 이는 '이만저만'으로 인해 문장의 의미가 '어렵다'를 강조하는 긍정으로 해석된 것이다.

[A] 부정 의미의 용언이 나타난 문맥에서 주로 쓰이는 단어들은 그 의미나 형태가 시대에 따라 다르게 나타나기도 하고 유사하게 나타나기도 한다. 예를 들어, 과거에는 부정 의미의 용언이 나타난 문맥뿐만 아니라 그렇지 않은 문맥에서도 쓰이던 단어가 현대에는 부정 의미의 용언이 나타난 문맥에서만 쓰이는 경우가 있다. 또한 과거에는 용언의 어간에 '-지 아니하다'를 결합한 형태로 쓰이던 것이 시대에 따라 '-잖다'나 '찮다'로 축약된 형태가 쓰이기도 한다. 이들은 축약되기 전 형태의 의미와 유사하게 쓰이기도 하지만 다른 의미로 쓰이는 경우도 있다.

10

윗글을 바탕으로 〈보기〉를 이해한 내용으로 적절하지 않은 것은?

> **보기**
>
> ㄱ. *그 일은 나와 **아무런** 관계가 있다.
> ㄴ. 화단의 꽃들이 **여간** 탐스럽지 않다.
> ㄷ. 나는 밤새도록 이것**밖에** 하지 못했다.
> ㄹ. 그 아이들이 **좀처럼** 제 말을 듣겠습니까?
> ㅁ. *나는 무서워서 그 자리에서 **옴짝달싹했다**.
>
> ※ '*'는 비문임을 나타냄

① ㄱ의 '아무런'은 긍정 의미의 용언이 나타나는 문맥에서 사용될 수 없군.

② ㄴ의 '여간'은 '탐스럽지 않다'라는 부정 의미를 강조하고 있군.

③ ㄷ의 '밖에'는 부정 의미의 용언과 어울려 쓰이고 있군.

④ ㄹ의 '좀처럼'은 부정 의미를 내포하는 문맥에서 쓰이고 있군.

⑤ ㅁ의 '옴짝달싹했다'를 '옴짝달싹하지 못했다'로 바꾸면 어법에 맞겠군.

08 국어사

01

2015년 수능B

〈보기1〉의 학생 의견과 관련된 한글의 제자 원리를 〈보기2〉에서 찾아 바르게 짝지은 것은? [3점]

보기1

학습 활동 : 오늘날 우리가 한글을 사용하면서 생각한 바를 각자 정리하여 발표해 봅시다.

○ **학생1** : 'ㄱ'의 글자 모양이 그 소리를 낼 때 혀뿌리가 목구멍을 막는 모양과 관련된다니 한글은 정말 대단해요.

○ **학생2** : 휴대 전화 자판 중에는 'ㆍ, ㅡ, ㅣ'를 나타내는 3개의 자판만으로 모든 모음자를 입력하는 것도 있어서 참 편리해요.

○ **학생3** : 〈예사소리〉—〈거센소리〉—〈된소리〉의 관계가 〈A〉—〈A에 획 추가〉—〈AA〉로 글자 모양에 나타나 있어서 참 체계적인 문자인 것 같아요.

○ **학생4** : 'ㅁ'과 'ㅁ'에 획을 추가해서 만든 자음자들은 'ㅁ' 모양을 공통으로 포함하고 있는데, 이때 포함된 'ㅁ' 모양은 이들 자음자들의 공통된 소리 특징을 반영한 것이에요.

○ **학생5** : 한글은 음절 단위로 모아쓰기를 하면서도 받침 글자를 따로 만들지 않았어요. 만약 그렇지 않았다면 지금보다 글자 수가 훨씬 많아졌을 거요.

보기2

한글의 제자 원리

가. 초성자와 중성자의 기본자는 상형의 원리로 만들었다.
나. 기본자에 가획하여 새로운 초성자를 만들었다.
다. 초성자를 나란히 써서 또 다른 초성자로 사용하였다.
라. 기본자 외의 8개 중성자는 기본자를 합하여 만들었다.

① 학생1 - 가, 나
② 학생2 - 다, 라
③ 학생3 - 나, 다
④ 학생4 - 나, 라
⑤ 학생5 - 가, 라

09 국어의 변천

01

2015년 3월 고3 전국연합학력평가

㉠~㉤을 현대 국어와 비교한 내용으로 적절하지 않은 것은?

> [중세 국어] ㉠부톄 目連(목련)이드려 ㉡니르샤딕
> [현대 국어] 부처가 목련에게 이르시되
>
> [중세 국어] 耶輸(야수)ㅣ ㉢부텻 使者(사자) 왯다 ㉣드르시고
> [현대 국어] 야수가 부처의 사자가 왔다는 말을 들으시고
>
> [중세 국어] 내 ᄯᅩᆯ 勝鬘(승만)이 聰明(총명)ᄒᆞ니 부텨옷 ㉤보ᅀᆞᄫᆞ면
> [현대 국어] 내 딸 승만이 총명하니 부처만 뵈면
>
> -『석보상절』

① ㉠ : 모음으로 끝나는 체언에 주격 조사 'ㅣ'가 결합했다는 점에서 현대 국어와 차이가 있다.

② ㉡ : 고유어에서 두음 법칙이 적용되었다는 점에서 현대 국어와 공통적이다.

③ ㉢ : 관형격 조사로 'ㅅ'이 쓰였다는 점에서 현대 국어와 차이가 있다.

④ ㉣ : 주체를 높이는 선어말 어미가 쓰였다는 점에서 현대 국어와 공통적이다.

⑤ ㉤ : 객체를 높이는 선어말 어미가 쓰였다는 점에서 현대 국어와 차이가 있다.

02

2015년 4월 고3 전국연합학력평가

〈보기〉의 ㉠~㉤에서 알 수 있는 중세 국어의 특징으로 적절하지 않은 것은?

> **보기**
>
> ㉠雙鵰(쌍조)ㅣ ᄒᆞᆫ 사래 ㉡ᄢᅦ니 絶世(절세) 英才(영재)를 삭 邊人(변인)이 拜伏(배복)㉢ᄒᆞᅀᆞᄫᆞ니
>
> [현대어 풀이]
> 두 마리 독수리가 한 살에 꿰이니, 절세의 영재를 변방의 사람들이 절하며 복종하니
>
> 雙鵲(쌍작)이 ᄒᆞᆫ ㉣사래 ㉤디니 曠世(광세) 奇事(기사)를 北人(북인)이 稱頌(칭송)ᄒᆞᅀᆞᄫᆞ니
>
> [현대어 풀이]
> 두 마리 까치가 한 살에 떨어지니, 세상에 없는 기이한 일을 북녘 사람들이 칭송하니
>
> -「용비어천가(龍飛御天歌)」〈제23장〉

① ㉠을 보니 모음으로 끝난 체언 뒤에 목적격 조사로 'ㅣ'가 사용되었군.

② ㉡을 보니 음절의 초성에서 두 개 이상의 자음이 사용되었군.

③ ㉢을 보니 'ㅿ', 'ㅸ', 'ㆍ' 등 현대 국어에서는 사용되지 않는 문자가 사용되었군.

④ ㉣에서 양성 모음 'ㅏ'와 'ㅐ'가 어울리는 것을 보니 모음 조화가 지켜졌군.

⑤ ㉤에서 'ㅣ' 앞의 'ㄷ'이 'ㅈ'으로 변하지 않은 것을 보니 구개음화 현상이 나타나지 않았군.

03

2015년 7월 고3 전국연합학력평가

[가]에 들어갈 내용으로 적절하지 <u>않은</u> 것은?

학습 자료	중세 국어의 '-ᄉᆞᆸ-/-ᄌᆞᆸ-/-ᅀᆞᆸ-'은 객체 높임의 의미를 나타내는 선어말 어미이다. 주체 높임은 선어말 어미 '-시-', 상대 높임은 선어말 어미 '-이-'를 사용하여 나타냈다. 또한 높임의 뜻을 가진 어휘로 높임이 실현되기도 했다. [중세 국어] 聖子ᄅᆞᆯ 내㉠<u>시</u>니㉡<u>이</u>다 [현대 국어] (하늘이) 聖子(성자)를 내셨습니다. [중세 국어] 世솅尊존ㅅ 安한否블 묻㉢<u>ᄌᆞᆸ</u>고 [현대 국어] 世尊(세존)의 安否(안부)를 여쭙고 [중세 국어] ㉣<u>진지</u> 오ᄅᆞᆯ 제 반ᄃᆞ시 [현대 국어] 진지 올릴 때 반드시
학습 활동	㉠~㉣을 현대 국어와 비교하여 정리해 보자. ([가])

① ㉠ : 주체인 '聖子(성자)'를 높이는 '-시-'가 쓰인다는 점에서 현대 국어와 같다.

② ㉡ : 상대를 높이는 '-이-'가 쓰인다는 점에서 현대 국어와 차이가 있다.

③ ㉢ : 객체를 높이는 '-ᄌᆞᆸ-'이 쓰인다는 점에서 현대 국어와 차이가 있다.

④ ㉣ : '밥'을 높여서 이르는 말을 사용하고 있다는 점에서 현대 국어와 같다.

⑤ ㉠+㉡ : 주체와 상대에 대한 높임이 함께 나타난다는 점에서 현대 국어와 같다.

04

2015년 10월 고3 전국연합학력평가

〈보기〉의 중세 국어 자료에 나타나는 특징을 탐구한 내용으로 적절하지 <u>않은</u> 것은? [3점]

보기

善쎤慧쮕 ㉠ <u>**니ᄅᆞ샤ᄃᆡ**</u> 五옹百ᄇᆡᆨ ㉡ <u>**銀은도ᄂᆞ로**</u> 다ᄉᆞᆺ 줄기ᄅᆞᆯ 사아지라
俱궁夷잉 묻ᄌᆞᄫᆞ샤ᄃᆡ ㉢ <u>**므스게**</u> ㉣ <u>**ᄡᅳ시리**</u>
善쎤慧쮕 ㉤ <u>**對됭答답ᄒᆞ샤ᄃᆡ**</u> 부텻긔 받ᄌᆞᄫᆞ리라

- '월인석보' 권 1(1459년)

[현대어 풀이]

선혜가 **<u>이르시되</u>** "오백 <u>은돈으로</u> 다섯 줄기를 사고 싶다."
구이가 물으시되 **<u>"무엇에 쓰시리?"</u>**
선혜가 **<u>대답하시되</u>** "부처께 바치리라."

① ㉠을 통해 두음 법칙이 적용되지 않았음을 알 수 있군.

② ㉡을 통해 조사가 결합할 때 모음조화가 지켜졌음을 알 수 있군.

③ ㉢을 통해 이어 적기가 사용되었음을 알 수 있군.

④ ㉣을 통해 초성자의 서로 다른 자음을 가로로 나란히 붙여 쓰는 방식이 사용되었음을 알 수 있군.

⑤ ㉤을 통해 객체를 높이는 선어말 어미가 사용되었음을 알 수 있군.

05

2016년 7월 고3 전국연합학력평가

〈보기〉의 중세 국어 자료에서 나타난 특징을 탐구한 내용으로 적절하지 <u>않은</u> 것은?

> **보기**
>
> [중세 국어]
>
> 나라히 파망(破亡)ᄒᆞ·니 :뫼·콰 ᄀᆞ·ᄅᆞᆷ :ᄲᅮᆫ 잇·고
> ·잣 ·안 **보·ᄆᆡ** **·플와** 나모 :ᄲᅮᆫ 기·펫도·다
> 시절(時節)·을 감탄(感嘆)·호니 고·지 ·눉므를 **ᄲᅳ·리게** ·코
> 여·희여·슈믈 슬후니 :새 **ᄆᆞᅀᆞ·ᄆᆞᆯ** :놀래ᄂᆞ·다
> 봉화(烽火)ㅣ :석·**ᄃᆞᄅᆞᆯ** 니·ᅀᅦ시·니
> 지·빗 음서(音書)·ᄂᆞᆫ 만금(萬金)·이 ·ᄉᆞ도·다
>
> \- 초간본 『분류두공부시언해』 중에서
>
> [현대어 풀이]
>
> 나라가 망하니 산과 강만 있고
> 성 안의 **봄에** **풀과** 나무만이 깊어 있도다.
> 시절을 감탄하니 꽃이 눈물을 **뿌리게** 하고
> 헤어져 있음을 슬퍼하니 새가 **마음을** 놀라게 한다.
> 봉화가 석 **달을** 이어지니
> 집의 편지는 만금보다 값지도다.

① '보·ᄆᆡ'는 현대 국어의 '봄에'에 대응하는 것을 보니 끊어 적기를 하였군.

② '·플와'가 현대 국어의 '풀과'에 대응하는 것을 보니 방점이 쓰였군.

③ 'ᄲᅳ·리게'가 현대 국어의 '뿌리게'에 대응하는 것을 보니 단어의 첫머리에 서로 다른 자음이 함께 사용되었군.

④ 'ᄆᆞᅀᆞ·ᄆᆞᆯ'이 현대 국어의 '마음을'에 대응하는 것을 보니 현대 국어에서 사용되지 않는 'ㅿ', 'ㆍ'가 사용되었군.

⑤ '·ᄃᆞᄅᆞᆯ'이 현대 국어의 '달을'에 대응하는 것을 보니 모음 조화가 지켜졌군.

2017년 3월 고3 전국연합학력평가

[6~7] 다음을 읽고 물음에 답하시오.

> 15세기 국어의 모음 조화는 형태소 내부와 경계에서 비교적 잘 지켜졌다. 한 형태소 내의 모음들을 살펴보면 'ㅏ, ㅗ, ㆍ' 등의 양성 모음은 양성 모음끼리, 'ㅓ, ㅜ, ㅡ' 등의 음성 모음은 음성 모음끼리 어울렸다. 중성 모음 'ㅣ'는 양성 모음과 어울리기도 하고, 음성 모음과 어울리기도 하였다. 또 어근과 접사가 결합하여 단어가 형성되거나 체언에 조사가 연결될 때, 용언 어간에 어미가 연결될 때에도 조사나 어미의 첫 모음은 그에 선행하는 모음과 같은 성질의 모음이 연결되었다. 예를 들어, 목적격 조사는 그에 선행하는 명사의 모음에 따라 'ᄋᆞᆯ/을, ᄅᆞᆯ/를' 중 하나가 선택되었고, '-ᄋᆞᆫ/-은', '-옴/-움', ㉠<u>**'-아/-어'와 같은 어미도 선행하는 어간의 모음에 따라 규칙적으로 선택되었다**</u>. 다만, 조사 '도', '와/과'나 어미 '-고', '-더-' 등은 모음 조화가 적용되지 않았다.
>
> 그런데 16세기부터 모음 조화는 약화되기 시작하였다. 이는 'ㆍ'의 소실과 관계가 있다. 16세기에는 둘째 음절 이하에서의 'ㆍ'가 소실되면서 주로 'ㅡ'에 합류하였다. 첫째 음절에서의 'ㆍ'는 여전히 양성 모음이었으나, 둘째 음절 이하에서는 'ㆍ' 대신 음성 모음인 'ㅡ'가 쓰인 것이다. 이러한 변화로 체언에 연결되는 'ᄋᆞᆫ/은', 'ᄋᆞᆯ/을', 'ᄋᆡ/의' 등의 조사는 점차 '은', '을', '의' 등으로 통일되었고, 모음 조화를 지키던 '사ᄉᆞᆷ'과 같은 단어들은 '사슴'과 같이 모음 조화를 어기는 형태가 되고 말았다.
>
> 이후 18세기에 첫째 음절에서의 'ㆍ'가 주로 'ㅏ'에 합류하면서 'ㆍ'는 완전히 소실되었고, 국어의 모음 체계는 큰 변화를 겪게 되었다. 그리고 이러한 변화는 모음 조화가 약화되는 또 다른 요인으로 작용했다.
>
> 현대 국어에서는 모음 조화가 형태소 내부와 경계에서 지켜지지 않는 경우가 많다. 다만 '촐랑촐랑', '출렁출렁'과 같은 음성 상징어에서나 ㉡<u>**일부 용언의 어간 뒤에 '-아/-어' 계열의 어미가 결합할 때 모음 조화가 이루어지는 모습을 확인할 수 있다**</u>.

06

㉠과 ㉡을 모두 확인할 수 있는 예로 적절하지 않은 것은?

	15세기 국어		현대 국어	
	용언 어간	활용형	용언 어간	활용형
①	알-	아라	알-	알아
②	먹-	머거	먹-	먹어
③	ᄭᆡ오-	ᄭᆡ와	깨우-	깨워
④	ᄡᅳ-	ᄡᅥ	쓰-	써
⑤	ᄀᆞ독ᄒᆞ-	ᄀᆞ독ᄒᆞ야	가득하-	가득하여

07

윗글을 읽고, 〈보기〉를 이해한 내용으로 적절하지 않은 것은?

보기

(가)

겨ᅀᅳ레 소옴 둔 오ᄉᆞᆯ 닙디 아니 ᄒᆞ고 녀르메 서늘ᄒᆞᆫ ᄃᆡ 가디 아니 ᄒᆞ며 ᄒᆞᄅᆞ ᄡᆞᆯ 두 호ᄫᆞ로ᄡᅥ 쥭을 ᄆᆡᆼᄀᆞᆯ오 소곰과 ᄂᆞᄆᆞᆯᄒᆞᆯ 먹디 아니 ᄒᆞ더라

- 『내훈』 (1447년)에서

[현대어 풀이]

겨울에 솜 든 옷을 입지 아니하고 여름에 서늘한 데 가지 아니하며 하루 쌀 두 홉으로써 죽을 만들고 소금과 나물을 먹지 아니하더라.

(나)

타락과 초와 쟝과 소금과 계ᄌᆞ ᄀᆞᄅᆞ와 파과 마놀과 부ᄎᆡ와 기름과 댓무우과 외와 가지 등 여러가지 ᄂᆞ믈과 ᄃᆞᆰ긔 알과

- 『박통사언해』 (1677년)에서

[현대어 풀이]

타락과 식초와 장과 소금과 겨자 가루와 파와 마늘과 부추와 기름과 당근과 오이와 가지 등 여러 가지 나물과 닭의 알과

① 15세기에는 한 단어 내에서 모음 조화가 잘 지켜졌음을 (가)의 '겨ᅀᅳᆯ'과 'ᄒᆞᄅᆞ'를 통해 확인할 수 있군.
② 15세기에는 체언에 목적격 조사가 결합할 때 모음 조화가 지켜졌음을 (가)의 '오ᄉᆞᆯ'과 '쥭을'을 통해 확인할 수 있군.
③ 용언 어간에 '-더-'가 결합할 때에는 모음 조화가 적용되지 않았음을 (가)의 'ᄒᆞ더라'를 통해 확인할 수 있군.
④ 17세기에는 모음 조화의 약화에 따라 조사 사용에 혼란이 있었음을 (나)의 '초와'와 '파과'를 통해 확인할 수 있군.
⑤ 둘째 음절의 'ㆍ'가 'ㅡ'로 변하였음을 (가)의 'ᄂᆞᄆᆞᆶ'과 (나)의 'ᄂᆞ믈'을 통해 확인할 수 있군.

2016년 10월 고3 전국연합학력평가

[8] 다음 글을 읽고 물음에 답하시오.

[대화]

학생 A : '볍씨'는 '벼'와 '씨'가 결합한 말이잖아? 그런데 왜 '벼씨'가 아니라 '볍씨'야?

학생 B : 그러고 보니 '살'과 '고기'가 결합한 말도 'ㄱ'이 'ㅋ'으로 바뀌어서 '살코기'로 쓰이고 있어.

학생 A : 그렇구나. 왜 두 말이 어울릴 적에 'ㅂ' 소리나 'ㅎ' 소리가 덧나는 경우가 있는 것일까?

[자료]

현대 국어와 달리 15세기 국어에서는 어두에 두 개 이상의 서로 다른 자음, 즉 어두 자음군이 올 수 있었다. 그러한 자음군 중 맨 앞의 'ㅂ'은 당시에는 실제로 발음되었을 것으로 추정된다. 이 'ㅂ'은 훗날 탈락하였으나 과거에 만들어진 복합어 속에 그 흔적이 남아 있는 경우가 있다. 가령, 현대 국어의 '벼+씨→볍씨'에서 'ㅂ'이 생겨나는 이유는 'ᄢᅵ〉씨'의 변화와 관련이 있다. 15세기에는 'ᄢᅵ'의 어두에 'ㅂ'이 있었는데, 당시 '벼+ᄢᅵ→벼ᄢᅵ'가 만들어진 후 나중에 'ᄢᅵ'의 어두에 있는 'ㅂ'이 앞 형태소의 받침 자리로 가서 붙어 '볍씨'와 같은 어형이 생성되었다. 'ᄢᅵ〉씨'에서 보듯이 훗날 단일어에서는 'ㅂ'이 탈락하였다. 그러나 복합어 속에서는 'ㅂ'이 탈락되지 않고 그대로 남아 있는 경우가 현대 국어에서 확인된다.

15세기 국어에는 체언 종성에 'ㅎ'을 가진 단어들이 존재했는데, 이를 'ㅎ' 종성 체언이라고 한다. 이 'ㅎ' 역시 훗날 탈락하였으나 과거에 만들어진 단어 속에 그 흔적이 남아 있는 경우가 있다. 대표적인 'ㅎ' 종성 체언이었던 '숧'을 살펴보자. 'ㅎ' 종성 체언은 단독형으로 쓰일 때는 'ㅎ'이 실현되지 않았으나 '숧+이→술히'처럼 모음으로 시작하는 말 앞에서는 연음이 되어 나타났다. 현대 국어의 '살+고기→살코기'에서 'ㄱ'이 'ㅋ'으로 바뀌는 이유 역시 '숧〉살'의 변화와 관련이 있다. 'ㅎ' 종성 체언은 'ㄱ, ㄷ, ㅂ'으로 시작하는 말과 결합할 때 'ㅎ' 종성이 뒤에 오는 'ㄱ, ㄷ, ㅂ'과 결합하여 'ㅋ, ㅌ, ㅍ'으로 축약되어 나타났다. 즉 '숧'이 '고기'와 결합한 말이 만들어질 때 'ㅎ'이 'ㄱ'과 결합하여 축약되었으므로 '살코기'와 같은 어형이 생성된 것이다. 현대 국어에서 단일어의 'ㅎ' 종성은 대체로 소멸하였으나 '살코기' 외에도 복합어 속에서 'ㅎ'이 탈락하지 않고 그대로 남아 있는 경우가 더 있다.

08

위 '대화'와 '자료'에 대한 이해로 적절하지 않은 것은?

① 15세기 국어에서 'ᄢᅵ'의 어두에 있는 'ㅂ'은 실제로 발음이 되었을 것으로 추정되는군.

② 15세기 어두 자음군 중 맨 앞의 'ㅂ'은 단일어에서 훗날 탈락하였군.

③ 15세기 국어의 'ㅎ' 종성 체언은 모음으로 시작하는 말 앞에서는 'ㅎ'이 실현되지 않았겠군.

④ 현대 국어에는 어두에 두 개 이상의 서로 다른 자음이 오는 말이 존재하지 않는군.

⑤ 현대 국어의 '살코기'에서 'ㅋ'은 'ㅎ' 종성 체언의 흔적이 단어에 남아 있는 것이군.

2017년 4월 고3 전국연합학력평가

[9] 다음을 읽고 물음에 답하시오.

화자가 어떤 대상에 대하여 높임의 태도를 나타내는 문법 기능을 높임법이라 한다. 높임법은 높임이나 낮춤의 대상이 누구냐에 따라 주체 높임법, 객체 높임법, 상대 높임법으로 나누어진다.

주체 높임법은 화자가 문장의 주어인 서술의 주체에 대하여 높임의 태도를 나타내는 방법이다. 현대 국어에서는 선어말 어미 '-시-'를 통해 높임이 실현되는 것이 가장 일반적인 형태이지만, '주무시다'와 같은 특수한 어휘나 조사 '께서'에 의해 주체 높임법이 실현되기도 한다. 중세 국어의 경우에도 주로 '-시-'와 특수한 어휘가 사용된다는 점에서 현대 국어와 유사하다.

객체 높임법은 문장의 목적어나 부사어가 지시하는 대상, 곧 서술의 객체에 대하여 높임의 태도를 나타내는 방법이다. 현대 국어에서는 '드리다'와 같은 특수한 어휘나 조사 '께' 등을 통해 실현된다. 중세 국어의 경우에는 대표적으로 객체 높임 선어말 어미 '-숩-'을 통해 객체 높임이 실현되었으며, '-숩-'은 앞뒤의 음운적 환경에 따라 '-숩-, -줍-, -숩-, -읍-, -즙-'으로 실현되기도 하였다. 또한 현대 국어와 같이 특수한 어휘들이 사용되어 객체 높임이 실현되기도 하였다.

상대 높임법은 화자가 청자인 상대방에 대하여 높이거나 낮추어 말하는 법을 일컫는다. 현대 국어에서 상대 높임법은 종결 표현에 의해 실현된다. 중세 국어의 경우에는 종결 표현이나 상대 높임 선어말 어미 '-이-, -잇-' 등을 통해 실현되었다.

09

윗글을 바탕으로 〈보기〉를 이해한 내용으로 적절하지 않은 것은?

보기

- 仁義之兵(인의지병)을 遼左(요좌) ㅣ ㉠깃ᄉᆞᄫᆞ니

[현대어 풀이] 인의의 군대를 요동 사람들이 기뻐하니

- 聖孫(성손)이 ㉡一怒(일노)ᄒᆞ시니 六百年(육백년) 天下(천하) ㅣ 洛陽(낙양)애 ㉢올ᄆᆞ니이다

[현대어 풀이] 성손(무왕)이 한번 노하시니 육백 년의 천하가 낙양으로 옮아간 것입니다.

- 聖宗(성종)ᄋᆞᆯ ㉣뫼셔 九泉(구천)에 가려 하시니

[현대어 풀이] 성스러운 어른을 모시고 저승에 가려 하시니

- 하ᄂᆞᆯ히 駙馬(부마) 달애샤 두 孔雀(공작)일 ㉤그리시니이다

[현대어 풀이] 하늘이 부마를 달래시어 두 공작을 그리신 것입니다.

- 「용비어천가(龍飛御天歌)」

① ㉠은 현대 국어와는 달리, 선어말 어미 '-ᄉᆞᆸ-'을 사용하여 목적어가 지시하는 대상을 높이고 있다고 할 수 있다.

② ㉡은 현대 국어와 마찬가지로 선어말 어미 '-시-'를 사용하여 '聖孫(성손)'을 높이고 있다고 할 수 있다.

③ ㉢은 현대 국어와는 달리, 청자를 높이기 위해 '-이-'라는 선어말 어미가 사용되었다고 할 수 있다.

④ ㉣은 현대 국어와 마찬가지로 서술의 주체를 높이기 위해 특수한 어휘가 사용된 것이라고 할 수 있다.

⑤ ㉤은 선어말 어미 '-시-'와 '-이-'를 사용하여 각각 문장의 주체와 청자인 상대방을 모두 높이고 있다고 할 수 있다.

10

2017년 7월 고3 전국연합학력평가

〈보기〉를 바탕으로 중세 국어의 특징을 탐구한 내용으로 적절하지 않은 것은?

보기

㉠나랏 말ᄊᆞ미 中듕國귁에 달아 文문字쫑와로 서르 ᄉᆞᄆᆞᆺ디 아니ᄒᆞᆯᄊᆡ 이런 젼ᄎᆞ로 어린 百빅姓셩이 ㉡니르고져 ᄒᆞᇙ ㉢배 이셔도 ᄆᆞᄎᆞᆷ내 제ᄠᅳ들 시러 ㉣펴디 몯ᄒᆞᇙ 노미 하니라 내 ㉤이ᄅᆞᆯ 爲윙ᄒᆞ야 어엿비 너겨 새로 스믈여듧 字쫑를 ᄆᆡᇰᄀᆞ노니 사ᄅᆞᆷ마다 ᄒᆡᅇᅧ 수ᄫᅵ 니겨 날로 ᄡᅮ메 便변安한킈 ᄒᆞ고져 ᄒᆞᇙ ᄯᆞᄅᆞ미니라

[현대어 풀이]

우리나라의 말이 중국과 달라 문자와 서로 통하지 아니하여서 이런 까닭으로 어리석은 백성이 말하고자 하는 바가 있어도 마침내 제 뜻을 능히 펴지 못하는 사람이 많다. 내가 이것을 위하여 가엾게 여겨 새로 스물여덟 자를 만드니, 모든 사람들로 하여금 쉽게 익혀 날마다 쓰는 데 편하게 하고자 할 따름이다.

① ㉠의 'ㅅ'은 현대 국어의 '의'에 해당하는 관형격 조사로 쓰였군.

② ㉡의 '-고져'는 현대 국어의 '-고자'에 해당하는 연결 어미로 쓰였군.

③ ㉢의 'ㅣ'는 주격 조사로, 모음으로 끝나는 체언에 결합했음을 알 수 있군.

④ ㉣과 현대 국어의 '펴지'를 비교해 보니 '-디'에서는 구개음화가 확인되지 않는군.

⑤ ㉤의 'ᄅᆞᆯ'은 목적격 조사로, 자음으로 끝나는 체언에 결합했음을 알 수 있군.

11

2018년 3월 고3 전국연합학력평가

〈보기〉의 (가)에 들어갈 내용으로 적절하지 <u>않은</u> 것은?

보기	
학습 활동	다음 자료를 보고, 중세 국어의 조사에 대해 탐구해 보자.
학습 자료	ㄱ. **<u>ᄃᆞ리</u>** 즈믄 ᄀᆞᄅᆞ매 **<u>비취요미</u>** ᄀᆞᆮᄒᆞ니라 (달이 천 개의 강에 비침과 같으니라) ㄴ. **<u>네</u>** 후(後)에 **<u>부톄</u>** ᄃᆞ외야 (네가 후에 부처가 되어) ㄷ. **<u>부텻</u>** 모미 여러 **<u>가짓</u>** 상(相)이 ᄀᆞᄌᆞ샤 (부처의 몸이 여러 가지의 상이 갖춰져 있으시어) ㄹ. **<u>사ᄉᆞᄆᆡ</u>** 둥과 **<u>도ᄌᆞᄀᆡ</u>** 입과 눈 (사슴의 등과 도적의 입과 눈) ㅁ. 사ᄅᆞᄆᆡ **<u>모ᄆᆞᆯ</u>** 득(得)ᄒᆞ고 **<u>부텨를</u>** 맛나 잇ᄂᆞ니 (사람의 몸을 득하고 부처를 만나 있으니)
활동 결과	(가)

① ㄱ의 'ᄃᆞ리'와 '비취요미'에서 '이'가 각각 주격 조사와 부사격 조사로 사용되었다.

② ㄴ의 '네'에서 'ㅣ'가 주격 조사로, '부톄'에서 'ㅣ'가 보격 조사로 사용되었다.

③ ㄷ의 '부텻'과 '가짓'에서 'ㅅ'이 모두 관형격 조사로 사용되었다.

④ ㄹ의 '사ᄉᆞᄆᆡ'와 '도ᄌᆞᄀᆡ'에는 'ᄋᆡ'가 각각 기준과 조건을 나타내는 부사격 조사로 사용되었다.

⑤ ㅁ의 '모ᄆᆞᆯ', '부텨를'에는 형태가 다른 목적격 조사가 사용되었다.

2017년 10월 고3 전국연합학력평가

[12] 다음 글을 읽고 물음에 답하시오.

현대 국어에서 사동 표현은 주동문의 동사나 형용사 어근에 사동 접미사 '-이-, -히-, -리-, -기-, -우-, -구-, -추-'가 붙거나, '-게 하다'에 의해 만들어진다.

서술어가 형용사나 자동사인 주동문을 사동문으로 바꿀 때, 주동문의 주어가 사동문의 목적어가 되며 사동문의 주어가 새로 도입된다. 이는 주동문 (ㄱ)과 사동문 (ㄴ)을 살펴보면 알 수 있는데, 서술어의 자릿수에도 변화가 일어난다.

(ㄱ) 얼음이 녹는다.
(ㄴ) 아이들이 얼음을 녹인다.

한편 서술어가 타동사인 주동문을 사동문으로 바꿀 때, 주동문의 주어는 사동문의 부사어가 되고 주동문의 목적어는 그대로 사동문의 목적어가 되며 사동문의 주어가 새로 도입된다. 이는 주동문 (ㄷ)과 사동문 (ㄹ)을 살펴보면 알 수 있는데, 서술어의 자릿수에도 변화가 일어난다.

(ㄷ) 영희가 책을 읽었다.
(ㄹ) 선생님께서 영희에게 책을 읽히셨다.

한편 주동문의 동사나 형용사 어근에 사동 접미사가 붙은 사동사에 의한 사동을 단형 사동이라 하고, '-게 하다'에 의한 사동을 장형 사동이라 한다. 사동을 일으키는 주체가 사동 행위를 받는 대상의 행위에 함께 참여하는 의미를 표현하는 경우를 직접 사동이라 하고 그렇지 않은 경우를 간접 사동이라 하는데, 단형 사동은 맥락에 따라 직접 사동과 간접 사동의 두 가지 의미를 모두 표현할 수 있으나 장형 사동은 간접 사동의 해석만을 허용한다.

15세기 국어에서 사동 범주는 주동문의 동사나 형용사 어근에 사동 접미사 '-이-, -히-, -기-, -오-/-우-, -호-/-후-, -ᄋᆞ-/-으-'가 붙어서 만들어지거나 현대 국어의 '-게 하다'에 해당하는 '-게 ᄒᆞ다'에 의해 만들어졌다.

12

윗글을 바탕으로 〈보기〉의 ㉠~㉤을 이해한 내용으로 적절하지 않은 것은? [3점]

보기
○ [15세기 국어] ᄀᆞᄅᆞ매 ᄇᆡ 업거늘 ㉠**얼우시고** [현대 국어] 강에 배가 없으므로 (강물을) 얼리시고
○ [15세기 국어] 목수믈 ㉡**일케 ᄒᆞ야뇨** [현대 국어] 목숨을 잃게 하였는가
○ [15세기 국어] 比丘란 노피 ㉢**안치시고** [현대 국어] 비구는 높이 앉히시고
○ [15세기 국어] 나랏 小民을 ㉣**사ᄅᆞ시리잇가** [현대 국어] 나라의 백성들을 살리시겠습니까
○ [15세기 국어] 투구 아니 ㉤**밧기시면** [현대 국어] 투구를 아니 벗기시면

① ㉠은 동일한 어근에 결합하는 사동 접미사가 15세기 국어와 현대 국어에서 다른 경우가 있음을 보여 주는군.

② ㉡은 현대 국어의 '-게 하다'에 해당하는 15세기 국어의 '-게 ᄒᆞ다'가 쓰인 모습을 보여 주는군.

③ ㉢은 15세기 국어에서 어근과 사동 접미사가 결합된 형태를 소리 나는 대로 적었다는 점에서 현대 국어와는 다른 양상을 보여 주는군.

④ ㉣은 현대 국어에서 쓰이지 않는 사동 접미사가 15세기 국어에서 쓰인 양상을 보여 주는군.

⑤ ㉤은 15세기 국어와 현대 국어에서 어근 형태가 달라짐에 따라 어근에 결합하는 사동 접미사가 달라진 양상을 보여 주는군.

2018년 4월 고3 전국연합학력평가

[13] 다음 글을 읽고 물음에 답하시오.

문장은 주어와 서술어 관계가 한 번 나타나는 홑문장과 두 번 이상 나타나는 겹문장으로 나뉘는데, 겹문장에는 이어진문장과 안은문장이 있다.

이어진문장은 둘 이상의 문장이 연결 어미에 의해 대등하게 혹은 종속적으로 결합된 문장을 말한다. 대등하게 이어진 문장은 앞뒤 문장이 '나열', '대조' 등의 대등한 의미 관계를 가지며, '-고', '-지만' 등의 연결 어미에 의해 이어진다. 종속적으로 이어진 문장은 앞 문장이 뒤 문장의 원인, 조건, 목적 등의 의미를 가지며, '-아서/-어서', '-(으)면', '-(으)러' 등의 연결 어미에 의해 이어진다.

한 문장이 하나의 성분처럼 기능하는 다른 문장을 안고 있을 때 그것을 안은문장이라 하고, 이때 하나의 성분처럼 기능하는 문장을 안긴문장이라 한다. 안긴문장에는 명사절, 관형절, 부사절, 서술절, 인용절이 있다. 명사절은 '-(으)ㅁ', '-기'가 붙어 만들어지며 문장 안에서 조사와 결합하여 주어, 목적어, 부사어와 같은 다양한 기능을 한다. 관형절은 '-(으)ㄴ', '-는', '-(으)ㄹ' 등이 붙어 뒤의 체언을 꾸민다. 부사어처럼 용언을 수식하는 기능을 하는 부사절은 '-이', '-게', '-도록' 등이 결합하여 이루어진다. 그리고 절 전체가 서술어의 기능을 하는 서술절은 다른 절들과 달리 특별한 표지(標識)가 붙지 않는다. 끝으로 다른 사람의 말이나 자신의 생각 등을 인용한 것을 인용절이라고 하는데, 문장을 그대로 인용하는 직접 인용절에는 '라고'나 '하고'와 같은 조사가, 말하는 사람의 표현으로 바꾸어 인용하는 간접 인용절에는 '고'와 같은 조사가 쓰인다. 한편 안긴문장의 한 요소가 안은문장의 요소와 동일한 경우 생략될 수 있으며, 하나의 안긴문장 안에 또 다른 문장이 안기기도 한다.

중세국어의 문법 자료에서도 겹문장이 확인된다. 이어진문장은 현대국어와 마찬가지로 둘 이상의 문장이 연결 어미에 의해 결합되는데, 현대국어에 사용되지 않는 어미가 붙어 성립되기도 하였다. 안은문장의 경우 명사절이 '-옴/-움'이나 '-디', '-기'에 기대어 나타났으며, 관형절은 '-(으)ㄴ' 외에 'ㅅ'에 기대어 나타나는 경우가 있었다. 그리고 부사절은 현대국어와 유사한 방식으로 나타났으며, 인용절이나 서술절은 조사나 어미와 같은 표지 없이 나타났다.

13

윗글을 바탕으로 〈보기〉를 탐구한 내용으로 적절하지 않은 것은?

> **보기**
>
> (가)
>
> [중세] ᄆᆞᅀᆞᆷ이 멀면 乞食ᄒᆞ디 어렵고
>
> [현대어 풀이] 마음이 멀면 걸식하기 어렵고
>
> -「석보상절」
>
> (나)
>
> [중세] 이 東山ᄋᆞᆫ 남기 됴ᄒᆞᆯᄊᆡ 노니논 ᄯᅡ히라
>
> [현대어 풀이] 이 동산은 나무가 좋으므로 내가 노니는 땅이다.
>
> -「석보상절」
>
> (다)
>
> [중세] 불휘 기픈 남ᄀᆞᆫ ᄇᆞᄅᆞ매 아니 뮐ᄊᆡ 곶 됴코 여름 하ᄂᆞ니
>
> [현대어 풀이] 뿌리가 깊은 나무는 바람에 아니 흔들리므로 꽃이 좋고 열매가 많으니
>
> -「용비어천가」

① (가)의 '乞食ᄒᆞ디'를 보니 중세 국어에서는 현대 국어와 달리 명사절을 만들 때 '-디'가 사용되었군.

② (나)의 '남기 됴ᄒᆞᆯᄊᆡ'가 '이 東山ᄋᆞᆫ'의 서술어로서 기능하는 것을 보니 중세 국어에서도 서술절이 사용되었음을 알 수 있군.

③ (다)의 '곶 됴코'를 보니 중세 국어에서도 대등하게 이어진 문장을 만들 때 '-고'를 사용하였음을 짐작할 수 있군.

④ (가)의 'ᄆᆞᅀᆞᆷ이 멀면'과 (다)의 '불휘 기픈'을 보니 '-(으)ㄴ'이 붙어 관형절이 되었음을 짐작할 수 있군.

⑤ (나)의 '됴ᄒᆞᆯᄊᆡ'와 (다)의 '뮐ᄊᆡ'를 보니 현대 국어와 형태는 다르지만 문장을 종속적으로 연결해 주는 표지가 사용되었군.

2018년 7월 고3 전국연합학력평가

[14] 다음 글을 읽고 물음에 답하시오.

> 단어를 이루는 형태소 중에 실질적인 의미를 나타내는 중심 부분을 어근이라고 하는데, 어근이 두 개 이상 결합한 단어를 합성어라고 한다.
>
> 합성어는 형성 방법과 종류가 매우 다양하다. 그 중 국어의 일반적인 단어 배열법에 따라 어근을 결합한 합성어를 통사적 합성어라 하고, 그렇지 않은 것을 비통사적 합성어라고 한다. 예를 들어, 명사와 명사가 결합한 '논밭', 용언의 관형사형과 명사가 결합한 '군은살', 용언의 연결형과 용언의 어간이 결합한 '스며들다' 등은 국어 문장에서 흔히 나타나는 배열법으로서 통사적 합성어에 해당한다. 반면에 용언의 어간이 명사에 직접 결합한 '덮밥', 용언의 어간과 어간이 연결 어미 없이 결합한 '오르내리다' 등은 국어의 문장 구성 방식에 없는 단어 배열법으로 비통사적 합성어에 해당한다.
>
> 이러한 단어 합성법은 중세 국어에서도 찾아볼 수 있다. 명사와 명사가 결합한 '바ᄂᆞ실(바느실)', 용언의 관형사형과 명사가 결합한 '져므니(젊은이)', 용언의 연결형과 용언의 어간이 결합한 '니러셔다(일어서다)' 같은 통사적 합성어와 '빌먹다(빌어먹다)'와 같이 용언의 어간과 어간이 연결 어미 없이 결합한 비통사적 합성어가 그러한 예이다.
>
> 한편 중세 국어에서 'ᄠᅱ다'와 '놀다'의 합성어 형태로는 비통사적으로 결합한 'ᄠᅱ놀다' 하나만 확인되고 있는데 현대 국어에는 비통사적 합성어인 '뛰놀다'와 통사적 합성어인 '뛰어놀다'의 두 가지 합성어 형태가 모두 쓰이는 것을 확인할 수 있다. 이와 반대로 현대 국어에는 하나의 합성어 형태로만 쓰이는 단어가 중세 국어에는 두 가지 합성어 형태로 모두 쓰였던 경우도 찾아볼 수 있다.

14

윗글을 바탕으로 〈보기〉의 자료에 나타난 중세 국어의 합성어를 탐구한 내용으로 적절하지 않은 것은? [3점]

보기

(가) 賈餗이 슬허 **눈므를** 내요ᄃᆡ 〈번역 소학〉
[현대 국어] 가속이 슬퍼 눈물을 흘리되

(나) ᄒᆞᆯᄀᆡ 어울워 **즌ᄒᆞᆯᄀᆞᆯ** ᄆᆡᇰᄀᆞ라 〈능엄경언해〉
[현대 국어] 흙에 어울러 진흙을 만들어

(다) 그듸 가아 **아라듣게** 니르라 〈석보상절〉
[현대 국어] 그대가 가서 알아듣게 말하라.

(라) 그지업슨 소리 世界예 **솟나디** 몯ᄒᆞ면 〈월인석보〉
[현대 국어] 끝이 없는 소리가 세계에 솟아나지 못하면

(마) ᄯᅡ해셔 **소사나신** … 菩薩 摩訶薩이 〈석보상절〉
[현대 국어] 땅에서 솟아나신 … 보살 마가살이

① (가)의 '눈믈'은 현대 국어의 '눈물'과 같이 통사적 합성어로 볼 수 있겠군.
② (나)의 '즌ᄒᆞᆰ'은 현대 국어의 '진흙'과 달리 비통사적 합성어로 볼 수 있겠군.
③ (다)의 '아라듣다'는 현대 국어의 '알아듣다'와 같이 통사적 합성어로 볼 수 있겠군.
④ (라)의 '솟나다'는 현대 국어의 '솟아나다'와 달리 비통사적 합성어로 볼 수 있겠군.
⑤ (라), (마)를 보니 현대 국어의 '솟아나다'는 중세 국어에서 두 가지 합성어의 형태로 모두 쓰였다고 볼 수 있겠군.

2018년 10월 고3 전국연합학력평가

[15] 다음 글을 읽고 물음에 답하시오.

중세 국어에서는 주체나 객체로 표현되는 인물이 신분이나 지위가 높은 경우, 대개 그 인물을 직접적으로 높여 표현하였다. 그런데 어떤 때에는 현대 국어의 간접 높임에서처럼 높임의 대상이 되는 인물의 신체 부분, 소유물, 생각 등을 높임으로써 실제 높여야 할 인물을 간접적으로 높이기도 하였다.

(1) 太子(태자)ㅣ 東門(동문) 밧긔 **나가시니**
(태자께서 동문 밖에 나가시니)
(2) 부텻 누니 비록 **ᄇᆞᆯᄀᆞ시나**
(부처의 눈이 비록 밝으시나)

(1)의 '-시-'와 (2)의 '-ᄋᆞ시-'는 모두 현대 국어의 '-(으)시-'처럼 주체를 높이기 위한 선어말 어미이다. 그러나 (1)과 (2)에 쓰인 '-(ᄋᆞ)시-'의 쓰임에는 차이가 있다. 즉 (1)에서는 주체인 '太子(태자)'를 직접적으로 높이고 있지만, (2)에서는 '부텨'의 신체 부분인 '눈'을 주체 높임 선어말 어미를 통해 높임으로써 실제 높이고자 하는 대상인 '부텨'를 간접적으로 높이고 있다.

한편 현대 국어에서는 객체 높임을 나타내기 위해 주로 '모시다', '뵙다' 등의 특수 어휘를 활용하지만 중세 국어에서는 주로 객체 높임 선어말 어미를 활용하였다.

(3) 너희 스승을 **보ᅀᆞᆸ고져** ᄒᆞ노니
(너희 스승을 뵙고자 하나니)
(4) 부텻 敎化(교화)ᄅᆞᆯ **돕ᄉᆞᆸ고**
(부처의 교화를 돕고)

(3)의 '-ᅀᆞᆸ-'과 (4)의 '-ᄉᆞᆸ-'은 중세 국어의 객체 높임 선어말 어미이다. (3)과 (4)는 모두 객체 높임 선어말 어미를 통해 객체에 해당하는 인물을 높이고 있다는 공통점이 있지만, 그 인물을 직접적으로 높이느냐 간접적으로 높이느냐에 차이가 있다. 즉 (3)에서 '-ᅀᆞᆸ-'은 객체인 '스승'을 직접적으로 높이는 데 비해, (4)에서 '-ᄉᆞᆸ-'은 '敎化(교화)'를 높임으로써 실제 높이고자 하는 대상인 '부텨'를 간접적으로 높이고 있다.

15

윗글을 바탕으로 하여 〈보기〉의 ㄱ~ㅁ을 이해한 내용으로 적절하지 않은 것은?

보기
ㄱ. 王(왕)ㅅ 일후믄 **濕波(습파) ㅣ러시니** (왕의 이름은 습파이시더니) ㄴ. 님긊 恩私(은사)ᄅᆞᆯ **갑ᄉᆞᆸ고져** (임금의 은사를 갚고자) ㄷ. 龍王(용왕)이 世尊(세존)ᄋᆞᆯ **보ᄉᆞᆸ고** (용왕이 세존을 뵙고) ㄹ. 太子(태자) ㅣ 講堂(강당)애 **모도시니** (태자께서 강당에 모으시니) ㅁ. 諸佛(제불)을 **供養(공양)ᄒᆞᄉᆞᆸ게** ᄒᆞ쇼셔 (제불을 공양하게 하소서)

① ㄱ에서는 '-시-'를 통해 '일훔'을 높임으로써 '王(왕)'을 간접적으로 높이고 있군.

② ㄴ에서는 '-ᄉᆞᆸ-'을 통해 '恩私(은사)'를 높임으로써 '님금'을 간접적으로 높이고 있군.

③ ㄷ에서는 '-ᄉᆞᆸ-'을 통해 '世尊(세존)'을 높임으로써 '龍王(용왕)'을 간접적으로 높이고 있군.

④ ㄹ에서는 '-시-'를 통해 '太子(태자)'를 직접적으로 높이고 있군.

⑤ ㅁ에서는 '-ᄉᆞᆸ-'을 통해 '諸佛(제불)'을 직접적으로 높이고 있군.

2019년 3월 고3 전국연합학력평가

[16] 다음 글을 읽고 물음에 답하시오.

현대 국어에서는 음절의 종성에서 실제로 발음되는 소리가 제한되어 있다. 음절의 종성에 마찰음, 파찰음이 오거나 파열음 중 된소리나 거센소리가 오면 모두 예사소리 'ㄱ, ㄷ, ㅂ'으로 교체되고, 음절의 종성에 자음군이 올 때는 한 자음이 탈락한다. 그런데 모음으로 시작하는 형식 형태소가 뒤에 오면 앞 음절의 종성에 있던 자음이 곧바로 연음된다. 이렇게 연음되어 뒤 음절의 초성에서 소리 나는 자음은 제 음가대로 발음된다.

연음이 일어나는 조건이 갖추어지더라도 다른 현상이 일어나 제 음가대로 발음이 되지 않는 경우도 있다. 가령, 'ㄷ, ㅌ'으로 끝나는 말 뒤에 'ㅣ'로 시작하는 형식 형태소가 오면 'ㄷ, ㅌ'이 'ㅈ, ㅊ'으로 변하는 구개음화가 일어난다. 또한 용언 어간 말음 'ㅎ'은 모음으로 시작하는 형식 형태소가 뒤에 오면 연음되지 않고 탈락한다. 용언 어간 말음 'ㅎ' 뒤에 'ㄱ, ㄷ, ㅈ'으로 시작하는 어미가 오면 'ㅎ'과 'ㄱ, ㄷ, ㅈ'이 거센소리로 축약되는데 이를 통해 용언 어간 말음 'ㅎ'이 존재함을 간접적으로 알 수 있다.

[A] 연음과 음운 변동에 대한 지식을 활용하여 중세 국어 자료를 검토해 보면 현대 국어에서 찾아보기 어려운 형태의 단어를 발견할 수 있다. 예를 들어, 현대 국어에서는 'ㅎ'을 말음으로 가진 체언을 찾아보기 어렵다. 그러나 중세 국어 자료를 살펴보면 '돓(돌)', '나랗(나라)'와 같이 'ㅎ'을 말음으로 가진 체언을 확인할 수 있다.

중세 국어 시기에는 체언 말음 'ㅎ'이 모음으로 시작하는 조사와 결합하면 '나라히'와 같이 연음되어 나타나는 것을 확인할 수 있다. 또한 'ㅎ'을 말음으로 가진 체언이 '과', '도'와 같은 조사와 결합하면 'ㅎ'이 뒤에 오는 'ㄱ, ㄷ'과 축약되어 'ㅋ, ㅌ'으로 나타났는데, 이를 통해서 'ㅎ'의 존재를 간접적으로 확인할 수 있다. 하지만 어떤 체언이 'ㅎ'을 말음으로 가지고 있다고 하더라도, 그 체언이 단독으로 쓰이거나 관형격 조사 'ㅅ'과 결합하여 쓰였을 때는 'ㅎ'이 실현되지 않아서 'ㅎ'을 말음으로 가지지 않은 체언과 구별되지 않았다. 해당 체언이 연음이나 축약이 일어나는 자리에 쓰인 사례를 검토해야 체언 말음 'ㅎ'의 존재 여부를 알 수 있다.

16

[A]를 참조하여 〈보기〉의 ⓐ~ⓔ를 분석한 것으로 적절한 것은?

> **보기**
>
> [학습 목표]
> 중세 국어 자료를 통해 체언 '하ᄂᆞᇂ'에 대해 탐구한다.
>
> [중세 국어 자료]
> • ⓐ **하ᄂᆞᆯ히** ᄆᆞᅀᆞᄆᆞᆯ 뮈우시니 (하늘이 마음을 움직이게 하시니)
> • ⓑ **하ᄂᆞᇡ** 光明中에 드러 (하늘의 광명 가운데에 들어)
> • ⓒ **하ᄂᆞᆯ** 셤기ᅀᆸ돗 ᄒᆞ야 (하늘 섬기듯 하여)
> • ⓓ **하ᄂᆞᆯ토** 뮈며 (하늘도 움직이며)
> • ⓔ **하ᄂᆞᆯ콰** 싸콰ᄅᆞᆯ 니르니라 (하늘과 땅을 이르니라)

① ⓐ에서는 연음되어 음운의 개수에 변동이 없지만, ⓓ에서는 음운 변동이 일어나 음운의 개수가 줄어들었음을 알 수 있다.

② ⓑ에서는 'ㅎ'이 다른 음운으로 교체되었음을 알 수 있고, ⓒ에서는 'ㅎ'이 실현되지 않았다.

③ ⓑ에서는 체언 말음 'ㅎ'의 존재를 알 수 있지만, ⓓ에서는 체언 말음 'ㅎ'의 존재를 알 수 없다.

④ ⓑ와 ⓒ에서 동일한 체언이 단독으로 쓰일 때, 서로 다른 형태로도 실현되었음을 알 수 있다.

⑤ ⓓ와 ⓔ에서 체언에 현대 국어에 존재하지 않는 조사 '토', '콰'가 결합했음을 알 수 있다.

2019년 4월 고3 전국연합학력평가

[17] 다음 글을 읽고 물음에 답하시오.

> 하나의 형태소가 환경에 따라 다르게 나타나기도 하는데, 그 모습들을 이형태라고 한다. 이형태가 성립하기 위해서는 하나의 형태소가 다른 모습으로 나타나더라도 그 의미가 서로 동일해야 한다. '이'와 '가'는 주어의 자격을 나타내는 조사로 그 의미가 서로 동일하다. 하지만 의미의 동일성만으로는 이형태를 구분하기 힘든 경우가 있다. 이럴 때는 각각의 형태가 상보적 분포를 보이는지 확인하면 이형태인지를 알 수 있다. 주격 조사 '이'는 자음 뒤에만 나타나고 주격 조사 '가'는 모음 뒤에만 나타나므로, 이 두 형태가 나타나는 음운 환경은 서로 겹치지 않는다. 따라서 '이'와 '가'는 상보적 분포를 보이고, 의미가 동일하기 때문에 이형태 관계에 있다. 이형태는 음운 환경에 따라 다른 모습으로 나타나는 경우가 많은데 이를 음운론적 이형태라고 한다. '막았다'의 '-았-'과 '먹었다'의 '-었-'은 앞말 모음의 성질이 양성인지 음성인지에 따라 형태가 결정되므로 음운론적 이형태이다. 이와 달리 음운론적으로 설명할 수 없는 예외적인 환경에서 나타나는 이형태를 형태론적 이형태라고 한다. '하였다'의 '-였-'은 '하-'라는 특정 형태소와 어울려서 음운론적으로 설명할 수 없는 경우이므로, '-였-'은 '-았- / -었-'과 형태론적 이형태의 관계에 있다.
>
> 이형태는 중세 국어에서도 나타났는데 현대 국어와 차이점을 보이기도 했다. 현대 국어에서 부사격 조사 '에'는 이형태가 존재하지 않는다. 하지만 중세 국어에서는 앞말 모음의 성질에 따라 이형태가 존재했다. 앞말의 모음이 양성 모음일 때는 '애'가, 음성 모음일 때는 '에'가, 단모음 '이' 또는 반모음 'ㅣ'일 때는 '예'가 사용되었다.

17

윗글을 참고할 때, 〈보기〉의 ⓐ~ⓓ에 들어갈 말로 적절한 것은?

> **보기**
>
> ○ **탐구 자료**
>
> [중세 국어] 狄人(적인)ㅅ 서리(ⓐ) 가샤
> [현대 국어] 오랑캐들의 사이에 가시어
>
> [중세 국어] 世尊(세존)이 象頭山(상두산)(ⓑ) 가샤
> [현대 국어] 세존께서 상두산에 가시어
>
> [중세 국어] 九泉(구천)(ⓒ) 가려 하시니
> [현대 국어] 저승에 가려 하시니
>
> ○ **탐구 내용**
>
> ⓐ~ⓒ는 부사격 조사로, 앞말 모음의 성질에 따라 상보적 분포를 보인다. 따라서 ⓐ~ⓒ는 (ⓓ) 이형태의 관계라고 할 수 있다.

	ⓐ	ⓑ	ⓒ	ⓓ
①	예	애	에	음운론적
②	예	에	애	형태론적
③	애	에	예	음운론적
④	애	예	에	형태론적
⑤	에	애	예	음운론적

2019년 7월 고3 전국연합학력평가

[18] 다음 글을 읽고 물음에 답하시오.

용언은 문장에서 사용될 때 다양한 모습으로 변화한다. 이때 변하지 않고 고정된 부분을 어간이라고 하고, 그 뒤에 붙어서 변화하는 부분을 어미라고 한다. 어간에 다양한 어미들이 결합하는 것을 활용이라고 하는데, '씻다'처럼 활용할 때 어간이나 어미의 기본 형태가 유지되거나, '쓰다'처럼 활용할 때 기본 형태가 달라진다 해도 그 현상을 일반적인 음운 규칙으로 설명할 수 있으면 이를 규칙 활용이라고 한다.

반면 특정한 환경이나 조건에서 불규칙적으로 어간이나 어미의 형태 변화가 일어나는 것은 불규칙 활용이라고 한다. 불규칙 활용은 '싣다'와 같은 'ㄷ' 불규칙, '젓다'와 같은 'ㅅ' 불규칙, '돕다'와 같은 'ㅂ' 불규칙, '푸다'와 같은 '우' 불규칙처럼 어간이 바뀌는 경우, '하다'와 같은 '여' 불규칙처럼 어미가 바뀌는 경우, '파랗다'와 같은 'ㅎ' 불규칙처럼 어간과 어미가 모두 바뀌는 경우로 구분할 수 있다.

현대 국어에서 기본 형태가 달라지는 용언의 규칙 활용과 불규칙 활용은 중세 국어 용언의 활용과 밀접한 관련이 있다. 중세 국어에서도 단모음과 단모음이 결합할 때 하나의 모음이 탈락하는 현상이 활발하게 일어났다. 대표적으로 '쓰다'가 '써'처럼 활용하는 'ㅡ' 탈락이 있는데 이는 현대 국어의 'ㅡ' 탈락에 대응한다.

또한 중세 국어에서 '싣다'의 어간이 자음으로 시작하는 어미 앞에서는 '싣-', 모음으로 시작하는 어미 앞에서는 '실-'로 교체되는 현상은 현대 국어의 'ㄷ' 불규칙으로 이어진다. '돕다'와 '젓다' 역시 자음으로 시작하는 어미 앞에서는 어간의 기본 형태를 유지하지만, 그 외의 경우에는 '도ᇦ-'과 '저ᇫ-'으로 교체된다. 이러한 교체는 'ᄫ'이 'ㅏ' 또는 'ㅓ' 앞에서 반모음 'ㅗ̆/ㅜ̆[w]'로 변화하거나 'ㆍ' 또는 'ㅡ'와 결합하여 'ㅗ' 또는 'ㅜ'로 바뀌어 현대 국어에서 'ㅂ' 불규칙으로 나타난다. 그리고 'ㅿ'은 소실되어 현대 국어에서 'ㅅ' 불규칙으로 나타난다. 또한 어간이거나 어간의 일부인 'ᄒᆞ-'에 모음으로 시작하는 어미가 결합할 때 어미가 '-아'가 아닌 '-야'로 나타나는 것은 현대 국어의 '여' 불규칙으로 이어진다.

18

윗글을 바탕으로 〈보기〉를 이해한 내용으로 적절하지 않은 것은? [3점]

> **보기**
>
> **(가) 중세 국어**
>
> ○ 부텻 德을 놀애 지ᅀᅥ
> ○ 人生 즐거ᄫᅳᆫ ᄠᅳ디
> ○ 一方이 변ᄒᆞ야
>
> **(나) 현대 국어**
>
> ○ 부처의 덕(德)을 노래로 지어
> ○ 인생(人生) 즐거운 뜻이
> ○ 일방(一方)이 변하여

① (가)의 '지ᅀᅥ'는 '짓다'의 어간이 모음으로 시작하는 어미 앞에서 'ᄌᆡᇫ-'으로 교체되는 현상을 보여 주는군.

② (가)의 '즐거ᄫᅳᆫ'은 '즐겁다'의 어간이 모음으로 시작하는 어미 앞에서 '즐거ᇦ-'으로 교체되는 현상을 보여 주는군.

③ (가)의 '지ᅀᅥ'가 (나)에서 '지어'로 나타나는 것은 'ㅿ'이 소실된 결과이군.

④ (가)의 '즐거ᄫᅳᆫ'이 (나)에서 '즐거운'으로 나타나는 것은 'ㅸ'이 탈락한 결과이군.

⑤ (가)의 '변ᄒᆞ야'와 (나)의 '변하여'는 모두 활용을 할 때 어미의 기본 형태가 달라진 것이군.

2019년 10월 고3 전국연합학력평가

[19] 다음 글을 읽고 물음에 답하시오.

관형사형 어미는 용언의 어간에 붙어 용언이 관형사와 같은 기능을 수행하게 하는 어미이다. 현대 국어에서 관형사형 어미는 '-(으)ㄴ', '-는', '-(으)ㄹ' 등으로, 이들이 용언의 어간에 붙으면 관형절이 만들어진다. 일반적으로 관형절은 '관계 관형절'과 '동격 관형절'로 분류된다. 수식을 받는 체언이 관형절 속의 한 성분으로 쓰일 수 있으면 관계 관형절이고, 그렇지 않으면 동격 관형절이다. 한편 동격 관형절은 관형절이 만들어지는 과정에서 원래 문장의 종결 어미가 그대로 유지되는 관형절과, 그렇지 않은 관형절로 다시 나눌 수 있다.

중세 국어에서도 현대 국어에서처럼 관형절을 관계 관형절과 동격 관형절로 구분할 수 있다. 중세 국어의 대표적인 관형사형 어미는 '-(ᄋᆞ/으)ㄴ'과 '-(ᄋᆞ/으)ㄹ'로, 각각 과거 시제와 미래 시제를 나타내는 것과 관련된다. 또한 관형절에서 현재 시제는 동사의 경우 '-ㄴ' 앞에 선어말 어미 '-ᄂᆞ-'를 붙여 나타냈다. 예컨대 '八婇女의 기론 찻므리 모ᄌᆞ랄ᄊᆡ(팔채녀가 길은 찻물이 모자라므로)'에서 '八婇女의 기론'은 사건시가 발화시보다 앞서는 시제가 나타난 관계 관형절이고, '주글 싸ᄅᆞ미어니(죽을 사람이니)'에서 '주글'은 발화시가 사건시보다 앞서는 시제가 나타난 관계 관형절이다. 그리고 '本來 求ᄒᆞ논 ᄆᆞᅀᆞᆷ 업다이다(본래 구하는 마음 없었습니다)'에서 '本來 求ᄒᆞ논'은 발화시와 사건시가 일치하는 시제가 나타난 동격 관형절이다.

한편 중세 국어에서는 현대 국어에서와 달리 '-ㄴ'이 명사절을 이끄는 경우도 있었다. 곧 '-ㄴ'이 붙은 절 뒤에 절의 수식을 받는 체언이 없는 상태로, '그듸 혼 조초(그대 한 것 좇아)'에서 '그듸 혼'을 예로 들 수 있다. '혼'[ᄒᆞ-+-오-+-ㄴ]에서 선어말 어미 뒤에 쓰인 '-ㄴ'은 '~ㄴ 것' 정도로 해석된다. 더불어 '威化 振旅ᄒᆞ시ᄂᆞ로(위화도에서 군대를 돌이키신 것으로)'에서처럼 명사절을 이끄는 '-ㄴ' 뒤에 조사가 붙은 경우도 있었다. 'ᄒᆞ시ᄋᆞ로'[ᄒᆞ-+-시-+-ㄴ+ᄋᆞ로]는 '-ㄴ' 바로 뒤에 부사격 조사가 붙어 있는 예이다.

19

윗글을 바탕으로 a~c를 탐구한 내용으로 적절하지 않은 것은?

보기
a. 福이라 <u>호ᄂᆞᆯ</u>[ᄒᆞ-+-오-+-ㄴ+ᄋᆞᆯ] 나ᅀᆞ라 (복이라 한 것을 바치러) b. 智慧 너비 **<u>비췰</u>**[비취-+-ㄹ] 느지오 (지혜가 널리 비칠 조짐이오) c. 法 <u>즐기ᄂᆞᆫ</u>[즑-+-이-+-ᄂᆞ-+-ㄴ] ᄆᆞᅀᆞ미 잇던댄 (법 즐기는 마음이 있더라면)

① a의 '호ᄂᆞᆯ'에서 조사가 어미 '-ㄴ' 바로 뒤에 붙어 있음을 확인할 수 있군.

② a의 '호ᄂᆞᆯ'에서 '-ㄴ'은 '~ㄴ 것'으로 해석되며 명사절을 이끄는 기능을 하고 있음을 확인할 수 있군.

③ b의 '비췰'에서 '-ㄹ'을 통해 발화시가 사건시보다 앞서는 시제가 나타나 있음을 확인할 수 있군.

④ b와 c에서 관형절의 수식을 받는 체언이 절 뒤에 드러나 있음을 확인할 수 있군.

⑤ b와 c에 있는 관형절은 수식을 받는 체언이 관형절 속에서 한 성분으로 쓰일 수 있는 특징이 있음을 확인할 수 있군.

20

2015년 6월 고3 평가원모의평가

<보기1>을 참고할 때, <보기2>의 ㉠~㉢에 들어갈 말로 적절한 것은?

보기1

중세 국어 체언 중에는 'ㅎ'을 끝소리로 가진 것들이 있다. 이러한 체언을 'ㅎ' 종성 체언이라고 하는데 조사가 뒤따를 경우에 다음과 같이 나타난다.

뒤따르는 조사	'ㅎ'종성 체언의 실현 양상
모음으로 시작하는 조사	'ㅎ'은 뒤따르는 모음에 이어 적는다. 예 : [ᄯᅡ히] (ᄯᅡᇂ+이) 즐어늘 (땅이 질거늘)
'ㄱ, ㄷ'으로 시작하는 조사	'ㅎ'은 뒤따르는 'ㄱ', 'ㄷ'과 어울려 'ㅋ', 'ㅌ'으로 나타난다. 예 : [ᄯᅡ토] (ᄯᅡᇂ+도) 뮈더니 (땅도 움직이더니)
관형격 조사 'ㅅ'	'ㅎ'이 나타나지 않는다. 예 : 다른 [ᄯᅡᆺ] (ᄯᅡᇂ+ㅅ) 風俗은 (다른 땅의 풍속은)

보기2

중세 국어	현대 국어
[㉠] (나랗+ᄋᆞᆯ) 아ᅀᆞ 맛디고	나라를 아우에게 맏기고
[㉡] (긿+ㅅ) 네거리에	길의 네거리에
[㉢] (않+과) 밧	안과 밖

	㉠	㉡	㉢
①	나라ᄒᆞᆯ	긼	안콰
②	나라ᄒᆞᆯ	긿	안과
③	나라ᄒᆞᆯ	긿	안콰
④	나라ᄋᆞᆯ	긿	안과
⑤	나라ᄋᆞᆯ	긼	안콰

21

2015년 9월 고3 평가원모의평가

〈자료〉에 나타난 중세 국어의 특징을 탐구한 내용으로 적절하지 않은 것은?

자료
[중세 국어] 五欲ᄋᆞᆫ 누네 됴ᄒᆞᆫ 빗 보고져 귀예 됴ᄒᆞᆫ 소리 듣고져 고해 됴ᄒᆞᆫ 내 맏고져 이베 됴ᄒᆞᆫ 맛 먹고져 모매 됴ᄒᆞᆫ 옷 닙고져 ᄒᆞᆯ 씨라 -『석보상절』
[현대어 풀이] 오욕은 눈에 좋은 빛 보고자, 귀에 좋은 소리 듣고자, 코에 좋은 냄새 맡고자, 입에 좋은 맛 먹고자, 몸에 좋은 옷 입고자 하는 것이다.

① '五欲ᄋᆞᆫ'이 '오욕은'에 대응되는 것을 보니, 보조사 'ᄋᆞᆫ'이 있었군.

② '누네 됴ᄒᆞᆫ 빗 보고져'가 '눈에 좋은 빛 보고자'에 대응되는 것을 보니, '누네 됴ᄒᆞᆫ 빗'은 목적어로 쓰였군.

③ '귀예'가 '귀에'에 대응되는 것을 보니, 부사격 조사 '예'가 있었군.

④ '됴ᄒᆞᆫ'이 '좋은'에 대응되는 것을 보니, '됴ᄒᆞᆫ'은 용언의 관형사형이었군.

⑤ '먹고져'가 '먹고자'에 대응되는 것을 보니, '-고져'는 종결 어미로 쓰였군.

2016년 6월 고3 평가원모의평가

[22~23] 다음은 용언의 활용에 관한 탐구 활동과 자료이다. 〈대화1〉과 〈대화2〉는 학생의 탐구 활동이고, 〈자료〉는 학생들이 수집한 학술 자료이다. 물음에 답하시오.

<대화 1>

A : '(길이) 좁다'와 '(이웃을) 돕다'는 어간의 끝이 'ㅂ'으로 같잖아? 그런데 '좁다'는 '좁고', '좁아'로 활용하고 '돕다'는 '돕고', '도와'로 활용하여, 모음으로 시작하는 어미 앞에서의 활용형이 달라.

B : 그러고 보니 '(신을) 벗다'와 '(노를) 젓다'도 어간의 끝이 'ㅅ'으로 같은데, '벗다'는 '벗어'로 활용하고 '젓다'는 '저어'로 활용해서, 모음으로 시작하는 어미 앞에서의 활용형이 달라.

A : 그렇구나. 어간의 끝이 같은데도 왜 이렇게 다르게 활용하는 걸까? 우리 한번 같이 자료를 찾아보고 답을 알아볼래?

<자료>

현대 국어 '좁다'와 '돕다'의 15세기 중엽의 국어에서의 활용형을 보면, '좁다'는 '좁고', '조바'처럼 자음과 모음으로 시작하는 어미 앞 모두에서 어간이 '좁-'으로 나타난다. 그러나 '돕다'는 자음으로 시작하는 어미 앞에서는 '돕고'처럼 어간이 '돕-'으로, 모음으로 시작하는 어미 앞에서는 '도ᄫᅡ'처럼 어간이 '도ᇦ-'으로 나타난다. 다음으로 현대 국어 '벗다'와 '젓다'의 15세기 중엽의 국어에서의 활용형을 보면, '벗다'는 '벗고', '버서'처럼 자음과 모음으로 시작하는 어미 앞 모두에서 어간이 '벗-'으로 나타난다. 그러나 '젓다'는 자음으로 시작하는 어미 앞에서는 '젓고'처럼 어간이 '젓-'으로, 모음으로 시작하는 어미 앞에서는 '저ᅀᅥ'처럼 어간이 '저ᇫ-'으로 나타난다. 당시 국어의 음절 끝에는 'ㄱ, ㄴ, ㄷ, ㄹ, ㅁ, ㅂ, ㅅ, ㆁ'의 8개의 소리가 올 수 있었기에 '돕고'의 'ㅂ'과 '젓고'의 'ㅅ'은 각각 'ㅸ'이 'ㅂ'으로 교체되고 'ㅿ'이 'ㅅ'으로 교체된 것을 표기한 것이다. 그리고 '도ᄫᅡ'와 '저ᅀᅥ'는 'ㅸ'과 'ㅿ'이 뒤 음절의 첫소리로 연음된 것을 표기한 것이다.

그런데 'ㅸ', 'ㅿ'은 15세기와 16세기를 지나면서 소실되었다. 먼저 'ㅸ'은 15세기 중엽을 넘어서면서 '도ᄫᅡ>도와', '더ᄫᅥ>더워'에서와 같이 'ㅏ' 또는 'ㅓ' 앞에서는 반모음 'ㅗ/ㅜ[w]'로 바뀌었고, '도ᄫᆞ시니〉도오시니', '셔ᄫᅳᆯ〉셔울'에서와 같이 'ㆍ' 또는 'ㅡ'가 이어진 경우에는 모음과 결합하여 'ㅗ' 또는 'ㅜ'로 바뀌었으나, 음절 끝에서는 이전과 다름없이 'ㅂ'으로 나타났다. 다음으로 'ㅿ'은 16세기 중엽에 '아ᅀᆞ〉아ᄋᆞ', '저ᅀᅥ〉저어'에서와 같이 사라졌으며, 음절 끝에서는 이전과 다름없이 'ㅅ'으로 나타났다. 이런 변화를 겪은 말 중에 '셔울', '도오시니', '아ᄋᆞ'는 18~19세기를 거쳐 '서울', '도우시니', '아우'로 바뀌어 오늘날에 이르렀다.

<대화 2>

A : 자료를 보니 'ㅸ', 'ㅿ'이 사라지면서 '도ᄫᅡ'가 '도와'로, '저ᅀᅥ'가 '저어'로 활용형이 바뀌었네.

B : 그럼 '(고기를) 굽다'가 '구워'로 활용하고, '(밥을) 짓다'가 '지어'로 활용하는 것도 같은 거겠네!

A : 맞아. 그래서 현대 국어에서는 '굽다'하고 '짓다'가 불규칙 활용을 하게 된 거야.

22

위 탐구 활동과 자료에 대한 이해로 적절하지 않은 것은?

① 현대 국어의 '도와', '저어'와 같은 활용형은 어간의 형태가 달라지는 불규칙 활용에 해당하는군.

② 15세기 국어의 '도ᄫᅡ'가 현대 국어에서 '도와'로 나타나는 것은 'ㅸ'이 어간 끝에서 'ㅂ'으로 바뀐 결과이군.

③ 15세기 국어의 '저ᅀᅥ'가 현대 국어에서 '저어'로 나타나는 것은 'ㅿ'의 소실로 어간의 끝 'ㅿ'이 없어진 결과이군.

④ 15세기 국어의 '돕고'와 현대 국어의 '돕고'는, 자음으로 시작하는 어미 앞에서 어간의 모양이 달라지지 않았군.

⑤ 15세기 국어의 '젓고'와 현대 국어의 '젓고'는, 자음으로 시작하는 어미 앞에서 어간의 모양이 달라지지 않았군.

23

위 탐구 활동과 자료에 따라, 현대 국어 용언들의 15세기 중엽 이전과 17세기 초엽에서의 활용형을 바르게 추정한 것은?

		15세기 중엽 이전			17세기 초엽		
		-게	-아/-어	-ᄋᆞᆫ/-은	-게	-아/-어	-ᄋᆞᆫ/-은
①	(마음이) 곱다	곱게	고ᄫᅡ	고ᄫᆞᆫ	곱게	고와	고온
②	(선을) 긋다	긋게	그ᅀᅥ	그ᅀᅳᆫ	긋게	그서	그슨
③	(자리에) 눕다	눕게	누ᄫᅥ	누ᄫᅳᆫ	눕게	누워	누은
④	(머리를) 빗다	빗게	비서	비슨	빗게	비서	비슨
⑤	(손을) 잡다	잡게	자ᄫᅡ	자ᄫᆞᆫ	잡게	자바	자ᄇᆞᆫ

24

2016년 9월 고3 평가원모의평가

〈보기〉의 밑줄 친 부분에서 알 수 있는 중세 국어의 문법적 특징을 설명한 것으로 적절하지 않은 것은?

보기

(가) **하ᄂᆶ** 벼리ᄂᆞᆫ ᄀᆞᆮ 디니이다 〈용비어천가〉
(현대어 풀이 : 하늘의 별이 눈과 같이 떨어집니다.)

(나) 王이 부텨를 **請ᄒᆞᅀᆞᄫᆞ쇼셔** 〈석보상절〉
(현대어 풀이 : 왕이 부처를 청하십시오.)

(다) 어마니ᄆᆞᆯ **아라보리로소니잇가** 〈월인석보〉
(현대어 풀이 : 어머님을 알아보겠습니까?)

(라) **내** 이ᄅᆞᆯ 위ᄒᆞ야 〈훈민정음언해〉
(현대어 풀이 : 내가 이를 위해서)

(마) 그 ᄆᆞᆯ **미틔** 金몰애 잇ᄂᆞ니 〈월인석보〉
(현대어 풀이 : 그 물 밑에 금모래가 있는데)

① (가) : 무정 명사에 결합되는 관형격 조사 'ㅅ'이 쓰였다.

② (나) : 객체를 높이는 선어말 어미 '-ᅀᆞᆸ-'이 쓰였다.

③ (다) : 판정 의문문의 '-아' 계열 의문형 어미가 쓰였다.

④ (라) : 모음으로 끝나는 체언 뒤에 주격 조사 'ㅣ'가 쓰였다.

⑤ (마) : 높이지 않는 유정 명사에 결합되는 관형격 조사 '의'가 쓰였다.

25

2017년 6월 고3 평가원모의평가

<보기1>을 참고할 때, <보기2>의 ㉮~㉰에 들어갈 말로 적절한 것은?

보기 1

일반적으로 중세 국어에서는 서술격 조사가 앞에 결합하는 체언의 끝소리에 따라 달리 나타났다.

먼저 체언의 끝소리가 자음일 때 '이'가 나타났다.

◦ 샹녜 ᄡᅳᄂᆞᆫ ᄒᆡᆺ 일후미라(일훔+이라) (보통 쓰는 해의 이름이다)

체언의 끝소리가 모음 '이'이거나 반모음 'ㅣ'일 때는 아무런 형태가 나타나지 않았다.

◦ 牛頭는 쇠 머리라(머리+라) (우두는 소의 머리이다)

그리고 체언의 끝소리가 모음 '이'도, 반모음 'ㅣ'도 아닌 모음일 때는 'ㅣ'가 나타났다.

◦ 生佛은 사라 겨신 부톄시니라(부텨+ㅣ시니라)
(생불은 살아 계신 부처이시다)

보기2

◦ 齒ᄂᆞᆫ [㉮](치는 이이다)
◦ 所ᄂᆞᆫ [㉯](소는 바이다)
◦ 樓ᄂᆞᆫ [㉰](는 다락이다)

	㉮	㉯	㉰
①	니이라	바이라	다락라
②	니라	배라	다락ㅣ라
③	니이라	바라	다락ㅣ라
④	니라	배라	다라기라
⑤	니ㅣ라	바이라	다라기라

26

2017년 9월 고3 평가원모의평가

<보기1>의 중세 국어의 특징을 바탕으로 <보기2>의 ⓐ~ⓓ를 탐구하는 활동을 수행하였다. 학생들이 탐구한 내용으로 적절하지 않은 것은? [3점]

보기1

㉠ 설명 의문문과 판정 의문문에서 쓰이는 종결 어미가 서로 달랐다.
㉡ 체언에 결합하는 조사의 형태는 모음 조화에 따라 결정되었다.
㉢ 높임의 호격 조사로서 현대 국어에 없는 형태가 있었다.
㉣ 선어말 어미의 결합 순서가 현대 국어와 다른 경우가 있었다.
㉤ 듣는 이를 높이기 위한 선어말 어미가 사용되었다.

보기2

ⓐ 므슴 <u>마ᄅᆞᆯ</u> <u>니ᄅᆞᄂᆞ뇨</u> [무슨 말을 말하느냐?]
ⓑ 져므며 늘구미 <u>잇ᄂᆞ녀</u> [젊으며 늙음이 있느냐?]
ⓒ 虛空과 <u>벼를</u> <u>보더시니</u> [허공과 별을 보시더니]
ⓓ <u>世尊하</u> 내 堂中에 이셔 몬져 如來 <u>보ᅀᆞᆸ고</u> [세존이시여, 내가 집 안에서 먼저 여래 뵙고]

① ⓐ의 '니ᄅᆞᄂᆞ뇨'와 ⓑ의 '잇ᄂᆞ녀'를 비교해 보면, ㉠을 확인할 수 있군.
② ⓐ의 '마ᄅᆞᆯ'과 ⓒ의 '벼를'을 비교해 보면, ㉡을 확인할 수 있군.
③ ⓓ의 '世尊하'를 보면, ㉢을 확인할 수 있군.
④ ⓒ의 '보더시니'를 보면, ㉣을 확인할 수 있군.
⑤ ⓓ의 '보ᅀᆞᆸ고'를 보면, ㉤을 확인할 수 있군.

2018년 6월 고3 평가원모의평가

[27] 다음 글을 읽고 물음에 답하시오.

국어에서 '-(으)ㅁ'이나 '-이'가 결합된 단어들 중에 형태는 같으나 품사가 다른 경우가 있다. 예를 들어 명사 '걸음'과 동사의 명사형 '걸음', 명사 '높이'와 부사 '높이'가 그러하다. 이는 용언에 결합하는 명사 파생 접미사 '-(으)ㅁ'과 명사형 전성 어미 '-(으)ㅁ'의 형태가 같고, '높다' 등의 일부 형용사에 결합하는 명사 파생 접미사 '-이'와 부사 파생 접미사 '-이'의 형태가 같기 때문이다.

이들의 품사를 구별하기 위해서는 각 단어의 다음과 같은 문법적 특징을 고려해야 한다. 명사는 서술격 조사가 결합하는 경우를 제외하고는 서술어로 쓰일 수 없고, 관형어의 수식을 받는다. 반면 ㉠**동사나 형용사는 명사형이라 하더라도 문장이나 절에서 서술어로 쓰이고**, 부사어의 수식을 받는다. 그리고 부사는 격조사와 결합할 수 없고 다른 부사어나 서술어 등을 수식한다.

한편 이들 '-(으)ㅁ'과 '-이'가 중세 국어에서는 그 쓰임에 따라 형태가 다르기 때문에 일반으로 그 형태만으로 품사를 구별할 수 있다. 현대 국어의 두 가지 '-(으)ㅁ'은 중세 국어의 명사 파생 접미사 '-(ᄋᆞ/으)ㅁ'과 명사형 전성 어미 '-옴/움'에 각각 대응한다. 이러한 구별은 'ᄒᆞᆫ **거름** 나소 **거룸**(한 **걸음** 나아가도록 **걸음**)'에서 확인된다. '걷-'과 달리, 마지막 음절의 모음이 양성 모음인 어근이나 용언 어간에는 모음 조화에 따라 '-(ᄋᆞ)ㅁ'과 '-옴'이 각각 결합한다.

앞서 말한 현대 국어의 두 가지 '-이' 역시 중세 국어의 명사 파생 접미사 '-ᄋᆡ/의'와 부사 파생 접미사 '-이'에 각각 대응한다. 이러한 구별은 '나못 **노ᄑᆡ**(나무의 **높이**)'와 '**노ᄑᆡ** ᄂᆞᄂᆞᆫ 져비(**높이** 나는 제비)'에서 확인된다. '높-'과 달리, 마지막 음절의 모음이 음성 모음인 어근에는 모음 조화에 따라 명사 파생 접미사 '-의'가 결합한다. 그런데 부사 파생 접미사는 '-이' 하나여서 모음 조화에 상관없이 '-이'가 결합한다.

27

윗글을 바탕으로 추론한 내용 중 적절하지 않은 것은?

① '됴ᄒᆞᆫ 여름 여루미(좋은 열매 열림이)'에서 '여름'과 '여룸'의 형태를 보니, 이 둘의 품사가 다르겠군.

② '거름'과 '거룸'의 형태를 보니, '거름'은 파생 명사이고 '거룸'은 동사의 명사형이겠군.

③ '거룸'과 '노ᄑᆡ'의 모음 조화 양상을 보니, 중세 국어 '높-'에는 '-움'이 아니고 '-옴'이 결합하겠군.

④ '노ᄑᆡ'와 '노피'의 형태를 보니, '노ᄑᆡ'는 파생 부사이고 '노피'는 파생 명사이겠군.

⑤ 중세 국어의 형용사 '곧다', '굳다'가 부사 파생 접미사 '-이'와 결합할 때, 그 형태가 모음 조화에 따라 달라지지 않겠군.

28

2018년 9월 고3 평가원모의평가

〈보기〉의 ㉠과 ㉡에 들어갈 말로 바르게 짝지어진 것은?

보기

중세 국어에서는 객체를 높이기 위해 선어말 어미를 사용했는데, 이 선어말 어미는 음운 조건에 따라 다음과 같이 다양한 형태로 실현되었다.

어간 말음 조건	형태	용례
'ㄱ, ㅂ, ㅅ, ㅎ'일 때	-ᄉᆞᆸ-	돕ᄉᆞᆸ고
'ㄷ, ㅈ, ㅊ'일 때	-ᄌᆞᆸ-	묻ᄌᆞᆸ고
모음이나 'ㄴ, ㅁ, ㄹ'일 때	-ᅀᆞᆸ-	보ᅀᆞᆸ고

객체 높임 선어말 어미 뒤에 모음으로 시작하는 어미가 오면, 객체 높임 선어말 어미는 '-ᄉᆞᄫ-, -ᄌᆞᄫ-, -ᅀᆞᄫ-'으로 실현되었다.

- 아래 문장에서 객체 높임의 대상은 (㉠)이다.
  - 王(왕)이 부텻긔 더옥 敬信(경신)ᄒᆞᆫ ᄆᆞᅀᆞᄆᆞᆯ 내ᅀᆞᄫᅡ
    [왕이 부처께 더욱 공경하고 믿는 마음을 내어]
- 어간 '듣-'과 어미 '-ᄋᆞ며' 사이에 객체 높임 선어말 어미가 결합하면 다음과 같이 활용했다.
  - 내 아래브터 부텻긔 이런 마ᄅᆞᆯ 몯 (㉡)
    [내가 예전부터 부처께 이런 말을 못 들으며]

	㉠	㉡
①	王(왕)	듣ᄌᆞᄫᆞ며
②	王(왕)	듣ᄉᆞᄇᆞ며
③	부텨	듣ᄌᆞᄫᆞ며
④	부텨	듣ᄌᆞᄇᆞ며
⑤	ᄆᆞᅀᆞᆷ	듣ᅀᆞᄫᆞ며

29

2019년 6월 고3 평가원모의평가

〈보기〉의 ㉠~㉢에 들어갈 말로 적절한 것은?

보기

중세 국어에서는 의문문의 종류에 따라 종결 어미나 보조사가 달리 쓰인다. 예를 들면 용언의 어간에 어미가 결합하여 서술어가 될 때 판정 의문문에서는 종결 어미 '-녀', 설명 의문문에서는 종결 어미 '-뇨'가 쓰인다. 반면, 체언에 보조사가 결합하여 서술어가 될 때 판정 의문문에서는 보조사 '가', 설명 의문문에서는 보조사 '고'가 쓰인다. 그런데 주어가 2인칭일 때에는 의문문의 종류와 관계없이 종결 어미 '-ㄴ다'가 쓰인다. 중세 국어 의문문의 예는 아래와 같다.

◦ 이 일후미 (㉠)
  [이 이름이 무엇인가?]
◦ 네 엇뎨 아니 (㉡)
  [네가 어찌 안 가는가?]
◦ 그듸ᄂᆞᆫ 보디 (㉢)
  [그대는 보지 않는가?]

	㉠	㉡	㉢
①	므스고	가ᄂᆞ뇨	아니ᄒᆞᄂᆞᆫ다
②	므스고	가ᄂᆞᆫ다	아니ᄒᆞᄂᆞᆫ다
③	므스고	가ᄂᆞ뇨	아니ᄒᆞᄂᆞ녀
④	므스가	가ᄂᆞᆫ다	아니ᄒᆞᄂᆞᆫ다
⑤	므스가	가ᄂᆞ뇨	아니ᄒᆞᄂᆞ녀

2019년 9월 고3 평가원모의평가

[30~31] 다음 글을 읽고 물음에 답하시오.

(1) 영수는 서울에서/서울에 산다.
(2) 민수는 방에서/ *방에 공부하고 있다.
(3) 학교에서 체육 대회를 열었다.

(1)에서는 '에'와 '에서'를 다 쓸 수 있는데, 왜 (2)에서는 '에서'를 쓰고 '에'는 쓸 수 없을까? 또 왜 (3)에서는 '에서'를 주격 조사로 쓸 수 있을까?

'에'와 '에서'는 모두 '장소'를 의미하는 말에 붙지만, (1)에서 '서울'은 '에'가 붙어 위치를 나타내는 [지점]의 의미가 되고, '에서'가 붙어 행위를 하거나 일이 발생하는 [공간]의 의미가 된다. 즉, 똑같은 장소라도 지점으로 인식되면 '에'를 쓰고, 공간으로 인식되면 '에서'를 쓴다. (2)에서 '방에'를 쓸 수 없는 이유는 '공부'라는 행위를 하는 장소인 '방'은 지점이 아니라 공간의 의미를 가져야 하기 때문이다. 이렇듯 '에'와 '에서'의 쓰임이 구분되는 것은 '에서'의 중세 국어 형태인 '에셔'의 형성 과정에 기인한다.

중세 국어에서는 부사격 조사 '애/에/예, 이 /의'와 '이시다(현대 국어 '있다')'의 활용형인 '이셔'가 결합된 말들이 줄어서 '애셔/에셔/예셔, 이셔/의셔'가 되었다. 그런데 이들은 본래 '이시다'를 포함하므로, 그 의미상 어떤 공간 속에 있음을 전제한다. 따라서 '애셔/에셔/예셔, 이셔/의셔' 앞의 명사는 공간으로 인식되었다. 그런데 이렇게 새로운 형태가 만들어졌지만 중세 국어에서는 현대 국어와 달리 이 새로운 형태가 쓰일 자리에 '애/에/예, 이/의'가 쓰이는 경우가 많았다. 이는 '애/에/예, 이/의'가 현대 국어의 '에'와 '에서'의 쓰임을 모두 지니고 있었음을 의미한다.

한편, '애셔/에셔/예셔, 이셔/의셔' 앞의 명사가 어떤 구성원으로 이루어진 공간이나 집단을 나타내면, 그 공간이나 집단 속에 있는 구성원의 행위를 그 공간이나 집단의 행위로 표현하는 것이 가능해진다. 그에 따라 중세 국어에서 '애셔/에셔/예셔, 이셔/의셔'가 주격 조사로도 쓰인 경우가 있다. 이들은 현대 국어의 '에서'로 이어지는데 (3)과 같은 예에서 그러한 쓰임을 확인할 수 있다.

현대 국어의 '에서'가 주격 조사로 쓰일 때에는 '에서' 앞에 공간이나 집단을 나타내는 명사가 오고 유정 명사는 올 수 없다. 부사격 조사 '에'에 '서'가 붙은 '에서'가 주격 조사로 쓰인 것처럼 부사격 조사 '께'에 '서'가 붙은 '께서'도 주격 조사로 쓰인다. '께서'의 중세 국어 형태인 부사격 조사 'ᄭᅴ셔' 역시 'ᄭᅴ'와 '셔'가 결합하여 형성되었는데, 근대 국어를 거치면서 주격 조사로 변화하여 현대 국어의 '께서'로 이어졌다. 중세 국어의 '에셔', 현대 국어의 '에서'와 달리 중세 국어의 'ᄭᅴ셔', 현대 국어의 '께서'는 높임의 유정 명사 뒤에 나타난다.

30

윗글의 내용과 일치하는 것은?

① 중세 국어에서 '에' 앞의 명사는 공간의 의미를 나타낼 수 있었다.
② 현대 국어에서 '에' 앞에 붙을 수 있는 명사는 '에서' 앞에 붙을 수 없다.
③ 중세 국어의 '애/에/예'는 '이/의'와 달리 주격 조사로 쓰일 수 있었다.
④ 현대 국어 '에서'의 중세 국어 형태인 '에셔'에서 '셔'는 지점의 의미를 나타냈다.
⑤ 중세 국어 '에셔'가 주격 조사로 쓰일 수 있었던 이유는 '에셔' 앞에 유정 명사가 오기 때문이다.

31

윗글을 바탕으로 〈보기〉를 이해한 내용으로 적절하지 않은 것은?

> **보기**
>
> 현대 국어의 예
> ㉠ 그 지역에서 공룡 화석이 발견되었다.
> ㉡ 정부에서 홍수 대책안을 발표하였다.
> ㉢ 할머니께서 저녁 늦게 식사를 하셨다.
>
> 중세 국어의 예
> ㉣ 一物이라도 그위예셔 다 아ᅀᆞᄆᆞᆯ 슬노라
> (물건 하나라도 관청에서 다 빼앗음을 슬퍼하노라.)
> ㉤ 부텨씌셔 十二部經이 나시고
> (부처님으로부터 12부의 경이 나오고)

① ㉠ : 공간을 의미하는 '그 지역'에 주격 조사 '에서'가 붙었군.
② ㉡ : 집단을 의미하는 '정부'에 주격 조사 '에서'가 붙었군.
③ ㉢ : 높임의 유정 명사인 '할머니'에 주격 조사 '께서'가 붙었군.
④ ㉣ : '그위예셔'는 '그위'에 주격 조사 '예셔'가 붙었군.
⑤ ㉤ : 높임의 유정 명사인 '부텨'에 부사격 조사 '씌셔'가 붙었군.

32

2015년 수능B

[가]에 들어갈 내용으로 적절하지 않은 것은?

학습 자료	[중세 국어] ㉠부텻 마ᄅᆞᆯ ㉡듣ᄌᆞᄫᅩᄃᆡ [현대 국어] 부처의 말씀을 듣되 [중세 국어] 닐굽 ㉢거르믈 거르샤 ㉣니ᄅᆞ샤ᄃᆡ [현대 국어] 일곱 걸음을 걸으시며 이르시되 [중세 국어] 니르고져 ᄒᆞᇙ ㉤배 이셔도 [현대 국어] 이르고자 할 바가 있어도
학습 활동	㉠~㉤을 현대 국어와 비교한 후 공통점과 차이점을 정리해 보자. ([가])

① ㉠ : 관형격 조사로 'ㅅ'이 쓰였다는 점에서 현대 국어와 차이가 있다.
② ㉡ : 객체를 높이는 선어말 어미가 쓰였다는 점에서 현대 국어와 차이가 있다.
③ ㉢ : 어근의 원형을 밝혀 적었다는 점에서 현대 국어와 공통적이다.
④ ㉣ : 주체를 높이는 선어말 어미가 쓰였다는 점에서 현대 국어와 공통적이다.
⑤ ㉤ : 모음으로 끝나는 체언에 주격 조사 'ㅣ'가 결합했다는 점에서 현대 국어와 차이가 있다.

33

2016년 수능B

〈보기〉를 바탕으로 중세 국어의 특징을 탐구한 내용으로 적절하지 <u>않은</u> 것은?

보기

王(왕)이 니ᄅᆞ샤ᄃᆡ 大師(대사) ㉠<u>ᄒᆞ샨</u> 일 아니면 뉘 혼 거시 잇고 ㉡<u>仙人(선인)이</u> ᄉᆞᆯᄫᅩᄃᆡ 大王(대왕)하 이 ㉢<u>南堀(남굴)ㅅ</u> 仙人(선인)이 ᄒᆞᆫ ᄯᆞᄅᆞᆯ 길어 내니 양지 端正(단정)ᄒᆞ야 ㉣<u>世間(세간)애</u> ㉤<u>쉽디</u> 몯ᄒᆞ니 그 ᄯᆞᆯ ᄒᆞ닗 ㉥<u>時節(시절)에</u> 자최마다 ㉦<u>蓮花(연화)ㅣ</u> 나ᄂᆞ니이다 - 〈석보상절〉

[현대어 풀이]

왕이 이르시되 "대사 하신 일 아니면 누가 한 것입니까?" 선인이 아뢰되 "대왕이시여, 이 남굴의 선인이 한 딸을 길러 내니 모습이 단정하여 세상에 (모습을 드러내기가) 쉽지 못하니 그 딸 움직일 시절에 자취마다 연꽃이 납니다."

① ㉠에서는 주체인 '대사'를 높이기 위한 선어말 어미가 쓰였군.

② ㉡의 '이'와 ㉦의 'ㅣ'는 격 조사의 종류가 달라서 서로 다른 형태로 나타난 것이군.

③ ㉢을 보니 'ㅅ'은 현대 국어의 '의'에 해당하는 관형격 조사로 쓰였군.

④ ㉣과 ㉥을 보니 모음 조화에 따라 형태를 달리하는 부사격 조사가 있었군.

⑤ ㉤과 현대 국어의 '쉽지'를 비교해 보니 '-디'에서는 구개음화가 확인되지 않는군.

34

2017년 수능

〈학습 활동〉의 (가)에 들어갈 내용으로 적절한 것은?

학습 활동

동사는 목적어 필요 여부에 따라 타동사와 자동사로 구분된다. ⓐ와 ⓑ를 보고, 중세 국어 '열다', '흩다'의 타동사, 자동사로서의 쓰임과 이에 대응하는 현대 국어 동사들의 쓰임을 비교하여 그 변화를 탐구해 보자.

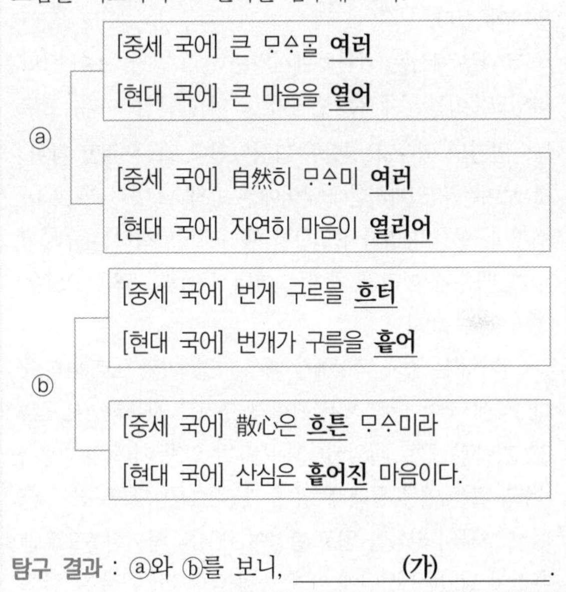

ⓐ
[중세 국어] 큰 ᄆᆞᅀᆞᄆᆞᆯ **여러**
[현대 국어] 큰 마음을 **열어**
[중세 국어] 自然히 ᄆᆞᅀᆞ미 **여러**
[현대 국어] 자연히 마음이 **열리어**
ⓑ
[중세 국어] 번게 구르믈 **흐터**
[현대 국어] 번개가 구름을 **흩어**
[중세 국어] 散心은 **흐튼** ᄆᆞᅀᆞ미라
[현대 국어] 산심은 **흩어진** 마음이다.

탐구 결과 : ⓐ와 ⓑ를 보니, ＿＿＿＿(가)＿＿＿＿.

① 중세 국어 '열] ', '흩다'는 타동사로만 쓰였고,현대 국어 '열다', '흩다'도 타동사로만 쓰인다.

② 중세 국어 '열다', '흩다'는 자동사로만 쓰였고,현대 국어 '열다', '흩다'도 자동사로만 쓰인다.

③ 중세 국어 '열다', '흩다'는 타동사 및 자동사로 쓰였고, 현대 국어 '열다', '흩다'는 타동사로만 쓰인다.

④ 중세 국어 '열다', '흩다'는 타동사 및 자동사로 쓰였고, 현대 국어 '열다', '흩다'는 자동사로만 쓰인다.

⑤ 중세 국어 '열다', '흩다'는 타동사 및 자동사로 쓰였고, 현대 국어 '열다', '흩다'도 타동사 및 자동사로 쓰인다.

2019년 수능

[35] 다음 글을 읽고 물음에 답하시오.

국어사적 사실이 현대 국어의 일관되지 않은 현상을 이해하는 데 도움이 되는 경우가 많다. 예를 들어 'ㄹ'로 끝나는 명사 '발', '솔', '이틀'이 '발가락', '소나무', '이튿날'과 같은 합성어들에서는 받침 'ㄹ'의 모습이 일관되지 않는데, 이를 이해하기 위해서는 이들 단어의 옛 모습을 알아야 한다.

'소나무'에서는 '발가락'에서와는 달리 받침 'ㄹ'이 탈락하였고, '이튿날'에서는 받침이 'ㄹ'이 아닌 'ㄷ'이다. 모두 'ㄹ' 받침의 명사가 결합한 합성어인데 왜 이러한 차이를 보이는 것일까? 현대 국어에는 받침 'ㄹ'이 'ㄷ'으로 바뀌거나, 명사와 명사가 결합할 때 'ㄹ'이 탈락하는 규칙이 없기 때문에 이러한 차이는 현대 국어의 규칙만으로는 설명할 수 없다.

'발가락'은 중세 국어에서 대부분 '밠 가락'으로 나타난다. 중세 국어에서 'ㅅ'은 관형격 조사로 사용되었으므로 '밠 가락'은 구로 파악된다. 이는 '밠 엄지 가락(엄지발가락)'과 같은 예를 통해 잘 알 수 있다. 이후 'ㅅ'은 점차 관형격 조사의 기능을 잃고 합성어 내부의 사이시옷으로만 흔적이 남았는데, 이에 따라 중세 국어 '밠 가락'은 현대 국어 '발가락[발까락]'이 되었다.

[A]
'소나무'는 중세 국어에서 명사 '솔'에 '나무'의 옛말인 '나모'가 결합하고 'ㄹ'이 탈락한 합성어 '소나모'로 나타난다. 중세 국어에서는 현대 국어와 달리 명사와 명사가 결합하여 합성어가 될 때 'ㄴ, ㄷ, ㅅ, ㅈ' 등으로 시작하는 명사 앞에서 받침 'ㄹ'이 탈락하는 규칙이 있었기 때문에 '솔'의 'ㄹ'이 탈락하였다.

'이튿날'은 중세 국어에서 자립 명사 '이틀'과 '날' 사이에 관형격 조사 'ㅅ'이 결합한 '이틄 날'로 많이 나타나는데, 이 'ㅅ'은 '이틄 밤', '이틄 길'에서의 'ㅅ'과 같은 것이다. 중세 국어에서 '이틄 날'은 '이틋 날'로도 나타났는데, 근대 국어로 오면서는 'ㄹ'이 탈락한 합성어 '이틋날'로 굳어지게 되었다. 이와 함께 'ㅅ'이 관형격 조사의 기능을 잃어 가고, 받침 'ㅅ'과 'ㄷ'의 발음이 구분되지 않게 되었다. 이에 따라 「한글 맞춤법」에서는 '이튿날'의 표기와 관련하여 "끝소리가 'ㄹ'인 말과 딴 말이 어울릴 적에 'ㄹ' 소리가 'ㄷ' 소리로 나는 것"으로 보아 이를 '이튿날'로 적도록 했다. 그러나 이때의 'ㄷ'은 'ㄹ'이 변한 것으로 설명되지 않으므로 중세 국어 '뭀 사롬'에서 온 '뭇사람'에서처럼 'ㅅ'으로 적는 것이 국어의 변화 과정을 고려한 관점에 부합한다고 할 수 있다.

35

[A]를 바탕으로 〈보기〉의 '자료'를 탐구한 내용으로 적절하지 않은 것은? [3점]

보기

[탐구 주제]

◦ '숟가락'은 '젓가락'과 달리 왜 첫 글자의 받침이 'ㄷ'일까?

[자료]

중세 국어의 예	
• 술 자ᄇᆞ며 져 놓ᄂᆞ니(숟가락 잡으며 젓가락 놓으니) • 숤 귿(숟가락의 끝), 졋 가락 귿(젓가락 끝), 수져 (수저) • 물(무리), 뭀 사롬(뭇사람, 여러 사람)	
근대 국어의 예	**현대 국어의 예**
• 숫가락 쟝ᄉᆞ(숟가락 장사) • 뭇사롬(뭇사람)	• *술로 밥을 뜨다 • 숟가락으로 밥을 뜨다 • 밥 한 술

※ '*'는 문법에 맞지 않음을 나타냄.

① 중세 국어 '술'과 '져'는 중세 국어 '이틀'처럼 자립 명사라는 점에서 현대 국어 '술'과는 차이가 있군.

② 중세 국어 '술'과 '져'의 결합에서 'ㄹ'이 탈락한 합성어가 현대 국어 '수저'로 이어졌군.

③ 중세 국어 '술'과 '져'는 명사를 수식할 때, 중세 국어 '이틀'이나 '물'과 같이 모두 관형격 조사 'ㅅ'이 결합할 수 있었군.

④ 근대 국어 '숫가락'이 현대 국어에 와서 '숟가락'으로 적히는 것은, 국어의 변화 과정을 고려한 관점에 부합하지 않는다는 점에서 '이튿날'의 경우와 같군.

⑤ 현대 국어 '숟가락'과 '뭇사람'의 첫 글자 받침이 다른 이유는 중세 국어 '숤'과 '뭀'이 현대 국어로 오면서 'ㄹ'이 탈락한 후 남은 'ㅅ'의 발음이 서로 달랐기 때문이군.

36
2020년 수능

〈보기1〉의 ㉠~㉢에 해당하는 예만을 〈보기2〉에서 고른 것은?

보기1

중세 국어의 주격 조사는 음운 조건에 따라 '이', '∅(영형태)', 'ㅣ'로 실현되었다.

- 자음 다음에는 '이'가 나타났다. ……………………… ㉠
  예 바비(밥+이) [밥이]
- 모음 '이'나 반모음 'ㅣ' 다음에는 '∅(영형태)'로 실현되어, 나타나지 않았다. ……………………………………… ㉡
  예 활 쏘리(활 쏠 이+∅) [활 쏠 이가],
  새(새+∅) [새가]
- 모음 '이'와 반모음 'ㅣ' 이외의 모음 다음에는 'ㅣ'가 나타났다.
  예 쇠 (쇼+ㅣ) [소가]
- 음운 조건에 관계없이 생략되기도 했다. ………… ㉢
  예 곶 됴코 [꽃 좋고], 나모 셧는 [나무 서 있는]

보기2

ⓐ : **나리** 져므러 [날이 저물어]
ⓑ : **太子** 오ᄂᆞ다 드르시고[태자 온다 들으시고]
ⓒ : 내해 **ᄃᆞ리** 업도다[개천에 다리가 없도다]
ⓓ : **아ᄃᆞ리** 孝道ᄒᆞ고 [아들이 효도하고]
ⓔ : **孔子ㅣ** 드르시고 [공자가 들으시고]

① ㉠ : ⓐ, ⓓ　② ㉠ : ⓐ, ⓔ　③ ㉡ : ⓑ, ⓒ
④ ㉡ : ⓑ, ⓓ　⑤ ㉢ : ⓒ, ⓔ

37
2020년 6월 고3 평가원모의평가

〈학습 활동〉을 수행한 결과로 적절하지 않은 것은?

학습활동

현대 국어와 달리 중세 국어의 관형격 조사에는 여러 형태가 있다. 선행 체언이 무정물일 때는 'ㅅ'이 쓰이고, 유정물일 때는 모음 조화에 따라 'ᄋᆡ', '의' 등이 쓰인다. 다만 유정물이라도 존칭의 대상일 때는 이들 대신 'ㅅ'이 쓰인다. 이를 참고하여 선행 체언과 후행 체언이 관형격 조사로 연결되었을 때의 모습을 아래 표의 ㉠~㉤에 채워 보자.

선행 체언	아바님 (아버님)	그력 (기러기)	아ᄃᆞᆯ (아들)	수플 (수풀)	등잔 (등잔)
후행 체언	겯 (곁)	목 (목)	나ᄒᆞ (나이)	가온ᄃᆡ (가운데)	기름 (기름)
적용 모습	㉠	㉡	㉢	㉣	㉤

① ㉠ : 아바니믜(아바님+의) 겯
② ㉡ : 그려긔(그력+의) 목
③ ㉢ : 아ᄃᆞ리(아ᄃᆞᆯ+ᄋᆡ) 나ᄒᆞ
④ ㉣ : 수픐(수플+ㅅ) 가온ᄃᆡ
⑤ ㉤ : 등잾(등잔+ㅅ) 기름

38

2020년 9월 고3 평가원모의평가

〈보기〉에 대한 이해로 적절한 것은?

보기
나·랏 **:말ᄊᆞ·미** 中듕國·귁·에 달·아 文문字·ᄍᆞᆼ·와·로 서르 ᄉᆞᄆᆞᆺ·디 아·니ᄒᆞᆯ·ᄊᆡ ·이런 젼·ᄎᆞ·로 어·린 百·ᄇᆡᆨ姓·셩·이 니르·고·져 **·홇 ·배** 이·셔·도 ᄆᆞ·ᄎᆞᆷ:내 제 ·ᄠᅳ·들 시·러 펴·디 :몯ᄒᆞᇙ ·노·미 **하·니·라** ·내 **·이·ᄅᆞᆯ** 爲·윙·ᄒᆞ·야 :어엿·비 너·겨 **·새·로** ·스·믈여·듧 字·ᄍᆞᆼ·ᄅᆞᆯ ᄆᆡᇰ·ᄀᆞ노·니 :사ᄅᆞᆷ:마·다 **:ᄒᆡ·ᅇᅧ** :수·ᄫᅵ 니·겨 ·날·로 **·ᄡᅮ·메** **便뼌安한·킈 ᄒᆞ·고·져** ᄒᆞᇙ ᄯᆞᄅᆞ·미니·라 - 『훈민정음』 언해, 세조 5년(1459) ○ **현대어 풀이** 우리나라의 말이 중국과 달라 문자와 서로 통하지 아니하여서 이런 까닭으로 어리석은 백성이 말하고자 하는 바가 있어도 마침내 제 뜻을 능히 펴지 못하는 사람이 많다. 내가 이를 위하여 가엾게 여겨 새로 스물여덟 자를 만드니, 모든 사람들로 하여금 쉽게 익혀 날마다 쓰는 데 편하게 하고자 할 따름이다.

① ':말ᄊᆞ·미'와 '·홇 ·배'에 쓰인 주격 조사는 그 형태가 동일하군.
② '하·니·라'의 '하다'는 현대 국어의 동사 '하다'와 품사가 동일하군.
③ '·이·ᄅᆞᆯ'과 '·새·로'에는 동일한 강약을 표시하는 방점이 쓰였군.
④ ':ᄒᆡ·ᅇᅧ'와 '便뼌安한·킈 ᄒᆞ·고·져'에는 모두 피동 표현이 쓰였군.
⑤ '·ᄡᅮ·메'에는 '사용하다'라는 의미를 지닌 동사 '쓰다'가 쓰였군.

39

2021 수능

〈보기〉의 ㉠과 ㉡에 들어갈 말로 적절한 것은?

보기

학 생 : 현대 국어와는 달리 중세 국어의 'ㅔ', 'ㅐ'가 이중 모음이었다는 근거가 궁금해요.

선생님 : 'ㅔ', 'ㅐ'로 끝나는 체언과 결합하는 조사의 형태가 무엇인지 (가)를 참고하여 (나)를 살펴보면 알 수 있단다.

(가)

체언의 끝소리	조사의 형태	예
자음	이라	**지비라**[집이다]
단모음 '이'나 반모음 'ㅣ'	∅라	**ᄉᆞᅀᅵ라**[ᄉᆞᅀᅵ(사이)이다] **불휘라**[불휘(뿌리)이다]
그 밖의 모음	ㅣ라	**젼ᄎᆡ라**[젼ᄎᆞ(까닭)이다] **곡되라**[곡도(꼭두각시)이다]

(나)

今(금)은 **이제라**[이제이다], 下(하)는 **아래라**[아래이다]

학 생 : (가)의 [㉠]에서처럼 (나)의 '이제'와 '아래'가 [㉡] 형태의 조사를 취하는 것을 보니 'ㅔ', 'ㅐ'가 반모음 'ㅣ'로 끝나는 이중 모음이었음을 알 수 있어요.

	㉠	㉡
①	지비라	이라
②	ᄉᆞᅀᅵ라	∅라
③	불휘라	∅라
④	젼ᄎᆡ라	ㅣ라
⑤	곡되라	ㅣ라

2020년 3월 고3 전국연합학력평가

[40] 다음 글을 읽고 물음에 답하시오.

현대 국어의 시간 표현 중 하나는 선어말 어미를 활용하는 것이다. 동사는 어간에 선어말 어미 '-는-/ -ㄴ-'을 결합하여 현재 시제를 표현하는데, 동사의 어간 말음이 자음인 경우에는 '-는-'이, 모음인 경우에는 '-ㄴ-'이 결합한다. 이와 달리 형용사와 '이다'는 어간에 선어말 어미가 결합하지 않고 현재 시제를 표현할 수 있다. 동사와 형용사, 그리고 '이다'는 어간에 선어말 어미 '-았-/-었-'을 결합하여 과거 시제를 표현하는데, 어간 '하-' 다음에는 선어말 어미 '-였-'을 결합하여 과거 시제를 표현한다. 동사와 형용사, 그리고 '이다'는 어간에 선어말 어미 '-겠-'을 결합하여 미래 시제를 표현하는데, 추측이나 의지 등의 의미를 나타내기도 한다.

중세 국어의 시간 표현은 ㉠**용언의 어간에 선어말 어미를 결합하여 나타내는 경우**와 ㉡**용언의 어간에 선어말 어미를 결합하지 않고 나타내는 경우**가 있었다. 이를 살펴보면, 동사는 어간에 선어말 어미 '-ᄂᆞ-'를 결합하여 현재 시제를 표현하였고, 형용사는 어간에 선어말 어미를 결합하지 않고 현재 시제를 표현하였다. 또한 동사는 어간에 선어말 어미를 결합하지 않고 과거 시제를 표현하기도 했고, 회상의 의미가 있는 선어말 어미 '-더-'를 결합하여 과거 시제를 표현하기도 했다. 형용사도 선어말 어미 '-더-'를 통해 과거 시제를 표현하였다. 또한 동사와 형용사는 추측의 의미가 있는 선어말 어미 '-리-'를 어간에 결합하여 미래 시제를 표현하였다.

40

〈보기〉에서 ㉠과 ㉡에 해당하는 예를 찾아 바르게 짝지은 것은?

보기

- 너도 ᄯᅩ 이 ⓐ**ᄀᆞᆮᄒᆞ다**
  (너도 또 이와 같다.)
- 네 이제 ᄯᅩ ⓑ**묻ᄂᆞ다**
  (네가 이제 또 묻는다.)
- 五百 도ᄌᆞ기 … ⓒ**도ᄌᆞᄒᆞ더니**
  (오백 도적이 … 도둑질하더니)
- 이 智慧 업슨 比丘ㅣ 어드러셔 ⓓ**오뇨**
  (이 지혜 없는 비구가 어디에서 왔느냐?)
- 이 善女人이 … 다시 나디 ⓔ**아니ᄒᆞ리니**
  (이 선여인이 … 다시 나지 아니할 것이니)

	㉠	㉡
①	ⓑ, ⓒ	ⓐ, ⓓ, ⓔ
②	ⓐ, ⓔ	ⓑ, ⓒ, ⓓ
③	ⓓ, ⓔ	ⓐ, ⓑ, ⓒ
④	ⓐ, ⓒ, ⓓ	ⓑ, ⓔ
⑤	ⓑ, ⓒ, ⓔ	ⓐ, ⓓ

2020년 4월 고3 전국연합학력평가

[41] 다음 글을 읽고 물음에 답하시오.

부정하는 내용을 문법적으로 실현한 문장을 부정문이라고 한다. 부정문은 의미에 따라 '안' 부정문과 '못' 부정문으로, 길이에 따라 '짧은 부정문'과 '긴 부정문'으로 나누기도 한다. 한편 명령문과 청유문의 부정에는 '말다' 부정문이 쓰이고, '말다' 부정문은 '긴 부정문'만 가능하다.

'안' 부정문은 부정 부사 '안(아니)'으로 실현되는 짧은 부정문과 부정의 용언 구성 '-지 않다(아니하다)'로 실현되는 긴 부정문이 있고, 객관적인 사실을 부정하는 '단순 부정'과 동작 주체의 의도를 부정하는 '의도 부정'이 있다. '안' 부정문의 서술어가 동사이고 주어가 의지를 가질 수 있는 동작 주체인 경우에 '단순 부정'과 '의도 부정'의 해석이 모두 가능하다. 하지만 서술어가 형용사이거나 주어가 의지를 가질 수 없는 경우에는 대개 '단순 부정'으로 해석한다.

'못' 부정문은 부정 부사 '못'으로 실현되는 짧은 부정문과 부정의 용언 구성 '-지 못하다'로 실현되는 긴 부정문이 있다. 일반적으로 '못' 부정문은 동작 주체의 능력 부족을 드러내는 부정문이므로, 동작 주체의 능력으로는 어쩔 수 없는 심리적 상태를 나타내는 서술어는 '못' 부정문에 쓰이기 어렵다. 한편 '못' 부정문은 일반적으로 서술어가 형용사인 경우에는 성립할 수 없지만, '긴 부정문'에 한하여 '화자의 기대하는 기준에 이르지 못함'의 뜻을 나타내는 경우에는 쓰이기도 한다. 나아가 '못' 부정문은 화자의 능력을 부정하는 의미에서 발전하여 완곡한 거절, 또는 강한 거부와 같은 화자의 심리적 태도를 반영하기도 한다.

'말다' 부정문은 명령문 및 청유문에서 부정의 용언 구성 '-지 말다'로 실현된다. 형용사는 대부분 명령문이나 청유문의 서술어로 쓰일 수 없기 때문에 '말다' 부정문은 서술어가 형용사인 경우에는 성립하지 않는다. 하지만 문장의 서술어가 형용사라도 기원이나 희망을 나타낼 때는 '말다' 부정문이 쓰이기도 한다.

41

다음은 수업의 일부이다. 윗글을 바탕으로 ⓐ~ⓓ에 대해 이해한 내용으로 적절하지 않은 것은?

선생님: 중세 국어의 부정문은 현대 국어와 큰 차이가 없었습니다. 제시한 예문들을 현대 국어와 비교하여 이해해 봅시다.

[중세 국어] 世尊이 ⓐ**아니 오실씨**
[현대 국어] 세존이 아니 오시므로

[중세 국어] 닐웨ᅀᅡ ⓑ**머디 아니ᄒᆞ다.**
[현대 국어] 이레야 멀지 아니하다.

[중세 국어] 부텨를 몯 맛나며 法을 ⓒ**몯 드르며**
[현대 국어] 부처를 못 만나며 법을 못 들으며

[중세 국어] 이 ᄠᅳ들 ⓓ**닛디 마ᄅᆞ쇼셔**.
[현대 국어] 이 뜻을 잊지 마십시오.

① ⓐ를 보니 중세 국어에서도 현대 국어의 '안' 부정문에 해당하는 부정문이 사용되었음을 알 수 있군.
② ⓑ를 보니 현대 국어에서처럼 중세 국어에서도 '단순 부정'에 해당하는 부정문이 사용되었음을 알 수 있군.
③ ⓒ를 보니 현대 국어에서처럼 중세 국어에서도 동작 주체의 의도를 부정하는 부정문이 사용되었음을 알 수 있군.
④ ⓓ를 보니 현대 국어에서처럼 중세 국어에서도 명령문을 부정하는 부정문이 사용되었음을 알 수 있군.
⑤ ⓐ와 ⓑ를 보니 중세 국어에서도 현대 국어의 '짧은 부정문'과 '긴 부정문'에 해당하는 부정문이 사용되었음을 알 수 있군.

2020년 7월 고3 전국연합학력평가

[42] 다음 글을 읽고 물음에 답하시오.

관형어는 체언을 수식하는 문장 성분으로 관형사나 체언이 그대로 관형어가 되기도 하며, 체언에 관형격 조사 '의'가 결합된 형태나 용언의 관형사형으로도 나타난다. 또한 관형절도 관형어의 기능을 한다. 관형어는 필수적인 성분은 아니지만 수식을 받는 체언이 의존 명사이면 그 앞에 반드시 관형어가 와야 한다. 한편 관형격 조사 '의'는 앞과 뒤의 체언을 의미상으로 어떤 관계에 놓이도록 연결하는 역할을 한다. 예를 들어 '조국 통일의 위업'은 앞 체언과 뒤 체언이 ㉠**'의미상 동격'의 관계**, '나의 옷'은 '소유주 - 대상'의 관계, '우리의 각오'는 ㉡**'주체 - 행동'의 관계**, '조카의 아들'은 '사회적·친족적' 관계로 연결된 것이다.

중세 국어의 관형어도 현대 국어와 같은 방식으로 실현되는 경우가 많았다. 하지만 현대 국어에서는 자주 나타나지 않거나 현대 국어의 관형어와 구별되는 특이한 현상도 있었다.

(가) 사ᄅᆞᄆᆡ 몸 (사람의 몸)
(나) 불휘 기픈 남ᄀᆞᆫ (뿌리가 깊은 나무는)
(다) 前生앳 이리 (전생에서의 일이)
(라) 아비의 便安히 안존 돌 (아비가 편안히 앉은 것을)

(가)에는 관형격 조사 'ᄋᆡ'의 결합에 의한, (나)에는 관형사형 어미 '-(ᄊᆞ/으)ㄴ'이 붙어서 만들어진 관형절에 의한 관형어가 나타난다. 이와 달리 (다)의 '前生앳'은 '체언 + 부사격 조사'로 이루어진 부사어에 관형격 조사 'ㅅ'이 붙어 관형어가 된 경우이다. (라)의 '아비의'는 '아비가'로 해석되는데, '안존'의 의미상 주어인 '아비'에 주격 조사가 붙지 않고 관형격 조사 '의'가 붙은 것으로 안긴문장의 의미상 주어가 관형격 형태로 나타나는 경우에 해당한다. (다)와 (라) 같은 용법들은 현대 국어에도 일부 남아 있다.

42

윗글을 바탕으로 〈보기〉의 밑줄 친 관형어를 탐구한 내용으로 적절하지 않은 것은? [3점]

보기
<중세 국어의 예> ⓐ **부텻** 것 도ᄌᆞᆨᄒᆞᆫ 罪(부처의 것을 도둑질한 죄) ⓑ **ᄉᆡ미 기픈** 므른(샘이 깊은 물은) <현대 국어의 예> ⓒ **어머니의** 낡은 지갑은 ⓓ **저자와의** 대화

① ⓐ의 '부텻'은 의존 명사 앞에 쓰여 생략할 수가 없군.
② ⓑ의 'ᄉᆡ미 기픈'은 현대 국어와 같은 관형사형 어미가 쓰인 것이군.
③ ⓐ의 '부텻'은 체언에 관형격 조사가 결합한 형태가, ⓑ의 'ᄉᆡ미 기픈'은 관형절이 관형어의 기능을 하고 있군.
④ ⓒ의 '어머니의'는 관형절의 의미상 주어가 관형격으로 실현된 것으로 중세 국어의 용법과 관련이 있는 표현이군.
⑤ ⓓ의 '저자와의'는 부사어 뒤에 관형격 조사가 붙어 관형어가 된 것으로 중세 국어에서도 찾을 수 있는 용법이군.

2020년 10월 고3 전국연합학력평가

[43] 다음 글을 읽고 물음에 답하시오.

사동 표현은 주어가 남에게 동작을 하도록 시키는 뜻을 나타내는 것으로, 파생적 사동과 통사적 사동으로 구분될 수 있다. 우선 파생적 사동은 사동 접사 '-이-, -히-, -리-, -기-, -우-, -구-, -추-' 등이 붙어 만들어지는데, '높이다', '좁히다', '울리다', '옮기다', '비우다' 등이 그 예이다. 다만 일부 용언은 사동 접사의 결합에 제약이 있기도 하다. 예컨대 '(회사에) 다니다', '(손을) 만지다'와 같이 어간이 'ㅣ'로 끝나는 동사, '(형과) 만나다', '(원수와) 맞서다'와 같이 특정한 상대 등을 필수적으로 요구하는 동사, '(돈을) 주다'와 같이 주거나 받는 뜻을 가진 동사 등은 대개 사동 접사가 결합되지 못한다. 한편 사동 표현은 '먹게 하다', '잡게 하다'와 같이 '-게 하다'에 의해 만들어지기도 하는데 이를 통사적 사동이라 한다.

15세기 국어에서도 사동 표현이 쓰였다. 우선 파생적 사동은 주로 '-이-, -히-, -기-, -오/우-, -호/후-, -ᄋᆞ/으-' 등이 붙어 만들어졌다. 다만 '걷다'와 같은 ㄷ 불규칙 용언에 '-이-'가 결합될 때에는 어간 '걷-'의 받침 'ㄷ'이 'ㄹ'로 바뀌어 '걸이다'[걸리다]로 쓰였다. 한편 현대 국어의 '-게 하다'에 해당하는 통사적 사동도 있었다. 이때 보조적 연결 어미는 '-게/긔'가 주로 쓰였는데, 모음이나 자음 'ㄹ'로 끝나는 어간 뒤, 혹은 '이다'의 '이-' 뒤에서는 '-에/의'로도 쓰였다. '얻게 ᄒᆞ다'[얻게 하다]는 '얻-'에 '-게 ᄒᆞ다'가 결합된 통사적 사동의 예이다.

43

〈보기〉의 사동 표현에서 ⓐ~ⓓ를 탐구해 얻은 결과로 적절하지 않은 것은?

보기

- 사ᄅᆞᄆᆞᆯ ⓐ**알의**(알-+-의) ᄒᆞᄂᆞᆫ 거시라
  [사람을 알게 하는 것이라]
- 風流를 ⓑ**들이**(듣-+-이-)ᅀᆸ더니
  [풍류를 들리더니]
- ᄒᆡ마다 數千人을 ⓒ**사ᄅᆞ**(살-+-ᄋᆞ-)니
  [해마다 수천 인을 살리니]
- 서르 짝 ⓓ**마촐씨니**(맞-+-호-+-ㄹ씨니)
  [서로 짝 맞출 것이니]

① ⓐ에서는 'ㄹ'로 끝나는 어간 뒤에 보조적 연결 어미 '-의'가 결합되었군.

② ⓑ에서는 사동 접사가 결합될 때 어간 받침 'ㄷ'이 'ㄹ'로 바뀌었군.

③ ⓑ를 통사적 사동으로 바꾸어 표현하면 '드데 ᄒᆞ'로 나타낼 수 있겠군.

④ ⓒ는 '-ᄋᆞ-'가, ⓓ는 '-호-'가 동사 어간에 결합하여 만들어진 파생적 사동이겠군.

⑤ ⓒ, ⓓ에는 현대 국어에서 사용되지 않는 형태의 사동 접사가 결합되었군.

44

2021년 3월 고3 전국연합학력평가

〈보기〉는 중세 국어를 학습하기 위한 자료이다. 〈보기〉를 바탕으로 중세 국어의 특징을 탐구한 내용으로 적절하지 않은 것은?

> **보기**
>
> 太子ㅣ 앗겨 ᄆᆞᅀᆞ매 너교ᄃᆡ 비든 만히 니르면 몯 삻가 ᄒᆞ야 닐오ᄃᆡ **金으로** 짜해 ᄭᆞ로ᄆᆞᆯ **ᄧᅳᆷ** 업게 ᄒᆞ면 이 東山ᄋᆞᆯ ᄑᆞ로리라 須達이 닐오ᄃᆡ **니ᄅᆞ샨 양ᄋᆞ로** 호리이다 太子ㅣ 닐오ᄃᆡ 내 롱담ᄒᆞ다라 須達이 닐오ᄃᆡ 太子ㅅ 法은 **거즛마ᄅᆞᆯ** 아니ᄒᆞ시ᄂᆞᆫ 거시니 구쳐 ᄑᆞᄅᆞ시리이다
>
> [현대어 풀이]
>
> 태자가 아껴 마음에 여기되 '값을 많이 이르면 못 살까.' 하여 이르되 "금으로 땅에 깔음을 틈 없게 하면 이 동산을 팔겠다." 수달이 이르되 "이르신 양으로 하겠습니다." 태자가 이르되 "내가 농담하였다." 수달이 이르되 "태자의 도리는 거짓말을 하시지 않는 것이니 하는 수 없이 파실 것입니다."

① '金으로'와 'ᄋᆞᆼᄋᆞ로'를 통해 모음 조화에 따라 형태를 달리하는 부사격 조사가 있었음을 확인할 수 있다.

② 'ᄧᅳᆷ'을 통해 단어 첫머리에 자음이 연속하여 올 수 있었음을 확인할 수 있다.

③ '니ᄅᆞ샨'을 통해 주체인 수달을 높이는 선어말 어미가 쓰였음을 확인할 수 있다.

④ '太子ㅅ'을 통해 'ㅅ'이 관형격 조사로 쓰였음을 확인할 수 있다.

⑤ '거즛마ᄅᆞᆯ'을 통해 자음으로 끝나는 체언에 모음으로 시작하는 조사가 결합할 때 이어적기를 하였음을 확인할 수 있다.

45

2021년 4월 고3 전국연합학력평가

〈보기〉에 나타난 중세 국어의 특징을 탐구한 내용으로 적절하지 않은 것은?

> **보기**
>
> **불휘** 기픈 남ᄀᆞᆫ **ᄇᆞᄅᆞ매** 아니 뮐ᄊᆡ 곶 됴코 여름 **하ᄂᆞ니**
> **ᄉᆡ미** 기픈 **므른** **ᄀᆞᄆᆞ래** 아니 그츨ᄊᆡ **내히** 이러 **바ᄅᆞ래** 가ᄂᆞ니
>
> [현대어 풀이]
>
> **뿌리가** 깊은 나무는 **바람에** 아니 움직이므로 꽃이 좋고 열매가 많으니,
> **샘이** 깊은 **물은** **가뭄에** 아니 그치므로 **내(川)가** 이루어져 **바다에** 가느니.
>
> -「용비어천가(龍飛御天歌)」〈제2장〉

① '불휘'와 'ᄉᆡ미'를 보니, '이' 모음으로 끝난 체언 뒤에 동일한 형태의 주격 조사가 사용되었음을 알 수 있군.

② 'ᄇᆞᄅᆞ매'와 'ᄀᆞᄆᆞ래'를 보니, '애'가 현대 국어의 부사격 조사와 같은 기능으로 사용되었음을 알 수 있군.

③ '하ᄂᆞ니'를 보니, '하다'가 현대 국어와 다른 의미로 쓰였음을 알 수 있군.

④ '므른'과 '바ᄅᆞ래'를 보니, 앞 형태소의 끝소리를 다음 형태소의 첫소리로 옮겨 적는 방식이 사용되었음을 알 수 있군.

⑤ '내히'를 보니, 체언이 모음으로 시작하는 조사와 결합할 때 체언의 끝소리 'ㅎ'이 연음되어 나타나는 경우가 있었음을 알 수 있군.

2021년 7월 고3 전국연합학력평가

[46] 다음 글을 읽고 물음에 답하시오.

단어를 공통된 성질에 따라 분류한 것을 '품사'라고 하는데, 품사는 형태, 기능, 의미에 따라 분류할 수 있다. 그중 단어 부류가 가지는 공통 의미에 따라 분류하면 대상의 이름을 나타내는 명사, 명사를 대신하여 가리키는 대명사, 대상의 수량이나 순서를 나타내는 수사, 대상의 동작이나 작용을 나타내는 동사, 대상의 성질이나 상태를 나타내는 형용사, 주로 체언을 수식하는 관형사, 주로 용언이나 문장을 수식하는 부사, 주로 체언에 붙어 문법적 관계를 표시하거나 특별한 의미를 더하는 조사, 말하는 이의 놀람, 느낌, 부름 등을 나타내는 감탄사로 구분된다.

단어는 일반적으로 하나의 품사로 사용되지만 어떤 단어는 두 가지 이상의 문법적 성질을 가지고 있어 여러 가지의 품사로 쓰이는 경우가 있다. 이를 '품사 통용'이라고 한다. '같이'의 경우, '같이 가다'에서는 부사로, '소같이 일만 하다'에서는 조사로 쓰이고 있다. 품사 통용은 중세 국어에도 있었는데, 현대 국어의 품사 통용과 같은 양상으로 나타나기도 하고 다른 양상으로 나타나기도 했다. 그리고 현대 국어에서 하나의 품사로 쓰이는 단어가 중세 국어에서는 품사 통용이 나타나기도 했다. 예를 들어 현대 국어에서 관형사로만 쓰이는 '어느'를 살펴보자.

(ㄱ) <u>어느</u> 뉘 請ᄒᆞ니(어느 누가 청한 것입니까?)
(ㄴ) 迷惑 <u>어느</u> 플리(미혹한 마음을 어찌 풀 것인가?)
(ㄷ) 이 두 말올 <u>어늘</u> 從ᄒᆞ시려뇨(이 두 말을 어느 것을 따르시겠습니까?)

중세 국어에서 '어느'는 (ㄱ)에서는 체언을 수식하는 관형사로, (ㄴ)에서는 용언을 수식하는 부사로 쓰였다. (ㄷ)에서 '어늘'은 '어느'에 조사가 결합된 형태로 여기에서 '어느'는 명사를 대신하여 가리키는 대명사로 쓰였다. 현대 국어에서 관형사로만 쓰이는 '어느'가 중세 국어에서는 관형사, 부사, 대명사로 두루 쓰인 것이다.

46

윗글을 바탕으로 〈보기〉의 자료를 탐구한 내용으로 적절하지 않은 것은? [3점]

보기

선생님: (가)에서 '이'는 두 개의 품사로, '새'는 하나의 품사로 쓰이고 있습니다. (가), (나)를 통해 '이'와 '새'의 현대 국어에서의 품사를 알아보고 중세 국어와 비교해 봅시다.

[자료]

(가) 현대 국어
◦ <u>이</u>보다 더 좋을 수는 없다. / <u>이</u> 사과는 맛있다.
◦ <u>새</u> 학기가 되다.

(나) 중세 국어
◦ 내 <u>이</u>를 爲ᄒᆞ야(내가 이를 위하여)
내 <u>이</u> 도ᄂᆞᆯ 가져가(내가 이 돈을 가져가서)
◦ <u>새</u> 구스리 나며(새 구슬이 나며)
이 나래 <u>새</u>를 맛보고(이날에 새것을 맛보고)
<u>새</u> 出家ᄒᆞᆫ 사ᄅᆞ미니(새로 출가한 사람이니)

① 현대 국어에서 '이'는 대명사로도 관형사로도 쓰이고 있군.
② 현대 국어에서 '이'의 품사 통용은 중세 국어 '이'의 품사 통용과 같은 양상으로 나타나는군.
③ 중세 국어에서 '새'는 대명사로도 부사로도 쓰였군.
④ 중세 국어에서 '새'는 현대 국어의 '새'와 동일한 품사로도 쓰였군.
⑤ 중세 국어에서 '새'는 다양한 품사로 두루 쓰였지만 현대 국어에서 '새'는 품사 통용이 나타나지 않는군.

2021년 10월 고3 전국연합학력평가

[47] 다음 글을 읽고 물음에 답하시오.

국어에는 '않다', '못하다', '말다', '아니다', '없다' 등의 부정 의미의 용언과 주로 함께 쓰이는 단어가 있다. 이러한 단어는 여러 품사에서 나타나는데, 단어에 따라 호응하는 부정 의미의 용언이 다를 수 있다. 그런데 부정 의미의 용언이 나타나지 않은 문장이 문맥적으로 부정 의미를 내포하는 경우에 쓰이는 단어가 있다. 예를 들어 보면, '나는 그곳에 차마 가지 못했다(*나는 그곳에 차마 갔다)'와 같이 '차마'는 부정 의미를 나타내는 '가지 못했다'와 어울린다. 그러나 '내가 그곳에 차마 가겠니?'와 같은 의문문이 '나는 그곳에 차마 갈 수 없다(가지 못한다 / 가지 않는다)'를 뜻함으로써 용언의 의미를 부정하는 문맥일 때에는 '차마'가 쓰일 수 있다.

한편, 부정문 형식의 문장에 함께 쓰여 그 문장의 의미를 강한 긍정으로 해석되게 하는 단어가 있다. 예를 들어, '문제가 어렵지 않다'라는 부정문에 '이만저만'을 함께 써서 '문제가 이만저만 어렵지 않다'가 되면 '문제가 매우 어렵다'라는 의미로 해석된다. 이는 '이만저만'으로 인해 문장의 의미가 '어렵다'를 강조하는 긍정으로 해석된 것이다.

[A] 부정 의미의 용언이 나타난 문맥에서 주로 쓰이는 단어들은 그 의미나 형태가 시대에 따라 다르게 나타나기도 하고 유사하게 나타나기도 한다. 예를 들어, 과거에는 부정 의미의 용언이 나타난 문맥뿐만 아니라 그렇지 않은 문맥에서도 쓰이던 단어가 현대에는 부정 의미의 용언이 나타난 문맥에서만 쓰이는 경우가 있다. 또한 과거에는 용언의 어간에 '-지 아니하다'를 결합한 형태로 쓰이던 것이 시대에 따라 '-잖다'나 '찮다'로 축약된 형태가 쓰이기도 한다. 이들은 축약되기 전 형태의 의미와 유사하게 쓰이기도 하지만 다른 의미로 쓰이는 경우도 있다.

47

[A]를 바탕으로 [자료]를 탐구했을 때 적절한 내용만을 〈보기〉에서 있는 대로 고른 것은? [3점]

[자료]		
㉠	국어사 자료	◦ 이거슨 **귀치 아니컨만**은 보내ᄂᆞ이다 [이것은 귀하지 아니하지마는 보내나이다]
	현대 국어	◦ 그날은 몸이 아파 만사가 다 **귀찮았다**.
㉡	국어사 자료	◦ 봉녹 밧긔도 **별로** 먹을 거ᄉᆞᆯ 주시며 [봉록 밖에도 특별히 먹을 것을 주시며] ◦ **별로** 인ᄉᆞ홀 톄도 업ᄉᆞ니 [특별히 인사할 모양도 없으니]
	현대 국어	◦ 요즘은 공기가 **별로** 좋지 않다. ◦ 나에게 그는 **별로** 매력이 없다.
㉢	국어사 자료	◦ 무ᄉᆞᆫ 말이든지 다 못드르면 **시원치 아니ᄒᆞ여** [무슨 말이든지 다 못 들으면 시원치 아니하여]
	현대 국어	◦ 대답이 **시원찮다**.

보기

ⓐ ㉠에서, 현대 국어 '귀찮다'는 '귀하지 아니하다'가 축약된 형태로, 국어사 자료에서 확인할 수 있는 의미와 유사하게 쓰임을 알 수 있다.

ⓑ ㉡에서, 현대 국어 '별로'와 달리, 국어사 자료 '별로'는 부정 의미의 용언이 나타나지 않은 문맥에서도 쓰였음을 알 수 있다.

ⓒ ㉢에서, 현대 국어 '시원찮다'는 '시원하지 아니하다'가 축약된 형태로, 국어사 자료에서 확인할 수 있는 의미와 유사하게 쓰이지 않음을 알 수 있다.

① ⓐ ② ⓑ ③ ⓐ, ⓑ
④ ⓐ, ⓒ ⑤ ⓑ, ⓒ

2022년 3월 고3 전국연합학력평가

[48] 다음 글을 읽고 물음에 답하시오.

현대 국어에서 명사를 파생하는 접미사로 널리 쓰이는 것에 '-(으)ㅁ'이 있다. 접미사 '-(으)ㅁ'은 동사나 형용사를 명사로 바꿀 수 있으며 '묶음, 기쁨'과 같은 단어를 만든다. 한글 맞춤법에서는 어간에 '-(으)ㅁ'이 붙어서 명사로 된 것은 그 어간의 원형을 밝히어 적도록 규정하고 있다. '-(으)ㅁ'이 비교적 널리 여러 어간에 결합할 수 있고 이것이 결합하여 만들어진 단어의 의미가 어간의 본뜻을 유지하고 있기 때문이다. 이는 가령 '무덤'이 기원적으로 '묻-'에 '-엄'이 붙어서 된 것이기는 하지만 '-엄'은 현대 국어에서 새로운 단어를 만들지 못하므로 '무덤'에서 어간의 원형인 '묻-'을 밝히어 적지 않는 것과 대조된다.

그런데 명사형 어미에도 '-(으)ㅁ'이 있어서, 현대 국어에서 '-(으)ㅁ'이 결합한 단어들 중에는 형태는 같으나 품사가 다른 경우가 있다. 예를 들어 '그가 시원한 웃음을 크게 웃음은 시험에 합격했기 때문이다.'에서 앞에 나오는 '웃음'은 관형어 '시원한'의 수식을 받는 명사이므로 여기서 '-음'은 명사 파생 접미사이다. 그러나 뒤에 나오는 '웃음'은 명사절에서 서술어로 기능하고 있으며 부사어 '크게'의 수식을 받는 동사의 명사형이다. 그러므로 여기서 '-음'은 명사형 어미이다. '크게 웃음'을 '크게 웃었음'으로 바꾸어 쓸 수 있는 것에서 알 수 있듯이, 어미 '-(으)ㅁ'은 '-았/었-', '-겠-', '-(으)시-' 등 대부분의 선어말 어미와 결합할 수 있다.

현대 국어와 달리, 중세 국어에서는 ㉠**파생 명사**와 ㉡**명사형 어미가 결합한 용언의 활용형**이 형태적으로 구별되었다. 예를 들어 '짜 그륨과[땅을 그림과]'에서 서술어로 기능하는 '그륨'은 동사 '(그림을) 그리다'의 명사형인데, '그리다'의 파생 명사는 '그리-'에 '-ㅁ'이 붙어서 만들어진 '그림'이었다. 일반적으로 중세 국어에서는 명사 파생 접미사 '-(ᄋᆞ/으)ㅁ'과 명사형 어미 '-옴/움'이 형태상으로 구분되었다. 모음 조화에 따라 양성 모음 뒤에서는 접미사 '-(ᄋᆞ)ㅁ'과 어미 '-옴'이, 음성 모음 뒤에서는 접미사 '-(으)ㅁ'과 어미 '-움'이 쓰였다. 그러다가 'ㆍ'가 소실되고 명사형 어미의 형태가 달라지는 등 여러 변화를 입어 현대 국어에서는 명사 파생 접미사와 명사형 어미가 모두 '-(으)ㅁ'으로 나타나게 되었다.

48

윗글을 바탕으로 하여, 제시된 중세 국어 용언들의 ㉠과 ㉡을 바르게 추정한 것은?

		㉠	㉡
①	(물이) 얼다	어름	어룸
②	(길을) 걷다	거름	거룸
③	(열매가) 열다	여룸	여름
④	(사람이) 살다	사롬	사룸
⑤	(다른 것으로) ᄀᆞᆯ다	ᄀᆞ롬	ᄀᆞ룸

49

2022년 4월 고3 전국연합학력평가

〈보기〉를 바탕으로 중세 국어의 특징을 탐구한 내용으로 적절하지 않은 것은?

보기

羅雲(나운)이 져머 노ᄅᆞᆯ 즐겨 法(법) 드로ᄆᆞᆯ 슬히 너겨 ᄒᆞ거든 **부톄** ᄌᆞ로 **니ᄅᆞ샤도 從(종)ᄒᆞᅀᆞᆸ디** 아니ᄒᆞ더니 後(후)에 부톄 羅雲(나운)이ᄃᆞ려 니ᄅᆞ샤ᄃᆡ 부텨 맛나미 **어려ᄫᅧ** 法(법) 드로미 어려ᄫᅳ니 네 이제 **사ᄅᆞᄆᆡ** 모ᄆᆞᆯ 得(득)하고 부텨를 맛나 잇ᄂᆞ니 엇뎨 게을어 法(법)을 아니 듣ᄂᆞᆫ다

-「석보상절」

[현대어 풀이]

나운이 어려서 놀이를 즐겨 법을 듣기를 싫게 여기니, 부처가 자주 이르셔도 따르지 아니하더니, 후에 부처가 나운이더러 이르시되, "부처를 만나기가 어려우며 법을 듣기 어려우니, 네가 이제 사람의 몸을 득하고 부처를 만나 있으니, 어찌 게을러 법을 아니 듣는가?"

① '부톄'를 통해 모음으로 끝나는 체언에 주격 조사가 결합했음을 확인할 수 있다.

② '니ᄅᆞ샤도'를 통해 두음 법칙이 적용되지 않았음을 확인할 수 있다.

③ '從(종)ᄒᆞᅀᆞᆸ디'를 통해 주체를 높이는 선어말 어미가 쓰였음을 확인할 수 있다.

④ '어려ᄫᅧ'를 통해 현대 국어에 쓰이지 않는 음운이 존재했음을 확인할 수 있다.

⑤ '사ᄅᆞᄆᆡ'를 통해 현대 국어와 다른 형태의 관형격 조사가 사용되었음을 확인할 수 있다

50

2022년 9월 고3 평가원모의고사

〈보기〉의 ㉠~㉤에 해당하는 예로 적절하지 않은 것은?

> **보기**
>
> [중세 국어 조사의 쓰임]
>
> ㉠ 주격 조사 'ㅣ'는 모음 '이'나 반모음 'ㅣ' 이외의 모음으로 끝난 체언 뒤에 쓰였다.
> ㉡ 목적격 조사 'ᄋᆞᆯ' 또는 '을'은 자음으로 끝나는 체언 뒤에 쓰였다.
> ㉢ 관형격 조사 'ㅅ'은 사물이나 존대 대상인 체언 뒤에 쓰였다.
> ㉣ 부사격 조사 '로'는 모음이나 'ㄹ'로 끝나는 체언 뒤에 쓰였다.
> ㉤ 호격 조사 '하'는 존대 대상인 체언 뒤에 쓰였다.

① ㉠ : ᄃᆞ리 즈믄 ᄀᆞᄅᆞ매 비취요미 [달이 천 개의 강에 비치는 것이]
② ㉡ : 바ᄇᆞᆯ 머굻 대로 혜여 머굼과 [밥을 먹을 만큼 헤아려 먹음과]
③ ㉢ : 그 나못 불휘ᄅᆞᆯ ᄲᅢ혀[그 나무의 뿌리를 빼어]
④ ㉣ : ᄆᆞᆯᄀᆞᆫ 믈로 모ᄉᆞᆯ ᄆᆡᇰᄀᆞ노라 [맑은 물로 못을 만드노라]
⑤ ㉤ : 님금하 아ᄅᆞ쇼셔 [임금이시여, 아십시오]

51

2023년 6월 고3 평가원모의고사

〈보기1〉을 참고하여 〈보기2〉에서 밑줄 친 부분을 중심으로 ㉠~㉤을 이해한 내용으로 적절하지 않은 것은?

> **보기1**
>
> 객체 높임은 일반적으로 주체가 목적어나 부사어로 지시되는 대상인 객체보다 지위가 낮을 때 어휘적 수단이나 문법적 수단으로써 객체를 높이 대우하는 것이다. 전자는 **객체 높임의 동사**('ᄉᆞᆲ-', '아뢰-' 등)를 쓰는 방법이고, 후자는 **객체 높임의 조사**('ᄭᅴ', '께')를 쓰는 방법과 **객체 높임의 선어말 어미**('-ᄉᆞᆸ-' 등)를 쓰는 방법이다. 중세 국어에서는 이 세 가지 방법을 다 썼으나 현대 국어에서는 객체 높임의 선어말 어미를 쓰지 않는다. 다음에서 중세 국어와 현대 국어를 비교해 보면 이를 확인할 수 있다.
>
> 이 말 다 **ᄉᆞᆲ**고 부텨**ᄭᅴ** 禮數ᄒᆞ**ᄉᆞᆸ**고
> [이 말 다 **아뢰**고 부처**께** 절 올리고]

> **보기2**
>
> ㉠ 나도 이제 너희 스승니믈 **보ᄉᆞᆸ고져** ᄒᆞ노니
> [나도 이제 너희 스승님을 뵙고자 하니]
> ㉡ 須達이 **舍利弗ᄭᅴ** 가 [수달이 사리불께 가서]
> ㉢ 내 이제 **世尊ᄭᅴ** **ᄉᆞᆲ노니** [내가 이제 세존께 아뢰니]
> ㉣ 여보, 당신이 **이모님께** 어머님 **모시고** 갔었어?
> ㉤ 선생님께서 그 아이에게 다친 덴 없는지 **여쭤** 보셨다.

① ㉠: 어휘적 수단으로 객체인 '너희 스승님'을 높이 대우하고 있다.
② ㉡: 문법적 수단으로 객체인 '舍利弗(사리불)'을 높이 대우하고 있다.
③ ㉢: 조사 'ᄭᅴ'와 동사 'ᄉᆞᆲ노니'는 같은 대상을 높이기 위해 쓰이고 있다.
④ ㉣: 조사 '께'와 동사 '모시고'는 서로 다른 대상을 높이기 위해 쓰이고 있다.
⑤ ㉤: 주체와 객체의 관계를 고려하면 동사 '여쭤'의 사용은 부적절하다.

2022년 수능

[52~53] 다음 글을 읽고 물음에 답하시오.

국어에서는 일반 어휘처럼 문법 형태소에서도 하나의 형태가 여러 의미로 쓰이거나 여러 형태가 하나의 의미로 쓰이는 현상을 발견할 수 있다. 가령, 전자로는 현대 국어에서 명사 '높이'에 쓰인 명사 파생 접사 '-이'와 부사 '높이'에 쓰인 부사 파생 접사 '-이'를 예로 들 수 있다. 명사 파생 접사 '-이'는 여러 의미로 쓰인다. 예컨대 '놀이'에서는 '…하는 행위'의 의미를, '구두닦이'에서는 '…하는 사람'의 의미를, '연필깎이'에서는 '…하는 데 쓰이는 도구'의 의미를 나타낸다. 후자로는 현대 국어의 명사 파생 접사 '-이'와 '-음'을 예로 들 수 있다.

중세 국어에서도 명사 파생 접사 '-이'와 부사 파생 접사 '-이'가 존재하였다. 가령, 현대 국어의 '길이'와 마찬가지로 '기리(길-+-이)'의 '-이'는 형용사 어간에 붙어 명사도 만들고 부사도 만들었다. 또한 '-이'는 '사리(살-+-이)'처럼 동사 어간에 붙어 '…하는 행위'의 의미를 나타내기도 하였으나, '…하는 사람', '…하는 데 쓰이는 도구'의 의미를 나타내지는 않았다.

중세 국어에서 명사 파생 접사 '-이'처럼 용언 어간에 붙는 명사 파생 접사 '-의'도 쓰였는데, 이 '-의'는 '-이'와 달리 부사는 파생하지 않았다. 또한 접사 '-의'는 모음 조화에 따라 양성 모음 뒤에서는 '-ᄋᆡ'로 쓰였는데, 접사 '-이'는 중세 국어에서 'ㅣ' 모음이 양성 모음도 아니고 음성 모음도 아니어서 모음 조화와는 무관하게 결합하였다.

너븨(넙-+-의)도 ᄀᆞ티 ᄒᆞ고 [넓이도 같이 하고]
노ᄑᆡ(높-+-ᄋᆡ) 다ᄉᆞᆺ 자히러라 [높이가 다섯 자였다]

한편, 중세 국어에서는 '의'가 앞 체언에 붙어 관형격 조사와 부사격 조사로 쓰이기도 했다. 관형격 조사는 평칭의 유정 체언 뒤에 쓰였고, 부사격 조사는 서술어와 호응하여 장소나 시간을 나타내는 부사어에서 쓰였다. 그런데 이들 '의'도 모음 조화에 따라 양성 모음 뒤에서는 'ᄋᆡ'로 쓰였다.

버믜(범 + 의) 뼈나 [범의 뼈나]
사ᄅᆞᄆᆡ(사ᄅᆞᆷ+ ᄋᆡ) 무레 [사람의 무리에]

무틔(뭍 + 의) ᄃᆞ니ᄂᆞᆫ [뭍에 다니는]
바ᄆᆡ(밤 + ᄋᆡ) 나디 아니ᄒᆞᄂᆞ니 [밤에 나가지 아니하니]

52

윗글을 바탕으로 추론한 내용으로 적절한 것은?

⑥ 현대 국어의 '책꽂이'에서 '-이'는 '…하는 행위'의 의미를 나타내는 접사이다.
⑦ 현대 국어 '놀이'에서의 '-이'는 중세 국어 '사리'에서의 '-이'와 달리 '…하는 사람'의 의미로 쓰인다.
⑧ 현대 국어 '길이'처럼 중세 국어 '기릐'도 명사와 부사로 쓰였다.
⑨ 중세 국어에서 접사 '-ᄋᆡ'가 붙어 파생된 단어는 두 가지 품사로 쓰였다.
⑩ 중세 국어에서 체언에 조사 '의'가 붙은 말은 관형어나 부사어로 쓰였다.

53

윗글을 바탕으로 〈보기〉의 중세 국어 자료를 이해한 내용으로 적절하지 <u>않은</u> 것은?

보기
㉠ 王ㅅ <u>**겨틔**</u> 안잿다가 [왕의 곁에 앉아 있다가]
㉡ 曲江ㅅ <u>**구븨**</u>예 ᄀᆞ마니 ᄃᆞ니노라 [곡강의 굽이에 가만히 다니노라]
㉢ 光明이 <u>**ᄇᆞᆯ기**</u> 비취여 [광명이 밝히 비치어]
㉣ <u>**글지ᅀᅵ**</u>예 위두ᄒᆞ고 [글짓기에 으뜸이고]
㉤ <u>**ᄯᆞᄅᆡ**</u> 일후믄 [딸의 이름은]

① ㉠에서 '겨틔'의 '의'는 모음 조화에 따라 결합한 부사격 조사이군.
② ㉡에서 '구븨'의 '-의'는 모음 조화에 따라 결합한 부사 파생 접사이군.도
③ ㉢에서 'ᄇᆞᆯ기'의 '-이'는 모음 조화와 무관하게 결합한 부사 파생 접사이군.
④ ㉣에서 '글지ᅀᅵ'의 '-이'는 모음 조화와 무관하게 결합한 명사 파생 접사이군.
⑤ ㉤에서 'ᄯᆞᄅᆡ'의 'ᄋᆡ'는 모음 조화에 따라 결합한 관형격 조사이군

MEMO

MEMO

MEMO

MEMO

패턴을 알면 정답이 보인다.

패턴국어

매체 기출문제

알앤비
RJNBJ

01 매체

2021년 3월 고3 전국연합학력평가

[1~3] (가)는 인터넷 블로그이고, (나)는 텔레비전 생방송 뉴스의 일부이다. 물음에 답하시오.

(가)

환경 파수꾼 '구르미'의 블로그

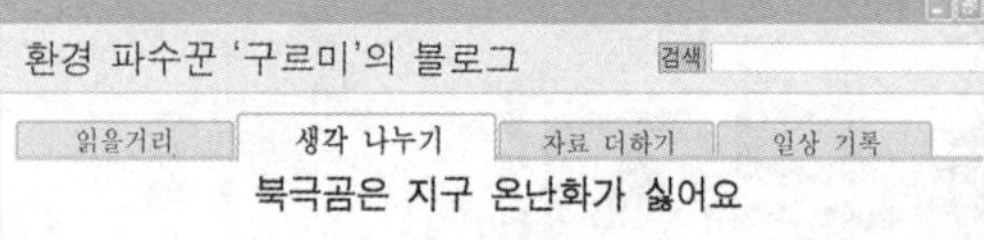

북극곰은 지구 온난화가 싫어요

구르미
2021.02.06. 12:10

여러분은 '겨울' 하면 무엇이 떠오르시나요?
추위? 얼음? 북극?
오늘은 다큐멘터리 '북극곰의 오늘과 내일'을 보고 든 생각에 대해 여러분과 의견을 나누고자 해요.
지구 온난화로 북극곰의 삶의 터전이 줄어들고 있어요.

옆의 사진은 우리에게 충격적으로 다가와요. '북극곰의 오늘과 내일'에서는 옆의 사진과 같은 상황이 계속되면 북극곰이 멸종될 수 있다고 경고하고 있어요.
북극곰을 힘들게 하고 있는 지구 온난화는 왜 일어나는 것일까요? 그래프를 보시면 지구 평균 기온의 상승과 이산화 탄소 농도가 관계가 있음을 알 수 있어요.

우리가 일상에서 이산화 탄소의 배출을 줄여야 하지 않을까요? 일상에서 이산화 탄소 배출을 줄이는 방법으로는 대중교통 이용하기, 가까운 거리는 걸어 다니기, 플라스틱 사용 줄이기, 대체 에너지 개발하기 등이 있어요.

지구 평균 기온과 이산화 탄소 평균 농도의 변화

[지구 정책 연구소(EPI), 2016.]

이 영상은 '북극곰의 오늘과 내일' 홍보 영상인데, 다큐멘터리를 찾아서 시청하시면 북극곰의 아픔을 실감하실 수 있을 거예요.
(혹시 자료 중에 잘못된 것이 있으면 알려 주세요. 수정하겠습니다.)

#지구_온난화 #북극곰_멸종_위기 #이산화_탄소_배출_줄이기

댓글 7 공감 16

사랑이 북극곰에게 미안하네요. 이제 가까운 거리는 걸어 다니는 게 좋겠죠? ……… ㉠
➥구르미 그럼요. 저도 플라스틱의 사용을 줄이기로 결심했어요.

초록곰 저도 이산화 탄소 배출을 줄이기 위한 노력이 필요하다고 생각해요. www.○○○.go.kr 여기서 이산화 탄소 배출 줄이기 캠페인을 벌이고 있어요. ……… ㉡
➥구르미 방문 감사합니다. 저도 주변 분들과 공유할게요.

밤톨이 대체 에너지 개발하기는 우리가 일상에서 실천할 수 있는 방법이라고 보기 어려워요.
➥구르미 감사해요. 수정할게요.

몽돌이 그래프의 추세가 계속 이어지면 사진 속 작은 얼음 조각마저 사라져 북극곰은 살 곳이 없어지고 말겠어요. ㅠ.ㅠ

(나)

진행자 : 지구 온난화의 영향으로 전국에 두 달째 가뭄이 이어지면서 여러 피해가 발생하고 있습니다. 현장을 취재한 윤○○ 기자 나와 있습니다. 상황이 심각하다면서요?

윤 기자 : 네, 그렇습니다.

진행자 : 현장 상황에 대해 구체적으로 말씀해 주시겠어요?

윤 기자 : 취재한 자료 영상을 보시면 문제의 심각성을 확인하실 수 있습니다. 지금 영상에 보이고 있는 것이 저수지 바닥입니다. 이 영상을 보고 계시는 시청자분들께서도 문제의 심각성에 공감하실 것입니다.

진행자 : 가뭄이 이렇게나 심각하군요. 그에 따라 피해도 상당할 것 같습니다.

윤 기자 : 가뭄으로 인해 힘들어하는 농민 한 분을 만나 봤습니다.
인터뷰 영상 보시겠습니다.

김□□ | △△리 이장
마늘을 키우고 있는데, 씨알이 예전의 절반도 안 됩니다. 마늘 알맹이가 아예 껍질 속에서 말라 버려 수확을 포기하는 농민도 있습니다.

01

(가)와 (나)에 대한 이해로 가장 적절한 것은?

① (가)는 (나)와 달리 정보 생산자 간에 면 대 면 소통을 통해 정보를 수정할 수 있다.

② (가)는 (나)와 달리 정보 수용자를 고려하여 격식을 갖춘 말투로 정보를 제시하고 있다.

③ (가)는 (나)와 달리 특정 기호를 앞에 붙여 열거한 말들을 통해 전달되는 정보의 핵심 어구를 파악할 수 있다.

④ (나)는 (가)와 달리 정보 수용자를 특정인으로 한정지어 대량의 정보를 전달하고 있다.

⑤ (나)는 (가)와 달리 정보 생산자와 수용자의 상호작용을 바탕으로 정보의 수정이 이루어지고 있다.

02

〈보기〉를 참고하여 (가)와 (나)에 대해 보인 반응으로 적절하지 않은 것은? [3점]

보기
텔레비전 뉴스, 인터넷 블로그 등 매체를 통해 전달되는 정보의 구체적 형태를 매체 자료라고 한다. 매체 언어는 음성, 문자, 사진, 동영상 등의 양식이 복합적으로 사용되는 특성을 지닌다. 따라서 매체 자료의 수용자는 이러한 복합 양식적인 매체 언어의 특성을 고려하여 의미를 구성할 수 있다. 이때 그 의미는 생산자와 수용자가 놓여 있는 맥락 속에서 생성된다. 그렇기 때문에 매체 자료의 수용은 생산자의 의도나 관점, 수용자의 관점이나 이해관계 등을 고려하여 이루어진다. 이 과정에서 매체 자료의 수용자는 창의적 생산자가 되기도 하면서 사회적 소통에 참여할 수 있다.

① (가)에서 그래프와 동영상 등을, (나)에서 문자와 음성 등을 활용한 것은 매체 언어의 복합 양식적 특성을 보여 주는 것이겠군.

② (가)에서 '몽돌이'가 쓴 댓글은 수용자가 매체 언어의 복합 양식적 특성을 고려하여 의미를 구성할 수 있음을 보여 주는 것이겠군.

③ (가)에서 '구르미'가 다큐멘터리를 보고 든 생각을 블로그에 올려 다른 사람들과 의견을 나눈 것은 매체 자료의 수용자가 창의적 생산자로서 사회적 소통에 참여할 수 있음을 보여 주는 것이겠군.

④ (나)에서 진행자와 윤 기자가 가뭄의 심각성을 강조한 것은 문제의식을 수용자와 공유하고자 하는 의도를 가지고 매체 자료를 생산하였음을 보여 주는 것이겠군.

⑤ (나)에서 진행자가 윤 기자에게 현장 상황에 대한 구체적인 설명을 요청한 것은 생산자들 간에 놓여 있는 맥락이 같아도 관점이 서로 다를 수 있음을 보여 주는 것이겠군.

03

㉠, ㉡에 대한 설명으로 가장 적절한 것은?

① ㉠:매체 언어의 특성에 주목하여, 블로그를 통해 제시된 정보의 신뢰성에 대한 의문을 제기하고 있다.

② ㉠:매체를 통한 의사소통의 목적과 관련하여, 블로그에 제시된 정보를 개인의 문제 해결을 위해 활용하고 있다.

③ ㉠:매체의 사용 습관에 대한 성찰을 바탕으로, 블로그를 통해 이루어지는 의사소통에 대한 개선책을 제안하고 있다.

④ ㉡:블로그에 제시된 의견에 동의를 나타내고 매체의 기능을 활용하여 관련 정보를 추가하고 있다.

⑤ ㉡:블로그에 제시된 주장의 타당성을 비판하고 매체의 파급력을 고려하여 자신의 견해를 덧붙이고 있다.

2021년 3월 고3 전국연합학력평가

[4~6] (가)는 학생들이 학생회장 후보자 홍보 동영상 제작 준비를 위해 휴대 전화 메신저로 나눈 대화이고, (나)는 (가)를 바탕으로 작성한 이야기판이다. 물음에 답하시오.

(가)

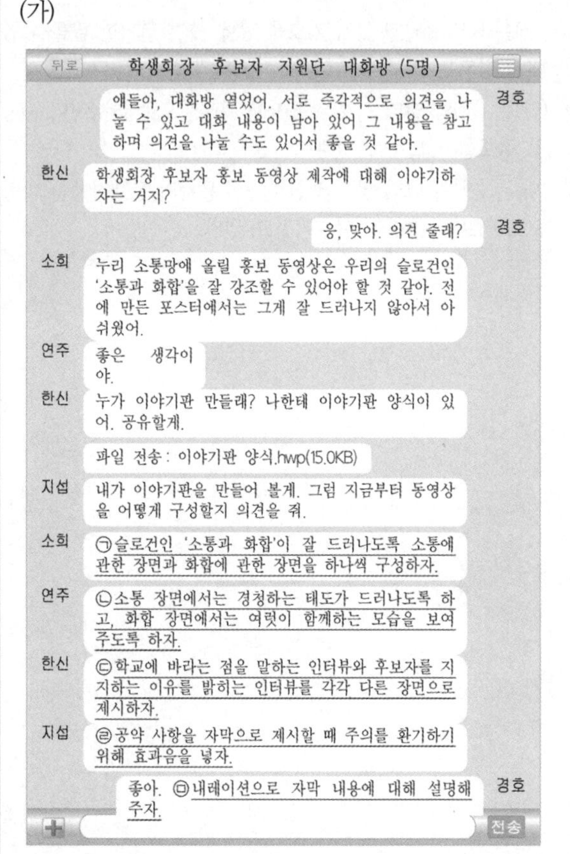

뒤로 학생회장 후보자 지원단 대화방 (5명)

경호: 얘들아, 대화방 열었어. 서로 즉각적으로 의견을 나눌 수 있고 대화 내용이 남아 있어 그 내용을 참고하며 의견을 나눌 수도 있어서 좋을 것 같아.

한신: 학생회장 후보자 홍보 동영상 제작에 대해 이야기하자는 거지?

경호: 응, 맞아. 의견 줄래?

소희: 누리 소통망에 올릴 홍보 동영상은 우리의 슬로건인 '소통과 화합'을 잘 강조할 수 있어야 할 것 같아. 전에 만든 포스터에서는 그게 잘 드러나지 않아서 아쉬웠어.

연주: 좋은 생각이야.

한신: 누가 이야기판 만들래? 나한테 이야기판 양식이 있어. 공유할게.

파일 전송 : 이야기판 양식.hwp(15.0KB)

지섭: 내가 이야기판을 만들어 볼게. 그럼 지금부터 동영상을 어떻게 구성할지 의견을 줘.

소희: ㉠슬로건인 '소통과 화합'이 잘 드러나도록 소통에 관한 장면과 화합에 관한 장면을 하나씩 구성하자.

연주: ㉡소통 장면에서는 경청하는 태도가 드러나도록 하고, 화합 장면에서는 여럿이 함께하는 모습을 보여 주도록 하자.

한신: ㉢학교에 바라는 점을 말하는 인터뷰와 후보자를 지지하는 이유를 밝히는 인터뷰를 각각 다른 장면으로 제시하자.

지섭: ㉣공약 사항을 자막으로 제시할 때 주의를 환기하기 위해 효과음을 넣자.

경호: 좋아. ㉤내레이션으로 자막 내용에 대해 설명해 주자.

전송

(나)

장면	장면 설명
S#1	(우측 상단에 슬로건 제시) 학생들과 함께, 후보자가 힘찬 발걸음으로 등교한다. [자막]기호 ×번 김□□
S#2	후보자가 귀 옆에 양손을 가져다 댄다. [효과음](자막이 나올 때) 빠밤 [자막]학급별 소통함 제작 [내레이션]여러분의 목소리를 귀 기울여 듣겠습니다.

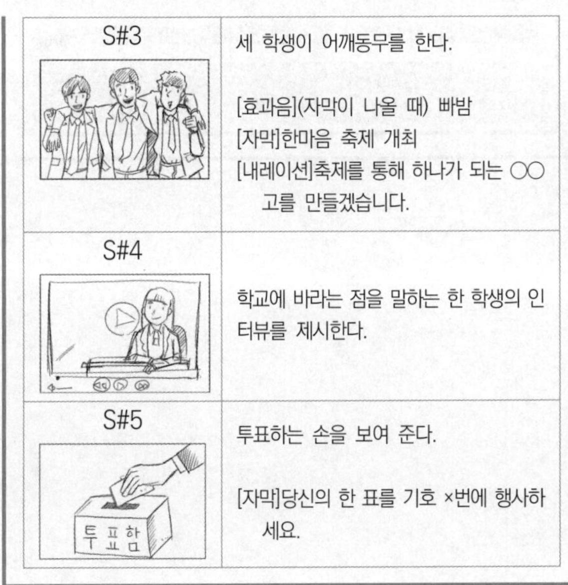

S#3	세 학생이 어깨동무를 한다. [효과음](자막이 나올 때) 빠밤 [자막]한마음 축제 개최 [내레이션]축제를 통해 하나가 되는 ○○고를 만들겠습니다.
S#4	학교에 바라는 점을 말하는 한 학생의 인터뷰를 제시한다.
S#5	투표하는 손을 보여 준다. [자막]당신의 한 표를 기호 ×번에 행사하세요.

04

(가)의 대화에 대한 설명으로 가장 적절한 것은?

① '한신'은 동영상이 게재되는 매체의 정보 유통 방식을 언급하며 동영상의 구성 방향을 제안하고 있다.

② '소희'는 매체 언어의 표현 전략을 비교하여 매체 언어를 새롭게 표현하는 방법의 중요성을 설명하고 있다.

③ '연주'는 문자와 그림말이 어우러져 만들어 내는 의미를 제시하여 동영상 제작에 대한 공감을 나타내고 있다.

④ '경호'는 휴대 전화 메신저의 특성을 언급하며 해당 매체로 대화하는 것에 대한 긍정적인 태도를 나타내고 있다.

⑤ '지섭'은 대화가 이루어지는 매체의 정보 전달 효과를 고려하여 동영상 제작의 절차와 역할 분담 방안을 제시하고 있다.

05

㉠~㉤ 중 (나)에 반영되지 않은 것은?

① ㉠  ② ㉡ ③ ㉢ ④ ㉣ ⑤ ㉤

06

다음은 (나)에 대한 검토 내용을 정리한 것이다. 이를 바탕으로 (나)를 수정하기 위한 방안으로 적절하지 않은 것은?

<이야기판 검토 결과>

S#1	후보자의 힘찬 발걸음을 부각할 수 있는 배경 음악이 필요함.
	후보자와 함께 새로운 출발을 할 수 있다는 내용이 자막에 제시되어야 함.
S#2 ~ S#4	슬로건을 일관되게 노출하여 강조할 필요가 있음.
S#4	인터뷰 내용의 전달 효과를 높여야 함.
S#5	공약의 실현 가능성을 인상적으로 제시하며 마무리해야 함.

① S#1에 밝고 역동적인 느낌의 음악을 배경 음악으로 제시한다.

② S#1의 자막을 '기호 ×번 김□□와 함께 새로운 학교생활이 시작됩니다.'로 수정한다.

③ S#2 ~ S#4에 S#1처럼 화면 우측 상단에 '소통과 화합'이라는 문구를 추가한다.

④ S#4에 인터뷰의 핵심 내용을 나타내는 말들을 자막으로 제시한다.

⑤ S#5에 학생회장 후보자가 자막을 힘주어 읽는 내레이션을 추가한다.

2021년 4월 고3 전국연합학력평가

[7~9] (가)와 (나)는 인쇄된 잡지에 실린 광고이고, (다)는 인터넷에 올려진 광고이다. 물음에 답하시오.

(가)

바다 생물을 위협하는 가장 가벼운 총

전 세계 바다에 버려지는
플라스틱 빨대 한 해 800만 톤.
사람들에겐 편리한 작은 빨대 하나지만
바다 생물들에겐 생명의 위협이 됩니다.
㉠ <u>이제 플라스틱 빨대 사용을 줄여서
바다 생물과 함께 지구 환경도 살릴 때입니다.</u>

(나)

**'미세 제로 공기 청정기'로
미세먼지 탈출하세요!**

CADR(시간당 공기 정화 능력) 95m³/h
CADR(Clean Air Delivery Rate)은 시간당 공기 정화 능력을 나타내는 지표입니다. ㉡ <u>이번에 출시된 제품은 기존 제품보다 공기 청정 기능에 있어 두 배 높은 CADR 수치를 보이고 있습니다.</u>

소비자 평가단 만족도 (별 5개 만점)
평점: ★★★★★
다른 제품보다 저렴하네요. ☺☺☺
- 닉네임 '하늘 마루' 님
평점: ★★★★★
디자인이 마음에 쏙 들어요. ☺
- 닉네임 '좋은 엄마' 님

(다)

생 활

건강 기능 식품 전문 기업 ○○사, '○○헬스' 출시

감태 추출물 활용하여 불면증 개선에 효과적
하루 한 알로 피로 회복 효과까지

건강 기능 식품 전문 기업 ○○사는 '○○헬스'를 이번 달 22일 전국 매장에서 동시에 출시한다고 밝혔다. 식품의약품안전처의 인증을 받은 이 제품은 숙면에 도움을 줄 뿐만 아니라 피로 회복 효과도 있다.

성인 남녀를 대상으로 ○○헬스의 복용 결과를 분석한 보고서에 따르면 숙면을 취하는 시간이 늘어나는 효과가 있다고 한다. ㉢ <u>이 효과는 감태 추출물 때문이다.</u> 또 ○○헬스에는 비타민 B도 함유되어 있어 ○○헬스 한 알을 복용하는 것만으로도 불면증 개선과 더불어 피로 회복 효과까지 기대할 수 있다. ㉣ <u>그래서 ○○헬스는 바쁜 직장인과 학생들이 간편하게 섭취할 수 있는 건강 기능 식품이라고 할 수 있다.</u>

○○사 홍보 담당자는 "청소년부터 노년층까지의 모든 소비자들이 ○○헬스를 필수적인 식품으로 여기도록 홍보하겠다."라고 말했다. ㉤ <u>더 나아가 ○○헬스는 인터넷 쇼핑몰을 통해 판매될 예정이므로, 곧 세계 여러 나라 사람들은 이를 복용할 수 있을 것이다.</u>

□□일보 김△△ 기자(kim@□□news.co.kr)

전체 댓글 2개 최근 순
등록
↳ 하루 중 언제 먹는 게 가장 효과적인가요? 09:05
↳ 제가 요즘 불면증에 시달리고 있는데 정말 기대되네요! 08:01

07

(가)~(다)에 대한 설명으로 가장 적절한 것은?

① (가)와 달리 (나)는 글자 크기의 차이가 드러나므로 제목과 구체적인 정보를 구분하여 내용을 전달할 수 있다.
② (나)와 달리 (가)는 문자 언어와 이모티콘이 함께 나타나므로 수용자의 생각을 효과적으로 표현할 수 있다.
③ (나)와 달리 (다)는 실시간으로 의견을 남길 수 있는 기능이 있으므로 수용자의 참여를 유도할 수 있다.
④ (다)와 달리 (가)는 동일한 이미지의 나열이 드러나므로 내용과 관련된 수용자의 가치 판단에 영향을 줄 수 있다.
⑤ (다)와 달리 (나)는 내용을 찾아볼 수 있는 기능이 있으므로 수용자에게 정보에 대한 선택적 접근의 기회를 제공할 수 있다.

08

〈보기〉를 읽은 학생이 (가)~(다)에 보인 반응으로 적절하지 <u>않은</u> 것은?

보기
광고는 대중을 설득하는 활동으로서, 목적에 따라 상품 판매의 촉진을 위한 상업 광고와 공익적 가치의 실현을 위한 공익 광고로 나눌 수 있다. 일반적으로 광고는 사실적인 정보와 주관적인 평가를 함께 활용하여 설득의 효과를 높이고자 한다. 그런데 최근 인터넷에서는 상품 판매의 촉진을 목적으로 한 기사문 형태의 광고가 증가하고 있다. 이러한 광고는 표제와 부제, 핵심 내용을 요약한 전문 등을 갖춰 일반적인 기사문과 유사한 형태를 보인다. 또한 기사문 형태의 광고는 언론사 명칭과 작성자 이름을 제시하여 내용의 신뢰성을 부각하고자 하는데, 이를 접한 대중들은 제시된 내용을 의심하지 않고 믿는 경향을 보이기 때문에 사회적으로 문제가 되기도 한다.

① ① (가)는 환경 문제의 대처와 관련된 가치의 실현을 위해 대중을 설득하고 있으므로 공익 광고에 속하겠군.

② ② (나)는 특정 제품의 기능을 제시하여 제품의 판매가 촉진되도록 대중을 설득하고 있으므로 상업 광고에 속하겠군.

③ ③ (나)에서 특정 제품과 관련된 용어의 의미와 기능적 특징을 제시한 부분은 사실적인 정보와 주관적인 평가를 함께 활용한 것이겠군.

④ ④ (다)에서 특정 언론사 명칭과 기사 작성자 이름이 제시된 부분을 보면 광고 내용의 신뢰성을 부각하려 했음을 알 수 있겠군.

⑤ ⑤ (다)는 특정 제품의 출시 정보와 효능에 관한 내용을 표제와 부제, 전문의 형식을 갖춰 제시하고 있으므로 기사문 형태의 광고에 해당하겠군.

09

㉠~㉤에 대해 이해한 내용으로 적절하지 <u>않은</u> 것은?

① ㉠: 보조사를 사용하여 '살릴'의 대상을 추가적으로 제시하고 있다.

② ㉡: 수사를 사용하여 서로 다른 대상의 '기능'을 제시하고 있다.

③ ㉢: 의존 명사를 사용하여 '감태 추출물'이 '효과'의 원인임을 드러내고 있다.

④ ㉣: 접속 부사를 사용하여 앞 문장과의 인과 관계를 드러내고 있다.

⑤ ㉤: 대명사를 사용하여 앞에서 언급한 '판매될' 제품을 지시하고 있다.

2021년 4월 고3 전국연합학력평가

[10~12] (가)는 학생들이 발표를 위해 만든 온라인 카페이고, (나)는 발표 자료의 수정을 위해 휴대 전화 메신저로 나눈 대화의 일부이다. 물음에 답하시오.

(가)

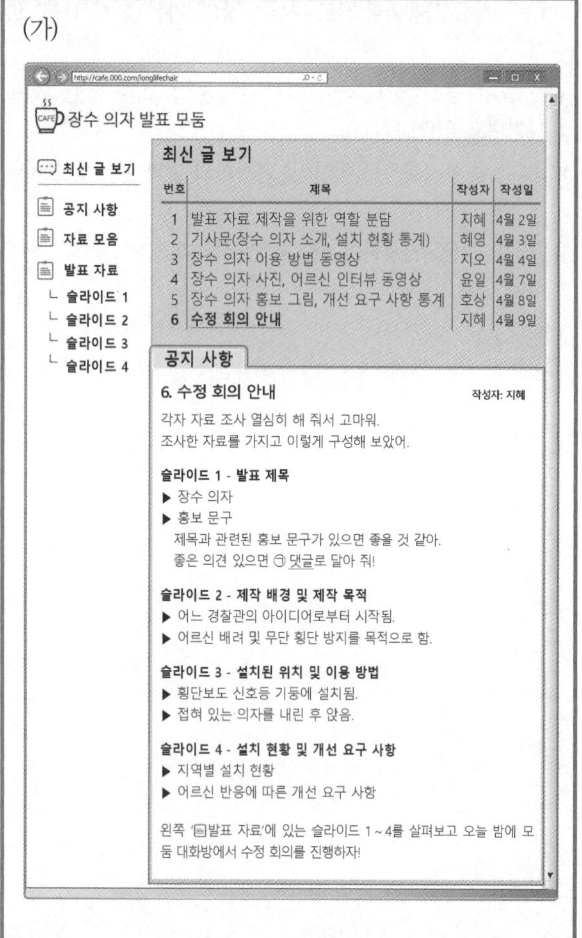

(나)

발표 모둠 대화방(5명)

지혜: 수정 회의 시작합시다!

지오: 우선 각 슬라이드의 제목에서 중심 화제를 이어 주는 말이 있는 경우 이를 중심 화제의 글자 크기보다 작게 하여 중심 화제를 부각할 필요가 있겠어. 더불어 중심 화제들의 제시 순서에 맞게 번호를 다는 게 좋을 것 같아.

지혜: 그래, 둘 다 반영할게.

[A]
지혜: 참, 혜영이는 기사들을 좀 더 찾아봐 줄 수 있을까? 제작 배경을 구체적으로 소개하려면 다양한 내용이 필요해서.

혜영: 그러고 보니 기사 내용의 대부분이 제작 목적에 대한 설명이구나! 알았어, 더 찾아볼게.

[B]
호상: 장수 의자가 횡단보도 신호등 기둥에 설치된 거 맞지? 사진이 너무 흐릿해서 잘 안 보여.

윤일: 사진 파일 전송: 장수 의자 위치.JPG(8.1MB)

윤일: 이게 원본인데 확인해 볼래?

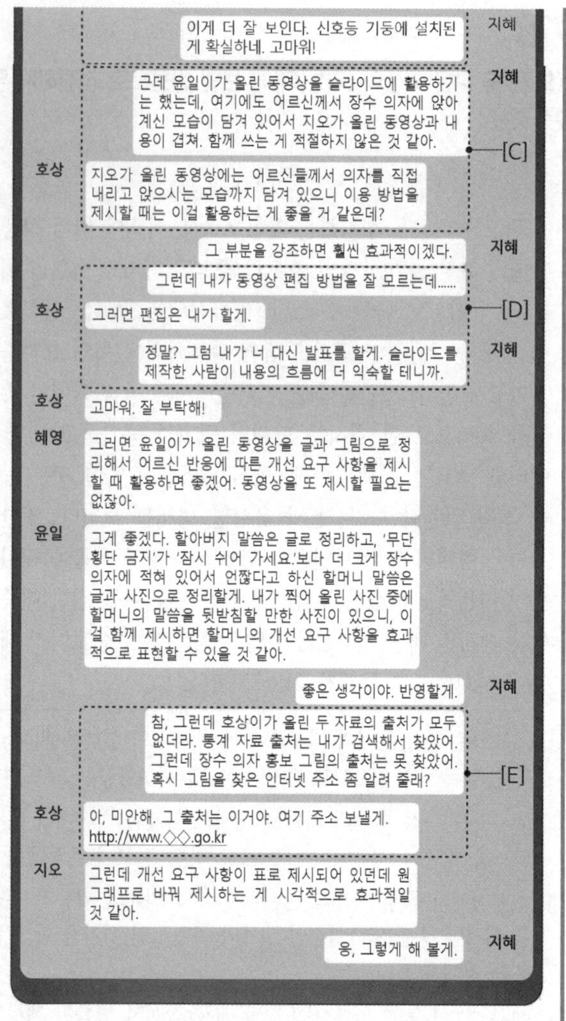

10

(나)를 바탕으로 (가)에서 확인할 수 있는 내용으로 적절하지 않은 것은? [3점]

① [A]를 통해 (가)의 '최신 글 보기' '2'번 게시물에 담겨 있는 기사문에는 장수 의자 제작 목적보다 제작 배경에 대한 내용이 상대적으로 적음을 알 수 있다.

② [B]를 통해 (가)의 '최신 글 보기' '4'번 게시물에 담겨 있는 사진은 (나)에서 실시간으로 공유된 사진보다 화질이 좋지 않음을 알 수 있다.

③ [C]를 통해 (가)의 '최신 글 보기' '3'번 게시물에 담겨 있는 동영상에는 어르신께서 장수 의자에 앉아 계신 모습이 등장하지 않음을 알 수 있다.

④ [D]를 통해 (가)의 '최신 글 보기' '1'번 게시물에 담겨 있는 역할 분담에는 '지혜'와 '호상'이 각각 슬라이드 제작자와 발표자로 되어 있음을 알 수 있다.

⑤ [E]를 통해 (가)의 '최신 글 보기' '5'번 게시물에 담겨 있는 장수 의자 홍보 그림에는 (나)에서 제시된 인터넷 주소인 출처가 없음을 알 수 있다.

11

(나)를 고려하여 ⟨보기1⟩을 ⟨보기2⟩로 수정했다고 할 때, ⓐ~ⓔ 중 적절하지 않은 것은?

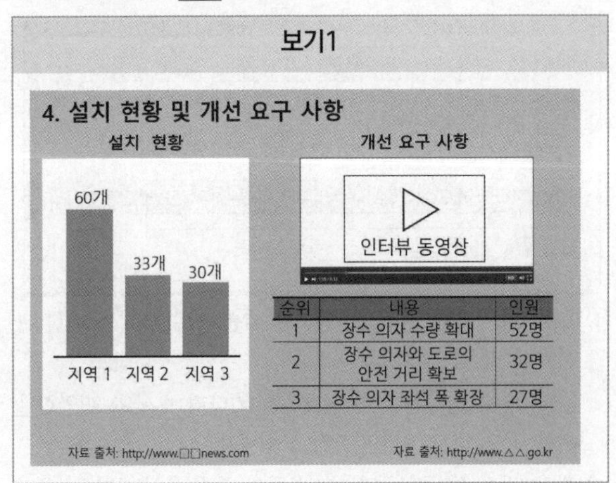

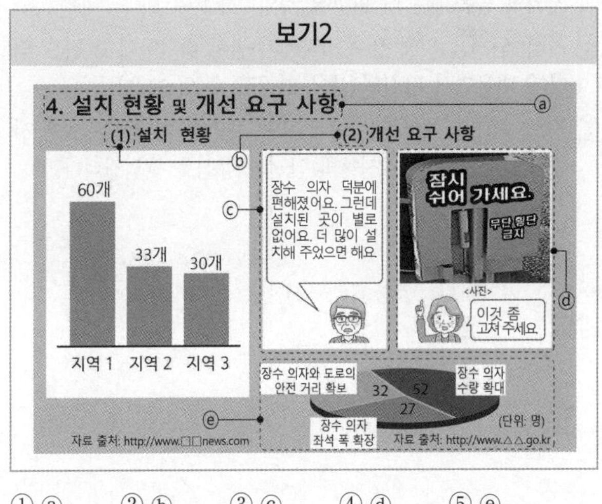

① ⓐ　② ⓑ　③ ⓒ　④ ⓓ　⑤ ⓔ

12

다음은 ㉠에 해당하는 내용이다. ㉮에 들어갈 문구로 가장 적절한 것은?

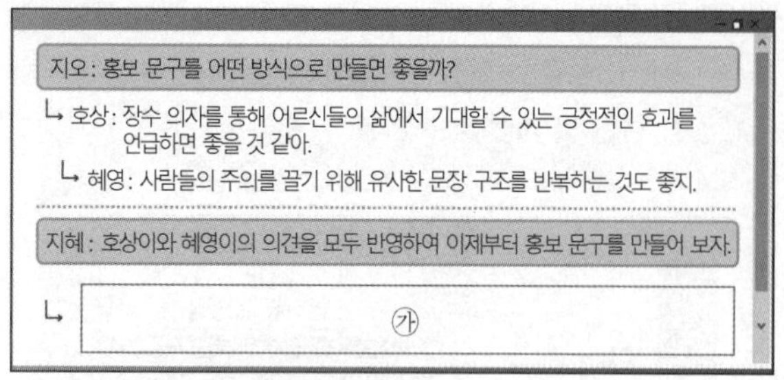

지오: 홍보 문구를 어떤 방식으로 만들면 좋을까?
호상: 장수 의자를 통해 어르신들의 삶에서 기대할 수 있는 긍정적인 효과를 언급하면 좋을 것 같아.
혜영: 사람들의 주의를 끌기 위해 유사한 문장 구조를 반복하는 것도 좋지.
지혜: 호상이와 혜영이의 의견을 모두 반영하여 이제부터 홍보 문구를 만들어 보자.
㉮

① 호상: 나의 작은 관심, 지역의 큰 기쁨. 장수 의자에 대한 관심이 지역 경제를 살립니다.

② 윤일: 장수 의자에 앉아 신호등을 기다려 보세요. 편안함을 위한 장수 의자, 안전함까지 드립니다.

③ 혜영: 장수 의자에서 만난 이웃들과 함께 웃어 보아요. 우리 지역의 공동체는 더 밝아질 것입니다.

④ 지혜: 안전을 위해 장수 의자에서 잠시 대기하세요. 장수 의자에 머물면서 당신의 삶이 지켜질 수 있습니다.

⑤ 지오: 힘겨운 기다림은 이제 그만, 편안한 기다림은 이제 시작. 장수 의자, 어르신들의 안전과 휴식을 책임집니다.

2021년 7월 고3 전국연합학력평가

[13~15] (가)는 학생들이 '고전 소설 UCC' 제작 준비를 위해 휴대 전화 메신저로 나눈 대화이고, (나)는 (가)를 바탕으로 '진희'가 작성한 이야기판 초안이다. 물음에 답하시오.

(가)

고전 소설 UCC 제작 대화방

진희: 얘들아, 만나기 어려우니까 영상 구성에 대해 여기서 이야기해 보자.

민수: 좋아.^^ 우리가 선택한 <운영전>은 남녀의 사랑 이야기인 만큼 두 인물을 중심으로 영상을 구성해야 할 것 같아.

서영: 그래. 궁녀 운영과 선비 김 진사의 만남, 그들의 비극적인 사랑을 표현해 보자.

지호: 만남 얘기가 나와서 말인데, 운영과 김 진사가 처음 만날 때 운영이 자기 손에 튄 먹물 방울에 수줍어하는 모습에 나도 같이 설레더라.

진희: 나도 그 장면이 정말 인상적이었어. 그런데 안평대군은 주인공들을 만나게도 했지만 가로막기도 했잖아. 비중 있게 다뤄야 할 것 같은데, 어때?

민수: 그래. 안평대군도 포함해서 소개하고 인물 소개 장면에서 설명하는 자막과 내레이션을 넣자. 그리고 전체 줄거리도 넣어야 작품을 잘 이해할 수 있지 않을까?

진희: 그럴 것 같아. 그럼 영상을 소설 제목 소개, 등장인물 소개, 줄거리 소개로 구성하는 걸로 하자.

민수: 우선 소설 제목을 소개할 때는 마주보는 주인공의 모습을 화면에 넣자.

서영: 좋아. 그리고 소설의 비극적인 분위기를 느낄 수 있는 배경 음악을 사용하면 좋겠어. 다들 내가 보낸 음악 한 번 들어 봐.

서영: [음악 파일 전송 : 해금 연주.mp3]

지호: 들어 보니까 정말 좋다. 줄거리 소개 부분에도 다른 배경 음악을 넣어 볼까? 전달 효과를 높이기 위해 내레이션도 넣고.

진희: 좋은 것 같아. 그런데 줄거리 소개는 어떻게 하면 좋을까?

지호: 있잖아. 줄거리는 내가 정리한 게 있는데, 다 같이 한 번 볼래?

지호: [문서 파일 전송 : 운영전 줄거리.txt]

진희: 정리 잘했다. 이 자료 보고 내가 줄거리 소개에 쓸 장면을 골라 볼게. 아, 그리고 영상에 우리 이름도 넣어야겠지?

민수: 물론이지. 영상을 해치지 않는 선에서 넣자.

진희: 알았어. 그럼 내가 이야기판 초안을 만들어 볼게. 나중에 조언 부탁해.

(나)

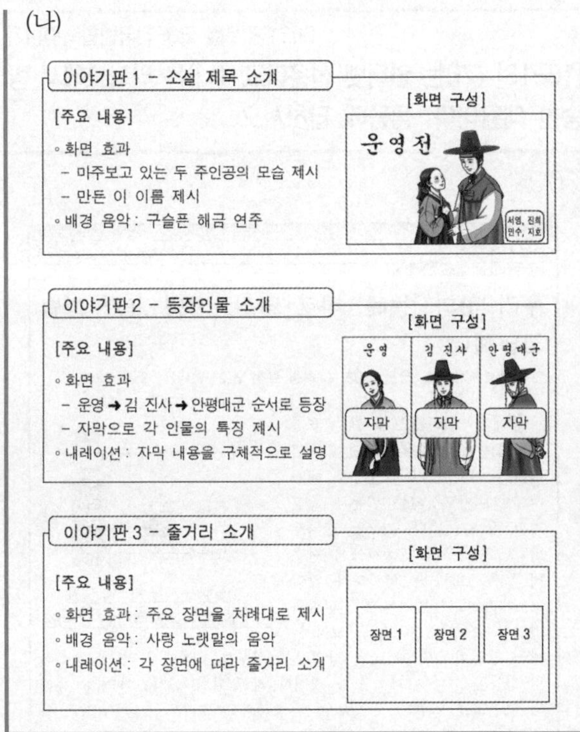

이야기판 1 - 소설 제목 소개

[주요 내용]
◦ 화면 효과
- 마주보고 있는 두 주인공의 모습 제시
- 만든 이 이름 제시
◦ 배경 음악 : 구슬픈 해금 연주

[화면 구성]

이야기판 2 - 등장인물 소개

[주요 내용]
◦ 화면 효과
- 운영 → 김 진사 → 안평대군 순서로 등장
- 자막으로 각 인물의 특징 제시
◦ 내레이션 : 자막 내용을 구체적으로 설명

[화면 구성]

이야기판 3 - 줄거리 소개

[주요 내용]
◦ 화면 효과 : 주요 장면을 차례대로 제시
◦ 배경 음악 : 사랑 노랫말의 음악
◦ 내레이션 : 각 장면에 따라 줄거리 소개

[화면 구성]

13

(가)의 대화에 대한 설명으로 가장 적절한 것은?

① '지호'는 매체상에서 공유된 음악 자료를 자신이 수집한 음악 자료와 비교하고 있다.
② '지호'는 자신이 정리한 문서 파일을 대화 참여자들 중 특정 참여자에게 전달하고 있다.
③ '진희'는 매체상에서 전송된 문서 파일 자료를 바로 확인한 후 추가 자료를 요청하고 있다.
④ '진희'는 매체 자료의 특징을 활용하여 대화방을 만들고 매체에서 사용할 수 있는 기능을 알려 주고 있다.
⑤ '서영'은 대화가 이루어지는 매체의 특성을 활용하여, 자신이 가지고 있는 자료를 다른 대화 참여자들과 공유하고 있다.

14

(가)를 바탕으로 (나)를 작성했을 때, (나)에 대한 이해로 적절하지 않은 것은?

① 이야기판 1을 보니 소설의 분위기를 느낄 수 있도록 구슬픈 해금 연주를 배경 음악으로 사용했군.
② 이야기판 1을 보니 소설 제목과 주인공에 주목하는 데 방해가 되지 않도록 영상을 제작한 학생들의 이름을 화면 아래쪽에 넣었군.
③ 이야기판 2를 보니 등장인물의 특징을 소개하기 위해 자막을 활용하여 화면을 구성했군.
④ 이야기판 3을 보니 주요 장면을 친구들의 의견에 따라 선정하고 차례대로 제시하며 줄거리를 소개했군.
⑤ 이야기판 2와 3을 보니 영상의 내용을 효과적으로 전달하기 위해 내레이션을 활용했군.

15

〈보기〉는 학생들의 조언을 바탕으로 (나)를 수정한 이야기판이다. ⓐ~ⓔ를 통해 알 수 있는 조언의 내용으로 적절하지 않은 것은? [3점]

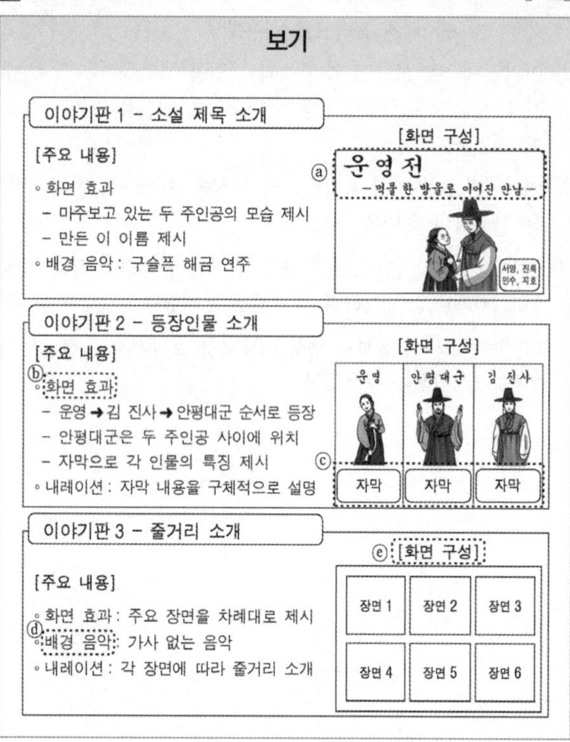

① ⓐ: 주인공들의 인연이 부각되도록 인상적인 장면을 담은 부제를 넣자.

② ⓑ: 주인공을 가로막는 인물의 역할을 시각적으로 드러내기 위해 등장인물의 등장 순서를 바꾸자.

③ ⓒ: 등장인물의 모습을 가리지 않도록 자막 위치를 옮기자.

④ ⓓ: 내레이션에 방해가 되지 않도록 가사 없는 음악으로 배경 음악을 바꾸자.

⑤ ⓔ: 줄거리를 좀 더 구체적으로 표현할 수 있도록 주요 장면의 개수를 늘리자.

2021년 7월 고3 전국연합학력평가

[16~18] (가)는 인터넷 신문이고, (나)는 라디오에서 방송한 대담이다. 물음에 답하시오

(가)

ㅇㅇ신문 2021년 7월 ㅇㅇ일(ㅇ)

[연재] 지도와 세상 이야기②

우리 바다 '동해' 바로 알고, 지명 표기 방법 고민해야

입력 2021.7.○○. 오전 7:06 최종 수정 2021.7.○○. 오후 3:02

동해가 세계 지도에 단독 표기되었거나 일본해와 병기된 비율이 예전에 비해 크게 늘었지만, 여전히 세계 지도상에는 일본해로 표기된 경우가 많다. 기록을 살펴보면 동해는 우리 민족사에서 단순히 '동쪽 바다'만 의미하지 않았고, 해가 뜨는 바다로서 신성함과 기원의 대상이었다. 또한 『고려사』에는 왕건이 고려 건국의 당위성을 설명하는 글에서 "동해의 끊어진 왕통을 이어 나가게 하는 것이다."라고 말한다. 왕건이 말한 동해는 고구려를 일컫는 것으로 이는 동해가 국호와도 같은 뜻으로 사용되었음을 보여 준다.

[검색창]

1999년	2009년	2019년
3%	28%	40%

㉠ 동해가 세계 지도에 단독 표기되었거나 일본해와 병기된 비율

현재 동해의 영문 표기는 'EAST SEA'이다. 여기에는 우리 민족이 간직한 동해에 대한 정서는 없고, 단순히 동쪽에 자리한 바다만을 가리킬 뿐이라는 지적이 있다. 그래서 한국인이 사용하고 있는 토착 지명인 동해를 사용하여 영문 표기를 'DONG HAE'로 해야 한다는 것이다.

㉡ 김△△(◇◇박물관장) 인터뷰 동영상

동해의 이름 되찾기 연구를 지속해 온 김△△(◇◇박물관장)은 동해의 지명 표기를 'DONG HAE/EAST SEA'로 해야 한다고 주장한다. 'DONG HAE/EAST SEA'로 표기하는 것은 우리 민족의 의식 속에 자리한 동해의 의미를 부각하면서, 우리 정부가 그동안 동해를 'EAST SEA'라고 주장했던 외교적 원칙을 지키는 방법이 될 수 있을 것이다.

지명은 담고 있는 의미가 사용하는 사람의 의식에 각인된다는 점에서 중요하다. 그러므로 일본해가 아닌 우리 바다 '동해'를 세계 지도상에 올바르게 표기하고, 이를 널리 알리기 위한 노력을 지속해야 한다.

최□□ 기자(news@ooo.com)

㉢ [관련된 뉴스]

▶ 동해 표기의 역사, 우리 정부와 시민 단체의 노력

▶ 국제수로기구, 동해나 일본해 대신 고유 번호 표기 논의

댓글 6개

○○○**** 2021.7.○○. 9:03

저희 학생 동아리에서도 동해 표기와 관련된 자료를 게시하고 의견을 나누고 있습니다. [http://blog.○○○.com] 링크로 들어오셔서 의견 남겨 주세요.

[답글 3] 👍6 👎2

△△△**** 2021.7.○○. 16:57

이런 기사 좋아요! 다음 기사도 기대할게요.

[답글 1] 👍1 👎0

(나)

진행자 : (12시 정각을 알리는 음향 신호) 안녕하세요. 여러분은 12시 현재, '생방송 뉴스를 듣다'를 청취하고 계십니다. 오늘은 '지도와 세상 이야기'라

는 연재 기사를 쓰고 있는 최□□ 기자를 모시고 ㉣**기사에 대한 이야기를 들은 후, 동해의 지명 표기 방법에 대해 대화를 나눠보겠습니다**. 최 기자님, 어제 신문에 두 번째 연재 기사가 나갔습니다. 그것이 동해의 지명에 대한 내용이었지요?

기 자 : 맞습니다. 동해는 우리 민족사에서 남다른 의미가 있음에도 불구하고 세계 지도에 일본해로 표기되거나, 단순히 방위의 개념을 표현한 지명으로만 알려져 있는 경우가 많아 안타까웠습니다. 기사를 통해 독자들이 동해에 대해 바르게 알 수 있도록 기획한 것입니다.

진행자 : 그렇군요. 그런데 방금 청취자께서 누리집 게시판을 통해 질문해 주셨네요. "세계 지도에 우리 동해가 일본해로 표기되기 시작한 이유가 무엇인가요?"라는 내용입니다. 이런 질문을 다른 분들도 많이 해 주셨는데, 혹시 이렇게 표기하게 된 역사적 사건이 있었나요?

기 작 : 네. ㉤**1919년 국제수로국을 창설하기로 결의한 후, 1923년 국제수로국 회의에서 일본이 동해의 명칭을 일본해로 등록한 일이 있었습니다**. 이것이 국제적으로 고착된 것이지요.

진행자 : 잠시 안내 말씀 드리겠습니다. 이번 방송은 동해의 지명 표기 방법에 대한 내용을 중점적으로 다룰 예정이었습니다. 하지만 긴급 뉴스 속보가 들어온 관계로 오늘은 여기서 마무리하겠습니다. 따라서 오늘 못 다한 이야기는 누리집의 다시 듣기 서비스에 올리도록 하겠습니다. 고맙습니다.

16

다음은 (가)와 (나)에 대해 정리한 내용이다. 이를 바탕으로 (가), (나)를 이해한 내용으로 적절하지 않은 것은?

	(가)	(나)
전달 매체	인터넷	라디오
매체 자료 생산자	기자	진행자와 기자
매체 자료 수용자	신문 독자	대담 청취자

① (가)의 댓글을 보니 매체 자료 수용자인 독자가 또 다른 생산자가 될 수도 있군.

② (가)는 전달 매체 특성상 탑재와 동시에 공유될 수 있으므로 한번 생산한 매체 자료의 내용은 다시 수정할 수 없겠군.

③ (나)는 다른 매체를 추가로 활용하여 매체 자료 수용자와 양방향으로 소통이 이루어지고 있군.

④ (나)는 송출할 수 있는 시간이 고정되어 있으므로 다시 듣기 서비스로 이를 보완하고 있군.

⑤ (가)는 문자, 도표, 영상으로, (나)는 음성, 음향으로 정보를 전달하고 있군.

17

(가)와 (나)의 언어적 특성에 대한 설명으로 가장 적절한 것은?

① (가) : 마지막 문장을 명령형으로 종결하여 독자의 행동 변화를 촉구하고 있다.

② (가) : 간접 인용 표현을 써서 『고려사』의 내용을 재구성하여 간결하게 전달하고 있다.

③ (가) : 표제를 피동으로 표현하여 주체를 드러내지 않고 정보에 주목하도록 하고 있다.

④ (나) : '기자'는 현재 시제만을 활용하여 현장감 있게 정보를 제공하고 있다.

⑤ (나) : '진행자'는 접속 표현을 사용하거나 앞에서 언급된 내용을 대신하는 표현을 써서 응집성을 높이고 있다.

18

〈보기〉를 참고할 때, ㉠~㉤에 대한 수용자의 반응으로 적절하지 않은 것은?

> **보기**
>
> 매체 수용자는 매체 자료를 수용할 때 자료에 담긴 관점과 가치가 공정한지, 자료의 내용을 뒷받침하는 근거가 타당한지, 제시된 정보나 자료는 신뢰할 만한 내용인지 등을 분석하고 판단하는 비판적인 태도를 갖추어야 한다. 또한 매체 특성에 맞는 방식으로 매체 형식에 따라 정보를 적절하게 수용하며, 매체를 구성하고 있는 요소를 적극적으로 활용함으로써 주체적으로 사고하는 수용자가 되어야 한다.

① ㉠ : 검색을 통해 통계 자료의 출처를 확인하여 신뢰할 만한 내용인지 판단해야겠어.
② ㉡ : 전문가의 인터뷰 동영상 내용을 분석하며 기사의 내용을 뒷받침하는 근거로 타당한지 점검해 봐야겠어.
③ ㉢ : 관련된 뉴스 내용을 확인하고 기사 내용과 비교하면서 주체적으로 사고하는 수용자가 되도록 노력해야겠어.
④ ㉣ : 매체 특성상 이야기의 세부 내용은 미리 알 수 없으므로 순차적으로 제공되는 정보를 적절하게 수용해야겠어.
⑤ ㉤ : 주관적 의견을 표현한 내용이므로 매체 자료에 담긴 관점이 공정한지 평가해야겠어.

2021년 10월 고3 전국연합학력평가

[19~21] (가)는 동아리 학생들이 휴대 전화 메신저로 나눈 대화이고, (나)는 (가)를 바탕으로 '채원'이 제작해 블로그에 올린 카드 뉴스의 초안이다. 물음에 답하시오.

(가)

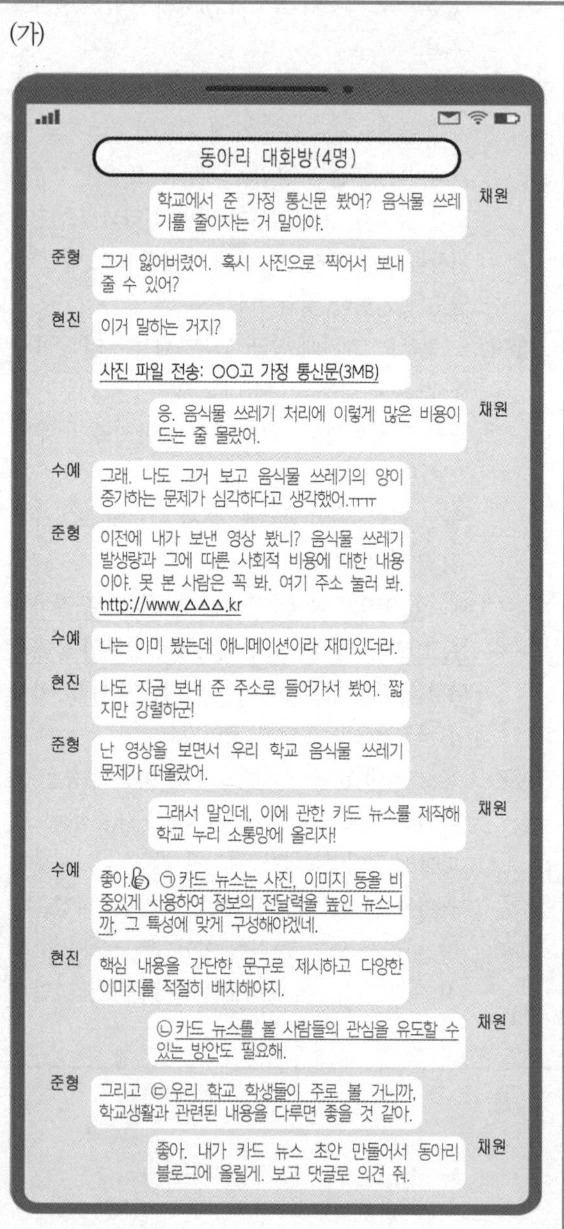

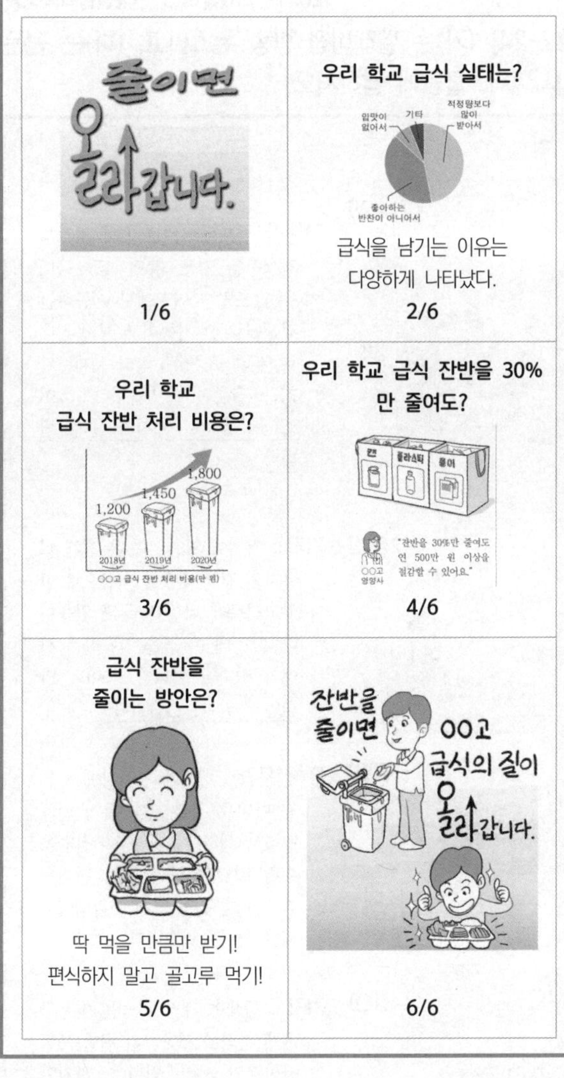

19

(가)의 대화에 대한 설명으로 가장 적절한 것은?

① '현진'은 자신이 직접 생산한 문서 파일을 다른 대화 참여자들에게 전달하고 있다.

② '수예'는 매체 자료의 성격을 고려하여 매체 자료의 전달 효과를 부정적으로 평가하고 있다.

③ '준형'은 하이퍼링크를 활용하여 대화 내용과 관련된 자료를 다른 대화 참여자들에게 제공하고 있다.

④ '채원'은 카드 뉴스의 제작을 제안하며 매체가 가지는 정보 전달의 파급력을 밝히고 있다.

⑤ '채원'과 '수예'는 그림말을 활용하여 상대방의 말에 대한 공감을 드러내고 있다.

20

'채원'이 ㉠~㉢을 고려하여 세운 제작 계획 중 (나)에 반영되지 않은 것은?

① ㉠을 고려하여, 학생들이 선호하지 않는 급식 메뉴의 종류를 사진으로 제시해야겠어.

② ㉠을 고려하여, 변화의 추이를 한눈에 파악할 수 있는 이미지를 사용해 정보의 전달력을 높여야겠어.

③ ㉡을 고려하여, 이미지를 결합한 글자를 사용해 카드 내용에 대한 독자의 흥미를 끌어야겠어.

④ ㉢을 고려하여, 우리 학교의 급식 잔반 처리에 들어가는 비용을 자료로 제시해야겠어.

⑤ ㉢을 고려하여 잔반을 줄였을 때의 혜택이 우리 학교 학생들에게 돌아간다는 점을 부각해야겠어.

21

다음은 (나)에 달린 댓글이다. 다음을 바탕으로 (나)를 수정한 내용으로 적절하지 않은 것은?

> **현진** : 두 번째 카드의 제목은 수정하는게 좋을 것 같아.
> ↳ **준형** : 맞아. 제목이 내용과 어울리지 않아. 그리고 그래프에 조사 대상의 인원과 각 항목에 응답한 학생들의 비율도 밝혀 주자.
> ↳ **현진** : 그래프에서 특별히 강조할 내용은 따로 정리해 주가.
> **수예** : 고생 많았어. 그런데 네 번째 카드의 삽화는 내용이 잘 드러날 수 있도록 바꾸는 게 좋지 않을까?
> ↳ **현진** : 그게 좋겠다. 그리고 잔반 줄이기를 통해 큰 효과를 거둔 다른 학교의 사례를 제시하면 설득력을 높일 수 있을 거야.

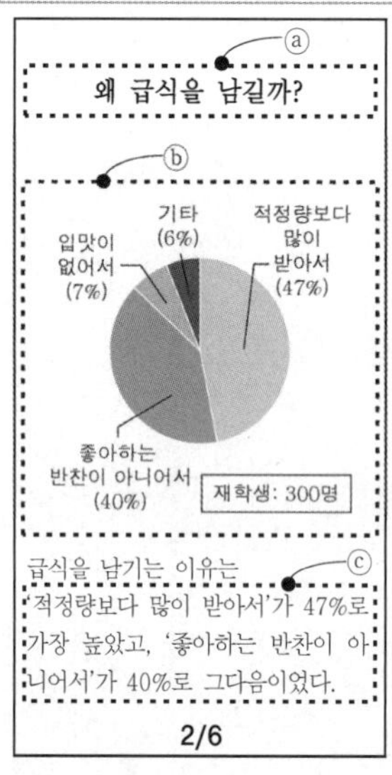

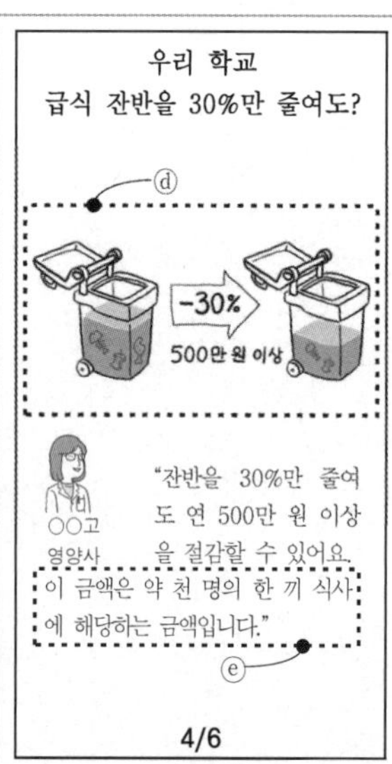

① ⓐ ② ⓑ ③ ⓒ ④ ⓓ ⑤ ⓔ

2021년 10월 고3 전국연합학력평가

[22~24] (가)는 텔레비전 방송 뉴스이고, (나)는 신문 기사이다. 물음에 답하시오.

(가)

[1장면]

진행자 : 포털 사이트에서 정보를 검색하는 경우 많으시죠? 국내 유명 포털 사이트에서 제공하는 검색어 제안 기능이 본래 목적대로 이용되고 있지 않다는 제보가 최근 급증하고 있습니다. ㉠<u>이 소식을 유 □□ 기자가 전해드립니다.</u>

[2장면]

기자 : 검색어 제안 기능은 전체 이용자의 검색 횟수를 기반으로 한 알고리즘에 바탕을 두고 있습니다. 그런데 이 점을 악용하는 사례가 있다고 합니다. ㉡<u>어떤 방식인지 알아보겠습니다.</u>

[3장면]

IT 전문가 : 이렇게 검색창에서 특정 단어를 검색한 후 특정 업체명을 검색하겠습니다. 이 작업을 수천 회 반복하면 특정 단어를 검색할 때 특정 업체가 검색어로 제안 될 수 있습니다.

[4장면]

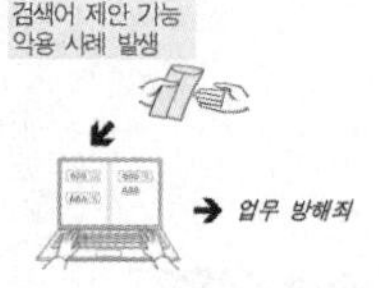

기자 : 검색어 제안 기능은 이용자에게 편의를 제공하기 위한 포털 사이트의 서비스입니다. 하지만 최근 대가를 받고 검색어 제안 기능에 특정 업체명이 제시되도록 하여 업무 방해죄로 처벌받은 경우도 있었습니다.

[5장면]

포털 사이트 관계자 : 비정상적인 방법에 의해 검색어가 제안 되는 경우가 발생하지만, 차단 시스템을 주기적으로 업그레이드하여 해당결과를 제외하고 있습니다.

[6장면]

기자 : 검색어 제안 기능이 본래 목적대로 운영도지 못하고 상업적인 목적으로 악용되고 있는 사태가 발생하고 있습니다. ㉢<u>이용자들의 주의가 필요한 때입니다.</u>

(나)

6면 2021년 ×월 ×일 화요일 　 사회 　 제 1210호 ☆☆신문

'검색어 제안 기능'에 대한 토론회 열려
규제 강화에 대한 입장 차이 확인

최근 포털 사이트의 '검색어 제안 기능'에 대한 사회적 논의가 필요하다는 목소리가 높다. 지난 9일 ◎◎기관의 주관으로 검색어 제안 기능에 대한 토론회가 열렸다.

토론회에 참여한 언론 정보 전문가는 검색어 제안 기능을 통해 이용자가 편리하게 자신이 원하는 정보에 접근할 수 있으므로 규제를 최소화해야 한다는 입장을 보였다. 법에 저촉되지 않는다면, 검색어 제안 기능의 운영은 그 주체인 포털 사이트가 자율적으로 결정할 수 있는 영역이라고 보았다.

한편 시민 단체 대표는 최근 부정한 방법에 의해 검색어가 제안됨으로써 이용자들이 피해를 입는 사례가 빈번하게 발생하고 있어 검색어 제안 기능에 대해 규제를 강화해야 한다는 입장을 보였다. ㉣<u>또한 선량한 이용자가 입을 수 있는 피해를 예방할 필요가 있다고 말했다</u>.

㉤<u>토론회를 방청한 한 시민은 "자율성과 공익적 가치가 균형과 조화를 이룰 수 있도록 다양한 목소리가 고려되면 좋겠습니다."라고 의견을 밝혔다</u>.

윤○○ 기자 oooo@OOO.co.kr

22

(가)에 사용된 정보 제시 전략으로 적절하지 <u>않은</u> 것은?

① [장면 1]에서는 뉴스 수용자가 보도의 핵심 내용을 알 수 있도록, 화면의 하단에 자막으로 보도 내용의 요점을 제시한다.

② [장면 2]부터 [장면 5]까지는 뉴스 수용자가 중간부터 뉴스를 시청하더라도 보도 내용을 짐작할 수 있도록, 화면 상단 한쪽에 핵심 어구를 고정하여 제시한다.

③ [장면 3]에서는 뉴스 수용자의 이해를 도울 수 있도록, 검색어 제안 기능의 악용 사례를 전문가의 시연을 통해 보여 준다.

④ [장면 4]에서는 보도 내용에서 제시하는 사건의 흐름을 쉽게 파악할 수 있도록, 방향을 나타내는 기호를 활용하여 화면을 구성한다.

⑤ [장면 6]에서는 보도 내용에서 다룬 다양한 정보를 뉴스 수용자가 효과적으로 취사선택할 수 있도록, 보도 내용들을 요약한 화면을 보여 주며 마무리한다.

23

(가)와 (나)의 언어적 특성을 고려할 때, ㉠~㉤에 대한 설명으로 가장 적절한 것은?

① ㉠: 대용 표현을 사용하여 문제의 해결 가능성을 압축적으로 설명하고 있다.

② ㉡: 미래 시제를 나타내는 표현을 사용하여 기대 효과를 제시하고 있다.

③ ㉢: 청유형 문장을 사용하여 보도 내용과 관련한 수용자의 행동 변화를 유도하고 있다.

④ ㉣: 접속 표현을 사용하여 기사 내용의 흐름을 전환하고 있다.

⑤ ㉤: 인용 표현을 사용하여 토론회에 다녀온 시민의 견해를 직접 제시하고 있다.

24

〈보기〉를 바탕으로 (가)와 (나)에 대해 보인 반응으로 적절하지 <u>않은</u> 것은?

보기

뉴스 생산자는 여러 가지 정보 가운데서 수용자가 관심을 가질 만한 시의성 있는 정보를 선택한다. 그리고 뉴스 수용자가 문제 상황에 관심을 지니고 공감할 수 있도록 유도하고, 공공의 이익을 증진할 수 있는 방안을 제시하는 방향으로 뉴스를 구성한다. 그 과정에서 대중이 신뢰할 수 있는 출처에서 나온 정보를 활용한다. 또한 뉴스 생산자는 쟁점이 되는 화제를 다룰 때 공정성 있는 태도를 지닐 필요가 있다.

① (가)에서 뉴스 생산자가 화제와 관련된 전문가의 말을 제시했다는 점에서 정보의 신뢰성을 확인할 수 있겠군.

② (가)에서 뉴스 생산자가 보도를 시작하며 수용자의 경험을 환기했다는 점에서 수용자의 관심을 유도했다는 것을 확인할 수 있겠군.

③ (나)에서 뉴스 생산자가 특정 사안에 대해 대립하는 입장을 모두 보도했다는 점에서 기사의 공정성을 확인할 수 있겠군.

④ (나)에서 뉴스 생산자가 공공의 이익을 증진할 수 있는 방안을 직접 제안했다는 점에서 기사의 공공성을 확인할 수 있겠군.

⑤ (가)와 (나) 모두에서 뉴스 생산자가 최근 발생한 사건과 관련된 소식을 전달했다는 점에서 정보의 시의성을 확인할 수 있겠군.

2022년 3월 고3 전국연합학력평가

[25~28] 다음은 텔레비전 프로그램의 일부이다. 물음에 답하시오.

진행자 : 오늘 방송할 내용은 지난해 7월 공포된 폐기물관리법 시행규칙과 관련된 내용입니다. 먼저 김 기자, 폐기물관리법 시행규칙에는 어떤 내용이 있나요?

김 기자 : 환경부에서 발표한 폐기물관리법 시행규칙에 따르면 수도권 지역은 2026년부터, 그 외 지역은 2030년부터 종량제 봉투에 담긴 생활 폐기물을 땅에 바로 묻을 수 없습니다. 생활 폐기물 중에서 일부를 소각하고 남은 재만 매립해야 합니다.

진행자 : 제가 얼마 전에 수도권 여러 매립지의 포화 시점이 멀지 않았다는 내용을 보도한 적이 있었는데 이 시행규칙은 그것과 관련이 있겠네요?

김 기자 : 그렇습니다. 바뀐 시행규칙에 맞추어 원활한 소각 처리가 가능해진다면 매립지에 묻히는 생활 폐기물의 양을 지금의 20% 이하로 줄일 수 있다고 합니다.

진행자 : 감소하는 양이 크군요. 제가 볼 때는 매립지의 포화 시점을 늦추는 데 상당히 도움이 되겠네요. 그런데 현재 운영 중인 소각 시설은 충분한 편인가요?

김 기자 : 그렇지 않습니다. 새로운 시행규칙을 따르기 위해서는 여러 지방 자치 단체에서 소각 시설을 확충해야 하지만, 시작 단계에서부터 주민들과 마찰이 생기고 있는 지역이 많습니다. 얼마 전, 소각 시설의 후보지로 선정된 △△ 지역 주민의 얘기를 먼저 들어 보겠습니다.

주민: 이렇게 갑자기 우리 지역이 소각 시설의 후보지로 선정되다니 너무 화가 납니다.

김 기자 : 그리고 ⓐ**주민들이 "이 지역을 위해 끝까지 맞서 싸우겠습니다."라고 성토했습니다**.

진행자 : 후보지로 선정된 지역 주민들의 반발이 크네요. 이번에는 박 기자가 취재한 내용 들어 보겠습니다. 이런 상황을 슬기롭게 해결한 사례가 있을까요?

박 기자 : 네, 먼저 준비된 동영상을 보시죠.

진행자 : 주민들이 산책도 하고 운동도 하고 있는 모습이 보이네요. 저곳은 공원이 아닌가요?

박 기자 : 네, 맞습니다. 지상은 이렇게 주민들이 여가를 즐기는 공원으로 조성되어 있습니다. 계속 동영상을 보시죠. 보시는 것처럼 공원의 지하에는 생활 폐기물 소각 시설이 있습니다. 소각 시설의 지하화로 주민들이 우려했던 위화감을 최소화하고 주민들을 위한 편의 시설을 제공하여 소각 시설의 설치가 가능했습니다.

진행자 : 그래도 제 생각에 추진 과정에서 갈등이 적지 않았을 것 같은데요, 어떠한 과정을 거쳤나요?

박 기자 : 처음에는 반대 의견이 우세했지만, ○○시에서는 주민들을 설득하기 위해 수차례 협의회를 열어 주민들의 의견을 경청했고 주민들의 요구 사항을 적극적으로 수용하고자 했습니다.

진행자 : 그래도 주민들에게는 소각 시설 설치가 건강과 직결되는 문제인 것 같아요. 어떤 주민들이 소각할 때 생기는 대기 오염 물질에 대해 걱정하지 않겠어요?

박 기자 : ○○시 소각 시설은 폐기물을 소각하는 과정에서 생기는 대기 오염 물질을 정화할 수 있도록 했기 때문에 배출되는 대기 오염 물질의 농도는 현저히 낮습니다. 또한 ○○시는 소각 시설과 관련한 앱을 만들어 주민들의 우려를 해소해 주고 있습니다.

진행자 : 그렇군요. 지금 그 앱을 확인할 수 있나요?

박 기자 : 네, 화면 보시죠. 이렇게 ㉠**앱 메인 화면**에서는 여러 메뉴를 한눈에 확인할 수 있는데, 그중 하나를 선택하면 원하는 내용과 손쉽게 연결될 수 있습니다.

우선 ㉡**처리 공정**을 누르면, 생활 폐기물을 소각 처리하는 과정을 애니메이션으로 제작한 동영상이 나옵니다. ㉢**대기 오염 농도**를 누르면, 수시로 바뀌는 대기 오염 물질의 농도 변화를 바로바로 확인할 수 있습니다. 그리고 ○○시 소각 시설에 방문하여 둘러보고 싶다면 ㉣**시설 견학 신청**을, 제안하려는 의견이 있다면 로그인을 한 후 ㉤**의견 보내기**를 누르면 됩니다.

25

위 프로그램을 시청한 반응으로 적절하지 않은 것은?

① 진행자는 김 기자가 언급한 정보를 자신이 과거에 보도한 내용과 관련지어 이해하고 있군.

② 김 기자는 인터뷰를 제시하여 문제 상황에 대한 주민들의 반응을 전달하고 있군.

③ 박 기자는 동영상을 활용하여 언급된 문제 상황이 해결된 사례를 제시하고 있군.

④ 진행자는 김 기자와 박 기자가 전달한 내용에 대해 자신의 의견을 덧붙이고 있군.

⑤ 진행자는 김 기자와 박 기자가 전달한 정보를 종합하여 해결 방안에 내재한 문제점 위주로 방송을 진행하고 있군.

26

위 프로그램을 바탕으로 할 때, ㉠~㉤에서 확인할 수 있는 의사소통의 특징으로 가장 적절한 것은?

① ㉠에서 여러 메뉴를 한눈에 확인할 수 있는 것으로 보아, 수용자는 생산자가 미리 정해 놓은 메뉴의 순서에 따라서만 정보 탐색이 가능함을 알 수 있다.

② ㉡에서 생활 폐기물의 처리 공정을 애니메이션으로 볼 수 있는 것으로 보아, 생산자와 수용자가 쌍방향적 소통을 통해 정보를 생산할 수 있음을 알 수 있다.

③ ㉢에서 수시로 바뀌는 대기 오염 물질의 농도를 바로 알 수 있는 것으로 보아, 변화하는 정보에 수용자가 실시간으로 접근할 수 있음을 알 수 있다.

④ ㉣에서 시설을 견학하고 싶다는 의사를 전달할 수 있는 것으로 보아, 수용자가 미리 등록된 정보를 수정하여 배포할 수 있음을 알 수 있다.

⑤ ㉤에서 소각 시설에 대한 의견 제안이 누구나 가능한 것으로 보아, 수용자가 별도의 인증 절차 없이도 자유롭게 의견을 개진할 수 있음을 알 수 있다.

27

다음은 위 프로그램이 보도된 이후의 시청자 게시판 내용이다. 시청자의 수용 태도에 대한 설명으로 적절하지 않은 것은? [3점]

시청자 게시판

시청자 1 방송에서는 시행규칙에 따라 생활 폐기물 중 일부만 소각한다고 했는데, 어떤 기준으로 소각 여부를 구분하는지까지 알려 줘야 하지 않을까요? 또 생활 폐기물을 소각하면 매립되는 양을 지금의 20% 이하로 줄일 수 있다고 했는데, 그 자료의 출처가 어디인가요?

시청자 2 이 방송은 같은 문제로 갈등을 겪고 있는 우리 지역에서 참고할 만한 좋은 내용이네요. 생활 폐기물을 소각하는 과정에서 생기는 대기 오염 물질을 정화하여 배출한다는 것은 알겠습니다. 그런데 구체적인 수치와 기준까지 제시해 주어야 시청자들도 ○○시 주민들이 왜 소각 시설의 설치에 찬성했는지 이해할 수 있을 것 같아요.

시청자 3 제가 알기로는 소각 처리 시설을 지하화하는 데에 무조건 찬성하는 입장만 있지는 않을 것 같아요. 지상에 짓는 것보다 비용이 더 많이 들어서 난색을 표하는 지방 자치 단체도 있더라고요. 이러한 점을 균형 있게 다루어 주었으면 더 좋았을 것 같아요.

① 시청자 1은 폐기물관리법 시행규칙의 효과와 관련하여 방송에서 활용한 정보의 신뢰성을 점검하였다.

② 시청자 2는 지역 주민들의 갈등 해소와 관련하여 방송 내용의 유용성을 점검하였다.

③ 시청자 3은 소각 처리 시설의 지하화와 관련하여 방송 내용의 공정성을 점검하였다.

④ 시청자 1은 폐기물관리법 시행규칙의 내용과 관련하여, 시청자 2는 대기 오염 물질을 정화하여 배출하는 것과 관련하여 방송에서 제시한 정보가 충분한지 점검하였다.

⑤ 시청자 2는 지역 주민들의 갈등 해소 과정과 관련하여, 시청자 3은 소각 처리 시설 지하화의 비용과 관련하여, 방송에서 활용한 정보가 사실인지 점검하였다.

28

〈보기〉를 참고할 때, [A]에 들어갈 내용으로 적절한 것은?

> **보기**
>
> 직접 인용은 간접 인용으로 바꾸어 표현하면 지시 표현, 종결 표현 등에 변화가 일어난다. 가령 ⓐ를 간접 인용이 포함된 문장으로 바꾸어 표현하면 다음과 같이 달라진다.
>
> → 주민들이 [A] 성토했습니다.

① 그 지역을 위해 끝까지 맞서 싸웠다고
② 저 지역을 위해 끝까지 맞서 싸웠다고
③ 그 지역을 위해 끝까지 맞서 싸우겠다고
④ 그 지역을 위해 끝까지 맞서 싸웠다라고
⑤ 저 지역을 위해 끝까지 맞서 싸우겠다고

2022년 3월 고3 전국연합학력평가

[29~30] (가)는 사진 동아리 학생들이 진행한 온라인 화상 회의의 일부이고, (나)는 (가)를 바탕으로 '준영'이 만든 발표 자료의 초안이다. 물음에 답하시오.

(가)

현수 : 드디어 다 모였네. 모일 공간이 마땅치 않았는데 이렇게 온라인 공간에서 의견을 나눌 수 있다니 참 편리하다.

가람 : 맞아. 그런데 현수는 카메라를 안 켰네? 대면 회의 대신에 온라인으로 화상 회의를 하기로 한 것이니 모두 카메라를 켜고 참여하는 게 좋지 않을까?

현수 : 앗, 그렇네. 지금 바로 카메라를 켤게.

준영 : 좋아. 내 목소리 잘 들려? (화면 속 학생들을 살피며) 다들 잘 들리는 것 같네. 오늘은 축제에서 사용할 동아리 활동 소개 자료에 대해 논의하자. 혹시 일정표 갖고 있니?

예나 : 내가 파일로 가지고 있어. 지금 바로 파일 전송할게.

파일 전송 : 동아리_활동_발표회_일정표.hwp(256 KB)

준영 : 고마워. 예나가 보낸 파일을 보니 발표 시간이 짧아서 올해 진행한 행사들만 슬라이드로 간단히 소개하면 될 것 같아.

예나 : 그럼 계절에 따라 진행한 행사 사진을 각 슬라이드에 넣으면 어때?

현수 : 좋은 생각인데, 나한테 봄에 '○○ 공원 사진 촬영'에서 찍은 동영상이 있어. 잠시 내 화면을 공유해서 보여 줄게. (화면을 공유한다.) 이게 괜찮으면 슬라이드에 사진 대신 삽입하면 어떨까?

가람 : 오, 난 좋은데? 이걸 삽입하면 행사 모습을 사진보다 생생하게 전달할 수 있겠어. 여름 행사는 '사진 강연'이지?

현수 : 맞아. 아까 예나가 이야기한 것처럼 이 행사부터는 사진을 슬라이드에 넣어서 청중에게 보여 주면 될 것 같아.

가람 : 근데 그것만으로는 어떤 강연이었는지를 알 수 없잖아. 강연 일시와 장소뿐만 아니라 무슨 주제로 강연했는지를 제시해야 하지 않을까?

예나 : 좋아. 나도 동의해. 그럼 가을에 한 '옛날 사진관' 행사도 설명을 간단히 제시하자.

준영 : 근데 그 행사는 촬영한 사진들을 궁금해 하는 친구들이 많더라. 동아리 블로그에 사진이 많이 있으니 블로그에 바로 접속할 수 있는 QR 코드도 삽입하면 어떨까?

예나 : 그게 좋겠다. 마지막 행사는 '장수 사진 봉사 활동'인데, 우리에게 의미 있는 행사였으니 슬라이드에 행사의 취지를 밝히고 행사에서 느낀 점을 간단히 제시하는 것이 좋겠어.

가람 : 그렇게 하면 슬라이드에 담긴 설명이 너무 많아서 읽기 힘들 것 같아. 느낀 점은 발표자가 따로 언급만 하는 것으로 하자.

준영 : 그러자. 내가 초안을 만들 테니 나중에 함께 검토 해 줘.

(나)

슬라이드 1
사진 동아리 △△의 봄
△△ 부원 모두가 함께한
'○○ 공원 사진 촬영'
슬라이드 2
사진 동아리 △△의 여름
김□□
작가의
'사진 강연'
· 강연 일시 : 20××.××.××.
· 강연 장소 : 본교 소강당
슬라이드 3
사진 동아리 △△의 가을
복고를 주제로
많은 학생들을
촬영한
'옛날 사진관'
⇐ 사진 더 보기
(동아리 블로그로 이동)
슬라이드 4
사진 동아리 △△의 겨울
'장수 사진
봉사 활동'
마을 어르신들의 장수를
기원하며 건강한 미소를
사진에 담아낸 재능 기부 활동

29

(가)에 대한 설명으로 적절하지 않은 것은?

① '현수'는 대면 회의보다 공간의 제약이 덜하다는 장점을 들어 온라인 화상 회의에 대해 긍정적으로 평가하고 있다.

② '가람'은 회의가 제한된 시간 안에 이루어진다는 점을 들어 회의의 규칙을 제안하고 있다.

③ '준영'은 화면을 살피며 참여자들에게 자신의 음성이 잘 전달되는지를 점검하고 있다.

④ '예나'는 파일 전송 기능을 활용하여 회의에 필요한 자료를 참여자에게 제공하고 있다.

⑤ '현수'는 자신의 화면을 공유하며 슬라이드에 동영상을 삽입할 것을 제안하고 있다.

30

(가)를 바탕으로 (나)를 수정한다고 할 때, 이에 대한 방안으로 가장 적절한 것은?

① '○○ 공원 사진 촬영' 행사 모습을 청중에게 생생하게 전달하기 위해 '슬라이드 1'에 행사 사진을 추가한다.

② '사진 강연'의 내용을 청중이 알 수 있도록 '슬라이드 2'에 강연 주제에 대한 정보를 추가한다.

③ 진행한 행사를 청중에게 계절 순서에 맞게 제시하기 위해 '슬라이드 2'와 '슬라이드 3'에 제시된 행사를 맞바꾼다.

④ '옛날 사진관' 행사와 관련하여 청중이 필요로 하는 정보만을 제시하기 위해 '슬라이드 3'에 제시된 사진을 삭제한다.

⑤ '장수 사진 봉사 활동'이 동아리 부원들에게 주는 의미를 청중이 알 수 있도록 '슬라이드 4'에 행사에서 느낀 점을 추가한다.

2022년 4월 고3 전국연합학력평가

[31~34] (가)는 라디오 방송을 위한 진행표이고, (나)는 라디오 방송이다. 물음에 답하시오.

(가)

【우리 지역 이야기】 492화
[자율 주행 버스 시범 사업]
초대 손님: 자율 주행 연구소장 최○○ 교수
#1. 시범 사업을 △△시에서 하는 이유는?
#2. 시범 사업의 성과는?
#3. 향후 달라질 시범 사업의 운영 방안은?

(나)

진행자: 청취자 여러분, '우리 지역 이야기' 492화 시작합니다. 오늘 방송은 홈페이지에서 보이는 라디오로도 실시간으로 제공하고 있습니다. 지난 방송에서는 자율 주행 기술에 대해 알아보았는데요. 오늘은 최○○ 교수님과 우리 △△시의 자율 주행 버스 시범 사업에 대해 이야기 나눠 보겠습니다. 교수님, 이 사업이 우리 지역에서 운영되고 있는 이유는 무엇인가요?

전문가: 연구자의 입장에서 △△시는 관련 연구 시설이 있고, 도시의 도로 조건이 새로운 자율 주행 기술을

적용하기에 적합합니다. 시의 입장에서도 일반 대중교통의 운행이 힘든 시간대의 교통 수요를 충족시킬 수 있기 때문에 ㉠**작년부터 시범 사업을 운영해 오고 있습니다**.

진행자: 우리 지역에 기반 시설이 잘 갖춰져 있고 시민들의 수요가 있어 적합하다는 말씀이시지요?

전문가: 네, 맞습니다.

진행자: 다음으로 ㉡**사전 체험단을 대상으로 운영된 시범 사업의 성과를 말씀해 주세요**.

전문가: 네, 이번 사업을 통해 ㉢**우리 연구소는 자율 주행 기술 수준 향상에 활용할 데이터를 많이 확보했습니다**. 이 덕분에 운행 중 운전자의 개입 횟수를 줄여 자율 주행 본연의 기능을 실현하는 데 더 가까이 다가갈 수 있게 되었습니다.

진행자: 사전 체험단의 만족도 조사 결과를 보니 10점 만점에 9.2점이더군요. ㉣**시범 사업이 시민의 만족도 측면에서도 긍정적인 평가를 받은 만큼 자율 주행 기술에 대한 기대가 점점 커지네요**. 교수님, '보이는 라디오'의 실시간 채팅창에 글이 많이 올라오고 있는데, 확인해 볼까요?

전문가: 사전 체험단에 참여하신 분이 지속적으로 이용하겠다는 반응을 직접 남겨 주셨네요. 감사합니다. 그런데 어린이 보호 구역에서의 안전 대책이 있는지 우려스럽다는 의견도 있군요. 자율 주행 버스에 안전 요원이 상시 탑승해 있다가 어린이 보호 구역에서는 직접 운전하니 걱정하지 마세요.

진행자: 마지막으로 다음 내용을 들으시면 아마 다들 반가워하실 거예요. 다음 달부터 달라지는 시범 사업의 운영 방안을 소개해 주세요.

전문가: 네, 앞으로는 ㉤**지역 주민 중 사전 체험단이 아니었던 주민도 자율 주행 버스를 이용하실 수 있습니다**. 그리고 도서관에서 공원까지의 기존 노선에, 여기 보시는 것처럼 시청 정류장 등을 추가하여 노선을 연장할 예정입니다.

진행자: 아, 그렇군요. 최 교수님의 도움으로 알찬 시간 보낼 수 있었습니다. 교수님, 감사합니다. 더 남기실 의견이 있는 분들은 홈페이지의 ⓐ**청취자 게시판**을 이용해 주세요.

31

(가)를 바탕으로 (나)에 대해 보인 반응으로 적절하지 않은 것은?

① '#1'에서 진행자는 전문가가 제시한 의견을 요약하며 확인하고 있군.

② '#1'에서 전문가는 방송 화제와 관련된 내용을 두 입장을 고려하여 설명하고 있군.

③ '#2'에서 진행자는 전문가가 언급하지 않은 정보를 추가적으로 제시하고 있군.

④ '#2'에서 전문가는 구체적인 수치를 활용하여 진행자가 질문한 내용에 답변하고 있군.

⑤ '#3'에서 진행자는 청취자들의 예상 반응을 언급하며 이와 관련한 설명을 요청하고 있군.

32

다음은 ⓐ의 일부이다. 청취자의 수용 태도에 대한 설명으로 가장 적절한 것은?

청취자 게시판

청취자 1	자율 주행 기술 수준이 여러 단계로 나누어지는 것으로 알고 있어요. 그런데 우리 지역의 자율 주행 버스가 몇 단계에 해당하는지는 오늘 방송에 안 나왔네요. 이 내용을 확인할 수 있는 자료를 어디서 얻을 수 있을까요?
청취자 2	다음 달부터는 저도 자율 주행 버스를 이용할 수 있겠네요! 공원에 갈 때 이용하면 무척 편리할 것 같아요. 버스 탑승 시간이 궁금했는데, 버스 시간표를 알려 주었다면 좋았을 것 같아요.
청취자 3	자율 주행 버스가 일반 대중교통을 이용하기 힘든 시간에 귀가하는 우리 지역의 직장인들에게 도움이 되겠네요. 하지만 자율 주행 기술 상용화에 따른 문제점도 있을 것 같습니다.

① 청취자 1은 방송에서 제시한 정보의 근거가 적절한지 판단하였다.

② 청취자 2는 방송에서 제시한 정보의 신뢰성에 의문을 제기하였다.

③ 청취자 3은 방송에서 특정 내용이 강조된 의도를 추론하였다.

④ 청취자 1과 3은 방송에서 제시되지 않은 정보를 얻는 방법을 요청하였다.

⑤ 청취자 2와 3은 방송에서 제시한 내용이 유용한지 점검하였다.

33

㉠~㉤에 대한 설명으로 적절하지 않은 것은?

① ㉠: 보조사 '부터'를 사용하여 자율 주행 버스 시범 사업이 시작된 시점을 드러내고 있다.

② ㉡: 피동 접사 '-되다'를 사용하여 시범 사업을 운영한 주체를 드러내고 있다.

③ ㉢: 격조사 '에'를 사용하여 데이터를 활용하는 목적이 자율 주행 기술 수준 향상임을 드러내고 있다.

④ ㉣: 의존 명사 '만큼'을 사용하여 자율 주행 기술에 대한 기대감의 근거를 드러내고 있다.

⑤ ㉤: 보조사 '도'를 사용하여 자율 주행 버스를 이용할 수 있는 대상이 확대될 것임을 드러내고 있다.

34

〈보기〉는 보이는 라디오 를 시청할 수 있는 방송사 홈페이지 화면의 일부이다. (나)와 〈보기〉의 정보 전달 방식에 대한 설명으로 적절하지 않은 것은? [3점]

보기

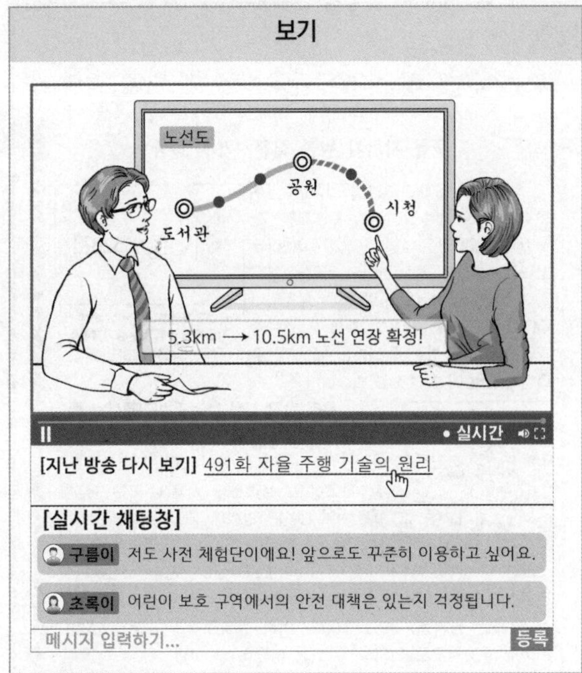

① (나)에서 언급된 시범 사업 성과가 〈보기〉에서는 자막으로 요약되어 있다.

② (나)에서 언급된 노선 정보가 〈보기〉에서는 시각 기호가 표시된 지도로 보충되고 있다.

③ (나)에서 언급된 정류장 추가에 대한 정보가 〈보기〉에서는 비언어적 표현과 함께 제시되고 있다.

④ (나)에서 언급된 사전 체험단 경험에 대한 반응이 〈보기〉에서는 실시간 채팅창에 제시되어 있다.

⑤ (나)에서 언급된 자율 주행 기술에 대한 지난 방송 내용이 〈보기〉에서는 다시 보기 하이퍼링크로 제공되고 있다.

2022년 4월 고3 전국연합학력평가

[35~36] (가)는 환경 동아리 블로그이고, (나)는 (가)를 참고하여 만든 애플리케이션 제작 계획서이다. 물음에 답하시오.

(가)

지구를 지키기 위한 실천, '기후 행동'

지구의 기온이 1℃만 올라가도 기후 변화로 인해 해수면 상승, 자연재해, 생태계 파괴와 같은 심각한 위기들이 나타납니다. 이러한 기후 변화의 위기에 대응하기 위한 실천들이 바로 기후 행동입니다. 최근에는 청소년들이 주체가 되어 적극적으로 기후 행동에 나서고 있는데, 우리 지역 내의 동아리들도 다양한 활동에 참여하고 있습니다.

[지구 표면 온도 상승에 따른 자연재해 발생 건수 증가 추이]

우리 학교 사회 참여 동아리에서는 플라스틱 수거 캠페인을 진행 중입니다. 이는 왼쪽 사진과 같이 버려진 페트병을 수거하고, 플라스틱 사용이 지구 온난화에 끼치는 영향에 대한 경각심을 일깨우는 활동입니다. 인근 학교의 동아리에서는 소비자들이 친환경 소재로 만들어진 옷을 선택할 수 있도록 옷에도 환경 인증 등급을 적용해 달라는 정책을 제안했습니다. 이런 동아리들의 활동은 기후 위기에 효과적으로 대응할 수 있는 바탕이 될 것입니다.

[인근 하천에 버려진 페트병 사진]

무엇보다 기후 행동은 개인의 일상적 실천의 확산이 가장 중요합니다. 실내 적정 온도 유지하기, 불필요한 전등 끄기 등을 꾸준히 실천하고 이것이 우리 모두의 실천으로 이어진다면 기후 위기로부터 지구를 지킬 수 있을 것입니다.

김○○ 학생 기자

(나)

	화면 구성	화면 설명
1	위기의 지구 지금 도와달라구	이미지와 문구를 활용하여 시작 화면을 제시함.
2	기후 행동 체크리스트 항목 / 체크 빈 교실 전등 끄기 / ✓ 급식 남기지 않기 / 교실 계절별 적정 온도 유지하기 / ✓ ⋮	구체적 항목들을 제시하여 자신의 실천 여부를 표시할 수 있도록 함.
3	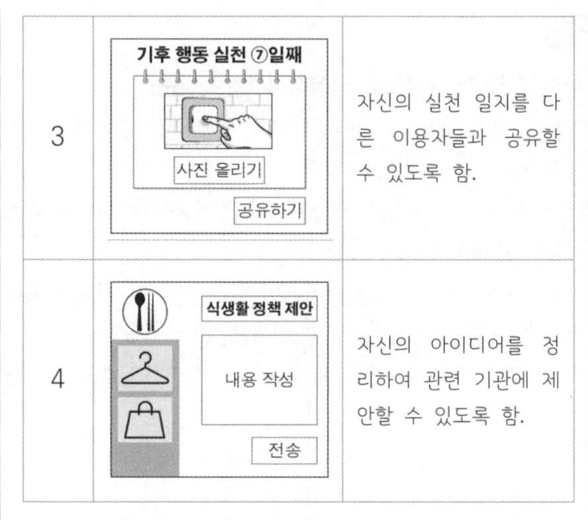 기후 행동 실천 ⑦일째 사진 올리기 공유하기	자신의 실천 일지를 다른 이용자들과 공유할 수 있도록 함.
4	식생활 정책 제안 내용 작성 전송	자신의 아이디어를 정리하여 관련 기관에 제안할 수 있도록 함.

35

(가)에 나타난 표현 방식에 대한 설명으로 가장 적절한 것은?

① 기후 변화가 인간에게 끼치는 영향을 이모티콘을 활용하여 강조하였다.

② 기후 행동의 국가 간 차이를 글자의 굵기와 크기를 달리하여 제시하였다.

③ 인근 학교 동아리의 페트병 수거 현황을 소제목을 사용하여 부각하였다.

④ 지구의 온도 상승에 따른 자연재해 건수의 양적 변화를 도식화하여 나타내었다.

⑤ 기후 행동에 주체적으로 참여하는 청소년들의 모습을 사진 자료를 사용하여 보여 주었다.

36

(가)를 참고하여 (나)를 만드는 과정에서 애플리케이션 제작자가 고려했을 내용으로 적절하지 않은 것은?

① (가)에 제시된 개인의 일상적 실천 사례를 참고하여, 학교에서 실천할 수 있는 체크리스트를 구성해 자신의 생활 습관을 점검하도록 해야겠어.

② (가)에 제시된 기후 행동의 개념을 참고하여, 기후 위기를 보여 주는 이미지와 문구로 시작 화면을 구성해 상황의 심각성을 인식하도록 해야겠어.

③ (가)에 제시된 꾸준한 기후 행동의 필요성을 참고하여, 자신의 성공적인 실천 결과를 누적할 수 있는 일지를 제공해 지속적으로 실천이 이어지도록 해야겠어.

④ (가)에 제시된 동아리의 정책 제안 활동을 참고하여, 청소년이 관련 기관에 제안한 정책에 대한 평가를 확인할 수 있는 기능을 제공해 기후 행동에 참여하도록 해야겠어.

⑤ (가)에 제시된 기후 행동 확산의 중요성을 참고하여, 자신의 실천 사례를 다른 사람들과 공유할 수 있는 기능을 제공해 개인의 실천이 다른 사람의 동참을 이끌어 내도록 해야겠어.

2022년 6월 고3 평가원모의고사

[37~39] 다음은 학생이 과제 수행을 위해 인터넷에서 열람한 지역 신문사의 웹 페이지 화면이다. 물음에 답하시오.

△△군민신문

○○초등학교, 특색 있는 숙박 시설로 다시 태어난다

폐교가 지역 관광 거점으로… 지역 경제 활성화 기대

사진 : ○○초등학교 시설 전경

지난 1일 △△군은 폐교된 ○○초등학교 시설을 '△△군 특색 숙박 시설'로 조성하겠다고 밝혔다. 지역 내 유휴 시설을 활용해 지역만의 특색을 살린 숙박 시설을 조성하고, 지역을 대표하는 관광 자원으로 활용하겠다는 것이다.

이번 사업을 통해 ○○초등학교 시설은 ☆☆마을 등 주변 관광 자원과 연계해 지역의 새로운 관광 거점으로 조성될 계획이다. 건물 내부는 객실·식당·카페·지역 역사관 등으로 꾸미고, 운동장에는 캠핑장·물놀이장을 조성한다. △△군은 내년 상반기까지 시설 조성을 완료하고 내년 하반기부터 운영을 시작할 예정이다.

[A]

해당 시설에 인접한 ☆☆마을은 2015년부터 캐릭터 동산, 어린이 열차 등 체험 관광 시설을 조성하여 특색 있는 지역 관광지로서 인기를 끌고 있으나 인근에 숙박 시설이 거의 없어 체류형 관광객을 유인하는 데 한계가 있다는 평가를 받아 왔다.

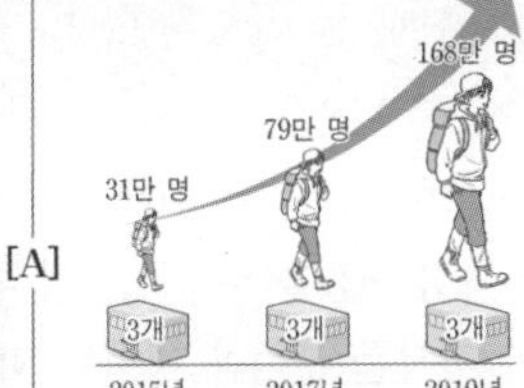

△△군 관광객 및 숙박 시설 수 추이
※자료: △△군 문화관광체육과(2019)

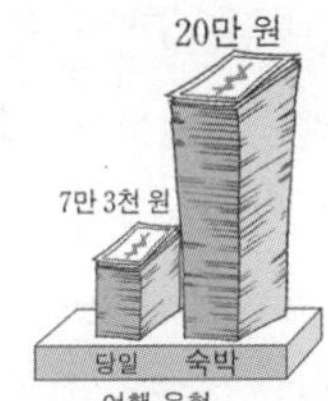

여행 1회당 지출액(2018년 기준)
※자료: 문화체육관광부(2019)

이번 사업을 둘러싼 우려가 전혀 없는 것은 아니지만 대다수 지역 주민들은 이를 반기는 분위기다. 지역 경제 전문가 오□□ 박사는 "당일 관광보다 체류형 관광에서 여행비 지출이 더 많다"며 "인근 수목원과 벚꽃 축제, 빙어 축제 등 주변 관광지 및 지역 축제와 연계한 시너지 효과로 지역 경제 활성화에 도움이 될 것"이라고 말했다.

2021.06.02. 06:53:01 최초 작성 / 2021.06.03. 08:21:10 수정
△△군민신문 이◇◇ 기자

좋아요(213) 싫어요(3) SNS에 공유 스크랩

관련 기사(아래를 눌러 바로 가기)

- 학령 인구 감소로 폐교 증가… 인근 주민들, "유휴 시설로 방치되어 골칫거리"
- [여행 전문가가 추천하는 지역 명소 ①] ☆☆마을… 다섯 가지 매력이 넘치는 어린이 세상

댓글

방랑자: 가족 여행으로 놀러 가면 좋을 것 같아요.
↳ **나들이**: 맞아요. 우리 아이가 물놀이를 좋아해서 재밌게 놀 수 있을 것 같아요. 캠핑도 즐기고요.
↳ **방랑자**: 카페에서 이야기도 나눌 수 있고요.

37

위 화면을 통해 매체의 특성을 이해한 학생의 반응으로 가장 적절한 것은?

① 기사를 누리 소통망[SNS]에 공유할 수 있으니, 기사 내용을 직접 수정할 수 있겠군.

② 기사에 대한 수용자들의 선호를 확인할 수 있으니, 기사에 제시된 정보의 신뢰도를 검증할 수 있겠군.

③ 기사와 연관된 다른 기사를 열람할 수 있으니, 수용자의 선택에 따라 정보를 추가로 확인할 수 있겠군.

④ 기사가 문자, 사진 등 복합 양식으로 구성되어 있으니, 시각과 청각을 결합하여 기사 내용을 이해할 수 있겠군.

⑤ 기사의 최초 작성 시간과 수정 시간이 명시되어 있으니, 다른 수용자들이 기사를 열람한 시간을 확인할 수 있겠군.

38

〈보기〉를 참고할 때, [A]에 대한 반응으로 적절하지 않은 것은? [3점]

보기
기자는 취재한 내용을 단순히 나열하는 것이 아니라, 전달하고자 하는 바를 효과적으로 드러내기 위해 취재 내용 중 일부를 선별하고 그중 특정 내용을 부각하는 방식으로 기사를 구성한다. 따라서 기사를 분석할 때에는 기사 자체의 내용뿐 아니라 정보를 배치하는 방식, 시각 자료의 이미지 활용 방식 등 정보가 제시되는 양상도 살펴봐야 한다.

① 사업을 추진하게 된 배경을 부각하기 위해 체류형 관광이 어려운 실정이라는 내용에 이어 시각 자료를 배치한 것이겠군.

② 지역 관광객의 증가 추세를 부각하기 위해 △△군 관광객 수 추이를 제시할 때 화살표 모양의 이미지를 활용한 것이겠군.

③ 체류형 관광의 경제적 효과를 부각하기 위해 여행 유형에 따른 지출액의 차이를 이미지로 강조하여 제시한 것이겠군.

④ 체류형 관광 지출액의 증가 현상을 부각하기 위해 관광객 수와 여행 지출액에 대한 시각 자료를 나란히 배치한 것이겠군.

⑤ 지역 경제에 끼칠 긍정적 영향을 부각하기 위해 사업에 우호적인 의견을 선별하여 구체적으로 제시한 것이겠군.

39

다음은 학생이 과제 수행을 위해 작성한 메모이다. 메모를 반영한 영상 제작 계획으로 적절하지 않은 것은?

수행 과제 : 우리 지역 소식을 영상으로 제작하기
바탕 자료 : 'OO초등학교, 특색 있는 숙박 시설로 다시 태어난다' 인터넷 기사와 댓글
영상 내용 : 새로 조성될 숙박 시설 소개
- 첫째 장면(#1) : 기사의 제목을 활용한 영상 제목으로 시작
- 둘째 장면(#2) : 시설 조성으로 달라질 전후 상황을 시각·청각적으로 대비시켜 표현
- 셋째 장면(#3) : 건물 내부와 외부에 조성될 공간의 구체적 모습을 방문객의 동선에 따라 순차적으로 제시
- 넷째 장면(#4) : 지역 관광 거점으로서의 지리적 위치와 이를 통한 기대 효과를 한 화면에 제시
- 다섯째 장면(#5) : 기사의 댓글을 참고해서 시설을 이용할 방문객들의 모습을 그림으로 그려 연속적으로 제시

	영상 제작 계획	
	장면 스케치	장면 구상
①	OO초등학교, 폐교의 재탄생	#1 OO초등학교의 모습 위에 영상의 제목이 나타나도록 도입 장면을 구성.
②	무겁고 어두운 음악 → 밝고 경쾌한 음악	#2 무겁고 어두운 음악을 배경으로 텅 빈 폐고의 모습을 제시한 후, 밝고 경쾌한 음악으로 바뀌면서 사람들이 북적이는 모습으로 전환.
③	건물 내부 공간: 객실, 식당, 카페, 지역 역사관 / 건물 외부 공간: 캠핑장, 물놀이장	#3 숙박 시설에 대한 정보를 건물 내·외부 공간으로 나누어 한눈에 볼 수 있도록 항목화하여 제시.
④	빙어 축제 4.5km, 수목원 9km, ☆☆마을 2km, 벚꽃 축제 1km, 지역 경제 활성화	#4 숙박 시설을 중심으로 인근 관광자원의 위치를 표시하고, 관광 자원과의 연계로 기대되는 효과를 자막으로 구성
⑤		#5 가족 단위 관광객이 물놀이장, 캠핑장, 카페 등을 즐겁게 이용하는 모습을 제시. 앞의 그림이 사라지면서 다음 그림이 나타나도록 구성.

2022년 6월 고3 평가원모의고사

[40~42] (가)는 텔레비전 방송 뉴스이고, (나)는 잡지에 실린 인쇄 광고이다. 물음에 답하시오.

(가)

[장면 1]

진행자 : 더워지는 요즘, 판매량이 급증하고 있는 제품이 있습니다. 휴대용 선풍기인데요. ㉠**어떤 제품을 선택하는 것이 좋을까요?** 박○○ 기자가 전해 드립니다.

[장면 2]

박 기자 : ㉡**휴대하기 간편하면서도 힘들지 않게 시원한 바람을 선사해 인기가 높은 휴대용 선풍기**. 시중에 판매되는 휴대용 선풍기 종류만도 수백 개가 넘습니다. 그러면 소비자들은 어떤 기준으로 휴대용 선풍기를 선택하고 있을까요?

[장면 3]

이△△ : 좋아하는 연예인이 광고하는 제품을 살까 하다가, 이왕이면 성능도 좋고 디자인도 맘에 드는 제품을 선택했어요.

[장면 4]

박 기자 : 대형 인터넷 쇼핑몰에서 소비자를 대상으로 휴대용 선풍기 구매 기준을 설문한 결과, 풍력, 배터리 용량과 같은 제품 성능이 1순위였습니다. 이어 디자인, 가격 등 다양한 응답이 뒤를 이었습니다. ㉢**그런데 휴대용 선풍기는 안전사고의 위험도 있는 만큼 안전성을 고려하여 제품을 선택해야 합니다.**

[장면 5]

박 기자 : ㉣**그러면 안전성은 어떻게 확인할 수 있을까요**? 먼저, KC 마크가 부착되어 있는지 살펴보아야 합니다. KC 마크는 안전성을 인증받은 제품에만 부착됩니다. 간혹 광고로는 안전 인증 여부를 확인하기 힘든 경우도 있으므로 실물을 보지않고 구매하는 경우 소비자들의 주의가 필요합니다. 다음으로, 보호망의 간격이 촘촘하고 날이 부드러운 재질로 된 제품을 선택해야 손이 끼어 다치는 사고를 막을 수 있습니다.

[장면 6]

박 기자 : 휴대용 선풍기 사고가 빈번한 여름철, ㉤**안전한 제품을 구매하기 위한 소비자들의 현명한 선택이 필요합니다**.

(나)

40

(가), (나)에 대한 설명으로 가장 적절한 것은?

정보 구성의 주체	• (가)는 수용자의 설문 조사 결과를 다루고 있다는 점에서, 수용자들이 뉴스의 정보를 주체적으로 구성하고 있음을 알 수 있다.······ ①
정보의 성격	• (가)는 제품의 판매량이 늘고 있는 시기에 소비자에게 필요한 정보를 제공한다는 점에서, 시의성 있는 정보로 구성되어 있음을 알 수 있다.······ ② • (나)는 제품의 주된 소비자층을 명시하고 있다는 점에서, 수용자의 특성을 고려한 정보로 구성되어 있음을 알 수 있다.······ ③
정보의 양과 질	• (가)는 제품 구매 기준이 다양함을 여러 소비자와의 인터뷰 영상으로 보여 준다는 점에서, (나)에 비해 정보를 현장감 있게 전달하고 있음을 알 수 있다.······ ④ • (나)는 제품에 대해 소비자가 알고자 하는 점을 상세하게 밝히고 있다는 점에서, (가)에 비해 많은 양의 정보를 담고 있음을 알 수 있다.······ ⑤

41

(가)의 언어적 특성을 고려할 때, ㉠~㉤에 대한 설명으로 적절하지 않은 것은?

① ㉠ : 의문형 어미를 사용하여 시청자에게 진행자 자신의 궁금한 점을 묻고 있다.

② ㉡ : 명사로 문장을 종결함으로써 뉴스에서 다루고자 하는 대상에 주의를 집중하게 하고 있다.

③ ㉢ : 접속 표현을 사용하여 뉴스의 중심 내용으로 화제를 전환하고 있다.

④ ㉣ : 묻고 답하는 방식을 통해 뉴스의 핵심 정보를 제시하고 있다.

⑤ ㉤ : 뉴스 내용에 따른 제품 선택을 '현명한 선택'이라고 표현함으로써 시청자들에게 기대하는 바를 전달하고 있다.

42

(가)를 본 학생이 (나)를 활용하여 다음의 학습 활동을 수행한 결과로 적절하지 않은 것은?

학습 활동 이미지, 문구 등을 활용한 표현 방법을 중심으로 잡지에 실린 두 개의 인쇄 광고 비교하기

학습 활동

마음속 걱정도 날리는, 내 손 안의 태풍
◇◇ 휴대용 선풍기
자사 기존 제품 대비 30% 강력해진 풍력
부상의 위험을 줄인 부드러운 날
안전을 보증하는 KC 인증

① (나)는 바람의 움직임을 연상하게 하는 곡선의 형태로 문구를 배치하여 제품의 쓰임새를 떠올리게 하고 있다.

② '자료'는 기존 제품과의 비교를 통해 제품이 소비자들이 중시하는 구매 기준에 부합한다는 점을 부각하고 있다.

③ '자료'는 (나)와 달리 제품의 안전 관련 정보를 이미지와 문구로 표시하여 제품의 안전성을 드러내고 있다.

④ (나)는 동일한 단어를 반복하여, '자료'는 비유적 표현을 활용하여 제품의 장점을 제시하고 있다.

⑤ (나)는 유명인의 이미지를, '자료'는 제품의 이미지를 제시하여 제품의 성능이 우수함을 강조하고 있다.

2022년 9월 고3 평가원모의고사

[43~46] (가)는 인쇄 매체의 기사이고, (나)는 (가)를 바탕으로 학생이 만든 카드 뉴스이다. 물음에 답하시오.

(가)

㉠**청소년의 사회 참여, 현주소는 어디인가**?

청소년 사회 참여는 청소년이 사회 문제나 정치 문제에 관심을 갖고 의사 결정 과정에 참여해 영향력을 행사하는 것을 말한다. 지난해 발표된 ○○ 기관 보고서에 따르면, ㉡**'청소년도 사회 참여가 필요하다.'라고 응답한 청소년은 무려 88.3%에 달한다**.

그렇다면 실제로 얼마나 많은 청소년에게 사회 참여 활동 경험이 있을까? ○○ 기관 통계 자료에 따르면, 사회 참여 활동 경험이 있다고 응답한 청소년은 21%에 그쳤다.

전문가들은 ㉢**청소년이 주도하는 사회 참여 활동 기회가 부족하여 참여가 확산되지 못하고 있다**고 지적한다. 현재의 청소년 사회 참여 활동이 기관을 중심으로 운영되기 때문에 활동을 확산해나가는 데에 한계가 있다는 것이다. 따라서 청소년이 자신이 속한 공동체의 문제 해결을 위한 의사 결정 과정에 능동적으로 참여할 수 있는 ㉣**사회적 분위기가 만들어져야 한다**고 주장한다. □□고 3학년 김 모 학생은 ㉤**사회 참여 활동을 경험하면서 배운 것이 많지만 지속적으로 참여할 수 없어서 아쉬웠다고** 하였다. 이에 덧붙여 앞으로는 스스로 문제를 찾아 해결하는 활동을 해보고 싶다고 말했다.

△△대 사회학과 김◇◇ 교수는 "청소년의 사회 참여 활동은 사회성을 향상하여 민주 시민으로서의 자질을 갖추는 데 도움이 될 수 있습니다."라고 강조하며, "사회 참여 활성화를 위해 기관 중심의 청소년 참여와 청소년이 주도가 된 사회 참여가 함께 이루어지는 방향으로 나아가야 합니다."라고 하였다.

- 박▽▽ 기자

(나)

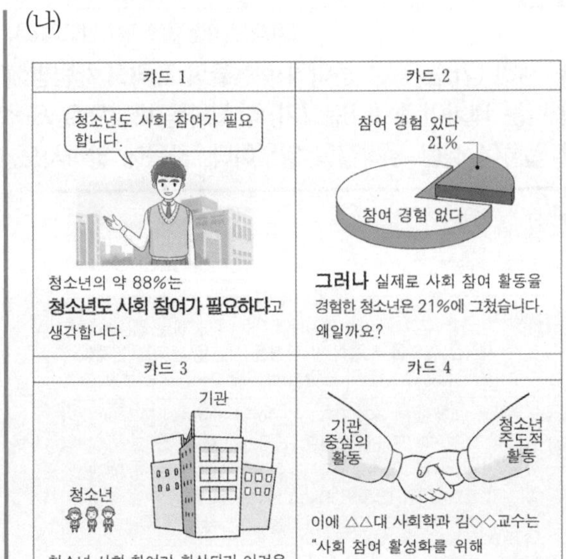

43

(가), (나)를 수용할 때 유의할 점으로 가장 적절한 것은?

① (가)는 다양한 이론을 종합하여 해결 방안을 마련하고 있으므로 이론에 대한 왜곡이 없는지 확인해야 한다.
② (나)는 제시된 정보 중 출처를 밝히지 않은 것이 있으므로 신뢰할 수 있는 정보인지 확인해야 한다.
③ (나)는 의견이 대립하고 있는 상황을 다루고 있으므로 편파적으로 서술되지 않았는지 확인해야 한다.
④ (가)와 (나)는 예상되는 반론에 반박하고 있으므로 논리적 타당성을 갖추었는지 확인해야 한다.
⑤ (가)와 (나)는 작성자의 주장이 나열되고 있으므로 납득할 만한 근거를 갖추고 있는지 확인해야 한다.

44

(나)를 제작하는 과정에서 반영된 학생의 계획으로 적절하지 않은 것은?

① '카드 1'에는 (가)의 보고서에 담긴 사회 참여 필요성에 대한 청소년의 인식을 보여 주기 위해 청소년이 말하는 이미지로 제시해야겠군.
② '카드 2'에는 (가)의 사회 참여 활동을 경험해 본 청소년의 비율을 그래프로 시각화하여 문제 상황을 드러내야겠군.
③ '카드3'에는 (가)의 기관 중심의 사회 참여를 선호하는 청소년의 경향을 드러내기 위해 기관의 이미지를 더 크게 그려야겠군.
④ '카드 4'에는 (가)의 청소년 사회 참여 활동의 두 가지 유형이 서로 조화를 이루는 이미지를 제시해야겠군.
⑤ '카드4'에는 (가)의 청소년 사회 참여에 관한 교수 인터뷰 내용 중 활성화의 방향에 해당하는 내용을 문구로 제시해야겠군.

45

㉠~㉤에 대한 설명으로 적절하지 않은 것은?

① ㉠ : 의문형 종결 어미를 활용하여 글의 화제를 드러내는 제목을 질문의 형식으로 제시하고 있다.
② ㉡ : 부사 '무려'를 사용하여 청소년도 사회 참여가 필요하다고 응답한 청소년의 비율이 높음을 강조하고 있다.
③ ㉢ : 연결 어미 '-여'를 사용하여 사회 참여 활동 기회에 대한 앞 절의 내용이 뒤 절 내용의 목적에 해당함을 나타내고 있다.
④ ㉣ : 피동 표현을 활용하여 행위의 주체보다는 행위의 대상인 '사회적 분위기'에 초점을 두어 서술하고 있다.
⑤ ㉤ : 인용 표현을 활용하여 사회 참여 활동을 경험한 학생의 소감을 전달하고 있다.

46

다음의 '카드 뉴스 보완 방향'을 고려할 때, '카드A', '카드B'의 활용 방안으로 가장 적절한 것은? [3점]

◦ 카드 뉴스 보완 방향 : 우리 학교 학생을 대상으로 하는 캠페인에 활용하기 위해 (나)에 카드 A, B를 추가

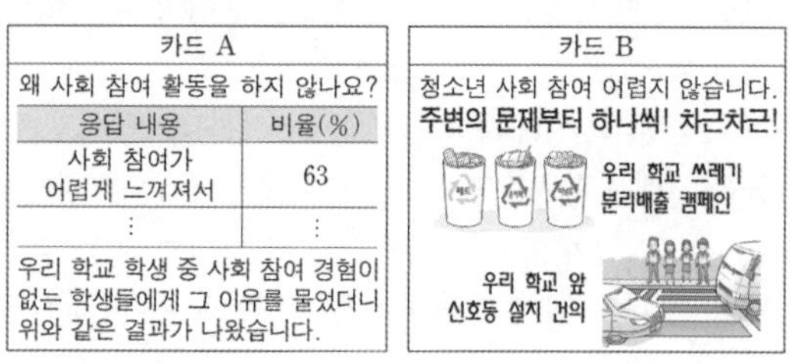

카드 A

왜 사회 참여 활동을 하지 않나요?

응답 내용	비율(%)
사회 참여가 어렵게 느껴져서	63
⋮	⋮

우리 학교 학생 중 사회 참여 경험이 없는 학생들에게 그 이유를 물었더니 위와 같은 결과가 나왔습니다.

① (나)에서 청소년의 사회 참여가 필요한 이유는 언급하지 않았으므로 '카드 A'를 활용하여 그 이유를 보여 준다.

② (나)에서 청소년 주도의 사회 참여 기회가 부족함을 지적하였으므로 '카드 A'를 활용하여 우리 학교 학생들의 사회 참여 이유를 제시한다.

③ (나)에서 청소년 사회 참여 확산이 어려운 이유를 언급하지 않았으므로 '카드A'를 활용하여 그에 대한 우리 학교 학생들의 생각을 보여 준다.

④ (나)에서 사회 참여가 청소년에게 미치는 영향을 강조하였으므로 '카드B'를 활용하여 우리 학교 주변의 문제를 알려 준다.

⑤ (나)에서 청소년이 주도적으로 사회 참여를 할 수 있는 구체적 방법을 제시하지 않았으므로 '카드 B'를 활용하여 우리 학교 학생들이 실천할 수 있는 방법을 제안한다.

2022년 9월 고3 평가원모의고사

[47~48] (가)는 웹툰 동아리 학생들이 제작진 채팅방에서 나눈 대화이고, (나)는 (가)의 회의를 바탕으로 제작한 웹툰이 실린 누리집의 일부이다. 물음에 답하시오.

(가)

20□□. 08. 01.

하진 '마음을 그려 드려요' 게시판에 다음 주에 올릴 웹툰에 대한 제작진 회의를 시작할게! 학생들 사연을 받아서 연재하니 우리 웹툰에 관심이 높아졌어! 이번 사연 내용이야.

> 웹툰을 챙겨 보는 독자입니다. 친구에게 미안한 마음을 어떻게 전할지 고민이라 사연을 올려요. 친구가 시험공부를 도와 달라 했는데, 바쁘니까 알아서 하라고 짜증을 냈거든요. 서운해하는 걸 보고 후회하다가 한 달이 지나고 사이는 더 멀어졌어요. 어떻게 말할지 많은 독자들의 조언을 들을 수 있게 잘 그려 주세요.

우주 한 달이나 시간이 지난 건 어떻게 드러내지?

주혁 장면이 세로로 이어지니까, 이걸 고려해서 시각적으로 표현하면 좋겠어.

하진 좋은 생각이야. 그리고 한 달 동안 두 사람이 느꼈을 감정을 비교하기 좋게 양쪽으로 배치해 보면 어떨까?

우주 좋아. 친구 사이가 점점 멀어지는 건 둘 사이의 간격으로 보여 줄게.

하진 그러자. 대화는 말풍선에 쓰고, 속마음은 표정이나 몸짓에서 드러나게 해야겠지?

주혁 응. 그래도 사연을 보낸 학생이 느낀 감정들은 다른 방법으로 좀 더 분명하게 표현해 줘.

하진 그리고 많은 독자들의 조언을 듣고 싶다고 했으니 마지막 부분에 말풍선과 문구를 활용해서 유도해 줘.

우주 그래. 회의한 걸 토대로 그려 볼게! 아, 웹툰 끝에 사연 게시판 주소 링크도 올릴게.

20□□. 08. 12.

하진 댓글 봤어? 친구 입장에서 말해 보라는 의견도 있어.

우주 별점이 높은 것을 보니 독자들의 평가가 좋네.

주혁 그러게. 난 '좋은날' 님 댓글 보니 뿌듯했어. 수고했어.

\+ 전송

(나)

47

(가), (나)에 대한 이해로 적절하지 않은 것은?

① (가)는 웹툰 제작자가 웹툰을 제작하기 위해 사연 신청자의 요청을 반영할 수 있음을 보여 준다.

② (가)는 웹툰 제작자가 (나)의 댓글이나 별점을 통해 웹툰의 독자가 보인 반응을 확인할 수 있음을 보여 준다.

③ (나)는 웹툰의 독자가 댓글로 서로 공감하며 상호 작용하고 있음을 보여 준다.

④ (나)는 웹툰의 독자가 하이퍼링크를 통해 웹툰 제작자가 지정한 곳으로 이동할 수 있음을 보여 준다.

⑤ (나)는 웹툰의 독자가 이미지에 담긴 의미에 대해 웹툰 제작자에게 직접 묻고 답을 얻고 있음을 보여 준다.

48

(가)의 웹툰 제작 계획을 (나)에 반영한 내용으로 적절하지 않은 것은?

① 시간의 경과를 드러내기 위해 장면이 제시되는 방향을 고려하여 숫자를 세로로 배열해 날짜 변화를 표현했다.

② 한 인물이 겪는 두 가지 사건을 비교하기 위해 화면을 세로로 분할하여 인물의 행동 변화를 나란히 보여 주었다.

③ 멀어지는 친구 사이를 시각적으로 보여 주기 위해 인물들 사이에 여백을 두어 점차 간격이 벌어지게 그렸다.

④ 속마음을 분명하게 표현하기 위해 표정이나 몸짓으로 드러내는 것뿐만 아니라 글로도 적어 감정을 명시적으로 드러냈다.

⑤ 많은 독자들의 조언을 유도하기 위해 말풍선을 의도적으로 비우고 댓글 참여를 권유하는 문구를 제시했다.

2023년 6월 고3 평가원모의고사

[49~52] (가)는 텔레비전 뉴스이고, (나)는 이를 바탕으로 교내에 게시하기 위해 동아리에서 만든 포스터이다. 물음에 답하시오.

(가)

진행자 : 생활 속 유용한 경제 뉴스를 알려 드리는 시간이죠. 경제 뉴스 콕, 김 기자. ⓐ**요즘 화제가 되고 있는 제도에 대해 알려 주신다면서요?**

기자 : 네 한국○○공단에서 실시하는 '탄소 중립 실천 포인트 제도'를 소개해 드리겠습니다. ⓑ**일상 속 작은 노력으로 탄소 중립을 실천하고 포인트도 받을 수 있는 제도인데요.**

제도 실시 후 석 달 만에 가입자 십만 명을 돌파했습니다. 기후 위기를 심각하게 여기고 친환경 생활을 실천하려는 국민들이 그만큼 많았단 뜻이겠죠. ⓒ**자, 그럼 구체적으로 어떻게, 얼마나 받을 수 있는지 궁금하실 텐데요.** 일단 이 포인트를 받으려면 누리집에 가입해야 합니다.

누리집에 가입해서 각종 탄소 중립 활동을 실천하면 연간 최대 칠만 원까지 포인트를 받을 수 있습니다. 대형 마트에서 종이 영수증 대신 전자 영수증으로 받으면 백 원, 배달 음식 주문할 때 일회 용기 대신 다회 용기를 선택하면 천 원, 세제나 화장품 살 때 빈 통을 가져가 다시 채우면 이천 원, 무공해차를 대여하면 오천 원이 적립됩니다. ⓓ**한국○○공단 관계자의 말을 들어 보겠습니다.**

관계자 : 정산 시스템 구축이 완료될 다음 달부터 월별로 정산해 지급할 예정입니다. 많은 국민이 동참할 수 있도록…

기자 : 기존의 탄소 포인트 제도와 더불어 이 제도가 국민들의 탄소 줄이기 생활에 이바지할 수 있을지 주목됩니다.

진행자 : 그렇군요. ⓔ**많은 국민이 동참해야 효과가 있는 제도인만큼 참여도를 높이는 게 중요하겠네요.** 오늘 준비한 소식은 여기까지입니다. 시청자 여러분, 고맙습니다.

(나)

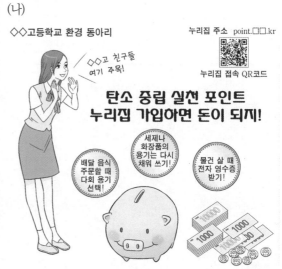

◇◇고등학교 환경 동아리

누리집 주소 point.□□.kr

누리집 접속 QR코드

◇◇고 친구들 여기 주목!

탄소 중립 실천 포인트 누리집 가입하면 돈이 되지!

배달 음식 주문할 때 다회 용기 선택!

세제나 화장품의 용기는 다시 채워 쓰기!

물건 살 때 전자 영수증 받기!

49

㉠~㉤에 대한 이해로 적절하지 않은 것은?

① ㉠은 글자의 크기와 굵기를 달리하여 보도의 주요 제재를 부각하였다.

② ㉡은 기자의 발화 내용을 의문형으로 요약 진술하여 시청자의 이해를 돕고자 하였다.

③ ㉢은 기자의 발화와 관련된 내용을 보충하여 정보의 구체성을 강화하였다.

④ ㉣은 관계자의 발화에서 생략된 내용을 보완하여 의미를 정확하게 전달하였다.

⑤ ㉤은 이후에 방영될 프로그램에 대한 정보를 제시하여 이에 대한 시청자의 관심을 유도하였다.

50

ⓐ~ⓔ에 대한 설명으로 가장 적절한 것은?

① ⓐ : 보조 용언 '있다'를 사용해 제도가 지속적으로 진행됨을 표현하였다.

② ⓑ : 보조사 '도'를 사용해 제도의 장단점을 아우르고자 하는 의도를 표현하였다.

③ ⓒ : 감탄사 '자'를 사용해 시청자의 해당 누리집 가입을 재촉하려는 의도를 표현하였다.

④ ⓓ : 선어말 어미 '-겠-'을 사용해 제도 시행 관련 정보를 관계자가 언급할 것이라는 추측을 표현하였다.

⑤ ⓔ : 의존 명사 '만큼'을 사용해 많은 국민이 동참해야 효과가 있는 제도라는 점이 이어지는 내용의 근거임을 표현하였다.

51

(가)를 시청한 학생들의 휴대전화 대화방의 내용이다. 학생들의 수용 태도에 대한 설명으로 적절하지 않은 것은? [3점]

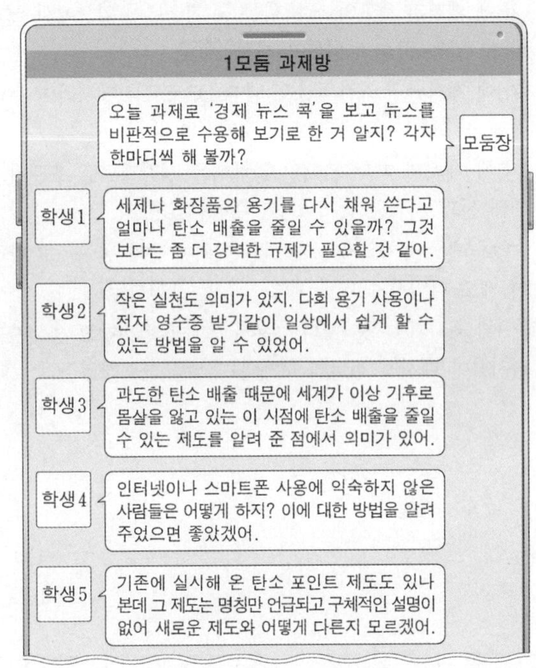

① 학생1은 보도에서 제시한 실천 항목의 효과에 주목해 제도의 실효성 측면을 부정적으로 판단하였다.

② 학생2는 일상에서 쉽게 할 수 있는 방법을 제시한 점에 주목해 제도의 실천 용이성 측면을 긍정적으로 판단하였다.

③ 학생3은 제도의 시행이 현재의 문제 해결에 필요하다는 점에 주목해 보도의 시의성 측면을 긍정적으로 판단하였다.

④ 학생4는 누리집 접근에 어려움을 겪는 사람에 주목해 제도의 실현 가능성 측면을 부정적으로 판단하였다.

⑤ 학생5는 기존 제도의 세부 내용을 설명하지 않은 점에 주목해 보도 내용의 충분성 측면을 부정적으로 판단하였다.

52

(나)의 정보 구성 및 제시 방식에 대한 이해로 적절하지 않은 것은?

① (가)에 제시된 제도의 실천 항목 중 청소년이 일상에서 실천할 수 있는 것을 선별하여 제시하였군.

② (가)에 제시된 누리집 주소와 함께 QR코드를 제시하여 누리집에 접속할 수 있는 경로를 추가하였군.

③ (가)에 제시된 제도의 개인적 혜택을 시각적으로 표현하기 위해 돈과 저금통의 이미지를 활용하였군.

④ (가)에 제시된 가입자 증가 현황 이외에 증가 원인을 추가하여 제도 가입자가 지닌 환경 의식을 표현하였군.

⑤ (가)에 제시된 수용자보다 수용자 범위를 한정하고 생산자를 명시하여 메시지 전달의 주체와 대상을 표현하였군.

2023년 6월 고3 평가원모의고사

[53~54] 다음은 실시간 인터넷 방송이다. 물음에 답하시오.

우리 문화 지킴이들, 안녕! 우리 전통문화를 소개하고 체험하는 문화 지킴이 방송의 진행자, 역사임당입니다. 오늘은 과거 궁중 연회에서 장식 용도로 사용되었던 조화인 궁중 채화를 만들어 보려고 해요. 여러분도 실시간 채팅으로 참여해 주세요.

[A]
빛세종: 채화? '화'는 꽃인데 '채'는 어떤 뜻이죠?
빛세종님, 좋은 질문! 채화의 '채'가 무슨 뜻인지 물으셨네요. 여기서 '채'는 비단을 뜻해요. 궁중 채화를 만드는 재료로 비단을 비롯한 옷감이 주로 쓰였기 때문이죠.

(사진을 보여 주며) 주로 복사꽃, 연꽃, 월계화 등을 만들었대요. 자, 이 중에서 오늘 어떤 꽃을 만들어 볼까요? 여러분이 골라 주세요.

[B]
햇살가득: 월계화?? 월계화 만들어 주세요!
좋아요! 햇살가득님이 말씀하신 월계화로 결정!

그럼 꽃잎 마름질부터 해 보겠습니다. 먼저 비단을 두 겹으로 겹쳐서 이렇게 꽃잎 모양으로 잘라 줍니다. 꽃잎을 자를 때 가위는 그대로 두고 비단만 움직이며 잘라야 해요. 보이시죠? 이렇게, 비단만, 움직여서. 그래야 곡선은 곱게 나오면서 가위 자국이 안 남아요. 이런 식으로 다양한 크기의 꽃잎을 여러 장 만들어요. 자, 다음은 뜨거운 인두에 밀랍을 묻힌 후, 마름질한 꽃잎에 대고 이렇게 살짝 눌러 주세요. 보셨나요? 녹인 밀랍을 찍어서 꽃잎에 입혀 주면 이렇게 부피감이 생기죠.

[C]
꼼꼬미: 방금 그거 다시 보여 주실 수 있어요?
물론이죠, 꼼꼬미님! 자, 다시 갑니다. 뜨거운 인두에 밀랍을 묻혀서 꽃잎 하나하나에, 이렇게, 누르기. 아시겠죠?

필요한 꽃잎 숫자만큼 반복해야 하는데 여기서 이걸 계속하면 정말 지루하겠죠? (미리 준비해 둔 꽃잎들을 꺼내며) 짜잔! 그래서 꽃잎을 이만큼 미리 만들어 뒀지요! 이제 작은 꽃잎부터 큰 꽃잎순서로 겹겹이 붙여 주면 완성! 다들 박수! 참고로 궁중 채화 전시회가 다음 주에 ○○시에서 열릴 예정이니 가 보셔도 좋을 것 같네요.

[D]
아은맘: ○○시에 사는데, 전시회 지난주에 이미 시작했어요. 아이랑 다녀왔는데 정말 좋았어요. ㅎㅎㅎ
아, 전시회가 이미 시작되었다고 하네요. 아은맘님 감사!

자, 이제 마칠 시간이에요. 혼자서 설명하고 시범까지 보이려니 미흡한 점이 많았겠지만 끝까지 함께해 주셔서 감사합니다. 오늘 방송 어떠셨나요?

[E]
영롱이: 저 오늘 진짜 우울했는데ㅠ 언니 방송 보면서 기분이 좋아졌어요. 저 오늘부터 언니 팬 할래요. 사랑해요♥
와, 영롱이님께서 제 팬이 되어 주신다니 정말 힘이 납니다. (손가락 하트를 만들며) 저도 사랑해요!

다음 시간에는 궁중 채화를 장식하는 나비를 만들어 볼게요. 지금까지 우리 문화 지킴이, 역사임당이었습니다. 여러분, 안녕!

53

위 방송에 반영된 기획 내용으로 가장 적절한 것은?

① 접속자 이탈을 막으려면 흥미를 유지해야 하니, 꽃잎을 미리 준비해 반복적인 과정을 생략해야겠군.
② 소규모 개인 방송으로 자원에 한계가 있으니, 제작진을 출연시켜 인두로 밀랍을 묻히는 과정을 함께해야겠군.
③ 실시간으로 진행되어 편집을 할 수 없으니, 마름질 과정에서 실수가 나올 것에 대비하여 미리 양해를 구해야겠군.
④ 텔레비전 방송에 비해 비공식적이고 사적인 매체이니, 방송에 대한 긍정적 평가와 고정 시청자 등록을 부탁해야겠군.
⑤ 방송 도중 접속한 사람은 이전 내용을 볼 수 없으니, 마무리 인사 전에 채화 만드는 과정을 요약해서 다시 설명해야겠군.

54

〈보기〉를 바탕으로, [A]~[E]에서 파악할 수 있는 수용자의 특징에 대한 이해로 적절하지 <u>않은</u> 것은?

> **[보기]**
>
> 실시간 인터넷 방송은 영상과 채팅의 결합을 통해 방송 내용의 생산과 수용이 쌍방향으로 이뤄진다. 예컨대 수용자는 방송 중 채팅을 통해 이어질 방송의 내용과 순서를 정하는 데 영향을 미치고, 이미 제시된 방송의 내용을 추가, 보충, 정정하게 하는 등 능동적인 역할을 수행할 수 있다. 또 생산자와 정서적인 유대를 형성하기도 한다.

① [A] : '빛세종'은 더 알고 싶은 내용을 질문함으로써 진행자가 방송 내용을 보충하여 제시하도록 하고 있다.
② [B] : '햇살가득'은 자신이 원하는 바를 밝힘으로써 진행자가 생산할 내용을 선정하는 데 관여하고 있다.
③ [C] : '꼼꼬미'는 제시되지 않은 부분을 추가하도록 요청함으로써 진행자가 방송의 순서를 정하는 데 영향을 미치고 있다.
④ [D] : '아은맘'은 제시된 내용 중 잘못된 부분을 언급함으로써 진행자가 오류를 인지하고 정정하도록 하고 있다.
⑤ [E] : '영롱이'는 자신의 감정 변화를 제시함으로써 진행자와 정서적인 유대를 형성하고 있다.

2022년 수능

[55~58] 다음은 '지문 등 사전등록제'에 대한 신문 기사를 다루는 텔레비전 방송 프로그램의 일부이다. 물음에 답하시오.

진행자 : ㉠<u>**시청자 여러분, 안녕하십니까**</u>! 며칠 전 김 모 군이 가족의 품으로 돌아온 사실, 다들 알고 계실 겁니다. 김 군이 돌아온 데는 '지문 등 사전등록제'의 역할이 컸습니다. ㉡<u>**그래서 오늘은 '지문 등 사전등록제'에 대한 기사들이 많습니다**</u>. 먼저 △△ 신문, 함께 보시죠.

진행자 : 표제가 '실종 신고 느는데 저조한 지문 등록률'인데요, 기사 내용 일부를 확대해 보겠습니다. 18세 미만 아동은 55.0%, 치매 환자는 25.8%만 지문 등을 등록했다고 하는데요. 그러면 '지문 등 사전등록제'가 무엇이고, 왜 이렇게 등록률이 저조한지 말씀해 주시겠습니까?

전문가 : △△신문에서 언급한 대로 '지문 등 사전등록제'란 18세 미만의 아동, 치매 환자 등을 대상으로 보호자의 신청을 받아 지문과 사진, 신상 정보 등을 사전에 등록하여, 실종 시에 이 자료를 활용해 신속하게 찾을 수 있게 하는 제도를 말합니다. △△ 신문에서는 홍보가 부족해 지문 등록률이 저조하다고 했는데요, 제가 볼 때는 개인 정보 유출에 대한 우려도 크게 작용했다고 생각합니다.

진행자 : 개인 정보 유출은 민감한 사안이니 정보 관리가 중요하겠네요.

전문가 : ㉢<u>**사전등록 정보는 암호화 과정을 거쳐 저장하고 있습니다**</u>. 또 이 정보는 ㉣<u>**아동이 18세에 도달하면 자동 폐기되고**</u>, 보호자가 원하면 언제든 폐기할 수 있습니다.

진행자 : 네, 그래도 등록률을 높이려면 현재보다 강화된 개인 정보 보호 방안이 있어야겠네요. △△신문을 더

살펴볼까요? 지문 등을 사전등록하면 실종자를 신속하게 찾을 수 있다는 내용인데요, 시간이 얼마나 단축되나요?

전문가 : 지문 등을 등록하지 않으면 실종자를 찾기까지 평균 56시간, 등록하면 평균 50여 분 정도 걸립니다.

진행자 : 시간이 많이 단축되네요. 이제 다른 기사들도 살펴볼까요? □□ 신문인데요, 간단히 보면 '찾아가는 지문 등 사전등록제'를 실시하는 지역이 있다는 내용입니다. ○○신문에는 지문 등 사전등록 스마트폰 앱이 소개되어 있네요. 화면으로 만나 보시죠.

○○ 신문

'지문 등 사전등록 앱'의 ⓐ '첫 화면'은 메뉴가 그림과 문자로 표현되어 있어서, 고정된 메뉴 화면을 한눈에 보며 손쉽게 활용할 수 있다.
ⓑ '지문 등록' 메뉴를 누르면 대상자의 지문과 사진, 대상자와 보호자의 인적 사항 등을 언제 어디서든 등록할 수 있다.
ⓒ '함께 있어요' 메뉴에서는 게시판에 올라온 인적 사항과 사진들을 보면서 찾고 있는 사람이 있는지 알아볼 수 있다.
ⓓ '같이 찾아요' 메뉴에는 잃어버린 사람을 찾는 글을 올릴 수 있는데, 다른 사람의 글을 확인하거나 다른 사람의 글에 댓글을 다는 것도 가능하다.
ⓔ '보호소' 메뉴는 지도 앱과 연동되어 있어서 인근에 있는 보호소의 위치를 바로 확인할 수 있다.

진행자 : ㉤<u>필요하신 분들은 앱을 한번 사용해 보시면</u> 좋겠습니다. 이번에는 실시간 시청자 게시판, 화면으로 보시죠.

55

위 방송 프로그램을 시청한 학생의 반응으로 적절하지 <u>않은</u> 것은?

① 진행자가 △△ 신문의 내용보다 □□ 신문의 내용을 간단히 언급함으로써 방송에서 어떤 기사에 더 비중을 두었는지 드러내고 있군.

② 시의성 있는 화제를 다룬 신문 기사들을 제시함으로써 사회적으로 주목할 만한 사안에 대한 다양한 정보를 전달하고 있군.

③ △△ 신문 기사의 일부를 화면에 확대하여 제시함으로써 신문 기사의 특정 부분을 방송에서 선별하여 보여 주고 있군.

④ 진행자가 △△ 신문과 ○○ 신문의 기사 내용을 종합함으로써 특정 화제에 대한 비판적 입장을 나타내고 있군.

⑤ 전문가가 진행자의 질문에 답함으로써 △△신문 기사의 내용에 대한 자신의 의견을 덧붙이고 있군.

56

㉠~㉤에 대한 설명으로 적절하지 <u>않은</u> 것은?

① ㉠ : 하십시오체 종결 어미 '-ㅂ니까'를 통해 시청자를 높이며 방송의 시작을 알리는 인사를 하고 있다.

② ㉡ : 접속 부사 '그래서'를 통해 앞 문장의 내용이 뒤에 이어지는 내용의 원인임을 드러내고 있다.

③ ㉢ : 보조사 '는'을 통해 '사전등록 정보'가 문장의 화제임과 동시에 주어로 사용됨을 보여 주고 있다.

④ ㉣ : 연결 어미 '-면'을 통해 앞 절의 내용이 '사전등록 정보'가 '자동 폐기'되는 조건임을 나타내고 있다.

⑤ ㉤ : 보조 용언 '보다'를 통해 '앱'을 사용하는 것이 시험 삼아 하는 행동임을 나타내고 있다.

57

다음은 위 방송 프로그램 '시청자 게시판'의 내용이다. 시청자의 수용 태도에 대한 설명으로 가장 적절한 것은? [3점]

시청자 게시판

└ 시청자 1 제 주변에서는 많이 등록했던데요. 신문에 나온 등록률 현황은 어디에서 조사한 것인가요?
└ 시청자 2 방송에서 지문 등 사전등록의 필요성 위주로 이야기하고 개인 정보 유출 문제에 대해서는 별로 언급하지 않네요.
└ 시청자 3 미취학 아동만 대상자인 줄 알았는데 중학생도 해당되는군요. 누가 대상자인지 궁금했던 사람들은 방송을 통해 알게 되었겠어요.
└ 시청자 4 가족 중에 대상자가 있지만 저처럼 이런 제도가 있다는 것을 몰랐던 사람에게는 방송 내용이 도움이 될 것 같아요.
└ 시청자 5 인터넷에서는 지문 등 사전등록을 하지 않으면 실종자를 찾기까지 81시간이 걸린다던데요. 어떤 것이 맞는지 궁금합니다.

① 시청자 1과 2는 △△ 신문 기사의 내용과 관련하여, 지문 등 사전등록제의 등록률에 대한 정보의 출처가 믿을 만한지 점검하였다.

② 시청자1과 4는 ○○신문 기사의 내용과 관련하여, 지문 등을 사전등록하는 방법에 대한 정보의 양이 충분한지 점검하였다.

③ 시청자 2와 5는 △△ 신문 기사의 내용과 관련하여, 지문 등 사전등록제의 장단점을 공평하게 다루고 있는지 점검하였다.

④ 시청자 3과 4는 △△ 신문 기사의 내용과 관련하여, 지문 등 사전등록제가 어떤 사람에게 유용한지 점검하였다.

⑤ 시청자 3과 5는 ○○ 신문 기사의 내용과 관련하여, 지문 등 사전등록제의 효과에 대한 정보가 사실인지 점검하였다.

58

'○○ 신문'을 바탕으로 할 때, ⓐ~ⓔ에서 확인할 수 있는 의사소통의 특징으로 가장 적절한 것은?

① ⓐ에서, 화면에서 필요한 정보를 찾아 사용할 수 있는 것으로 보아 수용자가 대량의 정보를 요약하여 비선형적으로 표현할 수 있음을 알 수 있다.

② ⓑ에서, 시•공간의 제약 없이 정보를 생산하는 것으로 보아 생산자가 등록한 정보를 수용자가 변형하여 배포할 수 있음을 알 수 있다.

③ ⓒ에서, 글과 이미지로 표현된 정보를 확인할 수 있는 것으로 보아 수용자가 둘 이상의 양식이 결합된 매체 자료에 접근하여 실시간으로 수정할 수 있음을 알 수 있다.

④ ⓓ에서, 글을 쓸 수도 있고 다른 사람의 글을 읽을 수도 있는 것으로 보아 매체 자료의 생산과 수용이 쌍방향적으로 이루어질 수 있음을 알 수 있다.

⑤ ⓔ에서, 서로 다른 앱을 연결하여 사용할 수 있는 것으로 보아 매체 자료의 수용자가 생산자도 될 수 있음을 알 수 있다

2022년 수능

[59~60] (가)는 학생의 개인 블로그이고, (나)는 발표를 위해 (가)를 참고하여 만든 스토리보드의 일부이다. 물음에 답하시오.

(가)

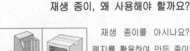

재생 종이, 왜 사용해야 할까요?

재생 종이를 아시나요? 재생 종이는 폐지를 활용하여 만든 종이인데요, 대체로 폐지가 40% 넘게 들어간 종이를 말합니다. 사진에서 보듯이 재생 종이는 책, 복사지 등으로 사용되고 있답니다.

재생 종이를 사용하면 **숲을 지킬 수 있어요.** 20××년 한 해에 국내에서 사용되는 종이를 만드는 데 2억 2천만 그루의 나무가 필요하다고 해요. 엄청난 면적의 숲이 종이를 만들기 위해 사라지고 있는 것이죠. 특히 일반 종이를 복사지로 사용하는 것이 가장 큰 문제인데요, 사무실에서 사용하는 복사지의 45%가 출력한 그날 버려지기 때문입니다. 복사지의 10%만 재생 종이로 바꿔도 1년에 27만 그루의 나무를 지킬 수 있다고 해요. 숲을 지켜야 하는 이유를 알고 싶으면 이전 글 숲의 힘(☜클릭)을 참고해 주세요.

또 재생 종이는 일반 종이에 비해 생산 과정에서 **환경에 유해한 물질이 덜 발생해요.** 일반 종이 1톤을 생산하면 2,541kg의 이산화탄소(CO_2)와 872kg의 폐기물이 발생하지만, 같은 양의 재생 종이를 생산하면 이산화탄소는 2,166kg이, 폐기물은 735kg이 발생한다는 연구 결과가 있어요. 그러니 종이를 써야 할 때는 재생 종이를 사용하는 게 좋겠죠?

(나)

	화면	화면 설명	내레이션 및 배경 음악
#1	그림이 먼저 나오고 글이 나중에 덧붙여짐.	재생 종이란? 폐지 함량 40% 이상	재생 종이는 폐지를 활용해 만든 종이랍니다. 여기서 폐지는 한번 사용한 종이를 말해요. (배경 음악) 잔잔한 느낌의 음악

#2	잘린 나무 밑동이 서서히 사라지면서, 그 옆에 나무 그림이 나타남.		종이를 만들기 위해 숲이 사라져요. 하지만 복사지의 10%만 재생 종이로 바꿔도 1년에 27만 그루의 나무를 지킬 수 있어요. (배경 음악) 무거운 느낌에서 경쾌한 느낌의 음악으로 바뀜.
#3	그래프의 막대가 아래에서 위로 올라감.	에너지 투입량(kWh) 12,000 8,000 4,000 0 종이 / 발생량(kg) 3,000 2,000 1,000 0 CO_2 폐기물 / 일반 종이 1톤 생산할 때	일반 종이를 생산할 때 투입되는 에너지의 양과 발생하는 물질의 양입니다.
#4	자막이 '재생 종이 1톤 생산할 때'로 바뀌면서 그래프의 막대가 아래로 내려옴.	에너지 투입량(kWh) 12,000 8,000 4,000 0 종이 / 발생량(kg) 3,000 2,000 1,000 0 CO_2 폐기물 / 재생 종이 1톤 생산할 때	일반 종이 대신 재생 종이를 만들면 투입 에너지와 발생 물질의 양이 약 15% 정도 줄어들어요.

59

(가)에 나타난 표현 방식에 대한 설명으로 가장 적절한 것은?

① 재생 종이의 활용 사례를 글자의 굵기와 형태를 달리하여 강조했다.
② 재생 종이와 관련된 각 문단의 중심 내용을 소제목을 사용하여 부각했다.
③ 종이를 만들기 위해 사라지는 숲의 면적을 동영상 자료를 활용하여 보여 주었다.
④ 사무실에서 버려지는 일반 종이의 양을 글과 사진 자료를 함께 사용하여 제시했다.
⑤ 숲을 지켜야 하는 이유를 다룬 다른 게시물을 하이퍼링크 기능을 활용하여 안내했다.

60

(가)를 참고하여 (나)를 만드는 과정에서 학생이 고려했을 내용으로 적절하지 않은 것은?

① 정보가 보강될 수 있도록 (가)에서 제시한 종이 생산 과정에서 발생하는 물질 외에도 생산 과정에 투입되는 에너지의 양도 조사하여 추가해야지.
② 정보가 복합 양식적으로 전달될 수 있도록 (가)에서 제시한 재생 종이의 정의를 시각 자료와 문자 언어를 결합한 화면으로 표현하면서 내레이션으로 보완해야지.
③ 정보 간의 유기적인 관계가 드러나도록 (가)에서 두 문단으로 제시한 재생 종이 사용의 필요성을 배경 음악과 내레이션을 모두 포함한 각각의 화면 두 개로 구성해야지.
④ 정보 간의 차이점이 드러나도록 (가)에서 제시한 일반 종이와 재생 종이의 생산으로 발생하는 물질의 양적 차이를 그래프로 제시하고 이를 설명하는 내레이션을 포함해야지.
⑤ 정보가 효과적으로 표현될 수 있도록 (가)에서 제시한 재생 종이 사용에 따른 나무 보존에 대한 내용을 화면과 내레이션으로 표현하면서 이에 어울리는 배경 음악을 사용하여 나타내야지.

MEMO

MEMO

상상력이 중요한 4차 혁명시대, 한자는 상상력의 보고

설중환 교수와 함께 배우는

한자성어 1, 한자성어 2

이 책은 일상 생활에서 자주 쓰이는 한자성어를 중심으로

약 300개의 한자를 배우고,

그것과 관계되는 다른 단어를 함께 익혀

대략 1,000여 자의 한자를 익힐 수 있도록 구성하였다.

더불어 삶의 지혜를 얻을 수 있도록

한자성어의 유래와 도움말을 덧붙였다.

한자를 배우면 어떤 점이 좋을까?

첫째 어휘력이 풍부해진다. 옛날 한자교육을 받은 한자 세대는 3만 정도의 단어를 알았다고 하면, 지금 한글 세대는 7,000 정도의 단어 정도만 알고 있다.

어휘력이 풍부해야 상상력이 풍부해진다.

한자를 배우면 어휘력이 풍부해진다.

둘째 우리 전통 문화를 이해하고 계승해야 한다.

1980년대 이전의 서적들은 한자를 읽을 수 없어 소중한 정보들이 빛을 발하지 못하고 있다.

이런 점에서 뜻 있는 사람들은

무엇보다 먼저 한자를 공부한다.

패턴을 알면 정답이 보인다.

패턴국어

정답과 해설

고등문법 & 매체

알앤비
RNB

패턴을 알면 정답이 보인다.

 패턴국어

정답과 해설

고등문법 & 매체

알앤비
RINBI

01 음운론(음운)

기출문제 본문 8~35쪽

01 ②	02 ④	03 ④	04 ③	05 ⑤
06 ⑤	07 ⑤	08 ①	09 ③	10 ④
11 ③	12 ③	13 ④	14 ①	15 ①
16 ④	17 ④	18 ②	19 ②	20 ④
21 ①	22 ③	23 ④	24 ②	25 ②
26 ⑤	27 ①	28 ①	29 ①	30 ④
31 ②	32 ③	33 ⑤	34 ③	35 ⑤
36 ⑤	37 ②	38 ③	39 ④	40 ④
41 ①	42 ④	43 ⑤	44 ③	45 ①
46 ①	47 ④	48 ③	49 ①	50 ②
51 ④	52 ④	53 ②	54 ③	55 ②

01 ②

정답 해설 | 〈보기〉의 '옷하고'는 [옫하고]에서 음절의 끝소리 규칙, [오타고]에서 거센소리되기의 음운 변동이 일어난다. 따라서 이는 교체(ⓐ)와 축약(ⓓ)에 해당한다. '홑이불'은 [혿니불]에서 음절의 끝소리규칙과 ㄴ첨가, [혼니불]에서 비음화의 음운 변동이 일어난다. 따라서 이는 교체(ⓐ)와 첨가(ⓒ)에 해당한다.

02 ④

정답 해설 | ⓔ의 조건은 'ㄺ'이 모음으로 시작된 조사나 어미, 접미사와 결합되는 경우인데 '밝기'는 'ㄺ'이 모음으로 시작된 어미와 결합한 경우가 아니므로 ⓔ의 예에 해당하지 않는다. '밝기[발끼]'는 용언의 어간 말음 'ㄺ'은 'ㄱ' 앞에서 [ㄹ]로 발음한다는 ⓛ규정에 해당한다.

오답 체크 |

③ '밝혔다[발켣따]'에는 'ㄱ'과 'ㅎ'이 합쳐져 'ㅋ'으로 바뀌는 거센소리되기(축약)와 'ㅆ'이 'ㄷ'으로 바뀌는 음절의 끝소리규칙(교체)이 일어난다.

⑤ '밝는다[방는다]'에는 'ㄺ'이 'ㄱ'으로 되면서 자음군단순화(탈락)가 일어나고 'ㄱ'이 'ㄴ'의 영향을 받아 'ㅇ'으로 바뀌는 비음화(교체)가 일어난다.

03 ④

정답 해설 | '맨입[맨닙]'에서는 'ㄴ'첨가의 음운 변동이 일어난다. 자료에서 'ㄴ'첨가(첨가)가 일어나는 단어는 '논일[논닐], 나뭇잎[나문닙], 늦여름[는녀름]'이다. 이중에서 '나뭇잎[나문닙], 늦여름[는녀름]'은 음절의 끝소리규칙과 비음화가 함께 일어난다. '설날[설랄]'과 '좋은[조은]'에서는 유음화(교체)와 'ㅎ'탈락(탈락)의 음운 변동이 일어난다. 이 음운 변동이 함께 일어나는 단어는 자료에서 '닳는[달른]'이다. '닳는'에서는 자음군단순화(탈락)와 유음화(교체)가 함께 일어난다. 따라서 정답은 '논일[논닐]'과 '닳는[달른]'이 묶여있는 ④이다.

오답 체크 |

③ '칼날[칼랄]'은 유음화(교체)의 음운 변동이 일어난다.

04 ③

정답 해설 | '꽃망울'은 받침 'ㅊ'이 'ㅁ' 앞에서 [ㄴ]으로 발음되어 [꼰망울]로 발음된다. 따라서 18항이 적용되었다는 설명은 타당하지만, 23항에는 해당되지 않으므로 적절하지 않은 설명이다.

오답 체크 |

① 받침 'ㅍ'이 'ㄴ, ㅁ' 앞에서 [ㅁ]으로 발음한다고 했으므로 '앞마당'이 18항이 적용되어 [암마당]으로 발음된다는 설명은 적절하다.

② 23항에서 받침 'ㅈ' 뒤에 연결되는 'ㄱ'은 된소리로 발음한다고 했으므로 '늦가을[늗까을]'로 발음된다는 설명은 적절하다.

④ 18항에 '맞먹다'는 'ㅈ'이 'ㅁ' 앞에서 'ㄴ'으로 발음하고, 23항에서 'ㄱ' 뒤에 연결되는 'ㄷ'은 된소리로 발음한다고 했으므로 [만먹따]로 발음된다.

⑤ '홑낚시'는 18항에 따라 'ㅌ'이 'ㄴ' 앞에서 'ㄴ'으로 발음하고, 23항에서 'ㄱ' 뒤에 연결되는 '시'은 된소리로 발음한다고 했으므로 [혼낙씨]로 발음된다.

05 ⑤

정답 해설 | ㄱ은 음절의 끝소리 규칙(교체), ㄴ은 자음군 단순화(탈락), ㄷ은 거센소리되기(축약)의 예이다. ⑤의 '핥다 → [할따]'의 음운 변동 현상은 자음군 단순화(탈락)와 된소리되기(교체)이다. 따라서 탈락은 일어나지만 축약은 일어나지 않기 때문에 적절하지 않은 설명이다.

오답 체크 |

① '꽃 → [꼳]'은 음절의 끝소리 규칙(교체)이기 때문에 ㄱ의 예로 적절하다.

② '넋 → [넉]'은 자음군 단순화(탈락)이기 때문에 ㄴ의 예로 적절하다.

③ '놓지 → [노치]'는 거센소리되기(축약)이기 때문에 ㄷ의 예로 적절하다.

④ '첫해 → [처태]'는 음절의 끝소리 규칙(교체)과 거센소리되기(축약)이기 때문에 ㄱ과 ㄷ의 음운 변동이 모두 일어나는 예로 적절하다.

06 ⑤

정답 해설 | '여닫이'의 '여-'는 '열다'의 어간 '열-'이 '닫다'와 합성되면서 'ㄹ'이 탈락한 경우로 제28항에 해당한다. 따라서 'ㄹ'소리를 'ㄷ'으로 적은 것이 아니다.

오답 체크 |

① '칼날'을 [칼랄]이라고 발음하지만 제27항에 의거하여 '칼날'로 표기한다.

② '소나무'는 제28항에 의거하여 '솔나무'라고 표기하지 않는다.

③ '마소'는 제28항에 의거하여 '말소'라고 표기하지 않는다.

④ '아드님'은 제28항에 의거하여 '아들님'이라고 표기하지 않는다.

07 ⑤

정답 해설 | '사랑할수록'은 '사랑하다'의 어간 '사랑하-'에 '-ㄹ'로 시작하는 어미 '-ㄹ수록'이 결합한 경우이므로 제27항 [붙임] 규정을 적용하여 [사랑할쑤록]이라고 발음해야 한다.

오답 체크 |

① '꽃다발'은 제23항의 규정에 따라 [꼳따발]로 발음해야 한다.

② '껴안고'는 제24항 규정에 따라 [껴안꼬]로 발음해야 한다.

③ '옮기다'의 '-기-'는 사동 접미사이기 때문에 제24항 [다만] 규정에 따라 [옴기다]로 발음해야 한다.

④ '갈 데가'는 제27항 규정에 따라 [갈떼가]로 발음해야 한다.

08 ①

정답 해설 |〈보기〉의 ㉠은 음절의 끝소리 규칙을 겪은 후에 비음화가 되는 경우이고, ㉡은 자음군 단순화를 겪은 후 비음화가 되는 경우이다. 이에 해당하는 것은 선택지 ①이다. '깎는'은 [깍는]으로 음절의 끝소리 규칙이 일어난 다음 비음화 현상이 일어나서 [깡는]으로 발음된다. '흙만'은 [흑만]으로 자음군 단순화가 일어난 다음 비음화 현상이 일어나서 [흥만]으로 발음된다.

오답 체크 |

② '끝물'은 [끋물]로 음절의 끝소리 규칙이 일어난 다음 비음화 현상이 일어나서 [끈물]로 발음한다. '앉자'는 [안자]로 자음군 단순화만 일어날 뿐 비음화는 일어나지 않는다.

③ '듣는'은 [든는]으로 비음화 현상만 일어난다. '읊는'은 [읍는]으로 자음군 단순화와 음절의 끝소리 규칙이 일어난 다음 비음화가 일어나서 [음는]으로 발음된다.

④ '숯내'는 [숟내]로 음절의 끝소리 규칙이 일어난 다음 비음화 현상이 일어나서 [순내]로 발음된다. '닳은'은 [달은]으로 'ㅎ' 탈락이 일어난 다음 받침 'ㄹ'이 연음되어 [다른]으로 발음된다.

⑤ '앞마당'은 [압마당]으로 음절의 끝소리 규칙이 일어난 다음 비음화가 일어나서 [암마당]으로 발음된다. '값이'는 'ㅅ'이 연음이 된 후 된소리로 바뀌어 [갑씨]로 발음된다.

09 ③

정답 해설 | '낫다'는 활용할 때 '낫다[낟따], 나아[나아]'와 같이 음운의 교체와 탈락 현상이 일어난다. 이에 비해 '낳다'는 '낳다[나타], 낳아[나아]'와 같이 음운의 축약과 탈락 현상이 일어난다. 따라서 '낫다'와 '낳다'가 활용할 때 공통적으로 일어나는 음운 변동은 '탈락'이 된다. 그리고 활용의 유형을 보면, '낫다'는 '낫고, 낫지, 나아서, 나으니'와 같이 어간의 'ㅅ'이 탈락하므로 불규칙 활용을 한다. 따라서 '낫다'는 활용할 때 일어나는 음운 탈락이 표기에 반영되는 단어이다. 한편, '낳다'는 '낳고, 낳지, 낳아서, 낳으니'와 같이 규칙 활용을 하는 단어로, 어간의 형태가 변화하지 않는다. 따라서 '낳다'는 활용할 때 일어나는 음운 탈락이 표기에 반영되지 않는 단어이다. 이상의 내용을 정리하면, (가)에는 '탈락'이, (나)에는 불규칙 활용이면서 표기에 반영됨을 나타내는 기호 ©가, (다)에는 규칙 활용이면서 표기에 반영되지 않음을 나타내는 기호 Ⓑ가 들어가게 되어 정답은 ③이 된다.

10 ④

정답 해설 | '집일'은 제29항에 따라 'ㄴ' 소리가 첨가되고, 제18항에 따라 비음화 현상이 일어나서 [짐닐]로 발음된다. 따라서 '집일'을 로마자로 표기하려면 표준 발음법 제18항, 제29항에 대한 이해가 필요하다.

오답 체크 |

① '덮이다'는 [더피다]로 발음되므로, 표준 발음법 제13항에 대한 이해가 필요하다.

② '웃어른'은 [우더른]으로 발음되므로, 표준 발음법 제15항에 대한 이해가 필요하다.

③ '굳이'는 [구지]로 발음되므로, 표준 발음법 제17항에 대한 이해가 필요하다.

⑤ '색연필'은 제29항에 따라 'ㄴ' 소리가 첨가되고, 제18항에 따라 비음화 현상이 일어나서 [생년필]로 발음되므로, 표준 발음법 제18항, 제29항에 대한 이해가 필요하다.

11 ③

정답 해설 | '입문하여[임문하여]'는 비음화 현상이 일어난다. 이에 대한 예로 '집문서[짐문서]'와 '맏누이[만누이]'는 적절하다.

오답 체크 |

① '옮겨서[옴겨서]'는 자음군 단순화가 일어난다. 이에 대한 예로 '굶기다[굼기다]'는 적절하지만, '급하다[그파다]'는 거센소리되기에 해당하므로 적절하지 않다.

② '굳이[구지]'는 구개음화 현상이 일어나는데, 이에 대한 예로 '미닫이[미다지]'는 적절하지만, '뻗대다[뻗때다]'는 된소리되기에 해당하므로 적절하지 않다.

④ '더듬지[더듬찌]'는 된소리되기에 해당하는데, 이에 대한 예

로 '껴안다[껴안따]'는 적절하지만 '꿈같이[꿈가치]'는 구개음화 현상이기 때문에 적절하지 않다.

⑤ '듬직한[듬지칸]'은 거센소리되기가 일어나는데, 이에 대한 예로 '굽히다[구피다]'는 적절하지만, '한여름[한녀름]'은 'ㄴ 첨가'에 해당하기 때문에 적절하지 않다.

12 ③

정답 해설 | a. '쁠다'의 어두에 있는 'ㅂ'이 앞 형태소의 받침 자리로 가서 붙어 '휩쓸다'의 어형이 생성되었을 것이라는 점에서, ㉠에 해당하는 예로 적절하다. b. '뿔'의 어두에 있는 'ㅂ'이 앞 형태소의 받침 자리로 가서 붙어 '햅쌀'의 어형이 생성되었을 것이라는 점에서, ㉠에 해당하는 예로 적절하다. d. '안ㅎ'의 'ㅎ'이 '밖'의 'ㅂ'과 결합하여 'ㅍ'으로 축약되었을 것이라는 점에서, ㉡에 해당하는 예로 적절하다.

오답 체크 | c. '수퀑'에서 'ㅎ' 종성 체언의 'ㅎ'의 흔적을 찾을 수 없어 ㉡에 해당하는 예로 보기 어렵다. e. '들뜨다'에서 어두 자음군 맨 앞의 'ㅂ'의 흔적을 찾을 수 없어 ㉠에 해당하는 예로 보기 어렵다.

13 ④

정답 해설 | ㉣'묻히고'는 어간 '묻-'의 'ㄷ' 뒤에 형식 형태소 '-히-'가 올 경우에 해당되기 때문에 'ㄷ'이 '-히-'의 'ㅎ'과 결합하여 [ㅌ]이 된 후 구개음화 현상이 일어나 [ㅊ]으로 교체되어 [무치고]로 발음되므로 적절한 설명이다.

오답 체크 |

① ㉠은 '붙-'에 형식 형태소인 접미사 '-이-'와 관형사형 어미 '-ㄴ'이 결합된 단어이다. 따라서 '붙-'은 접미사의 모음 'ㅣ'와 만나 구개음화 현상이 일어나므로 적절하지 않다.

② ㉡의 '-이'는 형식 형태소이고, '낱'의 받침 'ㅌ'은 형식 형태소 '-이'와 만나 [ㅊ]으로 발음되는 구개음화 현상이 일어나므로 적절한 설명이 아니다.

③ ㉢에서 '이랑'은 모음 'ㅣ'로 시작하는 실질 형태소이므로 구개음화는 일어나지 않고 음절의 끝소리 규칙, 'ㄴ'첨가, 그리고 비음화가 일어나서 최종 발음은 [반니랑]이 된다.

⑤ ㉤에서 '이불'은 모음 'ㅣ'로 시작되는 실질 형태소이므로, 구개음화 현상이 일어나지 않는다. '홑이불'은 음절의 끝소리 규칙, 'ㄴ'첨가, 그리고 비음화가 일어나서 최종 발음은 [혼니불]이 된다.

14 ①

정답 해설 | '깎다[깍따]'는 음절의 끝소리 규칙(교체)과 된소리되기(교체)가 일어나기 때문에 한 가지 유형만 나타나는 경우에 해당한다.

오답체크 |

② '막일[망닐]'은 'ㄴ'첨가와 비음화(교체)가 일어나므로 두 가지 유형이 나타나는 경우에 해당한다.

③ '색연필[생년필]'은 'ㄴ'첨가와 비음화(교체)가 일어나므로 두 가지 유형이 나타나는 경우에 해당한다.

④ '값하다[가파다]'는 자음군단순화(탈락)와 거센소리되기(축약)가 일어나므로 두 가지 유형이 나타나는 경우에 해당한다.

⑤ '설익다[설릭따]'는 'ㄴ'첨가와 유음화(교체)가 일어나므로 두 가지 유형이 나타나는 경우에 해당한다.

15 ①

정답 해설 |

용언의 어간 '밭-' 뒤에 모음으로 시작하는 형식 형태소인 '-은'이 왔기 때문에 '밭-'의 'ㅌ'이 연음되어 [바튼소리]로 발음해야 한다.

오답 체크 |

② '낱으로'에서 '으로'는 형식 형태소이기 때문에 [나트로]라고 발음하지만, '낱알'에서 '알'은 실질 형태소이기 때문에 [나달]로 발음해야 한다.

③ '앞어금니'에서 '어금니'는 실질 형태소이기 때문에 '앞'에 음절의 끝소리 규칙이 적용된 다음 연음이 되어 [아버금니]로 발음된다.

④ '겉웃음'에서 '웃-'은 실질 형태소이고, '-음'은 형식 형태소이기 때문에 '겉'과 '웃-'에 음절의 끝소리 규칙이 적용된 다음 연음이 되어 [거두슴]으로 발음된다.

⑤ '밭을'에서 '을'은 형식 형태소이기 때문에 '밭'의 'ㅌ'이 곧바로 연음되어 [바틀]로 발음된다.

16 ④

정답 해설 | '낱낱이'에서 'ㅌ'이 'ㄴ'으로 발음될 때 음절의 끝소리 규칙과 비음화가 일어나며, '첫여름'에서 'ㅅ'이 'ㄴ'으로 발음될 때도 음절의 끝소리 규칙과 비음화가 일어난다. 따라서 두 경우에서 일어나는 음운 교체의 횟수는 같다.

오답 체크 |

① '첫여름[천녀름]'에서는 'ㄴ'첨가가 나타나지만 '낱낱이[난나치]'에서는 첨가 현상이 나타나지 않는다.

② '넋두리[넉뚜리]'에서는 자음군단순화(탈락)와 된소리되기(교체)가 나타나고, '입학식[이팍씩]'에서는 거센소리되기(축약)와 된소리되기(교체)가 나타난다. 따라서 공통적으로 나타나는 음운의 변동은 탈락이 아니라 교체이다.

③ '입학식[이팍씩]'에서 'ㅂ'과 'ㅎ'이 합쳐져 'ㅍ'으로 된 것은 거센소리되기로 축약이 맞지만, '낱낱이[난나치]'에서 'ㅌ'이 '이'모음 앞에서 'ㅊ'으로 바뀐 것은 구개음화로 교체에 해당한다.

⑤ '넋두리[넉뚜리]'에서 'ㄳ'이 'ㄱ'으로 바뀌는 것은 자음군단순화이고, '입학식[이팍씩]'에서 'ㅅ'이 'ㅆ'으로 바뀌는 것은

된소리되기이다. 따라서 이때 일어나는 음운 변동의 횟수는 한 번으로 같다.

17 ④

정답 해설 | '(바닥에) 앉을수록'과 '(몸을) 기댈 곳이'에서의 된소리되기는 모두 ㉣에 따른 것이다. '(바닥에) 앉을수록'은 '-(으)ㄹ'로 시작되는 어미의 경우에 해당하고, '(몸을) 기댈 곳이'는 관형사형 '-(으)ㄹ' 뒤에 연결되는 'ㄱ'이 된소리로 발음되는 경우이다.

오답 체크 |

① 국밥[국빱], 삶고[삼꼬]

② 꽃다발[꼳따발], 핥지만[할찌만]

③ 읊조리다[읍쪼리다], 먹을지언정[머글찌언정]

⑤ 훑다[훌따], 떠날지라도[떠날찌라도]

18 ②

정답 해설 | '닿소[다:쏘]'와 '좋소[조:쏘]'에서 받침 'ㅎ' 뒤에 'ㅅ'이 오는 경우에는 'ㅎ'이 탈락하고 'ㅅ'이 'ㅆ'으로 바뀌는 된소리되기가 일어난다. 따라서 이 두 단어에는 탈락과 교체의 음운 변동이 일어난다.

오답 체크 |

① 거센소리되기(축약) 'ㅎ'+'ㄱ,ㄷ,ㅈ' → 'ㅋ,ㅌ,ㅊ'

③ '놓는[논는]'과 '쌓네[싼네]'는 음절의 끝소리 규칙과 비음화가 나타나기 때문에 교체가 두 번 일어난다.

④ '않는[안는]'과 '많네[만:네]'는 받침 'ㄶ' 뒤에 'ㄴ'이 오는 경우에 'ㅎ'탈락이 일어난다.

⑤ '낳은[나은], 놓아[노아], 쌓이다[싸이다]'에서 어간 받침 'ㅎ' 뒤에 모음으로 시작하는 형식 형태소가 오는 경우 'ㅎ'탈락이 일어난다.

19 ②

정답 해설 | '놓기[노키]'는 용언 어간 '놓-'과 어미 '-기'가 결합된 말로 용언 어간 말음 'ㅎ' 뒤에 'ㄱ'으로 시작하는 어미가 와서 'ㅎ'과 'ㄱ'이 거센소리 'ㅋ'으로 축약된 것이다. 이는 밑줄 친 ㉣의 적절한 예이다.

오답 체크 |

① '한몫[한목]'을 발음할 때, 종성에 있는 자음군에서 자음 하나가 탈락하므로 ㉡이 일어난다.

③ '끓지[끌치]'를 발음할 때, 용언 어간 말음의 'ㅎ'과 뒤에 오는 어미의 'ㅈ'이 거센소리 'ㅊ'으로 축약되므로 ㉣이 일어난다.

④ '값할[가팔]'을 발음할 때, 종성의 자음군에서 자음 하나가 탈락하므로 ㉡이 일어난다. 'ㅂ'과 'ㅎ'의 축약이 일어나지만 용언 어간 말음 'ㅎ' 뒤에 'ㄱ, ㄷ, ㅈ'으로 시작하는 어미가 결합할 때 일어나는 축약은 아니다.

⑤ '맞힌[마친]'을 발음할 때, 'ㅈ'과 'ㅎ'의 축약이 일어나지만 용언 어간 말음 'ㅎ' 뒤에 'ㄱ, ㄷ, ㅈ'으로 시작하는 어미가 결합할 때 일어나는 축약은 아니다.

20 ④

정답 해설 | ㉠'집안일'은 [지반닐]로 발음되며, 'ㄴ'첨가로 음운의 수가 늘었기 때문에 〈보기〉에서 'B'로 분류된다. ㉡'좋은'은 [조은]으로 발음되며, 'ㅎ'이 탈락하여 음운의 수가 줄었고 새로운 음운이 없기 때문에 〈보기〉에서 'C'로 분류된다. ㉢'않고'는 [안코]로 발음되며, 축약으로 음운의 수가 줄었고 새로운 음운 'ㅋ'이 있기 때문에 〈보기〉에서 'D'로 분류된다. ㉣'같이'는 [가치]로 발음되며, 구개음화로 음운의 수에 변화는 없기 때문에 〈보기〉에서 'A'로 분류된다. ㉤ '난로'는 [날로]로 발음되며, 유음화로 음운의 수에 변화는 없기 때문에 〈보기〉에서 'A'로 분류된다. ㉥'옮는'은 [옴는]으로 발음되며, 'ㄹ'이 탈락하여 음운의 수가 줄었고 새로운 음운이 없기 때문에 〈보기〉에서 'C'로 분류된다.

21 ①

정답 해설 | '산란기'는 [살란기]로 발음되므로 역행적 유음화가 일어나고, '표현력'은 [표현녁]으로 발음되므로 'ㄹ'의 비음화가 일어난다.

오답 체크 |

② '줄넘기'는 [줄럼끼]로 발음되므로 순행적 유음화가 일어나고, '입원료'는 [이붠뇨]로 발음되므로 'ㄹ'의 비음화가 일어난다.

③ '결단력'은 [결딴녁]으로 발음되고, '생산량'은 [생산냥]으로 발음되므로 모두 'ㄹ'의 비음화가 일어난다.

④ '의견란'은 [의견난]으로 발음되고, '향신료'는 [향신뇨]로 발음되므로 모두 'ㄹ'의 비음화가 일어난다.

⑤ '대관령'은 [대괄령]으로 발음되므로 역행적 유음화가 일어나고, '물난리'는 [물랄리]로 발음되므로 순행적 유음화와 역행적 유음화가 모두 일어난다.

22 ③

정답 해설 | '밟힌'은 'ㅂ'과 'ㅎ'이 'ㅍ'으로 축약되는 현상이 일어나 [발핀]으로 발음된다. 그리고 '숱한'은 'ㅌ'이 'ㄷ'으로 바뀌는 음절의 끝소리 규칙과, 'ㄷ'과 'ㅎ'이 'ㅌ'으로 축약되는 현상이 일어나 [수탄]으로 발음된다. '밟힌', '숱한' 모두 음운 변동의 결과 전체 음운의 개수가 1개 줄어든다.

오답 체크 |

① '밭일'에서 뒷말의 초성은 '이'모음이고 앞말의 종성은 'ㅌ'이다. 여기서 먼저 일어나는 음운 변동은 '밭'의 'ㅌ'이 'ㄷ'으로 바뀌는 음절의 끝소리 법칙이 일어나고, '일'에서는 'ㄴ'이 첨가되어 [닐]로 발음된다. 그런 다음 'ㄷ'이 'ㄴ'과 조음 방

법이 같아지는 비음화가 일어난다.

② '밭일'에서 '일'은 실질 형태소이기 때문에 '밭'의 'ㅌ'이 곧바로 연음되지 않고 음절의 끝소리 규칙이 적용된 다음 연음되어 [반닐]로 발음된다.

④ '밟힌'은 'ㅂ'과 'ㅎ'이 'ㅍ'으로 축약되는 현상이 일어나 [발핀]으로 발음된다. '굳혔다'는 'ㄷ'과 'ㅎ'이 축약되는 현상이 일어나서 'ㅌ'으로 되고 'ㅌ'이 반모음 'ㅣ'의 영향을 받아 'ㅊ'으로 바뀌는 구개음화가 일어나기 때문에 교체에 해당한다. 따라서 두 단어에서 공통적으로 나타나는 음운의 변동은 축약이다.

⑤ 거센소리되기가 먼저 일어난 후 구개음화가 일어나는 것은 '굳혔다'이고, '숱한'은 'ㅌ'이 'ㄷ'으로 바뀌는 음절의 끝소리 규칙이 먼저 일어난 후 'ㄷ'과 'ㅎ'이 'ㅌ'으로 축약되는 현상이 일어난다.

23 ④

정답 해설 | '뽑+느라'가 [뽐느라]로 발음되는 것은 동화이다. 왜냐하면 'ㅂ'이 'ㄴ'의 영향을 받아 'ㄴ'과 조음 방법이 같은 비음인 'ㅁ'으로 바뀌는 비음화가 일어나기 때문이다.

오답 체크 |

① '듣+고'가 [듣꼬]로 발음되는 것은 동화가 아니다. 이는 특정한 환경에서 예사소리가 된소리로 바뀌어 발음되는 현상인 된소리되기로, 파열음인 받침 'ㄷ' 뒤에 오는 어미의 첫소리 'ㄱ'을 된소리로 발음한 것이다.

② '놓+고'가 [노코]로 발음되는 것은 동화가 아니다. 이는 'ㅎ'과 'ㄱ'이 합쳐져 'ㅋ'으로 되는 거센소리되기로 축약에 해당한다.

③ '훑+네'가 [훌레]로 발음되는 것은 동화이다. 먼저 겹받침 중 'ㅌ'이 탈락하는 자음군단순화가 나타나고 받침 'ㄹ'의 영향을 받아 'ㄴ'이 'ㄹ'로 바뀌는 유음화가 일어나기 때문이다.

⑤ '넓+더라'가 [널떠라]로 발음되는 것은 동화가 아니다. 이는 특정한 환경에서 예사소리가 된소리로 바뀌어 발음되는 현상인 된소리되기로, 어간 받침 'ㄼ' 뒤에 결합되는 어미의 첫소리 'ㄷ'을 된소리로 발음한 것이다.

24 ②

정답 해설 | '흙까지[흑까지]'는 겹받침 중 'ㄹ'이 탈락하는 자음군단순화에 해당한다. '값싸다[갑싸다]'는 겹받침 중 'ㅅ'이 탈락하고, '닭똥[닥똥]'은 겹받침 중 'ㄹ'이 탈락하는 자음군단순화이다. 따라서 '값싸다[갑싸다]', '닭똥[닥똥]' 등과 '흙까지[흑까지]'는 동일한 음운 변동이 일어난다.

오답 체크 |

① '밥하고[바파고]'는 'ㅂ'과 'ㅎ'이 합쳐져 'ㅍ'이 되는 거센소리되기에 해당한다. '먹히다[머키다]'는 'ㄱ'과 'ㅎ'이 합쳐져 'ㅋ'이 되는 거센소리되기이지만, '목걸이[목꺼리]'는 'ㄱ'이 'ㄲ'으로 교체되는 된소리되기에 해당한다.

③ '잡고[잡꼬]'는 'ㄱ'이 'ㄲ'으로 교체되는 된소리되기이다. '굳세다[굳쎄다]'는 'ㅅ'이 'ㅆ'으로 교체되는 된소리되기이지만, '솜이불[솜니불]'은 'ㄴ'첨가이다.

④ '듣는다[든는다]'는 'ㄷ'이 'ㄴ'의 영향을 받아 'ㄴ'으로 바뀌는 비음화에 해당한다. '겁내다[검내다]'는 'ㅂ'이 'ㄴ'의 영향을 받아 'ㅁ'으로 바뀌는 비음화이지만, '맨입[맨닙]'은 'ㄴ'첨가이다.

⑤ '칼날[칼랄]'은 'ㄴ'이 'ㄹ'의 영향을 받아 'ㄹ'로 바뀌는 유음화에 해당한다. '잡히다[자피다]'는 'ㅂ'과 'ㅎ'이 합쳐져 'ㅍ'이 되는 거센소리되기에 해당한다. 그리고 '설날[설랄]'은 'ㄴ'이 'ㄹ'의 영향을 받아 'ㄹ'로 바뀌는 유음화에 해당한다.

25 ②

정답 해설 | '솥이나'를 [소치나]로 발음하는 것은 '이나'가 조사이기 때문에 ㉠에 따라 발음한 것이다.

오답 체크 |

① '같이'를 [가치]로 발음하는 것은 '같이'의 '-이'가 조사가 아니라 접미사이기 때문에 ㉠이 아니라 ㉡를 따른 것이다.

③ '팥이다'를 [파치다]로 발음하는 것은 '이다'가 조사이기 때문에 ㉠에 따라 발음한 것이다.

④ '받히다'를 [바치다]로 발음하는 것은 받침 'ㄷ' 뒤에 접미사 '히'가 결합되어 '티'를 이루는 것은 [치]로 발음해야 한다는 ㉢을 따른 것이다.

⑤ '붙이다'를 [부치다]로 발음하는 것은 받침 'ㅌ'이 접미사의 모음 'ㅣ'와 결합되는 경우에 [ㅊ]으로 바꾸어서 뒤 음절 첫소리로 옮겨 발음해야 한다는 ㉡을 따른 것이다.

26 ⑤

정답 해설 | '잃지[일치]'는 자음이 축약되는 거센소리되기가 나타나지만, '긁고[글꼬]'는 겹받침 중 'ㄱ'이 탈락하고, 어미의 첫소리 'ㄱ'이 'ㄲ'으로 교체되는 된소리되기가 일어난다.

오답 체크 |

① '값도[갑또]'에는 겹받침 중 'ㅅ'이 탈락하는 자음군단순화가 일어난다. '맑네[망네]'에도 겹받침 중 'ㄹ'이 탈락하는 자음군단순화가 일어난다.

② '입니[임니]'에는 'ㅂ'이 'ㄴ'의 영향을 받아 'ㅁ'으로 바뀌는 비음화 현상이 나타난다. '맑네[망네]'와 '꽃말[꼰말]'에도 비음화 현상이 나타나는데, 비음이 아닌 자음(ㄱ, ㄷ)이 각각 비음(ㄴ, ㅁ)의 영향을 받아 비음(ㅇ, ㄴ)으로 바뀌는 음운의 변동이 일어난 것이다.

③ '물약[물략]'에서는 첨가로 생겨난 'ㄴ'이 'ㄹ'의 영향을 받아 'ㄹ'로 교체되는 유음화가 나타난다.

④ '팥죽[판쭉]'에는 'ㅌ'이 'ㄷ'으로 바뀌는 음절의 끝소리 법칙

이 일어난다. '낮일[난닐]'에서는 'ㅈ'이 'ㄷ'으로, '꽃말[꼰말]'에서는 'ㅊ'이 'ㄷ'으로 바뀌는 음절의 끝소리 법칙이 일어난다.

27 ①

정답 해설 | '흙하고[흐카고]'는 먼저 겹받침 중 'ㄹ'이 탈락하는 자음군단순화가 일어나고, 'ㄱ'과 'ㅎ'이 합쳐져 'ㅋ'으로 축약되는 거센소리되기가 일어난다. 따라서 음운의 개수는 두 개 줄었다.

오답 체크 |

② '저녁연기[저녕년기]'는 먼저 'ㄴ'첨가가 일어나고, 'ㄱ'이 'ㄴ'의 영향을 받아 'ㅇ'으로 교체되는 비음화가 일어난다. 따라서 첨가와 교체가 일어나 음운의 개수는 한 개 늘었다.

③ '부엌문[부엉문]'은 먼저 'ㅋ'이 'ㄱ'으로 교체되는 음절의 끝소리 규칙이 일어나고, 'ㄱ'이 'ㅁ'의 영향을 받아 'ㅇ'으로 교체되는 비음화가 일어난다. '볶는[봉는]'은 먼저 'ㄲ'이 'ㄱ'으로 교체되는 음절의 끝소리 규칙이 일어나고, 'ㄱ'이 'ㄴ'의 영향을 받아 'ㅇ'으로 교체되는 비음화가 일어난다. 따라서 '부엌문[부엉문]'과 '볶는[봉는]'은 각각 교체가 두 번 일어나고 음운의 개수는 변하지 않았다.

④ '얹지[언찌]'는 먼저 겹받침 중 'ㅈ'이 탈락하는 자음군단순화가 일어나고, 'ㅈ'이 'ㅉ'으로 교체되는 된소리되기가 일어난다. '묽고[물꼬]'는 겹받침 중 'ㄱ'이 탈락하는 자음군단순화가 일어나고, 'ㄱ'이 'ㄲ'으로 교체되는 된소리되기가 일어난다. 따라서 '얹지[언찌]'와 '묽고[물꼬]'는 탈락과 교체가 일어나 음운의 개수가 각각 한 개 줄었다.

⑤ '넓네[널레]'는 먼저 겹받침 중 'ㅂ'이 탈락하는 자음군단순화가 일어나고, 'ㄴ'이 'ㄹ'의 영향을 받아 교체되는 유음화가 일어난다. '밝는[방는]'은 먼저 겹받침 중 'ㄹ'이 탈락하는 자음군단순화가 일어나고, 'ㄱ'이 'ㄴ'의 영향을 받아 교체되는 비음화가 일어난다. 따라서 '넓네[널레]'와 '밝는[방는]'은 탈락과 교체가 일어나고 음운의 개수는 각각 한 개 줄었다.

28 ①

정답 해설 | '도매가격[도매까격]'은 '도매'와 '가격'이 모두 한자어이고, '도맷값[도매깝]'은 한자어와 고유어가 결합되어 있다. 따라서 이는 ⓑ의 조건이 차이가 나서 사이시옷 표기 여부가 갈린 예이다.

오답 체크 |

② '전세방[전세빵]'은 '전세'와 '방'이 모두 한자어이고, '아랫방[아래빵]'은 고유어와 한자어가 결합되어 있다. 따라서 이는 ⓑ의 조건이 차이가 나서 사이시옷 표기 여부가 갈린 예이다.

③ '버섯국[버섣꾹]'은 '버섯'과 '국'이 합성 명사로 앞말이 자음으로 끝났고, '조갯국[조개꾹]'은 '조개'와 '국'의 합성 명사로 앞말이 모음으로 끝났다. 따라서 이는 ⓒ의 조건이 차이가 나서 사이시옷 표기 여부가 갈린 예이다.

④ '인사말[인사말]'은 '인사'와 '말'의 합성 명사로 앞말 끝소리에 'ㄴ'소리가 덧나지 않고, '존댓말[존댄말]'은 '존대'와 '말'의 합성 명사로 앞말 끝소리에 'ㄴ'소리가 덧난다. 따라서 이는 ⓓ의 조건이 차이가 나서 사이시옷 표기 여부가 갈린 예이다.

⑤ '나무껍질[나무껍찔]'에서 '껍질'의 첫소리는 원래 된소리이고, '나뭇가지[나무까지]'에서 '[까지]'는 '가지'의 첫소리인 'ㄱ'이 된소리 'ㄲ'으로 바뀌어 발음된 것이다. 따라서 이는 ⓓ의 조건이 차이가 나서 사이시옷 표기 여부가 갈린 예이다.

29 ①

정답 해설 | 긁는'의 비표준 발음은 자음군단순화로 'ㄱ'이 탈락한 다음, 'ㄴ'이 'ㄹ'의 영향을 받아 'ㄹ'로 교체되는 유음화가 나타난 것이다. 그리고 '짧네'의 표준 발음은 자음군단순화로 'ㅂ'이 탈락한 다음, 'ㄴ'이 'ㄹ'의 영향을 받아 'ㄹ'로 교체되는 유음화가 나타난 것이다. 따라서 ⓐ에는 유음화가 들어가야 한다. '긁는'의 표준 발음은 'ㄹ'이 탈락하는 자음군단순화 후, 'ㄱ'이 'ㄴ'의 영향을 받아 'ㅇ'으로 교체되는 비음화가 나타난 것이다. 그리고 '짧네'의 비표준 발음은 'ㄹ'이 탈락하는 자음군단순화 후, 'ㅂ'이 'ㄴ'의 영향을 받아 'ㅁ'으로 교체되는 비음화가 나타난 것이다. 따라서 ⓑ에는 비음화가 들어가야 한다. '끊기고'의 표준 발음은 'ㅎ'과 'ㄱ'이 합쳐져 'ㅋ'으로 축약되는 거센소리되기가 나타난 것이고, '뚫지'의 표준 발음은 'ㅎ'과 'ㅈ'이 합쳐져 'ㅊ'으로 축약되는 거센소리되기가 나타난 것이다. 따라서 ⓒ에는 거센소리되기가 들어가야 한다.

30 ④

정답 해설 | '풀잎[풀립]'은 'ㄴ'첨가와 'ㅍ'이 'ㅂ'으로 교체되는 음절의 끝소리 규칙, 그리고 첨가된 'ㄴ'이 'ㄹ'의 영향을 받아 'ㄹ'로 교체되는 유음화가 나타난다. '벼훑이[벼훌치]'는 겹받침 중 'ㅌ'이 뒤에 오는 'ㅣ'모음의 영향을 받아 'ㅊ'으로 교체되는 구개음화가 나타난다. 따라서 '풀잎[풀립]'은 음운의 개수가 한 개 늘었지만, '벼훑이[벼훌치]'는 음운의 개수에 변화가 없다.

오답 체크 |

① '풀잎[풀립]'은 'ㄴ'첨가, 음절의 끝소리 규칙, 유음화가 일어나고, '읊네[음네]'는 겹받침 중 'ㄹ'이 탈락하는 자음군단순화와 'ㅍ'이 'ㅂ'으로 교체되는 음절의 끝소리 규칙, 그리고 교체된 'ㅂ'이 'ㄴ'의 영향을 받아 'ㅁ'으로 교체되는 비음화

가 나타난다. 따라서 음운 변동이 각각 세 번씩 일어났다는 설명은 적절하다.

② 인접한 자음과 조음 방법이 같아지는 음운 변동은 '풀잎[풀립]'에서는 유음화가, '읊네[음네]'에서는 비음화가 나타난다.

③ '풀잎[풀립]'에서 첨가된 음운은 'ㄴ'이고, '읊네[음네]'에서 탈락된 음운은 'ㄹ'로 서로 다르다.

⑤ '풀잎[풀립]'에서는 첨가된 'ㄴ'이 'ㄹ'의 영향을 받아 'ㄹ'로 교체되는 유음화가 나타나고, '벼훑이[벼훌치]'는 겹받침 중 'ㅌ'이 뒤에 오는 'ㅣ'모음의 영향을 받아 'ㅊ'으로 교체되는 구개음화가 나타난다.

31 ②

정답 해설 | '안팎을'에서 '을'은 조사로 형식 형태소이기 때문에 '팎'의 'ㄲ'은 음절의 끝소리 규칙을 적용하지 않고 연음하여 [안파끌]로 발음하면 된다.

오답 체크 |

① '찰흙이'의 '이'는 조사로 형식 형태소이기 때문에 자음군 단순화를 적용하지 않고 겹받침 중 뒤 자음을 연음하여 [찰흘기]로 발음하면 된다.

③ '넋이'의 '이'는 조사로 형식 형태소이기 때문에 자음군 단순화를 적용하지 않고 겹받침 중 뒤 자음을 연음하고 된소리되기를 적용하여 [넉씨]로 발음하면 된다. 부정확한 발음 [너기]는 자음군단순화를 적용하고 연음을 한 것이다.

④ '끝을'의 '을'은 조사로 형식 형태소이기 때문에 받침 'ㅌ'을 연음하여 [끄틀]로 발음하면 된다. 여기에 구개음화는 나타나지 않는다.

⑤ '숲에'의 '에'는 조사로 형식 형태소이기 때문에 받침 'ㅍ'을 연음하여 [수페]로 발음하면 된다. 여기에 거센소리되기는 일어나지 않는다.

32 ③

정답 해설 | 두 개의 단모음이 합쳐져 이중 모음이 되는 경우는 ㉡과 ㉢이다. ㉡은 'ㅣ'와 'ㅓ'가 합쳐져 'ㅕ'가 됐고, ㉢은 'ㅜ'와 'ㅓ'가 합쳐져 'ㅝ'가 되었다.

오답 체크 | ㉠은 단모음 사이에 반모음 'ㅣ'가 첨가된 경우이고, ㉣은 두 개의 단모음 중 하나('ㅓ')가 없어진 경우이다.

33 ⑤

정답 해설 | '밟는[밤는]'은 먼저 'ㄹ'이 탈락하는 자음군단순화가 일어나고, 'ㅂ'이 'ㄴ'의 영향을 받아 'ㅁ'으로 교체되는 비음화가 일어난다. 따라서 받침 말음의 원칙을 지키기 위해 ㉠이 적용된 것은 맞지만, ㉡은 적용되지 않았다.

오답 체크 |

① '읽다[익따]'는 'ㄹ'이 탈락하는 자음군단순화가 일어났기 때문에 ㉠이 적용되었다.

② '옮는[옴는]'은 'ㄹ'이 탈락하는 자음군단순화가 일어났기 때문에 ㉠이 적용되었다.

③ '닦지[닥찌]'는 'ㄲ'이 'ㄱ'으로 교체되는 음절의 끝소리 규칙이 일어났기 때문에 ㉡이 적용되었다.

④ '읊기[읍끼]'는 'ㄹ'이 탈락하는 자음군단순화가 일어난 다음, 'ㅍ'이 'ㅂ'으로 교체되는 음절의 끝소리 규칙이 일어났기 때문에 ㉠과 ㉡이 모두 적용되었다.

34 ③

정답 해설 | '깊다 → [깁따]'에서처럼 음절의 끝소리 규칙이 나타나는 예로는 ㉢과 ㉣이다. '숯도[숟또]'에서 'ㅊ'이 'ㄷ'으로, '옷고름[옫꼬름]'에서 'ㅅ'이 'ㄷ'으로, '닦는[당는]'에서 'ㄲ'이 'ㄱ'으로, '부엌문[부엉문]'에서 'ㅋ'이 'ㄱ'으로 교체되는 음절의 끝소리 규칙이 일어난다.

오답 체크 |

① 축약이 일어나는 예는 ㉠뿐이다. '옳지[올치]'에서 'ㅎ'과 'ㅈ'이 합쳐져 'ㅊ'으로, '좁히다[조피다]'에서 'ㅂ'과 'ㅎ'이 합쳐져 'ㅍ'으로 되는 축약이 일어난다. ㉡은 'ㅎ'을 끝소리로 가지는 어간이 모음으로 시작하는 어미나 접미사 앞에서 'ㅎ'이 탈락하는 것이다.

② 된소리되기가 나타나는 예는 ㉢과 ㉤이다. ㉠은 거센소리되기이다.

④ '겉모양[건모양]'에서 'ㅌ'이 'ㄴ'과 조음 위치가 같아진 것이 아니라, 'ㅌ'은 'ㄴ'과 원래 조음 위치가 같다. ㉣도 마찬가지로 '닦는[당는]'에서 'ㄲ'과 'ㅇ', '부엌문[부엉문]'에서 'ㅋ'과 'ㅇ'은 각각 서로 같은 위치에서 발음된다.

⑤ '앉고[안꼬]'에서처럼 받침 자음의 일부가 탈락하는 자음군단순화가 일어나는 예는 ㉤이다. '읽지[익찌]'에서는 'ㄹ'이, '훑거나[훌꺼나]'에서는 'ㅌ'이 탈락한다. ㉣의 '닦는[당는]'과 '부엌문[부엉문]'은 모두 음절의 끝소리 규칙과 비음화만 나타날 뿐 자음군단순화는 일어나지 않는다.

35 ⑤

정답 해설 | '닭+하고[다카고]'는 '닭'에서 'ㄹ'이 탈락하는 자음군단순화가 일어난 다음, 'ㄱ'과 'ㅎ'이 합쳐져 'ㅋ'으로 축약되는 거센소리되기가 나타난다. 따라서 〈보기〉에서 적용된 내용은 ⓑ와 ⓔ이다.

오답 체크 |

① '여덟+이'는 ⓐ가 적용된 것이기 때문에 [여더리]가 아니라 [여덜비]로 발음해야 한다.

② '몫+을'은 ⓐ가 적용된 것이기 때문에 겹받침의 뒤엣것만을 뒤 음절 첫소리로 연음하면 되는데, 'ㅅ'의 경우는 'ㅆ'으로 발음한다고 했으므로 [목슬]이 아니라, [목쓸]로 발음해야 한다.

③ '흙+만'은 ⓑ와 ⓒ가 적용된 것이기 때문에 자음군단순화가 일어난 다음 비음화가 일어난다. 따라서 [흑만]이 아니라 [흥만]으로 발음해야 한다.
④ '값+까지'는 ⓑ가 적용되는 것은 맞지만, ⓓ는 겹받침 뒤 음절의 첫소리가 된소리('ㄲ')이기 때문에 적용되지 않는다. 따라서 '값+까지'는 ⓑ만 적용하여 [갑까지]로 발음하면 된다.

36 ⑤

정답 해설 | 〈보기〉의 (가)는 교체 중 음절의 끝소리 규칙에 관한 설명이고, (나)는 탈락 중 자음군단순화에 대한 설명이다. '읊고[읍꼬]'는 먼저 겹받침 중 'ㄹ'이 탈락하는 자음군단순화가 일어나고 'ㅍ'이 'ㅂ'으로 교체되는 음절의 끝소리 규칙이 일어난다. 그리고 'ㄱ'이 'ㄲ'으로 교체되는 된소리되기가 일어난다. 따라서 '읊고[읍꼬]'에는 (가)와 (나) 모두에 해당하는 음운 변동이 나타난다.

오답 체크 |
① '꽂힌[꼬친]'에는 'ㅈ'과 'ㅎ'이 합쳐져 'ㅊ'으로 축약되는 된소리되기가 일어난다.
② '몫이[목씨]'에는 겹받침 중 뒤의 자음인 'ㅅ'이 뒤 음절의 첫소리로 연음된 다음 된소리되기가 일어나서 'ㅆ'으로 바뀐다.
③ '비옷[비옫]'에는 받침 'ㅅ'이 'ㄷ'으로 교체되는 음절의 끝소리 규칙이 일어난다. 따라서 (나)가 아니라 (가)에 해당하는 음운 변동이 있다.
④ '않고[안코]'에는 'ㅎ'과 'ㄱ'이 합쳐져 'ㅋ'으로 축약되는 된소리되기가 일어난다.

37 ②

정답 해설 | ㉠'흙일[흥닐]'에는 'ㄹ'이 탈락하는 자음군단순화가 일어난 다음, 둘째 음절 첫소리에 'ㄴ'이 첨가되고, 그 'ㄴ'의 영향을 받아 첫째 음절의 받침 'ㄱ'이 'ㅇ'으로 교체되는 비음화가 나타난다.
㉡'닳는[달른]'에는 'ㅎ'이 탈락하는 자음군단순화가 일어난 다음, 첫째 음절 받침인 'ㄹ'의 영향을 받아 뒤 음절 첫소리 'ㄴ'이 'ㄹ'로 교체되는 유음화가 나타난다.
㉢'발야구[발랴구]'에는 둘째 음절 첫소리에 'ㄴ'이 첨가되고, 첫째 음절 받침인 'ㄹ'의 영향을 받아 뒤 음절 첫소리 'ㄴ'이 'ㄹ'로 교체되는 유음화가 나타난다.
이상에서 볼 때, ㉠~㉢에 공통으로 일어난 음운 변동은 첨가가 아니라 교체이다.

오답 체크 |
① ㉠에는 3회, ㉡과 ㉢에는 각각 2회의 음운 변동이 나타나므로 맞는 설명이다.
③ ㉠에는 탈락과 첨가가 일어나기 때문에 음운의 개수에는 변화가 없다.
④ ㉡과 ㉢에는 각각 2회의 음운 변동이 나타나므로 맞는 설명이다.
⑤ ㉠과 ㉢에서 첨가된 음운은 모두 'ㄴ'으로 같다.

38 ③

정답 해설 | [A]에서 최소 대립쌍들을 찾아 음운들을 추출해 보면, '쉬리'의 '쉬'와 '소리'의 '소'에서 'ㅟ'와 'ㅗ'가, '마루'의 '마'와 '머루'의 '머'에서 'ㅏ'와 'ㅓ'가, '구실'의 '실'과 '구슬'의 '슬'에서 'ㅣ'와 'ㅡ'가 추출됨을 확인할 수 있다. 따라서 추출된 음운들을 [B]에서 확인하면, 고모음 3개, 중모음 2개, 저모음 1개, 전설 모음 2개, 후설 모음 4개, 평순 모음 4개, 원순 모음 2개인 것을 확인 할 수 있다.

39 ④

정답 해설 | '국물[궁물]'에서의 [궁]은 'ㄱ'이 'ㅇ'으로 교체되는 음절의 끝소리 규칙이 일어난 결과이고, 음절 유형은 '국[국]'과 마찬가지로 '자음+모음+자음'이다.

오답 체크 |
① '밥상[밥쌍]'에서의 [쌍]은 'ㅅ'이 'ㅆ'으로 교체된 된소리되기의 결과이고, 음절 유형은 '상[상]'과 마찬가지로 '자음+모음+자음'이다.
② '집일[짐닐]'에서의 [닐]은 'ㄴ'첨가의 결과이고, 음절 유형은 '일[일]'과 달리 '자음+모음+자음'이다.
③ '의복함[의보캄]'에서의 [캄]은 축약의 결과이고, 음절 유형은 '함[함]'과 마찬가지로 '자음+모음+자음'이다.
⑤ '화살[화살]'에서의 [화]는 탈락의 결과이고, 음절 유형은 '활[활]'과 달리 '자음+모음'이다.

40 ④

정답 해설 | '견디-+-어서'가 [견뎌서]로 발음될 때에는 'ㅣ'와 'ㅓ'가 합쳐져 'ㅕ(j+ㅓ)'로 되는 음운 변동이 일어난다. 여기서 용언 어간의 단모음 'ㅣ'가 '-어'로 시작하는 어미와 결합할 때 반모음 'j'로 교체되는 것을 확인할 수 있다. 따라서 ④는 ㉮에 들어갈 말로 적절하다.

오답 체크 |
① '뛰-+-어'가 [뛰여]로 발음될 때에는 반모음 'j'가 첨가되는 현상이 일어난다.
② '차-+-아도'가 [차도]로 발음될 때에는 단모음 'ㅏ'가 탈락되는 현상이 일어난다.
③ '잠그-+-아'가 [잠가]로 발음될 때에는 단모음 'ㅡ'가 탈락되는 현상이 일어난다.
⑤ '키우-+-어라'가 [키워라]로 발음될 때에는 단모음 'ㅜ'가 반모음 'w'로 교체되는 현상이 일어난다. 따라서 이것은 반모음 'j'로 교체되는 예가 아니므로 ㉮에 들어갈 말로 적절하지 않다.

41 ①

정답 해설 | '잘 입다'를 이어서 한 마디로 발음하면 첨가와 교체가 일어나 [잘립따]로 발음되고, '값 매기다'를 이어서 한 마디로 발음하면 탈락과 교체가 일어나 [감매기다]로 발음된다. 따라서 ㄱ과 ㄴ에서 공통적으로 일어나는 음운 변동의 유형은 교체이다. 이와 같이 이어서 한 마디로 발음하는 경우에 교체가 일어나는 예는 '책 넣는다[챙넌는다]'이다. '책 넣는다[챙넌는다]'에서는 음절의 끝소리 규칙과 비음화가 일어나는데 두 가지 모두 교체에 해당한다.

오답 체크 |

② '좋은 약[조:은냑]'은 이어서 한 마디로 발음하면 탈락(ㅎ탈락)과 첨가(ㄴ첨가)가 일어난다.

③ '잘한 일[잘한닐]'은 이어서 한 마디로 발음하면 첨가(ㄴ첨가)가 일어난다.

④ '슬픈 얘기[슬픈내기]'는 이어서 한 마디로 발음하면 첨가(ㄴ첨가)가 일어난다.

⑤ '먼 옛날[먼:녠날]'은 이어서 한 마디로 발음하면 첨가(ㄴ첨가)와 교체(음절의 끝소리 규칙, 비음화)가 일어난다.

42 ④

정답 해설 | 'ㅔ'와 'ㅗ'는 모두 공통적으로 [-고설성], [-저설성]을 나타내는 변별적 자질의 특성을 가지고 있다. 따라서 'ㅔ'와 'ㅗ'가 [고설성]을 나타내는 변별적 자질의 특성이 서로 다르다는 진술은 적절하지 않다.

오답 체크 |

① 'ㅡ'는 후설 모음으로 [+후설성]을 나타내는 변별적 자질의 특성을 가지고 있고, 'ㅣ'는 전설 모음으로 [-후설성]을 나타내는 변별적 자질의 특성을 가지고 있으므로 적절한 설명이다.

② 'ㅏ'는 저모음으로 [+저설성]을 나타내는 변별적 자질의 특성을 가지고 있고, 'ㅓ'는 중모음으로 [-저설성]을 나타내는 변별적 자질의 특성을 가지고 있으므로 적절한 설명이다.

③ 'ㅚ'와 'ㅜ'는 모두 원순 모음으로 [+원순성]을 나타내는 변별적 자질의 특성을 가지고 있다. 그리고 'ㅚ'는 중모음이고 'ㅜ'는 고모음이기 때문에 모두 [-저설성]을 나타내는 변별적 자질의 특성을 가지고 있다. 따라서 'ㅚ'와 'ㅜ'의 동일한 변별적 자질의 특성이 [+원순성]과 [-저설성]이라는 설명은 적절하다.

⑤ 'ㅐ'와 'ㅟ'는 모두 전설 모음으로 [-후설성]을 나타내는 변별적 자질의 특성을 가지고 있다. 그리고 'ㅐ'는 저모음으로 [-고설성]을 나타내는 변별적 자질의 특성을 가지고 있고, 'ㅟ'는 고모음으로 [+고설성]을 나타내는 변별적 자질의 특성을 가지고 있다. 따라서 'ㅐ'와 'ㅟ'는 [후설성]을 나타내는 변별적 자질의 특성은 동일하고, [고설성]을 나타내는 변별적 자질의 특성은 서로 다르다는 설명은 적절하다.

43 ⑤

정답 해설 | ㉠ 밭일[반닐]에서는 교체(음절의 끝소리 규칙, 비음화)와 첨가(ㄴ첨가)가 일어나고, ㉡ 훑는[훌른]에서는 탈락(자음군단순화)과 교체(유음화)가 일어나며, ㉢ 같이[가치]에서는 교체(구개음화)가 일어난다. 따라서 공통적으로 일어난 음운 변동은 교체이므로 탈락과 교체가 일어났다는 설명은 적절하지 않다.

오답 체크 |

① ㉠에서 음절 끝에 올 수 있는 자음이 제한되어 있기 때문에 일어난 음운 변동은 음절의 끝소리 규칙을 의미하므로 적절한 설명이다. 'ㅌ'이 'ㄷ'으로 바뀌는 음운 변동이 일어난다.

② ㉠밭일[반닐]에서는 교체(음절의 끝소리 규칙, 비음화)와 첨가(ㄴ첨가)가 일어나고, ㉡훑는[훌른]에서는 탈락(자음군단순화)과 교체(유음화)가 일어나므로 ㉠은 첨가로 인해 음운의 개수가 1개 늘었고, ㉡은 탈락으로 인해 음운의 개수가 1개 줄었다.

③ ㉠의 '밭'과 '일'은 모두 명사이기 때문에 실질 형태소이고, ㉢의 '같-'은 어근으로 실질 형태소이고, '-이'는 접사이기 때문에 형식 형태소이다.

④ ㉡은 '훑-'의 자음 'ㄹ'로 인해 뒤의 'ㄴ'이 'ㄹ'로 바뀌는 음운 변동(유음화)이 일어난 것이고, ㉢은 'ㅌ'이 뒤에 오는 모음 'ㅣ'의 영향을 받아 'ㅊ'으로 바뀌는 음운 변동(구개음화)이 일어난 것이다.

44 ③

정답 해설 | '강릉[강능]'을 발음할 때 'ㄹ'이 'ㄴ'으로 바뀌는 음운 변동이 일어난다. 따라서 'ㄹ'과 'ㄴ'은 모두 치조음이므로 조음 위치에는 변화가 없다. 하지만 유음 'ㄹ'에서 비음 'ㄴ'으로 조음 방법이 바뀌는 음운 변동이 일어난다.

오답 체크 |

① '맏이[마지]'는 'ㄷ'이 'ㅣ' 모음의 영향을 받아 'ㅈ'으로 바뀌는 음운 변동(구개음화)이 일어난다. 따라서 조음 방법과 조음 위치가 모두 바뀌는 음운 변동이 일어나기 때문에 조음 위치만 한 번 변한다는 설명은 적절하지 않다.

② '꽃눈[꼰눈]'은 'ㅊ'이 'ㄷ'으로 바뀌는 음운 변동(음절의 끝소리 규칙)과 다시 그 'ㄷ'이 뒤의 자음인 'ㄴ'의 영향을 받아 'ㄴ'으로 바뀌는 음운 변동(비음화)이 일어난다. 앞의 변동은 조음 위치와 조음 방법이 모두 바뀐 것이고, 뒤의 변동은 조음 방법만 바뀐 것이다. 따라서 조음 위치만 두 번 변하는 음운 변동이 일어났다는 설명은 적절하지 않다.

④ '실내[실래]'는 'ㄹ'의 영향을 받아 뒤에 오는 'ㄴ'이 'ㄹ'로 바뀌는 음운 변동(유음화)이 일어나므로 조음 방법만 한 번 바뀐 것이다. 따라서 조음 위치가 변한 후 조음 방법이 변했다는 설명은 적절하지 않다.

⑤ '앞날[암날]'은 'ㅍ'이 'ㅂ'으로 바뀌는 음운 변동(음절의 끝소리 규칙)과 그 'ㅂ'이 뒤에 오는 'ㄴ'의 영향을 받아 'ㅁ'으로 바뀌는 음운 변동(비음화)이 일어난다. 따라서 'ㅍ'이 'ㅂ'으로 바뀔 때는 조음 위치와 조음 방법이 모두 변하지 않지만, 'ㅂ'이 'ㅁ'으로 바뀔 때는 조음 위치는 변하지 않고 조음 방법만 바뀌었을 뿐이다. 그러므로 조음 방법이 변한 후 조음 위치가 변했다는 설명은 적절하지 않다.

45 ①

정답 해설 | '곤란'[골:란]은 동화음 'ㄹ'이 피동화음 'ㄴ'에 후행하며, 피동화음 'ㄴ'이 동화음 'ㄹ'과 완전히 같아지는 동화가 일어난다. 그리고 '입문'[임문]은 동화음 'ㅁ'이 피동화음 'ㅂ'에 후행하며, 피동화음 'ㅂ'이 동화음 'ㅁ'과 완전히 같아지는 동화가 일어난다.

오답 체크 | '국민[궁민]'은 동화음 'ㅁ'이 피동화음 'ㄱ'에 후행하며 피동화음 'ㄱ'이 동화음 'ㅁ'의 조음 방법만 닮는 동화가 일어난다. '읍내[음내]'는 동화음 'ㄴ'이 피동화음 'ㅂ'에 후행하며 피동화음 'ㅂ'이 동화음 'ㄴ'의 조음 방법만 닮는 동화가 일어난다. '칼날[칼랄]'은 동화음 'ㄹ'이 피동화음 'ㄴ'에 선행하며, 피동화음 'ㄴ'이 동화음 'ㄹ'과 완전히 같아지는 동화가 일어난다

46 ①

정답 해설 | '확인된 문제'의 사례에서 '출력된 자료'는 '표기된 자료'의 '표준 발음'이 그대로 출력되어 있다. 따라서 '표기된 자료'와 '출력된 자료'를 비교하여 분석하면 프로그램이 분석하지 못한 음운 변동 현상을 알 수 있다. 먼저 '끊어지다[끄너지다]'에는 'ㅎ 탈락'이, '암탉[암탁]'에는 '자음군 단순화'가 일어나는데, 프로그램은 음운의 탈락 현상을 분석하지 못한 것을 알 수 있다. 또한 '없애다[업:쌔다]'에는 '된소리되기'가, '피붙이[피부치]'에는 '구개음화'가, '웃어른[우더른]'에는 '음절의 끝소리 규칙'이 일어나는데, 프로그램은 음운의 교체 현상을 분석하지 못한 것을 알 수 있다. 따라서 프로그램이 분석하지 못한 음운 변동 현상은 ㉠, ㉡이다.

47 ④

정답 해설 | '급행요금[그팽뇨금]'에서는 '급'의 끝소리 'ㅂ'과 'ㅎ'이 축약되어 거센소리 [ㅍ]으로 발음되는 음운 변동이 일어나고, '급행'과 '요금' 사이에서 'ㄴ'이 첨가되는 음운 변동이 일어난다. 따라서 축약과 첨가의 음운 변동은 일어나지만, 탈락의 음운 변동은 일어나지 않는다.

오답 체크 |

① '물약'에서 '물과 '약' 사이에서 'ㄴ'이 첨가되는 음운 변동이 일어나고, 그 'ㄴ'이 '물'의 끝소리 'ㄹ'의 영향을 받아 [ㄹ]로 바뀌어 음운 변동(유음화)이 일어난다. 따라서 첨가와 교체의 음운 변동이 일어난다는 설명은 적절하다.

② '읊는'에서 '읊'의 끝에 오는 두 자음 중 'ㄹ'이 탈락되는 음운 변동(자음군단순화)이 일어나고, 남은 'ㅍ'이 'ㅂ'으로 바뀌는 음운 변동(음절의 끝소리 규칙)이 일어난 후, 뒤에 오는 'ㄴ'의 영향을 받아 [ㅁ]으로 바뀌는 음운 변동(비음화)이 일어난다. 따라서 탈락과 교체 두 번의 음운 변동이 일어난다.

③ '값하다'에서 '값'의 끝에 오는 두 자음 중 'ㅅ'이 탈락되는 음운 변동(자음군단순화)이 일어나고, 남은 'ㅂ'이 뒤에 오는 'ㅎ'과 축약되어 거센소리 [ㅍ]으로 발음되는 음운 변동이 일어난다. 따라서 탈락과 축약의 음운 변동이 일어난다는 설명은 적절하다.

⑤ '넓죽하다'에서 '넓'의 끝에 오는 두 자음 중 'ㄹ' 이 탈락되는 음운 변동(자음군단순화)이 일어나고, 남은 'ㅂ'의 영향을 받아 뒤의 자음 'ㅈ'이 된소리 [ㅉ]으로 발음되는 음운 변동(된소리되기)이 일어난다. 그리고 '죽'의 끝소리 'ㄱ'과 뒤의 자음 'ㅎ'이 축약되어 거센소리 [ㅋ]으로 발음되는 음운 변동이 일어난다. 따라서 탈락과 교체와 축약의 음운 변동이 일어난다는 설명은 적절하다.

48 ③

정답 해설 | ㉠'[자료] (4)'의 사례를 보면 어간이 'ㄹ'로 끝날 때 그 어간 바로 뒤에 오는 어미의 초성에서는 된소리되기가 일어나지 않는다. 따라서 '가설 1'은 합리적이지 않다. ㉡ '[자료] (1)'의 현상이 어간 종성에서 일어나 어간 종성의 'ㅌ'이 'ㄷ'으로 교체된 후, '[자료] (3)'의 교체가 일어날 수 있다. 이후에 어간 종성에서 두 자음 중 'ㄷ'의 탈락이 일어났다고 볼 수 있다. 따라서 '가설 2'를 통해 '훑다'가 [훌따]로 발음되는 과정(훑다 → [훑다] → [훑따] → [훌따])을 적절히 설명할 수 있다.

49 ①

정답 해설 | '훑이'는 어간 '훑-'에 모음으로 시작하는 접사 '-이'가 결합된 경우로, 'ㅌ'이 'ㅣ'모음의 영향을 받아 'ㅊ'으로 바뀌는 음운 변동(구개음화)이 일어나 [훌치]로 발음된다. 하지만 자음군 단순화는 일어나지 않는다.

오답 체크 |

② '훑어[훌터]'는 세 번째 [자료]에 근거하여 모음으로 시작하는 형식 형태소인 어미 '-어'가 와서 'ㅌ'이 연음되어 발음되기 때문에 자음군 단순화가 일어나지 않는다.

③ '얹는[언는]'은 첫 번째 [자료]에 근거하여 'ㄵ' 중 뒤의 자음인 'ㅈ'이 탈락되는 음운 변동(자음군 단순화)만 일어난다.

④ '끓고[끌코]'는 두 번째 [자료]에 근거하여 'ㅎ'과 그다음 음절의 'ㄱ'이 축약되는 음운 변동이 일어나기 때문에 자음군 단순화가 일어나지 않는다.

⑤ '끓는[끌른]'은 첫 번째 [자료]에 근거하여 자음군 단순화가 일어난 후 남은 'ㄹ'의 영향으로 뒤의 'ㄴ'이 'ㄹ'로 바뀌는 음운 변동(유음화)이 일어난다.

50 ②

정답 해설 | 대표 형태가 '달-'이라면 [달코]와 [달치만]을 음운 변동으로 설명할 수 없지만, 대표 형태가 '닳-'이라면 [달코]와 [달치만]을 축약으로 설명할 수 있으므로 적절한 설명이다.

오답 체크 |

① 대표 형태가 '깍-'이라면 [깍찌만]과 [깡는]을 각각 된소리되기와 비음화의 음운 변동으로 설명할 수 있다. 그리고 대표 형태가 '깎-'이라면 받침의 'ㄲ'이 'ㄱ'으로 바뀌는 음운 변동(음절의 끝소리 규칙)이 일어난 다음, [깍찌만]과 [깡는]에서 알 수 있듯이 각각 된소리되기와 비음화의 음운 변동으로 설명할 수 있기 때문에 적절하지 않은 설명이다.

③ 대표 형태가 '싼-'이라면 [싸코]와 [싸아서]를 음운 변동으로 설명할 수 없다. 하지만, 대표 형태가 '쌓-'이라면 [싸코]는 축약으로, [싸아서]는 탈락으로 설명할 수 있기 때문에 둘 다 탈락으로 설명할 수 있다는 설명은 적절하지 않다.

④ 대표 형태가 '할-'이라면 [할꼬]와 [할찌만]을 음운 변동으로 설명할 수 없지만, 대표 형태가 '핥-'이라면 종성의 'ㅌ'이 'ㄷ'으로 바뀌는 음운 변동이 일어나고, 그 'ㄷ'의 영향으로 뒤에 오는 어미의 초성인 'ㄱ'과 'ㅈ'이 된소리로 바뀌는 음운 변동이 일어난다. 그리고 다시 'ㄷ'이 탈락하는 자음군 단순화가 일어나기 때문에 둘 다 축약으로 설명할 수 있다는 설명은 적절하지 않다.

⑤ 대표 형태가 '갑-'이라면 [갑꼬]와 [감는]은 교체(된소리되기, 비음화)의 음운 변동으로 설명할 수 있기 때문에 적절하지 않은 설명이다. 그리고 대표 형태가 '갚-'일때 둘 다 교체로 설명할 수 있다는 설명은 맞는 설명이다.

51 ④

정답 해설 | '쌓다'가 '쌓으니'로 활용할 때 'ㅎ' 탈락의 음운 변동이 나타나지만 표기에는 반영되지 않았다. 따라서 교체가 나타난다고 한 설명은 적절하지 않다.

오답 체크 | ① '서다'의 활용형 '서'는 '서다'의 어간 '서-'가 어미 '-어'와 결합할 때 동일 모음의 탈락이 일어나 '서'로 실현된 결과가 활용형의 표기에 반영된 것이다.

② '끄다'의 활용형 '꺼'는 '끄다'의 어간 '끄-'가 어미 '-어'와 결합할 때 'ㅡ' 모음의 탈락이 일어나 '꺼'로 실현된 결과가 활용형의 표기에 반영된 것이다.

③ '풀다'의 활용형 '푸니'는 '풀다'의 어간 '풀-'이 어미 '-니'와 결합할 때 'ㄹ' 탈락이 일어나 '푸니'로 실현된 결과가 활용형의 표기에 반영된 것이다.

⑤ '믿다'의 활용형 '믿는'은 '믿다'의 어간 '믿-'이 어미 '-는'과 결합할 때 교체(비음화)가 나타나 [민는]으로 발음되지만, 그 결과가 표기에는 반영되지 않았다.

52 ④

정답 해설 | ㉣의 구분에 따르면 '강[강]'과 '복[복]', '목[목]'과 '몫[목]'은 모두 '자음+모음+자음' 유형으로 같은 음절 유형에 해당한다.

오답 체크 |

② '북소리'와 '국물'의 실제 발음은 [북쏘리]와 [궁물]이지만 표기가 실제 발음을 그대로 드러내지 않는 경우이다.

③ 발음을 기준으로 하는 것이 아니라 표기된 글자 하나하나를 '음절'이라고 인식하는 관습이라고 했으니까 끝말잇기를 할 때, '나뭇잎' 뒤에 '잎새'를 연결할 수 있다는 설명은 적절하다.

⑤ '북어'는 [부거]로 발음되기 때문에 표기 형태가 음절 유형을 그대로 나타내지 않는 경우에 해당한다. 그리고 '강변'은 [강변]으로 발음되기 때문에 표기 형태가 음절 유형을 그대로 나타내는 경우에 해당한다.

53 ②

정답 해설 | '옷만'은 종성에 올 수 없는 자음이 놓여 발음할 수 없기 때문에 'ㅅ'이 'ㄷ'으로 교체되는 음운 변동이 일어난다. 그리고 이어서 음절 구조 제약과 무관한 음운 변동(비음화)이 일어난다. 따라서 '옷만'이 [온만]으로 발음될 때 음절 구조 제약과 관련된 교체가 한 번, 음절 구조 제약과 무관한 교체가 한 번 일어난다.

오답 체크 |

① '굳이'가 [구지]로 발음될 때는 음절 구조 제약과 관계없는 음운 변동(구개음화)이 일어난다. 따라서 음절 구조 제약과 무관한 교체가 한 번 일어난다.

③ '물약'이 [물략]으로 발음될 때는 음절 구조 제약과 무관한 음운 변동(ㄴ첨가, 유음화)이 일어난다. 따라서 음절 구조 제약과 무관한 첨가가 한 번, 교체가 한 번 일어난다.

④ '값도'가 [갑또]로 발음될 때는 자음군단순화와 된소리되기의 음운 변동이 일어난다. 따라서 음절 구조 제약과 관련된 탈락이 한 번, 음절 구조 제약과 무관한 교체가 한 번 일어난다.

⑤ '핥는'이 [할른]으로 발음될 때는 자음군단순화와 유음화의 음운 변동이 일어난다. 따라서 음절 구조 제약과 관련된 탈락이 한 번, 음절 구조 제약과 관련된 교체가 한 번 일어난다.

54 ③

정답 해설 | 윗글에서 '[국빱]을 들을 때 된소리되기가 인식의

틀로 작동하여 된소리되기 이전의 음운 배열인 '국밥'으로 복원'된다고 했으므로, '밥만[밤만]'을 듣고 '밤만'으로 알았다면 비음화 규칙 이전의 음운 배열인 '밥만'으로 복원된 것이 아니기 때문에 비음화 규칙이 인식의 틀로 작동했다고 볼 수 없다.

오답 체크 |

① '몫'을 [목]으로 발음할 때 'ㅅ'이 탈락하는 자음군단순화가 일어나는데, 이는 국어의 음절 구조는 음절 내에서 모음 앞이나 뒤에 각각 최대 하나의 자음을 둘 수 있기 때문이다.

② '음운은 그 자체로는 뜻이 없다. 음운이 하나 이상 모여 뜻을 가지면 의미의 최소 단위인 형태소가 된다.'고 했으므로 음운 'ㄹ'은 그 자체에 뜻이 없고, '갈 곳'의 'ㄹ'은 어미로 쓰이고 있으므로 뜻을 가진 최소 단위인 형태소에 해당한다.

④ 국어는 영어의 'spring[sprin]'처럼 한 음절 내에서 자음군이 형성될 수 없으므로 국어의 음절 구조에 맞게 바꾸어 인식하게 되기 때문에 'spring'이 '스프링'으로 인식되는 것은 국어 음절 구조 인식의 틀이 제대로 작동한 결과라고 할 수 있다.

⑤ 우리가 외국어를 들을 때 국어에 없는 소리를 듣는다면 국어에서 가장 가까운 음운으로 바꾸어 인식하게 된다고 했으므로, 영어의 'vocal'이 국어에서 '보컬'로 인식되는 것은 영어 'v'와 가장 비슷한 국어 음운이 'ㅂ'이기 때문이라는 설명은 적절하다.

55 ②

정답 해설 | ⓐ는 '앞'과 '일'이 합쳐진 합성명사, ⓒ는 어간(넣-)과 어미(-고)의 결합, ⓔ는 어근(굳-)과 접사(-이)의 결합으로 이루어져 있기 때문에 모두 형태소와 형태소가 만나는 경계에서 발음이 결정되는 것들이다. ⓐ는 음절의 끝소리 규칙, ㄴ첨가, 비음화의 음운 변동이 일어나고, ⓒ는 'ㅎ'과 'ㄱ'이 축약되어 'ㅋ'으로 되는 음운 변동이 일어나며, ⓔ는 'ㄷ'이 'ㅣ'모음의 영향을 받아 'ㅈ'으로 바뀌는 음운 변동(구개음화)이 일어난다.

오답 체크 |

ⓑ '장미꽃[장미꼳]'은 형태소와 형태소가 만나는 경계에서 발음이 결정되는 것이 아니라 음절 구조 제약에 따라 일어나는 음운 변동(음절의 끝소리 규칙)이다.

ⓓ '걱정[걱쩡]'은 그 자체가 하나의 형태소이므로 형태소와 형태소가 만나는 경계에서 일어나는 음운 변동이 아니다.

02 형태론(단어)

기출문제 본문 36~67쪽

01 ④	02 ④	03 ①	04 ⑤	05 ④
06 ①	07 ⑤	08 ④	09 ①	10 ③
11 ④	12 ③	13 ④	14 ③	15 ②
16 ③	17 ③	18 ④	19 ④	20 ④
21 ①	22 ①	23 ①	24 ①	25 ②
26 ③	27 ②	28 ①	29 ④	30 ⑤
31 ④	32 ②	33 ③	34 ④	35 ③
36 ④	37 ④	38 ①	39 ②	40 ③
41 ⑤	42 ④	43 ④	44 ②	45 ②
46 ④	47 ③	48 ②	49 ②	50 ④
51 ①	52 ②	53 ④	54 ④	55 ⑤
56 ④	57 ⑤			

01 ④

정답 해설 | 〈보기〉의 세 단어를 분석해 보면, '줄이다'의 경우 파생어이므로 어간 '줄이-'가 '줄-'(어근)+'-이-'(접사)로 이루어져 있고, '힘들다'의 경우 합성어이므로 어간 '힘들-'이 '힘'(어근)+'들-'(어근)로 이루어져 있으며, '오가다'의 경우 어간 '오가-'가 '오-'(어근)+'가-'(어근)로 이루어져 있다. 따라서 ㉠~㉢에 들어갈 내용이 알맞게 묶여있는 것은 선택지 ④번이다.

02 ④

정답 해설 |

'꾀보'는 접미사 '-보'에 의해 의미가 더해지는 것은 맞지만, 품사는 달라지지 않는다. 왜냐하면, 명사 '꾀'에 접미사 '-보'가 붙은 '꾀보'도 명사이기 때문이다.

03 ①

정답 해설 | ㉠의 '칠'은 단위를 나타내는 의존명사인 '개월'과 함께 쓰이고 있으므로 수관형사이다. ㉮의 '다섯'과 ㉯의 '팔'은 각각 단위를 나타내는 의존명사인 '판', '년'과 함께 쓰이고 있으므로 수관형사이다. 그러나 ㉰와 ㉱는 단위를 나타내는 의존명사와 함께 쓰이지 않으므로 수사이다.

4 ⑤

정답 해설 | 보조사는 격 조사와 결합할 때 격 조사 뒤에만

붙을 수 있다는 설명은 적절하지 않다. 〈보기〉의 '빵만으로'에서 부사격 조사 '으로' 앞에 보조사 '만'이 온 것을 확인할 수 있다.

오답 체크 |

① 〈보기〉의 첫째 문장과 둘째 문장에서 알 수 있듯이 격 조사 자리에 보조사가 올 수도 있다.

② 〈보기〉의 셋째 문장에서 확인할 수 있듯이 '국수' 다음에 목적격 조사 '를'이 생략되어 있다.

③ 〈보기〉의 첫째 문장과 둘째 문장에서 알 수 있듯이 앞에 오는 말에 받침이 있으면 조사 '은', '을'이 쓰이고, 받침이 없으면 조사 '는', '가'가 쓰였다.

④ 〈보기〉의 넷째 문장에서 알 수 있듯이 '어서요'의 '요'는 보조사로 부사인 '어서' 뒤에 붙어 있음을 확인할 수 있다.

05 ④

정답 해설 | '읽어도 보았다.'는 본용언 '읽어' 뒤에 조사 '도'가 붙은 경우이므로, 앞말에 조사가 붙으면 그 뒤에 오는 보조 용언은 띄어 써야 하기 때문에 '읽어도보았다.'는 띄어쓰기에 맞지 않는 것이다.

오답 체크 |

① '꺼져 갔다'에서 앞말 '꺼져'는 '끄(다)'와 '지(다)'가 합쳐진 합성 동사이므로 앞말이 합성 동사인 경우에 그 뒤에 오는 보조 용언은 띄어 써야 한다는 원칙에 따라 '꺼져 갔다'로 띄어 쓰면 된다.

② '밀어내 버렸다'에서 앞말 '밀어내'도 '밀(다)'와 '내(다)'가 합쳐진 합성 동사이므로 '밀어내 버렸다'로 띄어 쓰면 된다.

③ '덤벼들어 보아라'에서 앞말 '덤벼들어'도 '덤비(다)'와 '들(다)'가 합쳐진 합성 동사이므로 '덤벼들어 보아라'로 띄어 쓰면 된다.

⑤ '기록해 두었다'는 앞말 '기록해'가 '기록(어근)'과 '-하다(접미사)'로 이루어진 파생어이므로 '기록해 두었다'처럼 띄어 써도 되고 '기록해두었다'와 같이 붙여 써도 된다.

06 ①

정답 해설 | '어느새'는 '어느(관형사)'와 '새(명사)'가 결합되어 새로운 품사인 부사가 된 말이므로, [A]의 사례로 볼 수 없다.

오답 체크 |

② '남달랐다'는 형용사로, '남(명사)'과 '다르다(형용사)' 중 나중 어근인 '다르다'의 품사를 따른 것이다.

③ '늦잠'은 명사로, '늦-(형용사 어간)'과 '잠(명사)' 중 나중 어근인 '잠'의 품사를 따른 것이다.

④ '낯선'은 '낯설다'의 관형사형으로 품사는 형용사이다. 이는 '낯(명사)'과 '설다(형용사)' 중 나중 어근인 '설다'의 품사를 따른 것이다.

⑤ '하루빨리'는 부사로, '하루(명사)'와 '빨리(부사)' 중 나중 어근인 '빨리'의 품사를 따른 것이다.

07 ⑤

정답 해설 | '처럼'은 (체언 뒤에 붙어) 모양이 서로 비슷하거나 같음을 나타내는 격 조사이다.

오답 체크 |

① '라도'는 체언과 결합하여 그것이 썩 좋은 것은 아니나 그런대로 괜찮음을 나타내는 보조사이다. 그것이 최선의 것이 아니라 차선의 것임을 나타낸다.

② '야'는 체언과 결합하여 강조의 뜻을 나타내는 보조사이다.

③ '는'은 어미와 결합하여 대조나 강조의 뜻을 나타내는 보조사이다.

④ '만'은 부사와 결합하여 강조의 뜻을 나타내는 보조사이다.

08 ④

정답 해설 | ㉠은 용언의 어간 '살-'과 명사형 어미 '-기'가 결합한 것이고, 부사어 '홀로'의 수식을 받고 있으며 '살-'은 서술하는 기능을 유지하고 있다. ㉡은 용언의 어간 '자-'와 명사형 어미 '-ㅁ'이 결합한 것이고, 부사어 '충분히'의 수식을 받고 있으며 '자-'는 서술하는 기능을 유지하고 있다. ㉢은 어근 '얼-'에 접사 '-음'이 결합한 명사로서 '시원한'이라는 관형어의 수식을 받는다. ㉣은 어근 '놀-'에 접사 '-이'가 결합한 명사로서 '건전한'이라는 관형어의 수식을 받는다. ㉤은 용언의 어간 '아름답-'에 명사형 어미 '-기'가 결합한 것이고, 부사어 '매우'의 수식을 받는다. 따라서 ⓐ, ⓑ가 사용된 예로 구분해 보면, ⓐ가 사용된 예는 ㉠, ㉡, ㉤이고 ⓑ가 사용된 예는 ㉢, ㉣이다.

09 ①

정답 해설 | '껍질째'는 '껍질'이라는 명사에 '-째'라는 접사가 붙어 '껍질 그대로 또는 전부'라는 의미가 되므로 바르게 쓰였다.

오답 체크 |

② '앉아 있는 상태 그대로 있다.'라는 의미로 쓰인 것이므로 의존 명사 '채'가 쓰여 '앉은 채로'라고 써야 한다.

③ '똑똑한 척 꾸미는 거짓 태도나 모양'이라는 의미로 쓰인 것이므로 의존 명사 '체'가 쓰여 '똑똑한 체'라고 써야 한다.

④ '살아 있는 상태 그대로'라는 의미로 쓰인 것이므로 의존 명사 '채'가 쓰여 '산 채'라고 써야 한다.

⑤ '죽은 척 꾸미는 거짓 태도나 모양'을 의미하는 것이므로 의존 명사 '체'가 쓰여 '죽은 체를 했다'라고 써야 한다.

10 ③

정답 해설 | ㉢의 '집어먹었다'는 국어사전에 단어로 등재되어 있는 합성 동사이므로 두 용언을 붙여 쓴 것이다. 만일 각각

의 용언이 모두 주어와 호응하고 있다면 띄어 써야 한다. 따라서 선택지 ③은 틀린 설명이다.

오답 체크 |

① ㉠의 '집어먹었다'는 사전 검색 결과 두 번째 뜻에 해당되는 단어로 합성 동사이다. 따라서 두 용언을 붙여 써야 한다.

② ㉡의 '잊어 먹었다'는 앞의 용언만으로는 문장이 성립되지만, 뒤의 용언만으로는 문장이 성립되지 않기 때문에 원칙에 따라 두 용언을 띄어 쓴 것이다.

④ ㉣의 '집어 먹었다'는 각각의 용언이 주어와 호응하고 두 용언 사이에 다른 문장 성분이 올 수 있으므로 띄어 쓴 것이다.

⑤ ㉤의 '잊어먹었다'는 앞의 용언만으로는 문장이 성립되지만, 뒤의 용언만으로는 문장이 성립되지 않기 때문에 원칙에 따라 두 용언을 띄어 써야 하지만 붙여 쓰는 것도 허용하기 때문에 붙여 쓴 결과이다.

11 ④

정답 해설 | ⓐ에 조사는 '까지', '는', '을', '도'가 있으며, ⓑ에는 '께서', '로', '를'이 있다. 따라서 조사는 ⓐ에 4개, ⓑ에는 3개가 있다.

오답 체크 |

① ⓐ에서 문장의 서술어는 '모르고 있다'이고 주어는 '아무도'이다. 따라서 '아무'가 문장에서 주어의 기능을 하는 체언이라는 설명은 적절하다.

② '온갖'은 뒤에 오는 체언인 '재료'를 수식하는 수식언(관형사)이다.

③ 말하는 이의 놀람이나 느낌, 부름, 응답 따위를 나타내는 품사가 감탄사이므로 ⓒ의 '네'처럼 말하는 이의 응답을 나타내는 단어도 감탄사이다.

⑤ 가변어는 ⓐ에 2개(모르고, 있다), ⓑ에도 2개(곱게, 빚으셨다)가 있다. '곱게'는 용언(형용사)인 '곱다'가 '고와', '고우니'처럼 활용되는 형태이므로 가변어이다.

12 ③

정답 해설 | '식구 모두가 여행을 떠났다.'에서 '모두'는 '일정한 수효나 양을 기준으로 하여 빠짐이나 넘침이 없는 전체'를 의미하며 품사는 명사에 해당한다. '그릇에 담긴 소금을 모두 쏟았다.'에서 '모두'는 '일정한 수효나 양을 빠짐없이 다'를 의미하는 부사이고 품사는 용언인 '쏟았다'를 수식하는 부사이다. 따라서 두 예문에 쓰인 '모두'는 ㉠에 해당하는 예로 적절하다.

오답 체크 |

① '둘에 다섯을 더하면 일곱이다.'에서 '일곱'은 수사이고, '여기에 사과 일곱 개가 있다.'에서 '일곱'은 뒤에 오는 의존 명사 '개'를 꾸며 주는 관형사이다.

② '너 커서 무엇이 되고 싶니?'에서 '커서'는 동사이고, '가구가 커서 방에 들어가지 않는다.'에서 '커서'는 형용사이다.

④ '나를 처벌하려면 법대로 해라.'에서 '대로'는 조사이고, '큰 것은 큰 것대로 따로 모아 두다.'에서 '대로'도 조사이다.

⑤ '모두 같이 학교에 갑시다.'에서 '같이'는 부사이고, '얼음장같이 차가운 방바닥이 생각난다.'에서 '같이'는 조사이다.

13 ④

정답 해설 | ㉣은 동사 어근과 명사 어근을 결합하여 만든 비통사적 합성어다. 따라서 명사 어근에 접사를 결합하여 만든 파생어라는 설명은 틀린 설명이다.

오답 체크 |

① ㉠에서 '오이', '껍질', '칼'은 명사 어근이다. 명사와 명사의 결합은 일반적인 문장 형성 방식과 부합하기 때문에 통사적 합성어라는 설명은 적절하다.

② ㉡에서 '갉작갉작', '사각사각'은 부사 어근, '칼'은 명사 어근이다. 부사가 명사를 수식하는 것은 일반적인 문장 형성 방식과 부합하지 않기 때문에 비통사적 합성어라는 설명은 적절하다.

③ ㉢에서 '까-', '깎-'은 동사 어근, '-개'는 접미사이다. 따라서 파생어라는 설명은 적절하다.

⑤ ㉤에서 '박박', '쓱쓱'은 부사 어근, '-이'는 접사이다. 따라서 파생어라는 설명은 적절하다.

14 ③

정답 해설 | '겹겹이'는 어근 '겹'과 '겹'이 결합한 데 접미사 '-이'가 결합하였으며, 명사에서 '여러 겹으로'라는 의미의 부사로 품사가 바뀌었으므로 적절한 설명이다.

오답 체크 |

① '군것질'은 어근 '것'에 접두사 '군-'이 결합된 파생어에 접미사 '-질'이 결합된 것이며 품사가 바뀌지 않았으므로 적절하지 않은 설명이다.

② '바느질'은 어근 '바늘'에 접미사 '-질'이 결합된 것이며 품사가 바뀌지 않았으므로 적절하지 않은 설명이다.

④ '다듬이'는 '다듬다'라는 동사에서 어근에 해당하는 '다듬-'에 접미사 '-이'가 결합되어 동사에서 명사로 품사가 바뀐 것이므로 적절하지 않은 설명이다.

⑤ '헛웃음'은 '웃다'라는 동사의 어근에 해당하는 '웃-'에 접미사 '-음'이 결합되어 동사에서 명사로 품사가 바뀐 후 접두사 '헛-'이 결합되었으므로 적절하지 않은 설명이다.

15 ②

정답 해설 | 본동사와 본동사는 띄어 써야 하므로 '주고 갔다'로 띄어 써야 한다.

오답 체크 |

① 어미는 어간과 붙여 써야 하므로 적절한 설명이다.

③ 형용사는 앞말과 띄어 써야 하므로 적절한 설명이다.

④ 의존 명사는 앞말과 띄어 써야 하므로 적절한 설명이다.

⑤ 조사는 앞말과 붙여 써야 하므로 적절한 설명이다.

16 ③

정답 해설 | '보살피다'는 '보다'의 어간 '보-'가 연결 어미 없이 용언 '살피다'에 바로 결합한 비통사적 합성어이다.

오답 체크 |

① '어깨동무'는 명사 '어깨'와 명사 '동무'가 결합한 합성 명사로 통사적 합성어이다.

② '건널목'은 용언 '건너다'의 어간과 관형사형 어미 '-ㄹ'이 결합한 용언의 관형사형이 명사 '목'과 결합한 합성 명사로 통사적 합성어이다.

④ '여닫다'는 용언 '열다'와 용언 '닫다'가 연결 어미 없이 결합한 합성 동사로 비통사적 합성어이다.

⑤ '검버섯'은 용언 '검다'의 어간 '검-'이 연결 어미 없이 명사 '버섯'과 바로 결합한 합성 명사로 비통사적 합성어이다.

17 ③

정답 해설 | '넓다'는 형용사이고, '넓히다'는 동사이므로 품사가 달라지고, '(방이) 넓다'에서 '(방을) 넓히다'로 문장 구조가 달라진다. '팔다'와 '팔리다'는 모두 동사이므로 품사가 달라지지 않고, '(책을) 팔다'에서 '(책이) 팔리다'로 문장 구조가 달라진다.

오답 체크 |

① '깎다'와 '깎이다'는 모두 동사로 품사가 바뀌지 않고, '(풀을) 깎다'에서 '(풀이) 깎이다'로 문장 구조가 달라진다. '밟다'와 '밟히다'는 모두 동사로 품사가 바뀌지 않고, '(발을) 밟다'에서 '(발이) 밟히다'로 문장 구조가 달라진다.

② '밝다'는 형용사이고, '밝히다'는 동사이므로 품사가 달라지고, '(불이) 밝다'에서 '(불을) 밝히다'로 문장 구조가 달라진다.

④ '높다'는 형용사이고, '높이다'는 동사이므로 품사가 달라지고, '(굽이) 높다'에서 '(굽을) 높이다'로 문장 구조가 달라진다.

⑤ '낮다'는 형용사이고, '낮추다'는 동사이므로 품사가 달라지고, '(음이) 낮다'에서 '(음을) 낮추다'로 문장 구조가 달라진다. '밀다'와 '밀치다'는 모두 동사로 품사가 바뀌지 않고, '(문을) 밀다'에서 '(문을) 밀치다'로 문장 구조가 달라지지 않는다.

18 ④

정답 해설 | 의미를 가진 가장 작은 말의 단위를 형태소라고 한다. 형태소는 자립성의 유무에 따라 자립 형태소와 의존 형태소로 나뉘고, 실질적 의미의 유무에 따라 실질 형태소와 형식 형태소로 나뉜다. 밑줄 친 '묻-/물-', '-었-/-았-', '는/은'은 모두 반드시 다른 말과 결합하여 쓰이는 의존 형태소들이다. 또한 이들은 음운 환경에 따라 형태가 바뀐다. '묻-'은 자음으로 시작하는 어미 앞에 나타나고, '물-'은 모음으로 시작하는 어미 앞에 나타난다. 어미 '-었-/-았-'은 어간 끝음절의 모음에 따라 형태가 바뀌고, 조사 '는/은'은 결합하는 앞말의 끝음절에 받침이 있는가, 없는가에 따라 형태가 바뀐다. 그리고 '-었-/-았-', '는/은'은 실질적 의미 없이 문법적인 의미를 나타내는 형식 형태소이고, '묻-/물-'은 실질적 의미를 나타내는 실질 형태소이다. 그리고 조사 '는/은'은 의존 형태소이지만, 단어의 자격을 가진다.

19 ④

정답 해설 | ㉤과 ㉦은 손아랫사람을 부를 때 쓰는 호격 조사로 그 의미가 서로 동일하다. ㉤은 모음 뒤에만 쓰이고, ㉦은 자음 뒤에만 쓰이므로 ㉤과 ㉦은 서로 상보적 분포를 보이는 음운론적 이형태 관계라고 할 수 있다. 따라서 ④는 ㉤과 ㉦이 형태론적 이형태 관계라고 했으므로 적절하지 않은 설명이다.

오답 체크 |

① ㉠과 ㉢은 서로가 나타나는 음운 환경이 겹치지 않고 상보적 분포를 보이며 의미가 동일하기 때문에 음운론적 이형태에 해당한다.

② ㉡과 ㉧은 서로 상보적 관계가 아니기 때문에 이형태의 관계가 아니다.

③ '하여라'의 '-여라'는 '하-'라는 특정 형태소와 어울려서 음운론적으로 설명할 수 없는 경우이므로, '-여라'는 '-아라 / -어라'와 형태론적 이형태의 관계에 있다.

⑤ '잡아라'의 '-아라'와 '주어라'의 '-어라'는 앞말 모음의 성질이 양성인지 음성인지에 따라 형태가 결정되므로 음운론적 이형태이다.

20 ④

정답 해설 | ㉠ '들르다'는 '들르- + -어'가 '들러'로 나타나 '따르다'와 마찬가지로 활용할 때 어간에서 'ㅡ'가 탈락하는 규칙 활용이다. ㉡ '푸르다'는 모음으로 시작하는 어미와 결합할 때 어미 '-어'가 '-러'로 바뀌는 불규칙 활용에 해당한다. ㉢ '묻다[問]'는 모음으로 시작하는 어미와 결합할 때 어간이 '물-'로 교체되는 불규칙 활용에 해당한다.

오답 체크 |

①, ② '잠그다'와 '다다르다'는 '잠가'와 '다다라'로 활용하므로 규칙 활용을 하는 용언이지만, ㉡과 ㉢이 적절하지 않다.

③, ⑤ '부르다'와 '머무르다'는 '불러'와 '머물러'로 활용하므로 불규칙 활용에 해당한다.

21 ①

정답 해설 | ㄱ의 '그곳'은 어떤 처소를 지시하는 대명사이지만, ㄴ의 '그'는 뒤의 '사람'을 수식하는 지시 관형사이다.

오답 체크 |

② ㄱ의 '아주'와 ㄴ의 '잘'은 모두 용언 앞에 놓여서 그 뜻을 한정하는 부사에 해당한다.

③ ㄱ의 '구울'(굽다)은 'ㅂ' 불규칙 용언, ㄷ의 '지어'(짓다)는 'ㅅ' 불규칙 용언이다. 즉 ㄱ의 '구울'과 ㄷ의 '지어'는 모두 용언의 어간이 불규칙적으로 활용되는 동사에 해당한다.

④ ㄱ의 '쉽게'(쉽다)와 ㄷ의 '멋진'(멋지다)은 모두 어떤 대상의 성질이나 상태를 나타내는 형용사에 해당한다.

⑤ ㄴ의 '가'는 주격 조사, ㄷ의 '에서'는 부사격 조사이다. ㄴ의 '가'와 ㄷ의 '에서'는 모두 앞말과 다른 말과의 문법적인 관계를 나타내는 격 조사에 해당한다.

22 ①

정답 해설 | 국어사전 정보를 활용하여 조사 '과'에 대해 탐구하는 문제이다. ①의 경우 '그는 낯선 사람과 잘 사귄다.'의 '과'는 '일 따위를 함께 함을 나타내는 격 조사'이므로 이 예문은 〈보기〉의 ㉠이 아니라 ㉡에 넣는 것이 적절하다.

오답 체크 |

② '그는 형님과 고향에 다녀왔다.'에서 '과'는 형님과 고향에 다녀오는 일을 함께 함을 나타내는 격 조사이므로 ㉡에 넣을 수 있는 예문으로 적절하다.

③ '과 [1]'은 받침이 있는 체언 뒤에 붙어 그 체언을 부사어로 만들어 주는 부사격 조사이다. 따라서 ㉢에는 '격 조사'라는 말이 들어가는 것이 적절하다.

④ 조사 '이랑'은 '과'와 의미와 쓰임이 유사한 말이다. 실제로 '과 [1]과 '과 [2]가 쓰인 자리에 '이랑'을 넣어 보면 의미나 쓰임에 거의 차이가 없음을 알 수 있다.

⑤ 조사 '와'는 '과'의 이형태로, '과'가 받침 있는 체언 뒤에 붙는 것과 달리 '와'는 받침 없는 체언 뒤에 붙는다는 차이가 있을 뿐 의미에는 차이가 없다.

23 ①

정답 해설 | '군데'는 '낱낱의 곳을 세는 단위'로 자립 명사가 아니라 의존 명사이다. 따라서 ㉠의 예로는 적절하지 않다.

오답 체크 |

② '그릇'은 '음식이나 물건 따위를 담는 기구를 통틀어 이르는 말'을 의미하며 자립 명사로서 단위를 나타내고 있다.

③ '덩어리'는 '크게 뭉쳐서 이루어진 것'을 의미하며 자립 명사로서 단위를 나타내고 있다.

④ '숟가락'은 '밥이나 국물 따위를 떠먹는 기구'를 의미하며 자립 명사로서 단위를 나타내고 있다.

⑤ '발자국'은 '발로 밟은 자리에 남은 모양'을 의미하며 자립 명사로서 단위를 나타내고 있다.

24 ①

정답 해설 | '뛰노는(뛰놀다)'는 '뛰다'의 어간 '뛰-'와 '놀다'가 합쳐진 말로 국어의 일반적인 문장 구성 방식과 다른 비통사적 합성어에 해당한다.

오답 체크 |

② '몰라볼(몰라보다)'은 '모르다'의 활용형인 '몰라'와 '보다'가 합쳐진 말로 국어의 일반적인 문장 구성 방식과 같은 통사적 합성어이다.

③ '타고난'은 '복이나 재주, 운명 따위를 선천적으로 지니다.'의 의미인 '타다'에 연결어미 '-고'가 붙어 '나다'와 합쳐진 말로 국어의 일반적인 문장 구성 방식과 같은 통사적 합성어이다.

④ '지난달'은 '지나다'에 관형사형 전성어미 '-ㄴ'이 붙어 명사 '달'과 합쳐진 말로 '관형어+체언'의 구성으로 국어의 일반적인 문장 구성 방식과 같은 통사적 합성어이다.

⑤ '굳은살'은 '굳다'에 관형사형 전성어미 '은'이 붙어 명사 '살'과 합쳐진 말로 '관형어+체언'의 구성으로 국어의 일반적인 문장 구성 방식과 같은 통사적 합성어이다.

25 ②

정답 해설 | '눈웃음'은 직접 구성 요소 '눈'과 '웃음'으로 이루어진 합성어이다. 그리고 '웃음'은 직접 구성 요소 '웃-'과 '-음'으로 이루어진 파생어이다. 따라서 '눈웃음'은 '그 직접 구성 요소 중 하나가 파생어인 합성어이다.'라는 설명은 적절하다.

오답 체크 |

① '나들이옷'은 직접 구성 요소 '나들이'와 '옷'으로 이루어진 합성어이다. 그리고 '나들이'는 '나들다'의 어간 '나들-'과 접미사 '-이'로 이루어진 파생어이다. 그리고 '나들다'는 직접 구성 요소 '나다'와 '들다'로 이루어진 합성어이다. 따라서 '나들이옷'은 직접 구성 요소 중 하나가 파생어인 합성어이다.

③ '드높이다'는 직접 구성 요소 '드-'와 '높이다'로 이루어진 파생어이다. 그리고 '높이다'는 '높다'의 어간 '높-'과 접미사 '-이-'로 이루어진 파생어이다. 따라서 '드높이다'는 직접 구성 요소 중 하나가 파생어인 파생어이다.

④ '집집이'는 직접 구성 요소 '집집'과 접미사 '-이'로 이루어진 파생어이다. '집집'은 '집'과 '집'으로 이루어진 합성어이다. 따라서 '집집이'는 직접 구성 요소 중 하나가 합성어인 파생어이다.

⑤ '놀이터'는 직접 구성 요소 '놀이'와 '터'로 이루어진 합성어이다. '놀이'는 '놀다'의 어간 '놀-'과 접미사 '-이'로 이루어

진 파생어이다. 따라서 '놀이터'는 직접 구성 요소 중 하나가 파생어인 합성어이다.

26 ③

정답 해설 | ⓒ의 '먹었겠니'에서 과거 시제를 나타내는 '-었-'이 선어말 어미로 쓰이고, 의문형 종결 어미 '-니'가 어말 어미로 쓰인 것은 맞다. 하지만 이때 '-겠-'은 주체의 의지가 아니라 화자의 추측을 나타내는 선어말 어미이다.

오답 체크 |

① ㉠ 심었구나: 심-(어간) + -었-(과거 시제 선어말 어미) + -구나(감탄형 종결 어미)

② ㉡ 청소하는: 청소하-(어간) + -는(관형사형 전성 어미, 현재 시제를 나타냄.)

④ ㉣ 읽은: 읽-(어간) + -은(관형사형 전성 어미, 과거 시제를 나타냄.)

⑤ ㉤ 불겠지만: 불-(어간) + -겠-(추측의 선어말 어미) + -지만(대등적 연결 어미)

27 ②

정답 해설 | 지문에서 설명한 단어 형성 방법의 사례는 합성 명사들 중 뒤에 오는 말의 품사가 모두 명사인 경우와 앞말과 뒷말의 일부 음절만 따서 만들어진 명사들이다. 〈보기〉에서 이에 해당되는 것은 'ㄷ'과 'ㅁ'이다. 'ㄷ'은 '사범'과 '대학'의 첫 음절만 따서 만들어진 말이 '사대'임을 나타내주는 예이고, 'ㅁ'은 명사 '비빔'과 명사 '냉면'이 결합하여 만들어진 합성 명사가 '비빔냉면'임을 보여주는 예이다.

오답 체크 |

ㄱ의 '선생님'은 '선생(어근)'과 '-님(접미사)'으로 이루어진 파생어이다.

ㄴ의 '개살구'는 '개-(접두사)'와 '살구(어근)'로 이루어진 파생어이다.

ㄹ의 '점잔'은 형용사 '점잖다'에서 온 말로 품사는 명사이다. '점잖다'는 '젊지 아니하다'가 줄어서 된 말이다.

28 ①

정답 해설 | ㉠ 명사가 아닌 품사들로만 이루어진 합성 명사는 '잘못'이다. '잘못'은 부사 '잘'과 부사 '못'으로 이루어진 합성 명사이다.

오답 체크 |

② '새것'은 관형사 '새'와 의존 명사 '것'으로 이루어진 합성 명사이다.

③ '요사이'는 관형사 '요'와 명사 '사이'로 이루어진 합성 명사이다.

④ '오늘날'은 명사 '오늘'과 명사 '날'로 이루어진 합성 명사이다.

⑤ '갈림길'은 명사 '갈림'과 명사 '길'로 이루어진 합성 명사이다.

29 ④

정답 해설 | ㉠에 해당하는 예로만 묶인 것은 선택지 ④이다. '도움'은 명사형으로 품사는 동사이며 앞 절에서 서술어로 쓰였다. '믿음'은 명사형으로 품사는 동사이며 앞 절에서 서술어로 쓰였다. 그리고 부사어 '온전히'의 꾸밈을 받고 있다.

오답 체크 |

① '앎'은 명사형으로 품사는 동사이며 앞 절에서 서술어로 쓰였다. 그리고 부사어 '많이'의 꾸밈을 받고 있다. '슬픔'은 명사로 관형어 '격한'의 꾸밈을 받고 있다.

② '볶음'은 명사로 관형어인 '멸치'의 꾸밈을 받고 있다. '기쁨'은 명사형으로 품사는 형용사이며 절 속에서 서술어에 해당한다. 그리고 부사어 '몹시'의 꾸밈을 받고 있다.

③ '묶음'은 명사로 관형어 '큰'의 꾸밈을 받고 있다. '춤'은 명사형으로 품사는 동사이며 앞 절의 서술어에 해당한다.

⑤ '울음'은 명사로 절 속에서 주어로 쓰였다. '웃음'은 명사형으로 품사는 동사이며 절 속에서 서술어에 해당한다. 그리고 부사어 '밝게'의 꾸밈을 받고 있다.

30 ⑤

정답 해설 | '즐거운'의 기본형은 '즐겁다'로 품사는 형용사에 해당한다. '즐거운'은 '즐겁다'에 관형사형 전성어미 '-(으)ㄴ'이 붙어 뒤에 오는 명사 '기억'을 수식하는 관형어이다.

오답 체크 |

① '옛날, 사진, 기억'은 명사로 체언에 해당하며 활용하지 않는다.

② '보니, 떠올랐다'는 동사로 용언에 해당하며 활용한다.

③ '하나'는 수사로 체언에 해당하며 활용하지 않는다.

④ '을, 가'는 조사로 관계언에 해당하며 활용하지 않는다.

31 ④

정답 해설 | ⓓ의 '있다'와 '없다'는 '존재', '소유'와 같이 상태의 의미를 나타내므로 형용사로 쓰이고 있다. 따라서 동사로 쓰이고 있다는 선택지 ④의 설명은 틀린 설명이다. 동사로 쓰이는 경우는 '한 장소에 머묾'의 의미일 경우이다.

오답 체크 |

⑤ '크다'와 '길다'는 상태를 나타내는 형용사이다. '나무가 쑥쑥 큰다.'의 '크다'와 '머리카락이 잘 긴다.'의 '길다'는 상태의 변화를 나타내는 동사이다.

32 ②

정답 해설 | '떠넘기다'는 직접 구성 요소 '뜨다'와 '넘기다'로 이루어진 합성어이다. 그리고 '넘기다'는 직접 구성 요소 어근 '넘-'과 접사 '-기-'로 이루어진 파생어이다. 따라서 '떠넘기다'는 어간이 3개 이상의 구성 요소로 이루어져 있고, 직접 구성 요소가 먼저 어근과 어근으로 분석되는 합성어이다.

오답 체크 |

① '내리치다'는 직접 구성 요소 '내리다'와 '치다'로 이루어진 합성어이다. 따라서 ㉡에는 해당되지만, ㉠에는 해당되지 않는다.

③ '헛돌다'는 직접 구성 요소 접사 '헛-'과 어근 '돌-'로 이루어진 파생어이다. 따라서 ㉠과 ㉡ 어디에도 해당되지 않는다.

④ '오가다'는 직접 구성 요소 어근 '오-'와 어근 '가-'로 이루어진 합성어이다. 따라서 ㉡에는 해당되지만, ㉠에는 해당되지 않는다.

⑤ '짓밟히다'는 직접 구성 요소 접사 '짓-'과 '밟히다'로 이루어진 파생어이다. 그리고 '밟히다'는 직접 구성 요소 어근 '밟-'과 접사 '-히-'로 이루어진 파생어이다. 따라서 ㉠에는 해당되지만, ㉡에는 해당되지 않는다.

33 ③

정답 해설 | '은'과 '는'은 조사이고, '듣-'과 '들-'은 용언의 어간이며, '-았-'과 '-었-'은 선어말 어미이다. 이들은 모두 반드시 다른 말과 결합해야만 쓰일 수 있는 의존형태소이다. 그리고 '은'과 '는'은 앞말의 받침 유무에 따라, '듣-'과 '들-'은 뒤에 오는 어미가 자음이냐 모음이냐에 따라, 그리고 '-았-'과 '-었-'은 앞에 오는 어간이 양성모음으로 끝났느냐 음성모음으로 끝났느냐에 따라 그 형태가 바뀐다. 따라서 반드시 다른 말과 결합하여 쓰이고 음운 환경에 따라 그 형태가 바뀐다는 선택지 ③의 설명은 적절하다.

오답 체크 |

① '은'과 '는'은 조사로 단어의 자격이 있지만, '듣-'과 '들-', '-았-'과 '-었-'은 단어의 자격이 없다.

② '은'과 '는'만 단어의 자격이 있고, '듣-'과 '들-'만 실질적인 의미를 지닌다.

④ 음운 환경에 따라 형태가 바뀌는 것은 맞지만, 실질적 의미를 나타내는 것은 '듣-'과 '들-'만이기 때문에 틀린 설명이다.

⑤ '듣-'과 '들-'은 실질적 의미를 나타내는데 모두 문법적 의미를 나타낸다고 했으므로 틀린 설명이다.

34 ④

정답 해설 | ㉣에는 합성어이면서 어법에 맞도록 한 단어들이 들어가야 한다. '옷소매(옷+소매)'와 '밥알(밥+알)'은 모두 합성어로 어법에 맞게 적은 단어들이다.

오답 체크 |

① ㉠에는 파생어이면서 소리대로 적은 단어들이 들어가야 한다. '이파리(잎+아리)'는 ㉠에 들어갈 단어로 적절하지만, '얼음(얼+음)'은 파생어로 어법에 맞도록 적은 단어이기 때문에 ㉢에 들어가야 한다.

② ㉡에는 합성어이면서 소리대로 적은 단어들이 들어가야 한다. '마소(말+소)'는 ㉡에 들어갈 단어로 적절하지만, '낮잠(낮+잠)'은 합성어로 어법에 맞도록 적은 단어이기 때문에 ㉣에 들어가야 한다.

③ ㉢에는 파생어이면서 어법에 맞도록 적은 단어들이 들어가야 한다. '웃음(웃+음)'은 ㉢에 들어갈 단어로 적절하지만, '바가지(박+아지)'는 파생어로 소리대로 적은 단어이기 때문에 ㉠에 들어가야 한다.

⑤ ㉤에는 파생어이면서 소리대로 적으면서 동시에 어법에 맞도록 적은 단어가 들어가야 한다. '꿈(꾸+ㅁ)'은 ㉤에 들어갈 단어로 적절하지만, '사랑니(사랑+이)'는 합성어로 소리나는 대로는 적었지만 어법에 맞도록 적지는 않았기 때문에 ㉤에 들어갈 단어로는 적절하지 않다.

35 ③

정답 해설 | ⓒ에서 '놀이'는 동사의 어근에 접미사 '-이'가 붙어서 품사가 명사로 바뀌었기 때문에 '놀이' 속의 '놀-'은 서술어로 기능하지 못한다. 따라서 선택지 ③은 적절한 설명이다.

오답 체크 |

① ⓐ에서 '비워'의 기본형은 '비우다'이고 어간은 '비우-'이다. '시간이 빈다.'에서 '비다'의 어간은 '비-'이다. 따라서 '비워'의 어간과 '빈다'의 어간은 서로 다르다.

② ⓑ에서 '높이'는 형용사 '높다'의 어근 '높-'에 접미사 '-이'가 붙어서 된 단어로 품사는 뒤에 오는 '나는(날다)'을 꾸며주기 때문에 부사이다.

④ ⓓ에서 '끓였다'의 어근에 붙은 접미사 '-이-'는 모든 동사에 자유롭게 결합한다고 했으나 지문에서는 접미사가 모든 동사나 형용사에 자유롭게 결합하는 것은 아니라고 했으므로 적절하지 않은 설명이다.

⑤ ⓔ에서 '오시기'의 '-시-'는 주체 높임을 나타내는 선어말 어미로 '오-'와 '-기' 사이에 끼어든 형태소이기는 하지만 품사는 명사가 아니라 동사이다. 왜냐하면 '오시기'의 앞에 오는 부사 '일찍'이 '오시기(오시다)'를 꾸며주기 때문에 '오시기' 속의 '오-'는 서술어로 기능을 한다.

36 ④

정답 해설 | '숨겼다'는 '숨다'라는 동사에 사동접미사 '-기-'가 붙어 만들어진 사동사이다. '감겼다'는 '감다'라는 타동사에 피동접미사 '-기-'가 붙어 만들어진 피동사이다. 따라서 '숨겼다'와 '감겼다'는 각각 ㉠과 ㉡의 예로 적절한 것이다.

오답 체크 |

① '울렸다'는 동사 '울다'에 사동접미사 '-리-'가 붙어 만들어진 사동사이고, '돌렸다'는 동사 '돌다'에 사동접미사 '-리-'가 붙어 만들어진 사동사이다. 따라서 '울렸다'는 ㉠의 예로 적절하지만, '돌렸다'는 ㉡의 예로 적절하지 않다.

② '놓인다'는 동사 '놓다'에 피동접미사 '-이-'가 붙어 만들어진 피동사이고, '남겼다'는 동사 '남다'에 사동접미사 '-기-'

가 붙어 만들어진 사동사이다. 따라서 '놓인다'와 '남겼다' 모두 ㉠과 ㉡의 예로 적절하지 않다.

③ '눌렸다'는 동사 '누르다'에 피동접미사 '-리-'가 붙어 만들어진 피동사이고, '찢겼다.'는 '찢다'라는 타동사에 피동접미사 '-기-'가 붙어 만들어진 피동사이다. 따라서 '눌렸다'는 ㉠의 예로 적절하지 않고, '찢겼다'는 ㉡의 예로 적절하다.

⑤ '날렸다'는 동사 '날다'에 사동접미사 '-리-'가 붙어 만들어진 사동사이고, '맡겼다'는 동사 '맡다'에 사동접미사 '-기-'가 붙어 만들어진 사동사이다. 따라서 '날렸다'는 ㉠의 예로 적절하지만, '맡겼다'는 ㉡의 예로 적절하지 않다.

37 ④

정답 해설 | '깨뜨리는'은 동사 '깨다'의 어간 '깨-'에 접미사 '-뜨리다'가 붙어 만들어진 파생어이다. 따라서 ㉣의 예가 아니라 ㉢의 예에 해당한다.

38 ①

정답 해설 | 〈보기〉의 자료는 '누구'가 어휘화되는 과정을 보여주고 있다. (가)의 중세 국어에서는 '누', (나)의 근대 국어에서는 '누고/누구', (다)의 현대 국어에서는 '누구'로 일련의 변화를 확인할 수 있다. 따라서 (가)에서 미지칭의 인칭 대명사의 형태가 '누', '누고', '누구'라고 설명한 것은 적절하지 않다. (가)에서 미지칭의 인칭 대명사의 형태는 '누'이다.

오답 체크 |

④ (가)에서 미지칭 인칭 대명사는 '누'로 '누(체언)+고(보조사)' 또는 '누(체언)+구(보조사)'의 결합 형태였다가 (나)에서는 이 결합 형태가 '누고+고' 또는 '누구+고'처럼 새로운 단어가 되었다.

39 ②

정답 해설 | 〈보기〉의 단어들을 ㉠~㉢에 따라 구분해보면, 'ㄹ'이 탈락하지 않은 '쌀가루(쌀+가루)'와 '솔방울(솔+방울)'은 ㉠에 해당하고, 'ㄹ'이 탈락한 '무술(물+술)'과 '푸나무(풀+나무)'은 ㉡에 해당되며, 'ㄹ'이 'ㄷ'으로 바뀐 '섣달(설+달)'은 ㉢에 해당된다. 따라서 ㉠~㉢에 해당되는 것을 순서대로 제시한 것은 선택지 ②번 '솔방울, 푸나무, 섣달'이다.

40 ③

정답 해설 | ⓓ의 '남은'과 ⓕ의 '찬'은 모두 동사로 그것에 쓰인 어미 '-(으)ㄴ'은 둘 다 모두 ㉡에 해당한다. 따라서 선택지 ③의 설명은 적절하다.

오답 체크 |

① ⓐ의 '뜬'은 동사이고 그것에 쓰인 어미 '-(으)ㄴ'은 과거 시제에 해당한다. 따라서 '뜬'은 ㉠이 아니라 ㉡에 해당한다.

② ⓑ의 '부르던'은 동사이고, ⓒ의 '푸르던'은 형용사이다. 그리고 그 각각에 쓰인 어미 '-던'은 모두 과거 시제를 나타낸다. 따라서 ⓒ의 '푸르던'은 ㉢에 해당하지만, ⓑ의 '부르던'은 ㉢에 해당하지 않는다.

④ ⓔ의 '읽는'은 동사이고 그것에 쓰인 어미 '-는'은 현재 시제이기 때문에 ㉡에 해당한다는 설명은 틀린 설명이다.

⑤ ⓖ의 '빠른'은 형용사이고 그것에 쓰인 어미 '-(으)ㄴ'은 현재 시제를 나타낸다. 따라서 ⓖ의 '빠른'은 ㉢에 해당하는 것이 아니라 ㉠에 해당한다.

41 ⑤

정답 해설 | 3문단에서 '둘 이상의 구성 성분으로 이루어진 표제어에는 가장 나중에 결합한 구성 성분들 사이에 붙임표가 한 번만 쓰인다.'라는 진술을 확인할 수 있다. 따라서 '논둑길'의 표제어는 '논-둑-길'이 아니라 '논둑-길'임을 알 수 있다. 그러므로 '논둑-길'를 통해 '논둑'과 '길'이 가장 나중에 결합했다는 것을 확인할 수 있다. 따라서 표제어를 '논-둑-길'로 표시한 것은 틀린 설명이다.

오답 체크 |

① '맨발'에서 '맨-'은 접두사이다. 2문단에서 접사에는 붙임표가 쓰여 표제어가 된다고 했으므로 적절한 설명이다.

② '나만 비를 맞았다.'에서 격 조사로 쓰인 것은 목적격 조사 '를'이다. 2문단에서 조사는 자립적으로 쓰이지 않지만 단어이므로 그 앞에 붙임표가 쓰이지 않는다고 했으므로 표제어 '를'에서 뜻풀이를 확인할 수 있기 때문에 적절한 설명이다.

③ '저도 학교 앞에 삽니다.'에 쓰인 동사 '삽니다'의 뜻풀이는 '삽니다'의 어간인 '살-'과 어미 '-다'가 결합한 기본형 '살다'에서 확인할 수 있다. 따라서 적절한 설명이다.

④ 복합어 '앞-집'에서 '복합어의 붙임표는 구성 성분들을 반드시 붙여 써야 한다'고 3문단에 언급되어 있으므로 적절한 설명이다.

42 ④

정답 해설 | 〈보기〉의 '자주'는 '같은 일을 잇따라 잦게'라는 뜻풀이에서도 알 수 있듯이 어원이 되는 용언 '잦다'와 의미적 연관성은 지니고 있으나 접미사 '-우(잦-+-우)'가 쓰인 경우이므로 현대 국어에서 새로운 단어를 만들지 못하는 접미사가 결합한 경우에 해당한다. 한편, '조차', '차마', '부터'는 각각 '좇다', '참다', '붙다'의 본뜻과 의미가 멀어진 것이므로 ㉠에 해당한다. 따라서 정답은 '조차', '차마', '부터'가 묶여있는 ④번이다.

43 ④

정답 해설 | '새해맞이'의 '새해'는 관형사 '새'가 후행하는 명사 '해'를 수식하는 것으로 분석된다. 또한 '새해맞이'는 '새해

를 맞이하는 일'이라는 의미를 나타내므로 단어의 구성 요소들이 의미상 목적어와 서술어의 관계를 이룬다.
'한몫하다'의 '한몫'은 관형사 '한'이 후행하는 명사 '몫'을 수식하는 것으로 분석되고, '한몫하다'는 '한몫을 하다'라는 의미를 나타내므로 단어의 구성 요소들이 의미상 목적어와 서술어의 관계를 이룬다. 따라서 정답은 이 두 단어가 묶여있는 ④번이다.
오답 체크 | '두말없이'의 '두말'은 관형사 '두'가 후행하는 명사 '말'을 수식하는 것으로 분석된다. 그리고 '두말없이'는 '이러니저러니 불평을 하거나 덧붙이는 말이 없이'라는 의미를 나타내므로 단어의 구성 요소들이 의미상 주어와 서술어의 관계를 이룬다.
'숨은그림찾기'의 '숨은'은 동사 '숨다'의 어간 '숨-'에 관형사형 전성어미 '-은'이 결합하여 이루어진 관형어로 후행하는 명사 '그림'을 수식하는 것으로 분석된다. 그리고 '숨은그림찾기'는 단어의 구성 요소들이 의미상 목적어와 서술어의 관계를 이룬다.

44 ②
정답 해설 | '거르-+-어서→걸러서'는 '르 불규칙 활용'에 해당하지만, '푸르-+-어→푸르러'는 '러 불규칙 활용'에 해당한다. 따라서 '푸르-+-어→푸르러'는 ⓑ의 활용의 예로 적절하지 않다.
오답 체크 |
① '담그-+-아→담가', '예쁘-+-어도→예뻐도'는 둘 다 'ㅡ 탈락'에 해당한다.
③ '갈-+-(으)ㄴ→간'과 '살-+-니→사니'는 둘 다 'ㄹ 탈락'에 해당한다.
④ '하얗-+-았던→하얬던', '동그랗-+-아→동그래'는 둘 다 'ㅎ 불규칙 활용'에 해당한다.
⑤ '젓-+-어→저어', '긋-+-은→그은'은 둘 다 'ㅅ 불규칙 활용'에 해당한다.

45 ②
정답 해설 | '굵은소금'에서 '굵은'은 동사의 활용형이 아니라 형용사 '굵다'의 활용형이다. 따라서 '굵은소금'은 형용사 '굵다'의 활용형 '굵은'과 명사 '소금'이 결합한 합성 명사이다.
오답 체크 |
① '새해'는 관형사 '새'와 명사 '해'가 결합한 합성 명사이다.
③ '산나물'은 명사 '산'과 명사 '나물'이 결합한 합성 명사이다.
④ '척척박사'는 부사 '척척'과 명사 '박사'가 결합한 합성 명사이다.
⑤ '어린아이'는 형용사 '어리다'의 활용형 '어린'과 명사 '아이'가 결합한 합성 명사이다.

46 ④
정답 해설 | '묻었다'는 활용될 때 어간과 어미의 기본 형태가 바뀌지 않는 규칙 활용 용언이므로 ㉠에 해당한다. '우러러'는 활용될 때 어간의 'ㅡ'가 모음으로 시작하는 어미 '어' 앞에서 규칙적으로 탈락하기 때문에 어간이나 어미의 기본 형태가 바뀌는 모습을 일정한 규칙으로 설명할 수 있는 용언이므로 ㉠에 해당한다. '일러'는 활용될 때 어간이 불규칙적으로 바뀌는 '르'불규칙 용언이므로 ㉡에 해당한다. '이르러'는 활용될 때 어미가 불규칙적으로 바뀌는 '러'불규칙 용언이므로 ㉢에 해당한다. '파래'는 활용될 때 어간과 어미가 모두 불규칙적으로 바뀌는 'ㅎ'불규칙 용언이므로 ㉣에 해당한다.

47 ③
정답 해설 | ㉠은 동사의 관형사형 '이른'과 의존 명사 '바'가 결합하여 만들어진 통사적 합성어에 해당한다. 만들어진 합성어의 품사는 부사로, 뒤 어근(바)의 품사(명사)와 일치하지 않는다. 따라서 '이른바'는 [B]로 분류된다. ㉡은 동사 어간 '감-'에 동사 '싸다'가 결합하여 만들어진 비통사적 합성어이다. 이는 어간과 어간이 직접 결합된 형태로 우리말의 일반적인 문장 구성 방식에 맞지 않는다. 따라서 '감싼'은 [A]로 분류된다. ㉢은 부사 '바로'에 동사 '잡다'가 결합하여 만들어진 통사적 합성어로, 우리말의 일반적인 문장 구성 방식에 맞다. 만들어진 합성어의 품사는 동사로, 뒤 어근(잡다)의 품사(동사)와 일치한다. 따라서 '바로잡다'는 [C]로 분류된다. ㉣은 동사의 관형사형 '건널'에 명사 '목'이 결합하여 만들어진 통사적 합성어이다. 만들어진 합성어의 품사는 명사로, 뒤 어근(목)의 품사(명사)와 일치한다.

48 ②
정답 해설 | '새롭게'는 어근 '새' 뒤에 접미사 '-롭다'가 붙어 형성된 말인 형용사 '새롭다'의 활용형이므로 ㉠에 해당하는 예라고 볼 수 없다.
오답 체크 |
① '시퍼런'은 형용사 '퍼렇다'의 어근 '퍼렇-' 앞에 접두사 '시-'가 붙어 형성된 말인 형용사 '시퍼렇다'의 활용형으로, ㉠에 해당한다.
③ '복된'은 명사 어근 '복' 뒤에 접미사 '-되다'가 붙어 형성된 말인 형용사 '복되다'의 활용형으로, ㉡에 해당한다.
④ '정답게'는 명사 어근 '정' 뒤에 접미사 '-답다'가 붙어 형성된 말인 형용사 '정답다'의 활용형으로, ㉡에 해당한다.
⑤ '사랑스러운'은 명사 어근 '사랑' 뒤에 접미사 '-스럽다'가 붙어 형성된 말인 형용사 '사랑스럽다'의 활용형으로, ㉡에 해당한다.

49 ②
정답 해설 | '사례 1'에서 ㉠'한'은 '정확한' 또는 '한창인'의 뜻을 더하는 접두사인데, 학생들의 반응에서 ㉠을 접사로 알고

있는 학생들이 어근으로 알고 있는 학생들보다 더 많으므로, ㉠을 잘못 알고 있는 학생들이 더 적음을 알 수 있다. 또한 '한복판'은 접사 '한-'과 어근 '복판'이 결합한 단어이므로 ㉠처럼 접사가 쓰인 예로 적절한 단어이다.

오답 체크 |

① '사례 1'에서 ㉠은 접사로, ㉠을 잘못 알고 있는 학생들이 더 많다는 설명은 적절하지 않다. 또한 '한번'은 어근 '한'과 다른 어근 '번'이 결합한 단어이므로, ㉠처럼 접사가 쓰인 예로 적절하지 않다.

③ '사례 2'에서 ㉡은 명사 어근으로, ㉡을 잘못 알고 있는 학생들이 더 많다는 설명은 적절하다. 하지만 '먹이'는 동사 어근 '먹-'과 접사 '-이'가 결합한 단어이므로, ㉡처럼 어근이 쓰인 예로 적절하지 않다.

④ '사례 2'에서 ㉡은 명사 어근으로, ㉡을 접사로 잘못 알고 있는 학생들이 더 적다는 설명은 적절하지 않다. 또한 '미닫이'는 어근과 접사 '-이'가 결합한 단어이므로, ㉡처럼 어근이 쓰인 예로 적절하지 않다.

⑤ '사례 3'에서 ㉢은 '겉을 덮어 싼 것이나 딸린 것을 다 제거한'의 뜻을 더하는 접두사이다. ㉢을 잘못 알고 있는 학생들이 더 적다는 내용은 적절하지 않다. 또한 '알사탕'은 명사 어근 '알'과 다른 어근 '사탕'이 결합한 단어이므로, ㉢처럼 접사가 쓰인 예로 적절하지 않다.

50 ④

정답 해설 | ㉮의 '-고'와 ㉲의 '-어'는 본용언과 보조 용언을 이어 주는 보조적 연결 어미이다. ㉯의 '-어'는 '김이 습기를 먹었다.'와 '김이 눅눅해졌다.'는 문장을 종속적인 의미 관계로 이어 주는 종속적 연결 어미이다. ㉱의 '-고'는 '우리는 상대편에게 한 골을 먹었다.'와 '우리는 당황했다.'는 문장을 종속적인 의미 관계로 이어 주는 종속적 연결 어미이다. ㉰의 '-고'는 '형은 빵을 먹었다.'와 '동생은 과자를 먹었다.'는 문장을 나열의 의미 관계로 이어 주는 대등적 연결 어미이다.

51 ①

정답 해설 | '내딛다'는 '내디디다'의 준말로 '내딛고, 내딛지, 내딛자' 등과 같이 자음으로 시작하는 어미의 활용형에는 쓰지만, '내딛어, 내딛으며, 내딛으니' 등과 같이 모음으로 시작하는 어미의 활용형에는 쓰지 않는다. 따라서 '내딛었다'는 모음으로 시작하는 어미의 활용형이기 때문에 본말의 활용형인 '내디디었다(내디뎠다)'로 써야 한다.

오답 체크 |

② '서투르다'는 본말로 자음이나 모음으로 연결되는 어미의 활용형에 모두 쓸 수 있다. 따라서 '서투르다'의 활용형인 '서투른'도 적절한 예라고 할 수 있다.

③ '머물면서'는 '머무르다'의 준말인 '머물다'의 활용형으로 자음으로 시작하는 어미의 활용형에는 쓸 수 있으므로 적절한 예이다.

④ '서두르다'는 본말로 자음이나 모음으로 연결되는 어미의 활용형에 모두 쓸 수 있다. 따라서 '서두르다'의 활용형인 '서두르지'도 적절한 예라고 할 수 있다.

⑤ '건드리다'는 본말로 자음이나 모음으로 연결되는 어미의 활용형에 모두 쓸 수 있다. 따라서 '건드리다'의 활용형인 '건드려도(건드리어도)'도 적절한 예라고 할 수 있다.

52 ②

정답 해설 | ㄱ의 '두'는 뒤에 오는 명사 '사람'을 수식하는 관형사에 해당한다.

오답 체크 |

① '과연'은 '결과에 있어서도 참으로'의 뜻을 지닌 문장 전체를 수식하는 부사이다.

③ '웃다'는 '기쁘거나 만족스럽거나 우스울 때 얼굴을 활짝 펴거나 소리를 내다'는 뜻을 지닌 동사이다.

⑤ '는'은 ((받침 없는 체언이나 부사어, 일부 연결 어미 뒤에 붙어)) 강조의 뜻을 나타내는 보조사이다.

53 ④

정답 해설 | '밝은'은 ㉡에 따라 분류하면 용언, ㉢에 따라 분류하면 형용사이다. 그리고 '잡았어'는 ㉡에 따라 분류하면 용언, ㉢에 따라 분류하면 동사이다. 따라서 두 단어를 ㉡에 따라 분류하면 모두 용언에 속하므로 어느 것에 따라 분류하더라도 서로 다른 부류로 분류된다는 설명은 적절하지 않다.

오답 체크 |

① '나비 하나를 또 잡았어'에서 불변어는 '나비, 하나, 를, 또'이고 가변어는 '잡았어'이기 때문에 맞는 설명이다.

② '나비 하나를'에서 '나비'와 '하나'는 체언이고, '를'은 관계언이기 때문에 맞는 설명이다.

③ '음, 우리가 밝은 곳에서 그 나비 하나를 또 잡았어'에서 '음'은 감탄사, '우리'는 대명사, '가'는 조사, '밝은'은 형용사, '곳'은 명사, '에서'는 조사, '그'는 관형사, '나비'는 명사, '하나'는 수사, '를'은 조사, '또'는 부사, '잡았어'는 동사이다. 따라서 ㉢에 따라 분류할 때 아홉 개의 품사를 모두 포함한다는 설명은 적절하다.

⑤ '그'와 '또'는 ㉢에 따라 분류할 때 각각 관형사, 부사이고 ㉡에 따라 분류하면 수식언이기 때문에 맞는 설명이다.

54 ④

정답 해설 | '앎'은 명사절에서 서술어로 기능하고 있고, 부사어 '많이'의 수식을 받고 있으므로 동사의 명사형이다. 따라서 '앎'의 '-ㅁ'은 명사형 어미에 해당하기 때문에 '-ㅁ'이 '알-'에 붙어 품사를 동사에서 명사로 바꾸었다는 서술은 적절하지 않다.

오답 체크 |

① ㄱ에서 관형어 '고난도의'의 수식을 받는 '춤'은 서술성이 없기 때문에 명사에 해당하고, '잘'의 수식을 받는 '춤'은 명사절에서 서술어의 기능을 하고 있기 때문에 동사의 명사형에 해당한다.

② 현대 국어에서 어간에 '-(으)ㅁ'이 붙어서 명사로 된 것은 그 어간의 원형을 밝히어 적도록 규정하고 있기 때문에 어간의 원형인 '죽-'을 밝혀 적고 있다. 그러나 '주검'은 기원적으로 '죽-'에 '-엄'이 붙어서 된 것이기는 하지만 '-엄'은 현대 국어에서 새로운 단어를 만들지 못하므로 '주검'에서 어간의 원형인 '죽-'을 밝히어 적지 않는다.

③ ㄷ에서 '도움'은 명사절에서 서술어의 기능을 하며, 부사어 '조용히'의 꾸밈을 받는 동사의 명사형이기 때문에 적절한 설명이다.

⑤ ㅁ에서 '믿음'은 명사절에서 서술어의 기능을 하며, 부사어 '전적으로'의 꾸밈을 받는 동사의 명사형이다. 따라서 동사의 명사형은 대부분의 선어말 어미와 결합할 수 있다고 했으므로 '믿음'의 '믿-'과 '-음' 사이에는 선어말 어미 '-었-'이 끼어들 수 있다는 설명은 적절하다.

55 ⑤

정답 해설 | '캐묻다'는 '캐물어[캐:무러], 캐물으니[캐:무르니], 캐묻는[캐:문는]'과 같이 활용하는 'ㄷ'불규칙 용언이고, '엿듣다'는 '엿들어[엳:뜨러], 엿들으니[엳:뜨르니], 엿듣는[엳:뜬는]'과 같이 활용하는 'ㄷ'불규칙 용언이다. 따라서 '캐묻다'와 '엿듣다'는 ㉠과 ㉡을 모두 만족하는 용언이다.

오답 체크 |

① '구르다'는 '굴러[굴러], 구르니[구르니]'처럼 활용하는 '르'불규칙 용언이고, '잠그다'는 '잠가[잠가], 잠그니[잠그니]'처럼 활용하는 규칙 용언이다.

② '흐르다'는 '흘러[흘러], 흐르니[흐르니]'처럼 활용하는 '르'불규칙 용언이고, '푸르다'는 '푸르러[푸르러], 푸르니[푸르니]'처럼 활용하는 '러'불규칙 용언이다.

③ '뒤집다'는 '뒤집어[뒤지버], 뒤집으니[뒤지브니], 뒤집는[뒤짐는]'처럼 활용하는 규칙 용언이고, '껴입다'는 '껴입어[껴이버], 껴입으니[껴이브니], 껴입는[껴임는]'처럼 활용하는 규칙 용언이다.

④ '붙잡다'는 '붙잡아[붇짜바], 붙잡으니[붇짜브니], 붙잡는[붇짬는]'처럼 활용하는 규칙 용언이고, '정답다'는 '정다워[정다워], 정다우니[정다우니]'처럼 활용하는 'ㅂ'불규칙 용언이다.

56 ④

정답 해설 | '살리다'의 '-리-'와 '입히다'의 '-히-'는 모두 사동 접미사로 주동사인 '살다'와 '입다'에 붙어 사동사를 만들고 있다. 하지만, '밀치다'의 '-치-'와 '깨뜨리다'의 '-뜨리다'는 사동사를 만드는 사동 접미사가 아니라 '강조'의 뜻을 나타내는 접미사이다.

오답 체크 |

① ㉠에 사용된 '-이, -음, -기, -개'는 모두 용언에 결합하여 명사를 만드는 접미사이다.

② ㉡에 사용된 '-이다, -대다, -거리다'는 모두 부사에 결합하여 동사를 만드는 접미사이다.

③ ㉢에 사용된 '-보, -꾼, -쟁이, -꾸러기'는 모두 어근에 붙어 사람을 가리키는 의미의 단어를 만드는 접미사이다.

⑤ ㉤에 사용된 '-질, 풋-, 휘-, -기-'는 어근의 품사인 명사(부채, 나물), 동사(감다, 빼앗다)와 동일한 단어를 만드는 접사이다.

57 ⑤

정답 해설 | 먼저 '우리는 비를 맞고 바람에 맞서다가 드디어 길을 찾아냈다.'를 형태소 분석하면 다음과 같다. 우리(㉠)+는(㉢)+비(㉠)+를(㉢)+맞-(㉡)+-고(㉢)+바람(㉠)+에(㉢)+맞-(㉡)+서-(㉡)+-다가(㉢)+드디어(㉠)+길(㉠)+을(㉢)+찾-(㉡)+-아(㉢)+내-(㉡)+-ㅆ(었)-(㉢)+-다(㉢) 따라서 적절한 설명은 선택지 ⑤이다.

03 문장론(문장)

기출문제

본문 68~99쪽

01 ③	02 ⑤	03 ④	04 ②	05 ⑤
06 ⑤	07 ②	08 ④	09 ④	10 ②
11 ①	12 ①	13 ②	14 ④	15 ①
16 ⑤	17 ①	18 ⑤	19 ③	20 ①
21 ⑤	22 ⑤	23 ②	24 ④	25 ④
26 ⑤	27 ①	28 ②	29 ③	30 ①
31 ②	32 ①	33 ⑤	34 ④	35 ⑤
36 ①	37 ④	38 ⑤	39 ②	40 ④
41 ③	42 ③	43 ④	44 ①	45 ②
46 ①	47 ④	48 ③	49 ②	50 ⑤
51 ⑤	52 ③	53 ②	54 ⑤	55 ①
56 ④	57 ①	58 ①	59 ④	60 ④
61 ②	62 ⑤	63 ③	64 ①	

01 ③

정답 해설 | ㉢의 경우, 능동문과 피동문 모두 여러 가지로 해석되는 의미를 가지지 않으므로 능동문과 달리 피동문이 여러 가지 의미로 해석되는 문장의 사례로 볼 수 없다.

오답 체크 |

① ㉠의 능동문에서는 '눈이 세상을 덮는 동작'이 연상되는 것에 비해, 피동문에서는 그런 동작이 잘 드러나지 않는다.

② ㉠에서 능동문의 주어 '눈이'는 피동문의 부사어 '눈에'로 나타나고, ㉡에서 능동문의 주어 '학생이'는 피동문의 부사어 '학생에게'로 나타난다.

④ '날리다'는 목적어를 가지지 않는 자동사인 '날다'에서 파생된 경우이다.

⑤ '날씨'가 바뀌는 행위는 자연적인 것으로서 문장의 의미 자체가 상황 의존성을 강하게 가져 동작성을 표현하기 어려우므로, 대응하는 능동문을 상정하기가 어렵다.

02 ⑤

정답 해설 | ㉢에서 생략된 문장 성분은 안은문장의 목적어인 '빵을'이다. 하지만 ㉣에서 생략된 문장 성분은 없다. 따라서 ㉢과 달리 ㉣에서 생략된 문장 성분은 안은문장의 목적어라는 설명은 틀린 것이다.

오답 체크 |

① ㉠은 명사절로 안은문장의 목적어로 사용되었다.

② ㉡은 명사절로 안은문장의 부사어로 사용되었다.

③ ㉢은 관형절로 안은문장의 목적어로 사용된 '빵'을 수식하고 있다.

④ ㉡의 주어는 안은문장의 주어인 '친구는'과 일치하지만, ㉣의 주어는 '우리가'로 안은문장의 주어인 '그는'과 다르다.

03 ④

정답 해설 | ㄱ은 주어와 서술어의 관계가 한 번만 나타나지만, ㄴ은 주어와 서술어의 관계가 두 번 이상 나타나는 겹문장에 해당한다. ㄴ은 '창문이 아주 많다.'는 서술절을 안은 문장이다. 따라서 선택지 ④는 적절하지 않은 설명이다.

오답 체크 |

① ㄱ에서 보어인 '대학생이'가 있고, ㄷ에는 보어가 없다.

② ㄴ에는 목적어가 없고, ㄹ에는 목적어인 '부자를'과 '사람을'이 있다.

③ ㄱ에는 부사어인 '마침내'가 있고, ㄴ에도 부사어 '아주'가 있다. ㄷ과 ㄹ에는 부사어가 없다.

⑤ ㄷ에는 명사절인 '그가 정당했음'이 전체 문장 속에 안겨 있고, ㄹ은 앞 절과 뒤 절이 대등하게 이어진 문장이다.

04 ②

정답 해설 | ㄴ은 행동 주체의 의지를 부정하는 문장이 아니라 '해가 비치다'는 객관적 사실을 부정하는 표현이며, 긴 부정문뿐만 아니라 짧은 부정문이 모두 가능하다.

오답 체크 |

④ ㄹ에서 '결코'는 반드시 부정 서술어와 함께 쓰여야 하는 부사이다.

05 ⑤

정답 해설 | ㄴ에서의 안긴 문장은 '지훈이가 성실하고 눈이 크다는'의 관형절이다. 이 절 안에는 목적어가 없다.

오답 체크 |

① ㄴ에서 전체 문장의 서술어 역할을 하는 것은 '알고 있었다'가 맞지만, ㄱ에서 전체 문장의 서술어 역할을 하는 것은 '크다'가 아니라 서술절에 해당하는 '눈이 크다.'이다.

② ㄱ은 서술절 '눈이 크다.'를 안고 있는 문장으로 겹문장에 해당한다.

③ ㄴ에서 '성실하고'의 주어는 '지훈이가'이고 '크다'의 주어는 '눈이'이다.

④ ㄴ의 안긴문장 '지훈이가 성실하고 눈이 크다'는 대등하게 이어진 문장이다.

06 ⑤

정답 해설 | ⑤의 '그 사람과 나는 오래 전부터 서로 사귀어 왔다.'에는 '과'가 사용되었지만, 이 문장은 두 개의 홑문장, 즉 '그

사람은 오래 전부터 서로 사귀어 왔다.'와 '나는 오래 전부터 서로 사귀어 왔다.'로 분리되지 않는다. 이 문장에 쓰인 '과'는 행위의 상대임을 나타내는 부사격 조사로, 〈보기〉의 설명대로 서술어가 '사귀어 왔다' 하나이므로 이 문장은 이어진 문장이 아니라 홑문장이다.

오답 체크 |

① '나는 시를 좋아한다.'와 '나는 소설을 좋아한다.'가 각각 결합된 이어진 문장이다.

② '그녀는 집에서 공부했다.'와 '그녀는 도서관에서 공부했다.'가 결합된 이어진 문장이다.

③ '고향의 산은 예전 그대로였다.'와 '고향의 하늘은 예전 그대로였다.'가 결합된 이어진 문장이다.

④ '성난 군중이 앞문으로 들이닥쳤다.'와 '성난 군중이 뒷문으로 들이닥쳤다.'가 결합된 이어진문장이다. 이렇게 두 문장이 결합할 때 쓰인 '와/과'는 접속 조사이다.

07 ②

정답 해설 | ㉡의 주어 '나는'의 서술어는 '기다렸고'이고, ㉣은 '기다렸고'의 목적어 역할을 하는 명사절이므로 ㉣을 '나는'의 서술어라고 진술한 것은 적절하지 않다.

오답 체크 |

③ ㉡은 명사절을 안은문장이고, ㉢은 관형절을 안은문장이다. 따라서 '주어-서술어'의 관계가 두 번 이상 나타난다.

⑤ ㉤은 관형절로 문장에서 뒤에 오는 '책'을 수식하는 관형어 역할을 한다.

08 ④

정답 해설 | ㄷ의 안긴문장의 주어는 '동생이'이고 안은문장의 주어는 '오빠가'로 서로 다르다. ㅁ의 안긴문장의 주어는 '누나가'이고 안은문장의 주어도 '누나가'이다. 따라서 ㄷ과 ㅁ의 안긴문장의 주어가 각각의 안은문장의 주어와 다르다는 설명은 적절하지 않다.

오답 체크 |

① ㄱ의 안긴문장인 '그가 이 사건의 범인임'은 명사절로 안은문장에서 주어로 쓰였고, ㄴ의 안긴문장인 '언니가 빵을 먹은'은 관형절로 안은문장에서 관형어로 쓰였다.

② ㄴ의 안긴문장인 '언니가 빵을 먹은'은 관형절로 안은문장에서 관형어로 쓰였고, ㄷ의 안긴문장인 '동생이 가게에서 산'은 관형절로 안은문장에서 관형어로 쓰였다.

③ ㄴ은 안긴문장 속에 생략된 필수 성분이 없다. 하지만 ㄷ은 안긴문장 속에 필수 성분인 목적어 '빵을'이 생략되어 있다.

⑤ ㄹ의 안긴문장인 '집에 가기'는 안은문장에서 목적어로 쓰였고, ㅁ의 안긴문장인 '집에 가기'는 안은문장에서 부사어로 사용되었다.

09 ④

정답 해설 | ㉣에서 '선생님'은 주체가 아니라 말하는 상대이다. 여기에서 주체는 '제(나)'이다. 여기서는 상대인 '선생님'을 높이는 데에 '-습니다'를 사용하고 있다.

오답 체크 |

① ㉠에서 '계시다'는 주체를 직접 높일 때 사용하는 특수 어휘이다.

② ㉡에서 '드리다'는 객체를 높이는 데에 사용하는 특수 어휘이다.

③ ㉢에서는 주체인 '할아버지'를 높이기 위해 높임을 나타내는 주격 조사 '께서'와 주체높임 선어말 어미 '-시'를 사용하고 있다.

⑤ ㉤에서는 상대인 '아버지'를 높이는 데에 격식체 중 하십시오체에 해당하는 '-습니다'를 사용하고 있다.

10 ②

정답 해설 | ㉡의 '살았다'는 주어인 '글이'만을 필수적으로 요구하는 한 자리 서술어이다.

오답 체크 |

① ㉠의 '살았다'는 주어 '불씨가'만을 필수적으로 요구하는 한 자리 서술어이다.

③ ㉢의 '살았다'는 주어인 '그는'과 목적어인 '벼슬을'을 필수적으로 요구하는 두 자리 서술어이다.

④ ㉣의 '놓았다'는 주어인 '그는'과 목적어인 '일손을'을 필수적으로 요구하는 두 자리 서술어이다.

⑤ ㉤의 '놓았다'는 주어인 '형은'과 목적어인 '책을', 그리고 부사어인 '위에'를 필수적으로 요구하는 세 자리 서술어이다.

11 ①

정답 해설 | [학습활동]에 제시된 문장에서 문장 전체의 서술어는 '알려 줬다'이고, 그것의 주어는 '그녀가'이다. 그리고 명사절 속의 서술 기능을 하는 '받았음'의 주어는 '제자가'이다. 마지막으로 관형절 속에서 서술 기능을 하는 '아끼던'의 주어는 '그가'이다. 따라서 ㉠~㉢에 순서대로 들어갈 말은 '그녀가', '제자가', '그가'이다.

12 ①

정답 해설 | 〈보기2〉의 문장 '아버지는 허리가 아프셔서 한영이가 아버지 대신 할아버지를 뵙고 왔습니다.'에서 '아프셔서'의 '-시-'를 통해 높여야 할 대상인 '아버지'의 신체 일부분, 즉 '허리'를 간접적으로 높이는 주체 높임이 실현되었다. 그리고 '왔습니다'에서는 말하는 상대를 높이기 위해 '-습니다'를 사용했다. 또한 '뵙고'를 통해서는 목적어가 지시하는 대상인 '할아버지'를 높이는 객체 높임이 실현되었다.

13 ②

정답 해설 | ㉢은 ㉠이 관형절인 '철수가 산책을 한'의 형태가 되어 ㉡에 안겨서 만들어진 관형절을 안은문장이다. 이 안기는 과정에서 ㉠의 부사어 '공원에서'가 ㉡의 주어인 '공원은'과 중복이 되어 생략되었다.

14 ④

정답 해설 | ㉢에서는 '신임'과 '장관'이 결합해 명사구를 이루고 여기에 조사가 붙어 주어가 이루어졌다. ㉣에서는 '새'와 '컴퓨터'가 결합해 명사구를 이루고 여기에 조사가 붙어 주어가 이루어졌다.

오답 체크 |

① ㉠의 주어인 '나도'는 '대명사+조사'의 형태이고, ㉡의 주어인 '바깥이'는 '명사+조사'의 형태이다.

② ㉠의 주어는 '나도'이고 ㉢의 주어는 '장관은'인데, 여기에 쓰인 조사는 격조사가 아니라 보조사로, 이처럼 보조사가 붙은 형태로 주어가 나타나기도 한다.

③ ㉡에서 서술어는 '어둡다'로 형용사이기 때문에 주어인 '바깥이'는 동작의 주체가 아니다.

⑤ ㉣에서 주어는 '컴퓨터가'로 한 번 쓰였다. '고물이'는 주어가 아니라 보어이다.

15 ①

정답 해설 | (가)와 (나)에서 앞 절과 뒤 절의 사건들은 모두 과거에 일어났다. 그런데 (나)의 앞 절에는 과거 시제 선어말 어미 '-었-'이 사용된 반면에 (가)의 앞 절에는 어간 '먹-'에 바로 어미 '-다가'가 결합하여 시제 선어말 어미가 나타나고 있지 않다.

오답 체크 |

② (가)와 (다)의 앞 절에는 시제 선어말 어미가 없지만, 뒤 절의 시제가 과거이므로 과거로 해석된다.

③ (가)와 (라)의 앞 절에는 과거 시제 선어말 어미 '-았-/-었-'이 쓰이지 않았다.

④ (나)에서는 찌개를 끓이는 행위가 끝나고 찌개를 식히는 행위가 일어났으며, (다)에서는 종이를 접는 행위가 끝나고 종이를 주머니에 넣는 행위가 일어났다.

⑤ (라)에서는 두 사건의 인과 관계를 '-아서/-어서'가 나타내 주고 있지만, (다)에서는 두 사건이 인과 관계로 해석되지 않는다.

16 ⑤

정답 해설 | ㉢은 단형 사동으로 직접 사동과 간접 사동의 두 가지 의미를 모두 표현할 수 있으나, ㉣은 장형 사동으로 간접 사동의 해석만 가능하다. 따라서 ㉣은 ㉢과 달리 직접 사동과 간접 사동의 의미 모두로 해석될 수 있다는 설명은 적절하지 않다.

오답 체크 |

① ㉠을 '아이들이'를 주어로 삼는 단형 사동문으로 바꾸면, '아이들이 얼음 위에서 팽이를 돌린다.'와 같이 된다. 이렇게 바뀔 때, ㉠의 주어 '팽이가'는 목적어인 '팽이를'로 바뀐다.

② ㉠에서 '돈다'는 한 자리 서술어이지만, 단형 사동문의 서술어인 '돌린다'는 두 자리 서술어이다.

③ ㉡을 '선생님께서'를 주어로 삼는 단형 사동문으로 바꾸면, '선생님께서 그 일을 지원이이게 맡겼다.'와 같이 된다. 그러면 ㉡의 주어인 '지원이가'는 부사어 '지원이에게'로 바뀐다.

④ ㉡에서 '맡았다'는 두 자리 서술어이지만, 단형 사동문의 서술어인 '맡겼다'는 세 자리 서술어이다.

17 ①

정답 해설 | ㉠에서 '내 친구의 것이다'는 '내 친구의 것'이라는 구에 '이다'라는 서술격 조사가 붙어 주어인 '자전거는'을 서술하고 있으나 주어와 서술어의 관계가 나타나지 않으므로 안긴문장이 아니다. ㉢에서 '손가락이 길다'는 '손가락이'라는 주어와 '길다'라는 서술어를 갖추고 있으면서 문장 전체의 주어인 '영수는'을 서술하고 있으므로 서술어의 기능을 하는 안긴문장에 해당한다.

오답 체크 |

② ㉠의 '내가 빌린'은 관형절로 뒤에 오는 체언인 '자전거'를 수식하는 안긴문장이고, ㉣의 '마을에 사는'은 주어인 '사람들이'가 생략된 관형절로 뒤에 오는 체언인 '사람들'을 수식하는 안긴문장이다.

③ ㉡의 '공연이 시작되기'는 안긴 문장으로, 이 문장에서 부사어는 나타나지 않는다. ㉢의 '피아노를 잘 치는'은 안긴 문장으로, 이 문장에서 '잘'은 부사어에 해당하며, '손가락이 누구보다 길다'는 안긴 문장으로, 이 문장에서 '누구보다'는 부사어에 해당한다.

④ ㉡의 '공연이 시작되기'는 명사인 '전'을 꾸며 주는 관형어의 기능을 하는 안긴문장이다. ㉣의 '파수꾼이 마을에 사는 사람들을 속였음'은 명사절로 안긴 문장으로 조사 '이'와 결합하여 문장에서 주어의 기능을 하고 있다.

⑤ ㉢의 '피아노를 누구보다 잘 치는'은 주어인 '영수가'가 생략되어 있는 안긴문장이고, ㉣의 '마을에 사는'은 주어인 '사람들이'가 생략되어 있는 안긴문장이다.

18 ⑤

정답 해설 | ㄴ에는 '소리도 없이'라는 안긴문장(부사절)은 '그가 사라졌음'이라는 명사절에 안겨 있다. 그러나 ㄷ의 경우 '운동장을 달리는'이라는 안긴문장(관형절)과 '발밑을 조심하'라는 안긴문장(인용절)이 있으나 각각의 안긴문장 안에 또 다른 문장이 안겨 있는 것이 아니므로 적절하지 않은 설명이다.

오답 체크 |

① ㄱ은 '아이가 먹기'라는 명사절에 '에'라는 부사격 조사가 붙어 부사어로 기능하고 있으므로 적절한 설명이다.

② ㄴ은 '소리도 없이'라는 부사절이 뒤에 오는 용언 '사라졌음'을 수식하고 있으므로 적절한 설명이다.

③ '발밑을 조심하라고'에서 '고'는 간접 인용을 나타내는 조사이므로 적절한 설명이다.

④ ㄱ의 '잘 다져진'과 ㄷ의 '운동장을 달리는'은 모두 뒤에 오는 체언을 수식하는 관형절로, '잘 다져진'에는 주어인 '음식이'가 '운동장을 달리는'에는 주어인 '나는'이 생략되어 있다.

19 ③

정답 해설 | ⓐ에서는 주체 높임 선어말 어미 '-시-'를 사용해 '치아'를 높임으로써 '할아버지'를 간접적으로 높이고 있다. ⓑ에서는 객체 높임을 나타내기 위한 특수 어휘 '모시다'를 사용해 '고모님'을 높이고 있다. ⓒ에서는 주체 높임 선어말 어미 '-시-'를 사용해 '아버지'를 직접적으로 높이고 있다. ⓓ에서는 주체 높임 선어말 어미 '-시-'를 사용해 '생각'을 높임으로써 '그분'을 간접적으로 높이고 있다. 'ⓑ'에는 객체 높임이 나타나 있고, 'ⓐ, ⓒ, ⓓ'에는 주체 높임이 나타나 있으므로, '학생 2'는 객체에 해당하는 인물을 높이는가의 여부를 분류의 기준으로 삼았음을 알 수 있다.

20 ①

정답 해설 | ㉠의 '지루하다 못해 졸리다'에서 '못해'는 지루하다는 상태에 미치지 않음을 의미하는 것이 아니라, 지루함의 상태가 극에 달해 지루함을 넘어 졸린 상태에 이른 것을 뜻하므로 '지루하다'의 상태에 미치지 않았다는 것도, 뒷말을 부정하고 있다는 것도 모두 적절하지 않다.

오답 체크 |

② 부정 표현 중에서 '능력'이나 '그 밖의 다른 상황'으로 인한 부정을 표현하는 '못' 부정문은 부사 '못'을 활용하거나 용언 '못하다'에 의해 실현되는 것이 일반적이다. 따라서 ㉡에서는 '자전거를 탄다'의 부정문으로 '못 탄다'와 '타지 못한다' 모두가 가능하다는 것을 나타내고 있다.

③ 명령문의 부정 표현에서는 '안' 부정과 '못' 부정이 아닌 '말다' 부정을 사용한다.

④ 서술어가 형용사인 경우에는 능력 부정의 의미 없이 '어떠한 대상이 기준에 이르지 못함'을 나타내며, 부정 부사가 아니라 부정 용언을 사용하는 것이 자연스럽다.

⑤ ㉤에서 '분명히'는 '했다', '하지 않았다' 모두와 호응을 이루지만 '결코'는 '하지 않았다'와만 호응을 이룬다. 이를 통해 반드시 부정 표현과 함께 쓰여야 하는 부사가 있다는 것을 알 수 있다.

21 ⑤

정답 해설 | '흰 눈이 내립니다.'에서 '흰'의 '-ㄴ'은 현재의 상태를 나타내는 관형사형 어미이므로 '-ㄴ-'이 아니라, '-ㄴ' 2의 예문으로 추가해야 한다.

오답 체크 |

① '간다'를 보면 '-ㄴ-'은 종결 어미 '-다'의 앞에 붙을 수 있음을 확인할 수 있다. '짠'의 '-ㄴ'과 '유명한'의 '-ㄴ'은 뒤에 다른 어미가 붙을 수 없다.

② '간다'는 '가신다'로, '짠'은 '짜신'으로, '유명한'은 '유명하신'으로 쓸 수 있다.

③ '짠'은 '옷'을 수식하고, '유명한'은 '성악가'를 수식하는 관형어 구실을 하고 있다.

④ '간다'와 '유명한'은 현재 시제를 나타내고, '짠'은 과거 시제를 나타냄을 확인할 수 있다.

22 ⑤

정답 해설 | ㉯의 안긴문장 '부상을 당한'은 관형절로 문장에서 관형어의 기능을 하고, ㉰의 안긴문장 '성적이 많이 오르기'는 명사절로 문장에서 목적어의 기능을 한다.

오답 체크 |

① ㉮의 명사절 '그 사람이 범인임' 속에는 관형어(그)가 한 개 있다.

② ㉮에서 명사절 '그 사람이 범인임'은 문장에서 주어의 기능을 한다.

③ ㉯에서 관형절인 '부상을 당한' 속에는 '선수는'이라는 주어가 생략되어 있다.

④ ㉰의 안긴문장 '성적이 많이 오르기'에는 부사어 '많이'가 있지만, ㉮의 안긴문장 '그 사람이 범인임'에는 부사어가 없다.

23 ②

정답 해설 | ㉡은 파생 접사 '-이-'가 붙어 만들어진 사동문이며, 서술어 '녹였다'는 주어와 목적어를 필요로 하는 두 자리 서술어이다. ㉢의 서술어 '보았다'는 주어와 목적어를 필요로 하는 두 자리 서술어이다.

오답 체크 |

① ㉠은 피동문이 아니며, 서술어 '녹았다'는 주어를 필요로 하는 한 자리 서술어이다. ㉣의 서술어 '보였다'는 주어를 필요로 하는 한 자리 서술어이다.

③ ㉡은 피동문이 아니라 사동문이며, 서술어 '녹였다'는 주어와 목적어를 필요로 하는 두 자리 서술어이다. ㉣의 서술어 '보였다'는 주어를 필요로 하는 한 자리 서술어이다.

④ ㉣은 사동문이 아니라 피동문이며, ㉣의 서술어 '보였다'는 주어를 필요로 하는 한 자리 서술어이다. ㉡의 서술어 '녹였다'는 주어와 목적어를 필요로 하는 두 자리 서술어이다.

⑤ ㉣은 사동문이 아니라 피동문이며, ㉣의 서술어 '보였다'는

주어를 필요로 하는 한 자리 서술어이다. ㉢의 서술어 '보았다'는 주어와 목적어를 필요로 하는 두 자리 서술어이다.

24 ④

정답 해설 | ㉣의 '선생님께서~읽히셨다.'는 접사에 의한 사동 표현이고 '선생님께서~읽게 하셨다.'는 '-게 하다'에 의한 사동 표현인데, 이는 모두 '선생님께서 철수에게 책을 읽도록 시키는' 간접 사동의 의미로만 해석된다.

오답 체크 |

① ㉠의 '낮춘다'는 '낮다'라는 형용사에 사동 접사 '-추-'가 결합된 사동사이다.

② ㉡은 주동문이 사동문으로 바뀔 때 서술어가 주어와 목적어를 요구하는 두 자리 서술어에서 주어와 목적어, 그리고 부사어를 요구하는 세 자리 서술어로 바뀌었다.

③ '이삿짐이 방으로 옮다'로 쓸 수 없으므로 ㉢의 경우 대응하는 주동문을 만들 수가 없다는 이해는 적절하다.

⑤ ㉤에서 자동사가 서술어로 사용된 주동문의 주어 '아기가'는 사동문에서 목적어로, 타동사가 서술어로 사용된 주동문의 주어 '철수가'는 사동문에서 부사어로 바뀌었다.

25 ④

정답 해설 | '힘찬'(㉠)은 '함성이 힘차다.'로부터 만들어진 관계 관형절이다. 수식을 받는 체언 '함성'이 관형절 속에서 주어로 쓰일 수 있기 때문이다. '형이 조사한'(㉢)은 '형이 자료를 조사하다.'로부터 만들어진 관계 관형절이다. 수식을 받는 체언 '자료'가 관형절 속에서 목적어로 쓰일 수 있기 때문이다. '자동차가 전복된'(㉡)은 '자동차가 전복되다.'로부터 만들어진 동격 관형절이다. 그리고 관형절이 만들어지는 과정에서 원래 문장의 종결 어미가 그대로 유지되지 않는 관형절이다. '내가 그 일을 한다는'(㉣)은 '내가 그 일을 한다.'로부터 만들어진 동격 관형절이다. 그리고 관형절이 만들어지는 과정에서 원래 문장의 종결 어미가 그대로 유지되는 관형절이다. 따라서 〈보기〉의 [탐구 자료]를 [탐구 과정]에 따라 바르게 분류한 것은 선택지 ④이다.

26 ⑤

정답 해설 | 〈보기〉의 ㉠과 달리 ⑤는 '일부는 버스를 이용하면서 일부는 지하철을 이용한다'가 의미적으로 어색하다는 점에서 '-(으)며'를 '-(으)면서'로 교체할 수 없고, 앞뒤 문장의 주어 '일부는'의 '일부'가 서로 다른 집단을 지칭한다는 점에서 앞뒤 문장의 주어가 서로 같다고 보기도 어렵다. 따라서 ⑤의 '-(으)며'는 '앞뒤 문장의 동작이 동시에 일어남'의 의미를 지니는 것이 아니라, '두 가지 이상의 동작이나 상태를 나열'하는 의미를 지닌다.

오답 체크 | ①~④는 모두 앞 문장과 뒤 문장의 주어가 서로 같다는 점, '-(으)며'를 '-(으)면서'로 교체하여 쓸 수 있다는 점에서 '-(으)며'가 '앞뒤 문장의 동작이 동시에 일어남'을 나타내는 예문으로 적절하다.

27 ①

정답 해설 | 서술어 '되다'의 문형 정보를 추출해 보면, 주어는 '나라는', '지갑이'이고, 부사어는 '대부분', '산으로', '요즘에', '가죽으로'이다. 이 부사어들 중 필수적 부사어는 '산으로'와 '가죽으로'이다. 여기서 주어를 제외하면 문형 정보 【…으로】를 추출할 수 있다.

오답 체크 |

② 서술어 '넘어가다'의 문형 정보를 추출해 보면, 주어는 '모두', '자기가'이고, 부사어는 '속임수에', '아무렇지 않게', '꾀에', '자연스럽게'이다. 이 부사어들 중 필수적 부사어는 '속임수에'와 '꾀에'이다. 여기서 주어를 제외하면 문형 정보 【…에】를 추출할 수 있다.

③ 서술어 '다투다'의 문형 정보를 추출해 보면, 주어는 '나는', '그는'이고, 부사어는 '언니와', '때문에', '누군가와', '한밤중에'이다. 이 부사어들 중 필수적 부사어는 '언니와'와 '누군가와'이다. 여기서 주어를 제외하면 문형 정보 【…와】를 추출할 수 있다.

④ 서술어 '딸리다'의 문형 정보를 추출해 보면, 주어는 '지갑이', '단어장이'이고, 부사어는 '가방에', '사은품으로', '책에', '부록으로'이다. 이 부사어들 중 필수적 부사어는 '가방에'와 '책에'이다. 여기서 주어를 제외하면 문형 정보 【…에】를 추출할 수 있다.

⑤ 서술어 '빠지다'의 문형 정보를 추출해 보면, 주어는 '때가', '물이'이고, 부사어는 '옷에서', '깨끗하게', '청바지에서', '허옇게'이다. 이 부사어들 중 필수적 부사어는 '옷에서'와 '청바지에서'이다. 여기서 주어를 제외하면 문형 정보 【…에서】를 추출할 수 있다.

28 ②

정답 해설 | 〈보기〉의 ㉡ '소포가 도착했다고 들었다.'의 직접 구성 요소는 '소포가 도착했다고'와 '들었다'로 분석된다.

오답 체크 |

① ㉠의 '목소리가 곱다'는 서술절로 ㉠의 직접 구성 요소에 해당한다.

④ ㉣의 '그가 익명의 기부자임'는 명사절로 전체 문장 속에서 주어의 기능을 한다. 따라서 '그가 익명의 기부자임이'는 ㉣의 직접 구성 요소에 해당한다.

⑤ ㉤의 '인생은 짧고 예술은 길다는'은 뒤에 오는 '말'을 꾸며 주는 관형절에 해당한다. 따라서 '인생은 짧고 예술은 길다는 말은'은 ㉤의 직접 구성 요소에 해당한다.

29 ③

정답 해설 | 관형절 '두 사람이 어제 헤어진'을 완결된 문장으로 바꾸면, '두 사람이 어제 공원에서 헤어졌다.'가 된다. 밑줄 친 '공원'이 바뀐 문장에서는 부사어 '공원에서'로 사용되었다. 따라서 밑줄 친 '공원'은 바뀐 문장에서 ㉡이 아니라 ㉢의 기능을 한다. 두 번째 예시 문장에서 관형절 '어제 부모님이 시키신'을 완결된 문장으로 바꾸면, '어제 부모님이 나에게 일을 시키셨다.'가 된다. 여기서 밑줄 친 '일'은 바뀐 문장에서 목적어 '일을'로 사용되었다. 따라서 밑줄 친 '일'은 바뀐 문장에서 ㉡의 기능을 한다.

오답 체크 |

① 첫 번째 예시 문장에서 관형절 '어제 결혼한'을 완결된 문장으로 바꾸면, '그들은 어제 결혼했다.'가 된다. 밑줄 친 '그들'은 바뀐 문장에서 주어 '그들은'으로 사용되었다. 따라서 ㉠의 기능을 하는 예로 적절하다. 두 번째 예시 문장에서 관형절 '누나를 많이 닮은'을 완결된 문장으로 바꾸면, '친구는 누나를 많이 닮았다.'가 된다. 밑줄 친 '친구'는 바뀐 문장에서 주어 '친구는'으로 사용되었다. 따라서 ㉠의 기능을 하는 예로 적절하다.

② 첫 번째 예시 문장에서 관형절 '나무로 된'을 완결된 문장으로 바꾸면, '탁자는 나무로 되어 있다.'가 된다. 밑줄 친 '탁자'는 바뀐 문장에서 주어 '탁자는'으로 사용되었다. 따라서 ㉠의 기능을 하는 예로 적절하다. 두 번째 예시 문장에서 관형절 '시대에 뒤떨어진'을 완결된 문장으로 바꾸면, '생각이 시대에 뒤떨어졌다.'가 된다. 밑줄 친 '생각'은 바뀐 문장에서 주어 '생각이'로 사용되었다. 따라서 ㉠의 기능을 하는 예로 적절하다.

④ 첫 번째 예시 문장에서 관형절 '친구가 나에게 준'을 완결된 문장으로 바꾸면, '친구가 나에게 옷을 줬다.'가 된다. 밑줄 친 '옷'은 바뀐 문장에서 목적어 '옷을'로 사용되었다. 따라서 ㉡의 기능을 하는 예로 적절하다. 두 번째 예시 문장에서 관형절 '털실로 짠'을 완결된 문장으로 바꾸면, '누나는 털실로 장갑을 짰다.'가 된다. 밑줄 친 '장갑'은 바뀐 문장에서 목적어 '장갑을'로 사용되었다. 따라서 ㉡의 기능을 하는 예로 적절하다.

⑤ 첫 번째 예시 문장에서 관형절 '아이들이 운동장에서 공을 찬'을 완결된 문장으로 바꾸면, '아이들이 주말에 운동장에서 공을 찼다.'가 된다. 밑줄 친 '주말'은 바뀐 문장에서 부사어 '주말에'로 사용되었다. 따라서 ㉢의 기능을 하는 예로 적절하다. 두 번째 예시 문장에서 관형절 '관중이 쓰레기를 남긴'을 완결된 문장으로 바꾸면, '관중이 경기장에 쓰레기를 남겼다.'가 된다. 밑줄 친 '경기장'은 바뀐 문장에서 부사어 '경기장에'로 사용되었다. 따라서 ㉢의 기능을 하는 예로 적절하다.

30 ①

정답 해설 | 〈보기〉의 직접 인용문을 간접 인용문으로 바꿀 때, ⓐ에는 '오늘', ⓑ에는 '있으라고', ⓒ에는 '자기의', ⓓ에는 '남기라'가 들어가야 한다. 따라서 이렇게 짝지어진 선택지 ①이 정답이다.

31 ②

정답 해설 | ㉢에는 서술어의 기능을 하는 안긴문장이 없다. ㉣에서 문장에서 서술어의 기능을 하는 서술절 '값이 비싸다.'가 있다.

오답 체크 |

① ㉠에는 체언 '봄'을 수식하는 관형절 '따뜻한'이 있다. ㉡에는 체언 '친구'를 수식하는 관형절 '내가 만난'이 있다.

③ ㉠은 명사절 '따뜻한 봄이 빨리 오기' 속에 부사어 '빨리'가 있다. ㉡은 서술절 '마음이 정말 착하다.' 속에 부사어 '정말'이 있다.

④ ㉠에서 관형절 '따뜻한' 속에는 주어 '봄이'가 생략되어 있다. ㉣에서 관형절 '그가 시장에서 산' 속에는 목적어 '배추를'이 생략되어 있다.

⑤ ㉢의 '엄마가 모르게'는 부사절로 문장 속에서 부사어의 기능을 한다. ㉣의 '그가 시장에서 산'은 관형절로 문장 속에서 관형어의 기능을 한다.

32 ①

정답 해설 | ㉠의 첫 번째 예문의 '-겠-'은 과거의 사건을, 두 번째 예문의 '-겠-'은 현재의 사건을 추측하는 데에 쓰이고 있다.

오답 체크 |

② ㉡의 두 번째 예문의 '-았-'은 과거 시제가 아니라, 이야기하 는 시점에서 볼 때 미래의 사건이나 일을 이미 정하여진 사실인 양 말할 때 쓰는 어미이다.

③ ㉢의 두 번째 예문에서 '-ㄹ'은 과거의 사건을 나타낼 때 쓰이고 있다.

④ ㉣의 두 번째 예문에 쓰인 '-ㄴ-'은 현재 시제가 아니라 미래의 사건을 나타낼 때 쓰이고 있다.

⑤ ㉤의 첫 번째 예문에서 형용사 '작다'는 시제를 나타내는 선어말 어미 없이 현재 시제를 나타내고 있다.

33 ⑤

정답 해설 | ㉤에 쓰인 '-더-'는 꿈속의 일이나 무의식중에 일어난 일이 아니라 과거의 사건에 대한 진술이므로 ㉤의 예로 적절한 문장이 아니다.

오답 체크 |

① ㉠의 '-더-'는 미래의 일이라도 그것을 안 시점이 과거이기 때문에 ㉠의 예로 적절한 문장이다.

② ㉡의 '-더-'는 본인만이 직접 느껴 알 수 있는 감정을 나타

내는 형용사 '놀랍다'가 서술어로 쓰였기 때문에 ㉡의 예로 적절한 문장이다.

③ ㉢의 '-더-'는 의문문으로 본인만이 직접 느껴 알 수 있는 감정을 나타내는 형용사 '밉다'가 서술어로 쓰였기 때문에 ㉢의 예로 적절한 문장이다.

④ ㉣의 '-더-'는 수사 의문문에서 본인만이 직접 느껴 알 수 있는 감정을 나타내는 형용사 '기쁘다'가 서술어로 쓰였기 때문에 ㉣의 예로 적절한 문장이다.

34 ④

정답 해설 | ㉣에서 안긴문장은 '내가 늘 쉬던'으로 관형절에 해당한다. 그리고 이 절 속에서 생략된 문장 성분은 부사어 '공원에서'이다.

오답 체크 |

① ㉠에서 안긴문장은 '자식이 건강하기'로 명사절에 해당하며, 여기에서 생략된 문장 성분은 없다.

② ㉡에서 안긴문장은 '연락도 없이'로 부사절에 해당하며, 여기에서 생략된 문장 성분은 없다.

③ ㉢에서 안긴문장은 '자신의 판단이 옳았음'로 명사절에 해당하며, 여기에서 생략된 문장 성분은 없다.

⑤ ㉤에서 안긴문장은 '아주 어려운'로 관형절에 해당하며, 여기에서 생략된 문장 성분은 주어 '과제가'이다.

35 ⑤

정답 해설 | ⑤의 ㉠에 쓰인 '쓸렸다'는 피동사로 쓰였고, ㉡에 쓰인 '쓸렸다'는 사동사로 사용되었다. 따라서 선택지 ⑤는 ㉠과 ㉡에 해당하는 예로 적절한 문장끼리 묶여있다.

오답 체크 |

① ①의 ㉠에 쓰인 '갈렸다'는 피동사로 쓰였고, ㉡에 쓰인 '갈렸다'는 사동사로 사용되었다. 하지만, ㉡의 '갈렸다'는 〈보기〉의 [학습활동]에 제시된 '갈다'의 의미가 아니라, '쟁기나 트랙터 따위의 농기구나 농기계로 땅을 파서 뒤집다.'의 의미이다. 따라서 ①의 ㉡에 쓰인 '갈렸다'는 예로 적절하지 않다.

② ②의 ㉠과 ㉡에 쓰인 '깎였다'는 모두 피동사로 쓰였다. 하지만 ㉡의 '깎였다'는 〈보기〉의 [학습활동]에 제시된 '깎다'의 의미가 아니라, '체면이나 명예를 상하게 하다.'의 의미이다. 따라서 ②의 ㉡에 쓰인 '깎였다'는 예로 적절하지 않다.

③ ③의 ㉠과 ㉡에 쓰인 '묻혔다'는 모두 사동사로 사용되었다. 따라서 ③의 ㉠에 쓰인 '묻혔다'는 예로 적절하지 않다.

④ ④의 ㉠에 쓰인 '물렸다'는 사동사로 쓰였고, ㉡에 쓰인 '물렸다'는 피동사로 사용되었다. 따라서 선택지 ④는 ㉠과 ㉡에 해당하는 예로 적절하지 않다.

36 ①

정답 해설 | 선택지 ①은 관형절 '(날씨가) 추운'을 안은 문장이다. 따라서 명사절을 안은 문장으로는 적절하지 않다.

오답 체크 |

② 관형절 '(동생이) 얼음을 먹는'을 안은 문장으로 적절한 예문이다.

③ 부사절 '(동생은) 추위와 상관없이'를 안은 문장으로 적절한 예문이다.

④ 인용절 '날씨가 춥다고'를 안은 문장으로 적절한 예문이다.

⑤ 두 문장이 대등적 연결어미 '~지만'으로 이어진 문장이다.

37 ④

정답 해설 | 선택지 ④의 '-았-'은 과거에 일어난 사건의 결과 상태가 현재까지 지속되고 있음을 나타내는 것이 아니라, 사건이나 상태가 과거의 것임을 나타내는 경우이다. 따라서 선택지 ④는 ⓑ가 아니라 ⓐ에 해당하는 예로 적절하다.

38 ⑤

정답 해설 | ㉠의 안긴문장 '내가 노래 부르기'에는 목적어 '노래'가 있지만, ㉡의 안긴문장 '이 지역 토양이 벼농사에 적합함'에는 목적어가 없다.

오답 체크 |

① ㉠에는 부사어가 없다. 하지만 ㉡에는 부사어 '벼농사에'가 있다.

② ㉠에는 명사절 '내가 노래 부르기'가 안겨 있고, ㉡에는 명사절 '이 지역 토양이 벼농사에 적합함'이 안겨 있다.

④ ㉠의 안긴문장 속에는 목적어가 있고, ㉡의 안긴문장 속에는 관형어와 부사어가 있다.

39 ②

정답 해설 | 선택지 ②는 서술어의 자릿수가 잘못됐기 때문에 비문인 것이 아니라, 주어 '문제는'과 서술어 '많다'가 호응을 하지 않기 때문에 비문인 것이다.

오답 체크 |

① '요청했다'는 주어, 부사어, 목적어를 꼭 필요로 하는 세 자리 서술어이다. 따라서 부사어 '정부에'를 추가한 것이다.

③ '소개하였다'는 주어, 목적어, 부사어를 꼭 필요로 하는 세 자리 서술어이다. 따라서 부사어 '누나에게'를 추가한 것이다.

④ '삼아'는 주어, 목적어, 부사어를 꼭 필요로 하는 세 자리 서술어이다. 따라서 목적어 '일을'을 추가한 것이다.

⑤ '어두울(어둡다)'은 주어, 부사어를 꼭 필요로 하는 두 자리 서술어이다. 따라서 부사어 '지리에'를 추가한 것이다.

40 ④

정답 해설 | 선택지 ④의 '-고 있-'은 두 가지 의미가 아니라 '안경을 벗은 상태가 지속되고 있음'만을 의미하는 것으로 해석된다.

오답 체크 |

① '-고 있-'은 양치질을 하는 동작이 진행되고 있음을 나타낸다.
② '-고 있-'은 오해하고 있는 상태가 지속되고 있음을 나타낸다.
③ '-고 있-'은 알고 있는 상태가 지속되고 있음을 나타낸다.
⑤ '-고 있-'은 ⓐ와 ⓑ 두 가지 의미로 모두 해석될 수 있다.

41 ③

정답 해설 | 부사어 '너무'가 수식하는 것은 서술어 '샀다'가 아니라, 관형사 '헌'이다.

오답 체크 |

① 부사절 '눈이 부시게'는 문장 속에서 부사어의 기능을 한다.
④ '닮았다'는 두 자리 서술어로 주어 '영이는'과 부사어 '엄마와'를 필요로 하고, '읽는다'는 두 자리 서술어로 주어 '영이는'과 목적어 '책을'을 필요로 한다.
⑤ ㉠의 '재로'는 부사어이고 ㉡의 '재가'는 보어이지만 '되었다'가 두 자리 서술어이기 때문에 ㉠의 '재로'와 ㉡의 '재가'는 문장에서 꼭 필요한 성분이다.

42 ③

정답 해설 | ⓒ에서 '별을'은 안은문장의 목적어인 것은 맞지만, 안긴문장의 목적어는 아니다. 안긴문장 '반짝이는'에는 주어 '별이'가 생략되어 있고 목적어는 없다.

오답 체크 |

① '삼았다'는 주어 이외에 목적어 '위기를'과 부사어 '기회로'를 필요로 하는 세 자리 서술어이다.
② '바다가'는 문장 전체의 주어로 서술어 '파랗다'와 호응한다. '눈이'는 부사절의 주어로 절 속의 서술어 '부시게(부시다)'와 호응한다.
④ ⓐ의 '좋은'과 ⓒ의 '반짝이는'은 모두 절 속의 서술어이다.
⑤ ⓑ의 '눈이 부시게'는 부사절로 문장 속에서 부사어의 기능을 하며 문장 전체의 서술어인 '파랗다'를 수식하는 기능을 한다. ⓒ의 '반짝이는'은 관형절로 문장 속에서 관형어의 기능을 하며 뒤에 오는 체언 '별'을 수식하는 기능을 한다.

43 ④

정답 해설 | '과일 좀 드리고'에서 '드리-'는 대상은 '할아버지'임을 알 수 있다. 따라서 화자는 문장의 '객체'인 할아버지를 높이고 있다. 일반적으로 객체높임법에서 객체가 되는 대상은 문장에서 목적어나 부사어이다. 여기서는 '할아버지께'라는 부사어가 생략되어 있음을 알 수 있다.

오답 체크 |

① '할아버지께서 방에 계셨구나'에서 주격 조사 '께서'를 통해 화자는 문장의 주체인 '할아버지'를 높이고 있다.
② '할아버지께서 방에 계셨구나'에서 '계시다'는 문장의 주체를 직접 높이는 특수 어휘에 해당한다. 따라서 여기서는 화자가 특수 어휘 '계시다'를 통해 문장의 주체인 '할아버지'를 높이고 있다.
③ '-구나'는 화자가 새롭게 알게 된 사실에 주목함을 나타내는 감탄형 종결 어미로, 이를 통해 화자가 '할아버지께서 방에 계신다는 사실'을 새롭게 알게 되었음을 부각하고 있다.
⑤ '-렴'은 해라할 자리에 쓰여, 부드러운 명령이나 허락을 나타내는 종결 어미로, 이를 통해 화자가 청자에게 할아버지께 과일을 드리고 오는 행동을 요구하고 있음을 알 수 있다.

44 ①

정답 해설 | ㉠이 서술어인 문장은 '주기적으로 운동하기가 건강의 첫걸음이다'인데, 이 문장에서 '주기적으로 운동하기'는 명사절로 주격 조사 '가'와 함께 쓰여 주어의 기능을 한다.

오답 체크 |

② ㉡이 서술어인 문장은 '그것을 꾸준하게 실천하(다)'인데, 여기에는 명사절이 존재하지 않는다.
③ ㉢이 서술어인 문장은 '그것을 꾸준하게 실천하기 원하(다)'인데, 이 문장에서 '그것을 꾸준하게 실천하기'는 명사절로 문장에서 부사어가 아니라 목적어로 쓰이고 있다.
④ ㉣이 서술어인 문장은 '(계획(을) 세우기가) 제대로 되(다)'인데, 여기에서 '계획(을) 세우기'는 명사절로 문장에서 보어가 아니라 주어로 쓰이고 있다.
⑤ ㉤이 서술어인 문장은 '제대로 된 계획 세우기가 선행되어야 하(다)'인데, 여기에서 '제대로 된 계획 세우기'는 명사절로 관형어가 아니라 주어의 기능을 한다.

45 ②

정답 해설 | ⓑ에서는 부사 '아주'가 관형사 '옛'을 수식하는 부사어로 쓰였다. 부사는 주로 용언을 수식하는 기능을 하지만, 때에 따라 관형사나 다른 부사 등도 수식한다.

오답 체크 |

① ⓐ는 명사 '빵'이 보조사 '은'과 결합하여 목적어로 쓰인 것이다.
③ ⓒ는 명사 '어른'이 조사와 결합 없이 보어로 쓰인 것이다.
④ ⓓ는 명사 '장미'에 서술격 조사 '이다'가 결합하여 서술어로 쓰인 것이다.
⑤ ⓔ는 수 관형사 '세'가 의존 명사 '마리'를 수식하는 관형어로 쓰인 것이다. '세'는 관형사이지, 수사가 아니다.

46 ①

정답 해설 | ⓐ는 관형사형 전성 어미 '-는'이 쓰인 관형절로 뒤에 오는 명사 '예보'를 꾸며 주고 있다. 인용절에는 조사 '라고, 고'가 쓰인다.

오답 체크 |

② ⓑ는 '공원이 많고 거리가 깨끗하-'에 관형사형 전성 어미 '-(으)ㄴ'이 결합하여 관형절로 쓰이고 있다.

③ ⓒ는 '바람이 거세지고 어둠이 내리-'에 명사형 전성 어미 '-기'가 결합하여 명사절로 쓰이고 있다.

④ ⓓ는 명사형 전성 어미 '-음'이 결합한 명사절이며, 목적격 조사 '을'과 결합하여 주성분인 목적어로 쓰이고 있다.

⑤ ⓔ는 관형사형 전성 어미 '-는'이 결합한 관형절이다. 조사와의 결합 없이, 뒤에 오는 명사 '들판'을 수식하는 부속 성분인 관형어로 쓰이고 있다.

47 ④

정답 해설 | ㉣에는 '그는 지금 사는'이라는 관형절이 있는데, 여기에는 '집에서'라고 하는 부사어가 생략되어 있다. 그리고 '지금 사는 집에서 계속 머무르기'라는 명사절이 있는데 이는 문장에서 목적어로 쓰이고 있다.

오답 체크 |

① ㉠에는 '친구들이'라는 주어가 생략된 관형절인 '약속 시간에 늦은'이 있고, 명사절은 없다.

② ㉡에는 관형절이 없고, 주어로 쓰인 명사절인 '마지막 문제를 풀기'가 있다.

③ ㉢에는 '빵을'이라는 목적어가 생략된 관형절인 '아버지께서 주신'이 있고, 명사절은 없다.

⑤ ㉤에는 관형절이 없고, 목적어로 쓰인 명사절인 '우리가 어제 목적지에 도착했음'이 있다.

48 ③

정답 해설 | '놓였다'는 '놓이다'의 어간 '놓이-'에 과거 시제 선어말 어미 '-었-'과 종결 어미 '-다'가 결합한 것이지, 어간 '놓-'에 과거 시제 선어말 어미 '-였-'이 결합된 것이 아니다. '였'은 어간 '하-'에 결합한다.

오답 체크 |

① '먹는다'에서 '-는-'은 현재 시제를 나타내는 선어말 어미이다.

② '자란다'에서 '-ㄴ-'은 현재 시제를 나타내는 선어말 어미이다.

④ '입장하겠습니다'에서 '-겠-'은 미래 시제를 나타내는 선어말 어미이다.

⑤ '꿨다'에서 '-었-'은 과거 시제를 나타내는 선어말 어미이다.

49 ②

정답 해설 | ㉡의 '안' 부정문은 주어인 '물품'이 의지를 가질 수 없는 경우에 해당하기 때문에 '단순 부정'으로만 해석해야 한다. 따라서 '단순 부정'과 '의도 부정'으로 모두 해석이 가능하다는 설명은 적절하지 않다.

오답 체크 |

① '못' 부정문은 일반적으로 서술어가 형용사인 경우에는 성립할 수 없지만, '긴 부정문'에 한하여 '화자의 기대하는 기준에 이르지 못함'의 뜻을 나타내는 경우에는 쓰이기도 한다고 했으므로 적절한 설명이다.

③ '못' 부정문은 화자의 능력을 부정하는 의미에서 발전하여 완곡한 거절과 같은 화자의 심리적 태도를 반영하기도 한다고 했으므로 적절한 설명이다.

④ 동작 주체의 능력으로는 어쩔 수 없는 심리적 상태를 나타내는 서술어는 '못' 부정문에 쓰이기 어렵다고 했으므로 적절한 설명이다.

⑤ 문장의 서술어가 형용사라도 기원이나 희망을 나타낼 때는 '말다' 부정문이 쓰이기도 한다고 했으므로 적절한 설명이다.

50 ⑤

정답 해설 | '질투의 감정'의 '의'는 '질투'라는 것이 '감정'임을 나타내고 있으므로 '질투'와 '감정'은 '의미상 동격'의 관계로 연결된 것이다. 그리고 '국민의 단결'에서 '의'는 '단결'이라는 행동을 하는 주체가 '국민'임을 나타내므로 '국민'과 '단결'은 '주체-행동'의 관계로 연결된 것이다.

오답 체크 |

① '너의 부탁'은 앞 체언과 뒤 체언이 '주체-행동'의 관계, '친구의 자동차'는 '소유주-대상'의 관계로 연결된 것이다.

② '자기 합리화의 함정'은 앞 체언과 뒤 체언이 '의미상 동격'의 관계, '친구의 사전'은 '소유주-대상'의 관계로 연결된 것이다.

③ '회장의 칭호'는 앞 체언과 뒤 체언이 '의미상 동격'의 관계, '영희의 오빠'는 '친족적' 관계로 연결된 것이다.

④ '은호의 아버지'는 앞 체언과 뒤 체언이 '친족적' 관계, '친구의 졸업'은 '주체-행동'의 관계로 연결된 것이다.

51 ⑤

정답 해설 | '온갖'은 문장에서 생략할 수 없는 필수 성분에 해당하지 않는다.

> 전국연합 출제진은 위와 같이 해설을 달아놓고 있다. '정해진', '있는', '방황했던'을 각각 문장에서 생략할 수 없는 필수 성분에 해당한다고 보고 있는데, 그 이유는 안긴 문장의 서술어이기 때문이라고 본 것 같다. 하지만 이는 안긴 문장 자체가 생략될 수도 있다는 관점에서 보면 논란의 여지가 충분하다. 예를 들어, '일에는 (정해진) 시기가 있다.'라는 문장에서 '정해진'이라고 하는 안긴 문장은 생략해도 되기 때문이다.

오답 체크 |

① '그', '이', '온갖'은 문장 속에서 관형사로 쓰였기 때문에 관형사는 문장에서 그대로 관형어로 쓰인 경우에 해당한다.

② '정해진', '있는', '방황했던'은 모두 용언의 관형사형이 관형어로 쓰인 것이다. 좀더 정확하게 말하자면, 관형절이 문장 속에서 관형어로 쓰인 경우에 해당한다.

③ '그', '이'는 각각 '시기'와 '구절'을 꾸며 주는 관형사로 앞에서 이미 언급된 것을 가리키는 지시 관형사에 해당한다. 따라서 이 경우는 관형사가 그대로 관형어로 쓰인 경우이다.

④ '나의'와 '사춘기의'는 각각 대명사와 명사에 관형격 조사 '의'가 결합하여 관형어로 쓰인 경우에 해당한다.

52 ③

정답 해설 |

ㄴ. '기리다'는 사동 접사가 붙어 있지 않고, '날리다'는 사동 접사 '-리-'가 붙어 있다.

ㄹ. 특정한 상대 등을 필수적으로 요구하는 동사의 경우 사동 접사가 결합되지 못한다고 했으므로 '싸우다'와 '닮다'는 이러한 특성을 가진 동사에 해당한다.

오답 체크 |

ㄱ. '늦다'는 어간 '늦-'에 사동 접사 '-추-'를 결합하여 '늦추다'와 같이 파생적 사동이 가능하다. 하지만 '받다'는 주거나 받는 뜻을 가진 동사에 해당하기 때문에 사동 접사가 결합되지 못한다.

ㄷ. 어간이 'ㅣ'로 끝나는 동사의 경우 사동 접사가 결합되지 못한다고 했으므로 '견디다'뿐만 아니라 '던지다'도 사동 접사가 결합되지 못한다.

53 ②

정답 해설 | ㉡에서 안긴 문장인 '그가 범인이 아니었음'은 명사절로 문장 속에서 부사어의 기능을 하고 있다. 따라서 ㉡에 서술어의 기능을 하는 안긴문장이 있다는 설명은 적절하지 않다.

오답 체크 |

① ㉠에서 '봄이 어서 오기'는 명사절로 문장 속에서 목적어의 기능을 하고 있다.

③ ㉢에서 '우유를 마신'은 관형절로 '아이'를 수식하며 문장 속에서 관형어의 기능을 하고 있다.

④ ㉢의 안긴문장 '우유를 마신' 속에는 부사어가 없다. 하지만 ㉠의 안긴문장 '봄이 어서 오기' 속에는 부사어 '어서'가 있다.

⑤ ㉡의 안긴문장 '그가 범인이 아니었음'에는 주어 '그가'가 드러나 있고, ㉢의 안긴문장 '우유를 마신'에는 주어인 '아이가'가 생략되어 있다.

54 ⑤

정답 해설 | '울렸네'는 어간 '울리-'와 과거 시제 선어말 어미 '-었-', 종결 어미 '-네'가 결합하여 활용된 용언이다. 따라서 '울렸네'는 ㉢이 아니라 ㉡에 속한다.

오답 체크 |

① '끝내겠습니다'는 어간 '끝내-'와 선어말 어미 '-겠-', 대화의 상대방을 높이는 기능을 하는 종결 어미 '-습니다'가 결합하여 활용된 용언이므로 적절한 설명이다.

② '준비하기'는 어간 '준비하-'와 명사형 전성 어미 '-기'가 결합하여 활용된 용언이므로 적절한 설명이다.

③ '들어가신'은 어간 '들어가-'와 문장의 주체를 높이는 기능을 하는 선어말 어미 '-시-', 관형사형 전성어미 '-ㄴ'이 결합하여 활용된 용언이므로 적절한 설명이다.

④ '계신'은 어간 '계시-'와 관형사형 전성 어미 '-ㄴ'이 결합하여 활용된 용언이므로 적절한 설명이다.

55 ①

정답 해설 | '아버지가 만든 책꽂이가 제일 멋지다.'는 '책꽂이가 제일 멋지다.'와 '아버지가 책꽂이를 만들었다.'라는 두 문장이 결합한 문장이다. '아버지가 책꽂이를 만들었다.'가 '책꽂이가 제일 멋지다.'에 안기면서 목적어 '책꽂이를'이 생략되었다. 따라서 '아버지가 만든 책꽂이가 제일 멋지다.'는 목적어가 생략된 관형절을 안은문장이다.

오답 체크 |

② '어머니는 그 일이 끝나기를 기다렸다.'는 '그 일이 끝나기'라는 명사절을 안은문장이다. 이때 '그 일이 끝나기'라는 안긴문장에는 생략된 문장 성분이 없다.

③ '그녀는 지난주에 고향 집으로 떠났다'는 '그녀'라는 주어와 '떠났다'라는 서술어의 관계가 한 번만 나타나는 홑문장이다.

④ '창밖에는 비가 내리고 바람이 불었다.'는 '창밖에는 비가 내렸다.'와 '창밖에는 바람이 불었다.'라는 두 문장이 동등한 자격으로 이어진문장이다.

⑤ '형은 개를 좋아하지만 나는 싫어한다.'는 '형은 개를 좋아한다.'와 '나는 개를 싫어한다.'라는 두 문장이 동등한 자격으로 이어진문장이다.

56 ④

정답 해설 | ⓓ는 '머리가 덜 마른'이라는 관형사절이 뒤에 오는 명사 '상태'를 꾸미고 있으며, 명사 '상태'에 '로'라는 부사격 조사가 붙은 형태이다. 따라서 ⓓ는 선생님의 질문에 대한 옳은 답이다.

오답 체크 |

ⓐ 관형사절은 없고 체언 '내일'에 관형격 조사 '의'가 붙은 관형어가 뒤에 오는 명사 '성공'을 수식하고 있다.

ⓑ '토마토 농사를 짓기'라는 명사절이 부사격 조사 '에'와 결합하여 문장 속에서 부사어의 기능을 하고 있다.

ⓒ 관형사절 '너에게 주어진'이 꾸미고 있는 명사 '문제'에 부사격 조사가 붙지 않고 보조사 '만'이 붙어있는데, 이는 문장 속에서 의미상 목적어의 기능을 하고 있다.

ⓔ 관형사절 '열심히 공부하는'이 꾸미고 있는 명사 '친구들'에는 부사격 조사가 붙지 않고 보조사 '은'이 붙어 있다.

57 ①

정답 해설 | '저희'는 그 자체에 낮춤의 의미가 있는 특수 어휘로, '드리다'는 객체인 '어머니'를 높이는 단어로 그 자체에 높임의 의미가 담긴 특수 어휘로 볼 수 있다.

오답 체크 |

② '연세'는 그 자체에 높임의 의미가 담긴 특수 어휘로 볼 수 있으나, 그 자체에 낮춤의 의미가 있는 특수 어휘는 사용되지 않았다.

③ ㉠과 ㉡ 어느 것도 사용되지 않았다.

④ '여쭈다'는 객체인 '아버지'를 높이는 단어로 그 자체에 높임의 의미가 담긴 특수 어휘로 볼 수 있으나, 그 자체에 낮춤의 의미가 있는 특수 어휘는 사용되지 않았다.

⑤ '모시다'는 객체인 '할머니'를 높이는 단어로 그 자체에 높임의 의미가 담긴 특수 어휘로 볼 수 있으나, 그 자체에 낮춤의 의미가 있는 특수 어휘는 사용되지 않았다.

58 ①

정답 해설 | '화단도 아닌 곳에 진달래꽃이 피었다.'에서 서술어 '피었다'는 한 자리 서술어이다. 또한 관형사절인 '화단도 아닌' 속에 보어 '화단도'가 포함되어 있다. 따라서 〈보기〉의 두 가지 조건을 모두 충족하고 있는 문장은 선택지 ①이다.

오답 체크 |

② 관형사절 '대학생이 된'에 보어인 '대학생이'가 있지만, '맡았다'가 두 자리 서술어이기 때문에 〈보기〉의 두 가지 조건 중 하나만 충족하고 있다.

③ 관형사절 '학생이었던'에는 보어가 없고, '되었다'는 두 자리 서술어이기 때문에 〈보기〉의 두 가지 조건 중 어느 것도 충족하고 있지 않다.

④ '성숙했지만'은 한 자리 서술어이지만, 관형사절이 없다. 따라서 〈보기〉의 두 가지 조건 중 하나만 충족하고 있다.

⑤ 관형사절 '나무로 된'에는 보어가 아니라 필수적 부사어인 '나무로'가 있다. 그리고 '주었다'는 세 자리 서술어이다. 따라서 〈보기〉의 두 가지 조건 중 어느 것도 충족하고 있지 않다.

59 ④

정답 해설 | ⓐ와 ⓑ는 앞 절의 동작이 이루어진 그대로 지속되는 가운데 뒤 절의 동작이 일어남을 나타내는 경우이므로 ㉢에 해당하는 예이다.

오답 체크 | ⓒ와 ⓔ는 앞 절과 뒤 절의 사실을 대등하게 벌여 놓는 경우이므로 ㉠에 해당한다. ⓓ는 앞뒤 절의 두 사실 간에 계기적인 관계가 있음을 나타내는 경우이므로 ㉡에 해당한다.

60 ④

정답 해설 | ㄴ의 '너는'은 안긴문장의 주어이면서 안은문장의 주어이므로 적절한 설명이다.

오답 체크 |

① ㄱ에서 필수 성분은 주어(그는), 목적어(고민을), 부사어(가족들과), 서술어(의논했다)이다. '신중한'은 관형어로 필수 성분이 아니다.

② ㄷ의 '정말'은 생략이 가능한 부사어이지만, ㄱ의 '가족들과'는 생략하면 안되는 필수적 부사어에 해당한다.

③ ㄴ의 '먹기'는 안긴문장의 서술어로 문장에서 꼭 필요한 성분이다.

⑤ ㄷ의 '네가'는 주어가 맞지만 '사실이'는 주어가 아니라 보어에 해당하기 때문에 적절한 설명이 아니다.

61 ②

정답 해설 | ⓐ에 들어갈 것은 서술절을 안은문장이고, ⓑ에 들어갈 것은 관형절을 안은문장이다. 따라서 ⓒ에 들어갈 것은 ⓐ와 ⓑ에 들어갈 안은문장을 제외한 안은문장을 찾으면 된다. ㉮는 명사절 '노래를 부르기'가 문장 속에서 주어의 기능을 하는 명사절을 안은문장이고, ㉯는 부사절 '아무도 모르게'가 문장 속에서 부사어의 기능을 하는 부사절을 안은문장이다. 따라서 ⓒ에 들어갈 것은 ㉮와 ㉯이다.

오답 체크 | ㉰는 명사절 '동생이 오기'가 뒤에 오는 체언 '전'을 수식하는, 문장 속에서 관형어의 기능을 하는 문장이다. 따라서 ㉰는 ⓑ에 해당한다.

㉱에서 '마음씨가 착하다'는 문장 속에서 서술어의 기능을 하는 서술절에 해당한다. 따라서 서술절을 안은문장에 해당하는 ㉱는 ⓐ에 해당한다.

62 ⑤

정답 해설 | '형은 동생이 찾아뵈려던 선생님을 학교에서 만났습니다.'에서 '동생이 찾아뵈려던'은 안긴문장으로 관형절에 해당한다. 그리고 이 문장에서 객체 높임의 대상인 '선생님'이 안은문장에서 목적어(선생님을)로 실현되고 있음을 확인할 수 있다.

오답 체크 |

① '편찮으시던 어르신께서는 좀 건강해지셨나요?'에서 관형절인 '편찮으시던'의 주체는 '어르신'이다. 따라서 이 문장은 안긴문장에서의 주체 높임의 대상이 안은문장에서 주어(어

르신께서는)로 실현된 관형절을 안은문장에 해당한다.

② '오빠는 고향에 계신 부모님을 집으로 모시고 갔다.'에서 관형절인 '고향에 계신'의 주체는 '부모님'이다. 따라서 이 문장은 안긴문장에서의 주체 높임의 대상이 안은문장에서 목적어(부모님을)로 실현된 관형절을 안은문장에 해당한다.

③ '나는 할아버지께서 선물을 주신 날짜를 아직도 기억해.'에서 관형절인 '할아버지께서 선물을 주신'의 주체는 '할아버지'이다. 하지만 안긴문장에서의 주체 높임의 대상인 '할아버지'가 안은문장에서 다른 문장 성분으로 실현되지는 않았다.

④ '누나는 다음 주에 인사를 드릴 할머니께 편지를 썼어요.'에서 '다음 주에 인사를 드릴'은 안긴문장으로 관형절에 해당한다. 그리고 이 문장에서 객체 높임의 대상인 '할머니'는 안은문장에서 부사어('할머니께')로 실현되고 있음을 확인할 수 있다.

63 ③

정답 해설 | ③은 동사의 어간 '밝히-'에 '-어지-'가 결합하는 방법으로 만들어진 피동문에 해당한다. 따라서 ㉢의 예로 적절하다.

오답 체크 |

① '입혔다'의 '-히-'는 피동 접사가 아니라 사동 접사이기 때문에 ㉠의 예로 적절하지 않다.

② '건네받았다'의 '-받-'은 접사 '-하-'를 교체하는 방법으로 만든 것이 아니라, '건네받다'가 하나의 단어이다.

④ '존경받는다'의 '-받-'은 접사 '-하-'를 교체하는 방법으로 만들어진 것이기 때문에 ㉣이 아니라 ㉡에 해당한다.

⑤ '이루다'는 형용사나 자동사가 아니기 때문에 ㉤의 경우에 해당하지 않는다. '이루어졌다'는 동사 '이루다'의 어간 '이루-'에 '-어지-'를 결합하는 방법으로 만들어진 것이기 때문에 ㉢의 경우에 해당한다.

64 ①

정답 해설 | '유리하다'는 부사어를 필수적으로 요구하는 두 자리 서술어이다. 〈보기〉의 문장에서 명사절인 '외적의 침입을 막기'가 문장 속에서 부사어의 기능을 하고 있다. 이와 같은 문장은 '그 광물이 원래는 귀금속에 속했다.'이다. '속했다'는 부사어 '귀금속에'를 필수적으로 요구하는 두 자리 서술어이다.

오답 체크 |

② '여몄다'는 목적어 '옷깃을'을 필수적으로 요구하는 두 자리 서술어이다.

③ '지었다'는 목적어 '원두막을'을 필수적으로 요구하는 두 자리 서술어이다.

④ '걸었다'는 주어 하나만을 필요로 하는 한 자리 서술어에 해당한다.

⑤ '보냈다'는 목적어(구호품을)와 부사어(수해 지역에)를 필요로 하는 세 자리 서술어에 해당한다.

04 의미론(의미)

기출문제 본문 100~113쪽

01 ③	02 ②	03 ⑤	04 ④	05 ④
06 ⑤	07 ③	08 ④	09 ①	10 ②
11 ②	12 ③	13 ①	14 ③	15 ①
16 ③	17 ⑤	18 ②	19 ①	20 ①
21 ⑤	22 ⑤	23 ②	24 ③	25 ④
26 ⑤				

01 ③

정답 해설 | '소금의 무게를 저울에 달아 보았다.'에서 '달다'는 '(…을 …에) 저울로 무게를 헤아리다.'는 뜻이므로, '물건을 일정한 곳에 걸거나 매어 놓다.'라는 뜻인 '달다[1]' ㉠의 용례로 추가하기에는 적절하지 않다.

오답 체크 |

① 동음이의어는 사전에 별개의 표제어로 등재된다.

② 〈보기〉에 제시된 서술어의 활용 정보에 따르면, '달다[1]'과 '달다[2]'는 모두 연결 어미 '-니'가 결합되면 어간의 'ㄹ'이 탈락하면서 '다니'로 활용된다.

⑤ 〈보기〉에서 '달다[1]'은 주어 외에 부사어 '…에'와 목적어 '…을'을 필수적으로 요구하는 서술어이고, '달다[2]'는 주어 외에 필수적으로 요구하는 문장 성분이 없는 서술어이다.

02 ②

정답 해설 | '약을 사 먹으라고 누나가 나에게 돈을 주다.'의 '주다'는 '주다[1]②'에 해당하는 것이 아니라, '물건 따위를 남에게 건네어 가지거나 누리게 하다.'의 의미인 '주다[1]①'에 해당하므로 적절하지 않다.

오답 체크 |

① '주다[1]①'은 '물건 따위를 남에게 건네어 가지거나 누리게 하다.'의 의미이므로, 반의어는 '다른 사람이 주거나 보내오는 물건 따위를 가지다.'의 의미인 '받다[1]①'이다.

③ '아무렇지도 않게 내뱉은 말이 다른 사람에게 상처를 주다.'의 '주다'는 '좋지 아니한 영향을 미치게 하다.'의 의미인 '주다[1]③'에 해당하므로 적절한 용례이다.

④ '받다[1]②'의 용례는 '날아오는 공을 받다.'의 의미이므로 반의어로 '던지다'를 넣을 수 있다.

⑤ '받다[1]③'의 용례는 '따끈한 차를 찻잔에 받다.'이므로 ㉣에 들어갈 내용은 '…을 …에'임을 알 수 있다.

03 ⑤

정답 해설 | '배[1]', '배[2]', '배[3]'가 모두 사전에 각각 등재되는 것은 맞지만, 서로 의미적 연관성이 있다는 설명은 적절하지 않다. 이들은 서로 의미가 다른 동음이의어의 관계에 있다.

04 ④

정답 해설 | 'ㄹ'의 첫 번째 예문을 보면 '속'이 신체에 대해 쓰였으므로, '속'이 추상적인 대상을 가리킬 때 쓰인다는 설명은 적절하지 않다.

오답 체크 |

① 'ㄱ'을 보면 '속'과 '안'은 '건물 {속/안}으로 들어가다.'와 같이 공통적으로 쓰인다는 점에서 '사물이나 영역의 내부'라는 공통 의미를 지닌 유의어라 할 수 있다.

② 'ㄴ'을 보면 시간적 범위를 나타낼 때는 '속'이 아니라, '안'이 쓰이는 것을 확인할 수 있다.

③ 'ㄷ'처럼 사람의 마음이나 태도 등을 나타내는 관용구에는 '안'이 아니라 '속'이 쓰이는 것을 확인할 수 있다.

⑤ 'ㅁ'의 첫 번째 예문에서는 '속'과 '겉'의 대립 관계를, 두 번째 예문에서는 '안'과 '바깥'의 대립 관계를 확인할 수 있으므로, '속'은 '겉'과 반의 관계를, '안'은 '바깥'과 반의 관계를 형성한다고 할 수 있다.

05 ④

정답 해설 | 〈보기〉의 사전 자료를 통해 '크다'[II]는 주어만을 요구하지만 '크다'[II]의 사동사인 '키우다'는 주어 외에도 목적어(【…을】)를 요구한다는 것을 알 수 있다. 따라서 '크다'[II]는 사동사로 바뀌면 서술어의 자릿수가 하나 늘어난다는 서술은 적절하다.

오답 체크 |

① 동음이의어는 사전에 별개의 표제어로 기술하는데, 〈보기〉에서 '크다'[I]과 '크다'[II]는 하나의 표제어 안에 기술되어 있다. 따라서 '크다'[I]과 '크다'[II]는 동음이의어 관계가 아니다.

② '크다'[I] 뜻의 반의어로는 '작다'가 가능하지만, '크다'[II] 뜻의 반의어로는 가능하지 않다.

③ '키가 몰라보게 컸구나.'에서 '컸구나'는 '동식물이 몸의 길이가 자라다.'라는 뜻으로 쓰이고 있으므로, '키가 몰라보게 컸구나.'는 '크다'[II]의 용례에 해당한다.

⑤ '크다'는 어미 '-어'가 결합하면 어간 '크-'의 모음이 탈락하지만, '키우다'는 어미 '-어'가 결합하여 '키워'가 되기 때문에 어간 '키우-'의 끝의 모음이 탈락하지 않는다.

06 ⑤

정답 해설 | '뻔하다'에서 '뻔'은 (어미 '-을' 뒤에 쓰여) 어떤 일이 자칫 일어날 수 있었으나 그렇게 되지 아니하였다는 뜻을

나타내는 의존 명사이다. 따라서 '물에 빠질 뻔하다.'의 '뻔하다'는 '-하다02②'의 용례가 아니라, '-하다02④'의 용례이다.

오답 체크 |

② '하다01[2]'는 보조 용언으로 혼자는 쓰이지 못하고 본용언 다음에 붙어서 사용된다.

③ '-하다02'는 접미사로 모두 앞 단어에 붙어 품사를 바꾸는 기능을 하고 있다.

④ '새 옷을 한 벌 했다.'의 '했다(하다)'는 입을 것 따위를 장만하다는 의미로 사용되고 있다.

07 ③

정답 해설 | 사전의 활용 정보를 보면, '이르다[1]'은 '이르러, 이르니'와 같이 활용되며, '이르다[2]'와 '이르다[3]'은 '일러, 이르니'와 같이 활용됨을 알 수 있다. 따라서 '이르다[1]'은 어미의 기본 형태가 달라지는 '러'불규칙 용언임을 알 수 있고, '이르다[2]'와 '이르다[3]'은 어간의 기본 형태가 달라지는 '르'불규칙 용언임을 알 수 있다.

오답 체크 |

① 다다르다 「1」 목적한 곳에 이르다. 「2」 어떤 수준이나 한계에 미치다.

④ '이르다[1]'과 '이르다[2]'는 동사이고, '이르다[3]'은 형용사이다.

08 ④

정답 해설 | 문맥상 '수밖에'의 '밖에'는 〈보기1〉의 2의 의미로 쓰인 것으로 조사이기 때문에 체언과 붙여 써야 한다. 따라서 선택지 ④의 설명은 적절하지 않다.

오답 체크 |

① 출입문을 넘어선 복도 쪽을 지칭하는 것이므로 적절하다.

② 문맥상 '며칠 밖에 남지 않았다'는 '며칠 이외에는 시간이 남지 않았다'라는 의미이므로 조사인 '밖에'는 붙여 쓰는 것이 적절하다.

③ '뜻밖에도 아쉬움이 더 크다'라는 것은 자신의 예상과는 달리 아쉬움이 더 크다는 의미이기 때문에 '뜻밖에도'는 유의어인 '의외로'로 바꿔쓸 수 있으므로 적절하다.

⑤ '기대 밖의 선물'에 쓰인 '밖'은 '일정한 한도나 범위에 들지 않는 나머지 다른 부분이나 일.'의 의미로 사용되었으므로 적절하다.

09 ①

정답 해설 | ㉠은 '-겠-' 뒤에 붙어 쓰인 의문을 나타내는 종결어미에 해당하므로 〈보기1〉의 '-지[2]「1」'이 아니라 '-지[3]'에 해당한다.

오답 체크 |

② ㉡은 의존명사로 눈길을 걷기 시작해서 현재까지를 의미하므로 '지[1]'에 해당한다.

③ ㉢은 과거 시제 선어말 어미 '-었-' 뒤에 붙어 쓰인 종결 어미에 해당하므로 적절하다.

④ ㉣은 앞뒤의 사실이 서로 상반되는 것으로 적절하다.

⑤ ㉤은 쓰레기 버리는 행위를 금지하려 할 때 쓰이는 연결 어미이므로 적절하다.

10 ②

정답 해설 | ㉠은 수량을 나타내는 말 앞에 쓰여 '대략'의 뜻을 지닌 '한01[4]'이므로 관형사이고, ㉤은 조건의 뜻을 나타내는 '한02[2]'이므로 명사이다.

오답 체크 |

① '한 이불'을 덮고 잔다는 것은 '같은 이불'을 덮고 잔다는 의미이므로 ㉡은 '한01[3]'이다.

③ ㉡은 '한01[3]', ㉣은 '한02[1]'로, '한01'과 '한02'는 별개의 표제어로 기술되었으므로 동음이의어 관계이다.

④ ㉢의 '한'은 뒤에 오는 체언 '걸음'에 수량의 의미를 더한 경우이므로 '한01[1]'에 해당한다. 따라서 '한'을 뒤에 오는 '걸음'과 띄어 써야 한다.

⑤ '한 친구'와 '한 마을'의 '한'은 모두 '어떤'의 의미로 쓰였으므로 둘 다 '한01[1]'에 해당한다.

11 ②

정답 해설 | (가)의 '대로10-(1)'은 '앞에 오는 말에 근거하거나 달라짐이 없다.'는 의미를 나타내고 있고, (나)의 '대로6-(4)'는 '서로 구별되게 따로따로'의 의미를 나타내고 있다. 따라서 두 말의 쓰임은 유사하지 않다는 것을 알 수 있다.

오답 체크 |

① (가)의 '대로[10]'의 용례인 '법대로', '큰 것대로', (나)의 '대로[6]'의 용례인 '명령대로', '펼쳐놓은대로', '생각나는대로', '그들대로'의 띄어쓰기를 볼 때, 모두 '대로'를 앞말과 붙여 썼음을 알 수 있다.

③ (가)의 '대로[1]'은 의존 명사, '대로[10]'은 조사, (나)의 '대로[6]'은 불완전 명사(의존 명사)임을 볼 때, 모두 문장의 첫머리에 쓰일 수 없는 말임을 알 수 있다.

④ (가)의 '대로[1]', '대로[10]'과 (나)의 '대로[6]'은 모두 하나의 표제어에 두 가지 이상의 뜻이 있는 말임을 확인할 수 있다.

⑤ '너는 너대로 나는 나대로 길을 가다.'의 '대로'는 (가)와 (나)의 뜻풀이와 용례를 살펴볼 때, (가)에서는 조사, (나)에서는 명사임을 알 수 있다.

12 ③

정답 해설 | 하의어들이 상의어의 의미를 이어받아 상의어를 의미적으로 함의하지만, 상의어는 하의어를 의미적으로 함의하지 못한다. 따라서 '악기'는 '기구'를 의미적으로 함의하고, '북'은 '악기'를 의미적으로 함의한다.

오답 체크 |

② 하의어는 상의어보다 의미 자질이 많다. 따라서 '북'은 '타악기'의 하의어이므로 상의어 '타악기'의 의미 자질인 [두드림]이라는 의미 자질을 하나 더 갖는다.

④ '타악기'는 '기구'의 하의어이고, '심벌즈'는 '타악기'의 하의어이다. '타악기'와 '심벌즈'가 '구기'의 공하의어이려면 '타악기'와 '심벌즈' 사이에 비양립 관계가 성립해야 하는데 그렇지 않으므로 이 둘은 '구기'의 공하의어가 아니다.

⑤ 하의어는 상의어보다 의미 자질 개수가 많다고 했으므로 적절한 설명이다.

13 ①

정답 해설 | '북극'과 '남극'은 지구의 양극 중 하나이므로 '북극'과 '남극'은 '극'의 공하의어로 비양립 관계가 성립하며, 서로 상보적 반의 관계에 있다. 따라서 ㉠과 ㉡을 모두 만족시키는 것은 선택지 ①번이다.

오답 체크 |

② '여름'과 '겨울'은 '계절'의 하의어로 ㉠은 만족시키지만, 둘은 상보적 반의 관계에 있지 않기 때문에 ㉡은 만족시키지 못한다.

③ '펭귄'과 '갈매기'는 '새'의 공하의어로 볼 수 있지만, '새'가 이들 중 둘로 양분되는 것이 아니므로 ㉡을 만족시키지 못한다.

④ '여름'은 '계절'의 하의어이므로 ㉠을 만족시키지 못한다.

⑤ '개'와 '갈매기'는 '동물'의 공하의어로 볼 수 있지만, '동물'이 이들 중 둘로 양분되는 것이 아니므로 ㉡을 만족시키지 못한다.

14 ③

정답 해설 | 지금의 '돼지'는 과거의 '돝'과 같은 개념이고, 예전의 '도야지'는 돼지의 새끼를 나타내는 말이다. 따라서 지금의 '돼지'와 '예전'의 '도야지'가 나타내는 개념은 다르다.

오답 체크 |

① '예전'의 '도야지'에 해당하는 개념은 지금 사라지지 않았다. 예전 '도야지'에 해당하는 개념은 '어린 돼지'를 뜻한다. 그 개념은 있으나 딱히 부를 만한 고유어 단어가 없어서 어휘적 빈자리가 생기는 것이다.

② '도야지'는 돼지 중에서도 어린 돼지를 말한다. 따라서 '돝'이 '도야지'의 하의어라고 할 수 없다.

④ 지금의 '어린 돼지'에 해당하는 어휘는 예전부터 있었다. '도야지'가 바로 예전에 '어린 돼지'의 의미로 쓰인 말이다.

⑤ 지금은 예전의 '도야지'를 나타내는 고유어 단어가 존재하지 않아서 어휘적 빈자리가 생겼다.

15 ①

정답 해설 | ㄱ: 두 번째, 세 번째 사위에 대한 개념이 존재하지만 그것을 부를 만한 고유어 단어가 없어서 빈 칸에는 '둘째 사위', '셋째 사위'라고 해서 앞에 수관형사를 넣은 구를 통해 어휘적 빈자리를 채우고 있다. 따라서 이는 지문에 나온 방식을 사용하고 있는 경우이다.

ㄴ: 꿩의 새끼를 부르는 말을 몰라 고유어 '꺼병이'를 찾아서 사용했다고 했다. 그런데 이 예는 아예 어휘적 빈자리라고 할 수 없다. 어휘적 빈자리는 개념은 있지만 그에 해당하는 고유어가 없어야 한다. 그런데 여기서는 그런 말이 없는 것이 아니라 존재는 하지만 몰라서 못 쓰고 있었던 경우이다. 따라서 이 예는 아예 어휘적 빈자리에 해당하는 사례라고 할 수 없다.

ㄷ: '금성'은 '샛별'과 '개밥바라기'라는 고유어가 존재한다. 따라서 어휘적 빈자리를 따질 만한 경우가 되지 않는다.

16 ③

정답 해설 | ㉠에 쓰인 '뿌리'는 주변적 의미로 쓰였고, ㉡에 쓰인 '뿌리'는 중심적 의미로 쓰였다.

오답 체크 |

① ㉡에 쓰인 '별'은 주변적 의미로 쓰였는데, 이는 위대한 업적을 남긴 대가를 비유적으로 이를 때 쓰는 말이다.

② ㉡에 쓰인 '번개'는 주변적 의미로 쓰였는데, 이는 동작이 아주 빠르고 날랜 사람이나 사물을 비유적으로 이를 때 쓰는 말이다.

④ ㉡에 쓰인 '태양'은 주변적 의미로 쓰였는데, 이는 매우 소중하거나 희망을 주는 존재를 비유적으로 이를 때 쓰는 말이다.

⑤ ㉡에 쓰인 '이슬'은 주변적 의미로 쓰였는데, 이는 '눈물'을 비유적으로 이르는 말이다.

17 ⑤

정답 해설 | ㉤에 들어갈 말은 '더하다[2]②'가 아니라, '더하다[1]'이다.

오답 체크 |

② '더하다[2]①'의 예문 '둘에 셋을 더하면 다섯이다.'을 보면, 서술어 '다섯이다'가 꼭 필요로 하는 것은 부사어 '둘에'와 목적어 '셋을'이기 때문에 ㉡에는 '【…에 …을】'이 들어가야 함을 알 수 있다.

③ 문형정보를 통해 볼 때, ㉢에는 【…에 …을】에 맞는 문장이 들어가야 하므로 '그의 등장은 영화에 재미를 더했다.'라는 문장은 예문으로 적절하다.

④ ㉣에 들어갈 문장은 '더하다'가 한 자리 서술어이므로 꼭 필요로 하는 성분인 주어만 있으면 된다.

18 ②

정답 해설 | '매일같이 지하철을 타다'에서 '같이'는 앞말이 나타내는 그때를 강조하는 격 조사이므로 '같이[2]①'의 용례가 아니라 '같이[2]②'의 용례에 해당한다.

오답 체크 |

① '같이[1]'은 부사로 쓰였고, '같이[2]'는 부사격 조사로 쓰였다.

③ '같이-하다'는 실질 형태소 '같이[1]'과 접사 '-하다'가 결합하여 이루어진 파생어로 복합어에 해당한다. '-하다'는 '의성·의태어 이외의 일부 성상 부사 뒤에' 붙어 동사나 형용사를 만드는 접사이다.

④ '같이하다'의 문형 정보를 보면, 【(…과)…을】로 되어 있다. 여기에서 '…과'는 올 수도 있고 오지 않을 수도 있기 때문에 '같이하다'는 부사어와 목적어를 같이 필요로 할 수도 있고, 목적어만 필요로 할 수도 있다. 따라서 '같이하다'는 두 자리 서술어로도 쓰일 수 있고, 세 자리 서술어로도 쓰일 수 있다.

⑤ '같이하다①'과 '같이하다②'의 문형정보를 보면, 모두 유사어에 '함께하다'가 있음을 확인할 수 있다. 따라서 적절한 설명이다.

19 ①

정답 해설 | ㉠의 '낮다'는 중심적 의미로 아래에서 위까지의 높이가 기준이 되는 대상이나 보통 정도에 미치지 못하는 상태에 있다는 뜻이고, ㉡의 '낮다'는 주변적 의미로 품위, 능력, 품질 따위가 바라는 기준보다 못하거나 보통 정도에 미치지 못하는 상태에 있다는 의미이다.

오답 체크 |

② ㉠과 ㉡의 '크다'는 모두 주변적 의미로 쓰였다. ㉠은 가능성 따위가 많다는 의미이고, ㉡은 몸이나 마음으로 느끼는 어떤 일의 영향, 충격 따위가 보통 정도를 넘다는 의미이다.

③ ㉠은 주변적 의미로 쓰였고, ㉡은 중심적 의미로 쓰였다. ㉠과 ㉡은 모두 너비가 크다는 의미이다.

④ ㉠과 ㉡의 '좁다'는 모두 주변적 의미로 쓰였다. ㉠과 ㉡은 모두 마음 쓰는 것이 너그럽지 못하다는 의미이다.

⑤ ㉠은 주변적 의미로 쓰였고, ㉡은 중심적 의미로 쓰였다. ㉠은 일의 규모, 범위, 정도, 중요성 따위가 비교 대상이나 보통 수준에 미치지 못하다는 의미이고, ㉡은 길이, 넓이, 부피 따위가 비교 대상이나 보통보다 덜하다는 의미이다.

20 ①

정답 해설 | 표제어의 뜻풀이가 추가(「10」)된 것은 맞지만, 다의어의 중심적 의미가 수정된 것은 아니다.

오답 체크 |

② 사전의 개정 전에는 '김-밥[김ː밥]'만이 표준 발음이었으나, 개정 후 '김-밥[김ː빱]'이 추가로 인정되어 기존의 표준 발음과 함께 제시되어 있으므로 적절한 설명이다.

③ 사전의 개정 전에는 '내음'이 '냄새'의 방언이었으나, 개정 후에는 표준어로 제시되고 있음을 확인할 수 있다.

④ 사전의 개정 전에는 '태양계'의 뜻 중 '9개의 행성'이, 개정 후에는 '8개의 행성'으로 수정된 것을 통해 과학적 정보가 반영되었음을 확인할 수 있다.

⑤ 사전의 개정 전에는 없던 '스마트폰'이라는 말이 개정 후에는 새롭게 표제어로 제시되어 있음을 확인할 수 있다.

21 ⑤

정답 해설 | 〈보기〉를 활용하여 국어사전을 만든다고 했으므로 ⓐ에 들어갈 표제어는 '밭게'의 기본형인 '밭다'나 부사 '바투' 중 하나이다. 그런데 표제어 ⓐ의 뜻으로 제시된 [1]과 [2]를 볼 때 부사임을 알 수 있다. 따라서 ⓐ에 들어갈 표제어는 부사 '바투'이다. 그리고 '바투'가 '두 대상이나 물체의 사이가 썩 가깝게'의 뜻으로 쓰인 예문으로 ⓑ에 들어갈 문장은 ㉣이다. ⓒ에 들어갈 '시간이나 공간이 다붙어 몹시 가깝다.'의 의미로 사용된 '밭다'가 쓰인 문장은 ㉠이다. 이상을 정리해 볼 때, ⓐ~ⓒ에 들어갈 말이 알맞게 짝지어진 것은 선택지 ⑤번이다.

22 ⑤

정답 해설 | '눈이 나빠져서 안경의 도수를 올렸다'에서의 '눈'은 주변 의미로 사용되었기 때문에 확장된 '눈'의 의미가 기존 의미보다 구체적인 것이 아니라 추상성이 강화된 것이다.

오답 체크 |

① 제시된 지문에서 '중심 의미는 일반적으로 주변 의미보다 언어 습득의 시기가 빠르다'고 했으므로 적절한 설명이다.

② 제시된 지문에서 '중심 의미는 일반적으로 주변 의미보다 사용 빈도가 높다'고 했으므로 적절한 설명이다.

③ 제시된 지문에서 '다의어의 의미들은 서로 관련성을 갖는다'고 했는데, '결론에 이르다'와 '포기하기에는 아직 이르다'에서 '이르다'는 다의어의 관계가 아니라, 동음이의어의 관계이기 때문에 이 두 의미는 중심 의미와 주변 의미의 관계로 볼 수 없다는 설명은 적절하다.

④ 제시된 지문에서 '주변 의미로 사용되었을 때는 문법적 제약이 나타나기도 한다'고 했으므로 적절한 설명이다.

23 ②

정답 해설 | 첫 번째 '빚쟁이'의 의미는 채권자이고, 두 번째 '빚쟁이'의 의미는 채무자이다. 첫 번째 '금방'의 의미는 과거를 가리키고, 두 번째 '금방'의 의미는 미래를 가리킨다. 〈보기〉에 제시된 '돈'은 모두 화폐를 의미한다. 그리고 〈보기〉에 제시된 '뒤'는 모두 미래를 가리킨다. 이상에서 볼 때, ㉠에 해당하는 것은 '빚쟁이'와 '금방'이다.

24 ③

정답 해설 | '수세미'는 그릇을 닦을 때 쓰이기도 하던 특정 식물을 지칭하는 기존의 의미에 오늘날에는 공장에서 만들어져 나오는 일반적인 의미의 '설거지 도구'라는 새로운 의미가 더해진 사례이다. 그러나 '총각'은 '머리를 땋아 갈라서 틀어 맴'이라는 기존의 의미는 사라지고 오늘날에는 '결혼하지 않은 성년 남자'라는 의미로 변화된 사례이다.

25 ④

정답 해설 | ㄷ은 문맥상 소비자의 입장에서 하는 말로, 값을 깎아주어야 다시 구매하러 올 것이라는 의미로 해석된다. 따라서 ㄷ의 '에누리'는 '값을 올리는 일'의 의미가 아니라 '값을 내리는 일'의 의미로 쓰인 것이다.

오답 체크 |

① ㄱ의 '주책'은 문장의 의미를 생각해볼 때, '주책'의 원래 의미인 '일정하게 자리 잡힌 주장이나 판단력'의 의미로 쓰이고 있다.

② '뜬금없이 그런 말'을 하는 것을 '주책이다'라고 표현한 것으로 보아 ㄴ의 '주책'은 '일정한 줏대가 없이 되는 대로 하는 짓'이라는 부정적인 의미로 쓰였다고 볼 수 있다.

③ '주책이다'와 '주책없다'는 같은 의미로 쓰인다고 했으므로 적절한 설명이다.

⑤ '적게 팔고도 많은 이윤을 남긴다'고 했으므로 '에누리 없이 장사'를 한다는 것은 가격을 낮추는 일이 없이 장사를 한다는 것이기 때문에 '에누리'는 '값을 내리는 일'의 의미로 쓰인 것이라고 볼 수 있다.

26 ⑤

정답 해설 | '어머니께서 목도리를 한 코씩 떠 나가셨다.'에서 '코'는 '코1'의 동음이의어에 해당하는 '코2'의 의미인 '뜨개질한 물건의 눈마다의 매듭'을 뜻한다. 따라서 ㉢의 예로 적절하다.

오답 체크 |

① '묽은 코가 옷에 묻어 휴지로 닦았다.'에서 '코'는 '콧구멍에서 흘러나오는 액체'의 의미이므로 주변적 의미인 ㉡에 해당한다.

② '어부가 쳐 놓은 어망의 코가 끊어졌다.'에서 '코'는 '코1'의 동음이의어에 해당하는 '코2'의 의미이므로 ㉢에 해당한다.

③ '코끼리는 긴 코를 자유자재로 사용한다.'의 '코'는 신체 부위를 나타내는 중심적 의미이므로 ㉠에 해당한다.

④ '동생이 갑자기 코를 다쳐서 병원에 갔다.'의 '코'는 신체 부위를 나타내는 중심적 의미이므로 ㉠에 해당한다.

05 화용론(담화)

기출문제

본문 114~119쪽

01 ①	02 ③	03 ④	04 ②	05 ⑤
06 ③	07 ⑤	08 ⑤	09 ⑤	10 ②

01 ①

정답 해설 | ㉠의 '그것'은 대용 표현으로 사용된 지시 대명사로서, 담화 맥락 안에서 '영희가 말도 없이 책을 가져갔다'는 사실을 가리키고 있다.

오답 체크 |

② ㉡의 '자기'는 B가 앞서 언급한 '영희'를 도로 나타내기 위해 사용한 재귀 대명사이다.

③ ㉢의 '아무나'는 화자가 불특정 대상을 가리키기 위해 사용한 부정칭 대명사이다.

④ ㉣의 '누구'는 지시 대상을 정확히 모르고 있어서 사용한 미지칭 대명사이다.

⑤ ㉤의 '거기'는 담화 맥락 상 A가 앞서 언급한 '교실'을 가리키기 위해 사용한 지시 대명사이다.

02 ③

정답 해설 | ㉢에서 문장의 객체인 '할아버지'에 대해 '모시고'라는 특수 어휘를 사용하여 높임을 실현하고 있으므로 조사를 통해 높임을 실현하고 있다는 설명은 적절하지 않다.

오답 체크 |

① ㉠에서 화자인 '혜연'이 자신을 기준으로 대상인 '할머니'를 파악하여 지칭어인 '할머니'를 사용하고 있으므로 적절하다.

② ㉡에서 문장의 주체인 '어머니'는 화자인 '삼촌'이 높여야할 대상이므로 특수한 어휘 '계시다(계시니)'를 통해 높임을 실현하고 있으므로 적절하다.

④ ㉣에서 화자인 '삼촌'이 청자인 '혜연'을 기준으로 대상인 '어머니'를 파악하여 지칭어인 '어머니'를 사용하고 있으므로 적절하다.

⑤ '-아요'는 어미로 ((끝음절의 모음이 'ㅏ, ㅗ'인 용언의 어간 뒤에 붙어)) 해요할 자리에 쓰여, 설명·의문·명령·청유의 뜻을 나타내는 종결 어미이다. 어미 '-아'와 보조사 '요'가 결합한 말이다. 그래서 학생들은 보조사 '요'만 보고 보조사로 끝났으니까 종결어미를 통해 높임을 실현한 것이 아니라고 생각할 수 있다. 하지만, 〈보기1〉에서 '높임 표현은 청자나 담화 속 주체와 객체의 높임 관계를 고려하여 어미, 조사, 어휘 등을 적절하게 사용해야 한다.'라고 했듯이 조사, 어미 등을 적절히 이용해서 비격식체의 종결어미인 '-아요'를 만들어서 높임법을 실현하고 있으므로 적절한 설명이다.

03 ④

정답 해설 | ㉣에서 소연은, 학교에 늦은 지연에게 학교에 빨리 가라고 명령하려는 의도를 '가라'는 명령형 종결 표현을 통해 지연에게 전달하고 있으므로 화자의 의도와 종결 표현을 일치시키지 않고 있다고 진술한 것은 적절하지 않다.

04 ②

정답 해설 | '저기'는 지시 대명사가 아니라 표현을 완곡하게 하기 위해 사용한 감탄사에 해당한다.

05 ⑤

정답 해설 | ⑤의 '어디 보자.'는 표면상 청유형 종결 어미 '-자'를 사용한 청유문처럼 보인다. 하지만 이어지는 A의 발화 '내가 다 챙겼나?'와 B의 발화 '거기서 혼자 뭐 해요.'를 통해, 이는 청자에게 하는 말이 아니라 A가 혼자서 하는 말임을 알 수 있다. 즉, 화자가 청자에게 함께 행동할 것을 요청하는 것이 아니라, 화자 혼자 행동하는 것이다. 따라서 이는 ㉠의 예로 적절하지 않다.

오답 체크 |

① '괜찮다면, 우리 여기서 잠깐 기다릴래요?'는 의문문이지만 화자 A가 청자 B에게 기다리는 행위를 함께 하자고 요청하고 있는 것이다. 이는 화자가 청자에게 대답을 요청하는 의문문이 아니라, 행동을 요청하는 의문문이다. 따라서 이는 ㉠의 예로 적절한 문장이다.

② '한번 보세.'는 청유문으로, 화자 A는 청자 B에게 다친 곳을 보여줄 것을 요청하고 있다. 따라서 이는 ㉠의 예로 적절한 문장이다.

③ '먼저 좀 내립시다.'는 청유문으로, 화자 A는 청자 B에게 내린다는 정보를 전달하면서 동시에 자신이 내릴 수 있도록 비켜줄 것을 요청하고 있다. 따라서 이는 ㉠의 예로 적절한 문장이다.

④ '저 혹시, 모자를 벗어 주실 수 있을까요?'는 의문문으로, 화자 A는 청자 B에게 모자를 벗어 주기를 요청하고 있다. 이는 화자가 청자에게 대답을 요청하는 의문문이 아니라, 행동을 요청하는 의문문이다. 따라서 이는 ㉠의 예로 적절한 문장이다.

06 ③

정답 해설 | ⓐ의 '우리'는 '나경'이를 가리킨다. ⓑ의 '우리'는 '수빈, 나경, 세은'을 가리킨다. ⓒ의 '우리'는 '수빈'이를 가리킨다. ⓓ의 '우리'는 '세은, 나경'을 가리킨다. ⓔ의 '우리'는 '수빈, 나경, 세은'을 가리킨다. 따라서 가리키는 대상이 같은 것끼리 묶인 것은 ⓑ와 ⓔ가 묶인 선택지 ③이다.

07 ⑤

정답 해설 | ㉥은 화자와 청자를 제외한 제삼자가 맞지만, ㉦은 청자인 '아들'이기 때문에 제삼자가 아니다. 따라서 적절한 설명이 아니다.

오답 체크 |

① ㉠과 ㉥은 모두 청자인 '아들'의 관점에서 화자인 '엄마'가 사용한 지칭어이다.

② ㉠과 ㉦은 현재 담화 상황에 참여하고 있는 '엄마'와 '아들'이므로 적절한 설명이다.

③ '저거'는 '저것'의 준말로 지시 대명사이다. 여기서 ㉡과 ㉢은 '옷 가게 광고판'이라는 동일한 대상을 가리킨다.

④ ㉣이 속해 있는 '아들'의 대화와 ㉤이 속해 있는 '엄마'의 대화를 살펴보면, ㉣과 ㉤이 동일한 날이라는 것을 알 수 있다.

08 ⑤

정답 해설 | ⓕ의 '거기'는 영선의 발화에 언급된 '작년에 같이 갔던 수목원'을 대신하는 대용 표현이다. 따라서 지시 표현이라는 설명은 틀린 설명이다.

오답 체크 |

① ⓐ는 내용상 '주말 나들이 장소 정하기'라는 주제와 유기적인 관련을 맺고 있지 않아서 담화의 완결성을 떨어뜨리고 있다.

② ⓑ의 '거기'는 영선의 발화에 언급된 '놀이동산'을 대신하는 대용 표현이다.

③ ⓒ의 '여기'와 ⓓ의 '거기'는 형태는 다르지만 선희가 보여준 사진에 등장하는 '해수욕장'이라는 동일한 장소를 가리킨다.

④ ⓔ의 '그리고'는 두 발화를 병렬적으로 연결할 때 쓰는 접속 부사이다.

09 ⑤

정답 해설 | ㉦은 '후배'1과 2를 포함하는 말로 후배들이 선배에게 자신을 낮추기 위해 사용한 말이다. 따라서 화자가 청자인 '선배'와 자신을 모두 낮추기 위해 쓰는 말이라는 설명은 적절하지 않다.

오답 체크 |

① ㉠에 쓰인 '에서'는 장소를 나타내는 부사격 조사이고, ㉡에 쓰인 '에서'는 ((단체를 나타내는 명사 뒤에 붙어)) 앞말이 주어임을 나타내는 격 조사에 해당한다. 따라서 ㉠은 부사어이고, ㉡은 주어이다.

② ㉢ 바로 앞에 '후배 2'의 말에서 '저희가 선배님과 함께 제안했던'이라는 말로 판단해볼 때, ㉢의 '우리'는 화자인 '선배'와 청자인 '후배' 1과 2가 모두 포함되어 있는 말이라고 할 수 있다.

③ ㉣의 '자신'은 문장의 전후 맥락을 고려해볼 때, 뒤에 나오는 '동아리'를 뜻하는 말이다.
④ ㉥ 바로 앞에 '후배 1'의 말을 살펴보면, '우리의 제안을 (학교가) 수용하기 쉽지 않다'고 했으므로 ㉥이 ㉡의 '학교'와 ㉤의 '우리'를 모두 포함해서 가리키는 말이라는 설명은 적절하다.

10 ②

정답 해설 | ㉡은 '영이'와 영이네 강아지인 '별이'를 뜻하고, ㉤은 '영이'와 영이네 강아지인 '별이', 그리고 '민수'를 뜻하기 때문에 ㉤이 가리키는 대상에 ㉡이 가리키는 대상이 포함된다고 할 수 있다.

오답 체크 |

① ㉠은 '영이'와 '민수'를 의미하고, ㉡은 '영이'와 영이네 강아지인 '별이'를 뜻한다.
③ ㉢ 바로 앞에 '영이'에서 '너네 강아지들도 그래?'라고 했으므로 ㉢은 민수네 강아지인 '봄이'와 '솜이'를 가리킨다. ㉥은 민수와 민수네 강아지인 '봄이', 그리고 '영이'를 뜻한다. 따라서 ㉢이 가리키는 대상은 ㉥이 가리키는 대상에 포함된다는 설명은 적절하지 않다.
④ ㉣은 '민수'와 민수네 강아지인 '봄이'와 '솜이'를 뜻하고, ㉤은 '영이'와 영이네 강아지인 '별이', 그리고 '민수'를 뜻하기 때문에 ㉣과 ㉤이 가리키는 대상이 동일하다는 설명은 적절하지 않다.
⑤ ㉣은 '민수'와 민수네 강아지인 '봄이'와 '솜이'를 뜻하고, ㉥은 민수와 민수네 강아지인 '봄이', 그리고 '영이'를 뜻하기 때문에 ㉣과 ㉥이 가리키는 대상이 동일하다는 설명은 적절하지 않다.

06 국어 어문 규정

기출문제 본문 120~130쪽

01 ②	02 ③	03 ④	04 ③	05 ②
06 ④	07 ①	08 ④	09 ⑤	10 ①
11 ①	12 ②	13 ①	14 ⑤	15 ②
16 ①	17 ③	18 ⑤	19 ⑤	

01 ②

정답 해설 | 자음을 첫소리로 가지고 있는 음절의 'ㅢ'가 'ㅣ'로 소리 나는 경우가 있더라도, 소리 나는 대로 적지 않고 본 모양인 'ㅢ'를 밝혀 적도록 규정한 것은 그 본 모양을 밝혀 어법에 맞도록 적은 것이므로 ㉡에 해당한다.

오답 체크 |

① 'ㄷ, ㅌ'이 구개음화되어 'ㅈ, ㅊ'으로 발음되더라도, 그 기본 형태를 밝히어 'ㄷ, ㅌ'으로 적도록 규정한 것은 ㉡에 해당한다.
③ 체언을 조사와 구별하여 적는 것은 그 본 모양을 밝혀 어법에 맞도록 적는 것이기 때문에 ㉡에 해당한다.
④ 어간에 명사화 접미사 '-이'나 '-음'이 결합하여 된 단어라고 해도, 그 어간의 본뜻과 멀어진 것은 어간 형태소의 뜻이 유지되고 있지 않기 때문에 원형을 밝혀 적을 필요가 없어서 소리 나는 대로 적도록 규정하고 있으므로 ㉠에 해당한다.
⑤ 둘 이상의 단어가 어울리거나 접두사가 붙어서 이루어진 말은 각각 그 원형을 밝히어 적는다고 했으므로 이는 어법에 맞도록 적는 것이기 때문에 ㉡에 해당한다.

02 ③

정답 해설 | '나날'은 준첩어, '겹겹'은 첩어이기 때문에 ㉮에 해당한다. 또한 '오뚝'과 '일찍'은 부사이므로 ㉯에 해당하고, '즐겁-'은 'ㅂ'불규칙 용언의 어간이기 때문에 ㉰에 해당한다. 이상과 같이 분류되어 묶인 것은 선택지 ③이다.

03 ④

정답 해설 | '넘다'에서 파생된 '너머'는 어간의 원형인 '넘-'을 밝히어 적지 않은 것이다. '너머'는 동사 '넘다'에 '-이'나 '-음/-ㅁ' 이외의 모음으로 시작된 접미사 '-어'가 붙어서 명사로 바뀐 것으로 그 어간의 원형을 밝히어 적지 않고 있다. 따라서 ㉢을 따른 것이기 때문에 적절한 설명이다.

오답 체크 |

① '맞다'에서 파생된 '마중'은 어간의 원형을 밝히어 적지 않은

것으로 '-이'나 '-음/-ㅁ' 이외의 모음으로 시작된 접미사가 붙어서 다른 품사로 바뀐 것이므로 ㉢에 따른 것이다.

② '걷다'에서 파생된 '걸음'은 어간의 원형을 밝히어 적은 것으로 ㉠에 따른 것이다.

③ '막다'에서 파생된 '마개'는 어간의 원형을 밝히어 적지 않은 것으로 '-이'나 '-음/-ㅁ' 이외의 모음으로 시작된 접미사가 붙어서 다른 품사로 바뀐 것이므로 ㉢에 따른 것이다.

⑤ '놀다'에서 파생된 '노름'은 어간의 원형을 밝히어 적지 않은 것으로 어간에 '-음'이 붙어서 명사로 바뀐 것이므로 ㉡에 따른 것이다.

04 ③

정답 해설 | '희망'은 〈보기1〉의 표준 발음법 '제5항 다만 3'에 따라 '희'는 자음을 첫소리로 가지고 있는 음절이므로 'ㅢ'는 [ㅣ]로 발음해야 한다. 따라서 [히망]이 표준 발음이다.

오답 체크 |

① '가져야'는 〈보기1〉의 표준 발음법 '제5항 다만 1'에 따라 [가저야]로 발음하는 것이 맞다.

② 〈보기1〉의 표준 발음법 '제5항 다만 4'에 따라 '협의'의 '의'는 [ㅣ]로 발음하는 것도 허용하므로 [혀비]로 발음하는 것도 맞다.

④ 〈보기1〉의 표준 발음법 '제5항 다만 2'에 따라 '지혜'의 '혜'는 '예, 례' 이외의 'ㅖ'이기 때문에 [지헤]라고 발음하는 것이 맞다.

⑤ 〈보기1〉의 표준 발음법 '제5항 다만 4'에 따라 '우리의'의 '의'는 조사이므로 [ㅔ]로 발음하는 것도 허용하기 때문에 [우리에]라고 발음해도 된다.

05 ②

정답 해설 | '서울'이라는 체언과 결합하고 있다는 점과 후배가 선배에게 대답하는 말이라는 점을 고려하면, ㄴ의 밑줄 친 '요'는 청자에게 존대의 뜻을 나타내는 보조사 '요'에 해당한다고 볼 수 있다. 따라서 ㄴ의 밑줄 친 '요'를 연결형의 '이요'로 바꾸어 적는 것은 적절하지 않다.

오답 체크 |

① 종결형에서 사용되는 어미 '-오'는 [요]로 발음할 수 있으므로, ㄴ의 '이오'는 [이요]로 발음할 수 있다.

③ 종결형에서 사용되는 어미 '-오'는 하오체의 종결 어미이므로, ㄷ의 밑줄 친 문장은 하오체의 문장에 해당한다.

④ ㄹ에는 하오체가 쓰이고 있어서 ㄹ의 밑줄 친 '요'는 '-이오'가 모음으로 끝나는 체언('영화') 뒤에서 줄어 쓰인 형태에 해당한다.

⑤ ㅁ에는 해요체가 쓰이고 있어서 ㅁ의 밑줄 친 '요'는 둘 다 체언과 결합하여 청자에게 존대의 뜻을 나타내는 보조사에 해당한다고 볼 수 있다.

06 ④

정답 해설 | '귀머거리'는 동사 '귀먹다'의 어간 '귀먹-'에 접미사 '-어리'가 붙어서 명사가 된 말로, 어간에 '-이'나 '-음' 이외의 모음으로 시작된 접미사가 붙어서 다른 품사로 바뀐 것은 그 어간의 원형을 밝히어 적지 아니한다는 규정, 제19항 [붙임] 규정을 적용한 것이기 때문에 ㉣의 규정을 적용했다는 설명은 적절하지 않다.

오답 체크 |

① '다듬이'는 동사 '다듬다'의 어간 '다듬-'에 접미사 '-이'가 붙어서 명사가 된 것으로 〈보기〉의 제19항에 따라 그 어간의 원형을 밝히어 적은 것이기 때문에 규정 ㉠을 적용한 것이라는 설명은 적절하다.

② '마개'는 동사 '막다'의 어간 '막-'에 접미사 '-애'가 붙어서 명사가 된 것으로 〈보기〉의 제19항 [붙임]에 따라 어간의 원형을 밝히어 적지 않은 것이기 때문에 규정 ㉡을 적용한 것이라는 설명은 적절하다.

③ '삼발이'는 명사 '삼발' 뒤에 '-이'가 붙어서 된 말로 〈보기〉의 제20항에 따라 명사의 원형을 밝히어 적었기 때문에 규정 ㉢을 적용한 것이라는 설명은 적절하다.

⑤ '덮개'는 동사 '덮다'의 어간 '덮-'에 자음으로 시작된 접미사 '-개'가 붙어서 된 말로 〈보기〉의 제21항에 따라 그 어간의 원형을 밝히어 적었기 때문에 규정 ㉤을 적용한 것이라는 설명은 적절하다.

07 ①

정답 해설 | 〈보기〉에서 국어를 로마자로 표기할 때는 국어의 표준 발음법에 따라 적는 것을 원칙으로 한다고 했다. '독립문'과 '대관령'의 표준 발음은 각각 [동님문]과 [대괄령]이다. 따라서 〈보기〉의 표기 일람에 따라 각각 'Dongnimmun'과 'Daegwal lyeong'로 적으면 된다.

08 ④

정답 해설 | 예사소리인 파열음 뒤에서 일어나는 된소리되기는 예외 없이 일어나는 음운 변동이다. 따라서 '국수'로 적더라도 발음은 [국쑤]로 하게 된다. 이 점을 고려하여 한글 맞춤법에서는 '국수, 몹시'와 같은 단어를 제5항 '다만' 규정에 따라 된소리를 밝혀 적지 않도록 하고 있다. 따라서 선택지 ④는 적절한 설명이다.

오답 체크 |

① 두 모음 사이에 예사소리가 오면 예외 없이 된소리가 된다는 설명은 적절하지 않다. 〈보기〉의 한글맞춤법 제5항에서도 뚜렷한 까닭 없이 된소리가 일어나는 조건으로 '두 모음 사이'를 제시하고 있다.

② 예사소리인 파열음 뒤에서 일어나는 된소리되기는 규칙적인 현상이다. 따라서 규칙성을 찾을 수 없다는 설명은 적절

하지 않다.

③ '딱닥'으로 적어도 발음은 예외 없이 [딱딱]이 된다. 그러나 한글맞춤법 제5항의 '다만' 규정과 제13항에 '딱딱'으로 표기하도록 하고 있다. 따라서 '딱딱'을 '딱닥'으로 적으면 표준 발음이 [딱닥]이 될 수도 있다는 설명은 적절하지 않다.

⑤ '잔뜩'은 부사이며, 한글맞춤법 제5항에 'ㄴ, ㄹ, ㅁ, ㅇ' 받침 뒤에서 뚜렷한 까닭 없이 된소리가 나는 단어로 제시되어 있다.

09 ⑤

정답 해설 | '얹지만'의 된소리되기는 어간 받침 'ㄵ' 뒤에 결합되는 어미의 첫소리가 'ㅈ'이기 때문에 〈보기〉의 ㉠에 따른 것이다. 그리고 '앉을수록'의 된소리되기는 '-(으)ㄹ'로 시작되는 어미의 경우에도 그 뒤에 연결되는 예사소리 'ㅅ'은 된소리로 발음해야 한다는 〈보기〉의 ㉢ 규정을 따른 것이다.

오답 체크 |

① '삼고'에서의 된소리되기는 ㉠에 따른 것이지만, '품을 적에'의 된소리되기는 관형사형 '-(으)ㄹ' 뒤에 예사소리 'ㅈ'이 연결되는 경우이므로 〈보기〉의 ㉢에 따른 것이다.

② '넓거든'에서의 된소리되기는 ㉡에 따른 것이 맞지만, '얇을지라도'에서의 된소리되기는 '-(으)ㄹ'로 시작되는 어미의 경우 그 뒤에 연결되는 예사소리 'ㅈ'은 된소리로 발음해야 한다는 〈보기〉의 ㉢ 규정을 따른 것이다.

③ '신겠네요'에서의 된소리되기는 어간 받침 'ㄴ' 뒤에 결합되는 어미의 첫소리가 'ㄱ'이기 때문에 ㉠에 따른 것이고, '밟지도'에서의 된소리되기는 어간 받침 'ㄼ' 뒤에 결합되는 어미의 첫소리가 'ㅈ'이기 때문에 ㉡에 따른 것이다.

④ '훑던'에서의 된소리되기는 ㉡에 따른 것이 맞지만, '비웃을지언정'에서의 된소리되기는 '-(으)ㄹ'로 시작되는 어미의 경우 그 뒤에 연결되는 예사소리 'ㅈ'은 된소리로 발음해야 한다는 〈보기〉의 ㉢ 규정을 따른 것이다.

10 ①

정답 해설 | '쐬어라'는 '쐬-'와 '-어라'가 결합된 것이므로 '쐐라'로 줄어들 수 있다. 따라서 '쐐라'로 줄어들 수 있다는 설명은 적절하지 않다.

오답 체크 |

② 선생님께서 말씀하신 맞춤법 규정은 '어간 모음 'ㅚ' 뒤에 '-어'가 붙어서 'ㅙ'로 줄어지는 것은 'ㅙ'로 적는다.'는 것이므로 '괴-'와 '-느냐'가 결합될 때는 '어'가 없기 때문에 '괘느냐'라는 말이 나올 수가 없다.

③ '쬈도'의 '쫴'는 어간 모음 '쬐-' 뒤에 '-어'가 붙어 줄어진 것이기 때문에 맞는 표현이다.

④ '봬서'의 '봬'는 어간 모음 '뵈-' 뒤에 '-어'가 붙어 줄어진 것이기 때문에 맞는 표현이다.

⑤ '쇠-'와 '-더라도'가 결합될 때는 '어'가 없기 때문에 '쇄더라도'로 적으면 틀린 것이 된다.

11 ①

정답 해설 | ㉠의 '아니요'는 '아니오'로 적어야 한다. 왜냐하면, 종결형에서 사용되는 어미 '-오'는 '요'로 소리 나는 경우가 있더라도 그 원형을 밝혀 '오'로 적어야 한다는 〈보기〉 ⓐ의 규정에 따른 것이다. 따라서 ㉠의 '아니요'를 맞춤법에 맞게 표기할 때 적용되는 원칙은 ⓐ이다.

오답 체크 | ㉡의 '가지요'에서 '요'는 종결어미 '-지' 뒤에 덧붙은 보조사이다. 이에 대해 규정한 것은 〈보기〉의 ⓒ 규정이다. ㉢의 '설탕이요'에서 '이요'는 연결형에서 사용되는 연결 어미이다. 이 연결 어미 '이요'는 서술격 조사 '이다'가 활용한 것으로, 이에 대해 규정한 것은 〈보기〉의 ⓑ 규정이다.

12 ②

정답 해설 | '부치다'는 '어떤 문제를 다른 곳이나 다른 기회로 넘기어 맡기다.'라는 의미를 갖고 있는 말로 표준어에 해당한다.

오답 체크 |

① 엇저녁 → 엊저녁

③ 적잖은 → 적잖은

④ 깍뚜기 → 깍두기

⑤ 넙적하게 → 넓적하게

13 ①

정답 해설 | ㉠에서 일어난 음운 변동은 'ㅌ' 다음에 '이' 모음의 영향으로 'ㅌ'이 'ㅊ'으로 바뀌는 구개음화에 해당한다. 그리고 '같이'의 발음 [가치]는 'gachi'에서 알 수 있듯이 로마자 표기에 반영되었다. '땀받이'에서도 'ㄷ' 다음에 '이' 모음의 영향을 받아 'ㄷ'이 'ㅈ'으로 바뀌는 구개음화가 일어난다.

오답 체크 |

② ㉡'잡다'에서 일어난 음운 변동은 된소리되기이고 'japda'에서 알 수 있듯이 로마자 표기에 반영되지 않았다. 그리고 '삭제'에서도 파열음 'ㄱ' 뒤에 온 예사소리 'ㅈ'이 된소리로 바뀌는 된소리되기가 일어난다.

③ ㉢'놓지'에서 일어난 음운 변동은 거센소리되기이고 'nochi'에서 알 수 있듯이 로마자 표기에 반영되었다. 그러나 '닳아'에서 일어난 음운 변동은 'ㅎ'을 끝소리로 가지는 어간은 모음으로 시작하는 어미나 접미사 앞에서 'ㅎ'이 탈락하는 'ㅎ'탈락에 해당한다. 따라서 '놓지'와 '닳아'에서 일어나는 음운 변동은 서로 다르므로 적절한 설명이 아니다.

④ ㉣ '맨입'에서 일어난 음운 변동은 'ㄴ'첨가이고 'maennip'에서 알 수 있듯이 로마자 표기에 반영되었다. 따라서 반영되지 않았다고 했으므로 틀린 설명이다. 그리고 '한여름'에서도 일어난 음운 변동은 'ㄴ'첨가에 해당한다.

⑤ ⓜ'백미'에서 일어난 음운 변동은 비음화이고 'baengmi'에서 알 수 있듯이 로마자 표기에 반영되었다. 따라서 반영되지 않았다고 했으므로 틀린 설명이다. 그리고 '밥물'에서도 일어난 음운 변동은 비음화에 해당한다.

14 ⑤

정답 해설 | ㉠의 '보다'는 서로 차이가 있는 것을 비교하는 경우, 비교의 대상이 되는 말에 붙어 '~에 비해서'의 뜻을 나타내는 격 조사이다. 따라서 앞에 있는 명사에 붙여 써야 한다. ㉢의 '밖에'는 '그것 말고는', '그것 이외에는'의 뜻을 나타내는 보조사이다. 따라서 앞에 있는 대명사에 붙여 써야 한다. ㉣의 '만큼'은 앞말에 한정됨을 나타내는 보조사이다. 따라서 앞에 있는 명사에 붙여 써야 한다.

오답 체크 | 한편, ㉡의 '뿐'은 '다만 어떠하거나 어찌할 따름'이라는 뜻을 나타내는 의존 명사로, 앞말과 띄어 써야 한다. '뿐'이 체언이나 부사어 뒤에 붙어 조사로 쓰이는 경우도 있는데, 이때에는 '그것만이고 더는 없음' 또는 '오직 그렇게 하거나 그러하다는 것'이라는 뜻을 나타낸다.

15 ②

정답 해설 | ㉡은 본용언 '적어' 뒤에 보조 용언 '둘'과 '만하다'가 거듭 나타나는 경우이므로 〈보기1〉의 '본용언 뒤에 쓸 수 있다'에 따라 본용언인 '적어'와 앞의 보조 용언인 '둘'을 붙여 쓸 수 있다. 따라서 보조용언인 '둘'과 '만하다'를 붙여 쓸 수 있다는 설명은 적절하지 않다.

오답 체크 |

① 〈보기1〉에서 본용언이 합성어나 파생어라도 그 활용형이 2음절인 경우에는 본용언과 보조 용언을 붙여 쓰는 것도 허용한다고 했으므로 '빛내'와 '준다'를 붙여 쓸 수 있다는 설명은 적절하다.
③ 〈보기1〉에서 본용언에 조사가 붙는 경우는 그 뒤에 오는 보조 용언은 붙여 쓰지 않는다고 했으므로 '읽어는'과 '보았다'를 붙여 쓰지 않는다는 설명은 적절하다.
④ 〈보기1〉에서 본용언이 합성 용언인 경우는 그 뒤에 오는 보조 용언은 붙여 쓰지 않는다고 했으므로 '다시없을'과 '듯하다'를 붙여 쓰지 않는다는 설명은 적절하다.
⑤ 〈보기1〉에서 본용언이 파생어인 경우는 그 뒤에 오는 보조 용언은 붙여 쓰지 않는다고 했으므로 '공부해'와 '보아라'를 붙여 쓰지 않는다는 설명은 적절하다.

16 ①

정답 해설 | '멋쟁이'는 명사 '멋' 뒤에 자음으로 시작된 접미사 '-쟁이'가 붙어서 된 것이므로 ㉠에 해당한다. '굵기'는 어간 '굵-' 뒤에 자음으로 시작된 접미사 '-기'가 붙어서 된 것이므로 ㉡에 해당한다. '얄따랗다'는 '얇다'에서 '얄따랗다'가 될 때 겹받침 중 앞의 'ㄹ'만 발음되므로 ㉢에 해당한다.

오답 체크 |

② '값지다'는 명사 '값' 뒤에 자음으로 시작된 접미사 '-지다'가 붙어서 된 것이므로 ㉡이 아니라 ㉠에 해당한다. '넋두리'는 명사 '넋' 뒤에 자음으로 시작된 접미사 '-두리'가 붙어서 된 것이므로 ㉠에 해당하고, '말끔하다'는 '맑다'에서 '말끔하다'가 될 때 겹받침 중 앞의 'ㄹ'만 발음되므로 ㉢에 해당한다.
③ '먹거리'는 어간 '먹-' 뒤에 자음으로 시작된 접미사 '-거리'가 붙어서 된 것이므로 ㉡에 해당한다. '낚시'는 그 자체로 명사이기 때문에 ㉠~㉢ 어디에도 해당되지 않는다. '할짝거리다'는 '핥다'에서 '할짝거리다'가 될 때 겹받침 중 앞의 'ㄹ'만 발음되므로 ㉢에 해당한다.
④ '오뚝이'는 부사 '오뚝' 뒤에 모음으로 시작된 접미사 '-이'가 붙어서 만들어진 단어이므로 ㉠~㉢ 어디에도 해당되지 않는다. '긁적거리다'는 어근 '긁적'에 접미사 '-거리다'가 붙어서 만들어진 단어로 ㉠~㉢ 어디에도 해당되지 않는다. '짤막하다'는 '짧다'에서 '짤막하다'가 될 때 겹받침 중 앞의 'ㄹ'만 발음되므로 ㉢에 해당한다.
⑤ '옆구리'는 명사 '옆' 뒤에 자음으로 시작된 접미사 '-구리'가 붙어서 된 것이므로 ㉠에 해당한다. '지우개'는 어간 '지우-' 뒤에 자음으로 시작된 접미사 '-개'가 붙어서 된 것이므로 ㉡에 해당한다. '깊숙하다'는 어근 '깊숙'에 접미사 '-하다'가 붙어서 만들어진 단어로 ㉠~㉢ 어디에도 해당되지 않는다.

17 ③

정답 해설 | '별내'[별래]에서는 초성 위치에 있는 'ㄴ'이 'ㄹ'의 뒤에서 동일한 조음 위치의 유음인 'ㄹ'로 바뀌는 유음화가 일어난다. 따라서 '별내'[별래]의 로마자 표기는 (나)의 표기 원칙에 따라 'Byeollae'로 표기해야 한다.

오답 체크 |

① (나)의 로마자 표기법에서 장모음의 표기는 따로 하지 않고, 'ㄱ'은 모음 앞에서는 'g'로 적는다고 했으므로 '대관령'[대ː괄령]의 로마자 표기는 'Daegwallyeong'이다.
② '백마'[뱅마]에서는 비음인 'ㅁ'의 영향을 받아 종성 위치에 있는 'ㄱ'이 비음 'ㅇ'으로 바뀌는 비음화가 일어난다.
④ '삽목묘'[삼몽묘]에서는 비음인 'ㅁ'의 영향을 받아 종성 위치에 있는 'ㅂ'이 비음 'ㅁ'으로 바뀌는 비음화가 일어나고, '묘'에서 비음인 'ㅁ'의 영향을 받아 종성 위치에 있는 'ㄱ'이 비음 'ㅇ'으로 바뀌는 비음화가 일어난다. 따라서 '삽목묘'[삼몽묘]는 두 종성 위치에서 비음화가 일어난다.
⑤ '물난리'[물랄리]는 '난'의 초성 'ㄴ'이 '물'의 종성인 유음 'ㄹ'의 영향을 받아 'ㄹ'로 바뀌고, '난'의 종성 'ㄴ'이 '리'의 초성인 유음 'ㄹ'의 영향을 받아 'ㄹ'로 바뀌는 유음화가 일어난다. 따라서 '물난리'[물랄리]의 로마자 표기는 'mullalli'이다.

18 ⑤

정답 해설 | '부릴'의 어간은 실제 발음에서 나타나는 형태인 '부리-'를 대표 형태로 선택해 표기한 것이므로 실제 발음에서 나타나지 않는 형태를 대표 형태로 선택해 표기한 것이라는 설명은 적절하지 않다.

오답 체크 |

① '들어'의 발음은 [드러]로, 음운 변동 없이 연음된 것이므로 적절한 설명이다.
② '더운'과 '덥고'는 어간의 의미가 같지만, 어간을 '더우-'와 '덥-'의 두 가지 형태로 적은 것이므로 적절한 설명이다.
③ '여름'과 '장마'는 표준어를 발음되는 대로 표기한 것이므로 적절한 설명이다.
④ '끝이'를 '끄치'로 적지 않고 '끝'이라는 대표 형태를 선택하여 표기한 것은 의미 파악을 위해 어법에 맞도록 한다는 원칙에 따라 적은 것이므로 적절한 설명이다.

19 ⑤

정답 해설 | ⓜ을 적용한 후 ⓡ을 적용할 때, 어간 '(오줌을) 누-'에 '-이-'가 붙은 '(오줌을) 누이-'에 '-어'가 붙으면 '뉘여'가 아니라 '누여'로 적어야 한다.

07 바른 국어 생활

기출문제 본문 131~135쪽

01 ⑤	02 ④	03 ⑤	04 ①	05 ①
06 ②	07 ①	08 ④	09 ③	10 ②

01 ⑤

정답 해설 | '착한 너의 후배를 나한테 빨리 소개해 주었으면 좋겠다.'라는 문장에는 불필요하게 중복된 의미가 나타나지 않으므로 ⓜ의 적절한 사례라고 볼 수 없다.

오답 체크 |

① 주어(말은)와 서술어(행동하자)가 호응하지 않으므로 ㉠의 사례로 적절하다.
② '비단'은 부정하는 서술어와 호응하여 '다만, 오직'의 뜻으로 쓰이는 말이다. 제시된 예문은 부사어(비단)와 서술어(나쁜 이었다)가 호응하지 않으므로 ㉡의 사례로 적절하다.
③ 제시된 예문에서 '두었다'는 주어, 목적어, 부사어(…에)를 필요로 하는 세 자리 서술어이다. 그런데 서술어가 필요로 하는 부사어가 부적절하게 생략되었으므로 ㉢의 사례로 적절하다.
④ '짐'에 대한 서술어(싣다 등)가 부적절하게 생략된 경우이므로 ㉣의 사례로 적절하다.

02 ④

정답 해설 | '윤서가 여행에서 돌아왔다고 민수가 말한 시점'이 '아침'이 되도록 수정해야 하므로, 이를 표현하기 위해서는 '민수는 윤서가 여행에서 돌아왔다고 아침에 말했다.'고 수정하면 된다.

오답 체크 |

① '현우는 새로 산 옷을 입고 있다.'는 문장은 '입은 상태의 지속'의 의미도 포함하므로, 옷을 입는 동작이 진행중임만을 나타내려면 '현우는 새로 산 옷을 입고 있는 중이다.'라고 수정해야 한다.
② '영철이는 지수보다 야구 경기를 더 좋아한다.'는 문장은 '지수가 야구 경기를 좋아하는 것보다 영철이가 야구 경기를 더 좋아한다.'는 의미도 포함하기 때문에, '영철이가 더 좋아하는 것은 지수가 아니라 야구 경기임.'을 나타내기 위해서는 '영철이는 지수를 좋아하는 것보다 야구 경기를 더 좋아한다.'고 수정해야 한다.
③ '친구들이 약속 장소에 다 나오지 않았다.'는 문장은 '모두 나오지 않음.'의 의미 또한 포함하기 때문에, '친구들이 일부만 참석함'을 나타내기 위해서는 '친구들이 약속 장소에

다는 나오지 않았다.'고 수정해야 한다.

⑤ '그는 네게 장미와 튤립 두 송이를 주었다.'는 문장은 '장미 한 송이와 튤립 한 송이'의 의미와 '장미 두 송이와 튤립 두 송이'의 의미 또한 포함하므로 '받은 꽃의 개수가 세 송이임'을 표현하기 위해서는 '그는 내게 장미 한 송이와 튤립 두 송이를 주었다.'고 수정해야 한다.

03 ⑤

정답 해설 | '인사 발령이 나서 가게 되었다'의 '가다'는 '직책이나 자리를 옮기다'의 의미로 필수적 부사어 '[…(으)로] / […에/에게]'를 요구한다. 예를 들면, '인사 발령이 나서 기획부로 가게 되었다.'의 '기획부로'와 같은 필수적 부사어가 있어야 한다. '급히'는 필수적 부사어가 아니다.

오답 체크 |

① 부사 '절대로'로는 부정 서술어와 어울리고, '반드시'는 긍정 서술어와 어울린다.

② 형용사 '알맞다'가 뒤에 오는 명사를 꾸며줄 때 어미가 '-은' 또는 '-ㄴ'으로 바뀐다. 따라서 적절한 활용 형태는 '알맞은'이다.

③ '장점'이라는 말이 불필요하게 중복되어 있기 때문에 뒤에 오는 '장점'을 삭제해야 한다.

④ '어제'는 과거를 나타내는 시간 표시 부사어이기 때문에 서술어 '오지 않습니다'와는 어울리지 않는다. 따라서 서술어에 과거 시제를 나타내는 선어말 어미 '-았-'을 넣어 '오지 않았습니다'로 수정해야 한다.

04 ①

정답 해설 | ㉠은 부정 표현의 범위가 특정되지 않아서 문장이 중의성을 가지는 경우이다. '않았다'를 '못했다'로 바꾸어도 중의성은 해소되지 않는다.

오답 체크 |

② '현규와 숙희는 어제 결혼하였다.'는 문장은 '현규와 숙희가 각각 결혼했다.'는 의미도 포함되므로 '현규와 숙희가 부부가 되었다.'는 의미가 되게 하려면 '현규와 숙희는'을 '현규는 숙희와'로 수정해야 한다.

③ '선생님의'를 '선생님을 그린'으로 수정하면 '그림 속의 인물이 선생님'이라는 의미가 된다.

④ '아버지께서 귤과 사과 두 개를 가져오셨다.'는 문장은 '귤 한 개와 사과 한 개'의 의미와 '귤 두 개와 사과 두 개'의 의미 또한 포함하므로 '과일 세 개 중 두 개가 사과'라는 의미로 표현하기 위해서는 '귤과 사과 두 개'를 '귤 한 개와 사과 두 개'로 수정해야 한다.

⑤ '표정이 밝은 사람은 그녀'라는 의미로 문장을 수정하려면, '밝은 표정으로'를 '사람들에게'의 뒤로 옮겨 '인사했다'를 수식하도록 한다. 그러면 '인사했다'의 주체가 '그녀'이므로 '표정이 밝은 사람이 그녀'라는 의미가 된다.

05 ①

정답 해설 | '모름지기'는 '~해야 한다'와 호응하므로, 선택지 ①은 '고등학생이라면 모름지기 그 정도는 다 할 줄 알아야 한다.' 정도로 수정되어야 바른 문장이 된다. 하지만 성분 간 호응 문제는 〈보기〉에서 제시한 '문법적으로 바르지 않은 문장 유형' 중 어디에도 해당하지 않는다.

오답 체크 |

② '예상치 못한 결과가 나오더라도 실망할 필요가 없다.'와 같이 수정할 수 있는 문장이기 때문에 〈보기〉의 '연결어미가 의미에 맞게 사용되지 않은 경우'에 해당한다.

③ '그 시설은 지금 민간에 위탁 운영되고 있다.'와 수정할 수 있기 때문에 〈보기〉의 '피동 표현이 중복되어 과도한 피동이 된 경우'에 해당한다.

④ '특별한 일이 없을 때는 텔레비전을 보거나 라디오를 듣는다.'와 같이 수정할 수 있기 때문에 〈보기〉의 '목적어에 대응하는 서술어가 잘못 생략된 경우'에 해당한다.

⑤ '어머니'에게 '외할머니'는 높임의 대상이므로 서술어 '드린'에 맞춰 높임의 격 조사 '께'를 써야 한다는 점에서 〈보기〉의 '높임 표현이 적절하게 사용되지 않은 경우'에 해당한다.

06 ②

정답 해설 | 선택지 ②의 문장에서 '두 사람은'이 주어이고, '주고받은'과 '빠져나갔다'가 서술어이다. 따라서 이 문장은 주어와 서술어가 호응을 이루며 의미도 정확하게 드러내고 있는 문장이다.

오답 체크 |

① '그는'은 주어이고, '발전해'와 '기여하고자 하였다'가 서술어이다. 서술어 중 '발전해'는 주어 '그는'과 호응을 이루지 않는다. 따라서 이 문장은 정확한 문장이 아니다. 이 문장은 '그는 자기가 창안한 사회 이론을 발전시켜 사회 문제의 해결에 기여하고자 하였다.' 정도로 수정해야 한다.

③ '큰 변화'는 '겪었다'와 호응하지만, '생산 기술의 발달'은 '겪었다'와 호응을 이루지 않는다. 이 문장은 '유럽은 18세기 후반부터 약 100년 동안 생산 기술의 발달에 따른 사회 조직의 큰 변화를 겪었다.' 정도로 수정해야 한다.

④ 주어 '요점은'과 서술어 '알아야 한다'가 호응을 이루지 않는다. 따라서 이 문장은 서술어 '알아야 한다'를 '알아야 한다는 것이다'로 수정해야 정확한 문장이 된다.

⑤ '작품 이름의 혼동이나'가 서술어 '기억하지 못했다'와 호응을 이루지 않는다. 따라서 이 문장은 '그의 작품들은 엇비슷해서 학생들이 작품 이름을 혼동하거나 각 작품의 이야기 줄거리를 잘 기억하지 못했다.'로 수정해야 한다.

07 ①

정답 해설 | '나이가 작다'는 잘못된 표현이다. '나이'는 크기의 개념이 아닌 수량이나 정도의 개념이기에 '크고 작음'이 아니라 '많고 적음'으로 고쳐, '나이가 많고 적음은 큰 의미가 없다.'라고 수정해야 한다.

오답 체크 |

③ '-던지'는 막연한 의문이 있는 채로 그것을 뒤 절의 사실이나 판단과 관련시키는 데 쓰는 연결 어미이다. 하지만, '-든지'는 나열된 동작이나 상태, 대상들 중에서 어느 것이든 선택될 수 있음을 나타내거나 실제로 일어날 수 있는 여러 가지 중에서 어느 것이 일어나도 뒤 절의 내용이 성립하는 데 아무런 상관이 없음을 나타내는 연결 어미이다.

④ '결코'는 부정 서술어와 호응하는 부사어이다. 따라서 서술어 '일이었다'를 '일이 아니었다'로 수정해야 한다.

⑤ 목적어 '노래를'과 서술어 '추고 있다'는 호응하지 않는다. 따라서 과도하게 생략된 서술어 '부르다'를 추가하여 '그녀는 노래를 부르며 춤을 추고 있다.'로 수정해야 한다.

08 ④

정답 해설 | 〈보기2〉에서 수정 전과 후 달라진 부분은 '참여하려는→참여한', '지역에→지역의', '답사함으로써→유적지를 답사함으로써'이다. 이와 같이 문장을 수정하는데 〈보기1〉에서 반영된 것을 살펴보면, 먼저 '참여하려는→참여한'은 적절하게 사용되지 않은 어미를 수정한 결과이고, '지역에→지역의'는 적절하게 사용되지 않은 조사를 수정한 결과이며, '답사함으로써→유적지를 답사함으로써'는 문장의 필수 성분인 목적어(유적지를)가 갖추어져 있지 않은 것을 수정한 결과이다. 따라서 〈보기1〉중 〈보기2〉와 같이 문장을 수정하는 데에 반영된 것은 ㉠, ㉡, ㉢이다.

09 ③

정답 해설 | 〈자료〉에서 수정 후 달라진 부분은 '비록 초보자일수록 → 비록 초보자일지라도', '작성할 수 있다 → 문서를 작성할 수 있다'이다. 이와 같이 문장을 수정하는데 〈보기〉에서 반영된 것을 살펴보면, 먼저 '초보자일수록 → 초보자일지라도'는 부사어 '비록'과 연결 어미 '-ㄹ수록'이 호응하지 않는 것을 수정한 결과이고, '작성할 수 있다 → 문서를 작성할 수 있다'는 목적어 '문서를'이 누락된 것을 수정한 결과이다. 따라서 〈보기〉의 것들 중 〈자료〉와 같이 문장을 수정하는 데에 반영된 것은 ㉡과 ㉢이다.

10 ②

정답 해설 | '여간'은 부정문 형식의 문장에 함께 쓰여 그 문장의 의미를 강한 긍정으로 해석되게 하는 단어로서, ㄴ에서 '여간'으로 인해 문장이 의미가 '탐스럽다'를 강조하는 긍정으로 해석된다.

오답 체크 |

① ㄱ의 '아무런'은 긍정 의미의 용언이 나타나는 문맥에서 사용될 수 없다. 따라서 ㄱ의 문장이 올바른 문장이 되려면 '그 일은 나와 아무런 관계가 없다.'로 바꾸어야 한다.

③ ㄷ의 '밖에'는 '이것밖에 하지 못했다'에서처럼 부정 의미의 용언과 어울려 쓰인다.

④ ㄹ의 '그 아이들이 좀처럼 제 말을 듣겠습니까?'는 '그 아이들이 좀처럼 제 말을 듣지 않는다'는 의미이므로 '좀처럼'을 사용할 수 있다. 왜냐하면, '좀처럼'은 부정 의미의 용언과 어울려 쓰이는데, 부정 의미의 용언이 나타나지 않더라도 부정 의미를 내포하는 문맥에서도 쓰일 수 있기 때문이다.

⑤ '옴짝달싹하다'는 부정 의미의 용언과 어울려 쓰인다. 따라서 ㅁ은 '나는 무서워서 그 자리에서 옴짝달싹하지 못했다'와 같이 수정해야 올바른 문장이 된다.

08 국어사

기출문제 본문 136쪽

01 ③

01 ③

정답 해설 |

'학생1' : 이 학생이 언급한 'ㄱ은 혀뿌리가 목구멍을 막는 모양과 관련된다.'는 것은 '가'의 '상형의 원리로 만들었다'와 관련이 있다.

'학생2' : 이 학생이 말한 휴대 전화 자판 중에는 '・, ㅡ, ㅣ'를 나타내는 3개의 자판만으로 모든 모음자를 입력한다는 것은 '라'와 관련이 있다. 기본자('・, ㅡ, ㅣ') 외의 8개 중성자(ㅏ, ㅑ, ㅓ, ㅕ, ㅗ, ㅛ, ㅜ, ㅠ)는 기본자를 합하여 만들었다.

'학생3' : 이 학생이 말한 '〈예사소리〉-〈거센소리〉-〈된소리〉'의 관계가 〈A〉-〈A에 획 추가〉-〈AA〉인 것은 예사소리를 기본자라고 봤을 때, 거센소리는 기본자에 획 추가를 한 것이고, 된소리는 기본자를 나란히 쓴 것에 해당한다. 따라서 이것은 〈보기2〉의 '나'와 '다'에 해당한다.

'학생4' : 이 학생이 말한 'ㅁ', 'ㅁ'에 획 추가, 'ㅁ'과 공통된 소리의 특징은 〈보기2〉의 '나'와 관련이 있다.

'학생5' : 이 학생이 언급한 '받침 글자를 따로 만들지 않았다'는 것은 받침 글자를 따로 만들지 않고 초성을 다시 종성에 사용했다고 하는 '종성부용초성'의 원칙을 뜻한다. 하지만, 〈보기2〉에는 이 원칙에 대한 내용이 제시되어 있지 않다.

이상에서 볼 때, 〈보기1〉의 학생 의견과 관련된 〈보기2〉의 한글 제자 원리가 바르게 짝지어진 것은 선택지 ③이다.

09 국어의 변천

기출문제 본문 137~172쪽

01 ②	02 ①	03 ①	04 ⑤	05 ①
06 ⑤	07 ④	08 ③	09 ④	10 ⑤
11 ④	12 ⑤	13 ④	14 ②	15 ③
16 ①	17 ①	18 ④	19 ⑤	20 ①
21 ⑤	22 ②	23 ①	24 ⑤	25 ④
26 ⑤	27 ④	28 ③	29 ②	30 ①
31 ①	32 ③	33 ②	34 ③	35 ⑤
36 ①	37 ①	38 ⑤	39 ③	40 ⑤
41 ③	42 ④	43 ③	44 ③	45 ①
46 ③	47 ②	48 ①	49 ③	50 ①
51 ①	52 ⑤	53 ②		

01 ②

정답 해설 | 모음 'ㅣ'와 결합한 어두의 'ㄴ'(니르샤딕)이 탈락하지 않고 있으므로 두음 법칙이 적용된 예라고 보기 어렵다. 그러나 현대 국어(이르시되)에서는 두음 법칙이 적용되고 있으므로 현대 국어와 차이가 있다고 하겠다.

오답 체크 |

① 모음으로 끝나는 체언(부텨)에 주격 조사가 '가'가 아니라 'ㅣ'가 사용되고 있다는 점에서 현대 국어와 차이가 있다.

③ '부텨' 다음에 관형격 조사로 '의'가 아니라 'ㅅ'이 쓰였다는 점에서 현대 국어와 차이가 있다.

④ 문장의 주어인 '야수'를 높이기 위해 선어말 어미 '-시-'를 사용하고 있다는 점에서 현대 국어와 공통적이다.

⑤ 문장의 목적어인 '부텨'를 높이기 위해 선어말 어미 '-숩-'을 사용하고 있다는 점에서, 객체 높임의 선어말 어미가 없는 현대 국어와 차이가 있다.

02 ①

정답 해설 | ㉠은 문장의 주어이고 주격조사 'ㅣ'가 사용되었으므로 목적격조사가 사용되었다는 설명은 적절하지 않다. 중세국어에서 목적격조사는 '올/롤, 을/를'이 사용되었다.

오답 체크 |

② ㉡의 'ᄢᅴ니'에서 'ᄢ'는 세 개의 자음으로 이루어져 있으므로 음절의 초성에서 두 개 이상의 자음이 사용되었다는 설명은 적절하다.

③ ㉢의 'ㅿ', 'ㅸ', '・'는 현대 국어에서 사용되지 않으므로 적절한 설명이다.

④ 모음조화는 양성 모음은 양성 모음끼리, 음성 모음은 음성

모음끼리 어울리는 현상이다. 'ㅏ'와 'ㅐ'는 양성 모음이므로 ㉣이 모음조화가 지켜졌다는 설명은 적절하다.

⑤ 구개음화는 'ㄷ, ㅌ'이 'ㅣ'와 만나서 'ㅈ, ㅊ'으로 바뀌는 현상이므로 ㉤에서 구개음화 현상이 나타나지 않았다는 설명은 적절하다.

03 ①

정답 해설 | ㉠은 주체 높임 선어말 어미 '-시-'이다. 이 '-시-'는 목적어 '聖子(성자)'를 높이는 것이 아니라 주체인 '하늘'을 높이고 있다. 따라서 적절한 설명이 아니다.

오답 체크 |

② '-이-'는 상대 높임을 나타내는 선어말 어미이므로 그 쓰임이 현대 국어와 다르다는 설명은 적절하다.

③ 중세 국어의 객체 높임은 선어말 어미 '졉'을 통해 실현되지만, 현대 국어에서는 높임의 뜻을 가진 특수 어휘 '여쭙다'를 통해서 실현되기 때문에 그 쓰임에 있어 서로 차이가 있다는 설명은 적절하다.

④ '진지'는 현대 국어와 중세 국어에서 모두 '밥'의 높임말로 사용되고 있다는 점에서 공통이기 때문에 맞는 설명이다.

⑤ 현대 국어에서 주체 높임 선어말 어미 '-시-'와 상대 높임을 나타내는 종결어미 '-습니다'가 함께 나타나듯이 중세 국어에서도 주체 높임 선어말 어미 '-시-'와 상대 높임을 나타내는 선어말 어미 '-이-'가 함께 쓰이고 있다는 점에서 공통이기 때문에 맞는 설명이다.

04 ⑤

정답 해설 | ㉣에는 객체를 높이기 위한 선어말 어미가 아니라 주체 '선혜'를 높이기 위한 선어말 어미인 '-시(샤)-'가 사용되었다.

오답 체크 |

① 모음 'ㅣ'에 결합된 'ㄴ'이 그대로 있는 것을 통해서 볼 때 현대 국어와 달리 두음법칙이 적용되지 않았음을 알 수 있다.

② 체언 '은돈'의 둘째음절 'ㅗ'가 양성 모음이고 거기에 결합한 조사('ᄋᆞ로')도 양성 모음이므로 모음 조화가 지켜졌음을 알 수 있다.

③ '므슥'은 현대 국어 '무엇'의 옛말이다. 따라서 '므스게'는 대명사 '므슥'에 조사 '에'가 결합하여 이어적기를 한 것이다.

④ 중세 국어에서는 어두에 2개 이상의 자음이 사용되었는데, 'ᄡᅳ시리'에도 어두에 자음 'ㅄ'이 사용된 것을 확인할 수 있다. 이는 병서법의 하나로 서로 다른 자음을 가로로 나란히 붙여 쓰는 방식인 합용병서이다.

05 ①

정답 해설 | '보미'는 끊어 적기가 아니라, 명사 '봄'에 조사 'ᄋᆡ'가 결합하여 이어 적기를 한 것이다. 따라서 적절하지 않은 설명이다.

오답 체크 |

② '플와'에는 현대 국어와 달리 글자의 왼쪽에 방점이 찍혀있는 것을 알 수 있다.

③ 'ᄡᅳ·리게'의 어두에는 서로 다른 자음이 함께 사용된 것을 확인할 수 있다. 이는 병서법 중 합용병서에 해당한다.

④ 'ᄆᆞᅀᆞᆷ'에는 현대 국어에는 쓰이지 않은 'ㅿ'와 'ㆍ'이 사용되었음을 확인할 수 있다.

⑤ 'ᄃᆞᆯ'은 체언 '돌'과 조사 '올'의 결합으로 이루어져 있는데, 체언에 쓰인 모음 'ㆍ'과 조사에 쓰임 모음 'ㆍ'이 모두 양성 모음이기 때문에 모음 조화가 지켜진 것을 확인할 수 있다.

06 ⑤

정답 해설 | 15세기 국어에서는 양성 모음으로 끝난 어간에 붙는 연결 어미 '-아'가 'ᄒᆞ-' 뒤에서 '-야'로 바뀌었다. 현대 국어에서도 '하-' 뒤에서는 '-여'가 나타난다. 활용형을 구성하는 모음의 조합을 보면 'ᄀᆞ득ᄒᆞ야'는 모음 조화를 지키고 있으나, 현대 국어의 '가득하여'는 모음 조화를 지키고 있지 않으므로, ㉠과 ㉡을 모두 확인할 수 있는 예로 적절하지 않다.

오답 체크 |

① 15세기 국어와 현대 국어에서 용언 어간 '알-'의 모음이 양성 모음이므로 어미 '-아'가 선택된 것이다. '아라'는 '알아'를 이어적기한 것이다.

② 15세기 국어와 현대 국어에서 용언 어간 '먹-'의 모음이 음성 모음이므로 어미 '-어'가 선택된 것이다. '머거'는 '먹어'를 이어적기한 것이다.

③ 15세기 국어에서는 'ᄁᆡ오-'의 끝음절 모음이 양성 모음이므로 어미 '-아'가 선택된 것이고, 현대 국어에서는 '깨우-'의 끝음절 모음이 음성 모음이므로 어미 '-어'가 선택된 것이다. 따라서 모두 모음 조화를 지킨 사례로 적절하다.

④ 15세기 국어에서 용언 어간 'ᄡᅳ-'의 끝음절 모음이 음성 모음이므로 어미 '-어'가 선택된 것이고, 현대 국어에서도 '쓰-'의 끝음절 모음이 음성 모음이므로 어미 '-어'가 선택된 것이다. 따라서 모두 모음 조화를 지킨 사례로 적절하다.

07 ④

정답 해설 | 제시된 지문에서 조사 '와/과'는 모음 조화가 적용되지 않았다고 했다. '와/과'의 모음은 'ㅘ'로 동일하므로 모음 조화가 적용되는 이형태가 아니다. 따라서 17세기에 모음 조화의 약화에 따라 조사 사용에 혼란이 있었음을 '초와'와 '파과'를 통해 확인하는 것은 적절하지 않다.

오답 체크 |

① '겨슬'의 'ㅕ'와 'ㅡ'는 음성 모음에 해당하고, 'ᄒᆞᄅᆞ'의 'ㆍ'는 양성 모음이다. 따라서 한 단어 내에서 모음 조화가 잘 지

켜졌음을 확인할 수 있다.

② '오술'은 체언 '옷'에 목적격 조사 '올'이 결합한 것이고, '죽을'은 체언 '죽'에 목적격 조사 '을'이 결합한 것이다. '오술'은 양성 모음끼리 결합한 것이고, '죽을'은 음성 모음끼리 결합한 것이므로 체언에 목적격 조사가 결합할 때 모음 조화가 지켜졌음을 확인할 수 있다.

③ 'ᄒᆞ더라'에서 '-더-'가 양성 모음을 지닌 'ᄒᆞ-' 뒤에 결합되어 있는 것으로 보아 용언 어간에 '-더-'가 결합할 때에는 모음 조화가 적용되지 않았음을 확인할 수 있다.

⑤ 'ᄂᆞᄆᆞᆶ'과 'ᄂᆞ믈'의 차이는 둘째 음절의 'ㆍ'가 'ㅡ'로 변한 것이다. 이는 둘째 음절 이하에서의 'ㆍ'가 소실되면서 'ㅡ'에 합류한 결과이다.

08 ③

정답 해설 | 'ㅎ' 종성 체언은 제시된 지문의 〈자료〉에서 모음으로 시작하는 말 앞에서는 연음이 되어 나타났다고 했으므로 모음으로 시작하는 말 앞에서는 'ㅎ'이 실현되었음을 알 수 있다.

오답 체크 |

① 제시된 지문의 〈자료〉에서 '어두 자음군 중 맨 앞의 'ㅂ'은 당시에는 실제로 발음되었을 것으로 추정된다.'는 사실을 통해 적절한 설명임을 알 수 있다.

② 어두 자음군 중 맨 앞의 'ㅂ'은 훗날 탈락하였다는 진술과 훗날 단일어에서는 'ㅂ'이 탈락하였다는 진술을 통해 그 사실을 확인할 수 있다.

④ 현대 국어와 달리 15세기 국어에는 어두에 두 개 이상의 서로 다른 자음이 올 수 있었다는 진술을 통해 적절한 설명임을 확인할 수 있다.

⑤ 'ㅎ'이 뒤에 오는 'ㄱ'과 결합하여 축약됐으므로 '살코기'의 어형이 생성된 것이라는 진술을 통해 적절한 설명임을 확인할 수 있다.

09 ④

정답 해설 | ㉣(뫼셔)은 서술의 주체가 아니라, 객체인 '聖宗(성종)'을 높이기 위해 사용된 특수한 어휘이므로 적절하지 않은 설명이다.

오답 체크 |

① ㉠에는 객체를 높이기 위해 현대 국어에서 사용하지 않는 객체 높임 선어말 어미 '숩'을 사용하여 목적어가 지시하는 대상인 '인의지병'을 높이고 있기 때문에 적절한 설명이다.

② ㉡에는 문장의 주어인 '聖孫(성손)'을 높이기 위해 선어말 어미 '-시-'가 사용되었고, 현대 국어에서도 선어말 어미 '-시-'를 통해 주체 높임이 실현된다고 했으므로 적절한 설명이다.

③ ㉢에는 상대방을 높이기 위해 선어말 어미 '-이-'가 사용되었고, 현대 국어에서는 종결 표현에 의해 상대 높임이 실현된다고 했으므로 적절한 설명이다.

⑤ ㉤에는 동작의 주체인 '하ᄂᆞᇶ'을 높이기 위해 주체 높임 선어말 어미 '-시-'와 상대방을 높이기 위해 상대 높임 선어말 어미 '-이-'가 사용되었기 때문에 적절한 설명이다.

10 ⑤

정답 해설 | ㉤의 '룰'은 목적격 조사로, 자음으로 끝나는 체언이 아니라 모음으로 끝나는 체언과 결합했음을 확인할 수 있다. 따라서 적절한 설명이다.

오답 체크 |

① '나랏'의 'ㅅ'은 관형격 조사로 현대 국어의 '의'에 해당하기 때문에 적절한 설명이다.

② 중세 국어의 '-고져'는 현대 국어의 '-고자'에 해당하는 연결 어미이기 때문에 적절한 설명이다.

③ ㉢은 '바+ㅣ'의 결합구조로 이루어진 말로 여기서 'ㅣ'는 주격 조사로 모음으로 끝나는 체언 '바'에 결합하고 있기 때문에 적절한 설명이다.

④ 구개음화는 'ㄷ, ㅌ'이 '이' 모음의 영향을 받아 각각 'ㅈ, ㅊ'으로 바뀌는 현상인데, 중세 국어 당시의 표기 형태를 보면 '펴디'이기 때문에 구개음화가 일어나지 않았음을 알 수 있다.

11 ④

정답 해설 | '사ᄉᆞ믜'는 체언 '사ᄉᆞᆷ'과 관형격 조사 '의'가 결합한 결과이며, 뒤에 오는 체언 '등'을 꾸며 주는 관형어이다. '도ᄌᆞ기'는 체언 '도ᄌᆞᆨ'과 관형격 조사 '이'가 결합한 결과이며, 뒤에 오는 체언 '입'을 꾸며 주는 관형어이다.

오답 체크 |

① 'ᄃᆞ리'는 '돌'에 주격 조사 '이'를 붙인 것이다. '비취요미'는 '비취욤'에 '이'를 붙인 것으로 이때 '이'는 다른 대상과 비교하는 의미를 나타내는 부사격 조사이다.

② '네'는 '너'에 주격 조사 'ㅣ'를 붙인 것이고, '부톄'는 '부텨'에 보격 조사 'ㅣ'를 붙인 것이다.

③ '부텻'은 체언 '부텨'와 관형격 조사 'ㅅ'이 결합한 결과이며, 뒤에 오는 '몸'을 꾸며 주는 관형어이다. '가짓'은 체언 '가지'와 관형격 조사 'ㅅ'을 결합한 결과이며, 뒤에 오는 '상(相)'을 꾸며 주는 관형어이다.

⑤ '모몰'은 체언 '몸'과 목적격 조사 '올'을 결합한 결과이고, '부텨를'은 체언 '부텨'와 목적격 조사 '를'을 결합한 결과이다. 따라서 형태가 다른 목적격 조사를 사용하고 있다는 설명은 적절하다.

12 ⑤

정답 해설 | 어근 형태가 15세기에는 '밧-'이고 현대에는 '벗-'으로 서로 다름에도 불구하고 두 어근에 결합하는 사동 접미사

는 '-기-'로 동일함을 알 수 있다. 따라서 어근에 결합하는 사동 접미사가 달라지는 양상을 보여준다는 설명은 적절하지 않다.

오답 체크 |

① '얼-'이라는 동일한 어근에 대해 15세기 국어에서는 사동 접미사로 '-우-'가 결합되고 현대 국어에서는 '-리-'가 결합됨을 확인할 수 있다.

② ⓛ에서 '일케'는 현대 국어의 '잃게'에 해당한다. 그러므로 ⓛ은 현대 국어의 '-게 하다'에 해당하는 15세기 국어의 '-게 ᄒᆞ다'가 쓰인 모습을 보여 준다고 말할 수 있다.

③ 어근 '앉-'과 사동 접미사 '-히-'의 결합형에 대한 표기가 15세기 국어에서는 소리 나는 대로 적은 '안치-'인 반면 현대 국어에서는 '앉히-'라는 점을 확인할 수 있다.

④ 현대 국어와 달리 사동 접미사 '-ᄋᆞ-'가 15세기 국어에서는 쓰였음을 확인할 수 있다.

13 ④

정답 해설 | (가)의 'ᄆᆞᄉᆞᆯ히 멀면'에서 '-ㄴ'은 관형사형 전성 어미가 아니라 종속적 연결 어미에 해당한다. 따라서 (가)의 문장이 관형절을 안은 문장이 아니라 종속적으로 이어진 문장임을 알 수 있다.

오답 체크 |

① (가)의 '乞食ᄒᆞ디'가 현대어 풀이의 '걸식하기'에 해당하는 것으로 볼 때, '-디'에 기대어 명사절이 되었으므로 적절한 설명이다.

② (나)의 '이 東山ᄋᆞᆫ 남기 됴ᄒᆞᆯᄊᆡ'는 '이 동산은 나무가 좋으므로'라는 현대어 풀이로 볼 때, '남기 됴ᄒᆞᆯᄊᆡ'가 '이 東山ᄋᆞᆫ'의 서술어로서 기능하고 있으므로 적절한 설명이다.

③ (다)의 '곶 됴코'는 '꽃이 좋고'라는 현대어 풀이로 볼 때 (다)의 문장이 대등하게 이어진 문장임을 알 수 있다. '됴코'는 '둏다'의 어간 '둏-'에 대등적 연결 어미 '-고'가 결합한 결과이다.

⑤ (나)의 '됴ᄒᆞᆯᄊᆡ'의 현대어 풀이 '좋으므로'와 (다)의 '뮐ᄊᆡ'의 현대어 풀이 '흔들리므로'를 통해 현대 국어와 형태는 다르지만, 문장을 종속적으로 연결해주는 '-ㄹᄊᆡ'가 사용되었음을 확인할 수 있다.

14 ②

정답 해설 | (나)의 '즌ᄒᆞᆰ'은 '즐다'의 관형사형 '즌'이 명사 'ᄒᆞᆰ'과 결합한 통사적 합성어로서 현대 국어의 '진흙'과 동일한 방법으로 합성된 것이다.

오답 체크 |

① (가)의 '눈믈'은 명사 '눈'과 명사 '믈'이 결합하여 이루어진 말로 현대 국어의 '눈물'과 같이 통사적 합성어에 해당한다.

③ (다)의 '아라듣다'는 용언 '알다'와 연결 어미 '-아' 그리고 용언 '듣다'가 결합한 통사적 합성어로 현대 국어의 '알아듣다'와 동일한 방법으로 합성된 것이다.

④ (라)의 '솟나다'는 용언 '솟다'와 용언 '나다'가 연결 어미 없이 바로 결합한 비통사적 합성어인데, 현대 국어의 '솟아나다'는 연결 어미 '-아'와 함께 결합한 통사적 합성어로 쓰이고 있으므로 현대 국어와 다르게 합성된 것이가.

⑤ (라)와 (마)를 통해 현대 국어의 '솟아나다'가 중세 국어에서는 비통사적 합성어인 '솟나다'와 통사적 합성어인 '소사나다'의 두 가지 형태로 모두 쓰였을 것이라고 볼 수 있다.

15 ③

정답 해설 | '보ᅀᆞᆸ고'에는 객체 높임 선어말 어미 '-ᅀᆞᆸ-'이 사용되었다. '-ᅀᆞᆸ-'은 '世尊(세존)'을 직접적으로 높이고 있으므로, '龍王(용왕)'을 간접적으로 높이고 있다는 설명은 적절하지 않다.

오답 체크 |

① 선어말 어미 '-시-'를 통해 주체인 '王(왕)'을 간접적으로 높이고 있다.

② 선어말 어미 '-ᅀᆞᆸ-'을 통해 객체인 '님금'을 간접적으로 높이고 있다.

④ 선어말 어미 '-시-'를 통해 주체인 '太子(태자)'를 직접적으로 높이고 있다.

⑤ 선어말 어미 '-ᅀᆞᆸ-'을 통해 객체인 '諸佛(제불)'을 직접적으로 높이고 있다.

16 ①

정답 해설 | ⓐ에서는 '하ᄂᆶ'에 조사 '이'가 붙어 '하ᄂᆯ히'로 연음되었으므로 음운의 개수에 변동이 없다. 그러나 ⓑ에서는 '하ᄂᆶ'의 말음인 'ㅎ'과 뒤에 오는 '도'의 'ㄷ'이 'ㅌ'으로 축약되어 '하ᄂᆯ토'로 나타났으므로, 음운의 개수가 줄어들었다.

오답 체크 |

② '하ᄂᆳ'과 '하ᄂᆯ' 모두 'ㅎ'은 실현되지 않았으며, '하ᄂᆳ'에서 'ㅅ'은 관형격 조사이다.

③ '하ᄂᆳ'에서는 'ㅎ'이 실현되지 않았기 때문에 그 존재를 알 수 없지만, '하ᄂᆯ토'에서 'ㅌ'은 '하ᄂᆶ'의 말음인 'ㅎ'과 뒤에 오는 조사 '도'의 'ㄷ'이 축약되어 나타난 것이므로, 'ㅎ'의 존재를 알 수 있다.

④ '하ᄂᆳ'은 관형격 조사 'ㅅ'이 결합한 것으로, 'ㅎ'이 실현되지 않았고, '하ᄂᆯ'은 체언 단독으로 쓰여 'ㅎ'이 실현되지 않았다. 따라서 서로 다른 형태로 실현되었다는 설명은 적절하지 않다.

⑤ '하ᄂᆯ토, 하ᄂᆯ콰'에서 '토'와 '콰'는 '하ᄂᆶ'에 조사 '도, 과'가 결합하여 'ㅎ'과 'ㄷ, ㄱ'이 축약되어 나타난 결과이다. 따라서 '토'와 '콰'가 현대 국어에 존재하지 않는 조사라는 설명은 적절하지 않다.

17 ①

정답 해설 | ⓐ의 앞말 모음이 '이'이므로 ⓐ에는 '예'가, ⓑ의 앞말 모음이 양성 모음이므로 ⓑ에는 '애'가, ⓒ의 앞말 모음이 음성 모음이므로 ⓒ에는 '에'가 들어가는 것이 적절하다. ⓐ~ⓒ는 모두 부사격 조사로, 앞말 모음의 성질에 따라 상보적 분포를 보이므로 음운론적 이형태의 관계라고 할 수 있다.

18 ④

정답 해설 | 'ㅸ'은 'ㅏ' 또는 'ㅓ' 앞에서는 반모음 [w]로 변화하고, 'ㅡ'와 결합하여서는 'ㅜ'로 바뀌었으므로 '즐거븐'은 현대 국어의 '즐거운'으로 나타난 것이다.

오답 체크 |

① '지서'는 '짓다'의 어간이 모음으로 시작하는 어미 앞에서 '짓-'으로 교체된 활용형이다.

② '즐거븐'은 '즐겁다'의 어간이 모음으로 시작하는 어미 앞에서 '즐겋-'으로 교체된 활용형이다.

③ 현대 국어의 '지어'는 중세 국어의 '지서'에서 'ㅿ'이 소실되어 나타난 결과이다.

⑤ 중세 국어 '변ᄒᆞ야'와 현대 국어 '변하여'는 활용할 때 모음으로 시작하는 어미가 결합하여 어미의 기본 형태가 달라진 것이다.

19 ⑤

정답 해설 | 수식을 받는 체언이 관형절 속의 한 성분으로 쓰일 수 있는 관형절은 관계 관형절이다. 그러나 b와 c에 있는 관형절은 관계 관형절이 아니다. b의 '늦'이나 c의 'ᄆᆞᅀᆞᆷ'은 관형절의 수식을 받는 체언인데, 이들은 관형절 속의 한 성분으로 쓰일 수 없기 때문이다.

오답 체크 |

① a의 '호놀[ᄒᆞ-+-오-+-ㄴ+올]'에서 조사 '올'이 어미 '-ㄴ' 바로 뒤에 붙어 있음을 확인할 수 있다.

② a의 '호놀[ᄒᆞ-+-오-+-ㄴ+올]'은 '한 것을'으로 해석된다. 따라서 '-ㄴ'은 '~ㄴ 것'으로 해석할 수 있으며 명사절을 이끄는 기능을 하고 있음을 확인할 수 있다.

③ b의 '비췰[비취-+-ㄹ]'에서 '-ㄹ'을 통해 발화시가 사건시보다 앞서는 미래 시제가 나타나 있음을 확인할 수 있다.

④ b에서는 '늦', c에서는 'ᄆᆞᅀᆞᆷ'이 관형절의 수식을 받는 체언임을 확인할 수 있다.

20 ①

정답 해설 |

㉠ : 'ㅎ' 뒤에 모음으로 시작하는 조사가 올 경우는 'ㅎ'을 뒤따르는 모음에 이어적어야 한다. 따라서 ㉠에는 '나라홀'이 들어가면 된다.

㉡ : 'ㅎ' 다음에 뒤따르는 조사가 관형격 조사 'ㅅ'일 경우는 'ㅎ'이 나타나지 않는다. 따라서 ㉡에는 '긼'이 들어가면 된다.

㉢ : 'ㅎ' 다음에 'ㄱ'으로 시작하는 조사가 올 경우 'ㅎ'은 'ㄱ'과 어울려 'ㅋ'으로 나타난다. 따라서 ㉢에는 '안콰'가 들어가면 된다.

21 ⑤

정답 해설 | 다섯 가지 욕구[五欲]를 설명하는 각 문장의 마지막에서 반복되는 '홀 씨라'가 생략되었음을 감안하면, '먹고져'의 '-고져'는 종결 어미가 아니라 연결어미로 쓰였음을 확인할 수 있다. 대응되는 현대어 풀이 '먹고자'에서 '-고자'는 어떤 행동을 할 의도나 욕망을 가지고 있음을 나타내는 연결 어미이다.

오답 체크 |

① '五欲ᄋᆞᆫ'의 현대어 풀이는 '오욕은'인데, 이때의 '은'은 문장 속에서 어떠한 대상이 화제임을 나타내는 보조사이다. 따라서 '五欲ᄋᆞᆫ'의 'ᄋᆞᆫ'은 보조사임을 알 수 있다.

② 현대어 풀이의 '눈에 좋은 빛'은 목적격 조사 '을'이 생략된 '보고자'의 목적어이다. 따라서 이에 대응하는 중세 국어 '누네 됴ᄒᆞᆫ 빗' 역시 목적격 조사가 생략된 '보고져'의 목적어임을 알 수 있다.

③ '귀예'의 현대어 풀이는 '귀에'인데, 이때의 '에'는 앞말이 목표나 목적 대상의 부사어임을 나타내는 격 조사이다. 따라서 중세 국어 '귀예'의 '예'는 부사격 조사임을 알 수 있다.

④ 현대어 풀이의 '좋은'은 용언 '좋다'가 관형사형으로 활용한 형태이다. 따라서 이에 대응하는 중세 국어 '됴ᄒᆞᆫ' 역시 용언 '둏다'가 관형사형으로 활용한 형태임을 알 수 있다.

22 ②

정답 해설 | 중세 국어 '도ᄫᅡ'가 현대 국어 '도와'로 나타나는 것은 'ㅸ'이 어간 끝에서 'ㅂ'으로 바뀐 것이 아니라, 'ㅸ'이 'ㅏ' 앞에서 반모음 'ㅗ'로 바뀌었기 때문이다.

오답 체크 |

① 현대 국어 '돕다'와 '젓다'에 어미 '아'와 '어'가 붙어 활용된 형태인 '도와'와 '저어'는 어미는 변하지 않고 어간의 형태만 달라지는 불규칙 활용에 해당한다.

③ 중세 국어에서 '젓다'는 '저서'에 알 수 있듯이 규칙 활용되었다. 여기에서 '젌다'로 표기하지 않고 '젓다'로 표기한 이유는 중세 국어 당시 음절 끝에는 8개의 소리만 올 수 있었기 때문에 'ㅿ'이 'ㅅ'으로 교체된 것이다. 그러나 현대 국어에서 '젓다'는 '저어'에서 알 수 있듯이 불규칙 활용되고 있다. 이는 'ㅿ'의 소실로 어간의 끝 'ㅿ'이 없어진 결과이다.

④ '돕다'는 현대 국어와 중세 국어에서 모두 자음으로 시작하는 어미 앞에서 어간의 형태가 변하지 않는다.

⑤ '젓다'는 현대 국어와 중세 국어에서 모두 자음으로 시작하는 어미 앞에서 어간의 형태가 변하지 않는다.

23 ①

정답 해설 | '곱다'는 중세 국어에서 자음으로 시작하는 어미 앞에서 어간의 모양이 달라지지 않았기 때문에 그 활용 형태는 '곱게'이다. 하지만 모음으로 시작하는 어미 앞에서는 그 형태가 달라져서 '고ᄫᅡ', '고ᄫᆞᆫ'과 같이 활용되었다. 한편, 17세기 초엽에는 자음으로 시작하는 어미 앞에서는 15세기 중엽 이전과 마찬가지로 어간의 모양이 달라지지 않았기 때문에 그 활용 형태는 '곱게'이다. 그러나 모음으로 시작하는 어미 앞에서는 'ᄫ'이 15세기 중엽을 지나면서 소실되어 'ㅏ' 또는 'ㅓ' 앞에서 반모음 'ㅗ/ㅜ'로 변했기 때문에 '곱다'는 '고와'의 형태로 활용되었다. 그리고 'ㆍ' 또는 'ㅡ'가 이어진 경우에는 'ㅗ' 또는 'ㅜ'로 바뀌었기 때문에 '고온'의 형태로 활용되었다.

오답 체크 |

② '긋다'는 'ㅿ'의 소실로 17세기 초엽 '그어'와 '그은'의 형태로 활용되었다.

③ '눕다'는 'ᄫ'의 소실로 17세기 초엽 'ㆍ' 또는 'ㅡ'가 이어진 경우에는 'ㅗ' 또는 'ㅜ'로 바뀌었기 때문에 '누워'와 '누운'으로 활용되었다. 따라서 '누운'이 아니라 '누은'이라고 한 부분은 적절하지 않다.

④ '빗다'는 15세기 중엽 이전에 음절 끝에서는 8개의 소리만 올 수 있었기 때문에 '빗게'가 아니라 '빗게'로 표기하였다. 그리고 모음으로 시작하는 어미 앞에서는 '비ᅀᅥ'와 '비ᅀᅳᆫ'에서처럼 '빗-'의 형태로 나타난다. 따라서 '비ᅀᅥ'와 '비ᅀᅳᆫ'이 아니라 '비서'와 '비슨'이라고 한 것은 적절하지 않다.

⑤ '잡다'는 현대 국어에서와 마찬가지로 15세기 중엽 이전에도 자음과 모음으로 시작하는 어미 앞 모두에서 어간이 '잡-'으로 나타나는 규칙 활용을 하였기 때문에 '자ᄫᅡ'와 '자ᄫᆞᆫ'이 아니라 '자바'와 '자ᄇᆞᆫ'의 형태로 활용되었다.

		15세기 중엽 이전			17세기 초엽		
		-게	-아/-어	-ᄋᆞᆫ/-은	-게	-아/-어	-ᄋᆞᆫ/-은
②	(선을) 긋다	긋게	그ᅀᅥ	그ᅀᅳᆫ	긋게	그어	그은
③	(자리에) 눕다	눕게	누ᄫᅥ	누ᄫᅳᆫ	눕게	누워	누운
④	(머리를) 빗다	빗게	비서	비슨	빗게	비서	비슨
⑤	(손을) 잡다	잡게	자바	자ᄇᆞᆫ	잡게	자바	자ᄇᆞᆫ

24 ⑤

정답 해설 | (마)의 '미틔'에 쓰인 '의'는 관형격 조사가 아니라 처소를 나타내는 부사격 조사에 해당한다.

오답 체크 |

① '하ᄂᆞᆳ 벼리'에 해당하는 현대어 풀이가 '하늘의 별이'임을 감안할 때, 'ㅅ'은 현대 국어의 '의'와 마찬가지로 관형격 조사로 사용되었음을 알 수 있다.

② (나)에서는 객체인 '부텨'를 높이기 위해 객체 높임 선어말 어미인 '-ᅀᆞᆸ-'이 사용되었음을 알 수 있다.

③ (다)는 현대어 풀이로 볼 때 판정 의문문임을 알 수 있다. 그리고 종결 어미는 '-가'에 알 수 있듯이 '-아' 계열의 의문형 어미가 사용되었음을 확인할 수 있다.

④ (라)는 '나'라고 하는 체언 뒤에 주격 조사 'ㅣ'가 결합한 형태인 '내'가 사용되었음을 확인할 수 있다.

25 ④

정답 해설 | ㉮에는 체언 '니'의 끝소리가 '이'이기 때문에 아무런 형태가 나타나지 않는다. 따라서 '니라'가 들어가면 된다. ㉯에는 체언 '바'의 끝소리가 모음 '이'나 반모음 'ㅣ'가 아닌 모음이기 때문에 'ㅣ'가 나타난다. 따라서 '바+ㅣ라'의 결합 형태인 '배라'가 들어가면 된다. ㉰에는 체언 '다락'의 끝소리가 자음이기 때문에 '이'가 나타난다. 따라서 '다락+이라'의 결합 형태인 '다라기라'가 들어가면 된다.

26 ⑤

정답 해설 | ⓓ의 '보ᅀᆞᆸ고'에서 'ᅀᆞᆸ'은 객체인 '如來'를 높이기 위한 선어말 어미이다. 따라서 듣는 이를 높이기 위한 선어말 어미가 사용되었다는 ㉤의 설명은 적절하지 않다.

오답 체크 |

① ⓐ는 설명 의문문이고 여기에 쓰인 종결 어미는 '-뇨'이다. ⓑ는 판정 의문문이고 여기에 쓰인 종결 어미는 '-녀'이다. 이를 통해 ㉠을 확인할 수 있다.

② ⓐ의 '마ᄅᆞᆯ'에서 체언 '말'이 양성 모음이기 때문에 조사도 양성 모음인 'ᄅᆞᆯ'이 선택되었다. ⓑ의 '벼를'에서 체언 '별'이 음성 모음이기 때문에 조사도 음성 모음인 '를'이 선택되었다. 이를 통해 ㉡을 확인할 수 있다.

③ ⓓ의 '世尊하'에서 '하'는 높임의 호격 조사이다. 이는 현대 국어에는 없는 형태이다.

④ ⓒ에서 중세 국어 '보더시니'와 현대 국어 '보시더니'는 과거 회상을 나타내는 선어말 어미 '더'와 주체를 높이는 선어말 어미 '-시-의 결합 순서가 서로 다르다.

27 ④

정답 해설 | '노ᄑᆡ'는 제시된 지문에서 확인할 수 있듯이 관형어 '나못'의 꾸밈을 받기 때문에 파생 명사에 해당한다. 한편, '노피'는 제시된 지문에서 서술어에 해당하는 'ᄂᆞᆫ'을 꾸미는 것으로 보았을 때 파생 부사에 해당한다.

오답 체크 |

① 중세 국어에서 명사 파생 접미사와 명사형 전성 어미는 그 형태가 구별되기 때문에 관형어 '됴ᄒᆞᆫ'의 꾸밈을 받는 '여름'은 명사이고, '여룸'은 동사의 명사형에 해당한다.

② 중세 국어에서 명사 파생 접미사(-(ᄋᆞ/으)ㅁ)와 명사형 전성 어미(-옴/움)는 그 형태가 구별되기 때문에 '거름'은 명

사이고 '거룸'은 동사의 명사형이다.

③ 중세 국어에서는 모음 조화가 잘 지켜졌기 때문에 중세 국어 '높-'에는 양성 모음에 해당하는 '-옴'이 결합한다.

⑤ 중세 국어에서 부사 파생 접미사는 '-이' 하나여서 모음조화에 상관없이 '-이'가 결합한다. 따라서 '곧다'와 '굳다'는 모두 부사 파생 접미사는 '-이'와 결합하여 각각 '고디'와 '구디'가 된다.

28 ③

정답 해설 | 일반적으로 객체 높임의 대상은 문장 속에서 목적어나 부사어로 쓰인다. 제시된 문장에서 이 대상에 해당하는 것은 부사어로 사용된 '부텨'이다. 그리고 어간 '듣-'과 어미 '-ᄋᆞ며' 사이에 들어갈 객체 높임 선어말 어미는 어간의 말음이 'ㄷ'이고 선어말 어미 뒤에 모음으로 시작하는 어미 '-ᄋᆞ며'가 오기 때문에 'ᄌᆞᇦ'이다. 따라서 이의 표기 형태는 이어적기에 따라 '듣ᄌᆞᄫᆞ며'가 된다. 이상의 설명에서 볼 때, ㉠에는 '부텨', ㉡에는 '듣ᄌᆞᄫᆞ며'가 들어가야 하므로 정답은 ③이다.

29 ②

정답 해설 | 설명 의문문에서는 보조사 '고'가 쓰이기 때문에 ㉠에는 '므스고'가 들어가야 한다. 그리고 〈보기〉의 설명에서 주어가 2인칭일 때에는 의문문의 종류와 관계없이 종결 어미 '-ㄴ다'가 쓰인다고 했으므로 ㉡과 ㉢에는 모두 종결 어미 '-ㄴ다'가 결합한 형태인 '가ᄂᆞᆫ다'와 '아니ᄒᆞᄂᆞᆫ다'가 와야 한다.

30 ①

정답 해설 | 제시된 지문을 보면 '중세 국어에서는 현대 국어와 달리 이 새로운 형태가 쓰일 자리에 '애/에/예, ᄋᆡ/의'가 쓰이는 경우가 많았다. 이는 '애/에/예, ᄋᆡ/의'가 현대 국어의 '에'와 '에서'의 쓰임을 모두 지니고 있었음을 의미한다.'고 되어 있다. 따라서 중세 국어의 '에' 앞에는 '공간'이든 '지점'이든 모두 쓸 수 있었기 때문에 적절한 설명이다.

오답 체크 |

② 제시된 지문의 첫 번째 문장((1) 영수는 서울에서/서울에 산다.)에서 알 수 있듯이 사용할 수 있기도 하다.

③ 제시된 지문, '그에 따라 중세 국어에서 '애셔/에셔/예셔, ᄋᆡ셔/의셔'가 주격 조사로도 쓰인 경우가 있다.'에서 알 수 있듯이 'ᄋᆡ셔/의셔'도 주격 조사로 사용된 경우가 있다고 했으므로 적절하지 않은 설명이다.

④ 제시된 지문, '그런데 이들은 본래 '이시다'를 포함하므로, 그 의미상 어떤 공간 속에 있음을 전제한다. 따라서 '애셔/에셔/예셔, ᄋᆡ셔/의셔' 앞의 명사는 공간으로 인식되었다.'에서 확인할 수 있듯이 '셔'가 '이시다'의 활용형인 '이셔'에서 왔기 때문에 '지점'이 아니라 '공간'을 의미한다는 것을 알 수 있다.

⑤ 제시된 지문, '중세 국어의 '에셔', 현대 국어의 '에서'와 달리 중세 국어의 '씌셔', 현대 국어의 '께서'는 높임의 유정 명사 뒤에 나타난다.'에서 '에셔'와 달리 '씌셔'는 유정 명사 뒤에 나타난다고 했기 때문에 '에셔' 앞에는 유정 명사가 올 수 없다. 따라서 적절하지 않은 설명이다.

31 ①

정답 해설 | ㉠의 '그 지역'에 붙은 '에서'는 주격 조사가 아니라 부사격 조사이다. 이 문장에서 서술어는 '발견되었다'이고 이것의 주체는 '공룡 화석'이다. 따라서 이 문장의 주어는 '그 지역에서'가 아니라 '공룡 화석이'이다.

오답 체크 |

② ㉡에서 서술어 '발표하였다'의 주체는 '정부'이기 때문에 '정부에서'는 주어에 해당한다. 따라서 '에서'는 주격 조사가 맞다.

③ 제시된 지문에서 '께서'는 높임의 유정 명사 뒤에 나타난다고 했으므로 맞는 설명이다.

④ ㉣에서 '빼앗음'의 주체는 '관청'이기 때문에 그 옆에 붙은 '에서'는 주격 조사에 해당한다. 따라서 중세 국어 '그위예셔'의 '예셔'는 주격 조사가 맞다.

⑤ ㉤에서 서술어 '나오고'의 주체는 '경전'이기 때문에 주어는 '경전이'이다. 따라서 '부처님으로부터'에 해당하는 중세 국어 '부텨께셔'는 부사어이기 때문에 '께셔'는 부사격 조사에 해당한다.

32 ③

정답 해설 | '거르믈'은 어근의 원형을 밝혀 적은 것이 아니라 소리나는 대로 적은 것이다. 어근의 원형을 밝혀 적으면 '걸음을'과 같이 적어야 한다.

오답 체크 |

① 중세 국어 '부텻'의 'ㅅ'은 관형격 조사로 현대 국어에는 쓰이지 않는다.

② 중세 국어에는 현대 국어에는 없는 객체 높임 선어말 어미가 사용되었다. '듣ᄌᆞᄫᆞᄃᆡ'의 'ᄌᆞᇦ'이 객체인 '부텨'를 높이는 객체 높임 선어말 어미이다.

④ '니ᄅᆞ샤ᄃᆡ'의 '샤'는 주체를 높이는 선어말 어미이다. 현대 국어에서도 주체 높임 선어말 어미 '시'가 사용되고 있음을 확인할 수 있다. 따라서 적절한 설명이다.

⑤ '배'는 체언 '바'에 주격 조사 'ㅣ'가 결합한 형태이다. 따라서 현대 국어(바가)와 달리 중세 국어에서는 주격 조사 'ㅣ'가 사용되었음을 알 수 있다.

33 ②

정답 해설 | ㉡의 '이'와 ㉦의 'ㅣ'는 형태는 다르지만 모두 주격 조사에 해당한다. 따라서 격 조사의 종류가 달라서 서로 다른 형태로 나타났다는 설명은 적절하지 않다.

오답 체크 |

① ㉠에는 주체인 '대사'를 높이기 위한 선어말 어미 '샤'가 사용되었다.

③ ㉢에는 현대 국어에는 없는 관형격 조사 'ㅅ'이 사용되었다. 현대 국어에는 관형격 조사 '의'가 존재한다.

④ 중세 국어 당시에는 모음 조화가 잘 지켜졌다. ㉣에서는 체언('世間(세간)')의 끝 음절 모음이 양성 모음이기 때문에 조사 '애'가 결합되었고, ㉥에서는 체언('時節(시절)')의 끝 음절 모음이 음성 모음이기 때문에 '에'가 결합되었다. 따라서 모음 조화에 따라 부사격 조사의 형태가 달리 나타났다는 설명은 적절하다.

⑤ 구개음화는 'ㄷ, ㅌ'이 '이' 모음의 영향을 받아 구개음인 'ㅈ, ㅊ'으로 바뀌는 음운 변동을 말한다. 중세 국어 당시에는 '쉽디'의 'ㄷ'처럼 구개음화 현상이 일어나지 않은 형태를 취하고 있다.

34 ③

정답 해설 | ⓐ의 중세 국어 문장에서 '여러(열어)'는 목적어를 필요로 하는 타동사와 목적어가 없는 자동사로 모두 사용되었지만, 현대 국어의 경우 '마음을 열어'에서 '열어'는 타동사로 쓰였고, '마음이 열리어'에서 '열리어'는 피동형 자동사로 쓰였다. 따라서 중세 국어 '열다'는 타동사와 자동사로 쓰였고, 현대 국어 '열다'는 타동사로만 쓰였다는 것을 알 수 있다. ⓑ의 중세 국어 문장에서 '흐터(흩어)', '흐튼(흩은)'에서 보듯 '흩다'는 여러 형태로 활용되며 타동사와 자동사로 모두 사용되었다. 하지만, 현대 국어의 경우 '구름을 흩어'에서는 '흩어'가 타동사로 사용되었고, '흩어진 마음이다'에서 '흩어진'은 피동형 자동사로 쓰였다. 따라서 중세 국어 '흩다'는 타동사와 자동사로 모두 쓰였고, 현대 국어 '흩다'는 타동사로만 쓰였다는 것을 알 수 있다.

35 ⑤

정답 해설 | 제시된 지문, '이와 함께 'ㅅ'이 관형격 조사의 기능을 잃어 가고, 받침 'ㅅ'과 'ㄷ'의 발음이 구분되지 않게 되었다.'를 통해서 볼 때, 중세 국어 '숤'과 '뭀'이 현대 국어로 오면서 'ㄹ'이 탈락한 후 '숫'과 '뭇'으로 되는 과정에서 'ㅅ'의 발음이 서로 다른 것은 아니다. 따라서 'ㅅ'의 발음이 서로 달랐기 때문에 현대 국어 '숟가락'과 '뭇사람'의 첫 글자 받침이 다르다는 설명은 적절하지 않다.

오답 체크 |

① 〈보기〉의 '자료'에서 '술'과 '져'는 관형어의 꾸밈이 없이 단독으로 쓰일 수 있는 자립 명사이다. '이틀' 또한 제시된 지문을 보면 자립 명사임을 확인할 수 있다. 하지만, 현대 국어에서 '술'은 '밥 한 술'에서처럼 '술'을 꾸며주는 관형어가 있어야 하기 때문에 자립 명사가 아니다.

② 제시된 지문, '중세 국어에서는 현대 국어와 달리 명사와 명사가 결합하여 합성어가 될 때 'ㄴ, ㄷ, ㅅ, ㅈ' 등으로 시작하는 명사 앞에서 받침 'ㄹ'이 탈락하는 규칙이 있었기 때문에 '술'의 'ㄹ'이 탈락하였다.'를 통해서 볼 때, 중세 국어 '술'과 '져'의 결합에서 'ㄹ'이 탈락한 합성어가 현대 국어 '수저'로 이어졌다는 설명은 적절하다.

③ 〈보기〉의 '자료'에 나온 '숤 귿(숟가락의 끝)'과 '졋 가락(젓가락)'에서 확인할 수 있듯이 모두 관형격 조사 'ㅅ'이 결합되어 있다.

④ 제시문에서 '뭀'을 '뭇'으로 적는 것이 국어의 변화 과정을 고려한 관점에 부합한다고 설명하고 있기 때문에 '숫가락'이 '숟가락'으로 적히는 것은 국어의 변화 과정을 고려한 관점에 부합하지 않는다고 할 수 있다. 이는 '이틀날'이 '이튿날'로 적히는 것에서도 마찬가지이다.

36 ①

정답 해설 |

㉠: ⓐ의 '나리(날+이)'와 ⓓ의 '아ᄃᆞ리(아돌+이)'는 자음 다음이므로 '이'가 나타났다.

㉡: ⓒ의 'ᄃᆞ리(다리+∅)'는 모음 '이' 다음이므로 나타나지 않았다.

㉢: ⓑ의 '太子(태자)'는 음운 조건에 관계없이 생략된 경우이다. ⓔ의 '孔子ㅣ(공자+ㅣ)'는 모음 '이'와 반모음 'ㅣ' 이외의 모음('아') 다음이기 때문에 'ㅣ'가 나타났다.

37 ①

정답 해설 | 선행 체언인 '아바님(아버님)'은 유정물이다. 하지만 유정물이라도 존칭의 대상일 때는 관형격 조사로 'ㅅ'이 쓰인다고 했으므로 ㉠에는 관형격 조사 'ㅅ'이 쓰인 '아바닚 곁'이 들어가야 한다.

오답 체크 |

② 선행 체언인 '그력(기러기)'이 존칭의 대상이 아닌 유정물이고 음성 모음이 쓰였기 때문에 관형격 조사 '의'가 쓰인다.

③ 선행 체언인 '아돌(아들)'이 존칭의 대상이 아닌 유정물이고 양성 모음이 쓰였기 때문에 관형격 조사 'ᄋᆡ'가 쓰인다.

④ 선행 체언인 '수플(수풀)'이 무정물이기 때문에 관형격 조사 'ㅅ'이 쓰인다.

⑤ 선행 체언인 '등잔(등잔)'이 무정물이기 때문에 관형격 조사 'ㅅ'이 쓰인다.

38 ⑤

정답 해설 | '뿌메'는 '쓰-+-움+에'로 분석되는데, 여기서 '-움'은 명사형 전성어미이다. '쓰-'는 '쓰다'의 어간이며 '쓰다'는 현대어로 '사용하다'라는 의미이다.

오답 체크 |

① '말ᄊᆞ미'는 '말씀+이'로, '홇 배'의 '배'는 '바+ㅣ'로 분석된다. 따라서 주격 조사의 형태가 다르다는 것을 알 수 있다. 중세 국어에서 주격 조사는 자음 뒤에서는 '이'가, 모음 'ㅣ'나 반모음 'ㅣ'를 제외한 모음 뒤에서는 'ㅣ'가 사용되었다.

② 중세 국어에서 '하다'는 현대 국어에서 '많다'에 해당한다. 따라서 품사는 동사가 아니라 형용사이다.

③ 방점은 강약이 아니라 성조(소리의 높낮이)를 나타내는 기능을 한다.

④ ':ᄒᆡ·ᅇᅧ'와 '便뼌安한·킈 ᄒᆞ·고·져'는 현대어로 '하여금'과 '편하게 하고자'에 해당한다. 따라서 이 둘은 모두 피동표현이 아니라 사동표현이다.

39 ③

정답 해설 | (가)의 '불휘라'는 '불휘+∅라'로 분석되는데, 체언의 끝소리가 반모음 'ㅣ'로 끝나는 이중 모음(ㅟ)이기 때문에 '∅라'가 결합한 것이다. (나)의 '이제라, 아래라' 역시 '∅라'가 결합한 것이다. 따라서 'ㅔ, ㅐ'가 반모음 'ㅣ'로 끝나는 이중 모음이었음을 확인할 수 있다.

오답 체크 |

① '지비라'는 '집+이라'로 분석되며, 체언의 끝소리가 자음일 때에 '이라'가 결합한 예이다.

② 'ᄉᆞᄉᆡ라'는 'ᄉᆞᄉᆡ+∅라'로 분석되며, 체언의 끝소리가 단모음 '이'일 때에 '∅라'가 결합한 예이다.

④ '젼ᄎᆡ라'는 '젼ᄎᆞ+ㅣ라'로 분석되며, 체언의 끝소리가 '그 밖의 모음'에 해당하는 'ㆍ'일 때에 'ㅣ라'가 결합한 예이다.

⑤ '곡되라'는 '곡도+ㅣ라'로 분석되며, 체언의 끝소리가 '그 밖의 모음'에 해당하는 'ㅗ'일 때에 'ㅣ라'가 결합한 예이다.

40 ⑤

정답 해설 | ⓐ는 용언(형용사)의 어간에 선어말 어미를 결합하지 않고 현재 시제를 나타낸 것이다. ⓑ는 용언(동사)의 어간에 선어말 어미 '-ᄂᆞ-'를 결합하여 현재 시제를 표현한 것이다. ⓒ는 용언(동사)의 어간에 선어말 어미 '-더-'를 결합하여 과거 시제를 표현한 것이다. ⓓ는 용언(동사)의 어간에 선어말 어미를 결합하지 않고 과거 시제를 표현한 것이다. ⓔ는 용언(형용사)의 어간에 선어말 어미 '-리-'를 결합하여 미래 시제를 표현한 것이다.

41 ③

정답 해설 | ⓒ는 현대 국어에서 '못 들으며'로 해석되는 것을 통해 중세 국어에서 동작 주체의 능력 부족을 드러내는 부정문이 사용되었음을 알 수 있다. 동작 주체의 의도를 부정하는 '의도 부정'은 '안' 부정문으로 ⓒ에는 해당되지 않기 때문에 적절하지 않은 설명이다.

오답 체크 |

① 중세 국어에서도 현대 국어와 마찬가지로 부정 부사 '아니'로 실현되는 짧은 부정문이 사용되었음을 확인할 수 있다.

② 서술어가 형용사인 경우에는 대개 '단순 부정'으로 해석한다고 했으므로 ⓑ에 쓰인 용언이 형용사이기 때문에 ⓑ도 현대 국어에서처럼 '단순 부정'에 해당하는 부정문이라고 할 수 있다.

④ 현대 국어에서 '말다' 부정문은 명령문에서 부정의 용언 구성 '-지 말다'로 실현되는데, ⓓ에서도 현대 국어처럼 부정 명령문이 사용되고 있음을 확인할 수 있다.

⑤ ⓐ에는 부정 부사 '아니'로 실현되는 짧은 부정문이 사용되었고, ⓑ에는 부정의 용언 구성 '-지 아니하다'로 실현되는 긴 부정문이 사용되었음을 확인할 수 있다.

42 ④

정답 해설 | ⓒ의 '어머니의'는 체언 '어머니'에 관형격 조사 '의'가 붙어서 관형어가 된 것이지 관형절의 의미상 주어가 관형격으로 실현된 것이 아니다.

오답 체크 |

① 1문단에서 '수식을 받는 체언이 의존 명사이면 그 앞에 반드시 관형어가 와야 한다.'라고 했으므로 의존 명사 '것' 앞에 쓰인 관형어 '부텻'은 생략할 수 없기 때문에 맞는 설명이다.

② ⓑ의 'ᄉᆡ미 기픈'은 관형절로 현대 국어와 같이 관형사형 어미 '-ㄴ'이 쓰인 것이기 때문에 맞는 설명이다.

③ ⓐ의 '부텻'은 관형격 조사 'ㅅ'이 결합하여, ⓑ의 'ᄉᆡ미 기픈'은 관형사형 어미 '-ㄴ'이 붙어 만들어진 관형절이 관형어의 역할을 하고 있다.

⑤ ⓓ의 '저자와의'는 체언 '저자'에 부사격 조사인 '와'가 결합하여 만들어진 부사어에 관형격 조사 '의'가 붙어 관형어가 된 경우이다. 이는 (다)의 '前生앳'과 같은 방식으로 실현된 것이므로 중세 국어에서도 찾을 수 있는 용법임을 알 수 있다.

43 ③

정답 해설 | ⓒ'들이-'는 ㄷ 불규칙 용언에 '-이-'가 결합될 때에 어간 '듣-'의 받침 'ㄷ'이 'ㄹ'로 바뀌어 쓰인 것이다. 따라서 이는 사동 접사 '-이-'가 결합된 파생적 사동의 예이다. 이를 통사적 사동으로 바꾸어 표현하려면 어간 '듣-'에 '-게 ᄒᆞ다'를 붙이면 된다. '들이-'의 통사적 사동을 '드데 ᄒᆞ'로 나타낼 수 있다는 설명은 적절하지 않다.

오답 체크 |

① ⓐ에서 '의'는 자음 'ㄹ'로 끝나는 어간 뒤에 쓰인 보조적 연결 어미인 '-의'에 해당한다.

② 제시된 지문에서 ㄷ 불규칙 용언에 '-이-'가 결합될 때에는

어간 받침 'ㄷ'이 'ㄹ'로 바뀐다고 했으므로 적절한 설명이다.

④ ⓒ는 용언의 어간 '살-'에 사동 접사 '-ᄋᆞ-'가, ⓓ는 용언의 어간 '맞-'에 사동 접사 '-호-'가 결합하여 만들어진 파생적 사동이므로 적절한 설명이다.

⑤ ⓒ, ⓓ에 사용되고 있는 '-ᄋᆞ-'와 '-호-'는 현대 국어에서 사용되지 않는 형태의 사동 접사이므로 적절한 설명이다.

44 ③

정답 해설 | '니ᄅᆞ샨'을 통해 주체를 높이는 선어말 어미 '샤'가 쓰였음을 확인할 수 있으나, 이때 높임의 대상은 '수달'이 아니라 '태자'이다.

오답 체크 |

① 중세 국어에서 앞 음절 모음이 음성 모음일 때는 음성 모음으로 시작하는 조사가, 양성 모음일 때는 양성 모음으로 시작하는 조사가 사용되었는데, '金으로'와 '양ᄋᆞ로'에 쓰인 부사격 조사 '으로'와 'ᄋᆞ로'도 모음 조화에 따라 달리 나타난 것임을 확인할 수 있다.

② 중세 국어에서는 어두에 자음군이 나타나는데, 'ᄧᅳᆷ'에서 'ᄧ'과 같이 단어 첫머리에 자음이 연속하여 나타나는 것이 그 예이다.

④ '太子ㅅ'이 현대 국어로 '태자의'라고 풀이되기 때문에 'ㅅ'은 현대 국어에서 관형격 조사 '의'에 해당되는 것임을 알 수 있다.

⑤ '거즛마ᄅᆞᆯ'을 통해 중세 국어에서 체언 '거즛말'에 조사 'ᄋᆞᆯ'이 결합할 때 앞말의 받침이 뒤의 초성으로 연음되는 것을 확인할 수 있는데, 이는 표기 방식이 이어적기임을 나타내 주는 예라고 할 수 있다.

45 ①

정답 해설 | '불휘'에는 반모음 'ㅣ'로 끝난 체언 '불휘' 뒤에 주격 조사가 ∅(영형태)로 실현되어 주격 조사의 형태가 나타나지 않고, '시미'에는 자음으로 끝난 체언 '심' 뒤에 주격 조사 '이'가 결합해 체언의 끝소리가 연음되어 나타나므로 동일한 형태의 주격 조사가 사용되었다는 설명은 적절하지 않다.

오답 체크 |

② 'ᄇᆞᄅᆞ매'는 명사 'ᄇᆞᄅᆞᆷ'에 조사 '애'가, 'ᄀᆞᄆᆞ래'는 명사 'ᄀᆞᄆᆞᆯ'에 조사 '애'가 결합하고 있는데, 이때 '애'는 현대 국어의 부사격 조사 '에'에 해당하므로 적절한 설명이다.

③ 중세 국어에서 '하ᄂᆞ니'는 현대 국어로 '많으니'에 해당되므로 적절한 설명이다.

④ 'ᄆᆞ른'은 명사 'ᄆᆞᆯ'의 끝소리 'ㄹ'이, '바ᄅᆞ래'는 명사 '바ᄅᆞᆯ'의 끝소리 'ㄹ'이 모음으로 시작하는 조사의 첫소리로 옮겨 적는 방식이 사용되었음을 알 수 있다. 이는 중세 국어에서는 현대 국어와 달리 이어적기 방식이 사용되었음을 나타내주는 근거이다.

⑤ '내히'에는 '내ㅎ'는 ㅎ종성 체언에 해당하는 단어인데, '내ㅎ'가 모음으로 시작하는 조사 '이'를 만나면 'ㅎ'이 연음되어 '내히'로 나타나게 된 것이므로 적절한 설명이다.

46 ③

정답 해설 | 현대 국어에서 '새'는 '새 학기가 되다.'의 '새'처럼 '학기'라는 명사를 수식하는 관형사로만 쓰이고 있다. 반면 중세 국어에서 '새'는 관형사, 명사, 부사로 두루 쓰였다. '새 구스리 나며'의 '새'는 관형사로, '이 나래 새롤 맛보고'의 '새'는 명사('새로 나오거나 만든 것'이라는 의미를 지님)로, '새 出家ᄒᆞᆫ 사ᄅᆞ미니'의 '새'는 뒤에 오는 용언 '出家ᄒᆞᆫ'을 수식하는 부사로 쓰였다. 하지만 '새'가 중세 국어에서 대명사로 쓰인 예는 〈보기〉의 [자료]에서 찾을 수 없다.

오답 체크 |

①, ② 현대 국어에서 '이'는 대명사로도 관형사로도 쓰이고 있다. '이보다 더 좋을 수는 없다.'의 '이'는 조사 '보다'와 결합하여 대명사로, '이 사과는 맛있다.'의 '이'는 '사과'라는 명사를 수식하는 관형사로 쓰이고 있다. 중세 국어 '이' 또한 현대 국어와 마찬가지로 대명사와 관형사로 쓰였다. '내 이ᄅᆞᆯ 爲ᄒᆞ야'의 '이'는 조사 'ᄅᆞᆯ'과 결합한 대명사로, '내 이 도ᄂᆞᆯ 가져가'의 '이'는 뒤에 오는 명사 '돈'을 수식하는 관형사로 쓰였다.

④ 현대 국어에서 '새 학기가 되다.'의 '새'는 관형사로 사용되었고, 중세 국어에서 '새 구스리 나며'의 '새'도 관형사로 사용되었기 때문에 적절한 설명이다.

⑤ 중세 국어에서 '새 구스리 나며'의 '새'는 관형사로, '이 나래 새롤 맛보고'의 '새'는 명사로, '새 出家ᄒᆞᆫ 사ᄅᆞ미니'의 '새'는 부사로 쓰였다. 이렇게 중세 국어에서 '새'는 다양한 품사로 두루 쓰였지만 현대 국어에서 '새'는 '새 학기가 되다.'의 '새'처럼 '학기'라는 명사를 수식하는 관형사로만 쓰이고 있다.

47 ②

정답 해설 | ⓛ국어사 자료 첫 번째 문장의 '별로'는 긍정 의미의 용언이 나타난 문맥에서 쓰인 것이고, 두 번째 문장의 '별로'는 부정 의미의 용언이 나타난 문맥에서 쓰인 것이다. 하지만 현대 국어에서 '별로'는 부정 의미의 용언이 나타난 문맥에서만 쓰인다.

오답 체크 | ㉠의 자료를 보면, 현대 국어의 '귀찮다'는 국어사 자료 '귀치 아니컨만'에서 알 수 있듯이 '귀하지 아니하다'가 축약된 형태이다. 현대 국어 '귀찮다'는 '마음에 들지 아니하고 괴롭거나 성가시다'라는 의미로 사용되고 있다.

㉢의 자료를 보면, 현대 국어의 '시원찮다'는 국어사 자료 '시원치 안니ᄒᆞ여'에서 알 수 있듯이 '시원하지 아니하다'가 축약

된 형태이다. 현대 국어 '시원찮다'는 국어사 자료에서 확인할 수 있는 의미와 유사하게 쓰이고 있음을 알 수 있다.

48 ①

정답 해설 | '얼-'에 명사 파생 접미사 '-음'이 결합한 파생 명사는 '어름'으로, 명사형 어미 '-움'이 결합한 활용형은 '어룸'으로 추정할 수 있다.

오답 체크 |

②, ③ '걷-'(걸-), '열-'에 '-음'이 결합한 파생 명사는 각각 '거름', '여름'으로, '-움'이 결합한 활용형은 각각 '거룸', '여룸'으로 추정할 수 있다.

④, ⑤ '살-', 'ᄀᆞᆯ-'에 '-ᄋᆞᆷ'이 결합한 파생 명사는 각각 '사ᄅᆞᆷ', 'ᄀᆞᄅᆞᆷ'으로, '-옴'이 결합한 활용형은 각각 '사롬', 'ᄀᆞ롬'으로 추정할 수 있다.

49 ③

정답 해설 | '從(종)ᄒᆞᅀᆞᆸ디'에는 '부텨'를 높이는 객체 높임 선어말 어미인 'ᅀᆞᆸ'이 쓰였음을 확인할 수 있다. 따라서 주체를 높이는 선어말 어미가 쓰였다는 설명은 적절하지 않다.

오답 체크 |

① '부톄'에서 '부텨'에 주격 조사 'ㅣ'가 결합했음을 확인할 수 있으므로 적절한 설명이다.

② '니ᄅᆞ샤도'에서 두음 법칙이 적용되지 않았음을 확인할 수 있으므로 적절한 설명이다.

④ '어려ᄫᅳ며'에서 현대 국어에 쓰이지 않는 음운인 'ㅸ'이 존재했음을 확인할 수 있으므로 적절한 설명이다.

⑤ '사ᄅᆞ미'에서 현대 국어와 다른 형태의 관형격 조사 'ᄋᆡ'가 사용되었음을 확인할 수 있으므로 적절한 설명이다.

50 ①

정답 해설 | 'ᄃᆞ리'는 'ᄃᆞᆯ(체언)+이(주격 조사)'로 분석되는데, ㉠에 따르면, 주격 조사 'ㅣ'는 모음으로 끝난 체언 뒤에 쓰였다고 했으므로 'ᄃᆞ리'는 ㉠에 해당하는 예로 적절하지 않다. 왜냐하면, 'ᄃᆞᆯ'은 자음으로 끝난 체언이기 때문이다.

오답 체크 |

② '바ᄇᆞᆯ'은 '밥(체언)+ᄋᆞᆯ(목적격 조사)'로 분석되는데, ㉡에 따르면, 목적격 조사 'ᄋᆞᆯ'은 자음으로 끝나는 체언 뒤에 쓰였다고 했으므로 ㉡에 해당하는 예로 적절하다.

③ '나못'은 '나모(체언)+ㅅ(관형격 조사)'로 분석되는데, ㉢에 따르면, 관형격 조사 'ㅅ'은 사물이나 존대 대상인 체언 뒤에 쓰였다고 했으므로 ㉢에 해당하는 예로 적절하다.

④ '믈로'는 '믈(체언)+로(부사격 조사)'로 분석되는데, ㉣에 따르면, 부사격 조사 '로'는 모음이나 'ㄹ'로 끝나는 체언 뒤에 쓰였다고 했으므로 ㉣에 해당하는 예로 적절하다.

⑤ '님금하'는 '님금(체언)+하(호격 조사)'로 분석되는데, ㉤에 따르면, 호격 조사 '하'는 존대 대상인 체언 뒤에 쓰였다고 했으므로 ㉤에 해당하는 예로 적절하다.

51 ①

정답 해설 | ㉠의 '보ᅀᆞᆸ고져'에는 객체 높임의 선어말 어미인 'ᅀᆞᆸ'이 쓰였다. 따라서 어휘적 수단이 아니라 문법적 수단으로 객체를 높이 대우하고 있는 것이다.

오답 체크 |

② ㉡에서 '舍利弗ᄭᅴ'의 'ᄭᅴ'는 객체 높임의 조사이므로 문법적 수단으로 객체인 '舍利弗(사리불)'을 높이 대우하고 있다는 설명은 적절하다.

③ ㉢에서 조사 'ᄭᅴᄭᅴ'와 동사 'ᄉᆞᆲ노니'는 같은 대상인 '世尊(세존)'을 높이기 위해 쓰이고 있으므로 적절한 설명이다.

④ ㉣에서 조사 '께'는 '이모님'을, 그리고 동사 '모시고'는 '어머님'을 높이기 위해 쓰이고 있으므로 적절한 설명이다.

⑤ ㉤에서 주체인 '선생님'이 객체인 '아이'보다 지위가 높기 때문에 '여쭈다'라는 말은 적절하지 않다. '여쭤' 대신에 '물어'라고 해야 적절한 표현이다.

52 ⑤

정답 해설 | '버믜 뼈나 [범의 뼈나]'에서 '의'가 붙은 '버믜'는 관형어로 사용되었고, '무틔 ᄃᆞ니ᄂᆞᆫ [뭍에 다니는]'에서 '의'가 붙은 '무틔'는 부사어로 사용되었으므로 적절한 설명이다.

오답 체크 |

① 현대 국어의 '책꽂이'에서 '-이'는 '…하는 데 쓰이는 도구'의 의미를 나타내는 접사이기 때문에 적절한 설명이 아니다.

② 현대 국어 '놀이'에서의 '-이'는 중세 국어 '사리'에서의 '-이'와 마찬가지로 '…하는 행위'의 의미로 쓰이기 때문에 적절하지 않은 설명이다.

③ 현대 국어 '길이'는 명사와 부사로 쓰였지만 중세 국어 '기릐'는 명사로만 쓰였다. 왜냐하면, 제시된 지문에서 중세 국어에서 명사 파생 접사 '-이'처럼 용언 어간에 붙는 명사 파생 접사 '-의'도 쓰였는데, 이 '-의'는 '-이'와 달리 부사는 파생하지 않았다고 했기 때문이다. 하지만, 중세 국어 '기리'는 현대 국어 '길이'처럼 명사와 부사로 쓰였다.

④ 3문단에서 확인할 수 있듯이 중세 국어에서 접사 '-의/-ᄋᆡ'가 붙어 파생된 단어는 명사로만 쓰이고, 부사로는 쓰이지 않았기 때문에 적절하지 않은 설명이다.

53 ②

정답 해설 | 중세 국어의 '-의'는 현대 국어의 명사 파생 접사 '-이'처럼 쓰이고 있다. 따라서 '구비'의 'ᄋᆡ/의'는 모음 조화에 따라 결합한 명사 파생 접사이기 때문에 적절하지 않은 설명이다.

오답 체크 |

① 중세 국어의 '의'는 현대 국어의 부사격 조사 '에'처럼 쓰이고 있다. '겨틔'의 'ᄋᆡ/의'는 모음 조화에 따라 결합한 부사격 조사이다.

③ 중세 국어의 '-이'는 현대 국어의 부사 파생 접사 '-히'처럼 쓰이고 있다. 'ᄇᆞᆯ기'의 '-이'는 모음 조화와 무관하게 결합한 부사 파생 접사이다.

④ 중세 국어의 '-이'는 현대 국어의 명사 파생 접사 '-기'처럼 쓰이고 있다. '글지ᅀᅵ'의 '-이'는 모음 조화와 무관하게 결합한 명사 파생 접사이다.

⑤ 중세 국어의 'ᄋᆡ'는 현대 국어의 관형격 조사 '의'처럼 쓰이고 있다. 'ᄯᆞᄅᆡ'의 'ᄋᆡ/의'는 모음 조화에 따라 결합한 관형격 조사이다.

01 매체

기출문제

부록 2~38쪽

01 ③	02 ⑤	03 ④	04 ④	05 ③
06 ⑤	07 ③	08 ③	09 ②	10 ③
11 ④	12 ⑤	13 ⑤	14 ④	15 ②
16 ②	17 ⑤	18 ⑤	19 ③	20 ①
21 ⑤	22 ⑤	23 ⑤	24 ④	25 ⑤
26 ③	27 ⑤	28 ③	29 ②	30 ②
31 ④	32 ⑤	33 ②	34 ①	35 ④
36 ④	37 ③	38 ④	39 ③	40 ②
41 ①	42 ⑤	43 ②	44 ③	45 ③
46 ⑤	47 ⑤	48 ②	49 ②	50 ⑤
51 ④	52 ④	53 ①	54 ③	55 ④
56 ③	57 ④	58 ④	59 ⑤	60 ③

01 ③

정답 해설 | (가)에서 작성자는 '#지구_온난화 #북극곰_멸종_위기 #이산화_탄소_배출_줄이기'처럼 몇몇 특정 핵심 어구의 앞에 기호를 붙여 열거하고 있다. 해당 기호를 통해 정보 수용자는 전달되는 정보의 핵심 어구를 파악할 수 있다.

오답 체크 |

① (가)는 인터넷 블로그로 정보 생산자 간 면 대 면 소통을 할 수 있는 매체가 아니다.

② (가)는 대부분 비격식체인 해요체를, 일부만 격식체 중 하십시요체를 사용하고 있고, (나)는 대부분 격식체인 하십시요체를, 일부만 비격식체 중 해요체를 사용하고 있기 때문에 적절하지 않은 설명이다.

④ (나)는 텔레비전 생방송 뉴스이기 때문에 다수의 대중에게 정보를 전달하고 있는 것이지, 특정인에 한정지어 대량의 정보를 전달하고 있는 것이 아니다.

⑤ (나)는 텔레비전 생방송 뉴스로 쌍방향 의사 소통이 아니라 일방향으로만 정보 전달이 이루어지기 때문에 정보 생산자와 수용자의 상호작용을 바탕으로 정보의 수정이 이루어진다는 설명은 적절하지 않다.

02 ⑤

정답 해설 | (나)에서 진행자는 현장 상황에 대한 구체적인 설명을 기자에게 요청하고 있다. 진행자와 기자는 가뭄에 따른 피해의 상황과 심각성에 대해 공감하고 있다. 따라서 진행자와 기자는 같은 맥락 속에 있고, 문제 상황에 대한 관점이 서로 다르다고 볼 수 없기 때문에 적절한 설명이 아니다.

오답 체크 |

① 〈보기〉에서 '매체 언어는 음성, 문자, 사진, 동영상 등의 양식이 복합적으로 사용되는 특성을 지닌다.'고 했으므로 적절한 설명이다.

② (가)의 게시글에서 '몽돌이'가 작성한 댓글은 그래프, 사진, 문자 등을 복합적으로 고려하여 의미를 구성한 것이기 때문에 적절한 설명이다.

③ (가)에서 '구르미'가 다큐멘터리를 보고 든 생각을 블로그에 올려 다른 사람들이 댓글을 단 것은, 〈보기〉에서 '매체 자료의 수용자는 창의적 생산자가 되기도 하면서 사회적 소통에 참여할 수 있다.'고 한 것의 구체적 예라고 할 수 있다.

④ (나)의 매체 자료를 생산하는 과정에서 진행자와 기자가 가뭄의 심각성을 여러 차례 언급하고 강조하고 있다. 특히, 기자는 '이 영상을 보고 계시는 시청자분들께서도 문제의 심각성에 공감하실 것입니다. '라고 말하고 있다. 이들은 모두 진행자와 기자가 수용자와 문제의식을 공유하려는 의도에서 비롯된 것이라고 할 수 있다.

03 ④

정답 해설 | '초록꿈'은 ㉡에서 블로그 게시글에 제시된 의견에 동의를 나타내고, 하이퍼링크 기능(www.OOO.go.kr)을 통해 정보를 제시하였다.

오답 체크 |

① '사랑이'가 쓴 댓글의 의문문은 블로그 게시글에 제시된 정보의 신뢰성에 의문을 제기하는 것이 아니라, '가까운 거리는 걸어 다니는 게 좋겠다'는 공감대를 형성하기 위한 말이다.

② '사랑이'가 쓴 댓글은 공감대를 형성을 위해 쓴 글이지 블로그에 제시된 정보를 개인의 문제 해결을 위해 활용하고 있는 것은 아니다. 따라서 적절한 설명이 아니다.

③ '사랑이'가 쓴 댓글은 공감대를 형성을 위해 쓴 글이지 블로그를 통해 이루어지는 의사소통에 대한 개선책을 제안하고 있는 글이 아니다.

⑤ '초록꿈'은 ㉡에서 블로그에 제시된 의견에 동의를 하며, 관련 정보를 추가하고 있는 것이지 블로그에 제시된 주장의 타당성을 비판하고 있는 것이 아니다.

04 ④

정답 해설 | '경호'는 서로 즉각적인 소통을 할 수 있고 대화 내용이 남아 있어 그 내용을 참고하여 의견을 나눌 수도 있다는 휴대 전화 메신저의 특성을 언급하며 휴대 전화 메신저를 통한 대화에 긍정적인 태도를 드러내고 있다.

오답 체크 |

① '한신'의 말에서 동영상이 게재되는 매체의 정보 유통 방식

을 언급한 부분은 없다.

② '소희'가 포스터와 비교하며 새로 제작하는 동영상에서 슬로건이 잘 드러나도록 내용을 구성하자고 하지만, 표현 전략을 비교하거나 새롭게 표현하는 방법의 중요성에 대해서 언급하고 있지는 않다.

⑤ '지섭'이 이야기판 제작을 위해 대화방 구성원들에게 의견을 요청하고 있지만, 대화가 이루어지는 휴대 전화 메신저의 정보 전달 효과를 고려하며 동영상 제작의 절차와 역할 분담 방법을 제시하고 있지는 않다.

05 ③

정답 해설 | (나)의 S#4에 학교에 바라는 점을 말하는 인터뷰는 제시되어 있으나, (나)에 후보자를 지지하는 이유를 밝히는 인터뷰는 반영되어 있지 않다.

오답 체크 |

① 소통에 관한 장면은 (나)의 S#2에, 화합하는 장면은 (나)의 S#3에 제시되어 있다.

② 소통하는 장면에서 경청하는 태도는 (나)의 S#2에서 '후보자가 귀 옆에 양손을 가져다 댄다.'는 내용을 통해 제시되어 있다. 그리고 화합 장면에서 여럿이 함께 하는 모습은 S#3에서 '세 학생이 어깨동무를 한다.'는 내용을 통해 제시되어 있다.

④ 공약 사항을 자막으로 제시할 때 "빠밤"이라는 효과음을 S#2와 S#3에서 넣고 있다.

⑤ S#2와 S#3에서 자막 내용을 설명해주는 내레이션이 '여러분의 목소리를 귀 기울여 듣겠습니다.', '축제를 통해 하나가 되는 ○○고를 만들겠습니다.'라고 각각 제시되어 있다.

06 ⑤

정답 해설 | S#5에서 자막의 내용인 '당신의 한 표를 기호 ×번에 행사하세요.'을 힘주어 읽는 것과 공약의 실현 가능성을 인상적으로 제시하는 것은 서로 관련이 없기 때문에 적절하지 않은 설명이다.

오답 체크 |

① 후보자의 힘찬 발걸음을 부각하기 위해 밝고 역동적인 느낌의 음악을 배경 음악으로 사용한다는 것은 적절하다.

② 후보자와 함께 새로운 출발을 할 수 있다는 내용이 '기호 ×번 김□□와 함께 새로운 학교생활이 시작됩니다.'라는 자막에 잘 드러나 있으므로 적절하다.

③ 슬로건인 '소통과 화합'이라는 문구가 S#2~S#4에 추가되어 슬로건을 일관되게 강조할 수 있기 때문에 적절한 설명이다.

④ 인터뷰의 핵심 내용을 나타내는 말을 자막으로 제시하면 인터뷰 내용의 전달 효과를 높일 수 있기 때문에 적절한 설명이다.

07 ③

정답 해설 | 인터넷 매체인 (다)는 인쇄 매체인 (나)와 달리 실시간으로 의견을 남길 수 있는 댓글 기능을 통해 수용자의 참여를 유도할 수 있으므로 적절한 설명이다.

오답 체크 |

① (가)와 (나) 모두 글자 크기의 차이를 통해 제목과 구체적인 정보를 구분하여 내용을 전달하고 있으므로 적절하지 않은 설명이다.

② 문자 언어와 이모티콘이 함께 나타나는 것은 (가)가 아니라 (나)이기 때문에 적절하지 않은 설명이다.

④ (가)에는 동일한 이미지의 나열이 드러나지 않으므로 적절하지 않은 설명이다.

⑤ 내용을 찾아볼 수 있는 기능이 있는 것은 (나)가 아니라 (다)이므로 적절하지 않은 설명이다.

08 ③

정답 해설 | 공기 청정기의 기능과 관련된 용어인 'CADR'의 의미와, 이번에 출시된 제품이 기존 제품보다 두 배 높은 CADR 수치를 보이고 있다는 기능적 특징을 제시한 부분은 모두 사실적인 정보만 활용한 것에 해당하므로 적절하지 않은 설명이다.

오답 체크 |

① 플라스틱 빨대가 바다 생물에게 위협이 된다는 환경 문제를 제시하고 이를 해결하기 위해 플라스틱 빨대의 사용을 줄이자고 설득하고 있으므로 (가)가 공익 광고에 속한다는 설명은 적절하다.

② 공기 청정기의 기능을 제시하여 상품의 판매가 촉진되도록 설득하고 있으므로 (나)가 상업 광고에 속한다는 설명은 적절하다.

④ (다)의 하단에 '□□일보'라는 언론사 명칭과 '김△△'라는 기자 이름을 제시하고 있으므로 적절한 설명이다.

⑤ 표제는 기사의 전체적인 내용을 나타내는 제목으로 (다)에서는 '건강 기능 식품 전문 기업 ○○사, '○○헬스' 출시'가 표제에 해당한다. 부제는 내용을 구체적으로 알리는 작은 제목으로 (다)에서는 '감태 추출물 활용하여 불면증 개선에 효과적'과 '하루 한 알로 피로 회복 효과까지'가 부제에 해당한다. 전문은 기사 내용을 간단하게 요약한 부분으로 (다)에서는 '건강 기능 식품 전문 기업 ○○사는~피로 회복 효과도 있다.'가 전문에 해당한다. 따라서 (다)가 기사문 형태의 광고에 해당한다는 설명은 적절하다.

09 ②

정답 해설 | ㉡에서 '두 배'의 '두'는 수사가 아니라 관형사이므로 적절하지 않은 설명이다.

오답 체크 |

① ㉠에서 '지구 환경도'의 보조사 '도'는 '살릴'의 대상을 추가적으로 제시하고 있으므로 적절한 설명이다.

③ ㉢의 '때문이다'에서 의존 명사 '때문'은 '감태 추출물'이 '효과'의 원인임을 드러내고 있으므로 적절한 설명이다.

④ ㉣에서 접속 부사 '그래서'는 앞 문장과의 인과 관계를 드러내므로 적절한 설명이다.

⑤ ㉤의 '이를'에서 대명사 '이'는 앞에서 언급한 '판매될' 제품을 지시하므로 적절한 설명이다.

10 ③

정답 해설 | [C]에서 '지혜'의 '근데 윤일이가 올린 동영상을~내용이 겹쳐.'를 보면, 지오가 올린 동영상에 어르신께서 장수 의자에 앉아 계신 모습이 담겨 있다는 것을 알 수 있으므로 적절하지 않은 설명이다.

오답 체크 |

① [A]에서 '혜영'의 '그러고 보니~제작 목적에 대한 설명이구나!'를 보면, '혜영'이 올린 기사문에는 장수 의자 제작 목적에 대한 내용이 대부분임을 알 수 있으므로 적절한 설명이다.

② [B]에서 '호상'의 '사진이 너무 흐릿해서 잘 안 보여.', '윤일'의 '이게 원본인데 확인해 볼래?', '지혜'의 '이게 더 잘 보인다.'는 말을 보면, 실시간으로 공유된 사진보다 (가)의 '최신 글 보기' '4'번 게시물에 담겨 있는 사진의 화질이 좋지 않음을 알 수 있으므로 적절한 설명이다.

④ [D]에서 '호상'의 '그러면 편집은 내가 할게.', '지혜'의 '그럼 내가 너 대신~익숙할 테니까.'는 말을 보면, '지혜'가 올린 역할 분담에는 '지혜'와 '호상'이 각각 슬라이드 제작자와 발표자로 되어 있음을 알 수 있으므로 적절한 설명이다.

⑤ [E]에서 '지혜'의 '그런데 장수 의자 홍보 그림의 출처는 못 찾았어.', 호상의 '아, 미안해. 그 출처는 이거야. 여기 주소 보낼게. http://www.◇◇.go.kr'는 말을 보면, '호상'이 올린 장수 의자 홍보 그림에는 인터넷 주소인 출처가 없음을 알 수 있으므로 적절한 설명이다.

11 ④

정답 해설 | (나)에서 '윤일'의 '무단 횡단 금지'가~사진으로 정리할게.'를 보면, ⓓ에서 활용되어야 할 사진 속 장수 의자에는 '무단 횡단 금지'가 '잠시 쉬어 가세요.'보다 더 크게 적혀 있어야 하는데, 〈보기 2〉에서 실제 활용된 사진에는 '잠시 쉬어 가세요.'가 '무단 횡단 금지'보다 더 크게 적혀 있으므로 적절하지 않다.

오답 체크 |

① (나)에서 '지오'가 '우선 각~필요가 있겠어.'라고 한 말을 반영하여, 〈보기 2〉에서 중심 화제를 이어 주는 말인 '및'을 중심 화제보다 글자 크기를 작게 수정했으므로 적절하다.

② (나)에서 '지오'가 '더불어 중심 화제들의~좋을 것 같아.'라고 한 말을 반영하여, 〈보기 2〉에서 제시 순서에 맞게 중심 화제에 번호를 달아 바르게 수정했으므로 적절하다.

③ (나)에서 '윤일'이 '할아버지 말씀은 글로 정리하고'라고 한 말을 반영하여, 〈보기 2〉에서 바르게 수정했으므로 적절하다.

⑤ (나)에서 '지오'가 '그런데 개선 요구 사항이~효과적일 것 같아.'라고 한 말을 반영하여, 표로 제시된 개선 요구 사항을 〈보기 2〉에서 원그래프로 바르게 수정했으므로 적절하다.

12 ⑤

정답 해설 | '장수 의자, 어르신들의 안전과 휴식을 책임집니다.'에서 장수 의자를 통해 어르신들의 삶에서 기대할 수 있는 긍정적인 효과를, '힘겨운 기다림은 이제 그만, 편안한 기다림은 이제 시작.'에서 유사한 문장 구조가 반복된 것을 확인할 수 있으므로 적절하다.

오답 체크 |

① '나의 작은 관심, 지역의 큰 기쁨.'에서 유사한 문장 구조가 반복된 것을 확인할 수 있지만, 장수 의자를 통해 어르신들의 삶에서 기대할 수 있는 긍정적인 효과는 나타나지 않으므로 적절하지 않다.

② '편안함을 위한 장수 의자, 안전함까지 드립니다.'에서 장수 의자를 통해 어르신들의 삶에서 기대할 수 있는 긍정적인 효과는 나타나지만, 유사한 문장 구조가 반복된 것은 나타나지 않으므로 적절하지 않다.

③ 긍정적인 효과와 유사한 문장 구조의 반복 두 가지 모두 나타나지 않으므로 적절하지 않다.

④ '장수 의자에 머물면서 당신의 삶이 지켜질 수 있습니다.'에서 장수 의자를 통해 어르신들의 삶에서 기대할 수 있는 긍정적인 효과는 나타나지만, 유사한 문장 구조가 반복된 것은 나타나지 않으므로 적절하지 않다.

13 ⑤

정답 해설 | (가)에서 '서영'은 소설 제목을 소개하는 부분에서 '소설의 비극적인 분위기를~음악 한번 들어 봐.'라고 말하며 배경 음악으로 사용할 해금 연주 음악 파일을 대화 참여자에게 전송하여 자료를 공유하고 있다.

오답 체크 |

① '지호'는 '서영'이 공유한 배경 음악 파일에 대해 '들어 보니까 정말 좋다.'고 했을 뿐 자신이 수집한 음악 자료와 비교하는 내용은 없기 때문에 적절하지 않은 설명이다.

② '지호'는 자신이 정리한 운영전 줄거리 파일을 대화 참여자 모두에게 공유하고 있지 특정 참여자에게 전달하고 있는

것이 아니기 때문에 적절한 설명이 아니다.

③ '정리 잘했다.'라는 '진희'의 말로 볼 때, '진희'가 '지호'의 운영전 줄거리 공유 파일을 바로 확인한 것은 사실이지만, 자료를 확인한 후 추가 자료를 요청하고 있는 것은 아니기 때문에 적절하지 않은 설명이다.

④ '진희'가 '고전 소설 UCC' 제작 대화방을 만든 것은 사실이지만, 매체에서 사용할 수 있는 기능을 알려 주고 있는 것은 아니므로 적절한 설명이 아니다.

14 ④

정답 해설 | (가)에서 '진희'는 '지호'가 전송해 준 줄거리 정리 파일을 확인하고 줄거리 소개에 쓸 장면을 자신이 고르겠다고 했다. 따라서 친구들의 의견에 따라 주요 장면을 선정했다는 내용은 적절하지 않은 설명이다.

오답 체크 |

① (가)에서 '서영'은 소설 제목을 소개하는 부분에서는 소설의 비극적인 분위기를 느낄 수 있는 배경 음악을 사용했으면 좋겠다는 의견을 제시했다. 이를 반영하여 (나)의 이야기판 1의 배경 음악으로 '구슬픈 해금 연주'가 쓰였음을 확인할 수 있다.

② (가)에서 '진희'가 '영상에 우리 이름도 넣어야겠지?'라고 했고, '민수'가 '물론이지. 영상을 해치지 않는 선에서 넣자.'고 했다. 이를 반영하여 (나)의 이야기판 1의 화면 오른쪽 하단에 만든 이 이름을 작게 넣어 소설 제목과 주인공들의 모습에 주목하는 데 방해가 되지 않도록 한 것을 확인할 수 있다.

③ (가)에서 '민수'는 인물 소개 부분에 설명하는 자막을 만들자고 제안했고, 이를 반영하여 (나)의 이야기판 2에서 자막을 활용하여 각 등장인물의 특징을 소개하고 있는 것을 확인할 수 있다.

⑤ (가)에서 '민수'는 인물 소개 장면에서, '지호'는 줄거리 소개 부분에서 내레이션 활용을 제안하고 있다. 이를 반영하여 (나)의 이야기판 2와 3에 내레이션이 들어가 있는 것을 확인할 수 있다.

15 ②

정답 해설 | ⓑ를 보면 인물 등장 순서는 '운영 → 김진사 → 안평대군'으로 변화가 없기 때문에 인물의 역할을 시각적으로 드러내기 위해 등장인물의 등장 순서를 바꾸자는 조언을 했다는 설명은 적절하지 않다.

오답 체크 |

① ⓐ를 보면 (나)의 이야기판 1과는 달리 제목 아래에 부제가 나타나 있고, 부제의 내용(먹물 한 방울로 이어진 만남)이 운영과 김 진사가 처음 만날 때의 상황을 반영하고 있으므로 적절한 설명이다.

③ (나)의 이야기판 2에서와 달리 ⓒ에서는 자막이 화면 아래에 위치하여 인물의 모습을 가리지 않고 있으므로 적절한 설명이다.

④ (나)의 이야기판 3을 보면 배경 음악으로 노랫말이 있는 음악이 쓰였으나, ⓓ에서는 내레이션에 방해가 되지 않도록 '가사 없는 음악'을 쓰고 있으므로 적절한 설명이다.

⑤ (나)의 이야기판 3에는 주요 장면이 3개인데, ⓔ에는 주요 장면이 6개이므로 주요 장면의 수가 늘어났음을 확인할 수 있다.

16 ②

정답 해설 | (가)는 인터넷이라는 전달 매체 특성상 탑재 후에도 다시 수정할 수 있다. (가)의 표제 아래에 '입력' 시간과 '최종 수정' 시간이 나와 있는 것으로 볼 때, 한번 생산한 매체 자료의 내용은 다시 수정할 수 없다는 설명은 적절하지 않다.

오답 체크 |

① 첫 번째 댓글을 쓴 매체 자료 수용자가 자신의 학생 동아리에서 동해 표기 관련된 자료를 게시하고 의견을 나누고 있다며 링크를 남긴 것으로 보아 또 다른 매체 자료 생산자로서도 역할을 하고 있음을 확인할 수 있다.

③ 청취자가 누리집 게시판을 활용하여 올린 질문에 기자가 방송에서 답하는 것으로 보아 인터넷 매체를 추가하여 양방향으로 소통하고 있음을 확인할 수 있다.

④ 라디오는 매체 자료를 송출할 수 있는 시간이 정해져 있어 긴급 뉴스 속보 때문에 전달하지 못한 내용이 생겼으며 이를 다시 듣기 서비스로 보완하고 있음을 확인할 수 있다.

⑤ (가)는 문자, '동해가 세계 지도에 단독 표기되었거나 일본해와 병기된 비율'을 나타내는 도표, 그리고 박물관장의 인터뷰 동영상으로 정보 전달을 하는 것을 확인할 수 있고, (나)는 진행자와 기자의 음성, 그리고 12시 정각을 알리는 음향으로 정보를 전달하고 있는 것을 확인할 수 있다.

17 ⑤

정답 해설 | (나)의 '진행자'는 '그런데', '하지만', '따라서'와 같은 접속 표현을 사용하거나 '그것', '이런'과 같이 앞에서 언급된 내용을 대신하는 표현을 써서 담화의 응집성을 높이고 있으므로 적절한 설명이다.

오답 체크 |

① '~해야 한다.'는 명령형 종결어미가 아니라 평서형 종결어미이므로 적절하지 않은 설명이다.

② "동해의~하는 것이다."는 큰따옴표를 사용하고 있고, 인용격 조사가 '라고'이므로 간접 인용 표현이 아니라 직접 인용 표현에 해당한다. 따라서 적절하지 않은 설명이다.

③ 표제인 '우리 바다 '동해' 바로 알고, 지명 표기 방법 고민해

야'는 피동으로 표현되지 않았으므로 적절하지 않은 설명이다.

④ '안타까웠습니다', '있었습니다' 등 과거 시제를 사용하고 있으므로 현재 시제만을 활용하고 있다는 설명은 적절하지 않다.

18 ⑤

정답 해설 | ㉤은 있었던 사실을 전달하는 내용이므로 주관적 의견을 표현한 내용이라는 설명은 적절하지 않다.

오답 체크 |

① 도표가 제시되어 있으나 출처는 나와 있지 않으므로 매체 요소인 검색창을 활용하여 출처를 확인함으로써 자료의 신뢰성을 판단하겠다는 반응은 적절하다.

② 김△△(◇◇박물관장)이 주장하는 내용이 기사에 담겨 있으므로 해당 전문가의 인터뷰 동영상의 내용을 분석하여 근거로서 타당한지 점검하겠다는 반응은 적절하다.

③ 다른 뉴스를 확인하고 비교함으로써 다양한 시각을 접하는 것은 주체적으로 사고하는 수용자의 노력이므로 적절하다.

④ 라디오는 청각 매체이므로 그 특성상 안내된 정보의 세부 내용을 미리 알기 어렵기 때문에 매체의 특성에 맞게 순차적으로 제공되는 정보를 적절하게 수용하겠다는 반응은 적절하다.

19 ③

정답 해설 | '준형'은 하이퍼링크를 활용하여 '음식물 쓰레기 발생량과 그에 따른 사회적 비용'에 대한 애니메이션 영상 자료를 다른 대화 참여자들에게 제공하고 있으므로 적절한 설명이다.

오답 체크 |

① '현진'이 전송한 파일은 자신이 직접 생산한 문서 파일이 아니라, 'OO고 가정 통신문'을 찍은 사진 파일이므로 적절한 설명이 아니다.

② 수예가 한 말은 '카드 뉴스는~구성해야겠네.'인데, 이것이 매체 자료의 전달 효과를 부정적으로 평가하고 있는 것이 아니므로 적절하지 않은 설명이다.

④ '채원'이 카드 뉴스의 제작을 제안한 것은 맞지만, 매체가 가지는 정보 전달의 파급력을 밝히고 있지는 않다. 카드 뉴스가 정보의 전달력을 높인 뉴스라는 설명은 '수예'가 말하고 있다.

⑤ 그림말을 활용하여 상대방의 말에 대한 공감을 드러내고 있는 것은 '수예'뿐이다.

20 ①

정답 해설 | ㉠을 고려하여, 이미지, 그래프 등을 사용하여 카드 뉴스를 제작하고 있지만, 학생들이 선호하지 않는 급식 메뉴의 종류를 보여주는 사진은 제시하지 않았으므로 적절하지 않은 설명이다.

오답 체크 |

② 세 번째 카드에서 2018년부터 2020년까지 'OO고 급식 잔반 처리 비용'을 쓰레기통 모양의 이미지와 화살표 이미지를 활용하여 변화의 추이를 한눈에 파악할 수 있도록 하고 있으므로 적절한 설명이다.

③ 첫 번째 카드와 마지막 카드에서 '올라갑니다'라는 글자에 위로 향하는 화살표 이미지를 결합하여 카드 내용에 대한 독자의 흥미를 끌고 있으므로 적절한 설명이다.

④ 세 번째 카드에서 우리 학교 급식 잔반 처리 비용을 제시하고 있으므로 적절한 설명이다.

⑤ 마지막 카드에서 '잔반을 줄이면 OO고 급식의 질이 올라갑니다.'라고 잔반을 줄였을 때 우리 학교 학생들에게 돌아가는 혜택에 대해 언급하고 있으므로 적절한 설명이다.

21 ⑤

정답 해설 | 수정된 네 번째 카드에서 OO고 영양사는 잔반을 30% 줄였을 때 얻을 수 있는 효과로 약 천 명의 한 끼 식사에 해당하는 금액인 500만 원을 절감할 수 있다고 말하고 있다. 하지만 잔반 줄이기를 통해 큰 효과를 거둔 다른 학교의 사례는 제시되어 있지 않으므로 적절하지 않다.

오답 체크 |

① 두 번째 카드의 내용은 학생들이 급식을 남기는 이유에 대한 조사 결과이기 때문에 제목을 '왜 급식을 남길까?'로 수정한 것은 적절하다.

② 수정된 두 번째 카드에서 조사 대상 인원(300명)과 각 항목에 응답한 학생들의 비율을 밝혀주고 있으므로 적절하다.

③ 수정된 두 번째 카드에서 원그래프의 여러 항목 중 큰 비중을 차지하는 두 가지의 내용을 카드의 아래쪽에 따로 정리해 주고 있으므로 적절하다.

④ 수정된 네 번째 카드에서 삽화를 급식 잔반 줄이기가 잘 드러내는 내용으로 바꾸었으므로 적절하다.

22 ⑤

정답 해설 | [장면 6]에서는 [장면 3]의 내용 중 전문가의 시연 장면을 다시 보여 주며 보도 내용을 마무리하고 있다. 이는 보도 내용에서 다룬 다양한 정보를 뉴스 수용자가 효과적으로 취사선택할 수 있도록 보여 주는 화면이라고 할 수 없으므로 적절하지 않은 설명이다.

오답 체크 |

① [장면 1]에서는 보도 내용의 요점인 '포털의 '검색어 제안 기능', 의심 사례 제보 급증'이 화면의 하단에 자막으로 제시되고 있으므로 적절하다.

② [장면 2]부터 [장면 5]까지의 화면 왼쪽 상단에 보도 내용과

관련한 핵심 어구인 '검색어 제안 기능 악용 사례 발생'을 고정하여 제시하고 있으므로 적절하다.

③ [장면 3]에서는 검색어 제안 기능의 악용 사례를 IT전문가의 시연을 통해 보여주고 있으므로 적절하다.

④ [장면 4]에는 대가를 받고 검색어 제안 기능에 특정 업체명이 제시되도록 하여 업무 방해죄로 처벌받은 사건을 음성 언어로 설명하고 있고, 그 사건을 시각적으로 보여 주는 자료를 제시하고 있다. 관련하여 화면 구성에 방향을 나타내는 기호를 사용함으로써 수용자가 사건의 흐름을 파악할 수 있도록 돕고 있으므로 적절하다.

23 ⑤

정답 해설 | (나)의 신문 기자는 토론회를 방청한 한 시민의 의견을 직접 인용 표현(큰따옴표와 인용격 조사 '라고')을 통해 제시하고 있으므로 적절한 설명이다.

오답 체크 |

① '이 소식'의 '이'와 같이 대용 표현을 사용하고는 있지만, 문제의 해결 가능성을 압축적으로 설명하고 있는 것은 아니므로 적절하지 않은 설명이다.

② 미래 시제를 나타내는 표현 '겠'을 사용하고 있는 것은 맞지만, 보도 내용과 관련한 기대 효과를 제시하고 있는 것은 아니기 때문에 적절하지 않다.

③ 보도 내용과 관련한 수용자의 행동 변화를 유도하고 있는 것은 맞지만, 청유형 문장을 사용한 것이 아니라 평서형 문장을 사용하고 있으므로 적절하지 않다.

④ 접속 표현인 '또한'을 사용하고 있는 것은 맞지만, 이는 기사 내용의 흐름을 전환하고 있는 것이 아니라 내용의 추가를 나타내는 기능을 하는 접속 표현이다.

24 ④

정답 해설 | (나)의 뉴스 생산자는 토론회에 참여한 사람들과 토론회를 방청한 사람의 의견을 전달하고 있을 뿐 공공의 이익을 증진할 수 있는 방안에 대해 직접 제안하고 있는 것은 아니기 때문에 적절한 설명이 아니다.

오답 체크 |

① 뉴스 생산자는 대중이 신뢰할 수 있는 출처에서 나온 정보를 활용하는 것이 필요하다. (가)에서 화제와 관련하여 전문가의 말을 제시하고 있는 것은 정보의 신뢰성을 확인할 수 있는 기사라고 할 수 있다.

② 뉴스 생산자는 여러 가지 정보 가운데서 수용자가 관심을 가질 만한 시의성 있는 정보를 선택하는 것이 필요하다. (가)에서 뉴스 생산자가 '포털 사이트에서 정보를 검색하는 경우 많으시죠?'라고 수용자의 경험을 환기했다는 점에서 수용자의 관심을 유도하고 있는 기사라고 할 수 있다.

③ 뉴스 생산자는 쟁점이 되는 화제를 다룰 때 공정성 있는 태도를 지닐 필요가 있다. (나)의 기사는 검색어 제안 기능에 대한 규제를 최소화해야 한다는 입장과 규제를 강화해야 한다는 입장을 모두 보도하였으므로 공정성을 확인할 수 있는 기사로 볼 수 있다.

⑤ (가)의 뉴스 생산자는 최근에 검색어 제안 기능이 본래 목적대로 이용되고 있지 않다는 제보가 급증했다고 하고, (나)의 뉴스 생산자는 최근에 포털 사이트의 검색어 제안 기능에 대한 사회적 논의가 필요하다는 목소리가 높다고 하였다. 이는 수용자가 관심을 가질 만한 시의성 있는 정보를 선택하여 전달한 것으로 볼 수 있으므로 적절한 설명이다.

25 ⑤

정답 해설 | 제시된 텔레비전 프로그램의 진행 과정에서 김 기자가 전달한 정보와 박 기자가 전달한 정보를 진행자가 종합하여 제시하고 있는 부분은 찾을 수 없으므로 적절한 설명이 아니다.

오답 체크 |

① 진행자가 '제가 얼마 전에 수도권 여러 매립지의 포화 시점이 멀지 않았다는 내용을 보도한 적이 있었는데'라고 말한 것으로 보아 진행자는 김 기자가 언급한 정보를 자신이 과거에 보도한 내용과 관련지어 이해하고 있다는 것을 알 수 있다.

② 김 기자는 '이렇게 갑자기~너무 화가 납니다.'라는 지역 주민의 인터뷰를 제시하여 문제 상황에 대한 주민들의 반응을 전달하고 있는 것을 확인할 수 있다.

③ 진행자가 '이런 상황을 슬기롭게 해결한 사례가 있을까요?'라고 물으니까 박 기자가 '네, 먼저 준비된 동영상을 보시죠.'라고 말하는 것으로 보아 박 기자는 동영상을 활용하여 언급된 문제 상황이 해결된 사례를 제시하고 있다는 것을 확인할 수 있다.

④ 진행자는 김 기자가 전달한 폐기물관리법 시행규칙과 관련하여 '제가 볼 때는 매립지의 포화 시점을 늦추는 데 상당히 도움이 되겠네요.'라고 자신의 의견을 덧붙이고 있고, 박 기자가 전달한 동영상과 그에 대한 설명을 들은 후 '그래도 제 생각에 추진 과정에서 갈등이 적지 않았을 것 같은데요'라고 자신의 의견을 덧붙이고 있으므로 적절한 설명이다.

26 ③

정답 해설 | 대기 오염 농도를 통해 정보의 수용자는 수시로 바뀌는 대기 오염 물질의 농도 변화를 바로바로 확인할 수 있다. 이를 통해 'OO시 소각 시설' 앱에서 정보의 수용자는 변화하는 정보에 실시간으로 접근하여 확인할 수 있으므로 적절한 설명이다.

오답 체크 |

① 앱 메인 화면에서 정보의 수용자는 여러 메뉴를 한눈에 확인할 수 있다. 하지만 생산자가 미리 정해 놓은 메뉴의 순서에 따라서만 정보 탐색이 가능한 것은 아니다.

② ㉡에서 생활 폐기물을 소각 처리하는 과정을 애니메이션으로 제작한 동영상으로 볼 수 있는 것은 맞지만, 생산자와 수용자가 쌍방향적 소통을 통해 정보를 생산할 수 있는 것은 아니다.

④ 수용자가 'OO시 소각 시설에 방문하여 둘러보고 싶다면 시설 견학 신청'을 하면 되는 것이지 수용자가 미리 등록된 정보를 수정하여 배포할 수 있다는 것을 의미하는 것은 아니다.

⑤ '제안하려는 의견이 있다면 로그인을 한 후 의견 보내기를 누르면 됩니다.'에서 '로그인을 한 후'라고 되어 있으므로 수용자가 별도의 인증 절차 없이도 자유롭게 의견을 개진할 수 있다는 설명은 적절하지 않은 설명이다.

27 ⑤

정답 해설 | 시청자 2는 지역 주민들과의 갈등 해소 과정과 관련하여 텔레비전 프로그램 내용 중 생활 폐기물을 소각하는 과정에서 생기는 대기 오염 물질을 정화하여 배출한다는 것은 알겠다고 했다. 그리고 배출되는 대기 오염 물질 농도의 구체적인 수치 및 안전과 관련한 대기 오염 물질 농도의 기준을 제시하지 않았음을 언급하였다. 시청자 3은 소각 처리 시설을 지하화하려면 지상에 짓는 것보다 비용이 더 많이 들어서 난색을 표하는 지방 자치 단체가 있다며 텔레비전 프로그램에서 균형 있게 정보를 다루어 주었으면 좋겠다고 언급하였다. 이는 방송 프로그램에서 전달한 정보가 사실인지를 점검하는 것이 아니라 전달한 정보가 충분한지를 점검하는 것과 관련이 있다.

오답 체크 |

① 시청자 1은 폐기물관리법 시행규칙의 효과와 관련하여 자료의 출처를 묻고 있으므로 방송에서 활용한 정보의 신뢰성을 점검하였다는 설명은 적절하다.

② 시청자 2는 '이 방송은~좋은 내용이네요.'와 같이 지역 주민들의 갈등 해소와 관련하여 방송 내용의 유용성을 점검하고 있으므로 적절한 설명이다.

③ 시청자 3은 소각 처리 시설의 지하화와 관련하여 지상에 짓는 것보다 비용이 더 많이 들어서 난색을 표하는 지방 자치 단체도 있음을 언급하며 양쪽의 입장을 균형 있게 다루었으면 좋겠다고 했으므로 방송 내용의 공정성을 점검하였다는 설명은 적절하다.

④ 시청자 1은 폐기물관리법 시행규칙의 내용과 관련하여 '어떤 기준으로~하지 않을까요?'라고, 시청자 2는 대기 오염 물질을 정화하여 배출하는 것과 관련하여 '구체적인 수치와 기준까지 제시해 주어야'라고 방송에서 제시한 정보가 충분하지 않음을 지적하고 있으므로 적절한 설명이다.

28 ③

정답 해설 | ⓐ를 간접 인용이 포함된 문장으로 바꿀 때, '이 지역'에서 지시 표현 '이'는 '그'로, 직접 인용 부사격 조사 '라고'는 간접 인용 부사격 조사 '고'로 고치면 된다. 따라서 간접 인용이 포함된 문장은 '주민들이 그 지역을 위해 끝까지 맞서 싸우겠다고 성토했습니다.'이다.

29 ②

정답 해설 | '가람'은 온라인 화상 회의니까 모두 카메라를 켜고 참여할 것을 제안하고 있다. 하지만, 회의가 이루어지는 시간이 제한됨을 언급하지는 않았다.

오답 체크 |

① '현수'는 '모일 공간이 마땅치 않았는데 이렇게 온라인 공간에서 의견을 나눌 수 있다니 참 편리하다.'고 말하면서 온라인 공간에서 이루어지는 화상 회의를 긍정적으로 평가하고 있으므로 적절한 설명이다.

③ '준영'은 '내 목소리 잘 들려?'라고 물으며 화면 속의 학생들에게 자신의 목소리가 잘 전달되는지를 점검하고 있으므로 적절한 설명이다.

④ '예나'가 '내가 파일로 가지고 있어. 지금 바로 파일 전송할게.'라고 말한 것에서 알 수 있듯이 예나는 파일 전송 기능을 활용하여 동아리 활동 발표회 일정표를 '준영'에게 제공하고 있으므로 적절한 설명이다.

⑤ '현수'가 '나한테 봄에~삽입하면 어떨까?'라고 말한 것에서 알 수 있듯이 현수는 'OO 공원 사진 촬영' 행사 동영상이 담긴 자신의 화면을 공유하며 슬라이드에 사진 대신 동영상을 삽입할 것을 제안하고 있으므로 적절한 설명이다.

30 ②

정답 해설 | (가)에서는 '사진 강연' 행사와 관련하여 슬라이드에 제시할 내용을 의논하며 청중이 어떤 강연이었는지를 알 수 있도록 강연의 일시와 장소뿐만 아니라 강연의 주제를 제시하기로 협의하고 있다. 따라서 (나)의 '슬라이드 2'에는 강연 주제에 대한 정보가 제시되어 있지 않으므로 이를 추가하는 것은 적절하다.

오답 체크 |

① (가)에서는 'OO 공원 사진 촬영' 행사와 관련하여 '현수'가 동영상 화면을 공유하며 슬라이드에 사진 대신 동영상을 삽입을 제안하였고 '가람'이가 동의하면서 그렇게 하기로 협의하고 있기 때문에 '슬라이드 1'에 행사 사진을 추가한다는 설명은 적절하지 않다.

③ 여름 행사는 '사진 강연'이고, 가을에 한 행사는 '옛날 사진

관'이기 때문에 '슬라이드 2'와 '슬라이드 3'에 제시된 행사는 계절 순서에 맞게 되어 있다. 따라서 계절 순서에 맞게 제시하기 위해 '슬라이드 2'와 '슬라이드 3'에 제시된 행사를 맞바꾼다는 설명은 적절하지 않다.

④ (가)에서 '준영'이 '근데 그 행사는~QR 코드도 삽입하면 어떨까?'라고 한 말로 볼 때, 청중이 필요로 하는 정보만을 제시하기 위해 '슬라이드 3'에 제시된 사진을 삭제한다는 설명은 적절하지 않다.

⑤ (가)에서는 가람이가 '그렇게 하면 슬라이드에 담긴 설명이 너무 많아서 읽기 힘들 것 같아. 느낀 점은 발표자가 따로 언급만 하는 것으로 하자.'라고 했으므로 (나)의 '슬라이드 4'에 동아리 부원들이 행사에서 느낀 점을 추가한다는 설명은 적절하지 않다.

31 ④

정답 해설 | (가)의 '#2'에 해당하는 (나)의 전문가 말 중 전문가는 구체적인 수치를 활용하여 진행자가 질문한 내용에 답변하고 있지 않으므로 적절한 설명이 아니다.

오답 체크 |

① (가)의 '#1'에 해당하는 (나)의 진행자 말 중 '우리 지역에 기반 시설이~적합하다는 말씀이시지요?'에서 진행자는 전문가가 제시한 의견을 요약하며 확인하고 있으므로 적절한 설명이다.

② (가)의 '#1'에 해당하는 (나)의 전문가 말 중 '연구자의 입장에서~적용하기에 적합합니다.'와 '시의 입장에서도~충족시킬 수 있기 때문에'에서 전문가가 방송 화제와 관련된 내용을 두 입장을 고려하여 설명하고 있으므로 적절한 설명이다.

③ (가)의 '#2'에 해당하는 (나)의 진행자 말 중 '사전 체험단의 만족도~9.2점이더군요.'에서 진행자는 전문가가 언급하지 않은 정보를 추가적으로 제시하고 있으므로 적절한 설명이다.

⑤ (가)의 '#3'에 해당하는 (나)의 진행자의 말 중 '마지막으로 다음~소개해 주세요.'에서 진행자가 청취자들의 예상 반응을 언급하며 이와 관련한 설명을 요청하고 있으므로 적절한 설명이다.

32 ⑤

정답 해설 | '청취자 2'가 말한 '공원에 갈 때~편리할 것 같아요.'와 '청취자 3'이 말한 '자율 주행 버스가~도움이 되겠네요.'는 방송에서 제시한 자율 주행 버스에 관한 내용이 유용한지 점검하고 있으므로 적절한 설명이다.

오답 체크 |

① 청취자 1은 방송에서 제시되지 않은 정보를 얻는 방법을 요청하고 있는 것이지 방송에서 제시한 정보의 근거가 적절한지 판단하는 것이 아니므로 적절하지 않은 설명이다.

② 청취자 2는 방송에서 제시되지 않은 정보인 (자율 주행 버스 시간표)에 대해 언급하고 있는 것이지 방송에서 제시한 정보의 신뢰성에 의문을 제기한 것이 아니므로 적절하지 않은 설명이다.

③ 청취자 3은 자율 주행 버스의 유용성과 자율 주행 기술 상용화에 따른 문제점을 언급하고 있는 것이지 방송에서 특정 내용이 강조된 의도를 추론한 것이 아니므로 적절하지 않은 설명이다.

④ 청취자 1이 방송에서 제시되지 않은 정보를 얻는 방법을 요청하고 있는 것은 맞지만, 청취자 3은 방송에서 제시한 자율 주행 버스에 관한 내용이 유용한지를 점검하고 있으므로 적절하지 않은 설명이다.

33 ②

정답 해설 | ㉡에서 '운영된'의 피동 접사 '-되다'는 시범 사업을 운영한 주체를 드러내고 있지 않으므로 적절하지 않은 설명이다.

오답 체크 |

① ㉠에서 '작년부터'의 '부터'는 보조사로 자율 주행 버스 시범 사업이 시작된 시점을 드러내고 있으므로 적절한 설명이다.

③ ㉢에서 '자율 주행 기술 수준 향상에'의 격조사 '에'는 '자율 주행 기술 수준 향상'이 데이터를 활용하는 목적임을 드러내고 있으므로 적절한 설명이다.

④ ㉣에서 '긍정적인 평가를 받은 만큼'의 의존 명사 '만큼'은 자율 주행 기술에 대한 기대감의 근거를 드러내고 있으므로 적절한 설명이다.

⑤ ㉤에서 '사전 체험단이 아니었던 주민도'의 '도'는 보조사로 자율 주행 버스를 이용할 수 있는 대상이 확대될 것임을 드러내고 있으므로 적절한 설명이다.

34 ①

정답 해설 | (나)에 언급된 시범 사업 성과(이번 사업을 통해~있게 되었습니다.)가 〈보기〉의 자막에 요약되어 있지 않으므로 적절하지 않은 설명이다.

오답 체크 |

② (나)에 언급된 노선 정보가 〈보기〉의 노선도에 시각 기호가 표시된 지도로 보충되고 있으므로 적절한 설명이다.

③ (나)에 언급된 시청 정류장 추가에 대한 정보가 〈보기〉의 화면에 전문가의 비언어적 표현('전문가'의 오른쪽 검지 손가락이 '시청'을 가리키고 있는 동작)과 함께 제시되고 있으므로 적절한 설명이다.

④ (나)에 언급된 사전 체험단 경험에 대한 반응이 〈보기〉의

'실시간 채팅창'에 메시지로 제시되어 있으므로 적절한 설명이다.

⑤ (나)에 언급된 지난 방송 내용이 〈보기〉의 '지난 방송 다시보기'에 하이퍼링크(491화 자율 주행 기술의 원리)로 제공되고 있으므로 적절한 설명이다.

35 ④

정답 해설 | (가)에서 지구의 온도가 1℃ 상승함에 따라 1950년 30건이었던 자연재해 발생 건수가 2010년 520건으로 증가했음을 도식화하여 나타내었으므로 적절한 설명이다.

오답 체크 |

① 기후 변화가 인간에게 끼치는 영향을 이모티콘을 활용하여 강조한 것은 없으므로 적절하지 않은 설명이다.

② 기후 행동의 국가 간 차이를 글자의 굵기와 크기를 달리하여 제시하지 않았으므로 적절하지 않은 설명이다.

③ 페트병 수거 현황을 소제목을 사용하여 나타낸 것은 인근 학교 동아리가 아니라 '우리 학교 사회 참여 동아리'의 플라스틱 수거 캠페인이므로 적절하지 않은 설명이다.

⑤ 기후 행동에 주체적으로 참여하는 청소년들의 모습을 사진 자료를 사용하여 보여 준 것이 없으므로 적절하지 않은 설명이다.

36 ④

정답 해설 | (가)의 2문단 '인근 학교의~정책을 제안했습니다.'에 동아리의 정책 제안 활동이 제시되어 있지만 (나) '4'의 '화면 구성'에 자신의 아이디어를 정리하여 관련 기관에 제안할 수 있도록 했을 뿐, 청소년이 관련 기관에 제안한 정책에 대한 평가를 확인할 수 있는 기능은 제공하고 있지 않으므로 적절하지 않은 설명이다.

오답 체크 |

① (가)의 3문단 '실내 적정~전등 끄기'에 개인의 일상적 실천 사례가 제시되어 있고, (나) '2'의 '화면 구성'에 학교에서 실천할 수 있는 체크리스트를 구성하고 있으므로 적절한 설명이다.

② (가)의 1문단 '이러한 기후 변화의~기후 행동입니다.'에 기후 행동의 개념이 제시되어 있고, (나) '1'의 '화면 구성'에 기후 위기를 보여 주는 이미지와 문구로 시작 화면을 구성하고 있으므로 적절한 설명이다.

③ (가)의 3문단 '꾸준히 실천하고~있을 것입니다'에 꾸준한 기후 행동의 필요성이 제시되어 있고, (나) '3'의 '화면 구성'에 자신의 성공적인 실천 결과를 누적할 수 있는 일지를 제공하고 있으므로 적절한 설명이다.

⑤ (가)의 3문단 '무엇보다 기후 행동은~가장 중요합니다.'에 기후 행동 확산의 중요성이 제시되어 있고, (나) '3'의 '화면 구성'에 자신의 실천 사례를 공유할 수 있는 기능을 제공하고 있으므로 적절한 설명이다.

37 ③

정답 해설 | 기사 밑에 '관련 기사'가 있기 때문에 수용자의 선택에 따라 정보를 추가로 확인할 수 있다는 설명은 적절하다.

오답 체크 |

① 기사 밑에 'SNS에 공유'라는 표시가 있으므로 기사를 누리 소통망에 공유할 수 있는 것은 맞지만, 기사 내용을 직접 수정할 수 있겠다는 설명은 적절하지 않다.

② 기사에 대한 선호를 나타내는 '좋아요'와 '싫어요'를 확인할 수 있으나, 그것이 기사에 제시된 정보의 신뢰도를 나타내는 것은 아니므로 적절한 설명이 아니다.

④ 기사가 문자, 사진 등 복합 양식으로 구성되어 있는 것은 맞지만, 청각을 통해서 기사 내용을 이해할 수 있는 것은 아니므로 적절한 설명이 아니다.

⑤ 기사의 최초 작성 시간과 수정 시간이 명시되어 있는 것은 맞지만, 다른 수용자들이 기사를 열람한 시간까지 확인할 수 있는 것은 아니기 때문에 적절한 설명이 아니다.

38 ④

정답 해설 | 체류형 관광 지출액의 증가 현상'에 대한 부각은 확인할 수 없다. 제시된 시각 자료는 '관광객 및 숙박 시설 수 추이'와 '여행 1회당 지출액'에 대한 것으로 숙박 시설의 필요성을 강조하고 있으므로 적절한 설명이 아니다.

오답 체크 |

① '인근 숙박 시설이 거의 없어 체류형 관광객을 유인하는 데 한계가 있다.'고 체류형 관광이 어려운 실정이라는 내용에 이어 시각 자료 두 가지를 배치함으로써 사업을 추진하게 된 배경을 부각하고 있으므로 적절한 설명이다.

② 지역 관광객의 증가 추세를 부각하기 위해 △△군 관광객 수 추이를 제시할 때 화살표 모양의 이미지를 활용하고 있으므로 적절한 설명이다.

③ '여행 1회당 지출액'을 나타내는 시각 자료에서 여행 유형 중 당일보다 숙박의 지출액이 3배 가까이 많음을 이미지로 강조하고 있으므로 적절한 설명이다.

⑤ '지역 경제 활성화에 도움이 될 것'이라는 '지역 경제 전문가'의 우호적인 의견을 구체적으로 제시하고 있으므로 적절한 설명이다.

39 ③

정답 해설 | 학생이 작성한 메모에서 셋째 장면은 건물 내부와 외부에 조성될 공간의 구체적 모습을 방문객의 동선에 따라 순차적으로 제시한다고 되어 있는데 메모를 반영한 영상 제작 계획의 '장면 구상 #3'에서는 '한눈에 볼 수 있도록'이라고 되어 있으므로 적절하지 않은 설명이다.

오답 체크 |

① 영상 제작 계획의 '장면 구상 #1'에 기사의 제목('○○초등 학교, 폐교의 재탄생')을 활용한 영상 제목이 도입 장면에 나타나도록 구성하고 있으므로 적절하다.

② 영상 제작 계획의 '장면 구상 #2'에 시설 조성으로 달라질 전후 상황이 '텅빈 폐교의 모습'과 '사람들이 북적이는 모습', '무겁고 어두운 음악'과 '밝고 경쾌한 음악'으로 대비시켜 제시되고 있으므로 적절하다.

④ 영상 제작 계획의 '장면 구상 #4'에 지역 관광 거점으로서의 지리적 위치가 숙박 시설을 중심으로 인근 관광 자원의 위치를 구체적으로 표시하고, 관광 자원과의 연계로 기대되는 효과를 자막으로 나타내고 있으므로 적절하다.

⑤ 영상 제작 계획의 '장면 구상 #5'에 가족 단위 관광객이 댓글에 제시된 곳(물놀이장, 캠핑장, 카페)을 즐겁게 이용하는 모습이 그림으로 연속적으로 나타나도록 구성하고 있으므로 적절하다.

40 ②

정답 해설 | (가)의 [장면 1]에서 '진행자'가 '더워지는 요즘, 판매량이 급증하고 있는 제품이 있습니다. 휴대용 선풍기인데요. 어떤 제품을 선택하는 것이 좋을까요?'라고 말한 것과 '박 기자'의 보도 내용을 통해서 시의성 있는 정보로 구성되어 있음을 확인할 수 있으므로 적절한 설명이다.

오답 체크 |

① (가)의 [장면 4]에서 수용자의 설문 조사 결과를 다루고 있는 것은 맞지만, 뉴스의 정보를 구성하는 것은 수용자들이 아니므로 적절하지 않은 설명이다.

③ (나)에는 제품의 주된 소비자층을 명시하고 있지 않으므로 적절한 설명이 아니다.

④ (가)의 [장면 3]에서 제품 구매 기준과 관련하여 대학생과의 인터뷰 한 번만이 나타날 뿐 여러 소비자와의 인터뷰 영상을 보여 준 것이 아니므로 적절한 설명이 아니다.

⑤ (나)에는 제품에 대해 소비자가 알고자 하는 점이 거의 나와 있지 않으므로 적절한 설명이 아니다. 오히려 (가)에 훨씬 많은 양의 정보가 담겨 있음을 확인할 수 있다.

41 ①

정답 해설 | ㉠은 의문형 어미를 사용하여 의문문의 형태를 띠고는 있지만, 진행자가 진행자 자신의 궁금한 점을 시청자에게 묻고 있는 것은 아니다. ㉠은 어떤 휴대용 선풍기를 선택하는 것이 좋을지에 대한 시청자의 궁금증을 유발하여 시청자가 관심을 갖도록 하려는 진행자의 의도가 담겨 있는 말이라고 할 수 있다.

오답 체크 |

② 명사 '선풍기'라고 문장을 종결하여 뉴스에서 다루고자 하는 대상인 '휴대용 선풍기'에 주의를 집중하게 하고 있으므로 적절한 설명이다.

③ 접속 표현 '그런데'를 사용하여 뉴스의 중심 내용인 '안전성을 고려한 제품 선택'으로 화제를 전환하고 있으므로 적절한 설명이다.

④ 묻고 답하는 방식을 통해 뉴스의 핵심 정보인 '제품 선택 기준'을 제시하고 있으므로 적절한 설명이다.

⑤ 뉴스 내용에 따라 안전한 제품을 구매하는 것이 '현명한 선택'이라고 표현하여 시청자들이 뉴스 내용에 따라 안전한 제품을 구매하기를 기대하고 있으므로 적절한 설명이다.

42 ⑤

정답 해설 | (나)는 '디자인'이 아름답다는 말만 하였을 뿐 제품의 성능이 우수하다는 내용은 찾을 수 없으므로 적절한 설명이 아니다.

오답 체크 |

① '디자인의 새로운 바람을 일으키다'라는 문구를 바람의 움직임을 연상하게 하는 곡선의 형태로 나타내고 있으므로 적절한 설명이다.

② '자료'에서 '자사 기존 제품 대비 30% 강력해진 풍력'과 같이 기존 제품과의 비교를 통해 제품이 소비자들이 중시하는 구매 기준에 부합한다는 점을 부각하고 있으므로 적절한 설명이다.

③ '자료'는 (나)와 달리 제품의 안전 관련 정보를 휴대용 선풍기 이미지와 문구(부상의 위험을 줄인 부드러운 날)로 표시하여 제품의 안전성을 드러내고 있으므로 적절한 설명이다.

④ (나)에서는 '디자인'이라는 단어를 반복하여, '자료'에서는 '내 손 안의 태풍'이라는 비유적 표현을 활용하여 제품의 장점을 제시하고 있으므로 적절한 설명이다.

43 ②

정답 해설 | (나)에서 '카드 1'과 '카드 2'는 각각 (가)에 제시된 'ㅇㅇ 기관 보고서'와 'ㅇㅇ 기관 통계 자료'라는 출처를 밝히지 않고 있다. 따라서 출처를 밝히지 않은 것이 있으므로 신뢰할 수 있는 정보인지 확인해야 한다는 설명은 적절하다.

오답 체크 |

① (가)에는 청소년 사회 참여의 개념, 청소년 사회 참여에 관한 보고서 내용과 통계 자료, 전문가의 견해와 참여 학생의 소감 등이 제시되어 있다. 다양한 이론을 종합한 내용은 찾을 수 없으므로 적절하지 않은 설명이다.

③ (나)에는 청소년의 사회 참여 실태와 청소년의 사회 참여가 확산되기 어려운 이유, 청소년의 사회 참여 활성화의 방향 등이 제시되어 있다. 따라서 의견이 대립하고 있는 상황은 다루고 있지 않으므로 적절하지 않은 설명이다.

④ (가)와 (나)에는 예상되는 반론에 반박하는 내용을 확인할 수 없으므로 적절하지 않은 설명이다.
⑤ (가)는 보고서 내용과 통계 자료, 전문가의 견해와 참여 학생의 소감 등을, (나)에는 청소년의 사회 참여 실태와 청소년의 사회 참여가 확산되기 어려운 이유, 청소년의 사회 참여 활성화의 방향을 제시하고 있다. 따라서 작성자의 주장이 나열되고 있다는 설명은 적절하지 않다.

44 ③

정답 해설 | (가)에서 청소년이 기관 중심의 사회 참여를 선호한다는 내용은 찾아볼 수 없으므로 적절하지 않은 설명이다. '카드 3'에서 기관의 이미지를 청소년의 이미지보다 더 크게 그린 것은, 현재의 청소년 사회 참여 활동이 기관을 중심으로 운영된다는 것을 드러내기 위한 것으로 볼 수 있다.

오답 체크 |
① (가)의 1문단에서 '청소년도 사회 참여가 필요하다.'라고 응답한 청소년이 88.3%에 달한다고 하였고, '카드 1'에서는 사회 참여 필요성에 대한 청소년의 인식을 보여 주기 위해 청소년이 말하는 이미지로 제시하고 있으므로 적절한 설명이다.
② (가)의 2문단에서 사회 참여 활동 경험이 있다고 응답한 청소년이 21%에 그쳤다고 하였고, '카드 2'에서는 이렇게 사회 참여 활동을 경험해 본 청소년의 비율을 그래프로 시각화하여 청소년의 사회 참여 비율이 적은 문제 상황을 드러내고 있으므로 적절한 설명이다.
④ (가)의 3문단과 4문단에서 청소년의 사회 참여 활동을 기관 중심의 참여와 청소년 주도의 참여로 나누어 진술하고 있고, '카드 4'에서는 악수하는 이미지를 통해 청소년 사회 참여 활동의 두 가지 유형이 서로 조화를 이루어야 한다는 메시지를 전달하고 있으므로 적절한 설명이다.
⑤ (가)의 4문단에서 김◇◇ 교수의 인터뷰 내용은 청소년의 사회 참여 활동의 필요성과 청소년 사회 참여 활성화의 방향에 관한 것이다. '카드 4'에서는 김◇◇ 교수의 인터뷰 내용 중에 청소년 사회 참여 활성화의 방향에 해당하는 내용('사회 참여 활성화를 위해 기관 중심의 청소년 참여와 청소년이 주도가 된 사회 참여가 함께 이루어지는 방향으로 나아가야 합니다.')만 문구로 제시하고 있으므로 적절한 설명이다.

45 ③

정답 해설 | ㉢은 '청소년이 주도하는 사회 참여 활동 기회가 부족하-'와 '참여가 확산되지 못하고 있-'이 연결 어미 '-여'로 이어져 있다, 여기서 앞 절의 내용은 뒤 절 내용의 '목적'이 아니라 '까닭이나 근거'에 해당하므로 적절하지 않은 설명이다.

오답 체크 |
① ㉠에서는 의문형 종결 어미 '-ㄴ가'를 활용하여 해당 기사문의 화제를 드러내는 제목을 의문문으로 제시하고 있으므로 적절한 설명이다.
② ㉡에서는 '어떤 수효를 말할 때, 그 수가 예상보다 상당히 많음을 나타내는 말'을 나타내는 부사 '무려'를 사용하여 88.3%라는 응답 비율이 높은 수치임을 강조하고 있으므로 적절한 설명이다.
④ ㉣에서는 피동 표현 '-어지다'를 활용하여 행위의 대상인 '사회적 분위기'에 초점을 두어 서술하고 있으므로 적절한 설명이다.
⑤ ㉤에서는 간접 인용 부사격 조사 '고'를 활용하여 사회 참여 활동을 경험한 김 모 학생의 소감을 전달하고 있으므로 적절한 설명이다.

46 ⑤

정답 해설 | (나)에서는 청소년이 주도적으로 사회 참여를 할 수 있는 구체적인 방법을 제시하지 않았다. 따라서 '카드 B'를 활용하여 '우리 학교 쓰레기 분리배출 캠페인'과 '우리 학교 앞 신호등 설치 건의'와 같이 우리 학교 학생들이 실천할 수 있는 구체적인 방법으로 제안할 수 있으므로 적절한 설명이다.

오답 체크 |
① (나)에서 청소년의 사회 참여가 필요한 이유는 언급하지 않았다. 하지만 '카드 A'에 제시된 설문 조사 자료는 학생들이 사회 참여 활동을 하지 않는 이유를 보여 주는 것이므로 적절하지 않은 설명이다.
② (나)에서 청소년 주도의 사회 참여 기회가 부족하다는 것을 직접적으로 지적하지는 않았지만 '카드 3'과 '카드 4'를 통해 추측할 수는 있다. 그리고 '카드 A'는 우리 학교 학생 중 사회 참여 경험이 없는 학생들에게 그 이유를 물은 결과이므로 우리 학교 학생들의 사회 참여 이유를 제시하는 자료로 활용하는 것은 적절하지 않다.
③ (나)의 '카드 3'에서 청소년 사회 참여 확산이 어려운 이유를 제시하고 있으므로, (나)에서 그 이유를 언급하지 않았다는 설명은 적절하지 않다.
④ (나)에서 사회 참여가 청소년에게 미치는 영향을 강조한 내용을 확인할 수 없다. 그리고 '카드 B'는 이와 관련이 없는 내용이므로 활용 방안으로 적절하지 않다.

47 ⑤

정답 해설 | 누리집은 매체 자료의 생산자와 수용자 사이의 소통이 비교적 쉽게 이루어질 수 있지만, (나)에서 웹툰의 독자가 이미지에 담긴 의미에 대해 웹툰 제작자와 직접 묻고 답하는 부분은 확인할 수 없으므로 적절하지 않은 설명이다.

오답 체크 |
① (가)에서 '하진'의 첫 번째 발화 중 '학생들 사연을 받아서

연재하니'와 네 번째 발화 중 '많은 독자들의 조언을 듣고 싶다고 했으니'를 통해 웹툰 제작자가 웹툰을 제작하기 위해 사연 신청자의 요청을 반영할 수 있음을 보여 주고 있으므로 적절한 설명이다.

② (가)의 '20□□. 08. 12' 대화 내용 중 '하진'과 '우주'의 발화를 통해 웹툰 제작자가 댓글이나 별점을 통해 독자의 반응을 확인할 수 있음을 보여 주고 있으므로 적절한 설명이다.

③ (나)에서 '파도'와 '솜사탕'이 주고받은 댓글의 내용을 통해 웹툰의 독자가 댓글로 서로 공감하며 상호 작용하고 있음으로 적절한 설명이다.

④ (나)에는 웹툰 끝에 '사연 게시판'으로 이동할 수 있는 하이퍼링크가 제시되어 있어서 웹툰 독자가 하이퍼링크를 클릭해 웹툰 제작자가 지정한 '사연 게시판'으로 이동할 수 있으므로 적절한 설명이다.

48 ②

정답 해설 | (가)에서 '하진'은 '한 달 동안 두 사람이 느꼈을 감정을 비교하기 좋게 양쪽으로 배치해 보면 어떨까?'라고 제안하였고, '우주'는 '하진'의 의견을 수용하고 있으므로 (나)에 반영된 내용이 한 인물이 겪는 두 가지 사건을 비교하기 위해 화면을 세로로 분할했다는 설명은 적절하지 않다.

오답 체크 |

① (가)에서 '주혁'이 '장면이 세로로 이어지니까, 이걸 고려해서 시각적으로 표현하면' 좋겠다고 하였고, 이를 반영하여 (나)에서는 장면이 제시되는 세로 방향으로 숫자를 달리한 달력 그림들을 배열하여 시간의 경과를 표현하였으므로 적절한 설명이다.

③ (가)에서 '우주'는 '친구 사이가 점점 멀어지는 건 둘 사이의 간격으로 보여 줄게.'라고 하였고, 이를 반영하여 (나)에서는 멀어지는 친구 사이를 시각적으로 보여 주기 위해 시간의 경과에 따라 인물들 사이에 여백을 두어 점차 간격이 벌어지게 그렸으므로 적절한 설명이다.

④ (가)에서 '하진'은 '속마음은 표정이나 몸짓에서 드러나게 해야겠지?'라고 하였고, '주혁'은 '사연을 보낸 학생이 느낀 감정들은 다른 방법으로 좀 더 분명하게 표현'해 달라고 하였다. 이를 반영하여 (나)에서는 친구의 속마음은 표정이나 몸짓만으로 표현했고, 사연을 보낸 학생의 속마음은 표정이나 몸짓뿐만 아니라 글로도 적어 분명하게 표현했으므로 적절한 설명이다.

⑤ (가)에서 '하진'은 '많은 독자들의 조언을 듣고 싶다고 했으니, 마지막 부분에 말풍선과 문구를 활용해서 유도해' 달라고 하였고, 이를 반영하여 (나)에서는 마지막 부분에 말풍선을 의도적으로 비우고, 말풍선 밑에 댓글 참여를 권유하는 문구('여러분이라면~댓글로 적어 주세요.')를 제시했으므로 적절한 설명이다.

49 ②

정답 해설 | ㉡에서 '가입자 10만 명 돌파'는 기자의 발화 내용 중 '제도 실시 후~십만 명을 돌파했습니다.'를 요약 진술한 것으로 볼 수 있지만, 의문형으로 표현된 '나도 가입해 볼까?'는 '탄소 중립 실천 포인트 제도' 가입에 대한 시청자의 관심을 유발하고자 한 것으로 볼 수 있기 때문에 기자의 발화 내용을 의문형으로 요약 진술한 것이라는 설명은 적절하지 않은 설명이다.

오답 체크 |

① ㉠에서 보도의 주요 제재인 '탄소 중립 실천 포인트'를 부각하기 위해서 해당 글자를 다른 글자에 비해 더 크고 굵게 제시하였으므로 적절한 설명이다.

③ ㉢에는 '전 국민 누구나'와 같이 제도에 가입 가능한 대상과 누리집 주소를 추가로 제시하여 정보의 구체성을 강화하고 있으므로 적절한 설명이다.

④ ㉣은 관계자의 발화 내용을 자막으로 제시한 것으로, 의미를 정확하게 전달하기 위하여 '(현금이나 카드 포인트를)', '(앞으로)', '(홍보를 강화하겠습니다.)'와 같이 관계자의 발화에서는 없었던 내용을 보완하여 제시하고 있으므로 적절한 설명이다.

⑤ ㉤은 뉴스 내용과는 관련이 없는 내용으로, 뉴스 방송이 끝난 이후 방영될 프로그램에 대한 정보를 제시한 것이므로 적절한 설명이다.

50 ⑤

정답 해설 | ⓔ에 쓰인 '만큼'은 뒤에 나오는 내용의 원인이나 근거가 됨을 나타내는 의존 명사이다. ⓔ에서는 '만큼'을 통해 많은 국민이 동참해야 효과가 있는 제도라는 점이 이어지는 내용(참여도를 높이는 게 중요하다)의 근거임을 표현하고 있으므로 적절한 설명이다.

오답 체크 |

① ⓐ에서 보조 용언 '있다'는 '화제가 되고 있는'에 사용되고 있기 때문에 제도가 지속적으로 진행됨을 표현했다고 보기는 어려우므로 적절한 설명이 아니다.

② ⓑ의 '도'는 '이미 어떤 것이 포함되고 그 위에 더함의 뜻을 나타내는 보조사'이기 때문에 해당 문장에서는 '탄소 중립을 실천함'에 더해 '포인트를 받음'도 가능함을 표현하고 있으므로 제도의 장단점을 아우르고자 하는 의도를 표현했다는 설명은 적절하지 않다.

③ ⓒ의 '자'는 '말이나 행동을 할 때 남의 주의를 불러일으키기 위하여 하는 감탄사'로, 누리집 가입을 재촉하려는 의도를 표현했다는 설명적절하지 않다.

④ ⓓ에서 '-겠-'은 주체의 의지를 나타내는 선어말 어미로 사용된 것이다. '-겠-'이 추측을 나타내기도 하지만 이 문장에서는 추측의 의미가 나타나지 않으므로 적절한 설명이 아니다.

51 ④

정답 해설 | 학생 4는 누리집 접근에 어려움을 겪는 사람들도 좀 더 쉽게 가입할 수 있도록 이에 대한 방법을 제시하지 않은 것에 대한 아쉬움을 드러내고 있는 것이지 제도의 실현 가능성 측면을 부정적으로 판단한 것이 아니므로 적절하지 않은 설명이다.

오답 체크 |

① 학생 1은 보도에서 제시한 '세제나 화장품의 용기를 다시 채워' 쓰는 것이 탄소 배출을 줄이는 효과에 한계가 있음을 지적하면서 실효성 측면을 부정적으로 판단하였으므로 적절한 설명이다.

② 학생 2는 '다회 용기 사용이나 전자 영수증 받기'와 같이 일상에서 쉽게 실천할 수 있는 방법을 알게 된 것에 대하여 긍정적으로 판단하였으므로 적절한 설명이다.

③ 학생 3은 '과도한 탄소 배출 때문에 세계가 이상 기후로 몸살을 앓고 있는' 상황을 언급하면서 보도 내용이 시의적절하다고 보고 있으므로 적절한 설명이다.

⑤ 학생 5는 '기존에 실시해 온 탄소 포인트 제도'에 대한 구체적인 설명이 없어 새로운 제도와의 차이점을 모르겠다고 지적하면서 보도 내용의 충분성 측면을 부정적으로 판단하고 있으므로 적절한 설명이다.

52 ④

정답 해설 | (나)에는 (가)에 제시된 가입자 증가 현황 이외에 증가 원인을 추가한 부분과 제도 가입자가 지닌 환경 의식을 표현한 내용 모두 확인할 수 없으므로 적절하지 않은 설명이다.

오답 체크 |

① (나)에 제시된 '배달 음식 주문할 때 다회 용기 선택!', '세제나 화장품의 용기는 다시 채워 쓰기!', '물건 살 때 전자 영수증 받기!'는 (가)에 제시된 제도의 실천 항목 중 수용자인 청소년이 일상에서 실천할 수 있는 것을 선별하여 제시한 것으로 볼 수 있으므로 적절한 설명이다.

② (나)는 (가)에 제시된 누리집 주소 이외에 '누리집 접속 QR 코드'를 함께 제시하여 수용자가 좀 더 쉽게 누리집에 접속할 수 있도록 하였으므로 적절한 설명이다.

③ (나)는 돼지저금통과 돈의 이미지를 활용하여 '탄소 중립 실천 포인트 제도'에 가입하여 얻을 수 있는 경제적 혜택을 시각적으로 보여 주고 있으므로 적절한 설명이다.

⑤ 불특정 다수의 시청자를 수용자로 삼는 (가)의 '텔레비전 뉴스'와 달리 (나)는 '◇◇고 친구들'을 수용자로 한정하고 있다. 또한 (나)에는 '◇◇고등학교 환경 동아리'라는 생산자가 명시되어 있으므로 적절한 설명이다.

53 ①

정답 해설 | 진행자의 발화 중 '필요한 꽃잎 숫자만큼 반복해야 하는데~이만큼 미리 만들어 뒀지요!'를 통해서 접속자의 이탈을 막고 흥미를 유지하기 위해 반복적인 과정을 생략하겠다는 기획 내용이 방송에 반영되었음을 확인할 수 있으므로 적절한 설명이다.

오답 체크 |

② 진행자의 발화 중 '혼자서 설명하고 시범까지 보이려니'를 통해서 볼 때, 제작진을 출연시켜 인두로 밀랍을 묻히는 과정을 함께해야겠다는 내용은 반영되지 않았으므로 적절하지 않은 설명이다.

③ 진행자의 발화에서 마름질 과정에서 실수가 나올 것에 대비하여 미리 양해를 구하는 내용은 확인할 수 없으므로 적절하지 않은 설명이다.

④ 진행자의 발화에서 방송에 대한 긍정적 평가와 고정 시청자 등록을 부탁하는 내용은 없으므로 적절하지 않은 설명이다.

⑤ 진행자의 발화에서 마무리 인사 전에 채화 만드는 과정을 요약해서 다시 설명해 주는 내용은 없으므로 적절하지 않은 설명이다.

54 ③

정답 해설 | [C]에서 '꼼꼬미'는 방송에서 이미 제시된 내용을 다시 보여 줄 것을 요청하고 있으므로 제시되지 않은 부분을 추가하도록 요청했다는 설명은 적절하지 않다.

오답 체크 |

① [A]에서 '빛세종'은 '채화' 중 '채'의 뜻을 질문하여 진행자가 방송 내용을 보충하여 제시하도록 하고 있으므로 적절한 설명이다.

② [B]에서 '햇살가득'은 만들 꽃을 골라 달라는 진행자의 발화에 대해 '월계화'를 만들어 달라고 밝힘으로써 진행자가 내용을 선정하는 데 관여하고 있으므로 적절한 설명이다.

④ [D]에서 '아은맘'은 진행자가 '궁중 채화 전시회가 다음 주에' 열릴 예정이라고 말한 것에 대해 '전시회 지난주에 이미 시작했어요'라는 정보를 제공하여 제시된 내용 중 잘못된 부분을 정정하도록 하고 있으므로 적절한 설명이다.

⑤ [E]에서 '영롱이'는 '저 오늘 진짜 우울했는데ㅠ 언니 방송 보면서 기분이 좋아졌어요.'라고 자신의 감정 변화를 제시함으로써 진행자와 정서적인 유대를 형성하고 있으므로 적절한 설명이다.

55 ④

정답 해설 | 방송 프로그램에서 진행자는 '지문 등 사전등록제'를 다룬 세 신문의 기사 내용을 소개하고 있다. 하지만 진행자가 △△ 신문과 ○○ 신문의 기사 내용을 종합하거나 특

정 화제에 대한 비판적 입장을 나타내고 있지 않으므로 적절한 설명이 아니다.

오답 체크 |

① 진행자가 '□□ 신문'의 내용에 대해 언급한 부분을 보면, '간단히 보면 '찾아가는 지문 등 사전등록제'를 실시하는 지역이 있다는 내용입니다.'와 같이 간단히 언급하였다. 따라서 진행자는 방송에서 '□□ 신문'보다 '△△ 신문'의 기사에 더 비중을 두고 있으므로 적절한 설명이다.

② 진행자는 시작 부분에서 '며칠 전 김 모 군이~기사들이 많습니다.'라고 말하며 '지문 등 사전등록제'라는 시의성 있는 화제를 다룬 신문 기사들을 제시하고 있다. 그리고 세 신문의 기사 내용을 소개하며 '지문 등 사전등록제'에 대한 다양한 정보를 전달하고 있으므로 적절한 설명이다.

③ 진행자가 '먼저 △△ 신문, 함께 보시죠.'라고 말한 후, 지문 등 사전등록 대상자들의 지문 등록률 관련 내용을 선별하여 화면에 확대해서 보여 주고 있으므로 적절한 설명이다.

⑤ 전문가는 지문 등록률이 저조한 이유를 말하는 부분에서 '제가 볼 때는 개인 정보 유출에 대한 우려도 크게 작용했다고 생각합니다.'라고 자신의 의견을 덧붙이고 있으므로 적절한 설명이다.

56 ③

정답 해설 | ㉢에서 '사전등록 정보는'은 서술어 '저장하고 있습니다'의 목적어에 해당하므로 주어로 사용되었다는 설명은 적절하지 않다.

오답 체크 |

① ㉠의 종결 어미 '-ㅂ니까'는 상대 높임법의 하십시오체로 진행자가 말하는 상대인 시청자를 높이는 표현이다. 따라서 '-ㅂ니까'를 통해 시청자를 높이며 방송의 시작을 알리는 인사를 하고 있다는 설명은 적절하다.

② ㉡의 앞 문장은 김 모 군이 집으로 돌아온 데에는 '지문 등 사전등록제'의 역할이 컸다는 내용이다. 이 문장은 ㉡의 내용과 인과관계에 해당한다. 따라서 접속 부사 '그래서'는 앞 문장과 ㉡의 내용이 인과 관계임을 나타내므로 적절한 설명이다.

④ ㉣에서 '-면'은 '일반적으로 분명한 사실을 어떤 일에 대한 조건으로 말할 때 쓰는 연결 어미'로, '아동이 18세에 도달하다'가 '(사전등록정보가) 자동 폐기되다'의 조건임을 나타내므로 적절한 설명이다.

⑤ ㉤에서 '보다'는 '어떤 행동을 시험 삼아 함.'을 뜻하는 보조 용언에 해당하므로 적절한 설명이다.

57 ④

정답 해설 | 시청자 3은 '누가 대상자인지 궁금했던 사람들은 방송을 통해 알게 되었겠어요.'라고 하였고, 시청자 4는 '가족 중에 대상자가 있지만 저처럼 이런 제도가 있다는 것을 몰랐던 사람에게는 방송 내용이 도움이 될 것 같아요.'라고 하였다. 따라서 시청자 3과 4는 모두 △△ 신문 기사의 내용과 관련하여, 지문 등 사전등록제가 어떤 사람에게 유용한지 점검하고 있으므로 적절한 설명이다.

오답 체크 |

① 시청자 1은 '신문에 나온 등록률 현황은 어디에서 조사한 것인가요?'와 같이 △△ 신문 기사의 내용과 관련하여 정보의 출처가 믿을 만한지 점검하고 있다. 하지만 시청자 2가 작성한 글에서는 정보의 출처가 믿을 만한지 점검하는 내용은 없으므로 적절하지 않은 설명이다.

② 시청자 1과 4가 작성한 글에서는 모두 ○○ 신문 기사의 내용과 관련하여, 지문 등을 사전등록하는 방법에 대한 정보의 양이 충분한지 점검하는 내용은 없으므로 적절하지 않은 설명이다.

③ 시청자 2는 △△ 신문 기사의 내용과 관련하여 '개인 정보 유출 문제에 대해서는 별로 언급하지 않네요.'라고 말하면서 사전등록제의 장단점을 공평하게 다루지 않고 있음을 지적하고 있다. 하지만 시청자 5가 작성한 글에서는 △△ 신문 기사에서 지문 등 사전등록제의 장단점을 공평하게 다루고 있는지 점검하는 내용은 없으므로 적절한 설명이 아니다.

⑤ 시청자 3이 작성한 글에서 지문 등 사전등록제의 효과에 대한 정보가 사실인지 점검하는 내용이 없다. 그리고 시청자 5가 제기한 문제도 ○○ 신문 기사가 아니라 △△ 신문 기사의 내용과 관련된 것이므로 적절한 설명이 아니다.

58 ④

정답 해설 | ⓓ에서는 '잃어버린 사람을 찾는 글을 올릴 수 있'고, '다른 사람의 글을 확인하거나 다른 사람의 글에 댓글을 다는 것도 가능하다'고 하였으므로 매체 자료의 생산과 수용이 쌍방향적으로 이루어질 수 있다는 내용은 적절한 설명이다.

오답 체크 |

① ⓐ에서는 메뉴가 그림과 문자로 표현되어 있어서 수용자가 메뉴 화면을 한눈에 보며 손쉽게 활용할 수 있다고 하였다. 그러나 ⓐ를 활용하여 수용자가 대량의 정보를 요약하여 이를 비선형적으로 표현할 수 있는 것은 아니므로 적절한 설명이 아니다.

② ⓑ를 누르면 생산자가 '대상자의 지문과 사진, 대상자와 보호자의 인적 사항 등을 언제 어디서든 등록할 수 있다'고 하였다. 하지만 ⓑ에서 생산자가 등록한 정보를 수용자가 변형하여 배포할 수 있다는 내용은 없으므로 적절한 설명이 아니다.

③ ⓒ에서는 '인적 사항과 사진들을 보면서 찾고 있는 사람이 있는지 알아볼 수 있다'고 하였다. 수용자가 글과 이미지가

결합된 매체 자료에 접근할 수는 있지만, 이를 수정할 수 있는 것은 아니므로 적절한 설명이 아니다.
⑤ ⓔ는 '지도 앱과 연동되어 있어서 인근에 있는 보호소의 위치를 바로 확인할 수 있다'고 하였으므로 ⓔ에서 사용자는 보호소의 위치만 확인할 수 있는 것이다. 따라서 매체 자료의 수용자가 생산자도 될 수 있음을 알 수 있다는 설명은 적절하지 않다.

59 ⑤

정답 해설 | (가)의 2문단에서 언급한 '숲을 지켜야 하는 이유를~이전 글 숲의 힘(☞클릭)을 참고해 주세요.'에서 하이퍼링크 기능을 활용하여 숲을 지켜야 하는 이유를 다룬 다른 게시물을 참고할 수 있도록 안내하고 있으므로 적절한 설명이다.

오답 체크 |

① 2문단과 3문단에서 글자의 굵기와 형태를 달리하여 강조한 내용은 각각 '숲을 지킬 수 있어요.'와 '환경에 유해한 물질이 덜 발생해요.'인데, 이는 재생 종이의 활용 사례가 아니라 재생 종이 사용의 필요성에 해당하는 것이므로 적절한 설명이 아니다.
② 재생 종이와 관련된 각 문단의 중심 내용을 부각하기 위해 소제목을 사용하고 있지 않으므로 적절한 설명이 아니다.
③ 종이를 만들기 위해 사라지는 숲의 면적을 보여 주는 동영상 자료가 활용되지 않았으므로 적절한 설명이 아니다.
④ 2문단에서 '사무실에서 사용하는 복사지의 45%가 출력한 그날 버려'진다는 사실은 언급하고 있지만, 이와 관련한 사진 자료를 함께 제시하지는 않았으므로 적절한 설명이 아니다.

60 ③

정답 해설 | (가)에서 재생 종이 사용의 필요성을 제시한 것은 2문단과 3문단이다. 2문단에서 제시한 내용은 (나)의 #2에서 배경 음악과 내레이션을 포함한 화면으로 구성하였고, 3문단에서 제시한 내용은 에너지 투입량 관련 내용을 보완하여 (나)의 #3과 #4에서 배경 음악 없이 내레이션만 포함된 화면으로 구성하였다. 따라서 배경 음악과 내레이션을 모두 포함한 각각의 화면 두 개로 구성되어 있지 않으므로 적절한 설명이 아니다.

오답 체크 |

① (가)의 3문단에 종이 생산 과정에서 발생하는 유해한 물질(이산화탄소, 폐기물)의 양이 제시되어 있다. (나)의 #3과 #4에서는 종이 생산 과정에서 발생하는 유해한 물질의 양만 제시하지 않고, 생산 과정에 투입되는 에너지의 양도 추가하여 정보를 보강하고 있으므로 적절한 설명이다.
② '복합 양식성'이란 하나의 매체에서 소리(음향), 음성, 시각 자료(그림, 사진 등), 문자 언어, 동영상 등이 복합적으로 결합하는 특성을 말한다. (가)의 1문단에서는 재생 종이의 정의를 문자 언어로만 제시하고 있고, (나)의 #1에서는 시각 자료와 문자 언어, 음성(내레이션), 배경 음악 등을 결합하여 제시하고 있으므로 적절한 설명이다.
④ (가)의 3문단에서는 일반 종이와 재생 종이의 생산 과정에서 각각 발생하는 유해 물질의 양적 차이를 제시하고 있다. (나)의 #3에서는 일반 종이를 생산할 때 투입되는 에너지의 양과 발생하는 유해 물질의 양을, #4에서는 재생 종이를 생산할 때 투입되는 에너지의 양과 발생하는 유해 물질의 양을 그래프로 제시하면서 이를 소개하는 내레이션을 포함하고 있으므로 적절한 설명이다.
⑤ (가)의 2문단에서는 재생 종이를 사용하면 숲을 지킬 수 있다는 내용을 다루고 있다. 이 내용을 (나)의 #2에서는 화면과 내레이션으로 표현하고 있으며 이에 어울리는 배경 음악도 함께 사용하고 있으므로 적절한 설명이다.